Le 1er Janvier 1997

Spécialement pour toi Marie-Ève,

Tu es sur la voie du succès

Continues, je suis fier de toi.

Je t'aime

Tante Shirley

XO X

# HISTOIRE POPULAIRE DU QUÉBEC

Jacques Lacoursière

# HISTOIRE POPULAIRE DU QUÉBEC

## III

### 1841-1896

*septentrion*

Les éditions du Septentrion sont inscrites au Programme de subvention globale du Conseil des Arts du Canada et reçoivent l'appui de la SODEC.

Photo de la couverture : William Raphael, *Derrière le marché Bonsecours*, Huile sur toile, Musée des Beaux-Arts du Canada, 1866

Chargés de projet : Marcelle Cinq-Mars, Denis Vaugeois

Correction d'épreuves : Andrée Laprise

Mise en pages : Folio infographie

Si vous désirez être tenu au courant des publications
des ÉDITIONS DU SEPTENTRION,
vous pouvez nous écrire au
1300 av. Maguire, Sillery (Québec) G1T 1Z3
ou par télécopieur (418) 527-4978
ou consultez notre catalogue sur Internet :
http://www.ixmedia.com/septentrion

Dépôt légal – 3e trimestre 1996
Bibliothèque nationale du Québec
ISBN 2-89448-066-0
Imprimé au Canada

© Les éditions du Septentrion
1300, av. Maguire
Sillery (Québec)
G1T 1Z3

Diffusion Dimedia
549, boul. Lebeau
Saint-Laurent (Québec)
H4N 1S2

# PRÉFACE

« L E Canada célèbre aujourd'hui le vingtième anniversaire de la Confédération
canadienne. N'est-il pas temps de demander ce qu'est devenue cette grande
œuvre à laquelle tout semblait devoir promettre un avenir si brillant ? Où est
maintenant cette belle union des provinces qui semblait comme la base d'une
nationalité unie et puissante pas son union même ? [...] Dans Québec, la province
ruinée par cette Confédération même qui lui a enlevé le plus clair de ses ressources
pour lui laisser des revenus que son agrandissement continuel rend insuffisants,
réclame avec justice une révision plus équitable des bases de la Confédération et une
distribution plus juste des deniers publics. » *La Patrie*, 1er juillet 1887.

À cent neuf ans de distance, ce diagnostic des maux dont souffre la Confédération canadienne est encore d'actualité. Depuis bientôt quarante ans, les gouvernements du Québec, libéraux, unionistes et péquistes, tentent sans succès de renouveler la constitution élaborée en 1864 lors des conférences de Charlottetown et de
Québec. Rien d'étonnant en fait pour quiconque connaît l'histoire des relations
fédérales-provinciales.

Dès sa naissance, l'Acte de l'Amérique du Nord britannique, mieux connu
sous le nom de Confédération, repose sur une ambiguïté : pacte entre les deux
peuples aux yeux des Canadiens français, ou pacte entre des provinces selon l'inter-
prétation des Canadiens anglais. Non seulement les pères de la Confédération et
leurs successeurs ne s'entendent pas sur le sens à donner à la nouvelle constitution,
mais ils parviennent difficilement à s'entendre sur le partage des pouvoirs entre le
gouvernement central et les provinces.

On ne peut comprendre la crise actuelle que traversent le Canada et le
Québec, sans remonter à cette période déterminante de notre histoire. Tout s'est
joué entre l'Union de 1840 et l'arrivée au pouvoir de sir Wilfrid Laurier en 1896. Au
moment où l'Union des deux Canadas (quelle expression révélatrice !) devient
réalité, les Canadiens français semblent condamnés à une lente mais inexorable
assimilation. Accident de l'histoire ou chance providentielle, l'alliance réformiste

La Fontaine-Baldwin assure aux Canadiens français le maintien de leur langue et de leurs droits. Les difficultés économiques qu'éprouvent les provinces du British North America au cours des années 1850, et l'impasse politique à laquelle conduit le système de la double majorité issu de l'Union de 1840, forcent les leaders des colonies du British North America à définir une nouvelle constitution d'où naîtra le Canada moderne.

À peine créé, le nouveau pays éprouve des problèmes d'identité et tout se passe comme si la dynamique des relations entre les deux peuples fondateurs et la dynamique des relations entre le pouvoir fédéral et les pouvoirs provinciaux conduisent le Dominion du Canada vers l'éclatement vingt ans à peine après sa naissance.

Dans ce troisième tome de sa monumentale *Histoire populaire du Québec*, Jacques Lacoursière retrace ces quatre décennies où le Canada français et le Canada anglais ont tenté de bâtir un pays uni. Si les Canadiens français ont, de bonne foi, tenté de nouer de bonnes relations avec le gouvernement fédéral et les provinces anglaises, l'affaire Riel a vite démontré à quel point l'autre Canada faisait peu de cas des droits légitimes des Canadiens français et des minorités françaises hors Québec.

En lisant le très beau livre de Jacques Lacoursière, on voit se profiler le malentendu, pour ne pas dire l'impossibilité qu'ont ces deux peuples de vivre ensemble.

C'est un honneur pour moi de préfacer ce livre de celui que (n'en déplaise à certains historiens dits de profession) je considère comme le plus grand connaisseur et certainement le plus grand vulgarisateur de l'histoire du Québec. De *Québec-Canada, synthèse historique*, à *Nos Racines* en passant par *Alarme Citoyens*, sans compter ses collaborations à une multitude de séries radiophoniques et télévisées, Jacques Lacoursière a fait plus que quiconque pour faire connaître et apprécier notre histoire nationale.

ANDRÉ CHAMPAGNE

# À LA RECHERCHE
# DU POUVOIR
# 1840-1844

L ORSQUE, LE 23 JUILLET 1840, la reine Victoria appose sa signature au bas de l'Acte d'Union, elle ignore évidemment que la nouvelle constitution dont elle dote les Haut et Bas-Canada sera la source de tant de problèmes et que, 27 ans plus tard, ses colonies d'Amérique du Nord devront être soumises à un nouveau changement constitutionnel.

La nouvelle de l'adoption de l'Acte d'Union parvient dans la colonie au cours du mois d'août. Les réactions sont diversifiées, suivant que l'on est favorable ou non à la loi.

> Nous pensons que les neuf dixièmes des habitants des deux provinces, lit-on dans *l'Examiner* de Toronto, auraient donné leur entière approbation au principe de cette mesure, mais les détails sont si sujets à objection que nous doutons fort si un dixième supporterait le bill dans la forme dans laquelle il a reçu l'assentiment royal. Quelle marche le Parlement Uni croira suivre à l'égard de ces détails odieux, surtout la liste civile, c'est ce que nous ne nous hasarderons pas à prédire, mais nous devons encore une fois rappeler au peuple que tout dépend de lui maintenant.

Tous s'en remettent au peuple qui doit se prononcer lors d'une élection générale. La composition de la prochaine Chambre d'assemblée revêt une grande importance car, dans son rapport, lord Durham recommandait l'établissement de la responsabilité ministérielle, c'est-à-dire que le choix des membres du Conseil exécutif se fasse parmi la députation et qu'ils ne demeurent en fonction que pendant la seule période où ils bénéficient de l'appui de la Chambre. Car, comme le dira Robert Peel à la Chambre des communes de Londres le 4 juin 1841, « les ministres mis en minorité devant la Chambre ne peuvent demeurer aux affaires sans violer la constitution ».

La personnalité et les antécédents du gouverneur Thomson laissent présager des affrontements, car celui-ci a un sens de l'autorité bien défini. « Si cela était possible, déclare-t-il dans une de ses lettres, la meilleure chose pour le Bas-Canada serait un despotisme de dix ans. » En juillet 1840, dans une réponse à une adresse des habitants d'Halifax, il avait donné sa définition de la tâche d'un représentant de la reine : « Tandis qu'il devra être et de son intérêt et de son devoir de prêter respectueusement l'oreille aux opinions qui peuvent lui être offertes, et de rechercher les avis de ceux qui peuvent être considérés représenter les désirs bien entendus du peuple, il ne peut rejeter la responsabilité de ses actes sur personne autre sans danger pour la connexion de la colonie avec l'empire, et sans détriment pour les meilleurs intérêts de ceux dont le bien-être est confié à ses soins. »

## Opposition ou collaboration ?

Dans l'édition du *Canadien* du 14 août 1840, un correspondant fait appel au bon sens et à la bonne entente dans l'opposition :

> Au lieu de perdre notre temps à nous lamenter sur notre lamentable sort, ne vaudrait-il pas mieux nous mettre, nous gens du ci-devant Bas-Canada, dès maintenant à l'œuvre avec zèle et avec unanimité pour préparer des élections conformes à nos intérêts, et pour faire en sorte (ce qui est facile, si nous nous entendons) que, sur la chétive proportion de représentants que nous tenons de la magnanimité et de la générosité britannique, il n'y ait pas un seul de nos ennemis, pas un seul de ceux qui ont juré la perte de nos institutions, notre langue et nos lois ? [...] Au lieu de diriger tous nos jeunes gens vers les études classiques, ne vaudrait-il pas mieux engager tous les collèges à suivre l'exemple de celui de Chambly ; afin que, cessant d'encombrer les professions d'hommes oisifs, affamés et désespérés, nous puissions orner notre pays de bons et braves marchands, gros et gras, et d'industriels actifs, riches et éclairés ? Comment veut-on après tout dans un pays où tout homme instruit est homme d'église, homme de loi ou médecin, comment veut-on avoir autre chose que des scrupules, des chicanes et des maladies ? [...] Enfin au lieu d'échanger avec nos amis les Bretons de plates injures sur notre origine, ne vaudrait-il pas mieux moins mépriser tout ce que font nos compatriotes, tenir un peu plus notre langue, ne pas rougir de la parler devant ceux qui en parlent une autre, et surtout ne pas nous afficher exclusivement en anglais comme on le voit sur toutes nos enseignes ?

Le problème majeur est que l'on ne sait pas quand les élections doivent se tenir. Des rumeurs circulent : des élections brusquées, des élections au printemps de l'année suivante, la défranchisation électorale des faubourgs de Québec et de Montréal, etc. Les leaders politiques du Bas-Canada n'attendent pas la fixation de la date du scrutin pour s'adresser aux électeurs. Le 25 août 1840, Louis-Hippolyte La Fontaine met le point final au texte d'un manifeste à l'intention des électeurs du comté de Terrebonne dans lequel il précise sa position face à l'Union.

L'Union, écrit-il, est enfin décrétée ! Le Canada, dans la pensée du Parlement anglais, ne doit, à l'avenir, former qu'une seule province. Cette grande mesure politique est-elle dans l'intérêt bien entendu des populations qu'elle a pour objet de soumettre à l'action d'une seule et même législature ? Il faut laisser au temps la solution de ce problème. L'histoire dira que la force l'a imposée aux deux peuples du Bas et du Haut-Canada. Pour rendre cette mesure légitime, il faudra le consentement et l'approbation de ces deux mêmes peuples. Leurs voix ne peuvent se faire entendre que dans la Chambre d'assemblée où cependant l'acte du Parlement impérial, avec ses nombreuses injustices, ne permettra qu'à une partie de leurs légitimes représentants de prendre place, dans la première session de la nouvelle Législature.

La Fontaine établit une distinction entre les « deux peuples », en insistant sur le droit d'ancienneté des Canadiens français.

Le Canada est la terre de nos ancêtres, il est notre patrie, de même qu'il doit être la patrie adoptive des différentes populations qui viennent, des diverses parties du globe, exploiter ses vastes forêts dans la vue de s'y établir et d'y fixer permanemment leurs demeures et leurs intérêts. Comme nous, elles doivent désirer, avant toute chose, le bonheur et la prospérité du Canada. C'est l'héritage qu'elles doivent s'efforcer de transmettre à leurs descendants sur cette terre jeune et hospitalière. Leurs enfants devront être, comme nous, et avant tout, CANADIENS.

Pour le leader francophone, la responsabilité ministérielle doit être la pierre d'assise de la nouvelle constitution. « Pour moi, je n'hésite pas à dire que je suis en faveur de ce principe anglais de gouvernement responsable. Je vois, dans son opération, les seules garanties que nous puissions avoir d'un bon gouvernement constitutionnel et effectif. Les colons doivent avoir la conduite de leurs propres affaires. Ils doivent diriger tous leurs efforts dans ce but ; et, pour y parvenir, il faut que l'administration coloniale soit formée et dirigée par et avec la majorité des représentants du peuple. » Les coloniaux ne doivent compter que sur eux-mêmes et n'attendre aucune sympathie de la métropole. « C'est une erreur trop générale de la part des partis politiques, dans les colonies, que de croire qu'ils ont de la sympathie à attendre de tel ou tel ministère impérial. Que le ministère, à Londres, soit tory, whig ou radical, cela ne fera aucune différence dans la situation politique des colonies. Le passé est là pour nous en convaincre. » Alors quelle est l'attitude que doivent adopter les futurs députés ? « S'ensuit-il que les représentants du Bas-Canada doivent s'engager à demander le rappel de l'Union ? Non, ils ne doivent pas le faire. Ils doivent attendre, avant d'adopter une détermination dont le résultat immédiat serait peut-être de nous rejeter, pour un temps indéfini, sous la législation liberticide d'un Conseil spécial et de nous laisser sans représentation aucune. »

Les électeurs de Québec, sous la direction de John Neilson, adoptent une attitude quasi identique à celle de La Fontaine. Dans une lettre « à tous les électeurs de la province », publiée dans le *Canadien* du 16 octobre 1840, ils dénoncent vertement l'Acte d'Union qui « a été passé sur de fausses représentations ». Rejetant le recours à la violence comme dangereux, ils préconisent l'élection de représentants qui se prononceront clairement contre l'Union. « Mais il ne suffira pas de ne voter pour aucun partisan de l'Acte d'Union des deux provinces : tout électeur qui en laissera élire un, faute de se rendre au lieu d'élection, et de voter contre lui, sera également coupable. »

## Enfin, les élections !

Le samedi, 6 février 1841, on placarde en plusieurs endroits la proclamation de Son Excellence, le très honorable Charles, Baron Sydenham, de Sydenham, dans le comté de Kent, et de Toronto, en Canada, annonçant l'entrée en vigueur de la nouvelle constitution le 10 courant. Dès le 13, les membres du Conseil exécutif sont officiellement nommés ; ils sont tous anglophones puisque les francophones, dont La Fontaine, ont refusé de faire partie de ce ministère. Sur les huit membres, trois représentent le Bas-Canada. Deux jours plus tard, une nouvelle proclamation fixe au 8 avril l'ouverture de la première session à Kingston, la nouvelle capitale du Canada-Uni. Conformément aux ordres du gouverneur, ces proclamations sont émises en langue anglaise seulement, ce qui explique pourquoi plusieurs copies sont déchirées par les habitants.

Tous appréhendent la violence, tant au cours de la campagne électorale que lors du scrutin. On sent que le gouverneur Sydenham, alias Thomson, tient à l'élection des candidats favorables à l'Union et qu'il est prêt à prendre tous les moyens pour réussir. Le 19 février, le gouverneur émet une nouvelle proclamation commandant « à tous les shérifs, juges de paix et autres magistrats dans les comtés, cités et villes de la province, de réprimer efficacement tout tumulte, émeute, outrage ou infraction de la paix, qui aurait lieu pendant les élections dans leurs juridictions respectives, et à tous les citoyens de leur prêter main-forte pour cela ».

Fixer les élections en plein hiver, lorsque les chemins sont peu praticables, indique déjà que l'on cherche à réduire la participation des Canadiens francophones. De plus, les bureaux de votation sont déplacés et parfois fixés là où les anglophones sont majoritaires. Ainsi, dans la circonscription de Terrebonne, où se présente La Fontaine, les électeurs devront se rendre à New Glasgow, le point le plus reculé du comté ! Le 4 mars, Sydenham modifie les limites des comtés urbains pour enlever les faubourgs et les rattacher aux comtés circonvoisins. Cette mesure vise à favoriser les candidats unionistes de Québec et de Montréal.

À plusieurs endroits, la votation se déroule presque dans un climat de terreur. Les batailles à coups de poing ou de bâton sont nombreuses. Dans la circonscription de Rouville, Julien Choquet meurt des suites des blessures reçues lors d'une échauffourée. Selon la pétition de Thimothée Franchère, un marchand de la paroisse de Saint-Mathias, le candidat élu, Melchior-Alphonse de Salaberry, devrait voir son élection annulée, à cause de la violence et de la corruption dont il a usé lors de la votation. « Que mercredi, le troisième jour du *poll* [10 mars], précise le texte déposé à la Chambre d'assemblée, on vit les partisans dudit M. A. de Salaberry arriver au *poll* dans des traînes doubles contenant chacune huit ou dix personnes avec des pavillons, et armés de bâtons et autres armes offensives. » À la réouverture du bureau de votation, après le lunch du midi, « le pétitionnaire et un grand nombre d'électeurs qui l'accompagnaient d'une manière paisible et sans armes, furent assaillis par nombre de partisans dudit M. A. de Salaberry, armés de cannes, de bâtons et autres armes offensives et que plusieurs des électeurs du pétitionnaire furent grièvement blessés ». Pendant plusieurs heures, les assaillants empêchent les partisans du candidat anti-unionaire de voter, et ce sous le regard tutélaire de l'officier rapporteur !

À Sainte-Élizabeth, dans le comté de Berthier, on assiste à un engagement armé et la rumeur court qu'un habitant aurait été tué. Dans le comté de Montréal, le bureau de votation est installé au faubourg Saint-Laurent. Dans le Haut-Canada, le candidat unionaire, Alexandre-Maurice Delisle, peut compter sur l'appui des volontaires de Glengarry. Ces anglophones sont déjà venus prêter main-forte aux bureaucrates lors des Troubles de 1837-1838. Selon un correspondant du *Canadien*, le 24 mars, « les Glengarries retournèrent à Saint-Laurent et brisèrent la maison d'un nommé Gariépy. À Lachine, ils brisèrent celle d'un nommé Poirier. Ils menacèrent de retourner pendant la nuit pour incendier les maisons, disant que, s'ils ne trouvaient pas leurs maris, ils se vengeraient sur elles [les femmes] et sur leurs enfants. » Les anti-unionaires ne reculent pas eux non plus devant la violence. Un candidat de Delisle, James Palisser, de Lachine, meurt des blessures qui lui ont été infligées, alors que la vie de Patrick Gaherty est en péril à la suite des coups qu'il a reçus.

Dans le comté de Terrebonne, l'élection se solde par la mort d'un habitant de Saint-Martin, Toussaint Rose. Le candidat Louis-Hippolyte La Fontaine, dans une lettre à ses électeurs, explique ce qui s'est passé. « J'ai voulu éviter l'effusion de sang ; car il s'agissait, non plus d'une élection, mais bien d'un combat sanguinaire à accepter ou livrer, entre les vrais électeurs d'un côté et, de l'autre, une force armée étrangère à votre comté, amenée exprès des parties éloignées de la province, même de Glengarry, dans le Haut-Canada, à des frais énormes, que toute la fortune de mon antagoniste, fut-elle double, triple et quadruple de ce qu'elle peut être, serait encore insuffisante à défrayer. » La Fontaine sait que son véritable adversaire n'est pas le médecin montréalais Michael McCulloch, mais bien le gouverneur. « Un fait important à constater, affirme-t-il, c'est que par là [le fait que le bureau de votation soit fixé à New Glasgow], lui, lord Sydenham, est descendu dans l'arène pour combattre corps à corps avec un simple individu. »

Dans plusieurs circonscriptions électorales, le poste d'officier rapporteur est occupé par un anglophone ; ainsi, dans Terrebonne, il est dévolu à John McKenzie. Ce dernier avait établi le bureau de votation dans la maison d'un nommé Loyd.

> De l'endroit appelé La Plaine, qui est à l'extrémité des établissements canadiens, note La Fontaine, nous avions plus de deux lieues à parcourir pour nous rendre au poll. La maison de Loyd est dans un bas-fond, près du moulin de M. Masson ; dans le même bas-fond, il y a deux ou trois petites maisons louées, pour l'occasion, par mes adversaires. Il n'y a qu'un chemin ordinaire dans ce bas-fond. [...] Il nous fallait revenir à près de deux lieues tous les soirs pour trouver gîte. [...] Depuis plus d'un mois, les partisans du docteur McCulloch parcouraient le comté, essayant de jeter la terreur parmi ses habitants, en leur disant que, s'ils allaient au poll, le plus grand nombre d'entre eux n'en reviendraient point ; qu'ils y seraient massacrés par les Glengarrys et les pieds noirs de Gore ; qu'en toute probabilité, je ne me rendrais pas moi-même au poll ; mais que, si je m'y rendais, je n'en reviendrais pas comme j'y serais allé. J'avoue que, quant à la venue des Glengarrys du Haut-Canada, j'ai toujours refusé d'y croire jusqu'au moment des élections.

Le samedi 20 mars et le lendemain, des centaines d'hommes armés, au minimum de bâtons, se rendent à New Glasgow prêter leur appui monnayé au candidat du gouverneur. Le jour prévu pour la votation, La Fontaine et quelques centaines de partisans prennent le chemin du petit village écossais. Sur les lieux, ils apprennent que le bureau de votation n'est plus chez Loyd, mais dans la maison d'école, située sur une colline et qu'elle est déjà entourée par sept à huit cents hommes armés. Pendant la lecture des formalités préliminaires, les partisans de McCulloch commencent à frapper les Canadiens. La Fontaine fait remarquer la chose à l'officier rapporteur qui ne réagit pas.

La Fontaine sait que ses hommes possèdent aussi des bâtons et qu'ils sont prêts à se battre. Le candidat anti-unionaire prend une décision surprise : « Alors je dis à l'officier rapporteur que, pour éviter l'effusion de sang et le massacre d'un grand nombre d'individus, je me retirais de la lutte, en protestant contre les procédés de l'officier rapporteur et toute proclamation qu'il pourrait faire de l'élection d'aucune personne, vu qu'il n'y avait pas de liberté et qu'il tenait sa cour au milieu des violences et de gens armés. »

C'est pendant ce temps que les Glengarrys lancent des pierres et frappent à coups de bâton les partisans de La Fontaine. Ce dernier, littéralement écœuré de ce qui s'est passé, affirme dans la lettre à ses électeurs : « Je me retire de la vie publique ; je rentre dans la vie privée avec le désir de n'en sortir jamais. J'y rentre avec la conviction d'avoir obéi à ma conscience et à mon devoir. »

Antoine Gérin-Lajoie résume ainsi les résultats des élections générales de 1841, au Bas-Canada : « Il y avait, sur les 42 membres élus, 23 membres opposés à l'Union, 13 en faveur de l'Union, dont six devaient leurs élections à la violence, un à des menaces de violence, et trois à la proclamation dépouillant de leurs franchises les habitants des faubourgs de Québec et de Montréal. Sur ces treize, sept étaient des officiers du gouvernement. »

### Dans une ville insalubre

La première session du premier Parlement de l'Union s'ouvre à Kingston le 14 juin 1841 pour se terminer le 18 septembre de la même année. Dès l'ouverture, Robert Baldwin, chef du parti réformiste du Haut-Canada, donne sa démission du Conseil exécutif se disant convaincu que le ministère ne possède pas la confiance de la Chambre telle qu'elle est actuellement formée. Il pose donc ainsi, dès le début, le principe de la responsabilité ministérielle.

Les travaux sessionnels avancent lentement, car les députés des deux anciennes provinces n'ont pas l'habitude de travailler selon des règlements identiques et il faut en mettre au point de nouveaux. Le journaliste Étienne Parent décrit ainsi la situation à ses lecteurs du *Canadien* dans une lettre du 2 juillet :

> Les gens qui seraient disposés à travailler commencent vraiment à se décourager et à désespérer de pouvoir rien faire dans un temps raisonnable, avec la disposition au bavardage, c'est le mot, qui anime un si grand nombre de membres du Haut-Canada. Le gouverneur général se plaint déjà, dit-on, qu'il ne se fait rien. Ma foi, c'est un peu de sa faute et celle de ses ministres : pourquoi s'est-on opposé à

la nomination des comités permanents, qui auraient servi d'issue à tout ce bavardage ou au moins à une bonne partie ?

Les réformistes du Haut-Canada veulent obtenir des ministériels la certitude que la responsabilité ministérielle existe vraiment. La démarche est ardue. Le député de Northumberland-Sud, G. M. Boswell, finit par trouver la formule idéale pour forcer le conseiller William Henry Draper, procureur général pour le Haut-Canada, à répondre par un oui ou un non. « Entend-il déclarer que, si le gouvernement ne peut obtenir une majorité dans cette Chambre en faveur de ses mesures et si la confiance de la majorité lui fait manifestement défaut, le résultat sera soit une dissolution du Parlement, soit la démission du ministère ? » Draper s'empresse de répondre « Oui, oui. » Des députés commentent alors : « *We have then the responsible government.* »

Le 3 septembre, le sujet est à nouveau à l'ordre du jour. John Neilson avait présenté une série de résolutions tendant à définir de façon plus précise les droits de la majorité en Chambre. Samuel Bealey Harrison, secrétaire provincial pour le Haut-Canada, présente un amendement qui obtient 56 voix contre 7 :

> Pour maintenir entre les différentes branches du Parlement provincial l'harmonie qui est essentielle à la paix, au bien-être et au bon gouvernement de la province, les principaux conseillers du représentant du souverain, constituant sous lui une administration provinciale, doivent être des hommes qui possèdent la confiance des représentants du peuple, offrant ainsi une garantie que les vœux et les intérêts bien entendus que notre gracieux souverain a déclaré devoir être en toutes occasions la règle du gouvernement provincial, seront fidèlement représentés et défendus.

Texte habile qui se prêtera à différentes interprétations au cours des mois suivants.

## Quelques fins

Le 4 septembre, alors qu'il revenait d'une excursion à cheval, lord Sydenham fait une chute et se fracture la jambe droite, retardant ainsi la clôture de la session. Le 17 du même mois, le gouverneur « aurait eu une attaque de tétanos qui aurait mis ses jours en grand danger ». Pendant ce temps, La Fontaine est en pleine campagne électorale dans le « 4e riding d'York » où le père de Robert Baldwin « s'est retiré de la lice pour faire place à notre compatriote ». Le 18, le major John Clitherow, nommé gouverneur délégué, proroge le Parlement au 25 octobre suivant. La session a été fructueuse : sur les 162 projets de loi soumis, 88 reçoivent la sanction royale, 14 sont réservés, 18 rejetés par le Conseil législatif et 39 par la Chambre d'assemblée.

L'état de santé de Sydenham ne fait qu'empirer. Il meurt le dimanche matin 19 septembre, à Kingston, deux jours après son 42e anniversaire de naissance et ses funérailles ont lieu le 24. Ironie du sort, La Fontaine est élu député, la veille, par une majorité de 140 voix.

En attendant que Londres nomme un nouveau gouverneur, Richard Downes, le commandant en chef des forces britanniques en Amérique du Nord, occupe le poste d'administrateur de la province du Canada-Uni. Charles Bagot est nommé gouverneur, le 7 octobre, mais il n'arrive à Kingston que le 10 janvier de l'année suivante. Deux jours plus tard, il prête les serments d'usage. Dès le début de son administration, Bagot se montre bien disposé à l'égard des francophones.

> Il travailla d'abord en silence à se mettre au courant des affaires générales du pays, affirme l'historien Louis-Philippe Turcotte. Il put bientôt constater qu'il existait des mécontentements parmi une partie considérable de la population et que cette population avait à se plaindre de nombreux et justes griefs, dont un des principaux était son éloignement du Conseil exécutif, où ses intérêts n'étaient nullement représentés. Il montra tout de suite des dispositions bienveillantes envers les Canadiens français ; il leur distribua plusieurs places importantes.

La Fontaine et Baldwin savent bien que, sans leur présence au Conseil exécutif, ce dernier sera toujours dans une position précaire. D'ailleurs, le chef des réformistes du Bas-Canada l'affirme à son collègue du Haut-Canada dans une lettre datée de juin 1842. Baldwin, en réponse à La Fontaine, le 28 juin, se déclare prêt à former un nouveau ministère, car selon lui, Bagot est « le premier gouverneur que nous n'ayons jamais eu qui, dès sa prise en charge du gouvernement prend une position pour agir comme chef de tout le peuple, sans référence aux parties, aux classes, à la race ou à d'autres divisions qui doivent exister entre nous ».

Lorsque s'ouvre la deuxième session du premier Parlement du Canada-Uni, le 8 septembre 1842, le climat est à l'incertitude en ce qui concerne la vie du ministère Draper-Ogden, du nom des deux procureurs généraux, William Henry Draper, pour le Haut-Canada, et Charles Richard Ogden, pour le Bas, qui agissent comme présidents du Conseil exécutif. Dans son rapport quotidien, Étienne Parent écrit dans le *Canadien* du 12 septembre :

> On parle depuis longtemps d'un vote de non-confiance, qui serait soutenu par le parti libéral du Bas-Canada, avec monsieur Baldwin et le parti tory du Haut-Canada, même par celui du Bas-Canada. Une pareille union est possible sur cette unique question, mais ce ne pourra être par suite de ce qu'on appelle coalition de style parlementaire. [...] Il n'est guère probable qu'aucun gouverneur ose entreprendre de gouverner le Canada avec un Conseil exécutif chargé d'un vote de non-confiance de la part de la Chambre d'assemblée.

Le 9, Bagot fait parvenir à La Fontaine un court message « personnel », l'invitant, si cela est possible, à venir le rencontrer le lendemain à onze heures au « Government House ». Le leader bas-canadien rédige sa réponse le 10 à huit heures du matin : « Monsieur La Fontaine se fera un devoir de se rendre à la Maison du Gouvernement à l'heure indiquée. » Une nouvelle rencontre a lieu le dimanche 11. La note de convocation est toute simple : « Le chevalier Bagot prie monsieur La Fontaine de vouloir bien passer chez lui dans le courant de la matinée à l'heure qu'il pourra lui convenir. » Le 13, une troisième réunion se tient sur le coup de midi.

Ce jour-là, les galeries de la salle où se tiennent les délibérations de la Chambre d'assemblée sont remplies de curieux. On est à peu près convaincu que

Baldwin profitera de la discussion sur l'adresse en réponse au discours du trône pour présenter une motion de non-confiance qui, normalement, devrait signifier le renversement du ministère Draper-Ogden. Après les discours des deux députés moteurs de l'adresse, le procureur général Draper se lève pour donner lecture d'une lettre personnelle du gouverneur à La Fontaine. Ce dernier est surpris et offusqué que le document soit rendu public de cette façon. On y apprend les détails des diverses rencontres entre le représentant de la reine et le leader bas-canadien. « Ayant pris en ma plus attentive et sérieuse considération les conversations qui ont eu lieu entre nous, je me sens toujours le même désir d'inviter la population d'origine française en cette province à prêter son aide et sa coopération sincère à mon gouvernement. »

La Fontaine, pour accepter d'entrer au ministère, avait exigé que Baldwin en fasse aussi partie et celui-ci, à son tour, ne peut accepter qu'après la démission de quelques membres du Conseil. En conséquence, Ogden, Draper et le commissaire des Terres Davidson doivent démissionner.

Le gouverneur Bagot termine sa lettre à La Fontaine en déclarant : « Je suis allé jusqu'aux dernières limites pour rencontrer vos demandes et y satisfaire et si, après une telle ouverture, je trouve que mes efforts pour assurer la tranquillité politique du pays sont sans succès, il me restera au moins la satisfaction de sentir que j'ai épuisé tous les moyens que le désir le plus ardent d'accomplir ce grand objet, m'a mis en état d'imaginer. »

En ce 13 septembre 1842, La Fontaine éprouve l'impérieux besoin de rétablir les faits relatifs à ses rencontres avec le gouverneur et de préciser aussi ses positions politiques. Intervenant devant ses confrères, il est aussitôt interrompu par le député de Toronto, J. H. Dunn, qui demande à l'orateur de parler anglais !

> Avant de venir au mérite de la question, répond La Fontaine, je dois faire allusion à l'interruption de l'honorable membre pour Toronto, lui qu'on nous a si souvent représenté comme ami de la population canadienne-française. A-t-il oublié déjà que j'appartiens à cette origine si horriblement maltraitée par l'Acte d'Union ? Si c'était le cas je le regrette beaucoup. Il me demande de prononcer dans une autre langue que ma langue maternelle le premier discours que j'ai à prononcer dans cette Chambre ! Je me défie de mes forces à parler la langue anglaise. Mais je dois informer l'honorable membre et les autres honorables membres et le public du sentiment de justice duquel je ne crains pas d'en appeler, que, quand même la connaissance de la langue anglaise me serait aussi familière que celle de la langue française, je n'en ferai pas moins mon premier discours dans la langue de mes compatriotes canadiens-français, ne fût-ce que pour protester solennellement contre cette cruelle injustice de cette partie de l'Acte d'Union qui tend à proscrire la langue maternelle d'une moitié de la population du Canada. Je le dois à mes compatriotes ; je me le dois à moi-même.

L'orateur aborde ensuite la question de la lettre du gouverneur, la communication de son contenu en Chambre et la possibilité pour lui d'entrer au Conseil exécutif.

> Je vois, dit-il, que le but du cabinet, en communiquant cette lettre à la Chambre, est de faire revivre plus fort que jamais l'assertion si souvent faite par nos

ennemis, que les Canadiens français sont impraticables ; qu'il est inutile au gouvernement de leur tendre la main et appeler au pouvoir. [...] Dans quelle occasion les Canadiens français ont-ils été appelés à prendre part activement à l'action politique et administrative du gouvernement, de manière à exercer la juste influence qu'ils ont droit d'y avoir ? Jamais, monsieur le président, cette occasion ne leur a été offerte, accompagnée de ces garanties dont le ministère reconnaît aujourd'hui la nécessité et la justice.

La Fontaine se dit prêt à servir le gouvernement : « Je déclare que je n'ai point donné de refus péremptoire. Qu'on supprime les obstacles et je suis aux ordres de Son Excellence. »

Le 16 septembre, la *Gazette officielle* annonce que Louis-Hippolyte La Fontaine a été nommé procureur général du Bas-Canada et Robert Baldwin, procureur général du Haut-Canada. Les deux chefs sont appelés à former un nouveau ministère et à agir en quelque sorte comme co-premiers ministres. La coutume veut, à cette époque, que l'accession au cabinet signifie un retour devant les électeurs de la circonscription électorale pour faire confirmer la nomination. La Fontaine et Baldwin doivent donc à nouveau faire face à une élection.

Le 19, à Kingston, par 55 voix contre 5, les députés adoptent une motion de satisfaction :

Cette Chambre saisit la première occasion d'exprimer à Son Excellence, comme représentant notre très gracieuse souveraine, sa plus vive satisfaction, en apprenant que, pour asseoir le gouvernement de cette province sur une base stable et permanente, Son Excellence a invité la grande masse de nos compatriotes d'origine française à prendre une part au gouvernement du pays, et mettre ainsi à effet les vues sages et équitables des autorités impériales ; et la Chambre regarde cet événement comme propre à apaiser les malheureuses dissensions qui ont retardé les progrès du Canada, dans une carrière proportionnée aux avantages que la Providence a mis à notre disposition ; et elle offre ses plus vifs remerciements à Son Excellence d'avoir, par sa sagesse et sa fermeté, ouvert une perspective aussi brillante au peuple loyal, satisfait et content que Son Excellence est appelé à gouverner.

Parmi les députés qui s'opposent à l'adoption d'une telle motion, se trouvent George Moffatt et John Neilson.

## Victoire et défaite

La rentrée en force de quelques Canadiens français au Cabinet déplaît à certains anglophones. Le *Montreal Herald* ne cache pas son mécontentement. Il menace de réorganiser les associations constitutionnelles pour que les anglophones puissent « prendre leurs intérêts entre leurs mains, tant que le ministère La Fontaine et Baldwin sera guidé par les principes qui ont amené son existence ».

La Fontaine, dans une lettre aux électeurs du quatrième riding d'York, en date du 19 septembre, annonce son intention de recourir encore une fois à eux.

Tous les partis, leur dit-il, ont enfin reconnu, comme nécessaire à l'action du gouvernement, la coopération de la population canadienne-française. Cette coopération vient d'être donnée à Son Excellence sir Charles Bagot, par monsieur Baldwin et moi, dans les changements qui ont été faits dans la constitution de son Conseil exécutif. En devenant membres de ce corps, nos sièges dans la Législature sont devenus vacants. En conséquence, vous êtes appelés à choisir un représentant. Dans ces circonstances, je crois de mon devoir de me porter candidat à l'élection de votre riding. C'est à vous de décider.

La Fontaine est réélu avec une majorité d'une centaine de voix. Le sort de Baldwin n'est pas le même. Les tories lui font une chaude et violente opposition. L'armée doit intervenir et plusieurs habitants sont blessés. Le scrutin accorde la victoire au candidat orangiste Murney. Au mois de décembre, Michel Bourne, représentant la circonscription électorale de Rimouski, démissionne et Baldwin est élu par acclamation député du comté. Les francophones font, pour le chef des réformistes du Haut-Canada, le geste que des anglophones de York venaient de faire pour La Fontaine.

Entre-temps, le 12 octobre, la session avait été prorogée. Parmi les 30 projets de loi qui reçoivent la sanction royale, un des plus importants touche le mode d'élection. « Le jour fixé pour voter dans chaque paroisse, résume un journaliste, le poll commence à neuf heures du matin et ce poll doit continuer pendant deux jours seulement. [...] Le poll ne doit pas être tenu ouvert plus tard que cinq heures de l'après-midi du second jour. [...] Le poll doit être tenu, autant que possible, dans l'endroit le plus central et le plus public de la paroisse. [...] Toute personne qui n'aura pas résidé six mois dans la place ne pourra approcher à deux lieues à la ronde du poll avec des armes. »

## Encore la mort à l'horizon

Au début de novembre 1842, le gouverneur Bagot est gravement malade. Il informe Londres de la nécessité de lui donner un successeur. En conséquence, Charles Metcalfe est nommé le 24 février 1843 et il s'embarque presque immédiatement pour l'Amérique et arrive à Kingston le 29 mars. Le lendemain, il prête les serments d'office.

La santé de Bagot est de plus en plus mauvaise. Dans plusieurs églises catholiques, les fidèles récitent des prières à son intention. Le 28 mars, une réunion publique se tient à Québec pour préparer une adresse à l'intention de celui qui avait manifesté tant de sympathie pour les Canadiens francophones. Bagot meurt à Kingston, le 19 mai. La *Minerve* note dans son édition du 25 : « Nous voyons que tous les journaux de Québec ont pris les insignes du deuil par un sentiment de respect et comme marque de regrets de la mort de notre ci-devant bien-aimé gouverneur. Les trois seuls journaux de Montréal, sur huit qui s'y publient, qui ne se sont pas conformés à cet usage, sont le *Montreal Gazette*, le *Herald* et le *Morning Courier*. »

## Un homme décidé

Le gouverneur Metcalfe ne possède pas la personnalité de son prédécesseur. Pour lui, la responsabilité ministérielle a des limites bien précises. Il veut gouverner au-dessus des partis politiques.

La conduite que je me propose de suivre envers tous les partis, écrit-il le 25 avril, est celle-ci : je veux les traiter tous de la même manière et ne faire aucune distinction entre eux, à moins que je découvre, ce que je n'ai pas découvert jusqu'à présent, certains principes et certains motifs qui nécessitent une conduite différente. Je puis répéter ici que la nécessité de faire entrer les Français dans le conseil est universellement reconnue et que les conservateurs étaient disposés à former une alliance avec eux, avant le changement qui les a fait entrer dans le Conseil en compagnie du parti de la réforme.

Il revient sur le même sujet dans une lettre au secrétaire d'État aux Colonies, le 12 mai :

J'apprends que mes efforts pour concilier tous les partis sont criminels aux yeux de mon Conseil, ou au moins de son membre le plus formidable. On voudrait m'obliger à me mettre entièrement aux mains de mon Conseil ; on veut que je me soumette à sa volonté ; que je n'aie pas de jugement à moi ; que je distribue le patronage du gouvernement aux seuls amis du ministère ; que je proscrive ses adversaires ; et que je fasse quelque déclaration publique et non équivoque de mon adhésion à ces conditions qui ne sont rien de moins que la nullification complète du gouvernement de Sa Majesté, ce que mon Conseil prétend, bien à faux, être la politique de sir Charles Bagot, quoiqu'il soit bien certain que sir Charles Bagot n'a jamais voulu pareille chose. Si je ne me soumets pas à ces stipulations, je suis menacé de la résignation de monsieur La Fontaine pour un, et nous connaissons parfaitement, lui et moi, les conséquences sérieuses que pourrait entraîner l'exécution de cette menace, le parti canadien-français marchant aveuglément à la suite de son chef. [...] Voilà, pour le dire sans déguisement, à quoi se réduit la question : le gouverneur doit-il être simplement un instrument entre les mains du Conseil ou doit-il exercer son jugement privé dans l'administration du gouvernement ?

La session qui s'ouvre le 28 septembre 1843 va permettre à Metcalfe de connaître une partie de la réponse. Mais bientôt, l'intérêt général va se concentrer sur le choix d'une nouvelle capitale. À la session précédente, la majorité des députés s'étaient prononcés contre Kingston, sans réussir à se mettre d'accord sur un autre lieu, même si la ville de Montréal semble être l'endroit idéal du siège du gouvernement. Devançant les députés, les conseillers législatifs, en l'absence d'une bonne partie de leurs confrères francophones, adoptent, le 13 octobre, une série de résolutions à ce sujet. La 10e indique la pensée générale : « Que, sous l'influence de ces considérations, le Conseil législatif désire respectueusement qu'il plaise à Sa Majesté d'exercer sa prérogative royale dans le choix d'une place dans les limites du Haut-Canada où le Parlement s'assemblerait et il promet de concourir avec l'autre branche de la Législature dans l'allocation qu'il doit faire à Sa Majesté pour les dépenses nécessaires dans la localité permanente du siège du gouvernement au lieu choisi par Sa Majesté. » En somme, les conseillers sont d'accord sur n'importe quel endroit, à la condition qu'il soit situé au Haut-Canada ! Ces résolutions sont adoptées à toute vapeur. Les conseillers anglophones refusent même de faire traduire le texte en français, alors même qu'un des quelques conseillers francophones présents ne parle point la langue de l'empire !

Le 26 octobre, une grande assemblée publique se tient au marché Sainte-Anne, à Montréal, pour promouvoir les chances de la ville de devenir la capitale du Canada-Uni. Plusieurs journaux anglophones du Haut-Canada partent en guerre contre cette idée. La *Minerve* du 26 octobre publie des extraits d'articles de ces journaux.

> La population britannique, peut-on lire dans un journal de Toronto, est trahie, honteusement, indignement trahie. Que dorénavant elle ne mettra plus sa confiance dans les princes ; mais qu'elle se fie à la Providence et tienne sa poudre bien sèche. Ce n'est pas ici une question entre Kingston et Montréal, mais une question de suprématie française ou anglaise ; et souffrir que le siège du gouvernement soit transféré hors des limites du Haut-Canada serait pour nous un plus grand mal qu'une annexion aux États-Unis.

Un journal de Kingston brandit la même menace : « Nous disons avec calme et délibérément, si le Haut-Canada est entièrement privé d'une communication directe avec le gouvernement impérial, adieu pour toujours à la connexion britannique ! Le dernier anneau qui nous attache est rompu. »

Malgré les pressions qui s'exercent de toutes parts sur les députés, ceux-ci, le 3 novembre, se prononcent par 51 voix contre 27 en faveur de Montréal.

La déposition de trois projets de loi concernant surtout les loges orangistes soulève, à son tour, une nouvelle vague de protestations, à Toronto principalement, où Baldwin est brûlé en effigie. Le premier de ces projets a pour objet de « restreindre les processions de partis dans certains cas » ; le deuxième de « décourager les sociétés secrètes » et le troisième « pourvoit à la convocation et à la tenue religieuse des assemblées publiques et au maintien du bon ordre dans ces assemblées ».

## L'orage

L'affrontement entre les membres du ministère La Fontaine-Baldwin et le gouverneur était inévitable. Pour mettre le feu aux poudres, il ne manquait que l'étincelle. L'occasion se présente à la mi-novembre. À la suite de la démission d'un conseiller législatif, Metcalfe offre le poste à l'un des adversaires des conseillers. D'autres nominations ont lieu, sans consultation des membres de l'Exécutif. Le représentant de la reine avait déjà prévu ce qui allait arriver et il l'avait confié à lord Stanley, le secrétaire d'État aux Colonies :

> Ce que je regrette le plus, c'est le mécontentement de ce qu'on peut appeler le parti anglais, pour le distinguer de tous les autres. C'est dans toute la colonie le seul parti avec lequel je puisse sympathiser. Je ne saurais partager le moins du monde la haine du parti français pour tout ce qui est anglais, ni l'indifférence égoïste du parti républicain à l'égard de la mère patrie. Ce sont pourtant les partis avec lesquels il me faut marcher ; et le parti anglais ne veut pas voir que si je ne les rejette pas tout à fait, c'est qu'il m'est impossible de le faire, et il regarde ma conduite comme le résultat de sentiments antibritanniques.

Le vendredi 24 novembre, La Fontaine et Baldwin rencontrent le gouverneur et exigent de lui, selon les mots mêmes de Metcalfe, de « ne point faire de nomination ni d'offre de nommer à des emplois, sans au préalable prendre l'avis du Conseil ; que l'on soumit des listes des candidats au Conseil, dans chaque cas ; qu'il leur fut permis de recommander d'autres candidats, selon leur gré ; que le gouverneur général, en faisant son choix, après avoir pris leur avis, ne fît aucune nomination préjudiciable à leur influence ». « En d'autres mots, ajoute Metcalfe, c'était exiger que le patronage de la Couronne fut cédé au Conseil pour acquérir des appuis dans le Parlement. [...] Le gouverneur général répliqua qu'il ne ferait aucune stipulation semblable et qu'il ne pouvait pas dégrader le caractère de sa charge, ni violer son devoir, en cédant ainsi la prérogative de la Couronne. »

La Fontaine et Baldwin interprètent différemment la rencontre du 24 et les deux autres réunions qui eurent lieu les jours suivants.

> Cette différence d'opinion, affirment-ils, a amené, non seulement des nominations à des charges contre leur avis et des nominations et des offres d'emplois qui n'ont été, en aucune manière, portées à leur connaissance qu'après que l'occasion de donner leur avis à cet égard eût été passée, mais encore la détermination de la part de Son Excellence de réserver, pour l'expression du plaisir de Sa Majesté, un bill introduit dans le Parlement provincial, comme mesure du gouvernement, sans informer les membres du Conseil exécutif qu'il serait probablement réservé [le projet de loi sur les sociétés secrètes]. [...] Tout en désavouant toute intention de changer le système d'administration des affaires publiques, qu'elle avait trouvé établi à son arrivée au Canada, Son Excellence n'a pas dissimulé son opinion que ces affaires seraient conduites d'une manière plus satisfaisante par le gouverneur lui-même, que l'accord n'était pas nécessaire entre les membres du Conseil exécutif et qu'ils n'étaient pas obligés de défendre ou de soutenir en Parlement les actes du gouverneur. Les membres du Conseil exécutif pourraient n'avoir pas eu d'objection à cette opinion de Son Excellence en théorie ; mais, lorsque, samedi dernier, ils ont découvert que c'était là le motif réel de tous leurs différends avec elle, et du manque de confiance et de cordialité entre Son Excellence et le Conseil depuis son arrivée, ils ont cru qu'il leur était impossible de servir Sa Majesté comme conseillers exécutifs pour les affaires de cette province, avec les égards dus à Sa Majesté et à Son Excellence, et conformément aux promesses publiques qu'ils ont souvent faites dans le Parlement provincial, si Son Excellence jugeait convenable d'agir d'après l'opinion qu'elle avait formée de leurs fonctions et de leur responsabilité.

Depuis le dimanche 26, la rumeur court dans Kingston que le Conseil exécutif va donner sa démission. Le lendemain, 27, dès l'ouverture de la séance, La Fontaine avertit la Chambre que tous les membres de son ministère, excepté Dominick Daly, le secrétaire provincial du Bas-Canada, venaient de donner leur démission.

Le 9 décembre, la session est prorogée. Parmi les projets de loi réservés au bon plaisir de la souveraine, figure celui qui modifie la loi électorale. Certaines classes de citoyens perdent leur droit de vote sous prétexte d'indépendance professionnelle. L'article 3 stipule :

> Qu'il soit statué que, depuis et après la passation du présent acte, toutes les personnes ou officiers publics ci-après mentionnés ou désignés, savoir, tous les juges d'aucune cour du Banc du Roi ou de la Reine, le vice-chancelier du Haut-

Canada, le juge de la cour de Vice-Amirauté du Bas-Canada, le juge de la cour d'Escheats, tous les juges de districts ou juges de circuits et tous les ecclésiastiques de l'Église d'Angleterre ou d'Écosse, et tous les prêtres et ministres, soit de l'Église Romaine ou de tout autre culte ou de profession de croyance religieuse [...] sont inhabiles à voter à aucune élection d'un membre ou des membres pour servir dans ladite Assemblée législative, soit dans le présent Parlement ou dans aucun Parlement à venir.

La reine, malgré certaines réticences, sanctionne le projet de loi le 17 avril 1844.

## Un drôle de gouvernement

Le gouverneur Metcalfe, qui est convaincu de posséder la vraie définition de la responsabilité ministérielle dans une colonie britannique, se retrouve dans une drôle de position. Il ne peut continuer longtemps sans faire appel à un Conseil exécutif. Il cherche à convaincre des personnalités francophones d'entrer dans le ministère en formation. Le seul qui accepte d'être nommé au Conseil exécutif est Denis-Benjamin Viger, qui est assermenté le 12 décembre. Dès que cette nouvelle est connue au Bas-Canada, c'est un tollé quasi général qui s'élève. L'ancien délégué des Patriotes à Londres sent le besoin de justifier son geste.

> Je puis paraître, écrit-il à ses électeurs, devant ceux qui m'ont fait l'honneur de m'accorder des marques de leur confiance dans des temps critiques, sans crainte d'être convaincu de l'avoir trahie. L'homme capable d'être resté dix-neuf mois derrière les verrous pour ne pas souscrire à des conditions qui n'étaient pas d'accord avec l'honneur de son pays, ni reconnaître un principe dangereux pour les droits comme pour les libertés de ses concitoyens, n'a pas souillé ses cheveux blancs par des démarches contraires à son devoir. Le temps fera voir que ma conduite est de nature à soutenir le système du gouvernement responsable au lieu de l'ébranler.

Il incombe donc à Draper et à Viger de tenter de former un nouveau ministère. Le recrutement est plus que difficile. Metcalfe sent le besoin de rassurer lord Stanley et il lui écrit à la fin de décembre 1843 : « M. Viger a besoin de temps. Aucun membre influent du parti français ne s'est joint à lui jusqu'à présent ; mais il croit qu'un changement va se produire dans les opinions de ce parti, et il n'est pas sans espérer un appui éventuel. En même temps, il m'est d'un grand secours, car il établit un lien entre le gouvernement et les intérêts canadiens-français, et il constitue la manifestation de mes dispositions envers cette nationalité. Sa conduite a été admirable. Il a montré de l'énergie, de la fermeté, du désintéressement et du patriotisme. »

Le temps passe et il devient de plus en plus évident que, sans le concours et l'appui de La Fontaine et de Baldwin, la crise peut difficilement se résorber. En avril 1844, à l'occasion d'une élection dans le comté de Montréal, le candidat favorable au gouvernement, William Molson, subit la défaite aux mains de Lewis Thomas Drummond, partisan de la responsabilité ministérielle et adepte des idées prônées par La Fontaine. Le 17 avril, dernier jour de votation, la violence éclate et l'armée doit intervenir. Dans un des bureaux de votation, un nommé Dyer se présente avec un pistolet. « On tenta de le lui ôter, rapporte la *Minerve* du lendemain, et dans le tumulte qui en résulta deux Canadiens du nom de Champeau et de Carrière furent blessés à la poitrine par les baïonnettes des soldats. Ils furent pansés par le docteur [Wolfred] Nelson. Leurs blessures sont légères. » Malheureusement, Julien Champeau mourra des suites de ses blessures, le dimanche 21 avril. Ses funérailles ont lieu le jour même où il devait se marier ! John Dyde, un magistrat de Montréal, et Thomas D'Arcy, lieutenant dans le 89e régiment, sont accusés du meurtre de Champeau et ils doivent fournir caution pour retrouver leur liberté. Un jury formé de 11 anglophones et de 5 francophones acquitte les accusés.

La fermeture des bureaux gouvernementaux à Kingston est prévue pour le début de juin et leur déménagement doit s'effectuer au cours du mois.

Pour protester, les orangistes de Kingston mettent sur pied l'Association de l'Empire uni. Le *Statesman*, un journal de l'endroit, lance presque un appel aux armes :

> En avant la garde, chargez ! Les Bretons du Canada sont longtemps restés endormis. Ils ont permis à leurs ennemis d'en agir à leur guise sans être à peine molestés. [...] C'est à notre tour maintenant. La crise approche. À vos tentes, Israël ! Kingston tire le premier coup et, demain, oui, demain, le glorieux deux mai, Kingston, l'ancien, loyal et persécuté Kingston déploiera l'étendard britannique ; il chargera ses bouches à feu, prêtes pour le combat. Kingston indiquera la route de la victoire et de l'honneur. Demain, une grande assemblée publique aura lieu à la salle d'audience à midi et demi. L'Angleterre s'attend que chaque homme fera son devoir. Demain, l'Association de l'Empire uni prendra son existence. Qu'on se forme des branches dans chaque township. Que chaque recoin du Canada contribue à lui donner de la force et de la vigueur.

Metcalfe arrive à Montréal le jour de la Saint-Jean de 1844. Une nouvelle vie commence pour la ville qui devient la capitale. On ignore encore quelles personnes s'y réuniront, car le 23 septembre, le gouverneur dissout le Parlement et ordonne de nouvelles élections générales !

# Vers une autre crise
# 1844-1848

Pour plusieurs anglophones du Bas-Canada, les élections de l'automne de 1844 revêtent une grande importance, car elles leur permettront de prouver leur loyauté envers la Grande-Bretagne et sa souveraine. De plus, elles seront l'occasion d'affaiblir le « french power », qui, selon eux, veut prendre la direction de la colonie. Dans son édition du 25 septembre, la *Montreal Gazette* est claire sur ce sujet.

> La nouvelle de la dissolution du Parlement a démontré la détermination générale des sujets de Sa Majesté à soutenir son gouvernement et la connexion avec la mère patrie. Les citoyens de Montréal ont un grand devoir à remplir et nous sommes persuadés qu'ils le rempliront avec énergie. [...] Toute la question est celle-ci : Soutiendrons-nous la constitution et la monarchie anglaise, ou si nous marcherons aussi vite que possible vers la démocratie et, par conséquent, le démembrement de la province, si ce n'est une totale anarchie. Montréal est l'enfant de la connexion anglaise et l'union des intérêts de la province sur les rives du Saint-Laurent, s'il trahit sa cause, qui la soutiendra ?

Les réformistes de La Fontaine veulent axer la campagne électorale sur le thème de la responsabilité ministérielle, alors que Denis-Benjamin Viger veut voir la population ratifier ses prises de position au sein du Conseil exécutif. L'homme politique, âgé de 70 ans, est mal accueilli dans la circonscription électorale de Richelieu et Wolfred Nelson le dénonce vertement.

À nouveau, la région de Montréal connaît une vague de violence. Aux candidats ministériels George Moffatt et Clément-Charles Sabrevois de Bleury, s'opposent les réformistes Lewis Thomas Drummond et Pierre Beaubien. Des citoyens du Haut-Canada viennent prêter main-forte aux ministériels. L'armée doit encore intervenir et elle dispose des canons près des bureaux de votation. En vertu d'une proclamation, la ville passe officiellement sous le contrôle des militaires. Un tel déploiement influence les voteurs et le gouverneur Metcalfe peut se vanter, dans une lettre du 23 novembre, de la victoire de « ses » candidats :

> Le parti anglais était déterminé à remporter l'élection, ou du moins à ne pas se laisser dépouiller de ses franchises par la violence, comme lors de l'élection de M. Drummond en avril. M. Drummond et ses amis voulaient avoir recours aux mêmes moyens ; mais le parti anglais était résolu d'opposer la force à la force et de s'organiser pour la lutte. Grâce à l'énergie et à la fermeté avec lesquelles ils résistèrent aux attaques des hordes de journaliers catholiques romains employés sur les canaux et loués par le parti de M. Drummond [les employés irlandais du canal Lachine] ; grâce à l'admirable arrangement de l'officier rapporteur qui assura à tous les partis et à tous les bureaux de scrutin la liberté du vote durant toute cette élection, et à la présence des militaires chaque fois qu'elle était nécessaire pour maintenir la paix, la violence fut impossible et le parti anglais triompha.

Denis-Benjamin Viger subit la défaite dans deux circonscriptions électorales et la plupart des candidats ministériels mordent la poussière. Pour le gouverneur, c'est là le signe de la désaffection des francophones. « Il est constaté, écrit-il à lord Stanley, que la loyauté et l'esprit anglais existent dans le Haut-Canada et les Cantons de l'Est, tandis que la désaffection prédomine dans les comtés canadiens-français. Par désaffection, j'entends un sentiment anti-britannique, de quelque nom qu'on l'appelle, ou quelle qu'en soit la cause, qui porte à faire une opposition constante au gouvernement de Sa Majesté. »

Au Bas-Canada, sur 42 députés, 28 sont réformistes ou de tendance réformiste, alors que, dans la province supérieure, on ne compte que 13 représentants du même parti.

Le 28 novembre 1844, le Parlement s'assemble dans l'édifice du marché Sainte-Anne, à Montréal, transformé pour accueillir députés, conseillers et fonctionnaires. La Chambre d'assemblée du Canada-Uni doit d'abord procéder au choix d'un président. En lice, deux candidats : Augustin-Norbert Morin, qui connaît bien les langues française et anglaise, et Allan Napier MacNab, dont la connaissance du français est plutôt mince... ce qui ne l'empêche pas d'être élu par trois voix de majorité, dont celles de Viger et de Denis-Benjamin Papineau. Le lendemain, le gouverneur Metcalfe inaugure la première session du deuxième Parlement de la province du Canada.

Alors que les députés discutent de l'adresse en réponse au discours du trône, les Montréalais sont appelés à se choisir un nouveau conseil composé de 24 membres. Le scrutin se déroule les 1er et 2 décembre. Des bagarres viennent en perturber le déroulement, sauf dans le quartier est. Le second jour de la votation, les bureaux ferment brusquement. La Minerve du jour rapporte ainsi l'incident :

> Les sociétés secrètes [loges orangistes] qui s'organisent depuis un mois sous différents noms ont paru aux différents polls ce matin, la plus grande partie à cheval et armés de pied en cape [sic]. Il est inutile d'ajouter que nos voteurs ont été dispersés et que pas un seul n'a pu approcher pour donner sa voix. Ces actes arbitraires eurent lieu aux polls des faubourgs. Les candidats libéraux, pour éviter l'effusion de sang, pour éviter les meurtres, prirent le parti de résigner et d'aban-

donner le champ libre aux assassins. Tous les polls ont été fermés avant midi, contre la lettre de la loi qui veut que les polls soient ouverts jusqu'à 4 heures. Il faut pourtant excepter celui du quartier de la reine où M. Mills opposait M. Rouths.

Des escarmouches éclatent, des coups de feu sont tirés et les militaires doivent intervenir. À quinze heures trente, le bureau de la Reine doit fermer à son tour, par suite de l'arrivée d'émeutiers. « Les électeurs de M. Mills, rapporte toujours la *Minerve* dans son édition du 5, ont été pourchassés, poursuivis par des gens à cheval jusque dans leur demeure, dans Griffintown* et c'est alors que, voyant leur domicile violé par une troupe armée, ils se sont défendus. Ceux des assaillants qui ont été tués ou blessés l'ont été dans la cour ou dans la maison qui a été mise en état de siège. [...] On avait appelé à Montréal tout ce qu'il y a d'orangistes à dix lieues à la ronde, sans oublier ceux de Rawdon. »

Un Irlandais catholique âgé de 28 ans, James Fennell, et un nommé Johnson sont tués d'un coup de pistolet au cours de l'échauffourée. Quelques journalistes protestent contre le climat de violence qui règne maintenant lors des élections. La mort d'hommes semble, en effet, être devenue chose courante.

## Une question de langue

Peu après le début de la session, soit le 9 décembre, le député La Fontaine présente une résolution demandant que soit remise à la Chambre copie de toute la correspondance entre le gouvernement de la province et celui de Londres « depuis la passation de l'Acte d'Union jusqu'à ce jour, relative à la quarante et unième section dudit Acte d'Union par laquelle il est statué que certains *writs*, proclamations, instruments, journaux, entrées et procédés écrits ou imprimés et rapports tels que spécifiés dans ladite section ne seront qu'en langue anglaise seulement ».

Le 20 décembre, Denis-Benjamin Papineau fait adopter à son tour une résolution pour qu'une adresse soit envoyée à la reine Victoria la priant « humblement [...] de faire disparaître cette cause de mécontentement et de recommander au Parlement impérial de révoquer la partie de la loi qui lui a donné naissance ». La Chambre d'assemblée et le Conseil législatif approuveront le contenu de l'adresse et Metcalfe expédie le document à lord Stanley le 8 mars 1845. À Londres, l'affaire traînera pendant quelques années avant qu'une décision ne soit prise à ce sujet.

En Chambre, les députés sont libres de s'exprimer dans la langue de leur choix, mais plusieurs francophones préfèrent utiliser l'anglais pour être mieux compris. Quant au texte des motions, légalement il doit être en langue anglaise. Le député Joseph Laurin, représentant de Lotbinière, l'apprend à ses dépens le 17 février 1845, alors qu'il soumet au président MacNab une motion rédigée uniquement en français. Le solliciteur général du Haut-Canada, George Sherwood, s'oppose à la réception de la motion « parce qu'elle est écrite en français ». Un débat

---

* Griffintown est un quartier de l'ouest de Montréal habité surtout par des immigrants irlandais. Robert Griffin, lui-même Irlandais, avait loti une partie de sa propriété pour permettre à ses compatriotes de s'y établir.

animé s'engage au sujet de la recevabilité du texte. MacNab déclare qu'il ne peut recevoir la motion et exprime « le regret que cette objection ait été faite ». La Fontaine proteste, mais la décision de l'orateur est maintenue par un vote de 31 voix contre 30. La voix prépondérante est encore une fois celle d'un francophone : Denis-Benjamin Papineau.

Un autre problème important est soulevé au cours de la session : celui des patriotes exilés volontaires ou par décision judiciaire qui n'osent pas revenir au pays ou qui y sont revenus avec une promesse de pardon ou une amnistie individuelle. Le 17 décembre 1844, La Fontaine présente une motion demandant « qu'une humble adresse fût présentée à Sa Majesté demandant le pardon de tous crimes, offenses et délits se rattachant à la malheureuse époque de 1837-38 et l'oubli de toutes les condamnations et mises hors la loi portées durant la même époque ». Le 27 février 1845, la Chambre prend connaissance de la réponse que lord Stanley avait formulée le 31 janvier précédent : « J'ai présenté cette adresse à la Reine et elle l'a reçue bien gracieusement. Et j'éprouve beaucoup de satisfaction à vous autoriser d'informer la Chambre d'assemblée qu'aucun individu natif du Canada, d'après les records de ce département, n'est à présent détenu dans les colonies pénales de Sa Majesté, en vertu de sentence de déportation, auquel un libre pardon n'ait été déjà accordé par l'exercice spontané de la clémence royale de Sa Majesté. »

Dans sa réponse, le secrétaire d'État aux Colonies ignore complètement les patriotes qui sont toujours exilés volontaires aux États-Unis ou en France et qui n'ont pas encore demandé le pardon royal. Encore là, il faudra attendre quelques années pour que le pardon se généralise.

La session se termine le 29 mars 1845 et les travaux, dans leur ensemble, ont été assez efficaces. Quatre-vingt-douze projets de loi reçoivent la sanction royale. Parmi les plus importants, l'un établissait des municipalités « dans chaque paroisse et canton du Bas-Canada », un autre autorisait la levée d'une taxe sur les professions pour financer une partie du système scolaire, pendant qu'une nouvelle loi redonnait aux membres du clergé le droit de vote. Le Parlement avait aussi voté la somme de 40 000 livres sterling pour indemniser les habitants du Haut-Canada qui avaient subi des pertes lors du soulèvement de 1837-38. Au cours du débat concernant ce projet de loi, La Fontaine avait proposé « que les réclamations du Haut-Canada ne soient pas satisfaites avant qu'on ait pourvu pour les pertes du Bas-Canada ». Thomas Cushing Aylwin, le représentant de la cité de Québec, avait dénoncé le fait que le Bas-Canada soit taxé pour payer les pertes du Haut-Canada. Cette fameuse question de l'indemnisation allait causer bien des soucis aux gouvernants lors des sessions subséquentes.

### Toujours rebelles

La session de 1844-1845 avait démontré la faiblesse du ministère Draper-Viger qui avait été souvent mis en minorité en Chambre. Les réformistes de La Fontaine et de Baldwin avaient habituellement fait bloc contre lui. Pour Metcalfe, l'attitude des francophones est en bonne partie responsable de la situation précaire du gouvernement. Il analyse, dans une longue lettre à lord Stanley en date du 13 mai 1845, la composition et les prises de position des différents partis politiques du Canada-Uni.

Le premier dont je parlerai est celui qu'on peut appeler le parti canadien-français, qui se compose, dans la Législature, de la plupart des députés d'origine française, et en dehors de la Législature, de la masse du peuple canadien-français. Ce parti, considérant que l'union fait la force, se tient uni étroitement dans le but de conquérir le pouvoir. Son principal, sinon son seul objet, est la prédominance de la race française dans le Bas-Canada. Tout individu de cette race, qui agit comme il l'entend et se sépare de son parti est en quelque sorte regardé comme un apostat. Tant d'honnêtes gens ont été victimes de cette intolérance qu'un très petit nombre osent maintenant se montrer indépendants, et le parti reste uni, autant à cause de ce système de terreur que par inclination. Beaucoup de gens prétendent que cet état de choses, parmi les Canadiens français, est dû à de fausses représentations ; mais les fausses représentations qui produisent un si grave effet, doivent, je le crains, être puissamment aidées par une disposition déjà existante. Ce parti a été fréquemment en opposition avec le gouvernement de Sa Majesté, et il l'est actuellement, quoique les événements des deux ou trois dernières années eussent dû naturellement produire un résultat différent, si cette population eût nourri les sentiments amis qu'on avait droit d'en attendre. [...] Si chez eux la malignité et la désaffection ont été imperceptiblement mitigées, de manière à produire l'ordre et la tranquillité, on ne peut dire qu'il en soit résulté encore ni attachement ni bon vouloir. Ce parti est sous la direction de M. La Fontaine ; et, après lui, M. Morin est le plus actif et le plus remarquable de ses champions.

Metcalfe est convaincu que s'opposer au gouvernement, c'est s'opposer à la reine, d'où son antipathie pour le parti canadien-français.

La devise de ce parti, ajoute-t-il dans sa lettre du 13 mai, est maintenant : Tout ou rien. Ils savent que leurs compatriotes ne sont nullement exclus des plus hautes fonctions sous le gouvernement et qu'ils ne peuvent redouter aucune mesure préjudiciable à leurs intérêts nationaux ; malgré cela, ils sont rangés en colonne serrée contre le gouvernement de Sa Majesté, et persistent dans leur opposition, avec le seul but de triompher et d'établir une domination française. Il me semble que je ne dois pas, tant qu'il sera en mon pouvoir de résister, me soumettre à une pareille exigence. C'est ma conviction qu'avec une conduite judicieuse, suivie durant plusieurs années, il sera possible de combattre avec succès et disperser cette phalange hostile. Ce que je recommanderais serait de ne laisser à la race française aucun sujet de plainte ; de traiter tous les Canadiens français comme s'ils étaient bien disposés ; de les mettre sur le même pied que les Anglais en ce qui regarde les emplois, les émoluments et les privilèges, et d'éviter toute exclusion, même chez les adversaires du gouvernement, chaque fois que les circonstances justifieront le choix, mais d'avoir soin de distinguer et de récompenser ceux de la race française qui montreront des dispositions loyales et le désir de soutenir le gouvernement de Sa Majesté. Je suis fermement convaincu qu'une conduite comme celle-là aurait l'effet de faire bientôt percevoir aux politiqueurs canadiens-français qu'une opposition opiniâtre au gouvernement de Sa Majesté ne servirait pas leurs propres intérêts.

Aux yeux du gouverneur, il apparaît donc important de diviser la masse canadienne-française et surtout d'empêcher tout mouvement de collusion entre le clergé catholique et les membres des professions libérales. « D'après ce que j'ai pu apprendre, je suis enclin à croire que l'influence du clergé n'est pas très forte parmi les Canadiens français et que l'avocat, le notaire et le médecin, disposés presque toujours à être démagogues en politique et presque tous hostiles au gouvernement britannique, sont ceux qui exercent le plus d'influence. Quel que soit le poids du clergé, lorsqu'il agit de concert avec ces démagogues, il deviendrait, je le crains bien, à peu près nul s'il pesait en sens contraire. »

L'équilibre social du Bas-Canada vient encore de subir un changement important : l'attitude plus sympathique des Irlandais catholiques à l'égard de la cause canadienne-française. Metcalfe souligne les conséquences de ce réalignement politique dans sa lettre à Stanley datée du 13 mai :

> En parlant des partis dans cette province, je ne dois pas oublier le corps des Irlandais catholiques romains, dont le nombre s'accroît chaque année par l'immigration et qui se range généralement du côté des mécontents. Autrefois, le parti anglais du Bas-Canada comptait des Irlandais dans ses rangs, et obtenait par conséquent dans les élections plus de succès qu'il n'en obtiendra probablement à l'avenir. Maintenant, les Irlandais catholiques romains du Bas-Canada sont ligués avec les Canadiens français et c'est à la violence déployée par eux que l'élection d'un député pour l'Assemblée législative, à Montréal en avril 1844, a été remportée par l'opposition. Les Irlandais catholiques romains composent la grande majorité des émigrants du Royaume-Uni et, par conséquent, suivant toutes les apparences, le parti des mécontents dans la province augmentera beaucoup plus rapidement que celui de la classe loyale, ce qui pourra par la suite amener des effets désastreux. Si donc le gouvernement de Sa Majesté exerce quelque contrôle sur le choix des émigrants, je recommanderais instamment que les émigrants envoyés au Canada, fussent principalement des Anglais ou des Irlandais protestants, et que les catholiques romains fussent envoyés de préférence dans d'autres colonies où ne se trouveront pas des partis désaffectionnés prêts à s'emparer des nouveaux venus pour les enrôler sous leurs bannières.

Enfin, Metcalfe décèle une nouvelle menace qui prendra le nom de double majorité. « Le parti français, écrit-il le 13 mai, paraît admettre que le Haut-Canada devrait être gouverné par la majorité du Haut-Canada, mais prétend en même temps que les Canadiens français devraient gouverner dans le Bas-Canada, ce qui aurait l'effet d'y noyer complètement le parti anglais, d'établir la domination française, auquel il vise sans cesse. À ces conditions, le parti français s'unirait volontiers, je crois, au parti conservateur du Haut-Canada, mais de pareilles conditions sont, à mon avis, inadmissibles, et la combinaison, par conséquent impraticable. »

*En coulisse*

William Henry Draper, qui dirige le Conseil exécutif avec Viger, tente une percée chez les réformistes du Bas-Canada pour en convaincre quelques-uns d'entrer au ministère. René-Édouard Caron, président du Conseil législatif et maire de Québec, est chargé de cette délicate mission. Il confie au juge Elzéar Bédard, le 7 septembre 1845 :

Tu connais la répugnance que j'ai à me mêler de ces sortes d'affaires auxquelles je me crois peu propre, pourtant je crois que je ne ferais pas mon devoir si je laissais passer cette circonstance sans faire connaître du moins à mes amis que je suis d'avis que l'état dans lequel nous avons été depuis quelque temps et dans lequel nous sommes encore ne devrait pas durer et je m'estimerais heureux si je pouvais contribuer à le faire cesser. Notre parti perd de la force et de l'importance chaque jour ; l'opposition faite par nos amis a été moins formidable que l'administration ne le pensait ; cette opposition loin de devenir plus forte diminuera encore. Il ne faut pas compter sur le Haut-Canada ; sur le petit nombre de ceux qui n'ont pas joint l'administration, il y aura encore des défections ; la dernière session a démontré ce que l'on doit attendre de ces gens-là. Nous avons été et nous sommes honteusement sacrifiés au Haut-Canada et nous le serons tant qu'il n'y aura pas dans l'administration des personnes disposées et capables de soutenir nos intérêts.

Le même jour, soit le 7 septembre, Caron écrit à La Fontaine pour l'avertir qu'il y aurait au moins deux places disponibles pour des Canadiens français au Conseil exécutif, mais que, pour le moment, il est préférable que La Fontaine songe à autre chose. « À votre sujet, il [Draper] a dit que rien ne lui ferait plus de plaisir que de vous avoir pour collaborateur ; mais que le gouverneur et vous ne pouvant vous rencontrer, il fallait renoncer à vous voir faire partie de l'administration tant que lord Metcalfe serait au pouvoir ; mais qu'il serait injuste de sacrifier un homme de votre importance et de votre mérite ; que vos amis seraient bien blâmables s'ils le faisaient, mais que l'on était prêt à faire disparaître cette difficulté en vous plaçant de manière à vous satisfaire. J'ai compris ou il m'a dit que l'intention était de vous mettre sur le Banc. » Or La Fontaine ne songe pas, du moins pour le moment, à devenir juge. Et il prend l'offre de Draper comme une nouvelle preuve de la faiblesse du ministère.

## Mission impossible

Le 17 septembre, Caron fait un rapport de ses démarches à Draper. Une constante semble se dégager : la nécessité d'établir la double majorité.

Il a été posé en principe, lui écrit-il, que la direction des affaires devant être entre les mains des deux partis dominants dans chacune des sections de la province, que l'administration ne devait plus conduire le Bas-Canada au moyen d'une majorité prise dans le Haut, qu'elle ne doit imposer la loi à la majorité du Haut-Canada par suite de l'aide que lui donnerait le Bas, et qu'une administration quelconque ne devait durer que tant qu'elle serait soutenue par une majorité respective dans chacune des sections de la province. L'on dit que, dans la partie supérieure, les choses étaient telles qu'elles devaient être ; que là l'administration était soutenue par la majorité, mais qu'il n'en était pas de même ici, où la minorité seule soutenait le ministère qui était opposé par la majorité ; que cependant il n'y avait pas de raison de ne pas mettre ici les choses sur le même pied qu'elles sont là ; que ce ne pouvait être qu'à cette condition que la majorité pourrait se joindre à l'administration d'une manière honorable et conforme aux principes.

En raison de la gravité de la situation, La Fontaine trace à Baldwin, dans une lettre du 23 septembre, le bilan des interventions de Caron. Le chef réformiste du Haut-Canada répond à son confrère le 16 octobre et précise sa position face à la question de la double majorité :

> Je concède pleinement que, si l'on admet le principe d'un double cabinet appuyé par des doubles majorités, vous avez posé la question sur le seul terrain qui puisse servir de fondation à cette machine politique anormale. [...] Je considère le principe lui-même comme inadmissible et entièrement impraticable. Je puis bien concevoir que, dans le travail pratique de la législation, une certaine déférence devrait être manifestée aux vues des majorités respectives de chacune des provinces, de telle façon qu'aucune mesure ne devrait être imposée à l'une ou à l'autre contre le sentiment d'une majorité considérable des représentants de la province intéressée. Mais ceci ne justifie nullement le principe d'avoir un double cabinet dont la moitié dépendrait, pour son maintien, de la confiance des représentants du Bas-Canada, et l'autre moitié de la confiance des représentants du Haut-Canada. Ce principe, j'en suis convaincu, est absolument incompatible avec la nature même de nos institutions politiques et, en fin de compte, on le trouvera impraticable.

## « Il est parti ! »

Lord Metcalfe, dont la santé va de mal en pis, décide de retourner en Angleterre. Il quitte Montréal, le 26 novembre 1845, laissant l'administration de la colonie entre les mains de Charles Murray, comte Cathcart, qui venait d'être nommé commandant en chef des forces militaires britanniques en Amérique du Nord. Le nouvel administrateur est assermenté le jour même du départ de Metcalfe. Quelques semaines auparavant, soit au début d'octobre, Louis-Joseph Papineau était de retour à Montréal, presque décidé à ne plus se mêler de politique !

Un autre départ important a lieu au cours de novembre : celui des fonds du gouvernement. En effet, lors de sa réunion du 15, le Conseil exécutif décide de retirer de la Banque de Montréal les sommes d'argent du receveur général et de les déposer dans la Banque du Haut-Canada. C'est là sans doute la première fuite importante de capitaux vers la future province de l'Ontario !

> Les adversaires du gouvernement, écrit l'historien Antoine Gérin-Lajoie, prétendirent que ce changement était dû à quelques paroles insultantes pour la noblesse anglaise échappées au gérant de la Banque de Montréal, M. Benjamin Holmes, dans une réunion du Conseil de ville ; d'autres l'attribuèrent au fait que plusieurs ministres et, entre autres, le nouvel inspecteur général M. Cayley avaient des intérêts dans la Banque du Haut-Canada. Mais les amis du ministère donnèrent une autre raison : c'est que la Banque de Montréal refusait de payer au gouvernement l'intérêt sur le dépôt qu'il tenait continuellement dans la Banque et qui ne s'élevait pas à moins de 60 000 à 70 000 livres sterling, tandis que la Banque du Haut-Canada se soumettait volontiers à cette condition.

## Une chute à prévoir

La situation tendue qui existe entre les États-Unis et la Grande-Bretagne au sujet du territoire de l'Orégon, revendiqué par les deux pays, explique en bonne partie pourquoi le général Cathcart, militaire de carrière, devient gouverneur général de la province du Canada-Uni le 16 mars 1846. À cette époque, il n'est question que de guerre entre les deux puissances.

La deuxième session du deuxième Parlement s'ouvre le 20 mars. Parmi les sujets importants à l'ordre du jour : une refonte de la loi de la milice. La menace de guerre justifie la remise sur pied de la milice canadienne. Au cours des débats, le député de l'Islet, Étienne-Paschal Taché, y va d'un vibrant appel au patriotisme :

> Ce que nos pères ont fait, ce que nous avons fait nous-mêmes pour la défense de cette colonie, nos enfants seraient encore prêts à le faire, si l'on voulait rendre justice au pays. Notre loyauté à nous n'est pas une loyauté de spéculation, de louis, schellings et deniers, nous ne l'avons pas constamment sur les lèvres, nous n'en faisons pas trafic. Nous sommes dans nos habitudes, par nos lois, par notre religion, [...] monarchistes et conservateurs. Tout ce que nous demandons, c'est que justice nous soit faite ; et si un ennemi se présente, vous verrez nos légers et joyeux bataillons voler à sa rencontre comme à un jour de fête et présenter hardiment leurs poitrines au fer de l'assaillant. [...] Messieurs, traitez-nous comme les enfants d'une même mère, et non comme des bâtards ; un peu plus de justice égale, non dans les mots, mais dans les actes ; je réponds que si jamais ce pays cesse d'être un jour britannique, le dernier coup de canon tiré pour le maintien de la puissance anglaise en Amérique le sera par un bras canadien.

Si le projet de loi sur la milice fait la quasi-unanimité, il n'en va pas de même de celui qui veut faire payer par les deux Canadas les frais de justice criminelle encourus par le Haut-Canada seulement. Jusqu'ici, les montants nécessaires avaient été remboursés au moyen de taxes locales. Les députés réformistes du Bas-Canada considèrent la mesure comme injuste. La Fontaine la dénonce carrément : « Nous n'avons pas voulu l'Union, déclare-t-il ; on nous l'a imposée ; nous ne devions rien avant ce malheureux événement ; le Haut-Canada avait une dette énorme dont il nous faut payer notre part. Est-il juste que, après nous avoir forcés de payer notre part de ces dépenses générales, on nous oblige encore à payer notre part des dépenses particulières de chaque localité ? Est-ce là une des conditions de l'Acte d'Union ? » Malgré tout, la mesure est adoptée par 44 voix contre 19, ces dernières toutes fournies par le Bas-Canada ! Une autre injustice voit le jour au cours de cette session : les revenus des biens des jésuites seront à l'avenir versés au fonds consolidé du Canada-Uni, ce qui signifie que le Haut-Canada y aura accès autant que le Bas ! Les députés réformistes du Bas-Canada ne peuvent rien contre la coalition des réformistes de Baldwin avec les autres députés du Haut-Canada et les députés anglophones du Bas-Canada.

La session se termine le 9 juin par la sanction de 104 projets de loi, dont l'Acte pour pourvoir à l'éclairage au gaz de la cité de Québec.

## Toujours la même question !

La démission de Denis-Benjamin Viger, le 17 juin 1846, pose à nouveau le problème de la responsabilité ministérielle et celui de la double majorité. Pierre-Joseph-Olivier Chauveau, le représentant du comté de Québec, explique dans le *Courrier des États-Unis* du 14 novembre 1846 la signification réelle de la théorie de la double majorité : « La simple exposition de ce système est la démonstration la plus mathématique que l'on puisse imaginer de l'union des Canadas. L'idée de deux gouvernements fonctionnant chacun à sa guise, l'un progressif, l'autre conservateur, donne de suite l'idée de deux pays différents. Avouer que l'Union ne peut opérer sans la division sectionnaire de l'administration, c'est avouer que cette union ne pouvait exister que pour un objet de spéculation mercantile, et non point pour l'avantage des populations. »

Si la question de la double majorité remet en cause l'Acte d'Union lui-même, ce sont les liens avec la Grande-Bretagne qui sont secoués en 1846 par l'adoption à Londres, le 26 juin, d'un projet de loi établissant le libre-échange. Antoine Gérin-Lajoie, dans son histoire *Dix ans au Canada de 1840 à 1850*, analyse les conséquences de la nouvelle loi :

> Le trait le plus important de cette mesure, suivant nous, c'est la révolution qu'il opérait dans le système colonial. Jusque-là les principaux articles d'exportation du Canada, comme le bois et le grain, avaient joui d'une certaine protection sur les marchés de la Grande-Bretagne ; ils y étaient admis à des conditions beaucoup plus libérales que les produits étrangers. Nos marchands et nos hommes politiques virent donc avec terreur le changement proposé dans les relations commerciales qui s'attaquait à la base même du système colonial. [...] L'abolition de la protection allait, suivant eux, décourager l'agriculture et détourner l'immigration. Enfin, ils craignaient que la loyauté des habitants ne fut mise à une trop forte épreuve.

Effectivement, plusieurs anglophones ne voient plus pourquoi la colonie demeurerait britannique et ne s'allierait pas aux États-Unis.

Au Canada, on réclame maintenant l'abolition des lois de navigation obligeant les colonies à tout expédier à bord de navires britanniques. Petit à petit, on assiste à la mise en place des éléments qui conduiront à l'éclatement d'une crise annexionniste au moindre affrontement important.

## Le gendre de Durham

La signature du traité de Washington, le 15 juin 1846, réglant la question des frontières de l'Orégon, fait disparaître les menaces de guerre entre l'Angleterre et les États-Unis. Londres décide donc de nommer un gouverneur civil. Le 16 septembre, James Bruce, lord Elgin, est nommé à ce poste. Il venait d'épouser Mary Louisa Lambton, fille de lord Durham. La Fontaine et Baldwin croient que le nouveau représentant de la reine, malgré toute sa bonne volonté, ne fera sans doute pas mieux que Bagot. Mais, dans la métropole, on adopte une position ferme au sujet de la responsabilité ministérielle. Lord Grey, le nouveau secrétaire d'État aux

Colonies, déclare au lieutenant-gouverneur de la Nouvelle-Écosse, John Harvey, dans une lettre du 3 novembre : « Il n'est ni possible ni désirable de gouverner aucune des provinces anglaises de l'Amérique du Nord en opposition aux vœux et aux désirs des habitants. » Cette politique de conciliation coïncide avec la propagation de la rumeur que Londres a décidé d'unir toutes ses colonies d'Amérique du Nord sous un même gouvernement. Le projet, même s'il est prématuré, fera l'objet de quelques commentaires de lord Elgin, arrivé à Montréal le 29 janvier 1847.

Dès qu'il est installé, le gouverneur cherche un moyen de faire entrer des francophones dans le cabinet, pendant que Draper tente de convaincre Morin et Caron. Le 27 février, Morin fait parvenir à Elgin un mémoire secret où il affirme :

> M. Morin a donné toute son attention au mémoire de Son Excellence, exprimant le désir que les intérêts et les vœux de l'importante partie de la population qui est d'origine française puissent obtenir dans l'administration des affaires de la province une très grande part d'attentions et d'égards, et, dans ce but, témoignant la satisfaction que Son Excellence aurait à pouvoir inclure dans son Conseil exécutif quelques-uns de ceux qui possèdent à un haut degré l'estime et la confiance de cette même partie de la population. M. Morin éprouve une vive reconnaissance de l'expression de ces sentiments de la part de Son Excellence et espérant que Son Excellence parviendra à réaliser ses vues, ne doute pas qu'elle ne soit animée des dispositions les plus propres à y parvenir. [...] L'idée d'un Conseil exécutif où ne régnerait pas une parfaite confiance et une entière unité de sentiments et d'action, serait contraire à celle d'un gouvernement fondé sur l'opinion publique, présentant dans sa marche toute l'harmonie et la force que donne cette opinion, et calqué ainsi sur les bases mêmes d'institutions qui sont déclarées nous régir et auxquelles nous sommes fortement attachés.

La troisième session du deuxième Parlement s'ouvre à Montréal, le 2 juin 1847. Lors de la discussion sur l'adresse en réponse au discours du trône, les réformistes font le procès de l'administration que l'on accuse de favoritisme de tout genre. À la séance du 9 juin, le député Aylwin accuse les conseillers exécutifs d'avoir sacrifié les intérêts des Canadiens français. Il reproche aussi aux anglophones du Bas-Canada de faire bande à part.

> Je demande aux Anglais du Bas-Canada ce qu'ils gagnent en se séparant de la majorité, et si une minorité dans les circonstances comme celles où elle se trouve, qui se sépare du reste de la société, n'est pas mue par ces préjugés nationaux si justement dénoncés par lord Durham ? Quelles mesures pouvez-vous obtenir du ministère actuel, qui vous seraient refusées par le membre pour Terrebonne [La Fontaine] ? Cette minorité voudra-t-elle laisser le pays sans institutions libérales et dans la position où il est resté depuis la conquête ? Je demande à n'importe quel Breton si les institutions britanniques sont mises en pratique lorsque le nombre total des représentants pour le Canada-Uni n'est pas plus grand que celui qui représentait autrefois le Bas-Canada seulement ?

Au Conseil législatif, John Neilson aborde la même question, le 17 juin. « Le peuple de cette partie de la province dont la majorité se compose de Canadiens français, déclare-t-il, n'est pas représenté dans le gouvernement comme il avait le droit de l'être. Il n'y a actuellement qu'un seul membre de leur origine dans le Conseil exécutif. Les Canadiens ont le droit d'être représentés dans le gouvernement. »

Caron avait été destitué de son poste de président du Conseil législatif par Draper au profit de Peter McGill. Le débat se termine par l'adoption d'une série de résolutions demandant que justice soit faite aux Canadiens français. La session se termine le 28 juillet, alors que la colonie est aux prises avec une épidémie de fièvre typhoïde.

## Des milliers de morts

En 1847, des navires transportent au Canada des dizaines de milliers d'immigrants irlandais qui fuient leur patrie où règne la famine, par suite d'une pénurie de pommes de terre. Les conditions sanitaires à bord des bâtiments sont presque nulles.

La maladie s'y déclare et la station de la quarantaine de Grosse-Île ne peut suffire. À Québec et à Montréal, on construit des abris d'urgence et le gouvernement vote la somme de 10 000 livres sterling pour organiser les secours. Le *Quebec Mercury* dénonce l'incurie des autorités anglaises de la métropole :

> Un témoin oculaire [de Grosse-Île] déclare qu'il est convaincu que sur ces 2235 malheureux (arrivés au cours des 13 derniers jours), il n'y en aura pas 500 qui se rendront au lieu de leur destination. [...] D'après des informations qui nous sont parvenues récemment, la quarantaine à Liverpool est non seulement inutile, mais elle est même meurtrière pour les émigrés qui s'embarquent pour l'étranger. On nous dit que 15 à 16 petits vaisseaux sont en station vis-à-vis du port pour recevoir les émigrés qui viennent d'Irlande ; et que tous ceux qui sont malades ou qui paraissent l'être sont transportés de ces vaisseaux à bord des navires destinés au Canada et cela, comme on le conçoit, dans un état pire que si on leur avait permis de continuer immédiatement leur voyage.

Selon un rapport du comité d'émigration de Montréal, sur les 100 000 immigrants qui arrivèrent dans la colonie par la voie fluviale, « 5293 moururent en mer ; 3389 à la Grosse-Île ; 1137 à Québec ; 3862 à Montréal ; 130 à Lachine ; 39 à Saint-Jean ; total : 13 850, sans compter ceux qui moururent dans d'autres parties du pays ou une fois rendus soit dans le Haut-Canada, soit aux États-Unis ».

## Une élection raciale

Le retour au temps froid fait disparaître la maladie et la politique peut reprendre le dessus. À Québec, s'organise l'Association constitutionnelle de la réforme et du progrès qui, en novembre, publie un manifeste « adressé au peuple du Canada ». Les auteurs font le bilan de la situation et dressent, en conclusion, une série de mesures dont ils demandent l'adoption par le Parlement canadien.

> Le jour est venu où la minorité des habitants du Bas-Canada doit comprendre que ses intérêts bien entendus sont les intérêts de la majorité ; ou plutôt qu'il n'existe qu'un intérêt commun, celui de la prospérité morale et matérielle du pays, objet qui ne peut être atteint que par le sacrifice de tous préjugés et de toute antipathie

nationale ; par un effort commun pour le développement des vastes ressources qu'offre cette contrée à tous ses habitants. Elle doit aussi être convaincue que l'égalité politique est une condition indispensable à cette harmonie et à ce commun effort d'où dépend le bonheur de tous, et que les avantages sectionnaires, basés sur les fraudes électorales ne peuvent tourner, comme ils n'ont tourné en effet, qu'au détriment de ceux à qui ils sont destinés à servir de leurre et d'appât.

Les mesures préconisées concernent la réforme électorale, l'établissement d'une vraie égalité entre les deux groupes ethniques, le libre-échange avec les pays étrangers, la libre navigation sur le Saint-Laurent, l'amortissement progressif de la dette publique, la concession des terres de la Couronne à des taux moins élevés et à des conditions de paiement plus faciles et la réforme du département des postes. L'occasion va se présenter de faire de ce manifeste un programme électoral, car le Parlement est dissous le 6 décembre 1847. Pour le *Morning Courier* de Montréal, dans son édition du 26 janvier 1848, le temps n'est plus à la bonne entente ni à l'égalité. « Ce ne sera plus un combat entre tory et radical, mais une guerre de races et la question à décider est de savoir si les Canadiens français mettront le pied sur la gorge des Anglais ; ou s'ils seront ce pourquoi ils sont faits, c'est-à-dire des *scieurs de bois et charroyeurs d'eau !* » Malgré ces provocations, les élections sont, dans l'ensemble, relativement calmes. Les libéraux sortent majoritaires tant au Bas qu'au Haut-Canada. Louis-Joseph Papineau est élu dans la circonscription de Saint-Maurice.

Le Parlement se réunit le 25 février 1848 et dès le début se pose le choix de l'orateur de la Chambre d'assemblée. MacNab, qui normalement doit être réélu selon la tradition, connaît de l'opposition. Baldwin propose la candidature de Morin. « Le nombre considérable de membres qui ne parlent que le français, affirme Baldwin, exige que l'orateur sache cette langue. Chaque membre aurait au moins la satisfaction de savoir qu'il est compris de celui à qui il parle, et à la décision de qui il doit se soumettre. Ceux qui ne parlent que l'anglais seraient-ils bien aises de voir au fauteuil quelqu'un qui ne parle que le français ? quel serait leur embarras pour entendre ses décisions ? » Or Morin parle parfaitement les deux langues : il est élu facilement.

Lors du débat sur l'adresse en réponse au discours du trône, Baldwin propose un amendement à la résolution ministérielle :

> Que nous croyons, cependant, qu'il est de notre devoir de soumettre humblement à Son Excellence, qu'il est essentiel, dans le but de donner un résultat satisfaisant à ses délibérations sur les matières importantes sur lesquelles il a gracieusement plu à Son Excellence d'appeler notre attention, ainsi que sur d'autres objets d'un intérêt public, que l'administration provinciale de Sa Majesté possède la confiance de cette Chambre et du pays, et d'exposer respectueusement à Son Excellence que les conseillers actuels de Son Excellence ne possèdent pas cette confiance.

La résolution est mise au vote et 54 députés l'approuvent alors que 20 votent contre. Parmi ces derniers, on ne compte aucun francophone. Ce vote de non-confiance signifie à toutes fins pratiques la chute prochaine du ministère. La *Minerve* du 6 mars ne cache pas sa joie : « Le grand coup est frappé ; le ministère est à bas. Cette chute n'a pas été de bien haut, comme on le sait et par conséquent le bruit et le fracas n'en ont pas été bien remarquables. Ces pauvres ministres n'avaient aucun moyen de défense, aucun subterfuge : leur contenance et leur silence annonçaient une résignation, causée par le découragement. Il n'y avait plus que deux membres sur les banquettes ministérielles capables de parler. [...] Pas un n'a pris la peine de faire un discours fort remarquable, pas un n'a parlé en français. »

Le 7 mars, Baldwin et La Fontaine sont convoqués chez le gouverneur Elgin pour former un nouveau ministère. Le lendemain matin, La Fontaine envoie une voiture à l'Assomption où demeure Louis-Michel Viger afin que celui-ci puisse venir immédiatement à Montréal. Le samedi 11 mars, la *Gazette officielle du Canada* annonce la formation du cabinet : La Fontaine devient procureur général pour le Bas-Canada et Baldwin occupera le même poste pour le Haut. On parlera maintenant du ministère La Fontaine-Baldwin. Sur les onze membres qui forment le Conseil exécutif quatre sont francophones. Comme le veut la tradition, les conseillers doivent retourner devant leurs électeurs pour faire reconfirmer leur mandat. En conséquence, ils seront absents des débats sessionnels qui se termineront le 23 mars.

### Un retour remarqué

Louis-Joseph Papineau ne semble pas avoir perdu sa fougue d'antan. Lors de son premier discours en Chambre, il dénonce l'Acte d'Union et demande son rappel ; il se prononce contre le vote des subsides pour l'année en cours parce que les conseillers exécutifs sont absents et il dénonce les réformistes, trop tièdes. Joseph-Édouard Cauchon, représentant de Montmorency, se charge de répondre à l'ancien chef du parti patriote :

> Je dois dire sans hésitation ce que je pense de la conduite de l'honorable membre pour le comté de Saint-Maurice. Je dis que son opposition systématique au ministère qu'il nous a aidé à créer — lorsqu'il affirme qu'il a confiance dans les hommes qui le composent, et qu'il est disposé à laisser essayer le système actuel sous de pareilles conditions — qu'une pareille opposition, que de pareilles exigences, ne sont ni loyales ni généreuses, surtout lorsque les bouches éloquentes qui peuvent lui répondre ne peuvent se faire entendre dans cette enceinte. J'ai beaucoup admiré ses brillantes harangues, mais je ne les admire plus parce qu'elles ne conduisent à rien. Je ne puis flétrir la politique du passé, parce que les hommes qui l'ont faite étaient consciencieux. J'ai droit de la considérer comme une leçon d'expérience, et de la condamner parce qu'elle s'est suicidée pour avoir été trop excessive. À quoi nous ont servi les cinquante années de luttes de l'ancien régime, si ce n'est à produire l'état de choses actuel et les iniquités de l'Union ? Il y a des hommes qui sont puissants à détruire, mais qui n'ont jamais rien élevé sur les ruines qu'ils ont faites. [...] Nous avons quelque chose de plus à faire que de parler pour les galeries ; je maintiens, moi, qu'au lieu de crier contre ce qui n'est plus, nous devons nous efforcer de sauver l'avenir, contre son gré même, s'il est nécessaire. [...] L'honorable membre pour le comté de Saint-Maurice doit savoir que nous, les hommes du Bas-Canada, ne pouvons consentir à nous diviser pour aucune considération au monde, la division pour nous étant un suicide. Une funeste et récente expérience devrait lui faire comprendre que ses exigences

injustes et ses raisons n'auront pas d'écho dans la population, qui a le sentiment, l'instinct de sa conservation propre.

La session se termine le 23 mars et, cinq jours plus tard, tous les membres du Conseil exécutif sont réélus.

Papineau venait de briser les liens avec les réformistes. Au cours des mois qui suivent, une violente polémique s'élève entre Wolfred Nelson et son ancien ami. Le premier accuse le second d'avoir fui avant la bataille de Saint-Denis. Dans un discours, il déclare :

> C'est le chef qui a fui durant la mêlée, qui a donc perdu son droit de commandement. Celui-là même qui veut arracher les rênes des affaires publiques à des mains sages et habiles pour les saisir lui-même et les lâcher encore une fois aussitôt qu'il verra le précipice où son étourderie aura conduit le char de l'État. [...] Ce mauvais génie n'a pas, ni dans sa personne ni dans sa famille, éprouvé les grandes souffrances qu'il a fait descendre si abondamment sur ceux qui ont eu le suprême malheur de regarder ses démarches comme consistantes, sages et vertueuses. [...] Je ne me suis pas caché, je ne me suis pas déguisé. Je m'appelais Wolfred Nelson sur le champ de bataille. Je me suis appelé Wolfred Nelson quand j'ai fait comprendre à mes braves compagnons d'armes qu'il fallait nous débander, la lutte devenant impossible. Je me suis appelé Wolfred Nelson dans les lieux de mon exil et sur la terre classique de la liberté. Je suis revenu pauvre au milieu de vous, mais avec un nom sans flétrissure.

Papineau, qui compte encore quelques disciples, riposte avec véhémence et l'on se bat, de part et d'autre, à coup de déclarations assermentées et de pamphlets, de discours et de lettres aux journaux. Personne ne sort grandi de cette polémique. Mais l'attitude de Papineau inquiète le gouverneur Elgin qui confie à lord Grey, le 4 mai, qu'il se méfie de Papineau et de ses « satellites » qui cherchent à soulever les Irlandais par des déclarations enflammées sur l'avenir politique de l'Irlande.

Pendant tout ce temps, La Fontaine et Baldwin cherchent à stabiliser la situation politique et économique du Canada. On cherche, entre autres, à établir le libre-échange entre le pays et les États-Unis. La prochaine session s'annonce chargée et chacun fourbit ses armes.

Le Parlement du Canada-Uni en flammes, 25 avril 1849

# LE PARLEMENT BRÛLE

Lorsque s'ouvre à Montréal, le 18 janvier 1849, la deuxième session du troisième Parlement du Canada-Uni, la situation économique de la capitale laisse de plus en plus à désirer. Les changements législatifs apportés en Grande-Bretagne aux lois sur la navigation et sur le libre-échange commencent à favoriser l'économie américaine. Le Bas-Canada traverse alors une crise économique. « Le revirement du marché de Montréal vers New York, écrit l'économiste Alfred Dubuc, va se faire sentir sur le coût du transport ; non seulement le blé américain ne viendra pas vers Montréal par les canaux du Saint-Laurent, dont on achève précisément la construction cette même année 1848, mais le blé canadien lui-même s'acheminera vers New York par le canal Érié, au grand profit des affréteurs américains. » Les financiers et les marchands de la région de Montréal commencent à dénoncer plus violemment la nouvelle politique anglaise qui ne protège plus ses colonies.

Dans son discours d'ouverture, prononcé dans les deux langues, le gouverneur Elgin annonce deux décisions importantes prises à Londres :

> Je suis autorisé à vous informer que Sa Majesté a résolu d'exercer la prérogative de la clémence en faveur de tous ceux qui sont encore sous le poids des conséquences pénales d'offenses politiques résultant des malheureux événements de 1837 et 1838 ; et j'ai reçu ordre de la reine de vous inviter à concourir avec moi à la passation d'un acte pour donner leur plein effet aux très gracieuses intentions de Sa Majesté. Je suis fort aise d'avoir à vous apprendre que, conformément au désir de la Législature locale exprimé dans une adresse des deux Chambres du Parlement provincial, le Parlement impérial a passé un Acte révoquant la clause de l'Acte d'Union qui imposait des restrictions à l'usage de la langue française.

La langue française retrouve donc son droit de cité au Parlement. La *Minerve* du 22 janvier ne cache pas sa joie :

> La lecture de ce discours, faite en langue française et avec une excellente prononciation par Son Excellence le gouverneur général, a causé une vive satisfaction.

> C'est la première fois que la chose a lieu au Canada. De la part de lord Elgin, c'est une attention délicate, un hommage à notre nationalité dont nous devons lui savoir gré. Il était impossible de mieux nous annoncer la réhabilitation de la langue française dans l'ordre politique. Les jeunes et fougueux apôtres de notre nationalité, qui ont fait tant de bruit depuis un an, qui ont poussé tant de fois l'heureux cri du réveil national, n'ont pas dit un mot (les honnêtes gens !) dans leur feuille de samedi sur ce fait assez intéressant, ce nous semble.

Le journaliste de la *Minerve* lance ici une attaque directe aux libéraux et à leur journal, *L'Avenir*.

Un député anglophone, le colonel John Prince, représentant la circonscription d'Essex dans le Haut-Canada, tente de jeter le discrédit sur le geste du gouverneur. « Il dit que ç'avait mal sonné à ses oreilles, que c'était très drôle. Que le gouverneur avait fait la chose à demi ; qu'il aurait dû lire le français avant l'anglais pour plaire davantage au parti ministériel. Que dans tous les cas, c'était un grand progrès qui serait suivi d'autres progrès semblables. Que nous avions des Allemands et des Écossais. Que l'année prochaine, on lirait sans doute le discours en allemand et en *broad-scotch*. Il croyait après tout qu'il valait mieux revenir au bon vieil anglais. » Louis-Joseph Papineau, avant de se lancer dans une attaque de fond contre l'Union et le ministère La Fontaine-Baldwin, félicite le gouverneur pour le geste « de stricte justice » qu'il vient de faire.

Le débat qui entoure l'adoption de l'adresse en réponse au discours du trône est long et mouvementé. Papineau, à lui seul, prononce quatre discours qui durent, au total environ douze heures ! Il réclame, entre autres, la représentation propor-tionnelle et le rappel de l'Acte d'Union qui est, selon lui, « un contre-bon-sens qui nuit également au Haut et au Bas-Canada, qui met les membres de l'une et de l'autre province dans la plus étrange position. [...] C'est une folie pour nous de vouloir bien législater [*sic*] à la fois pour le Haut et le Bas-Canada ».

La Fontaine ne peut accepter l'« opposition à outrance » que Papineau mani-feste depuis son retour en politique. Il profite de sa réponse pour pointer du doigt la faillite de l'Union.

> Dans la pensée du gouverneur qui l'a suggérée, dans la pensée de celui qui en a rédigé l'acte, l'Union des deux provinces devait écraser les Canadiens français ! Ce but a-t-il été atteint ? La pensée de lord Sydenham a-t-elle été réalisée ? Tous mes compatriotes, à l'exception de l'honorable membre, répondront d'une voix una-nime : Non ! Mais ils diront aussi, et tout homme sensé le dira que si le système d'opposition à outrance que préconise l'honorable membre eût été accepté, il aurait accompli déjà à présent le but de lord Sydenham : les Canadiens français seraient écrasés ! Voilà où nous aurait conduit le système de l'honorable membre, et où il nous conduirait infailliblement encore si les représentants du peuple étaient assez peu judicieux pour le suivre.

L'adresse, après cet échange de propos parfois remplis d'aigreur, est adoptée par 48 voix contre 18.

*« You, strangers... »*

Comme il l'avait souvent promis avant d'accéder au pouvoir, La Fontaine veut régler le cas des pertes subies par les Canadiens en 1837 et 1838. À cette fin, il propose, le 29 janvier 1849, que la Chambre se forme en comité général dès le 9 février suivant « pour considérer la nécessité de constater le chiffre de certaines pertes essuyées par certaines personnes dans le Bas-Canada durant les troubles de 1837 et 1838, et de pourvoir à leur règlement ». Une mesure identique avait déjà été votée pour le Haut-Canada lors de la session de 1845. Quatre ans auparavant, il avait été décidé que, pour la province supérieure, « l'indemnité s'étendrait non seulement aux pertes causées par les insurgés, mais encore à celles dont l'armée ou toutes autres personnes prenant sur elles d'agir par ordre du gouvernement ».

Le débat s'engage le 13 février. L'un des premiers à attaquer est le représentant de Brockville, George Sherwood.

> Je dirai même que je suis prêt à voter pour l'indemnité, déclare-t-il, si les messieurs qui occupent les sièges ministériels promettent qu'on ne l'appliquera qu'à payer les réclamations des loyaux. Mais je ne connais rien dans l'histoire d'aussi abominable que de s'adresser à ceux qui ont pris les armes pour la défense de leur pays, et parmi lesquels un grand nombre ont perdu leurs proches comme leurs plus chers parents et amis, pour récompenser ceux qui ont été la cause de meurtres et de l'effusion du sang par tout le pays ! Je défie qui que ce soit de trouver quelque chose de semblable dans l'histoire. [...] Admettre le principe qu'il faille payer ceux qui ont pris les armes ou qui se sont engagés dans une rébellion, ce serait de fait inviter ouvertement à la révolte.

Allan MacNab attaque à son tour la mesure proposée :

> Il y a une idée qui fait de rapides progrès dans le Haut-Canada, c'est que les Haut-Canadiens, par la politique de concession mutuelle de leurs représentants, sont placés sous la domination de maîtres français. Ils sont maintenant convaincus de ce fait, que les réformistes du Haut-Canada paraissent subir quelque influence française, que cette influence est opposée aux intérêts de leurs constituants. S'il en est ainsi, l'Union a complètement manqué son but. Elle a été faite dans le seul motif de réduire les Canadiens français sous une domination anglaise. Et l'on obtiendrait l'effet contraire ! Ceux qu'on voulait écraser dominent ; ceux en faveur de qui l'Union a été faite sont les serfs des autres. [...] J'avertis le ministre du danger ; ce ministère qui m'a traité de rebelle lorsque tous les actes de ma vie montrent que je me suis toujours efforcé d'être loyal, je l'avertis que la marche qu'il suit est propre à jeter le peuple du Haut-Canada dans le désespoir et de lui faire sentir que, s'il est pour être gouverné par des étrangers, il lui sera bien plus avantageux d'être gouverné par un peuple voisin et de même race, que par ceux avec qui il n'a rien de commun ni par le sang, ni par la langue, ni par les intérêts.

Le solliciteur général du Haut-Canada, William Hume Blake, se charge de répondre au nom des ministériels, le 15 février. Le public a envahi les galeries et écoute avec attention. S'adressant aux tories et en particulier à MacNab, il attaque : « On peut être rebelle de deux manières, on peut être rebelle à son pays comme on peut être rebelle à son roi. Vous, messieurs, vous avez, depuis cinquante ans, foulé aux pieds les intérêts du peuple, vous avez ri de ses plaintes, vous vous êtes moqués de ses réclamations, vous avez été rebelles à ses désirs les plus légitimes ; vous êtes les vrais rebelles. »

Une telle déclaration fait bondir MacNab qui demande à l'orateur de se rétracter. « Jamais », crie Blake. Les spectateurs, dans les galeries, commencent à s'agiter, puis la bataille éclate. « L'orateur, rapporte la *Minerve*, donna ordre de faire vider les galeries ; mais ce fut le signal d'un nouveau tumulte. Des coups de poing s'échangèrent, des personnes sautèrent d'un côté et de l'autre et il est assez difficile de dire où on se serait arrêté sans la fermeté déployée par M. Morin qui parvint à rétablir l'ordre après avoir fait sortir le peuple des galeries. Ceci se passait à 5 3/4 heures. »

Depuis le début du débat sur l'indemnité, la pression a monté à Montréal, surtout chez les anglophones. Des journaux, comme le *Morning Courier* du 15 février, se jettent dans la lutte. « Le gouvernement responsable entre les mains de nos adversaires, lit-on dans la publication, est un instrument de mort pour nous ; il change complètement le but pour lequel l'Union a été faite ; il empêche la dégradation d'une race étrangère ; la voix du peuple est trop prononcée contre nous pour qu'un gouvernement qui repose sur cette base soit bon. »

La séance du 16 est brusquement interrompue par le président Morin, alors que Blake venait de terminer son discours, dans lequel il avait cité énormément de textes. John A. Macdonald, le représentant de Kingston, alors âgé de 34 ans, avait demandé à l'orateur de ne pas tronquer les citations, ce à quoi Blake avait répondu : « Je lirai n'importe quel extrait comme je le voudrai. » Offusqué, le jeune député tory avait provoqué Blake en duel. Heureusement, l'affrontement n'eut pas lieu.

Le samedi soir, 17 février, des placards sont placés dans les principales rues de Montréal invitant la population à se rendre le soir même au marché Bonsecours pour assister à une grande assemblée de protestation contre le projet d'indemnisation. Au nom de la loyauté, chacun doit, dit-on, déclarer qu'il ne se soumettra jamais « à la mesure de l'indemnité quelle que soit l'autorité qui la sanctionne ». L'assemblée adopte différentes résolutions, dont une pour demander au gouverneur de dissoudre le Parlement et de faire appel au peuple pour décider de la conduite à tenir au sujet du projet d'indemnisation. Une fois la réunion terminée, les participants se rendent à la Place d'Armes où, après l'avoir pendu, on brûle un mannequin représentant La Fontaine. Une fois les réjouissances terminées, les participants vont reconduire à sa demeure MacNab, l'un des organisateurs de la soirée.

L'attitude de MacNab déplaît à La Fontaine qui se charge de lui répondre en Chambre, le 20 février.

> En parlant des Canadiens français, dit-il, il [MacNab] les a appelés *foreigners*, étrangers ! Quoi, monsieur l'Orateur, les Canadiens français étrangers sur leur terre natale ! Ce serait une insulte, si ce mot malheureux de l'honorable membre avait été prononcé avec préméditation ! Ce serait pour nous une insulte comme l'a été le mot malheureux de lord Lyndhurst à l'adresse de cette partie de la population de l'Irlande qui, comme les Canadiens français, est catholique : *alien in blood, alien in language* ; *alien in religion* ! L'honorable membre, qui se fait gloire d'être un *native Canadian*, le serait-il si les Canadiens français, lors de la guerre de l'indépendance américaine, n'avaient pas, par leur valeur et leur

dévouement, conservé les Canadas à l'Angleterre ? Si ce n'eût été du courage des Canadiens français en 1775 et en 1812, les Canadas feraient aujourd'hui partie de la confédération américaine, et l'honorable membre ne serait pas ici pour jouer le rôle qu'il joue.

Bon nombre de députés veulent participer à un débat qui s'éternise. Les représentants du peuple siègent pendant toute la nuit du 21 au 22 février. Le 27, par un vote de 48 contre 24, la Chambre d'assemblée adopte une série de résolutions limitant le nombre des bénéficiaires de l'indemnisation. Tous ceux qui ont subi des pertes seront indemnisés, sauf les « personnes qui ont été convaincues du crime de haute trahison, que l'on allègue avoir été commis dans cette partie de la province, ci-devant le Bas-Canada, depuis le premier novembre 1837, ou qui, après avoir été accusées de haute trahison ou autres offenses de même nature, et après avoir été commises à la garde du shérif dans la prison de Montréal, se sont soumises à la volonté et au plaisir de Sa Majesté, et ont été en conséquence transportées dans l'île de Sa Majesté, la Bermude ».

Le 1er mars, dans une lettre confidentielle au secrétaire d'État aux Colonies, lord Elgin fait le bilan de l'agitation et déclare que seule une union des quatre provinces (Bas et Haut-Canada, Nouvelle-Écosse et Nouveau-Brunswick) « pourrait placer les intérêts britanniques en Amérique du Nord sur un pied de sécurité ».

Comme le ministère La Fontaine-Baldwin jouit d'une assez forte majorité à la Chambre d'assemblée, le projet de loi subit sans peine, le 9 mars, l'épreuve de la troisième lecture. Au Conseil législatif, il est adopté par 19 voix contre 14, ces dernières étant toutes anglophones, sauf celle de Denis-Benjamin Viger !

L'agitation devient de plus en plus violente chez les opposants au projet de loi. À Belleville, dans le Haut-Canada, on en vient aux mains et, à l'occasion d'un affrontement, on dénombre plusieurs blessés. Des journaux anglophones multiplient les appels à la violence. Un de ceux-ci écrit : « Le défi est jeté et il faut que l'une des deux races, la saxonne ou la française, disparaisse du Canada. Nous sommes provoqués par la perfidie de La Fontaine, qui a enfin jeté le masque, et qui ne vaut pas mieux au fond que Papineau. Eh bien ! nous allons nous mettre sur la défensive jusqu'à ce qu'une occasion favorable se présente de prendre l'initiative. »

Cette occasion tant attendue se présente, le mercredi 25 avril, jour choisi par le gouverneur Elgin pour proroger la session. Quelques jours auparavant, soit le 19 avril, à la suite d'une réunion publique, était née la Ligue britannique américaine, présidée par George Moffatt. Dans le manifeste du nouvel organisme, on peut relever une ferme prise de position contre les francophones :

> Habitants d'une province cédée à l'Angleterre après un long et glorieux combat, aspirant à une carrière d'émulation vertueuse avec les autres dépendances de la Couronne, et déterminés à ne pas être contrariés ou contrecarrés par la jalousie étroite d'une nationalité particulière et exclusive, qui, tout en ayant droit à une parfaite égalité avec la race de l'Empire, ne mérite nulle prééminence comme source distincte de pouvoirs politiques. [...] Il est évident, d'après le caractère connu de notre race, que les Bretons ne se sont jamais soumis et ne se soumettront jamais passivement à un ascendant basé sur des sentiments de nationalité seulement, et non inspirés par un principe généreux et progressif.

## La voix de la torche

Le mercredi 25 avril, vers quinze heures, le gouverneur Elgin se rend dans la salle du Conseil législatif, située au deuxième étage de l'édifice gouvernemental, pour donner la sanction royale à quelques projets de loi dont l'Acte sur la douane qui fixe de nouveaux tarifs sur les produits importés. La saison de navigation devant débuter bientôt, il devient urgent de sanctionner ce projet de loi qui subit au cours d'une seule journée les trois lectures réglementaires au Conseil législatif. Les galeries sont remplies de curieux, mais les dames sont à peu près absentes.

Le greffier Fortier présente pour sanction plus d'une dizaine de projets de loi. Lorsqu'il lit : Bill d'indemnité pour les pertes subies pendant les insurrections de 1837 et 1838, le silence est complet dans l'assistance. Monsieur de Léry donne la motion d'approbation au nom de Sa Majesté la Reine. Les applaudissements des membres favorables à la mesure et de leurs sympathisants sont rapidement couverts par des cris et des hurlements. Plusieurs assistants sortent avec fracas. Le gouverneur, ayant rempli sa tâche, se prépare à retourner à sa demeure de Monkland. « Lorsque lord Elgin monta dans sa voiture, raconte le correspondant du *Canadien*, il reçut une salve d'œufs pourris ou censés pourris, qui éclaboussèrent son carrosse et sa suite ; des grognements et des vociférations injurieuses éclatèrent, mais furent mêlés de hourras des libéraux qui se trouvaient présents. »

Moins d'une heure après l'incident, la *Montreal Gazette* publie un extra qui a l'effet d'une bombe incendiaire :

> La disgrâce de la Grande-Bretagne consommée. Le Canada vendu et abandonné. Le bill des pertes de la rébellion passé. Œufs pourris lancés sur le gouverneur ! ! ! Cet après-midi, il circulait une rumeur en ville que le gouverneur général se rendrait à la Chambre et donnerait la sanction à certains bills ; mais on ne pouvait pas supposer que le bill d'indemnité des pertes de la rébellion serait du nombre. Honteux du rôle qu'il allait jouer, et espérant en imposer au sentiment public, lord Elgin vint ramper dans la Chambre une heure après le temps marqué, et quand on put croire qu'il avait changé d'intentions, il se montra dans la Chambre du Conseil législatif. Après la lecture de plusieurs bills de peu d'importance, le greffier lut d'un ton qui n'annonçait pas le désir d'attirer l'attention du public : Le bill des pertes de la rébellion. Et la honte éternelle de la Grande-Bretagne. La rébellion est la loi du sol. [...] La fin a commencé. Anglo-Saxons, vous devez vivre pour l'avenir ; votre sang et votre race seront désormais votre loi suprême, si vous êtes vrais à vous-mêmes. Vous serez Anglais, dussiez-vous n'être plus Britanniques. À qui et quelle est votre allégeance maintenant ? Que chaque homme réponde pour lui-même. La poupée du spectacle doit être rappelée ou repoussée par le mépris universel du peuple. Dans le langage de Guillaume IV, le Canada est perdu et livré. La foule doit s'assembler sur la Place d'Armes, ce soir à huit heures. Au combat, c'est le moment.

L'agitation bat son plein dans la partie ouest de la capitale. « Les meneurs du parti tory-anthropophage de Montréal, écrit le journaliste du *Canadien*, se réunirent dans les cafés, les bar-rooms et les autres lieux de réunion. [...] Des voitures attelées de plusieurs chevaux, portant quelques-uns des coryphées du parti munis de cloches, parcoururent la ville dans toutes les directions et arrangèrent ainsi la réunion. »

À vingt heures, à la lueur des torches, l'assemblée se tient au Champ de Mars. De douze à quinze cents personnes écoutent des orateurs qui ne se privent pas pour lancer des appels à la violence. Vers vingt et une heures, alors que le député Joseph Laurin, de la circonscription électorale de Lotbinière, prononce en Chambre un discours sur le projet de loi sur la judicature, cris et sifflements annoncent que la foule s'apprête à envahir l'édifice gouvernemental. Une pluie de pierres vient brusquement interrompre la séance. Tous les députés se réfugient dans un espace étroit entre la salle et la buvette. Tout à coup, quelqu'un crie : « Les voici ! » En effet, les émeutiers viennent de déboucher dans la salle de délibération, brisant les meubles, s'emparant de la masse en or ; un des envahisseurs déclare le Parlement dissous. Toutes les fenêtres ont été brisées et le gaz a été coupé. On crie au feu !

Les députés ne peuvent demeurer plus longtemps dans l'édifice où les flammes se propagent à grande vitesse, car le feu a été mis à plusieurs endroits à la fois.

> Il fut alors décidé de sortir ; et l'orateur en tête avec son costume, et les membres, deux à deux, descendirent et sortirent par la grande porte de l'édifice. Contre l'attente de tous ceux qui formaient partie de cette escorte, il n'y avait personne pour garder et barricader cette porte, comme on l'avait dit et annoncé plusieurs fois à l'intérieur. L'orateur et les membres qui l'accompagnaient purent sortir tranquillement et se frayèrent un chemin dans la foule. Quelques membres cependant furent maltraités par la populace, entre autres M. Watts [député de Drummond] qui fut sérieusement battu.

Malgré les efforts de quelques fonctionnaires et députés, peu de livres des bibliothèques de la Chambre d'assemblée et du Conseil législatif peuvent être sauvés. Près de 25 000 volumes, dont plusieurs ouvrages devenus introuvables, sont détruits par les flammes.

> Quant aux archives, affirme le bibliothécaire Georges-Barthélemi Faribault, nous pensons qu'il n'y a eu de sauvés de l'incendie que les seuls bills grossoyés qui se trouvaient alors dans la salle des séances du Conseil législatif et qui avaient reçu la sanction royale peu d'heures auparavant. Ainsi, tout ce qui existait en fait d'archives et de documents manuscrits de la ci-devant Législature du Haut-Canada, de même que tous ceux appartenant aux deux Chambres de la Législature du Canada depuis l'Union de 1841, consistant en rapports des comités généraux, dont quelques-uns seulement sont insérés dans les journaux, des milliers de pétitions présentées aux deux Chambres, de nombreux et importants documents sur la statistique du pays, tous les projets de bills soumis à la Chambre depuis quinze à vingt années et reliés en volumes, avec une masse de journaux, de rapports et de documents séparément imprimés ; tout est devenu la proie des flammes.

Le rédacteur de la *Minerve* laisse éclater son indignation dans l'édition du 26 avril : « Des gens d'un rang plus élevé qui ne voulaient pas aller au feu riaient aux coins des rues et délibéraient même sur le sort du pays ; s'il serait une république, quel en serait le premier président, etc. Sous prétexte de refuser une indemnité de

90 000 livres sterling, ils font souffrir au pays une perte irréparable et, par conséquent, incomparablement plus grande. Des pompiers rebelles voyaient de cœur joie cette horrible conflagration. Ils laissaient faire les ravages du feu dont ils ont coutume d'être si grands ennemis. »

Des gens brisent les pompes, dételent les chevaux, coupent les boyaux, pendant que le feu se propage à quelques maisons aux alentours. Une seule compagnie de pompiers peut se rendre sur les lieux, la compagnie canadienne du capitaine Moses. Celle du capitaine Tison (!) avait vu sa pompe se briser en chemin !

Elgin revient précipitamment en ville et réunit quelques ministres. Tard le soir, les soldats se rendent rue McGill pour rétablir l'ordre. Malgré cela, toute la nuit, les émeutiers continuent à manifester. Le 26, à dix heures, les députés se réunissent au marché Bonsecours. MacNab annonce, avec un certain cynisme, qu'il présentera le lendemain un « bill pour pourvoir à ce que les pertes causées par l'incendie d'hier soient payées à même les fonds destinés à l'indemnité des pertes souffertes pendant la dernière rébellion ». Pendant ce temps, les troupes, en armes, s'installent au Champ de Mars, au Palais de Justice, à l'Hôtel du Gouvernement et au marché Bonsecours.

On assermente deux cents connétables spéciaux et on songe à lever les milices, car on craint que le tout ne dégénère en guerre civile. La provocation, il est vrai, reste vivace. Le *Morning Chronicle* publie son édition du 26 avec les armes royales renversées en première page. Une dizaine de personnes, accusées d'avoir pris part aux désordres de la veille, sont mises aux arrêts au cours de la matinée du 26 et, au début de l'après-midi, elles sont conduites en prison « dans une voiture escortée d'une compagnie de soldats, les armes en bas ». Une foule considérable entoure le véhicule en poussant des hurlements. « Toute la ville, note le journaliste de la *Minerve*, est comme dans un état de siège ; on ne voit que des groupes d'individus par toutes les rues. »

Le soir venu, la violence reprend. William Rufus Seaver, un ministre congrégationaliste qui tient boutique pour arrondir ses revenus, décrit à sa femme Mehitable Homer, qui séjourne chez ses parents aux États-Unis, ce qui se passe à Montréal.

> Vers 8 heures et demie [le 26], un ami entra dans le magasin et me dit : *Seaver, vous êtes mieux de fermer boutique, car la populace s'en vient*. Je me rendis à la porte et je crus voir l'enfer déchaîné. La rue Saint-Antoine était envahie par des hommes armés de bâtons, etc. Heureusement pour moi, ils s'arrêtèrent devant la maison de pension de madame Smith (face au carrossier Gravel) où logent de nombreux députés. Cela me donna le temps de fermer le magasin avant que la populace n'arrive. La maison de madame Smith fut saccagée par des gens excités. Toutes les vitres volèrent en éclats et le mobilier fut détruit. Auparavant, les émeutiers avaient saccagé les maisons des honorables Hincks et Holmes, qu'ils vidèrent de leurs meubles. Ils attaquèrent aussi les bureaux du *Pilot* [journal du gouvernement] et y brisèrent les fenêtres. Alors qu'ils passaient devant ma boutique, ils se mirent à crier : *Chez La Fontaine, chez La Fontaine !* M. La Fontaine, tu t'en souviens, est le premier ministre. Je suivis bien sûr la foule qui se dirigeait vers sa demeure [qui] venait justement d'être nouvellement et splendidement meublée pour le premier mai. Elle n'était pas encore occupée. Elle

était cernée de toutes parts par la populace qui froidement et délibérément mit le feu à trois ou quatre endroits. On brisa les vitres, força les portes et commença l'œuvre de destruction. La faïence, la porcelaine de Chine et les miroirs furent fracassés ; la cave à vin fut ouverte ; les tables, les chaises et les lits d'acajou, très dispendieux, furent projetés par les fenêtres ; les lits et les matelas furent éventrés et la plume qu'ils contenaient fut répandue dans la cour. Le travail persévérant de monsieur Phillips et de certains gentilshommes empêcha l'incendie de la maison. Mais l'extérieur de l'édifice fut totalement brûlé. Un tel instinct de destruction, presque impensable, est horrible. Les soldats peuvent à peine vaquer à leurs occupations, car la rage est dirigée contre le gouverneur et le ministère canadien, et les émeutiers sont souvent des hommes loyaux qui luttèrent précisément en 1837 contre les hommes que le gouvernement propose maintenant d'indemniser. [...] Tous les soldats et officiers sympathisent plutôt avec les émeutiers et, jusqu'à aujourd'hui [27] les militaires n'ont tenté aucun effort réel pour mettre un terme à l'agitation, sauf pour permettre aux pompes à incendie de protéger les propriétés avoisinantes. On n'a pas permis aux voitures de pompiers d'approcher de la maison de La Fontaine jusqu'à ce que les soldats arrivent et forment une garde autour de la maison.

## La grande question

Le vendredi 27 avril, l'agitation continue. On profite de la nuit pour placarder les murs d'affiches sur lesquelles on peut lire : « Si nos efforts sont vains, si la Législature ne veut pas nous obéir et gouverner suivant nos vœux, vous tous qui êtes nos amis, ne vous soumettez jamais à cette mesure quelle que soit l'autorité qui la sanctionne ! » L'appel est repris par le *Morning Courier* : « Les Anglais doivent verser jusqu'à la dernière goutte de leur sang avant de se soumettre à cette loi. »

La British American League de Brockville, qui vient prêter main-forte à la section montréalaise de la même organisation tory, adopte une résolution qui est un cri racial : « Un des plus grands maux du Canada est l'action des lois étrangères, d'une langue étrangère et de coutumes étrangères dans une grande partie de la province, ce qui occasionne des dépenses considérables. [...] L'Association s'engage à employer tous les moyens constitutionnels en son pouvoir pour déraciner et bannir à jamais toutes les distinctions de langue et de races, en élevant les Canadiens français au niveau du Breton, placer tout le Canada sous un même système de lois et sous l'usage d'une seule langue dans la Législature, les cours de justice et les écoles publiques. »

## Défi à l'armée

L'après-midi du 27, une assemblée publique se tient au Champ de Mars, sous la présidence de George Moffatt, pour trouver les moyens de rétablir la paix de la capitale. L'un des orateurs, Thomas Wilson, de la Banque du Haut-Canada, demande à tous les anglophones de s'unir pour écraser les francophones. La réunion se termine à quinze heures trente et les participants se séparent sauf quelques-uns qui vont manifester devant le marché Bonsecours où siègent les députés. Comme des renforts viennent d'arriver de Sorel, sous le commandement de sir Benjamin D'Urban, pour venir appuyer la garnison de Montréal, les manifestants ne cherchent pas à provoquer inutilement les forces de l'ordre. Ils sont d'autant plus prudents que les autorités viennent d'assermenter 500 connétables spéciaux auxquels ont été distribués des pistolets et des sabres. Et pourtant, « le soir, vers sept heures, rapporte le correspondant du *Canadien*, de nouveaux rassemblements d'émeutiers se formèrent comme la veille, et à dix heures l'on sonna le tocsin à la cloche de la pompe à feu du marché à foin. Un rassemblement qui avait paradé, une partie de la soirée, du Champ de Mars à la rue McGill, par la rue Notre-Dame, se forma en colonne et se mit en marche vers l'Hôtel du Gouvernement ; mais fut dispersé par les troupes. »

Toujours ce même vendredi 27 avril, les tories de Québec se rassemblent sur la Place d'Armes.

> La police, M. McCord en tête, s'y rendit aussitôt pour maintenir l'ordre. Le rassemblement se composait en partie de curieux et de gamins qui poussaient des huées et lançaient des pétards à travers la foule. Quelque temps après, une ou deux compagnies de soldats arrivaient et se mettaient sous les armes en dehors du rond. Vers les dix heures enfin, les formidables tories de Québec sortirent de l'hôtel (Saint-George) avec deux mannequins (deux poches remplies de paille, qu'ils avaient complaisamment baptisées des noms de Elgin et La Fontaine, nous supposons) et se mirent en frais d'accomplir leur autodafé. Mais ils avaient compté sans leurs hôtes, les Irlandais libéraux de la rue Champlain, qui leur enlevèrent un mannequin et empêchèrent l'autre de brûler en se jetant dessus. Il y eut, ajoute le *Canadien*, quelques coups de poing échangés et un coup de pistolet fut tiré par un des loyaux sur un Irlandais, mais sans grand effet.

Désirant mettre fin à l'agitation, le gouverneur fait émettre, le samedi 28, une proclamation publiée dans la *Gazette du Canada* : « Vu que la paix publique a été sérieusement troublée par des rassemblements tumultueux de personnes dans les rues et autres parties de cette cité de Montréal ; en conséquence, avis est donné par ces présentes à toutes personnes paisibles et bien disposées de fuir de tels rassemblements, vu que les mesures les plus rigoureuses seront adoptées pour les supprimer. »

Dès que l'on apprend la nouvelle de l'agitation qui règne à Montréal, les habitants de plusieurs villes, villages et paroisses se réunissent pour adopter des adresses au représentant de la reine, faisant part de leurs sentiments de fidélité. Les citoyens de Québec s'assemblent, le 29, et acclament l'effigie du gouverneur général portée en triomphe par les Irlandais du quartier Champlain. Ceux de Trois-Rivières se réunissent le lendemain dans le même but. La majorité des habitants de Kamouraska adoptent, le 29, une série de treize résolutions sur l'incendie du Parlement de Montréal. Les populations des paroisses de Saint-Gervais, Saint-Lazare et de Saint-Raphaël, dans le comté de Bellechasse, font de même.

## À pierres et à œufs

Le grabuge recommence le lundi 30 avril. À quatorze heures, le gouverneur quitte sa demeure de Monkland pour venir « en ville » recevoir l'adresse de la Chambre d'assemblée le félicitant de sa conduite lors des événements du 25.

Depuis la rue Saint-Jacques, sur la Place d'Armes, et tout le long de la rue Notre-Dame, le carrosse et l'escorte furent assaillis d'une grêle de pierres et de projectiles de tout genre ; une pierre frappa Son Excellence dans la poitrine, rapporte le correspondant du *Canadien*. Il la ramassa et la tenait à la main lorsqu'il descendit de son carrosse. Les hurlements, les grognements et les cris, que ces émeutiers dans toute la création ont seuls le privilège de savoir pousser, furent entendus très distinctement du Marché Bonsecours. Les tambours battirent aux champs, les trompettes sonnèrent et les troupes présentèrent les armes comme si de rien n'était. [...] Plusieurs membres libéraux, entre autres M. [Benjamin] Holmes [député de la cité de Montréal], furent assaillis de pierres et d'œufs pourris. À deux heures et demie, l'orateur prit son siège et ouvrit la séance en annonçant que l'heure était arrivée où la Chambre devait se rendre avec son adresse auprès du gouverneur. Les membres présents, au nombre d'à peu près cinquante, suivis de l'orateur et de la masse, sortirent deux à deux par la grande porte. Une grêle de projectiles, lancée par la foule qui se trouvait du côté sud-est (il n'y avait presque personne de l'autre côté), vint pleuvoir sur les représentants ; quelques-uns furent assez rudement atteints, et un certain nombre de vitres cassées. M. Leblanc lut aussitôt le *Riot Act* et immédiatement les troupes chargèrent à la baïonnette. La foule s'enfuit à toutes jambes.

Lors de son retour chez lui, le gouverneur est à nouveau assailli par la foule et son frère, le colonel Bruce, est grièvement blessé.

Presque tous les francophones et une partie des anglophones commencent à considérer que les tories dépassent les bornes et que les sujets doivent malgré tout respect au représentant de la souveraine. Même lors du soulèvement de 1837-1838, les patriotes ne s'étaient pas comportés de telle façon. Les membres du clergé du diocèse de Québec, l'archevêque Signay en tête, signent une adresse à lord Elgin où ils affirment : « Nous avons l'espoir, Milord, que la fermeté et la modération déployées par Votre Excellence après les événements déplorables qui viennent d'avoir lieu dans la capitale, auront l'effet de donner plus de force et de stabilité à son gouvernement et de prévenir le retour d'actes aussi criminels. » Les « loyaux sujets de Sa Majesté habitants [...] de la cité de Montréal » expriment des sentiments identiques.

## Aménagement temporaire

La session n'est pas encore terminée. Les députés et conseillers, chassés du lieu habituel de leurs débats, doivent s'installer tant bien que mal pour poursuivre l'étude des projets de loi.

La grande salle du Marché Bonsecours, où se tiennent les séances, n'est pas achevée ; elle a assez l'apparence d'un immense grenier ; mais, en revanche, elle est deux fois plus grande que l'ancienne salle. On a construit une estrade pour l'orateur, on s'est procuré un tapis et des chaises, et le tout ensemble a l'air beaucoup moins sénatorial, mais aussi beaucoup plus démocratique que ci-devant. Une partie du 71e est casernée dans l'autre moitié de l'édifice ; il y a toujours une garde nombreuse sous les armes dans le vestibule intérieur, au deuxième étage, et des sentinelles à toutes les portes, en un mot les avenues de la Chambre sont hérissées de baïonnettes. [...] Le Conseil législatif siège dans la sacristie de Trinity Church.

Les députés, à partir des séances du 3 mai, non seulement cherchent les sources des troubles, mais songent à déménager à nouveau le gouvernement. Le 3, le député de Norfolk, H. J. Boulton, déclare qu'il est impossible que l'Union puisse fonctionner. « C'est une guerre de races, ajoute-t-il. L'Union a été faite pour donner la majorité aux Anglo-Saxons sur les Franco-Canadiens ; elle n'a pas atteint cet objet. Au contraire, les Anglo-Saxons redoutent actuellement l'ascendant et la domination des Franco-Canadiens. Je crois que les deux races ne peuvent vivre ensemble et ce qu'il y aurait de mieux, ce serait de dissoudre l'Union et d'annexer Montréal et les townships de l'Est au Haut-Canada ; car on ne peut raisonnablement laisser ces Anglo-Saxons à la merci de leurs ennemis ! » Le conseiller assistant commissaire aux Travaux publics, Malcolm Cameron, député de Kent au Haut-Canada, se charge de répondre au tory. « Qui, diable, sont ces Anglo-Saxons, dont on fait tant de bruit ; les Irlandais ne sont pas des Anglo-Saxons ; les Écossais sont des Celtes ; les Anglais, en bonne partie, sont Normands ; et il n'y a pas un Anglo-Saxon sur mille hommes dans toute la province. C'est le cri de ralliement le plus absurde qu'on puisse pousser ! »

Le député Holmes croit que la véritable raison du soulèvement des tories n'est peut-être pas la question d'indemnisation des pertes subies lors des soulèvements de 1837 et de 1838.

> On a mis toute cette agitation sur le compte du bill d'indemnité, dit-il ; mais il ne faut point s'y tromper, ce n'est qu'un prétexte et l'on n'a pas encore dit la véritable cause de tous ces désordres. La véritable cause, c'est la cessation du système protectionniste en Angleterre. Parce qu'un noyau de marchands et d'hommes d'affaires ici ne peuvent pas venir à bout de persuader la mère patrie d'affamer sa population, ses milliers de travailleurs, pour permettre à quelques marchands de Montréal de s'enrichir un peu plus rapidement, ils se croient en droit de troubler, de bouleverser toute la société, et ils s'imaginent que leurs actes de démence vont avoir un grand ralentissement dans le monde et changer le courant irréversible des événements. Longtemps avant ces événements, on parlait ouvertement d'annexion aux États-Unis ; on a mis pour théorie le bill d'indemnité, parce qu'on avait plus embelle [sic] à faire de l'indignation et du sentiment avec ce sujet ; parce qu'on voulait parler de loyauté et commencer les troubles en criant : Vive la reine ! tandis qu'on veut tout autre chose.

À la séance du 4 mai, Pierre de Sales Laterrière, député de Saguenay, suggère de clore la session ou de la poursuivre à Québec. Pour le député Sherwood de Toronto, il serait préférable que le Parlement siège alternativement pendant deux sessions à Québec et à Toronto. À nouveau, donc, se pose la question du choix d'une capitale ! Mais entre-temps, il est illusoire de songer à déménager le gouvernement qui se trouve en pleine session. Des démarches sont entreprises auprès de Moses Hayes pour que le Parlement puisse s'installer dans « sa superbe maison, place Dalhousie ». « L'Assemblée législative, lit-on dans le *Montreal Herald*, occuperait la salle de danse, et le Conseil législatif l'appartement au-dessus, destiné aux séances des loges de francs-maçons et décoré de leurs emblèmes. »

À Québec, la section locale de la British American League se réunit les 4 et 7 mai pour tenter d'élargir les cadres de l'association et de recruter de nouveaux membres. Le *Morning Chronicle*, qui deviendra plus tard le *Quebec Chronicle Telegraph*, précise les buts de l'organisme dans son édition du 9, sous la signature de « C » : « Les Anglo-Saxons ont hardiment annoncé qu'ils se forment maintenant en une Ligue ayant pour objet l'un de ces deux grands événements : ou que cette colonie devienne anglaise dans ses lois, sa langue et ses institutions, ou qu'elle cesse d'être anglaise même de nom. Telle est l'inévitable destinée du Canada qui doit s'accomplir tôt ou tard, et cela en dépit de tous les plans et de toute la stratégie employée par les meneurs français pour perpétuer leur régime. C'est une lutte qu'il serait inutile de vouloir continuer plus longtemps. »

Une partie de la population du Haut-Canada ne semble pas partager l'orientation des tories du Bas-Canada. À Toronto, de 4000 à 5000 citoyens apposent leur signature au bas d'une adresse d'appui au gouverneur Elgin ; à Montréal, d'autre part, 7686 personnes accomplissent le même geste. Mais la nouvelle se répand que des employeurs licencient les ouvriers qui ont signé l'adresse. « D'autres, lit-on dans le *Canadien* du 9 mai, ont été obligés, nous assure-t-on, par des menaces de renvoi, de faire effacer leurs noms de l'adresse, ou induits à les laisser apposer à la pétition contraire, par la fausse déclaration qu'elle avait pour objet l'abolition des taxes. »

## À nouveau, la violence

À Montréal, le calme est de courte durée. L'agitation se manifeste à nouveau le mercredi 9 mai. Les ministres du Haut-Canada et leurs amis avaient décidé de recevoir à dîner à l'hôtel Têtu une députation de Toronto, Kingston et Cobourg venue à Montréal présenter une adresse au gouverneur. Voir ainsi des « Anglo-Saxons » accorder leur appui à lord Elgin soulève l'indignation de certains tories de la capitale.

> Vers les neuf heures, rapporte le correspondant du *Canadien*, les cloches des maisons de pompes ont sonné le tocsin et l'aimable populace que vous savez s'est portée à l'hôtel Têtu qu'elle s'est mise en devoir de démolir comme elle avait démoli l'hôtel du Parlement. Une grêle de très grosses pierres a brisé les carreaux, mais heureusement les contrevents, à l'intérieur étant doublés en fer, l'émeute ne réussit point à se frayer un chemin. Alors, on se procura d'énormes pièces de bois avec lesquelles on essaya d'enfoncer les contrevents et les portes, en s'en servant comme de béliers. Les convives se précipitèrent vers les ouvertures armés de ce qu'ils avaient pu se procurer, les uns de pistolets, les autres de couteaux, les autres de bâtons et d'ustensiles de tout genre. Dans ce conflit, l'un des émeutiers, du nom de Miller, fut blessé au col assez sérieusement. Pendant ce temps, les troupes, dont la présence avait été requise, arrivèrent et repoussèrent la foule. Elles se composaient d'infanterie et de cavalerie. Grâce à elles, le dîner reprit son cours, les toasts continuèrent leur train, ainsi que les discours et les hourras que l'on entendait du dehors et auxquels répondaient les grognements et les vociférations de la foule qui n'était pas si éloignée qu'elle entendait distinctement ce qui se disait à l'intérieur. Le dîner terminé, les convives purent sortir, protégés par les troupes.

Les travaux sessionnels se poursuivent comme à l'accoutumée et, le 30 mai, le major général William Rowan, agissant comme gouverneur délégué, vient clore la session au nom de lord Elgin qui n'avait pas voulu provoquer de nouveaux mouvements de foule. Parmi les projets de loi qui reçoivent la sanction royale, le chapitre 27 enlève aux femmes propriétaires le droit de vote aux élections. Le projet, proposé par La Fontaine le 22 janvier, avait été approuvé sans aucune opposition. Il stipulait qu'aucune femme n'est ou ne sera autorisée à voter lors de n'importe quelle élection du comté, de cité ou ville.

Pour les tories, l'opposition au bill d'indemnité n'est pas encore terminée. MacNab se rend à Londres avec un autre député tory du Haut-Canada pour convaincre les autorités métropolitaines de désavouer la loi de l'indemnité et de rappeler le gouverneur Elgin. Le 13 juin, MacNab reçoit la réponse que le gouvernement britannique ne saurait rejeter une loi qui a été dûment approuvée et que la Chambre d'assemblée, par cette législation, n'avait pas voulu « encourager la rébellion ni indemniser les personnes coupables du crime odieux de la trahison ». Le secrétaire d'État aux Colonies demande aussi aux partisans de MacNab de « seconder les efforts du gouvernement de Sa Majesté pour maintenir la paix publique et l'autorité de la loi et pour calmer l'agitation existante, qui fait tant de préjudice au commerce, au crédit public et à tous les intérêts les plus importants du Canada ». Voila qui n'est pas de nature à ramener le calme ! Les mécontents vont trouver là un nouveau motif pour promouvoir l'annexion aux États-Unis.

Le *Montreal Courier* trace la nouvelle voie à suivre :

> Maintenant, le cri de ralliement de notre peuple anglais doit être l'indépendance canadienne, obtenue paisiblement et garantie par la métropole. Un gouvernement électif, un Conseil législatif électif ; réduction des salaires ; diminution générale des dépenses ; liberté et égalité parfaite en matière de religion ; sécularisation de tous les établissements d'éducation qui reçoivent quelque subvention du trésor public ou tirent quelque partie de leur subsistance de biens donnés autrefois par la Couronne de France ou par celle d'Angleterre ; abolition de toutes les corporations religieuses ; destruction de la tenure féodale ; abolition des dîmes forcées, etc. etc. [...] Tous reconnaissent que le système ne peut fonctionner et que ce qu'il nous reste à faire c'est d'en concerter un meilleur ; l'ayant concerté, il faudra l'obtenir paisiblement si nous le pouvons, forcément s'il le faut.

Les membres du parti rouge et leur journal *L'Avenir* sont de fervents adeptes de l'idée d'annexion aux États-Unis.

> On dit que le gouvernement anglais est juste et fort, avait-on pu lire dans *L'Avenir* du 24 février 1849. Il y a un gouvernement au-delà des 45, qui, sans contraindre ses sujets à le glorifier du nom de juste, leur accorde sans crainte ce qui est juste et raisonnable. Nos frères louisiannais, français comme nous, l'ont appris. Ce gouvernement nous accorderait ce que nous demandons et n'exigerait de nous que notre soumission aux lois générales qui régissent les États-Unis comme souveraineté. Loin d'éteindre dans nos cœurs le feu sacré de la nationalité, il le rallumerait et l'entretiendrait ; car il sait bien qu'en confiant la garde du Saint-Laurent aux Français du Canada, il serait aussi bien défendu que le fut la

Nouvelle-Orléans par les Français de la Louisiane. L'ennemi pourrait y entrer, mais pour n'en jamais sortir.

Le journal libéral revient sur le sujet, le 25 juillet : « Nous pouvons donc puiser dans cet accord en quelque sorte unanime des différentes couleurs politiques des États-Unis (et aussi des journaux américains), à envisager la question de l'annexion comme un événement certain et prochain ; nous pouvons puiser [...] la certitude que notre émancipation coloniale sera accueillie avec joie et bonheur par nos frères les républicains américains. »

Le *Montreal Herald* du 11 juillet expose les motifs qui l'incitent à pencher pour l'annexion aux États-Unis :

En passant dans les États-Unis, nous entrerons dans un système de commerce duquel nous sommes maintenant exclus, mais qui serait beaucoup plus avantageux que celui dont nous jouissons. Cela seul accroîtrait grandement la prospérité du pays ; mais à la suite de cela viendrait une immigration, non pas de misérables et pauvres Européens, mais d'intelligents et riches manufacturiers du Sud. Les capitaux viendraient aussi, parce que les capitalistes qui sont les plus près de nous auraient un intérêt patriotique dans notre bien-être, vu que nous appartiendrions à un même pays. Nous pouvons de plus espérer que les troubles politiques qui ont déjà fort contribué à nous nuire et nous retarder seraient diminués par ce changement qui détruirait complètement les anciens brandons de discorde. Cela n'établirait pas une nationalité française et ne détruirait pas non plus l'influence politique qu'exerce aujourd'hui la portion française de notre population. [...] Ainsi les idées canadiennes seront américanisées ou, en d'autres mots, seront anglifiées, en autant que les idées anglaises sont en harmonie avec celles des citoyens des États-Unis. Par ce moyen, nous obtiendrions de ce que nous désirons de la partie française de notre population, non par force, mais par leurs propres efforts pour agir dans la nouvelle sphère dans laquelle ils auront à se mouvoir.

Le 1er août, alors que la nouvelle se répand que le gouverneur Elgin s'apprête à se rendre dans le Haut-Canada, la *Montreal Gazette* et le *Montreal Courier* avertissent le représentant de la reine qu'il risque sa vie s'il séjourne dans la province supérieure.

Nous pensons, affirme le *Courier*, qu'il ne serait pas prudent pour Sa Seigneurie d'essayer d'une telle expédition ; nous ne ferons nullement cas de son salut, c'est une affaire de peu de conséquence ; mais nous aimons le salut du pays et nous savons que si lord Elgin va dans le Haut-Canada et que la faction radicale veuille faire des démonstrations en sa faveur, on fasse un seul acte qui soit regardé comme un triomphe pour les ministres qui ont passé l'Acte payant les rebelles, cette démonstration sera le signal de la convulsion la plus terrible que cette province a jamais éprouvée. Nous savons qu'on a déjà fait des préparatifs dans plusieurs villes du Haut-Canada et nous connaissons l'esprit de notre parti trop bien pour ne pas savoir qu'il exécutera ses promesses à la lettre. Une démonstration radicale en faveur de lord Elgin sera le signal d'une guerre civile.

Avant même qu'Elgin ne prenne le chemin du Haut-Canada, l'appareil judiciaire se met en branle pour punir les chefs des émeutiers du 25 avril. La force constabulaire met sous arrêt, le 15 août, cinq personnes, toutes anglophones, accusées d'émeute, de destruction tumultueuse d'une maison et d'incendie. Quatre obtiennent un cautionnement pour leur remise en liberté et une seule, Alexander Courtenay, doit demeurer en prison. Ce n'est, dit-on, que le début d'une série d'arrestations pour les émeutes et l'incendie du Parlement. La population anglophone décide alors de se remettre à manifester et décide de se rendre à la maison de La Fontaine où se trouvent quelques membres du Parlement. Depuis les arrestations, le chef du Conseil exécutif craint que sa demeure ne soit attaquée ; il écrit en conséquence au commandant des troupes, mais personne ne bouge.

Il est environ vingt-deux heures quand deux ou trois cents émeutiers s'engagent dans la rue Notre-Dame pour se rendre à la maison de La Fontaine « qui est isolée dans un verger ». « Ils enfoncèrent la porte d'entrée de la cour qui donne sur la rue, rapporte la *Minerve* du 16 ; les plus effrontés entrèrent sur la propriété et commencèrent à lancer des pierres et à tirer des coups de feu sur des personnes qui faisaient bonne garde dans la maison. Ceux-ci ayant riposté de la même manière mirent les assaillants en fuite. Ils avaient quelques blessés à reconduire en lieu de repos. »

Un escadron de cavalerie s'était rendu chez La Fontaine, mais les assaillants avaient déjà pris la fuite avant leur arrivée. Les blessés sont au nombre de six. Un de ces derniers, William B. Mason, jeune homme dans la vingtaine, meurt le lendemain matin des suites de ses blessures. Un jury est immédiatement formé pour juger de la responsabilité découlant de ce décès. Il se compose de treize membres : huit anglophones, quatre francophones et un Italien, Seraphino Giraldi.

L'enquête du coroner débute, le 17 août, à la station de police du marché Bonsecours. Le lendemain, les audiences ont lieu à l'hôtel Cyrus, situé sur la place Jacques-Cartier. L'atmosphère se détériore dans la ville. Les incendies criminels se multiplient. L'hôtel Donagani ainsi que quelques autres maisons sont la proie des flammes. On soupçonne les émeutiers tories d'être responsables de ces crimes, d'autant plus que l'on sait maintenant que le jeune Mason a déclaré avant de mourir que « le but de ses compagnons de brigandage et le sien étaient de brûler la maison de M. La Fontaine et de pendre ce monsieur, puis le traîner par les rues. [...] Ils ont mis le feu à cet édifice, dit-on, pour obliger M. La Fontaine à sortir précipitamment au milieu de la foule et le massacrer au milieu de la confusion générale ; mais le progrès des flammes aurait été trop rapide pour leur laisser le temps d'exécuter ce nouveau forfait. M. La Fontaine a pu s'échapper de leurs mains sous la protection des militaires qui se trouvaient à la porte. En moins de vingt minutes, l'édifice était en cendres. »

Le lundi 20 août, alors que La Fontaine est le témoin interrogé, le feu se déclare à l'hôtel Cyrus où ont lieu les audiences. Encore une fois, les émeutiers en veulent à la vie du chef de l'Exécutif. « La foule était considérable devant la maison où se tenait l'enquête et on espérait que, dans le premier moment d'alarme, il serait facile d'exécuter cet horrible projet. Mais leur plan diabolique fut déjoué. M. La Fontaine eut l'avantage de descendre l'escalier et de se trouver au milieu d'un peloton de soldats commandés par M. McCord. Il paraît que le plan était d'élever des barricades à la porte pour empêcher la sortie de ceux des nôtres qui étaient dans la maison, mais l'incendie a éclaté plus tôt qu'on s'y attendait. »

Depuis le vendredi 17 août, on sentait à Montréal les appels à la violence. Ce jour-là, on avait posé dans différentes rues des placards ainsi libellés : « Meurtre. — le premier sang anglo-saxon. — Rassemblez-vous tous pour assister aux funérailles, dont vous devrez vous ressouvenir éternellement, de la victime assassinée et pour la cause glorieuse. Demain matin, à dix heures, le corps du jeune Mason sera porté en terre de la rue Craig. Que les magasins soient fermés. »

Effectivement, le 18, plusieurs magasins ont fermé leurs portes. La plupart, craignant la violence, n'avaient pas ouvert leurs contrevents. « Un fait qui ne s'est jamais vu en Canada, rapporte le *Minerve* du 20, et dans bien des pays sans doute, c'est que les porteurs des coins du drap étaient revêtus de grandes bandoulières rouges, couleur de sang, et que les crêpes étaient attachés aux chapeaux avec des rubans de même couleur ! ! Ces insignes sont assez significatifs ; ils indiquent que ces hommes demandent encore du sang... Toujours du sang... »

L'enquête du coroner est suspendue le lundi 20 et ne reprend que le mercredi 22 dans la maison de la garde militaire, sur la rue Notre-Dame. Le 24, le jury rend son verdict :

> Nous les jurés soussignés, sommes unanimement d'opinion que le défunt William B. Mason est mort par suite de blessures infligées par un coup de fusil, tiré dans la nuit du 15 courant de la maison de l'honorable L.-H. La Fontaine, après que ladite maison eût d'abord été attaquée par un attroupement ; ledit coup de fusil ayant été déchargé par quelqu'une des personnes, à nous inconnues, qui s'y étaient réunies dans le but de protéger la vie et la propriété de M. La Fontaine. Et de plus, nous sommes d'avis que les autorités municipales sont hautement coupables de n'avoir pas pris les précautions nécessaires pour prévenir cette grande calamité.

La dernière remarque des jurés n'aura pas l'heur de plaire à plusieurs tories. Pour ces derniers, ce n'est que partie remise !

Les ruines, sur la rue Saint-Denis, au lendemain du grand incendie de 1852

# LA CRISE ANNEXIONNISTE
# 1849-1854

A LORS QUE LORD ELGIN ET LORD GREY correspondent au sujet d'un projet d'union de toutes les colonies anglaises d'Amérique du Nord, les tories de Montréal ne rêvent que de vengeance. Ils ne peuvent accepter la conduite du gouverneur en ce qui concerne l'indemnisation des pertes subies lors des troubles de 1837-1838.

L'annonce d'un voyage du représentant de la reine dans le Haut-Canada provoque une nouvelle crise. Toronto, qui espère devenir la capitale du Canada-Uni depuis que Montréal s'est discréditée, voit ses murs placardés de circulaires invitant à la révolte.

> À vos tentes, Ô Israël ! y lit-on. Bretons de la cité de Toronto, Bretons du Home District ! Permettrons-nous aux ignobles rebelles de nous dire (comme ils disent aujourd'hui) qu'ils chasseront les tories ensanglantés hors du pays ? À votre devoir, et que personne ne sommeille ! Le Judas Iscariote politique qui a trahi sa Souveraine et dégradé son poste comme représentant de Sa Majesté est attendu à Toronto, le 20 du courant ou vers ce temps-là. Elgin qui a pardonné aux gueux dont les mains ont été rougies du sang de Weir et de Usher, et de Chartrand et de notre brave Moodie, Elgin qui a méprisé les pétitions respectueuses et s'est moqué des espérances de 100 000 cœurs loyaux du Canada et qui a sanctionné follement et clandestinement le bill qui nous surcharge et nous accable, nous et nos enfants, de lourdes taxes pendant vingt années à venir, pour récompenser des rebelles et des meurtriers, Elgin qui est maintenant dans sa forteresse de Monkland à satisfaire sa malice et la malice de son traître de ministère, en encombrant les prisons de Montréal de ses plus loyaux sujets, Elgin sera-t-il fêté par une bande de serviles radicaux dans la bonne loyale, vieille ville de Toronto ? Non ! Non ! Ne le permettez pas, ciel ! Ne le permettez pas, tous principes d'honneur ! [...] Par tout ce qui nous est proche et cher, nous avertissons publiquement et solennellement

James Bruce le représentant de Sa Majesté en Canada et ses rebelles partisans de ne pas essayer d'outrager et d'insulter aux sentiments des loyaux de Toronto, en faisant un triomphe de parti de sa visite à Toronto. [...] Pensez à cela, Bretons de Toronto ! Par conséquent laissez vieillir vos œufs et faites sécher votre poudre ! À bas Elgin ! À bas les rebelles ! Dieu sauve la reine !

Un peu partout, on soupçonne les dirigeants de l'Association des Orangistes de l'Amérique britannique du Nord d'être les responsables de la campagne contre le gouverneur Elgin et contre le ministère La Fontaine-Baldwin. D'ailleurs, une lettre de John H. Isaacs, John B. Turner et John Dier, responsables du mouvement à Montréal, datée du 18 août et adressée à tous les membres, définit leur action. Elle sera défensive, jamais offensive :

Vous savez tous que des émeutes et des rassemblements tumultueux ont eu lieu dans cette cité pendant ces derniers jours ; vous n'avez pu vous empêcher de remarquer que c'est à vous, en grande partie, que tout cela est attribué par des personnes mal intentionnées et mal informées, tandis que, comme corps, vous n'y avez pris aucune part. Comme orangistes, nous n'avons pas l'habitude de mettre notre institution sous les yeux de la société ; nous avons nos objets particuliers en nous réunissant ensemble et ces objets sont, en un mot, la fidélité à la Couronne et le maintien de la foi protestante. Notre association est purement défensive et nos règlements nous disent que nous ne devons offenser personne. Si nous sommes attaqués, nous savons comment nous défendre, mais c'est notre but et notre devoir de vivre en paix avec tout le monde et ne donner à personne lieu de dire que nous sommes les premiers à violer les lois de Dieu et de notre pays. [...] Nous vous avertissons qu'il pourrait être nécessaire pour vous de vous défendre contre la tyrannie d'un mauvais gouvernement ; mais vous devez savoir que cela ne peut se faire avec succès que par l'obéissance, l'ordre et l'organisation. La loi d'Angleterre, qui est encore, par la bonne providence de Dieu, la loi du Canada, permet à tout homme d'avoir des armes pour sa propre défense. Ne sachant donc ni le jour ni l'heure où vous pourrez être appelés à vous soulever pour la défense de vos libertés, nous recommandons à tous et à chacun de vous qui n'en sont pas encore pourvus, de se procurer des armes et des munitions, afin que, si le moment d'une oppression insupportable arrive, vous ne soyez pas sans armes et sans défense. [...] Soyez sûrs que, quand viendra le temps où nous devrons faire un effort déterminé pour notre salut, nos libertés et nos propriétés, vous trouverez vos officiers élus à votre tête.

Au programme de la tournée de lord Elgin dans le Haut-Canada, on a prévu un bref arrêt à Brockville. Le journal local, le *Statesman*, que l'on dit être le porte-parole du mouvement orangiste, demande à la population de venir protester contre le séjour de celui qui a trahi sa souveraine : « Que chaque voiture soit bien remplie, — que chaque cheval soit bien chargé — que chaque route soit encombrée des cœurs honnêtes du pays, se dirigeant tous vers le palais de justice du district. Que chaque concession laisse aller ses cœurs vivaces et vrais pour dire à lord Elgin qu'il a trompé le peuple et trahi la Souveraine. »

Lord Elgin quitte Montréal le 5 septembre 1849. Dans l'ensemble, la réception réservée au gouverneur n'est pas aussi hostile que prévu. À Brockville, cependant, une partie de la population arbore des drapeaux noirs ! Les menaces de mort n'ont pas de suite. À Toronto, on se contente de brûler en effigie le représentant de la reine. Ce dernier écrit à Grey le 14 octobre : « Ma réception à Toronto a été tout ce que je pouvais souhaiter de mieux. »

## Vive les USA !

L'attitude d'Elgin, l'abolition du protectionnisme en Grande-Bretagne et surtout les problèmes économiques qui en ont découlé jettent le désarroi parmi les capitalistes anglophones de la région de Montréal. Au début d'octobre 1849, plus de 300 personnes apposent leur signature au bas d'un manifeste demandant l'annexion du Canada aux États-Unis.

Le texte, adressé au « peuple du Canada », établit un parallèle entre l'économie américaine et celle du Canada. « Avec une surabondance de pouvoirs d'eau et de travailleurs à bon marché, particulièrement dans le Bas-Canada, nous n'avons pas encore de manufactures indigènes ; les plus confiants même, si les circonstances ne sont pas changées, ne peuvent espérer que, sans productions indigènes, ou sans avances de quelques étrangers, nous parviendrons à avoir cette grande source de richesse nationale. Nos institutions malheureusement n'ont pas le cachet de permanence qui peut seul donner de la sécurité et inspirer de la confiance, et le marché canadien est trop limité pour tenter les capitalistes étrangers. » Chez les voisins, au contraire, règne la prospérité. De plus, la forme actuelle de gouvernement des Canadas coûte trop cher.

Après avoir étudié les diverses solutions possibles (le rappel de la protection sur les marchés du Royaume-Uni ; la protection des manufactures indigènes ; une union fédérale des provinces britanniques d'Amérique ; l'indépendance des colonies britanniques de l'Amérique du Nord comme république fédérale et le commerce libre réciproque avec les États-Unis en ce qui concerne les produits de la forêt, des terres et des mines), les signataires du manifeste n'envisagent qu'un seul remède vraiment efficace : « La séparation amicale et paisible du Canada avec la métropole et une union à des termes équitables avec la Grande Confédération nord-américaine des États souverains. » Si cette union se réalise, tous les problèmes, croit-on, trouveront une rapide solution : capitaux et compétence, marché étendu et produits moins chers, nouveaux chemins de fer et augmentation du prix de vente du bois canadien, gouvernement économique et simple. Le paradis, quoi ! « Au lieu de guerre et de craintes de guerre avec nos voisins, il n'y aurait que paix et amitié entre ce pays et les États-Unis. [...] L'Angleterre est notre mère patrie ; nous ne sommes pas sur un pied d'égalité avec elle ; nous n'avons que des rapports d'obéissance avec elle. Mais, comme citoyens des États-Unis, le service public de la nation nous sera ouvert ; ce sera un champ de distinction honorable dans lequel nous et notre postérité pourrions entrer à des conditions de parfaite égalité. » Même pour l'Angleterre, affirme-t-on, une telle séparation serait économiquement profitable.

Parmi les 325 signatures appuyant ce premier manifeste annexionniste, on remarque les noms de John Molson, John Redpath, L. H. Holton, John Rose et B. H. Holmes. Les francophones favorables à cette intégration au peuple américain ne constituent qu'une minorité. Sabrevois de Bleury, Antoine-Aimé et Jean-

Baptiste-Éric Dorion, Joseph Doutre, Gustave Papineau (le fils de Louis-Joseph) sont parmi ceux-là. En somme, les « rouges » se montrent favorables à l'annexion.

Pour Amédée Papineau, qui s'adresse à son père dans une lettre datée du 15 octobre, le manifeste pour lequel on continue de recueillir des signatures — lesquelles atteindront bientôt le chiffre de 1500 — cadre parfaitement avec l'orientation politique de son père : « C'est votre programme à vous, mon cher père, que tous les partis s'entendaient si bien pour repousser avec dédain et indignité il y a moins de deux années, qu'ils adoptent tous aujourd'hui, en répétant que le gouvernement responsable n'est qu'un leurre et une déception. »

La presse s'empare de l'événement et chacun d'émettre son commentaire. Le *Quebec Morning Chronicle* n'y va pas de main morte : « Nos frères-colons ont-ils perdu la tête ? Quel pays au monde a jamais obtenu paisiblement son indépendance ? Cependant comme, sans le consentement de la Grande-Bretagne, Montréal ne croit la séparation ni praticable ni désirable, nous pouvons nous assurer que toute l'affaire n'est qu'une explosion de gaz qui ne laissera derrière elle que l'odeur. Le manifeste lui-même a été pris çà et là dans les journaux et comme œuvre littéraire est assez méprisable. » De son côté, le *Montreal Herald* appuie toutes les réclamations du manifeste.

Le gouverneur Elgin, ayant pris connaissance du texte annexionniste vers le 14 octobre, fait part de ses réactions à Grey en soulignant que très peu de francophones et peu d'hommes politiques importants l'ont signé. « L'affirmation que l'Angleterre est indifférente au maintien du lien colonial est de beaucoup l'argument le plus puissant que les annexionnistes emploient et certes l'un des plus difficiles à réfuter. »

Le 27 octobre, les annexionnistes de la ville de Québec s'assemblent en vue d'adopter une série de résolutions favorables au rattachement de la colonie aux États-Unis. La rencontre est fortement perturbée par la présence dans la salle de personnes prônant le maintien des liens avec la Grande-Bretagne. Le mouvement anti-annexionniste s'organise. Une assemblée en ce sens se tient à Québec, le 11 novembre. Joseph Cauchon est fier d'écrire à La Fontaine, le 15 novembre : « L'annexion est écrasée ici et enterrée. Je puis dire que c'est moi qui en ai fait les obsèques. »

Elgin décide de sévir contre les fonctionnaires qui se sont prononcés ouvertement en faveur du mouvement sécessionniste. Quelques juges de paix, des conseillers de la reine et des officiers de milice sont destitués de leur poste. Par la suite, l'idée annexionniste perd de son acuité, mais demeure, chez plusieurs, toujours présente. Les Montréalais et les Québécois se passionnent déjà pour un autre problème : le choix d'une nouvelle capitale pour le Canada-Uni.

## À Toronto : l'espoir

Le 19 mai 1849, alors que la session n'est pas encore terminée, les députés votent en faveur du déménagement du Parlement de Montréal à Toronto, puis à Québec, la capitale actuelle étant jugée indigne de garder en ses murs les si illustres représentants du peuple ! Lord Elgin lui-même ne cache pas sa hâte de quitter le plus rapidement possible un endroit aussi peu préparé à être le siège du gouvernement.

Vous trouverez dans cette ville, je crois, écrit-il à lord Grey le 3 septembre, les spécimens les plus antibritanniques de chacune des classes qui composent notre société. Les Français de Montréal sont, de toute la province, ceux qui ont le plus d'affinité avec les Yankees ; les Britanniques, quoique sérieusement antigaulois, sont, à part quelques exceptions, les moins loyaux. Enfin, les marchands sont les plus zélés annexionnistes que le Canada produise. Cela doit avoir de très mauvais effets sur les membres des autres parties de la province qui viennent ici passer quelques mois chaque année, dans ce foyer de préjugés et de désaffection.

Pour Elgin, Toronto constitue le choix idéal. C'est la ville la plus tory au Canada. « Sa population est de 25 000 habitants ; la ville et les alentours ne comptent pas moins de 25 loges orangistes. [...] Je pense aussi, ajoute le gouverneur le 19 octobre, que les orangistes du Haut-Canada sont généralement attachés au lien colonial. » Dans la capitale de la province supérieure, les affrontements raciaux risquent d'être plus rares qu'à Montréal.

## À l'œuvre !

La troisième session du troisième Parlement avait été plusieurs fois remise. Il devient donc urgent de convoquer les députés, puisque la session précédente s'est terminée le 30 mai 1849 et qu'il faut, en vertu de la constitution, que les députés se réunissent avant qu'une année de calendrier ne se soit écoulée. Le 14 mai 1850, lord Elgin inaugure donc la nouvelle session à Toronto. Dans son discours inaugural, le représentant de la reine prône de meilleures relations entre les différentes colonies anglaises de l'Amérique du Nord : « Je sens de quelle importance il est pour ces colonies que le commerce entre les provinces anglaises de l'Amérique du Nord soit affranchi de toutes restrictions. J'ai été, pendant la vacance, en communication à ce sujet avec les lieutenants-gouverneurs de la Nouvelle-Écosse, du Nouveau-Brunswick et de l'Île-du-Prince-Édouard, et avec le gouverneur de Terre-Neuve. Je recommande à votre considération la convenance de donner à ce gouvernement les pouvoirs qui le mettent en état de répondre aux avances des autres colonies dans un esprit libéral. »

Le gouverneur énumère ensuite les secteurs où l'on devra légiférer : les postes, vu que le gouvernement impérial vient de remettre aux autorités provinciales « tout le contrôle des postes intérieurs dans l'Amérique septentrionale anglaise » ; le nombre de députés à la Chambre ; les règlements des municipalités ; la construction de prisons et de salles d'audience et la composition des jurys.

Le ministère La Fontaine-Baldwin doit faire face à une vive opposition : sa faiblesse provient de sa division : « environ quinze tories, cinq ou six réformistes dissidents connus sous le nom de Clear Grits, enfin les annexionnistes déclarés », affirme l'historien Mason Wade.

Les clear grits, qui favorisaient l'application du principe d'élection à toutes les charges, le suffrage universel, le scrutin secret, les élections parlementaires tous les deux ans, le libre-échange, l'impôt direct, la sécularisation des biens du clergé et autres mesures jugées radicales à l'époque, ajoute Wade, s'étaient séparés du libéralisme conservateur de Baldwin, tout comme un groupe semblable bas-canadien, les rouges, devait bientôt faire avec La Fontaine. Le journal *The Examiner* de

Toronto présente une division différente de la Chambre. Selon celui-ci, les ministériels peuvent compter sur 34 députés, les clear grits sur 22, les tories sur 20 et les annexionnistes sur 7.

La Fontaine échoue dans la présentation de deux mesures, la première visant à augmenter le nombre de députés à la Chambre, et la seconde ayant pour objet de faire disparaître le régime seigneurial.

La session se termine le 10 août 1850. L'une des plus importantes mesures adoptées touche l'organisation du système postal pour le Canada. Quelques jours avant la prorogation, soit le 2 août, le gouverneur Elgin avait tracé, à l'intention de lord Grey, la marche suivie par les francophones et s'était risqué à prédire un réalignement des partis politiques :

> Le résultat de la politique que j'ai poursuivie, avec votre concours et votre appui, a été brièvement ceci : les Français ont été sauvés de la fausse position à laquelle ils avaient été acculés et dans laquelle ils devaient fatalement rester aussi longtemps qu'ils croiraient que l'objectif du gouvernement britannique, avoué par lord Sydenham et autres, était de les écraser et d'assurer à la race anglaise une prédominance dans la province, non pas en s'abandonnant au cours naturel des événements, mais en sachant administrer et gouverner. Arracher à l'esprit d'un peuple naturellement enclin à la méfiance une croyance de cette espèce quand elle y est profondément enracinée, n'est pas une tâche facile, mais les événements étonnants de l'année dernière et, surtout, les assauts furieux dirigés par la foule et la presse du prétendu parti britannique contre le représentant de la reine, y sont parvenus. Les Français sont restaurés dans leur condition normale et sont, par conséquent, un élément conservateur essentiel de l'ensemble canadien. Un accident, ou plutôt je crois que je devrais dire les artifices de la politique impériale, les a unis politiquement aux libéraux du Haut-Canada. Ils ne veulent pas briser ces liens et ils y adhéreront aussi longtemps qu'un parti libéral modéré existera dans cette section de la province. Si le Clear Gritism absorbe toutes les nuances du libéralisme bas-canadien, à moins d'une intervention de l'extérieur qui ferait échec au cours naturel des événements, ils se sépareront d'eux et formeront une alliance avec les tories haut-canadiens.

Le vœu du gouverneur est donc de briser la ligne raciale en favorisant la formation de partis politiques dans lesquels se regrouperaient francophones et anglophones.

L'attitude des clear grits et les propos de George Brown dans le *Globe* contribuent à rapprocher les francophones des conservateurs du Haut-Canada. « Chaque jour, écrit Elgin à Grey le 22 novembre, la haine du parti clear grit pour les francophones se manifeste de plus en plus ouvertement. [...] M. Boulton, ex-juge en chef de Terre-Neuve et une sorte de leader parmi les Clear Grits a, dit-on, déclaré lors d'un dîner public l'autre jour que "les nègres sont la grande difficulté des États-Unis et les Canadiens français celle du Canada", un sentiment qui est de nature à s'arrêter dans le gosier d'un peuple passablement sensible et méfiant. »

## Un homme malade

Au printemps de 1851, alors qu'il n'a pas encore atteint sa 44<sup>e</sup> année, Louis-Hippolyte La Fontaine éprouve des problèmes de santé.

> Les journaux tory, lui écrit Cauchon le 24 mars, vous disaient dangereusement malade et se réjouissaient de vous voir ainsi hors de combat. Mais la Providence n'a pas pensé selon leurs désirs et j'apprends que vos souffrances rhumatismales sont plus aiguës, plus incommodes qu'elles ne sont dangereuses. J'appréhende le jour où vous laisserez la vie publique beaucoup à cause des services que vous n'y rendrez plus, mais plus encore parce que cette retraite décourage les hommes qui manquent de confiance en eux-mêmes, qui se démoralisent, et parce qu'elle donne du courage à nos ennemis, les uns et les autres croyant qu'il n'y a pas d'administration possible sans vous. La puissance morale que vous avez acquise par tant d'années de services ne se transmet à d'autres que longuement et par des événements pareils qui ne se rencontrent pas toujours.

Il n'est pas encore officiellement question de retraite pour La Fontaine lorsque s'ouvre à Toronto, le 20 mai, la quatrième et dernière session du troisième Parlement du Canada-Uni. Les députés étudient un projet d'abolition du régime seigneurial. La Fontaine échoue encore une fois avec son bill pour augmenter le nombre de députés à la Chambre. Il confie à Cauchon qu'il est de plus en plus dégoûté de la vie publique. Son correspondant lui répond le 27 mai : « J'espère que vous êtes mieux de vos rhumatismes et que vos idées funèbres sont disparues. Je regrette de vous voir dominé par ces tristes pensées, surtout à votre âge et avec une nature aussi forte et aussi vigoureuse. À peine êtes-vous à l'âge où l'intellect est dans toute sa puissance et toute sa force d'expansion, et si vite vous vous voueriez au repos des morts ! Oh ! non, mille fois non. J'ai dans le cœur formé d'autres espérances pour le pays. »

Le ministère La Fontaine-Baldwin sent que sa position à la Chambre d'assemblée se fait plus précaire. Le mécontentement y devient plus ouvert. Le 26 juin, un député nouvellement élu, qui est également un vieux routier de la politique provinciale, William Lyon Mackenzie, attaque une loi votée deux ans auparavant relativement à la restructuration de la cour de Chancellerie du Haut-Canada. La motion du député est renversée par 34 voix contre 30, mais Baldwin n'en est pas moins mis en minorité par suite de l'appui des représentants du Bas-Canada. Robert Baldwin, blessé, démissionne de son poste de procureur général du Haut-Canada, affirmant que pour gouverner, la confiance des députés de sa partie de la province lui est nécessaire.

> Aujourd'hui, déclare-t-il le 30 juin, après deux années pendant lesquelles, de l'aveu de tout le monde, les changements effectués ont produit une grande économie de temps et d'argent, on propose d'abolir la cour. Parmi les membres qui ont voté pour cette proposition se trouvent plusieurs de ceux qu'on regarde ordinairement comme amis de l'administration et plusieurs hommes de loi qui, à une seule exception près, avaient voté pour le bill de 1849. Dans ces circonstances, et sur une matière aussi importante que l'est celle-ci, qui touche à tant d'intérêts privés, j'ai cru qu'il était de mon devoir envers ma souveraine, envers mon pays et envers moi-même d'offrir ma démission.

Les autres membres du cabinet représentant la partie supérieure de la province jugent préférable de demeurer à leur place car, comme l'affirme Francis Hincks, « nous ne voyons aucun parti qui ait quelque chance de former un gouvernement plus fort ». Lors de son intervention, La Fontaine, après avoir fait l'éloge de son collègue, laisse sous-entendre qu'il s'apprête lui aussi à quitter bientôt la scène politique. La succession n'est pas encore ouverte que la rumeur place déjà diverses personnalités à la tête du parti réformiste bas-canadien. Mais on sent que l'unité du parti est profondément ébranlée par la question de l'abolition du régime seigneurial. La session se termine le 30 août 1851 et, le 27 octobre suivant, La Fontaine démissionne de son poste de premier ministre. Le gouverneur fait appel à Francis Hincks et à Augustin-Norbert Morin pour prendre la direction du nouveau ministère.

Les réformistes de Montréal organisent un dîner d'adieu pour souligner la démission de La Fontaine. À cette occasion, l'homme politique lance un appel à l'unité : « Je vous prie de croire qu'en me retirant de la vie publique, je ne vois pas sans déplaisir les efforts faits pour diviser entre elle la population française dans ce pays, mais j'ai assez d'expérience pour vous dire en toute sûreté que ces efforts ne peuvent pas réussir. Il y a un sens commun trop fort chez mes compatriotes pour qu'ils ne comprennent pas qu'en se divisant, ils seront sans force. »

*Une Chambre plus forte*

Le Parlement est dissous le 6 novembre et des élections générales sont déclenchées. La votation a lieu à la fin du mois et au début de décembre. Le nouveau cabinet présente un programme dit d'avant-garde : « La sécularisation des réserves du clergé, l'augmentation de la représentation, l'abolition de la tenure seigneuriale, le principe électoral appliqué au Conseil législatif et l'encouragement aux chemins de fer. » Plusieurs de ces mesures avaient déjà fait l'objet de longs débats à la Chambre d'assemblée.

Papineau se présente dans la cité de Montréal et, le 24 novembre, il signe une adresse à l'intention de ses électeurs. Son programme se rapproche passablement de celui des ministériels : extension du principe électif au Conseil législatif ; établissement d'un système municipal « parfaitement coordonné » ; mise de la Chambre d'assemblée « à l'abri de la corruption et rendre au contraire les ministres vraiment responsables à la Chambre en défendant par une loi à tout représentant du peuple d'accepter aucune charge lucrative de la Couronne pendant l'exercice de son mandat et un an après son expiration, à moins que cette nomination ne soit ratifiée par la réélection » ; extension du suffrage, etc. Malgré un tel programme, Papineau subit la défaite. La participation active de George-Étienne Cartier à la campagne électorale, qui rappela aux électeurs l'étrange comportement de Papineau à Saint-Denis en 1837, a nui au candidat.

À Québec, Joseph Cauchon tente un rapprochement entre les Canadiens français et les Irlandais, ce qui lui mérite l'hostilité des tories de l'ancienne capitale. « Nous aurions gagné malgré cela, déclare-t-il, si Stuart ou mieux Black pour lui, n'avait dépensé 3200 livres sterling en achats de voix. Il faut dire, à la honte de nos compatriotes qu'ils se sont vendus pour des barils de farine, pendant que les

Irlandais ont noblement résisté à la corruption. » Les candidats réformistes perdent leurs élections dans le district de Québec en bonne partie « parce que les Canadiens ont pour les Irlandais une répugnance quasi insurmontable ».

Dans l'ensemble, la votation se déroule un peu partout sans affrontement majeur. Les ministériels sortent de la lutte plus nombreux qu'avant la dissolution du Parlement.

La quatrième session du quatrième Parlement débute à Québec, le 19 août 1852. Le discours du trône annonce un menu législatif que l'historien Thomas Chapais résume ainsi : « Un projet de communication directe par la vapeur entre la Grande-Bretagne et les ports de Québec et de Montréal ; de la législation pour augmenter la représentation parlementaire, pour étendre la franchise électorale, pour encourager l'agriculture et la colonisation, et enfin pour régler la question de la tenure seigneuriale. On y mentionnait aussi la dépêche du secrétaire colonial relative à la sécularisation du clergé. »

Avant même le début des travaux, MacNab avait tenté un rapprochement, au nom des tories, avec les réformistes du Bas-Canada.

Quand MacNab vint à Québec ostensiblement pour les affaires du *Great Eastern*, ce printemps, mais en réalité pour sonder le terrain politique, comme il me l'avoua lui-même, confie Cauchon à La Fontaine le 9 décembre 1852, il me dit que les conservateurs s'assembleraient chez lui. La réunion eut lieu. Arrivé à Québec pour l'ouverture des Chambres, MacNab me vit de nouveau et me demanda si une alliance était possible. Je lui dis que je n'en savais rien, mais que je verrais et que, dans tous les cas, je n'y consentirais d'abord que si elle était acceptée par la majorité de mes compatriotes et ensuite à certaines autres conditions. Il me pria de placer ces conditions sur le papier. Elles y furent placées ainsi :

M. Cauchon voudrait soumettre aux membres du Bas-Canada une alliance avec les conservateurs du Haut-Canada, si ces derniers acceptent les conditions suivantes : 1er Chaque section de la province aura la liberté et le choix non contrôlé dans la moitié de l'administration ; 2e Une section de la province ne pourra imposer ni homme ni condition aux autres sections de la province ; 3e Les quatre départements de l'administration, soit : les postes d'inspecteur général, maître-poste général, responsable des travaux publics et celui des Terres de la Couronne seront également divisés entre le Haut et le Bas-Canada ; 4e Chaque section de la province aura l'entier contrôle sur la législation et l'administration respective de sa section. Ce document devra être remis et aucune copie n'en a été faite*.

MacNab reçoit le document la veille de l'ouverture de la session et, le soir même, il le remet avec « une liste de vingt conservateurs qui tous concourraient dans le projet d'alliance ». Consultés, les députés conservateurs du Bas-Canada ne réussissent pas à se mettre d'accord sur l'alliance projetée.

Au cours de la session, on adopte le projet de loi portant à 130 le nombre total de députés pour les deux sections, chacune en comptant la moitié. Morin propose que le Conseil législatif se compose à l'avenir de 60 membres élus et que le terme d'office soit de dix ans. Brown s'oppose à l'adoption de la mesure, car « le projet de deux Chambres électives était incompatible avec le gouvernement responsable anglais ». Papineau qui, en juillet 1852, avait été choisi comme représentant de la

---

* Ce dernier paragraphe était écrit en anglais dans la lettre.

circonscription des Deux-Montagnes, appuie la mesure gouvernementale, alors que Cauchon demande l'abolition pure et simple du Conseil.

La question des communications ferroviaires et maritimes retient l'attention de la Chambre. Il faut établir des relations plus régulières et plus rapides avec la Grande-Bretagne et il est aussi temps de relier les différentes parties du Canada-Uni entre elles par des voies ferrées et si possible, atteindre Halifax qui pourrait devenir, surtout durant la période hivernale, le port de la colonie.

La session se termine le 14 juin 1853, alors qu'à nouveau les villes de Québec et de Montréal connaissent la violence.

## La visite d'un défroqué

Alessandro Gavazzi, moine barnabite défroqué, effectue à la fin de mai et au début de juin une tournée canadienne pour dénoncer le papisme et l'Église catholique. L'ex-religieux est accompagné d'un ex-servite italien nommé Paoli qui demeure maintenant à Boston. À Toronto, le 31 mai, Gavazzi précise le but visé par sa mission qui n'est « pas de protester, elle est de détruire ; ma mission est de détruire, d'anéantir dans ma chère Italie le pape et le papisme. Donc ne m'appelez pas protestant, car je n'en suis pas un, mais appelez-moi destructeur ; c'est là mon nom. »

Les journaux du Bas-Canada où le défroqué doit prononcer quelques conférences relatent ses propos. Partisans et adversaires s'échauffent avant son arrivée. Le 4 juin, alors que le Parlement siège encore, Gavazzi arrive à Québec où, le soir même, il doit prononcer une conférence au temple méthodiste de la rue Saint-Stanislas. La force policière est sur un pied d'alerte. « La presque totalité des policiers (plus de 90), écrit l'historien Robert Sylvain, se rangea dans la cour de la prison, que la seule largeur d'une rue séparait du temple. Même la police fluviale avait été requise. On l'avait postée à la station numéro un, face à la prison, pour pouvoir prêter son concours à la première alerte. » Malgré quelques mouvements de foule au cours des deux heures que dure la conférence, rien de désagréable ne se produit. Devant le succès remporté, une nouvelle rencontre est fixée au lundi 6, cette fois à la Chalmers' Church, située rue Sainte-Ursule. Environ mille personnes écoutent un texte ayant pour titre « L'inquisition ancienne et moderne ». Les Irlandais catholiques de la basse ville ont décidé d'intervenir. Plusieurs s'amènent dans le voisinage du temple les poches remplies de cailloux.

> Gavazzi, raconte Sylvain, avait déjà discouru pendant une heure, puisqu'il était environ neuf heures — des témoins affirmèrent, en effet, qu'ils avaient en ce moment perçu le signal du canon —, quand un individu, portant une chemise quadrillée bleue, pénétra, comme un bolide, dans le temple, enfila vivement l'allée sud, puis tout à coup s'arrêtant pile, leva le poing en dardant des yeux étincelants d'indignation dans la direction du conférencier. On lui cria de s'asseoir. Il s'exécuta en choisissant le premier banc de la rangée du milieu, à quelque vingt-cinq pieds de la chaire, bien en face de l'orateur, qui ne tarda pas à trouver répulsive la trogne cireuse de l'arrivant à l'allure si peu banale.

L'arrivant, un catholique irlandais nommé John Hearn, décide d'interrompre le prédicateur chaque fois qu'il juge la vérité offensée. Les participants demandent son expulsion. On se jette sur lui et alors des pierres sont lancées du dehors. « Au premier jet de pierres, presque tout l'auditoire s'était dressé, hurlant de frayeur. Mais dominaient la stridence de ces cris les clameurs d'une trentaine d'ouvriers qui, armés de gourdins et de bâtons ferrés, s'élançaient au pas de charge, par l'allée sud, dans la direction de la chaire, et vociféraient : *Pull him out ! Have his heart's blood !* Sortez-le ! Saignez-lui le cœur ! La bagarre était devenue générale entre Anglais et Irlandais. »

Dans l'assistance, plusieurs femmes s'évanouissent ; des enfants crient. Paoli est sérieusement blessé, car des assaillants l'avaient pris pour Gavazzi. La police demeure impuissante à maintenir les manifestants qui sont au nombre d'environ 600. Lorsque les troupes arrivent, les Irlandais sont déjà descendus vers la basse ville. Rendus à la Côte de la Montagne, quelques-uns s'arrêtent devant l'édifice du Parlement où les députés travaillent toujours et réclament Brown qui, deux jours auparavant, avait demandé l'abolition des écoles séparées.

Comme c'était à prévoir, la presse anglophone protestante déborde d'indignation. Le *Globe* de Toronto, dans son édition du 9 juin, en vient rapidement à ces conclusions :

> Dans le Haut-Canada, les prêtres sont doux, paisibles et n'exigent que leurs droits ; à Québec, où ils sont la majorité, ils sont des loups dévorants ; ils empêchent toute discussion, abattant par la violence tous ceux qui leur font de l'opposition. [...] Leur donnerons-nous maintenant de l'argent pour payer leurs instituteurs, pour bâtir des hôpitaux, des églises ? Leur permettra-t-on de nous faire la loi en politique ? [...] Jusqu'à quand les orangistes du Haut-Canada enverront-ils au Parlement des hommes qui consentent à perpétuer les institutions catholiques romaines au Canada ? [...] Protestants, unissez-vous ou le catholicisme régnera, les prêtres l'emporteront dans l'enceinte législative.

Plusieurs habitants protestants de la ville de Québec se réunissent à l'hôtel de ville pour adopter une série de résolutions portant sur la liberté de culte. « C'est le privilège des sujets britanniques et un droit sacré et inaliénable de tous les hommes d'exercer et d'exprimer leur propre jugement en matière de religion et de tenir des assemblées pour cet objet sans empêchement ni molestation », précise la première résolution.

## Du sang à la une !

Le 7 juin, vers les cinq heures, Gavazzi arrive à Montréal à bord du vapeur *Québec*. Selon Sylvain, « une cinquantaine d'orangistes armés de revolvers, de couteaux et d'autres armes » l'accompagnent. Le lendemain, on peut lire sur des placards installés dans divers quartiers de la ville : « Laissez Gavazzi dire ce qu'il veut ; ne vous déshonorez pas en faisant de l'agitation à propos de ce triste individu. Restez tranquilles et ne prêtez pas la moindre attention à ce qu'il dit. » L'auteur du texte est J. O'Grady, secrétaire de l'Institut catholique de Montréal.

La conférence de l'ex-moine catholique devait avoir lieu dans l'une des salles du marché Bonsecours, mais aucune entente avec les autorités municipales n'est encore conclue. Gavazzi rencontrera donc la foule au Temple de Sion ou Zion

Church, situé à l'intersection des rues Radegonde et Latour, près du Beaver Hall Terrace.

Le 9 juin 1853 au soir,

> revêtu d'un habit noir et tenant à la main la valise qui contenait sa soutane et son manteau de barnabite ornés de croix tricolores, écrit Sylvain, Gavazzi, en se rendant à Zion Church escorté de la troupe de ses amis, put constater, lorsqu'il traversa le square des Commissaires et le Marché aux foins, qu'une foule grossissant sans cesse avait déjà envahi les deux places. [...] Lorsqu'il pénétra dans Zion Church, après avoir passé par le soubassement pour se revêtir de son costume de barnabite, ce qui le frappa, ce fut de remarquer que les femmes et les enfants seuls occupaient les tribunes, que gardaient ostensiblement des sentinelles improvisées, alors que les hommes s'étaient distribués dans les bancs du rez-de-chaussée.

Selon le correspondant du *New York Daily Times*, « tous ceux qui vinrent au temple étaient littéralement [...] armés de pied en cap ; on voyait sous les bancs des mousquets qui y avaient été dissimulés ; des pistolets jaillissaient, sinistrement, des poches ». Tous s'attendent à de la casse. Le maire Charles Wilson, craignant le pire, a fait appel à toute la force constabulaire et même aux troupes militaires. Le régiment en garnison vient tout juste d'arriver et les soldats ne connaissent rien à la ville.

Moins d'une demi-heure après le début de la conférence, la foule est déjà difficile à contenir. Il est dix-neuf heures. Les hommes de police sont à leur poste ; l'armée, prête à intervenir, est concentrée dans un édifice situé à deux minutes de marche du temple.

La situation commence à se gâter alors que les policiers veulent faire reculer ceux qui se trouvent trop près de l'église. Le chef de police et son inspecteur, les frères F. William et C. Oakes Ermatinger, sont blessés. Un des auditeurs de Gavazzi, un nommé Broomer, de Québec, décide de quitter la réunion pour, vraisemblablement, aller prendre le bateau pour retourner chez lui. À peine est-il sorti que la foule l'assaille et le force à retourner à l'intérieur, le visage ensanglanté. D'autres auditeurs saisissent leurs armes et veulent immédiatement aller venger leur coreligionnaire. « Ils étaient bien une centaine qui, armés de fusils, de pistolets, de bâtons et d'autres armes, se jetèrent hors de Zion Church, raconte Sylvain. Certains appartenaient à l'escorte qui avait accompagné Gavazzi de Québec à Montréal ; à moitié ivres, ils tenaient enfin l'occasion de venger sur les Irlandais de Griffintown l'assaut de ceux de la rue Champlain, à Québec, comme ils n'avaient pas cessé de le claironner dans les rues de la ville depuis leur arrivée. » Ces hommes tirent sur la foule qui est déjà aux prises avec la police.

Sa harangue terminée, Gavazzi libère ses auditeurs qui commencent à sortir du temple. Ils se trouvent face aux troupes qui viennent de prendre place entre la foule et l'édifice. Trois coups de feu sont tirés apparemment par des auditeurs de la conférence. La foule devient extrêmement houleuse. Le maire Wilson lit à la hâte le *Riot Act* et l'armée fait feu. Une dizaine de personnes seront tuées sur le coup ou mourront des suites de leurs blessures.

Le 10 juin, le maire Wilson signe une proclamation invitant tous les citoyens bien disposés à « s'abstenir de sortir de leurs demeures, sans nécessité, même dans le jour, et tout à fait, s'il est possible, après le soleil couché, pour quelque temps jusqu'à ce que toute disposition à troubler la paix ait été complètement réprimée. »

Le samedi 11 juin, au petit jour, Alessandro Gavazzi juge préférable de reprendre le bateau. Il quitte une terre qu'il juge sans doute inhospitalière, alors que l'affaire Gavazzi remplit les colonnes de tous les journaux.

L'émeute qui suit la conférence de Gavazzi à Montréal en 1853.

L'une des premières photographies de Montréal, vers 1852. Au premier plan, la rue Saint-Antoine (Craig)

# LE CHOIX
# DE LA REINE
# 1854-1857

AU LENDEMAIN DES VIOLENTS AFFRONTEMENTS marquant le passage d'Alessandro Gavazzi à Montréal, la population est secouée par le fait que douze personnes sont mortes. À l'enquête du coroner, on tend à départager les torts. Le maire Wilson est accusé par quelques-uns de négligence criminelle. Ces mêmes personnes s'étaient déjà exprimées en découpant la tête du personnage sur son portrait installé dans l'une des salles de l'hôtel de ville !

Dans la nuit du 12 au 13 juin 1853, des malfaiteurs brisent les vitres des églises méthodiste et épiscopale de Griffintown, dans le quartier Sainte-Anne. Les autorités municipales offrent une récompense de 50 livres sterling « à toute personne (n'étant pas le principal coupable) qui donnera telle information qui tendra à l'appréhension et à la conviction de la personne ou des personnes coupables de cette offense atroce ». Quelques journaux anglophones accusent ouvertement les Irlandais catholiques du saccage. Ces derniers, au nombre d'environ 1000, s'assemblent, le 14, en face de l'église Saint-Patrice. Les orateurs soupçonnent des protestants d'être responsables de l'incident et croient que le geste a été fait pour augmenter encore l'agressivité envers les Irlandais catholiques. « Il est [...] aussi probable, déclare George E. Clerk, éditeur du *True Witness*, que ce méfait soit l'œuvre de vauriens qui s'appellent protestants, qui en auront agi ainsi pour jeter l'odieux sur les catholiques. Cette mention prouve combien les catholiques ont été traités injustement et combien ils sont obligés de répudier les sentiments indignes qu'on leur impute. »

Le Conseil de ville de Montréal, soucieux de voir le calme revenir dans la ville, ajoute cent personnes à son corps policier. On les armera de fusils avec baïonnettes.

Le 16 juin, ce conseil adopte un nouveau règlement « pour régler la force de la police de ladite Cité ». À l'avenir, les forces policières seront composées « d'un chef de police, de deux sous-chefs, de quatre sergents et de cent hommes ou connétables, capables et robustes, qui seront armés de fusils ou mousquets légers, et de baïonnettes, à être employés seulement dans le cas de grande nécessité. Que le chef de police et les officiers subalternes seront aussi armés d'épées ».

Le calme revient à Montréal pour quelque temps. Mais l'animosité ethnique et religieuse demeure toujours vivace et se manifeste souvent par des agressions nocturnes contre des individus isolés.

## La réciprocité

Même si la scène politique est marquée par des éclats de violence, la situation économique de la province est excellente. Selon l'historien Magella Quinn, la période 1851-1857 est la plus prospère depuis le début du siècle : « Exportation croissante de bois et céréales aux États-Unis, construction ferroviaire, amélioration des canaux, naissance de banques... » La disparition des tarifs protectionnistes anglais cause moins de ravages que prévu. Par ailleurs, on éprouve le besoin de se rapprocher de l'économie américaine. Mais, selon le rapport de la United States Tariff Commission, publié en 1919,

> il y avait deux obstacles à la réciprocité : 1er le Canada avait peu de produits à offrir que les États-Unis désiraient acheter. En dehors des États longeant la frontière canadienne, on savait peu de choses sur le potentiel du pays. Les importations canadiennes étaient relativement peu élevées en quantité et peu affectées par la politique tarifaire, réduite à 7 1/2 pour cent *ad valorem*. [...] 2e Les États-Unis étaient, à ce moment-là, fort occupés par la guerre contre le Mexique. La poursuite de la guerre, les conditions de paix, l'organisation du territoire conquis, et le problème de l'extension ou de l'exclusion de l'esclavage — toutes ces questions impliquant des problèmes constitutionnels — occupèrent tellement le Congrès américain, qu'il n'eut pas beaucoup de temps, ni d'intérêt, à consacrer au commerce américain. Ces deux raisons, plus qu'une opposition réelle des États-Unis vis-à-vis de la réciprocité, retardèrent de huit ans les efforts en vue d'aboutir à une entente.

Lors de son séjour à Londres en 1853, le gouverneur Elgin avait reçu mission du gouvernement britannique de négocier une entente commerciale avec les États-Unis. Un accord s'impose de toute urgence car, au cours de l'été 1852, les autorités des provinces maritimes avaient expulsé de leurs eaux territoriales les navires de pêche américains. De part et d'autre, on avait menacé de faire appel à la force pour faire valoir ses droits. Au printemps de 1854, Elgin se rend à Washington et, en quelques semaines, réussit à élaborer un traité d'entente commerciale avec le secrétaire d'État, William Learned Marcy. Le Traité de réciprocité est signé le 5 juin 1854, ratifié par le Sénat le 2 août et par le Congrès trois jours plus tard. L'entente, promulguée le 11 septembre, devra entrer en vigueur « dès son approbation par les Chambres britanniques, par les Parlements provinciaux et par le Congrès ». Le 16 mars 1855, le président des États-Unis, Franklin Pierce, annonce l'entrée en vigueur de l'entente dont la durée prévue est de dix ans.

La nouvelle entente accorde « la jouissance mutuelle des pêcheries qui se trouvent sur la côte de l'Atlantique, au nord du 36e parallèle, latitude nord ; l'usage mutuel des canaux, l'usage du Saint-Laurent par les Américains ; l'usage par les sujets britanniques du lac Michigan. Pas de douanes sur le bois coupé en territoire américain acheminé vers la rivière Saint-Jean et sur celui exporté par le Nouveau-Brunswick ».

L'article 3 du Traité de réciprocité stipule que les produits suivants seront admis réciproquement par le Canada et les États-Unis sans frais douaniers :

> Grains, farine et céréales panifiables de toutes sortes ; animaux de toutes sortes ; viandes fraîches, fumées et salées ; le coton, la laine, les graines de semence et les légumes ; les fruits séchés et non séchés ; les poissons de toutes sortes ; dérivés de poissons et de toutes autres créatures vivant dans les eaux ; les volailles, les œufs ; les cuirs, fourrures, peaux et queues (dont on aura enlevé la fourrure) ; pierre et marbre à l'état brut ; l'ardoise ; le beurre, le fromage, le suif ; le saindoux, les bêtes à cornes, les fumiers ; minerais de toutes sortes ; charbon ; la poix, le goudron, la térébenthine, le bois de frêne ; le bois de charpente et toutes les sortes de bois, en billots, coupés et sciés mais non manufacturés ; le bois de chauffage ; les plantes, arbustes et arbres ; les peaux, la laine ; l'huile de poisson ; le riz, le sorgho et l'écorce ; le gypse de sol et de sous-sol ; les meules de pierre, équarries ou non ; les produits tinctoriaux ; le lin, le chanvre, l'étoupe, tous bruts ; le tabac brut ; les chiffons.

## Une courte session

Sitôt le traité signé, lord Elgin s'empresse de revenir à Québec où il doit inaugurer la nouvelle session avant le 14 juin, car, d'après la Constitution, il ne doit pas s'écouler plus d'une année de calendrier entre la fin d'une session et le début de la suivante. Or, la session précédente s'était terminée le 14 juin 1853.

Lord Elgin, qui sans doute n'a pas oublié la réception que lui avait faite une partie de la population de Montréal en avril 1849, est, cette fois-ci, accueilli triomphalement. La cavalerie canadienne l'escorte du débarcadère à l'hôtel. Les membres du collège McGill et ceux de la Chambre de commerce présentent, à leur tour, des adresses de bienvenue et de félicitations. Le même jour, soit le 10 juin, le gouverneur général s'embarque pour Québec à bord du vapeur *Admiral.* « Rendu à bord, lord Elgin voulut répondre aux acclamations de la foule qui était sur le quai, monta sur la couverture de la roue du vaisseau et, le chapeau en main, adressa quelques paroles. »

Le 14 juin, députés et ministres se rendent dans l'une des salles du Palais de justice de Québec pour y entendre le discours du trône prononcé par le gouverneur Elgin. Depuis le 1er février 1854, Québec n'a plus de Parlement, celui-ci ayant été détruit par un incendie qui, encore une fois, a ravagé une partie de la bibliothèque. Immédiatement après ce drame, on loue le couvent des Sœurs de la Charité pour y loger les Chambres, mais cet édifice est à son tour brûlé le 4 mai. On opte alors pour la Salle de Musique qui devient le siège de la Chambre, du Palais de justice et du Conseil législatif.

Le discours du trône fait état de deux projets de loi seulement ; l'un concerne la ratification du Traité de réciprocité et l'autre, la modification de la loi sur les franchises électorales. Lors de la discussion pour l'adoption de l'adresse en réponse au discours du trône, les députés opposés au ministère Hincks-Morin proposent deux amendements au texte, le premier blâmant les ministériels de ne pas présenter un projet de loi abolissant le régime seigneurial, le second demandant l'adoption d'une mesure pour séculariser les réserves du clergé. Une majorité de députés vote en faveur des amendements, ce qui équivaut à un vote de non-confiance. « Avec ce vote, note l'historien Louis-Philippe Turcotte, il ne restait plus à lord Elgin d'autre alternative que de changer de cabinet ou de dissoudre les Chambres. Il prit ce dernier parti ; il voyait que l'opposition était incapable de former une administration, parce que les chefs différaient entre eux sur les principales questions politiques. »

Le gouverneur proroge le Parlement le 22 juin et, dès le lendemain, il le dissout. Pour la quatrième fois depuis l'entrée en vigueur de l'Acte d'Union, le peuple du Canada-Uni est appelé aux urnes pour choisir une nouvelle Chambre d'assemblée.

## Élection sans majorité

La campagne électorale de 1854 est moins violente que les précédentes, même si certains affrontements se terminent par des corps à corps. À cette époque, les partis politiques sont moins bien structurés qu'aujourd'hui. Si les libéraux se regroupent facilement sous l'étiquette de « rouges », les conservateurs commencent à peine à être qualifiés de « bleus ». L'origine de cette appellation est plutôt obscure. On sait que, lors des élections générales de 1833 en Écosse, les tories portent des rubans bleus et les whigs, des rouges. La *Minerve* du 13 janvier 1852 écrivait : « Les rouges n'ont fait leur apparition au Canada qu'après la chute de Louis-Philippe et le renversement du trône en France. » La couleur opposée au rouge étant le bleu, il est normal alors que les conservateurs soient qualifiés de bleus.

Les élections de 1854 se déroulent sans que les partis politiques ne possèdent de structures bien définies ni de programmes électoraux très précis. Le *Canadien* du 30 juin fait appel à l'unité des francophones. « Jamais peut-être, déclare-t-il, vous n'avez été appelés à exercer votre droit d'électeurs dans des circonstances aussi graves, sans en excepter même les époques les plus critiques de notre histoire, tant à cause des grands intérêts qui sont en débat que de la funeste division qui a éclaté dans nos rangs, jusqu'à présent si compacts, si unis et partant si forts. » Cette division en partis politiques biethniques, tant souhaitée par lord Elgin, est donc en train de se réaliser. Le gouverneur avait déjà affirmé que le jour où les francophones s'uniraient aux anglophones pour former des partis politiques structurés, la question « raciale » serait réglée !

Mais pour certains journaux, comme *The Observer* de Québec, dans son édition du 17 juillet, la lutte demeure raciale.

> Virtuellement, y lit-on, cette élection est entre les Canadiens parlant l'anglais et les Canadiens parlant le français, entre l'ignorance et l'instruction. Le champ de bataille est le Haut-Canada, non le Bas. C'est là que la bataille va se donner, c'est

là que le ministère va être réduit. Il est nécessaire, sans doute, d'assurer le triomphe de Stuart, Simard et Dubord, dans la capitale du Bas-Canada, pour montrer l'horreur générale qu'on a de pratiques corrompues, mais la grande lutte est entre le Canada français et le Canada anglais, comme les gens le savent bien ici, sentant en même temps qu'ils ont peu d'influence à exercer dans un sens ou dans l'autre.

De part et d'autre, les accusations de corruption fusent. On dénonce ceux qui, à coups d'argent, achètent les votes. À Montréal, la corruption électorale bat son plein.

> Des électeurs honnêtes et jaloux de leurs droits et de leur propre dignité, des électeurs qui désirent mériter la réputation d'hommes intelligents, écrit la *Minerve* du 25 juillet, ne doivent pas attendre qu'on leur donne de l'argent pour aller enregistrer leurs votes. Qu'ils sachent donc au contraire que ceux qui leur offrent de l'argent pour leurs votes sont des hommes qui ont des vues d'intérêt personnel à servir, des hommes qui, par la position qu'ils veulent se faire, sauront reprendre au centuple les petites sommes qu'ils distribuent aujourd'hui pour obtenir leurs fins. Honte à ceux qui se vendent et trahissent leurs amis pour de l'argent.

L'enthousiasme est tel en certains endroits que le nombre de votes exprimés est supérieur à celui des voteurs inscrits ! La circonscription électorale de Lotbinière connaît un engouement extraordinaire pour la votation. Deux candidats, Joseph Laurin et John O'Farrell, se disputent les suffrages. Le *Canadien* du 31 juillet analyse les résultats de la « volonté populaire » :

> Il n'y a que 550 votes légaux dans la paroisse de Saint-Sylvestre, cependant il en a été donné 1132 à cette élection. On assure qu'il n'a été donné que 300 votes légaux tout au plus ; les Canadiens français, partisans de M. Laurin, n'ont pu voter, ayant été éloignés du poll à coups de bâtons et de pierres, le second jour du poll, par les Irlandais de Saint-Sylvestre, assistés des travailleurs du chemin de fer du Grand Tronc, auxquels les surveillants des travaux de ce chemin ont donné congé pour aller voter pour M. O'Farrell. Les partisans de M. O'Farrell ont distribué de la boisson et il s'en est suivi des rixes sanglantes ; les partisans de M. Laurin ont été assaillis, battus et ensanglantés, et ses représentants craignant pour leur vie, ont laissé le poll. Alors le député officier rapporteur, entièrement dévoué à M. O'Farrell, a enregistré, dans une seule journée, plus de 1000 votes pour ce dernier et M. Laurin qui avait une majorité de 30 voix le premier jour du poll à Saint-Sylvestre, s'est trouvé avec une minorité de 934 voix le second jour. On a employé la même violence et la même corruption à Sainte-Agathe. Dans cette paroisse, il n'a pas été donné plus de 40 votes légaux ; la même personne a voté 32 fois sous différents noms, de même qu'à Saint-Sylvestre. [...] M. Laurin a fait protester pour violence et corruption et il doit contester l'élection.

O'Farrell représentera la circonscription électorale de Lotbinière jusqu'en 1858...

Le sang coule aussi dans le comté du Saguenay. Les partisans de Pierre-Gabriel Huot, qui sera effectivement élu, s'emparent par la force du bureau de votation de la Malbaie, alors que ceux du candidat défait, Langlois, font de même aux Éboulements. Des irrégularités président aussi à l'élection d'Antoine Polette (Paulette) pour la ville de Trois-Rivières et à celle de Benjamin Dionne dans Kamouraska.

Le triomphe de Joseph-Édouard Cauchon, dans la circonscription de Montmorency, est assombri, le 1er août, par quelques éclats de violence, lorsque le cortège du vainqueur pénètre dans le faubourg Saint-Roch, à Québec. « M. Cauchon, rapporte le *Canadien* du lendemain, arrivant du Château-Richer suivi d'un cortège nombreux de voitures de la ville et du comté de Montmorency, avait été arrêté au passage par un attroupement de gens qui l'avaient forcé de rétrograder à Saint-Roch avec sa suite, dans plusieurs directions opposées à celle qu'il avait l'intention de garder pour opérer triomphalement son entrée dans la ville. [...] On nous dit que M. Cauchon lui-même a été blessé à la figure d'une pierre lancée de la foule au milieu de la bagarre qui résulta de cette attaque inconsidérée, que nous n'hésitons pas à blâmer comme répréhensible, quels qu'en aient été les perpétrateurs ou les instigateurs, si toutefois elle a pu avoir des instigateurs. » Au cours de la manifestation, on avait abattu les drapeaux dont certaines maisons étaient pavoisées.

Le choléra, qui réapparaît aussi bien à Montréal qu'à Québec, ralentit les activités de quelques cabaleurs d'élection. Dans la capitale, la maladie frappe mortellement 724 personnes, « dont 138 matelots, 82 immigrants et 43 non-résidents ».

La campagne électorale se termine par la victoire de la coalition libérale-conservatrice. Les historiens John Huot, Jean et Marcel Hamelin regroupent ainsi la députation : « Conservateurs du Canada-Ouest (MacNab) : 25 ; Réformistes modérés du Canada-Ouest (Hincks) : 19 ; Réformistes du Canada-Est (Morin) : 24 ; Anglais libéraux du Canada-Est : 9 ; Réformistes dissidents du Canada-Est (Cauchon) : 9 ; soit un total de 86. » Quant à l'opposition, selon les mêmes historiens, elle comprenait : « Clear grits (Brown) : 14 ; Réformistes dissidents du Canada-Ouest : 6 ; Rouges et libéraux canadiens-français (Dorion) : 6 ; Libéraux indépendants du Canada-Est : 3 ; soit un total de 29. »

> Ainsi, ajoutent Huot et les Hamelin, le réalignement de 1854 remplaça une coalition du centre appuyé à contrecœur par la gauche, par une coalition du centre et de la droite. En général, depuis 1854, c'est une telle coalition du centre et de la droite qui a gouverné le Canada. [...] Deux appuis étayaient la coalition de 1854. D'abord la plupart des membres anglophones partageaient un intérêt commun au sujet du développement économique du pays. Cinq ministres du nouveau cabinet étaient directeurs du Grand Tronc. Pour retenir l'appui de l'aile droite, le gouvernement devait consentir à être un associé de l'entreprise privée dans le développement de l'entreprise privée du Canada. [...] Le second élément unificateur de la coalition de 1854 consistait en la participation du bloc canadien-français, le grand facteur de la stabilité politique. Pour remporter la victoire, un parti doit être formé de Français et d'Anglais désireux de collaborer et de sauvegarder l'unité du Canada.

## Un nouveau ministère

Comme les résultats de l'élection l'avaient laissé prévoir, le ministère Hincks-Morin ne peut plus compter sur l'appui populaire. Peu après l'ouverture de la première session du quatrième Parlement, le premier ministre Hincks doit démissionner et le gouverneur Elgin fait appel à MacNab pour former le nouveau ministère. Ce dernier s'adjoint donc Augustin-Norbert Morin. Le ministère MacNab-Morin est assermenté le 11 septembre 1854 et il se fera connaître sous le nom de « gouvernement libéral-conservateur ».

Au cours de la session qui sera ajournée le 18 décembre pour reprendre le 23 février 1855 et se terminer le 30 mai, plusieurs mesures importantes sont discutées et adoptées. D'abord, le Traité de réciprocité est ratifié sans opposition. La Chambre vote la somme de 80 000 $ pour venir en aide aux veuves et aux orphelins des soldats volontaires qui mourront en Crimée, au cours de la guerre entre la Grande-Bretagne et la Russie.

Une des mesures les plus importantes adoptées au cours de cette longue session vise l'abolition du régime seigneurial réclamée par certains députés. Le 20 octobre, Lewis Thomas Drummond, procureur général du Bas-Canada, présente un projet de loi à cet effet. Le 23 novembre, après de longues discussions, le projet de loi est adopté. Il recevra la sanction royale le 18 décembre suivant. Le préambule de la nouvelle loi indique quels sont les objectifs visés :

> Attendu qu'il est expédient d'abolir tous droits et devoirs féodaux dans le Bas-Canada, soit qu'ils portent sur le censitaire ou sur le seigneur, et d'assurer une compensation raisonnable au dernier pour tout droit lucratif qu'il possède aujourd'hui légalement, et qu'il perdra par telle abolition ; et attendu qu'en considération des grands avantages qui doivent résulter pour la province de l'abolition desdits droits et devoirs féodaux et de la substitution d'une tenure libre à celle sous laquelle ont été tenues jusqu'ici les propriétés qui y sont sujettes, il est expédient d'aider le censitaire à racheter lesdites charges, plus spécialement pour ce qui est de celles qui, tout en pesant le plus lourdement sur l'industrie et l'esprit d'entreprise, ne peuvent, par leur nature même, être autrement rendues immédiatement rachetables sans oppression et injustice dans beaucoup de cas ; à ces causes, qu'il soit statué par la Très Excellente Majesté de la Reine, par et de l'avis et du consentement du Conseil législatif et de l'Assemblée législative de la province du Canada, constitués et assemblés en vertu et sous l'autorité d'un Acte passé dans le Parlement du Royaume-Uni de la Grande-Bretagne et d'Irlande, et intitulé *Acte pour réunir les provinces du Haut et du Bas-Canada*, et pour le gouvernement du Canada, et il est par le présent statué par ladite autorité [...] ; il sera loisible au gouverneur de nommer des commissaires en vertu de cet acte.

La tâche de ces commissaires sera de fixer le montant de l'indemnisation à laquelle les seigneurs auront droit en compensation de la perte qu'ils subiront par l'abolition des rentes et autres droits.

L'article 14 précise qu'à partir du moment où, dans la *Gazette officielle*, sera publié l'avis que le cadastre d'une seigneurie a été déposé, « tout censitaire de ladite seigneurie possédera, en vertu d'icelui, son fonds en franc-aleu roturier, libre de tous cens, lods et ventes, droit de banalité, droit de retrait, et autres droits et charges féodales et seigneuriales et tout seigneur possédera dès lors et à l'avenir son domaine et les terres non concédées de sa seigneurie, et tous pouvoirs d'eau et immeubles qui lui appartiennent maintenant en franc-aleu roturier, en vertu du présent acte ».

La cour seigneuriale, qui doit fixer les montants d'indemnisation, se réunit pour la première fois le 4 septembre 1855, sous la présidence de Louis-Hippolyte

La Fontaine. D'après l'historien Louis-Philippe Turcotte, la loi de 1854 est la plus importante de toutes celles adoptées sous l'Union. « La loi seigneuriale, écrit-il, a réellement cicatrisé une plaie profonde ; elle a amélioré la condition de l'industriel et du cultivateur. Elle a proclamé l'affranchissement du sol par le rachat de toutes les charges qui le grevaient, tout en respectant le droit de propriété ; il ne resta plus que la rente annuelle, qui était achetable à volonté. Le seigneur de son côté posséda les terres non concédées dans sa seigneurie en franc-aleu roturier, sans pouvoir en disposer autrement que d'après ce système. Enfin, la loi abolit un système qui ne convenait plus à ce siècle de progrès. »

## Des adieux touchants

Les travaux parlementaires de la session sont suspendus le 18 décembre 1854. Peu de temps avant, les députés avaient adopté un projet d'adresse pour souligner le départ de lord Elgin. Lors de la cérémonie du 18, le gouverneur répond en ces termes aux propos des députés et des conseillers législatifs : « Le témoignage que vous me donnez dans cette adresse de l'amélioration qui s'est opérée dans la prospérité et le bonheur de la province est d'un grand poids. Je prie Dieu pour que le Canada puisse avancer d'un pas accéléré dans tous les genres de progrès matériel et moral durant les années à venir, et pour que cette magnifique province puisse continuer à donner l'exemple des fins nobles auxquelles les pouvoirs du gouvernement libre peuvent être appliqués par un peuple éclairé et d'un esprit élevé. »

Le 19 décembre, Elgin remet les rênes du pouvoir entre les mains d'Edmund Walker Head qui avait été nommé gouverneur général de la province du Canada-Uni le 21 septembre précédent. La veille, dans un dernier geste officiel, lord Elgin avait signé un avis réinstallant dans leurs fonctions les personnes qui avaient été limogées par suite de leur participation au mouvement annexionniste en 1849.

Une autre modification administrative intervient le 26 janvier 1855, à la suite de la démission de Morin du Conseil exécutif. Le lendemain, un nouveau ministère se forme : MacNab demeure le premier ministre et Étienne-Paschal Taché devient le représentant en chef du Bas-Canada au sein du ministère qui prend le nom de MacNab-Taché.

Peu après la reprise des travaux le 23 février 1855, on étudie un projet de loi destiné à restructurer la milice canadienne. À cause de la guerre en Crimée, la Grande-Bretagne a dû rappeler une partie de ses troupes qui séjournaient en Amérique du Nord et, au printemps de 1855, il ne reste plus au Canada que 1887 soldats britanniques. Il devient donc urgent que le pays voit lui-même à sa propre défense.

> Il s'agirait, écrit l'historien George F. G. Stanley, d'une force qui saurait réagir en cas d'urgence et qui devrait compter plus de 4000 hommes, divisés en proportions égales entre la cavalerie, l'artillerie et l'infanterie [...] Le projet, ajoute Stanley, divise le pays en dix-huit districts militaires, eux-mêmes subdivisés en sous-districts de régiments et de bataillons pour faciliter la mobilisation. Chacun des nouveaux districts militaires est commandé par un colonel assisté d'un état-major, qui ne touchent pas de solde. L'unité de base, comme par le passé, est la compagnie, et c'est le commandant de cette dernière qui est responsable de l'enrôlement. Il y a au sommet un état-major qui reçoit une solde et qui comprend un

adjudant général et deux adjudants généraux adjoints, l'un pour le Canada-Est et l'autre pour le Canada-Ouest.

Comme autrefois, tous les hommes valides âgés de moins de 60 ans font partie de la milice, mais la loi ajoute un élément nouveau, celui de la formation d'un corps appelé Milice active, composé de volontaires dont le nombre ne dépassera pas 5000 hommes « équipés et instruits dix jours par an (vingt jours dans le cas de l'artillerie) aux frais du gouvernement ».

La session se termine le 30 mai. Thomas Chapais trace un bilan positif de cette longue session : « Elle avait vu tomber un ministère et naître un gouvernement nouveau. Elle avait assisté à une évolution d'alliances et à un remaniement des partis. Elle avait inscrit dans les statuts du pays des actes législatifs de la plus haute portée économique et sociale, comme ceux qui réglaient définitivement la question de la tenure seigneuriale et celle des réserves du clergé. »

## Vive Paris !

Au cours de l'été 1855, l'événement le plus important pour le monde occidental est sans contredit l'Exposition universelle qui se tient à Paris à compter du 27 mai. Joseph-Charles Taché, membre du Conseil exécutif, est l'un des principaux organisateurs du pavillon du Canada. On évalue à 321 le nombre de personnes ou d'organismes qui envoient des articles à Paris. Parmi les exposants du Bas-Canada, on compte 21 femmes et deux communautés religieuses. Les pièces offertes à la vue du public sont de diverses natures : chapeaux en paille, objets en foin d'odeur, sucre d'érable, produits de la ferme, bois de diverses essences, huile de pourcie, saucisses, instruments aratoires, moulin à coudre, machine à raboter, oiseaux empaillés, fromages, meubles, conserves, portraits photographiques, radeau de sauvetage, « curiosités sauvages », tabac, pompe à feu, plan en relief du canal Lachine, etc.

Dans une lettre à Hincks, datée du 24 mai, Taché décrit le pavillon canadien : « Notre section forme un espace carré à peu près de 87 sur 80 ; je dis à peu près, parce que l'une des extrémités est irrégulière, étant enclavée dans la section anglaise. [...] Nous avons en sus un petit local additionnel pour nos machines en mouvement, et de plus un autre espace pour nos pièces de mécanique au repos. »

Des gens venus de plusieurs pays visitent l'exposition et Taché, conscient de l'importance commerciale d'un tel événement, écrit, le 5 juillet : « Nos produits naturels attirent surtout l'attention et on sent qu'avec de pareilles richesses le capital peut trouver des principes avantageux d'application. On m'a déjà proposé des achats et échanges de nos grains contre des grains et graines de France, et plusieurs propositions d'achat de divers articles ont été faites, entre autres une pour l'achat de la voiture de M. Gingras qu'on admire beaucoup ici. » Le représentant de la *Tribune* de New York, Horace Greely, partage le même avis. Il affirme dans son journal : « Hé bien, les Canadiens ont envoyé faire ici une exhibition calculée de leur bois de diverses espèces, et aussi, dans le même temps, des spécimens de portes, fenêtres, etc., avec le prix de chacune. J'apprends, et je le crois sans peine, que ces derniers objets ont produit non seulement des investigations, mais d'amples demandes de portes, etc., du Canada, et ceci doit être vraisemblablement le fondement d'un négoce à venir considérable. »

Plusieurs journaux français considèrent que le Canada est, de tous les pays coloniaux, celui qui fait meilleure figure à l'exposition. Cela explique sans doute pourquoi les juges lui accordent 93 mentions ou mentions honorables.

### Un nouveau déménagement...

Pour la session suivante, comme les députés l'avaient décidé, Toronto devient le siège du gouvernement, Montréal ayant perdu, en 1849, son titre de capitale à la suite de la conduite scandaleuse de quelques-uns de ses habitants qui s'étaient signalés, entre autres, par la manie d'enflammer ce qui leur semblait trop canadien... En septembre 1855, pour le journal *The Old Countryman* de Toronto, cette dernière ville serait indigne de voir le Parlement siéger dans ses murs. « En voilà une gentille place pour être le siège du gouvernement ! Pas de compagnie de pompiers ! Lieu charmant pour servir de dépôt aux quelques livres de la province, à nos archives et à nos documents publics ! Une police condamnée pour incapacité et poltronnerie et réduite à deux tiers au-dessous de son juste nombre, des cas de viol, des coups de poignard, de meurtre, du vol dont on ne s'occupe point, qui restent dans l'ombre et l'impunité ! » Même le *Toronto Leader* dénonce les conditions de logement du gouverneur :

> Certainement, dit-il, le gouverneur nous trouvera gens amis de la frugalité. En consultant l'histoire, il découvrira que la demeure qu'on a préparée pour le recevoir a été, il y a six ans, considérée trop vermoulue pour servir à son prédécesseur. Et s'il a quelque disposition à regarder comme douteuses nos connaissances en fait de respectabilité, espérons qu'il rendra justice pleine à nos idées sur l'économie. La construction qu'on lui destine a failli crouler entièrement lors de l'anniversaire de la reine, il y a deux ans. La galerie se détacha presque sous le poids d'une cinquantaine de personnes, et la bâtisse était, selon les apparences, assez pourrie dans son ensemble pour qu'on n'y pût habiter qu'à de très grands risques.

Malgré tout, la deuxième session du cinquième Parlement s'ouvre à Toronto le 15 février 1856. Dans son discours du trône, le gouverneur Head aborde le sujet des nouvelles lois à adopter : « La question d'un changement à opérer dans la constitution d'un Conseil législatif en le rendant électif, vous sera de nouveau soumise. Une mesure ayant pour objet l'organisation d'une police provinciale, dont la Couronne pourra faire emploi afin de prévenir le crime et d'appréhender avec diligence les délinquants, est un sujet digne de votre attentive considération. »

Effectivement, députés et conseillers législatifs réussissent à se mettre d'accord sur un projet de loi rendant électif le Conseil, à la condition que les membres actuels conservent leur poste leur vie durant. Les nouveaux conseillers seraient élus pour une période de huit ans « par groupe de douze, de deux ans en deux ans ».

Au cours de cette session, William Lyon Mackenzie demande le rappel de l'Acte d'Union. Un des opposants à ce projet, Antoine-Aimé Dorion, profite de la circonstance pour revenir sur le sujet de la représentation proportionnelle. « Si, déclare-t-il, le présent régime est maintenu, il ne peut l'être qu'à la condition de prendre le chiffre de la population comme base de la représentation. Ce principe est conforme à la justice. Je préfère une union fédérale des deux provinces ; mais s'il est impossible de l'obtenir, mieux vaut la représentation d'après le nombre que l'état de choses actuel et j'appuierai l'application de ce principe si, après en avoir fait l'essai, je ne puis obtenir de changer l'union législative en union fédérale. »

Le Conseil législatif étudie lui aussi une motion du conseiller Crooks qui, le 6 mars, demande qu'une adresse soit présentée à la reine Victoria pour « soumettre au Parlement impérial une mesure pour dissoudre l'Union actuelle entre le Haut et le Bas-Canada, et pour réunir sous un seul gouvernement général les provinces du Nouveau-Brunswick, de la Nouvelle-Écosse, de l'Île-du-Prince-Édouard et du Canada Est et Ouest ; qu'il soit nommé par Sa Majesté un gouvernement général pour les provinces unies et des lieutenants-gouverneurs pour chacune des dites ci-devant provinces ; que la Législature consiste comme à présent, d'un Conseil législatif et d'une Chambre d'assemblée dont les membres seront élus par la majorité des électeurs qualifiés ». L'idée d'une union législative ou fédérale des diverses colonies anglaises de l'Amérique du Nord soulève de plus en plus d'intérêt ou de critique ; mais il faudra attendre encore presque une décennie pour que le projet se concrétise. Une autre question apparaît aux représentants du peuple plus urgente à régler : celle du choix d'une capitale permanente.

Où ?

Le 17 mars 1856, John Sandfield Macdonald « parle à l'appui de la fixation du siège du gouvernement d'une manière permanente ». Rappelant que « c'est au milieu de la perturbation et de l'émeute que le système alternatif avait été agréé », l'orateur propose que la Chambre déclare « que le temps était arrivé où le système actuel de convoquer le Parlement alternativement à Québec et à Toronto devait être discontinué ». Le problème devient d'autant plus urgent qu'il faut songer à construire de nouveaux édifices pour loger l'appareil gouvernemental, mais où le faire ?

À la mi-avril, le débat reprend et les motions sur le sujet se multiplient. On propose Toronto comme site de la capitale ainsi que Québec, Montréal, Kingston, Ottawa et Hamilton, chaque endroit ayant ses partisans. À la fin, la ville de Québec l'emporte par 64 voix contre 56. On prévoit qu'une somme de 50 000 livres sterling sera nécessaire pour défrayer le coût des édifices nécessaires. Le *Globe* de Toronto dénonce avec véhémence le choix de Québec :

> C'était, bien entendu, une affaire toute naturelle qu'une dépense de trois cent mille louis pour emmener les représentants du Haut-Canada à l'extrémité de la province, dans le centre d'une ville papiste et dans un pays papiste, où l'existence de quelques-uns d'entre eux a déjà couru des dangers pour le fait d'avoir proclamé leurs principes. Nous demandons au peuple du Haut-Canada s'il souffrira qu'il en soit ainsi ? Bien des indignités ont été commises par le parti-prêtre depuis qu'il est arrivé aux affaires, mais cela y met le comble. Il n'y a pas un homme dans le Haut-Canada qui ne se portât à demander une dissolution de l'Union, si l'on pensait que la résolution ministérielle dût être adoptée.

Lors de la discussion sur les subsides, la question du montant demandé pour les constructions gouvernementales donne naissance à de nouveaux débats. Deux ministres du Haut-Canada donnent leur démission et le gouvernement est alors, dans cette partie, mis en minorité. Le 23 mai, le ministère MacNab-Taché démissionne et le lendemain Taché est assermenté comme premier ministre. John A. Macdonald devient son principal ministre. Commence alors le règne du ministère Taché-Macdonald. Les ministères ont la vie de plus en plus brève...

La session se termine le 1er juillet 1856. Elle est suivie d'une nouvelle qui commence le 26 février de l'année suivante. Dans son discours du trône, le gouverneur Head parle de l'extension du droit de vote : « Un projet de loi vous sera soumis comme premier acheminement vers l'admission à l'exercice de tous les droits et devoirs de sujets britanniques, des sauvages ou aborigènes les mieux formés et les plus civilisés qui habitent encore leurs propres territoires. J'éprouve pour le bien-être de ce peuple une sollicitude profonde, et je tâcherai d'adopter telles mesures propres à assurer leurs droits et à diminuer les obstacles que les étendues de territoires affectés à leur usage opposent à la colonisation entière du pays. » Mesure projetée qui n'aura pas de suite, du moins au cours de cette session.

À Toronto, l'ouverture de la session attire plus de 2000 personnes dont bon nombre ne trouvent pas place à l'intérieur du parlement. Le correspondant du *Canadien* sympathise peu avec cette foule :

> Cette multitude, écrit-il le lendemain, qui ne formait qu'une masse compacte, offrait un aspect tellement différent de celui de la population de Québec, que je me suis cru, pour un moment, lancé au milieu d'une horde de barbares. Son Excellence, en prononçant son discours, fut interrompu vingt fois par les cris et par les rires de cette multitude, qui voulait apparemment nous donner une idée nouvelle du savoir-vivre qui distingue parfois certaines classes des descendants de la race supérieure. Si la dîme de ce tapage avait eu lieu à Québec, tous les journaux de Toronto auraient crié au scandale. C'est de cette manière qu'à Toronto l'on témoigne au représentant de la Reine le respect qu'on lui porte. Le *Globe* de ce matin n'en dit pas un mot, tant il y a d'honnêteté dans ce journal ; mais je prédis que tous ses confrères de la ville imiteront son exemple.

## Une fournée de bonnes mesures

La troisième session du cinquième Parlement est riche en mesures importantes. George-Étienne Cartier, qui occupe le poste de procureur général du Bas-Canada, présente, le 27 avril, un projet de loi pour la codification des lois civiles du Bas-Canada.

> Dans le Bas-Canada, déclare le ministre, certaines lois sont empruntées à la Coutume de Paris, d'autres au droit romain ; nous avons aussi les Édits et Ordonnances des rois de France, mais malheureusement, nous ne possédons pas les plus belles ordonnances de Louis XIV, sauf celles de 1667 ni les ordonnances de Louis XV, rédigées par d'Aguesseau. Toutes ces ordonnances étaient suivies en France avant le Code Napoléon. [...] Je ne me dissimule pas la gravité de la décision qui vous est demandée de confier à des codificateurs le dépôt sacré de nos lois.

Le projet de loi reçoit l'accord des deux Chambres et une commission de trois membres est nommée pour préparer un nouveau code civil pour le Bas-Canada.

Cartier réussit aussi à faire adopter un projet de loi introduisant les lois françaises dans les Eastern Townships. « Les lois de cette partie de la province, affirme l'historien Turcotte, n'étaient pas définies ; jusqu'à cette époque les juges avaient tantôt appliqué la loi anglaise, tantôt la loi française. Cette mesure faisait disparaître non seulement une grave difficulté de législation, mais enlevait un obstacle au progrès de la population des cantons. Cet inconvénient avait empêché beaucoup de Franco-Canadiens de s'établir dans cet endroit. Les lois civiles furent dès lors uniformes dans tout le Bas-Canada. »

Une autre loi décentralisait l'administration de la justice en créant douze nouveaux districts judiciaires, l'érection de cours et la construction de prisons.

Le 6 mars, William Cayley présente « un bill pour exiger que les comptes rendus au gouvernement le soient en dollars et en cents ». Cette mesure, qui reçoit la sanction royale le 10 juin, établit à toutes fins pratiques le système de monnaie décimale. Rapidement, le dollar remplacera la livre sterling, le louis et l'écu. Dès le mois d'août, on annonce que l'on frappera des pièces en argent de cinq, dix et vingt cents. On se propose de frapper plus tard des pièces de cinquante cents et des pièces de cuivre. Le dessin des pièces est prêt pour approbation du gouverneur général, le 14 octobre. Au cours de l'été suivant, les pièces frappées en Angleterre commencent à circuler au Canada.

La question de la capitale est de nouveau à l'ordre du jour car, lors de la session précédente, le Conseil législatif avait refusé de voter les sommes d'argent nécessaires pour la construction des édifices gouvernementaux. Comme il ne semble pas que députés et conseillers puissent se mettre d'accord sur le choix d'une capitale permanente, on décide de remettre le problème entre les mains de la reine Victoria. La Chambre d'assemblée et le Conseil législatif adoptent, chacun, une adresse priant la souveraine de fixer elle-même le site. Le gouverneur Head, dans une lettre accompagnant les deux pétitions, souligne les avantages de fixer le siège du gouvernement à Ottawa.

> Ottawa, dit-il, est le seul endroit que la majorité du Bas et du Haut-Canada accepterait comme un compromis équitable. Sauf Ottawa, toutes les autres villes qu'on propose se jalousent entre elles. De fait, Ottawa n'est située ni dans le Haut-Canada, ni dans le Bas-Canada. À proprement parler, elle se trouve dans cette première province ; mais seulement un pont la sépare du Bas-Canada. Ce choix serait donc conforme à tout engagement pris ou censément pris envers le Haut-Canada lors de l'Union. En ce moment, la population est en partie d'origine française, anglaise et irlandaise. La population de l'établissement de la vallée de la rivière Outaouais augmente rapidement et en faire la capitale du pays serait un stimulant immédiat. Voici un grand avantage qui en découlerait. Le Canada est un pays long et étroit ; de fait, il n'est presque pas colonisé. Le peuplement rapide des deux rives de la rivière Outaouais donnerait de l'expansion et de l'importance au pays.

Pour Head, le choix d'Ottawa s'impose surtout pour mettre fin, dans le Bas-Canada francophone, à toute idée de domination. Il est important, selon lui, d'en finir avec ce que le *Globe* appelle la *French Domination*.

Finalement, ajoute-t-il dans sa lettre, bientôt à la vérité, se posera la question de savoir qui, du Haut ou du Bas-Canada doit prédominer. Le Haut-Canada se rend compte de sa force grandissante et sait qu'il acquitte la plus forte tranche des impôts. On réclamera bientôt — ou plutôt, on réclame déjà — que soit augmentée la représentation du groupe le plus populeux et le plus riche. Cette difficulté ne sera réglée que si la région de Montréal et la population de langue anglaise des environs et celle des cantons se rangeaient du côté du Haut-Canada, faisant ainsi pencher la balance en faveur de cette partie du pays qui, pour des raisons indépendantes de notre volonté, doit finalement prédominer. Toute opposition véritable serait alors inutile et le Québec doit céder. Par conséquent, il est essentiel que la région intermédiaire se rende compte de son importance et relie ses intérêts à ceux du Haut-Canada. On favorisera cet objectif en choisissant Ottawa, que son commerce rattache à Montréal et qui se trouve réellement dans le Haut-Canada, mais sur la frontière de l'autre partie de la province.

Une autre raison milite en faveur du choix d'Ottawa : l'aspect militaire. « Du point de vue militaire (je m'en remets évidemment à ce que décideront les autorités supérieures), conclut Head, Ottawa est avantageusement située. Elle est assez éloignée de la frontière pour être protégée contre tout groupe de pillards ou même contre une attaque régulière, à moins que l'ennemi n'ait d'abord investi Montréal et Kingston, qui en seront les premiers bastions. Il serait possible d'expédier les approvisionnements et les troupes à Ottawa, de Québec ou de Kingston, sans avoir à longer la frontière américaine sur le Saint-Laurent. »

Le colonel Charles Grey, secrétaire particulier de la reine, intervient dans le dossier le 16 octobre et il en arrive à la conclusion que « si l'on étudie attentivement les documents relatifs au siège du gouvernement du Canada, on en retire la conviction qu'il serait bon et politiquement sage de choisir Ottawa ». Le 31 décembre 1857, Henry Labouchere, le secrétaire d'État aux Colonies, fait part à Head de la décision royale : « La reine m'ordonne de vous informer qu'à son avis la ville d'Ottawa réunit plus d'avantages que tout autre endroit au Canada en ce qui concerne l'établissement du siège permanent du futur gouvernement de la province et, en conséquence, Sa Majesté choisit cette ville. »

La décision royale, nous le verrons, ne tranche pas le problème pour autant et pour bien des hommes politiques du Canada-Uni, Ottawa n'est pas le site idéal.

## Le tandem

Le 20 novembre 1857, Étienne-Paschal Taché démissionne de son poste de premier ministre. Six jours plus tard, la *Gazette officielle du Canada* annonce la composition du nouveau ministère. John A. Macdonald devient premier ministre du Canada-Uni et George-Étienne Cartier prend la direction du groupe ministériel du Bas-Canada. Pour l'historien Turcotte, le tandem Macdonald-Cartier annonce de grandes choses. « De ce moment, écrit-il dans son ouvrage *Le Canada sous l'Union*, s'opéra une union intime entre M. Cartier et M. J. A. Macdonald : c'était une seconde alliance La Fontaine-Baldwin. Tous deux avaient les qualités du véritable homme d'État, et étaient des chefs populaires dans leur province respective. Une longue et brillante carrière, comme chefs de plusieurs administrations, allait maintenant s'ouvrir devant ces deux hommes, dignes l'un de l'autre. »

Deux jours après l'assermentation du nouveau cabinet, le gouverneur Head dissout le Parlement et ordonne des élections générales. Le peuple est donc invité à ratifier le choix de ses nouveaux dirigeants.

Spencer Wood, en 1859

# L'INSTABILITÉ
# MINISTÉRIELLE
# 1858-1860

L A CAMPAGNE ÉLECTORALE qui s'amorce au début de décembre 1857 s'annonce plus virulente dans le Haut que dans le Bas-Canada. George Brown, ses partisans et le *Globe* réclament à grands cris la représentation proportionnelle, le *Rep by pop*.

À l'époque où le Bas-Canada était plus peuplé que la province supérieure, les habitants de cette dernière trouvaient tout naturel que les deux parties du Canada-Uni aient une représentation égale. Mais depuis que des milliers d'immigrants sont venus grossir les rangs de la population haut-canadienne et lui faire atteindre la supériorité numérique, on crie à l'injustice !

Libéraux et conservateurs se font aussi la lutte au Bas-Canada. George-Étienne Cartier se dit assuré de la victoire, alors qu'Antoine-Aimé Dorion trouve que les gestes et les déclarations de Brown causent plusieurs défections. À Québec, la lutte s'annonce chaude. « Avant-hier à midi, rapporte le *Canadien* du 23 décembre, le shérif de Québec ouvrait le poll pour la nomination des candidats. Une foule compacte, dont la très grande majorité était composée d'Irlandais, se massait aux abords du palais de justice. Après les préliminaires d'usage et que la loi enjoint, cinq des six candidats qui sollicitent les suffrages de la cité de Québec s'avancèrent sur le balcon, accompagnés d'un nombre de leurs partisans. » Pendant les discours de circonstances, un individu décharge son pistolet « au bas des degrés du palais de justice ». Quelques instants plus tard, on se bat à coups de bâton, au milieu des cris. « Le tumulte menaçant de devenir de plus en plus formidable et le shérif n'ayant pas là une force capable d'en imposer à la foule ni de contenir l'effervescence qui commençait à se manifester d'une manière sérieuse, ajoute le *Canadien*, les candidats le prièrent d'ajourner. »

À Montréal, la situation est à peu près identique. Des partisans s'emparent du bureau de votation à Griffintown et l'armée doit intervenir. Québec est à nouveau témoin de scènes de violence qui se terminent par des meurtres. Le 29 décembre, à l'ouverture des polls,

> des détachements furent stationnés dans les quartiers où la veille il avait fallu appeler les troupes à venir contenir l'effervescence qui menaçait de dégénérer en coups de gorge sur plusieurs points. La présence des troupes n'empêcha pas une rencontre d'avoir lieu dans ce quartier entre un parti de gens du quartier Champlain et un parti du quartier Saint-Roch, venus pour chasser les premiers de la place. Ce fut alors que M. Lepper, juge de paix, se mit en devoir de lire le Riot Act et de faire marcher les troupes, ce qui eut l'effet de disséminer les combattants, mais non sans qu'il y eut de nouvelles victimes plus ou moins maltraitées à coups de bâton ou plus ou moins blessées à coups de pistolet. M. le grand vicaire Cazeau, accompagné d'un autre de ses confrères ecclésiastiques, était accouru sur les lieux pour rappeler les gens au sentiment du devoir et avait réussi à ramener quelque peu le calme et à leur inspirer la résolution de se retirer mais les troupes n'en stationnèrent pas moins sur la place jusqu'à la fermeture du poll.

Dans plusieurs circonscriptions électorales, les fraudes sont tellement ostensibles que 33 élections seront contestées devant la Chambre d'assemblée.

> Dans Lotbinière, note l'historien Thomas Chapais, 2780 votes avaient été entrés sur le registre du poll de la paroisse de Saint-Sylvestre, c'est-à-dire un chiffre supérieur à toute la population de cette localité. Dans Russell, on avait inscrit des centaines de noms extraits de vieux almanachs d'adresses des villes américaines de Troy et Albany. À Québec, on avait fait mieux encore : 15 000 votes paraissaient avoir été donnés et on pouvait lire sur les registres des polls les noms de lord Palmerston, de Napoléon Bonaparte, de George Washington, de lord Wellington, de Jules César et de Judas Iscariote.

Alors que les conservateurs de Cartier sortent majoritaires de la lutte dans le Bas-Canada, ceux de Macdonald perdent leur majorité dans le Haut. Les libéraux de Dorion sont les grands perdants des élections générales de 1857. Ils accusent le clergé catholique d'avoir usé de son influence pour faire élire les conservateurs.

La *Minerve*, dans son édition du 13 janvier 1858, se charge de répondre au *Pays*, l'organe des libéraux :

> Est-il vrai que les succès du parti qui n'est pas rouge ou plutôt est-il vrai que la défaite signalée du parti rouge n'est due qu'à l'influence cléricale ? Non ; ce n'est pas vrai ! Le clergé catholique avait un grand devoir à accomplir en présence des élections générales et ce devoir, il l'a rempli dignement. Partout dans le Bas-Canada et dans toutes nos grandes villes, le prêtre a fait entendre aux fidèles la voix de la vérité et de la justice. Dans toutes nos chaires catholiques, le citoyen a pu entendre l'explication des deux importantes obligations de conscience dont il se trouvait revêtu en présence des élections générales. Ces deux obligations de conscience étaient : 1. De prendre part aux élections. 2. De n'accorder son suffrage qu'à des hommes honorables, d'une probité reconnue et principalement à des hommes religieux et sincèrement attachés aux principes de la justice et du catholicisme. Voilà ce qu'on a développé dans les chaires catholiques du Bas-Canada et

voilà ce qu'on avait le droit d'y développer. [...] Est-ce la faute du clergé si les hommes du parti rouge n'ont pu soutenir le verdict de tout électeur catholique ? [...] Le clergé catholique s'est montré à la hauteur de son devoir par tout le Bas-Canada ; nulle part, il n'a fait entendre la voix de la partialité et cependant le fameux vote des écoles mixtes de tout le parti rouge lui en donnait le droit d'une manière incontestable.

La doctrine professée alors par le parti rouge avait de quoi inquiéter le clergé catholique. Les journaux libéraux, *L'Avenir* et le *Pays*, réclamaient la liberté de pensée et de parole. Pour l'évêque Bourget, c'était là professer le libéralisme doctrinaire. « Une grande partie du clergé, affirme l'historien Jean-Paul Bernard, croyait que la religion elle-même aurait été compromise par le triomphe du parti libéral. Le parti conservateur n'avait qu'à en profiter et qu'à se présenter, avec une sincérité qui n'était pas toujours parfaite, comme le défenseur de la foi. »

## Vers la chute

La première session du sixième Parlement s'ouvre, à Toronto, le 25 février 1858. Au cours des semaines précédentes, George Brown avait tenté un rapprochement avec les libéraux du Bas-Canada, mais sans trop de succès. Immédiatement après le discours du trône prononcé par le gouverneur Head, la question de la représentation et celle du mode électoral font l'objet de longues discussions. Brown propose un amendement stipulant « qu'il y avait une question plus importante que toute autre, à savoir une représentation équitable du peuple au parlement, et que la Chambre s'engageait à donner sa sérieuse attention à une mesure qui établirait une représentation parlementaire basée sur la population, sans égard à la ligne de séparation entre le Haut et le Bas-Canada ». Tous les députés du Bas-Canada votent contre le projet d'amendement, alors que leurs confrères du Haut se prononcent en sa faveur. Par ailleurs, on réussit à se mettre d'accord sur une modification à la loi électorale en vertu de laquelle, à l'avenir, on dresserait des listes des électeurs et que seuls ceux dont les noms seraient inscrits sur lesdites listes pourraient être admis à voter.

La situation du ministère Macdonald-Cartier devient chaque jour plus précaire. En quelques occasions, les députés du Haut-Canada votent majoritairement contre des propositions gouvernementales. On parle alors d'une mise en minorité du cabinet dans la partie supérieure du Canada-Uni. La question de la double majorité est donc, à nouveau, à l'ordre du jour. Le représentant du comté de Portneuf, Joseph-Élie Thibaudeau, présente la motion suivante : « Que c'est l'opinion de la Chambre que toute tentative de législation affectant une section de la province, contrairement aux vœux de la majorité des représentants de cette section, serait pleine de dangereuses conséquences pour le bien-être de la province et donnerait lieu à beaucoup d'injustices. »

Thomas-Jean-Jacques Loranger, de la circonscription électorale de Laprairie, est convaincu que la double majorité, si elle est strictement appliquée, va engendrer l'instabilité ministérielle. Appelés à voter, les députés rejettent majoritairement la motion Thibaudeau. Le ministère Macdonald-Cartier n'obtient qu'un sursis.

La lutte à finir va s'engager sur la question du choix de la capitale permanente. La volonté royale de fixer à Ottawa le siège du gouvernement déplaît à plusieurs. Lors de la discussion du budget, il est question de voter certains montants pour la construction des édifices parlementaires. On suggère alors d'attendre qu'un accord intervienne à ce sujet. Le 28 juillet, Eugène-Urgel Piché, député de Berthier, propose la motion suivante : « La Chambre est d'avis que la ville d'Ottawa ne devrait pas être le siège permanent du gouvernement de cette province. » Approuvée par 64 voix contre 50, la motion signifie une nouvelle mise en minorité du gouvernement. Brown se lève immédiatement pour déclarer : « La Chambre ne peut se méprendre sur le fait que le vote qui vient d'être donné comporte la désapprobation absolue de la conduite du gouvernement. Cependant, afin d'établir cette signification d'une manière encore plus explicite, je propose l'ajournement de la Chambre. »

Le premier ministre Macdonald lui répond : « C'est très bien. Qu'il soit convenu que le vote qui va être pris sur l'ajournement constatera si oui ou non le gouvernement possède la confiance de la Chambre. » La phrase du premier ministre produit son effet : seulement 50 députés sur 111 votent en faveur de l'ajournement.

Le 28 juillet au soir, la plupart des membres du cabinet se réunissent. Ils décident alors de démissionner. Le lendemain, à l'ouverture de la séance, Macdonald informe la Chambre d'assemblée de la décision de son ministère de remettre sa démission entre les mains du gouverneur Head. Ce dernier décide de faire appel immédiatement à George Brown, qui demande quelques moments de réflexion et de consultation.

*Le règne le plus court*

Le 2 août, George Brown prête serment à titre de premier ministre du Canada-Uni. Antoine-Aimé Dorion, nommé commissaire des Terres, fait le même geste, à titre de co-premier ministre. Le ministère Brown-Dorion entre immédiatement en fonction et, comme la session n'a pas été prorogée, il doit affronter le même jour la Chambre d'assemblée.

Dès l'ouverture de la séance, le 2 août, le député Jacques-Olivier Bureau, de Napierville, demande qu'un bref d'élection soit émis pour la cité de Montréal, vu l'accession au poste de ministre de Dorion. Le député du comté de Dorchester, Hector-Louis Langevin, demande de modifier la motion de Bureau de la façon suivante : « Que tout en ordonnant l'émission dudit writ, cette Chambre croit de son devoir de déclarer que l'administration dont la formation a occasionné cette vacance ne possède pas la confiance de cette Chambre ni celle du pays. »

Un long débat s'engage jusque vers minuit et, lors de la prise du vote, 71 députés appuient l'amendement Langevin, alors que 31 la rejettent. Dans les deux parties, le Haut et le Bas-Canada, le gouvernement est mis en minorité. Par la suite, Brown demande au gouverneur Head de dissoudre le Parlement et d'ordonner des élections générales, ce que refuse le représentant de la reine. Le 4, le ministère Brown-Dorion, après un règne d'un peu plus de 48 heures, donne sa démission. Un des reproches majeurs adressés à Brown sera de ne pas avoir présenté de programme.

Le 6 août, George-Étienne Cartier est assermenté comme premier ministre du Canada-Uni avec John A. Macdonald comme adjoint. Pour échapper à une réélection obligatoire, les nouveaux ministres décident, dès le lendemain, de changer de ministère. Cet habile subterfuge se basait sur un article de la nouvelle loi électorale de 1857 en vertu duquel « tout membre du Conseil qui changeait de portefeuille avant l'expiration d'un mois était exempté d'une nouvelle élection ». George Brown dénonce l'astuce qu'il qualifie de « double shuffle », double jeu. Le *National*, journal rouge de Québec, fulmine d'indignation : « Quel défi porté au peuple ! et quel souverain mépris de la loi ! Acte ignoble, inouï et qui ne pouvait être tenté que par un renégat politique de la trempe de Cartier. » Le député de la cité de Montréal, Thomas D'Arcy McGee, propose un vote de non-confiance qui est majoritairement rejeté. D'autres députés traduiront, par la suite, quelques ministres devant les tribunaux civils qui déclareront que les ministres n'ont pas violé la loi !

Le 7 août, le premier ministre Cartier précise le programme de son gouvernement : « Le gouvernement se tient pour engagé par le choix qui a été fait de la capitale ; mais, en présence du dernier vote de la Chambre, nous ne ferons pas de dépense avant que le gouvernement ait eu l'occasion de reconsidérer toute la question. Nous étudierons avec tout le soin possible le projet d'une union fédérale des provinces de l'Amérique britannique du Nord, et nous allons sur-le-champ nous mettre en communication avec le gouvernement impérial à ce sujet. Nous en ferons connaître le résultat à la Chambre, lors de la prochaine session. »

La session est prorogée le 16 août 1858.

## Un grand rêve

Depuis quelques années déjà, la question de l'union ou de la fédération des colonies anglaises d'Amérique du Nord fait l'objet d'études et de discussions. Au cours de la session qui vient de se terminer, soit le 7 juillet, le député de la ville de Sherbrooke, Alexander Tilloch Galt, avait présenté à la Chambre d'assemblée une série de résolutions touchant l'union projetée. Les résolutions Galt constituent une étape importante dans la marche vers la Confédération de 1867 :

> 1. Qu'en conséquence du développement rapide de la population et des ressources du Canada, il se présente — quant au maintien de cette égalité qui formait la base de l'union du Haut et du Bas-Canada des difficultés inconciliables qui obligent cette Chambre à considérer les moyens d'empêcher que le progrès qui caractérise si heureusement la carrière de cette province ne soit pas arrêté par l'occurrence de jalousies et de dissensions de sections. C'est en conséquence l'opinion de cette Chambre que l'union du Haut et du Bas-Canada soit changée de législative en fédérale, en subdivisant la province en deux ou plusieurs divisions, chacune se gouvernant elle-même dans les matière locales et de sections, avec une législature et gouvernement général dans les sujets d'un intérêt national et commun, qu'il soit nommé maintenant un comité pour faire rapport sur les meilleurs moyens d'effectuer ces changements constitutionnels. 2. Qu'en considération des réclamations que possède cette province contre les territoires du Nord-ouest et de la baie d'Hudson et de la nécessité d'établir des dispositions pour le gouvernement desdits districts, c'est l'opinion de cette Chambre qu'en adoptant une constitution

fédérale pour le Canada, il devrait être pourvu au gouvernement local desdits territoires sous le gouvernement général, en attendant que la population et la colonisation puissent, de temps en temps, leur donner droit à être admis dans la confédération canadienne.

Qu'une confédération générale des provinces du Nouveau-Brunswick, Nouvelle-Écosse, Terre-Neuve et Île-du-Prince-Édouard avec le Canada et les territoires de l'Ouest, est très désirable et de nature à avancer leurs intérêts divers et unis, en conservant à chaque province l'administration sans contrôle de ses institutions particulières et de ses affaires d'intérieur, au sujet desquelles pourraient surgir des différences d'opinion avec d'autres membres de la confédération, pendant qu'elle développera cette identité de sentiments qui pénètrent dans toutes les possessions de la Couronne britannique dans l'Amérique du Nord et l'adoption d'une politique uniforme pour l'exploitation des ressources si vastes et si variées de ces immenses territoires ajoutera considérablement à la puissance et à la considération nationale ; et qu'un comité soit nommé pour faire rapport sur les mesures à prendre pour constater sans délai les sentiments des habitants des provinces inférieures et du gouvernement impérial sur ce sujet important.

Le *Courrier du Canada* et le *Journal de Québec* avaient déjà publié dans leurs colonnes de longs articles sur le projet de confédération, le premier avec Joseph-Charles Taché et le second avec Joseph Cauchon. Les deux, d'ailleurs, réuniront leurs textes en brochures.

Pour Taché, la nécessité d'une fédération ne fait plus aucun doute, mais il ne voit pas pourquoi on diviserait le Bas-Canada en plusieurs petites provinces. Cette idée de créer la province de Montréal et celle des Eastern Townships vise à soustraire à l'influence des francophones deux régions où les anglophones constituent une masse importante

> Il est essentiel au Canada d'une part et aux provinces du golfe de l'autre, ajoute-t-il, de s'unir dans une confédération. Le Canada a besoin des provinces du golfe parce que seules ces provinces peuvent lui fournir des ports maritimes ouverts pendant l'hiver chose d'absolue nécessité pour sa prospérité commerciale et pour le maintien de ses relations extérieures et de son importance sur mer. Les provinces du golfe ont besoin du Canada parce que laissées seules et isolées elles ne peuvent manquer de tomber dans l'insignifiance et de devenir plus tard la proie de voisins ou de puissances étrangères éloignées.

La confédération projetée est aux yeux du journaliste, « chevalier de la Légion d'honneur », un pacte entre colonies.

> Le pacte fédéral, écrit-il, reposerait sur le principe de la délégation perpétuelle et inaltérable des pouvoirs des gouvernements séparés des provinces au gouvernement général, dans la mesure d'attributions distinctes, établies en vertu d'une constitution écrite. Les constitutions générales et séparées reposeraient sur les principes suivants : droits civils : liberté de la personne, liberté de cultes, liberté d'enseignement, liberté d'opinion, inviolabilité de la propriété, droit de pétition et d'association, droit d'être jugé par ses juges naturels, égalité devant la loi. Droits politiques : principe électif, admissibilité à tous les emplois, suffrage universel.

Joseph Cauchon, qui a déjà été ministre, est plus méfiant face au projet.

L'on parle beaucoup de la confédération des provinces britanniques nord-américaines, écrit-il, et l'on affirme même qu'un projet de confédération sera soumis aux Chambres canadiennes cet hiver. La rumeur ne dit pas si ce sera un projet mûri ou une proposition purement déclaratoire ou bien encore une simple invitation au peuple de méditer la question si grave d'un changement de constitution. En supposant, toutefois, que cette rumeur soit fondée, le pays doit s'attendre qu'on ne le prendra pas par surprise, et que nul changement n'aura lieu sans sa volonté libre et calme. Il ne faudrait rien nous imposer comme on nous a imposé l'Acte d'Union ; il faudrait aussi, en demandant un changement, être sûr que ce que nous aurons sera meilleur que ce que nous avons et aussi qu'on nous donnera ce que nous aurons demandé. Pour notre part, nous craignons les suggestions et les machinations odieuses.

Selon Cauchon, le projet n'est pas né chez les francophones :

Pourquoi l'Union et d'où est parti ce cri jeté en pâture à toutes les méditations ? Il est parti du fond des provinces atlantiques, parce que celles-ci n'ont rien, ne peuvent rien par elles-mêmes et qu'elles voudraient tailler leurs budgets dans le revenu du Canada. Mais nulle part il n'a été entendu sur les bords du Saint-Laurent, si ce n'est à Québec, peut-être dans les murs duquel, cependant, il cesserait de retentir du moment où l'on y comprendrait que c'est le Québec matériel qui serait dans la lice contre le Québec national, contre le pays tout entier. Et du reste, ce serait manquer d'intelligence, de dignité et de conscience que de se placer à un pareil point de vue pour examiner une question aussi grave et aussi capitale. Non, le Canada ne demande pas l'union des provinces ; mais comme elle pourrait bien nous venir toute fabriquée sous le prétexte que nous la voulons ou simplement à l'état de projet impérial ou provincial, nous être présentée comme thème politique dans l'élection qui ne peut longtemps se faire attendre, il est sage de se mettre sur ses gardes par un examen consciencieux et complet de son but et de ses effets possibles sur nos destinées comme pays.

Et l'auteur pose ensuite 27 questions auxquelles il apporte les éléments de réponse.

Demander à l'Angleterre de changer la constitution, note-t-il, c'est lui donner raison de la changer dans son sens ou dans celui de nos ennemis. De plus, demander l'initiative pour nous, c'est la réclamer pour toutes les provinces ; c'est appeler celles-ci à dire, elles aussi, dans quelles conditions elles veulent l'union fédérale. Mais, dans le conflit de toutes ces voix, une seule ne serait pas entendue du haut du trône impérial, parce qu'elle parlerait la langue française. Ce n'est pas un préjugé, c'est l'histoire de nos cinquante ans de souffrances et de mécomptes.

À ceux qui font valoir une foule d'avantages commerciaux, Cauchon répond : « Si le but de ces provinces, en demandant l'union, est uniquement commercial — et il ne peut pas être autre dans notre condition coloniale — pourquoi n'avoir pas plutôt recours à la liberté des échanges, qui peut s'effectuer en dehors de l'union politique, sans secousse, sans changement constitutionnel organique, sans l'intervention du parlement impérial, si pleine de dangers, et par le seul fait des législatures actuelles ? »

## La double mission

Comme l'avait annoncé Cartier avant la clôture de la session, des démarches sont entreprises pour sensibiliser les autorités impériales au projet de confédération. Au début d'octobre 1858, le premier ministre lui-même, l'inspecteur général Galt et le solliciteur général du Bas-Canada, John Ross, s'embarquent pour Londres. Ils rencontrent Edward George Bulwer, lord Lytton, le secrétaire d'État aux Colonies, et lui soumettent, avec l'approbation du gouverneur Head, le projet de fédération.

Les autorités métropolitaines font valoir qu'elles manquent d'informations et qu'avant d'engager quoi que ce soit, elles désirent connaître l'avis des provinces « inférieures » (c'est-à-dire les provinces maritimes). Dans un mémoire confidentiel à lord Lytton, un haut fonctionnaire de son ministère, T. F. Elliot, se prononce contre la fédération projetée dans les conditions actuelles. « La première remarque qui se présente d'elle-même, écrit-il le 4 novembre, c'est qu'aucun gouvernement provincial ou législature, aux dernières nouvelles, n'a demandé une union fédérale et qu'il n'y a point de mal pour lequel cela peut apparaître comme un remède naturel. Aucune gêne n'existe entre les différentes provinces. La difficulté au Canada est une difficulté purement canadienne ; et si une union fédérale était établie demain, demeurerait encore [...] la même inégalité entre le nombre de représentants et celui des habitants, ce qui est la source des problèmes actuels. » Il suggère tout simplement une union législative des provinces atlantiques.

Le secrétaire d'État aux Colonies se dit d'accord avec les conclusions d'Elliot. Il le déclare dans un mémoire « le plus confidentiel » aux autres membres du Cabinet, daté du 10 novembre : « J'arrive à la même conclusion que M. Elliot, c'est-à-dire qu'il serait prématuré et peu sage pour le gouvernement de Sa Majesté de faire quoi que ce soit pour encourager une union des provinces britanniques de l'Amérique du Nord, qu'elle soit fédérale ou législative. »

L'évolution politique et économique tant des colonies que des États-Unis se chargera de modifier la prise de position du gouvernement britannique.

## Un souffle d'indépendance

La deuxième session du sixième Parlement est inaugurée, le 25 février 1859, à Toronto. Dès le début de son discours, le gouverneur Head aborde la question du choix de la capitale.

> Il est de mon devoir en cette occasion, déclare-t-il, de diriger votre attention sur la question du siège du gouvernement du Canada. La Législature du Canada ayant résolu de fixer pour toujours le siège du gouvernement a prié Notre Gracieuse Reine, par une adresse de l'une et de l'autre Chambres, d'exercer sa prérogative en faisant le choix de la capitale. De plus, un acte a été passé adoptant par avance la décision de Sa Majesté et appropriant les fonds nécessaires. Le gouvernement exécutif de cette province se trouve lié d'une manière absolue et par cet acte du Parlement canadien et par la décision de la reine et il sera de votre devoir de terminer l'engagement qui eut lieu lors de la référence et par lequel le Gouvernement devait être transféré à Québec pour une période déterminée, jusqu'à ce que les arrangements nécessaires soient complétés.

Au cours du débat qui suit, quelques députés s'opposent encore au choix d'Ottawa, mais le premier ministre Cartier fait valoir l'argument « que la Législature se trouverait à Ottawa dans un milieu plus calme, qu'elle s'y sentirait plus indépendante ». Le vote est serré et la mesure gouvernementale n'est approuvée qu'avec une majorité de cinq voix. Le sort en est jeté : Ottawa devient définitivement la capitale du Canada-Uni. Le 7 mai suivant, des annonces sont publiées, invitant les architectes à soumettre les plans et devis pour la construction de quatre édifices gouvernementaux : « Un édifice parlementaire, deux édifices pour loger les ministères et une résidence pour le gouverneur général. » Au budget : la somme d'un million de dollars pour défrayer le coût des constructions.

La question de la capitale n'est peut-être pas la plus importante qui trouve une solution lors de la session de 1859. Galt, nommé au nouveau poste qui vient d'être créé, celui de ministre des Finances, soumet pour approbation un nouveau tarif sur les produits importés. Il préconise un impôt *ad valorem*, c'est-à-dire selon la valeur de l'objet à son entrée au pays. À ceux qui l'accusent d'établir une barrière tarifaire discriminatoire, Galt répond : « Le gouvernement n'aurait qu'à se louer du résultat du système de droits fiscaux qu'il a inauguré si, en atteignant le but qu'il se proposait, il favorisait en même temps dans le pays la production d'articles que nous sommes aujourd'hui obligés d'importer. »

Quelques députés du Haut-Canada jugent que la nouvelle mesure est propre à favoriser les ports de Québec et surtout de Montréal, au détriment de ceux de leur partie du territoire canadien. Les historiens Jean Hamelin et Yves Roby leur donnent un peu raison lorsqu'ils écrivent : « Concrètement la nouvelle échelle signifierait qu'on prélèverait une douane plus lourde sur le sucre ou la mélasse arrivant des États-Unis (la douane est prélevée sur un prix qui inclut le prix d'achat aux Antilles, plus le bénéfice du grossiste américain) que sur les mêmes produits arrivant directement au pays par le Saint-Laurent (la douane est alors prélevée uniquement sur le prix d'achat aux Antilles). » La nouvelle échelle tarifaire de Galt suscite la colère des Torontois qui accusent le gouvernement conservateur d'élever des obstacles politiques pour contrecarrer les tendances naturelles aux échanges nord-sud.

Derrière les Torontois, ce sont les New-Yorkais que vise la nouvelle loi car, réduite à la défensive, Montréal tente de se réserver tout le commerce de l'Amérique du Nord britannique. C'est encore New York que vise, en 1860, l'abolition des péages sur les canaux laurentiens. Les Montréalais espèrent, par un abaissement des coûts de transport, valoriser le Saint-Laurent par rapport au canal Érié.

Le système protectionniste de Galt déplaît aussi aux autorités britanniques, sans que l'on recommande officiellement à la reine de désavouer la loi canadienne du tarif. Galt profite de la circonstance pour rappeler l'autonomie que doivent avoir les colonies dans la gérance de leurs affaires intérieures, sur les plans tarifaire et fiscal,

> l'autonomie de la province serait complètement anéantie, dit-il, si les vues du gouvernement impérial devaient être préférées à celles du peuple du Canada. Il est donc du devoir du gouvernement actuel d'affirmer explicitement le droit de la Législature canadienne de répartir l'impôt de la manière qu'elle juge la meilleure, au risque même de rencontrer la désapprobation du ministère impérial. C'est

pourquoi il ne peut être conseillé à Sa Majesté de désavouer de pareils actes, à moins que ses conseillers ne soient prêts à se charger de l'administration des affaires de la colonie indépendamment des vues de ses habitants.

La session de 1859 est aussi marquée par l'adoption d'une autre mesure qui opposera encore une fois francophones et anglophones. Le premier ministre Cartier propose à la Chambre une série de résolutions concernant l'abolition de la tenure seigneuriale. Les deux premières résolutions renferment l'esprit du projet de loi :

> Que la partie des rentes constituées représentant les lods et ventes et autres droits casuels qui ne sera point rachetée à même le fonds approprié à aider les censitaires par l'Acte seigneurial de 1854, sera à la charge de la province et payée aux seigneurs à même les fonds provinciaux, semi-annuellement, le premier jour de janvier et le premier jour de juillet. 2. Que du consentement du gouvernement provincial et du seigneur ayant droit absolu à telles rentes constituées, une somme de deniers égale à soixante quinze pour cent du capital représentant ces rentes à six pour cent par année, doit être payée à même les fonds provinciaux au seigneur ou à la partie, pour racheter les rentes à toujours.

Les clear grits de Brown dénoncent la mesure : ils ne veulent pas que le Haut-Canada paie pour les « folies du Bas ». Cartier fait valoir que la partie supérieure du Canada-Uni recevra une compensation, mais rien n'y fait. Une scission se produit au sein du parti libéral et plusieurs membres bas-canadiens, après avoir dénoncé Brown et le *Globe*, déclarent « qu'à moins qu'on en arrivât à une entente, ils se considéraient tenus de déclarer publiquement qu'ils ne pouvaient pas agir sous la direction de M. Brown ». Le 5 mai, une fois que le projet de loi eut subi sa troisième lecture, on peut lire dans le journal de Toronto : « Pouvons-nous rester longtemps unis à un peuple comme le peuple canadien-français avec qui nous avons tant de divergences ? »

La session se termine le 4 mai 1859, sans que le gouvernement Cartier-Macdonald ne subisse la défaite.

## Les libéraux s'affirment

Au cours des vacances parlementaires, les libéraux du Bas et du Haut-Canada cherchent à se restructurer et à préciser leur orientation politique. À Montréal, les chefs de file de la faction libérale se réunissent plusieurs fois, surtout pour discuter de la question constitutionnelle. Le 29 octobre, le *Pays* et le *Montreal Herald* publient une prise de position du parti libéral sous la signature d'Antoine-Aimé Dorion, Thomas D'Arcy McGee, Lewis Thomas Drummond et Louis-Antoine Dessaulles. L'union fédérale apparaît à ces hommes comme étant l'unique solution à la plupart des problèmes :

> Il est difficile de concevoir une seule législature composée de deux majorités et de deux minorités, ces deux majorités n'ayant aucune identité de principes, agissant néanmoins toujours d'accord, de manière à ne jamais s'imposer l'une à l'autre, en sorte que chaque section de la province fût toujours régie par la majorité de ses représentants. [...] Votre comité s'est donc convaincu que, soit que l'on considère les besoins présents ou l'avenir du pays, la substitution d'un gouvernement pure-

ment fédéral à l'union législative actuelle offre la véritable solution à nos difficultés et que cette substitution devrait éviter les inconvénients, tout en conservant les avantages que peut avoir l'union actuelle. Il n'est pas douteux qu'en restreignant les fonctions d'un gouvernement fédéral aux quelques sujets d'intérêt commun qui peuvent clairement et facilement se définir, et laissant aux différentes provinces ou subdivisions, un contrôle complet sur toutes les autres questions, les habitants de chacune d'elles auraient toutes les garanties pour la conservation intacte de leurs institutions respectives, que la dissolution pure et simple de l'Union pourrait leur procurer.

Le 9 novembre, les clear grits, au nombre d'environ 200, se réunissent à Toronto pour adopter, à leur tour, six résolutions. La première dénonce les méfaits de l'Union : « Que l'union législative existant entre le Haut et le Bas-Canada n'a pas réalisé les vues de ceux qui l'ont conseillée, que son résultat a été une lourde dette publique, une écrasante taxation, de grands abus politiques et un mécontentement général dans le Haut-Canada ; et c'est la conviction réfléchie de cette assemblée, d'après l'antagonisme développé par les différences d'origine, les intérêts locaux et d'autres causes, que l'union, dans sa forme actuelle, ne peut pas durer plus longtemps à l'avantage du peuple. »

Considérant que la double majorité ne saurait être un remède permanent « pour les maux actuels », considérant aussi que le retard des provinces atlantiques à manifester leur intérêt pour une fédération « met cette mesure hors de discussion comme un remède possible aux maux actuels », les participants à la Convention de Toronto se rallient à une proposition visant à établir une confédération des deux Canadas par la formation de deux ou plusieurs gouvernements locaux et l'établissement d'un gouvernement central.

La dernière résolution concerne le *motto* du parti, le « Rep by pop » : « Aucun gouvernement général ne donnerait satisfaction au peuple du Haut-Canada, s'il n'était basé sur le principe de la représentation basée sur la population. »

## La fin des illusions

L'apparente unité d'orientation qui semble se dégager chez les libéraux et les clear grits ne résistera pas longtemps aux travaux parlementaires. La troisième session du sixième Parlement qui s'ouvre le 28 février 1860 ne fera qu'accroître le fossé entre les deux factions.

Trois heures à peine après qu'il eut inauguré la nouvelle session, la résidence du gouverneur Head, Spencer Wood, est détruite par les flammes. « Le maire, plusieurs conseillers de ville et un grand nombre de citoyens réunis à la police et au corps des militaires, lit-on dans le *Canadien* du lendemain, s'occupèrent activement pour arrêter les progrès des flammes bien qu'avec peu d'espoir d'y réussir en conséquence de la rareté de l'eau. »

Le 21 mars, le député de North Waterloo, Michael Hamilton Foley, l'un des chefs clear grits, présente une motion de non-confiance posant franchement le problème de la double majorité :

Qu'il soit présenté une humble adresse à Son Excellence le gouverneur général, représentant que l'administration actuelle ne possède point la confiance de la majorité des représentants du Haut-Canada en cette Chambre et qu'elle retient le pouvoir au moyen d'une majorité bas-canadienne ; que, comme résultat de ce malheureux état de choses, le patronage de la Couronne est exercé dans le Haut-Canada sur l'avis de la minorité des représentants du peuple, et contrairement aux vœux de la grande majorité des représentants du Haut-Canada : qu'il s'ensuit encore que des personnes ont, en plusieurs circonstances, été nommées à des emplois sans avoir les qualités nécessaires pour remplir les devoirs qui leur sont confiés par l'exécutif.

D'autres membres de l'opposition et du parti ministériel proposent des sous-amendements. Le ministère Cartier-Macdonald sort victorieux de ce jeu parlementaire.

Brown tente de faire approuver par la Chambre d'assemblée les résolutions de la Convention de Toronto, mais il échoue complètement.

Heureusement, les députés conservent assez de temps pour discuter de projets de loi bénéfiques à la population. Lorsque la session se termine le 13 mai, plus de 150 projets de loi auront subi les étapes réglementaires et reçu la sanction royale. Mais déjà, les préoccupations sont d'une tout autre nature : on se prépare à recevoir Son Altesse le Prince de Galles, héritier présomptif du trône d'Angleterre !

## De la grande visite !

En 1859, on avait espéré voir la reine Victoria inaugurer personnellement le pont Victoria que l'on considère, à l'époque, comme l'un des ponts les plus importants au monde. Mais la souveraine décline l'invitation et délègue, pour la représenter, son fils, Albert Édouard, prince de Galles, duc de Cornwall, duc de Saxe, comte de Chester, Carrick et Dublin, baron de Renfrew, prince de Cobourg et Gotha, lord des Isles, etc. et futur Édouard VII.

La ville de Montréal forme le projet de construire un Palais de Cristal. La *Montreal Gazette* du 21 mai publie une gravure représentant l'édifice dont la construction doit débuter sous peu : « La charpente sera en fer et entourée de briques. Le grand nombre d'ouvertures donnera à la nouvelle construction un aspect très éclairé à l'intérieur. Deux galeries de 20 pieds de large feront le tour de la bâtisse à l'intérieur et donneront un espace immense pour l'Exposition des différents articles, ainsi que pour un muséum qui y sera plus tard attaché. [...] Sur le premier plancher, on placera les grosses machineries et la galerie des Beaux Arts sera dans l'étage supérieur qui se trouve complètement éclairé par les ouvertures du toit. » En effet, à l'instar de Londres, Montréal veut se doter d'un Palais de Cristal où se tiendra une grande exposition provinciale qui sera inaugurée par le prince de Galles.

La fièvre royaliste gagne tout le Bas-Canada. Lors de sa séance du 3 août, le Conseil de ville de Montréal étudie une proposition demandant de changer le nom de la Place des Commissaires en celui de Place Victoria. Le conseiller Bellemare s'oppose à la demande, rappelant l'histoire de la place et énumérant ensuite ce qui porte déjà le nom de Victoria à Montréal : une rue, une terrasse, un quai et un pont. Toutes ces choses, fait-il remarquer, ont été construites sous le règne de Victoria. Quant à la Place des Commissaires, elle date de 1811. Bellemare se fait accuser de manquer de respect pour la souveraine ; la bagarre éclate. Malgré cet incident, on s'affaire à nettoyer, repeindre, décorer aussi bien Québec, Montréal, Trois-Rivières, Saint-Hyacinthe que plusieurs villages situés le long du fleuve.

## L'arrivée

Le vendredi 10 août, le gouverneur général Head, accompagné des ministres du cabinet, arrive dans la baie de Gaspé à bord du vapeur *Victoria*. Le dimanche 12, l'escadre du prince jette l'ancre au même endroit. Le 13, selon le correspondant spécial de la *Minerve*, « le gouverneur général et le Conseil exécutif furent invités à prendre le lunch avec le prince et sur les deux heures, ils étaient de retour à bord du *Victoria* qui, suivi de l'escadre royale, leva l'ancre et fit route pour l'embouchure du Saguenay ».

Le jeune prince, âgé de 18 ans, s'intéresse au paysage. Le 15, il effectue un court voyage au Saguenay. Il remonte la rivière jusqu'à la baie Sainte-Marguerite où il participe à une courte excursion de pêche. Sur l'une des rives de la baie, on avait construit un campement provisoire.

Le 18 août, Québec, qui était redevenue la capitale du Canada-Uni, accueille le prince. Depuis le début du siècle, c'est sans doute la plus grande manifestation populaire. « La citadelle, la grande batterie, la terrasse Durham ainsi que les toits de toutes les maisons en face du Saint-Laurent étaient couverts d'une foule innombrable. Des milliers de matelots étaient perchés sur les haubans de tous les navires. Les quais étaient également encombrés. Le fleuve était couvert de steamers de toute capacité et chaque point principal du rivage était splendidement décoré de pavillons de toutes couleurs. Deux ballons flottaient dans les airs ; et, lorsqu'une heure après, S.A.R. débarqua, une scène semblable se présentait. » Le maire de Québec, Hector-Louis Langevin, « vêtu d'une robe de soie, à la tête de son conseil en pleine tenue, et accompagné de son greffier et des autres fonctionnaires publics », attend le prince sur une estrade construite sur le quai Champlain.

Tous les membres du cabinet canadien sont là dans leur nouveau costume, « l'épée du côté, le tricorne sur la tête, cravate blanche, habit et pantalon noirs, collet richement brodé d'or et autres ornements ». Viennent ensuite l'évêque anglican et la hiérarchie catholique. Les évêques catholiques « étaient tous vêtus en habits épiscopaux, soutanes et manteaux romains, et portaient comme symbole de leur dignité de massifs crucifix d'or ». Après la lecture par le maire de l'adresse d'usage, un cortège se forme qui passe sous de nombreux arcs de triomphe. Le plus impressionnant est sans doute celui de la rue Saint-Jean décoré « d'une quantité de machines à coudre et autres mises en mouvement ».

Le mardi 21 août, dans l'édifice du Parlement où il a élu domicile, le prince de Galles se voit présenter les principales personnalités de la colonie. Fait important à noter, on commence par la hiérarchie catholique, ce qui déclenchera une violente réaction dans le Haut-Canada.

Au cours de cette cérémonie, le président du Conseil législatif, Narcisse-Fortunat Belleau, et le président de la Chambre d'assemblée, Henry Smith, reçoivent une décoration royale. Un peu ironiquement, le journaliste de la *Minerve* décrit la scène où Belleau est présenté au prince.

Le duc de Newcastle (secrétaire d'État aux Colonies), sur l'ordre de Son Altesse Royale, s'avança auprès de l'orateur et lui annonça que l'honneur de la chevalerie allait lui être conféré. Ainsi, M. Belleau, qui ne devait plus s'appeler monsieur, s'avança révérencieusement et mit les deux genoux à terre, tandis que le Prince, tirant du fourreau l'épée du duc de Newcastle, la posa d'abord sur l'épaule gauche et ensuite sur l'épaule droite du futur chevalier, en prononçant en même temps ces paroles : « Levez-vous, sir Narcisse Belleau ». Ainsi N. Belleau se releva chevalier.

Réceptions, promenades, visites se succèdent. Le jeune prince semble heureux. Puisqu'il aime beaucoup la danse, on multipliera les bals. Celui de Québec se terminera à quatre heures et demie du matin !

En route vers Montréal, l'héritier présomptif du trône de Grande-Bretagne s'arrête à Trois-Rivières où une foule de 25 000 personnes l'acclame. « Le quai est décoré de festons et de verdure. Au centre, était un vaste arc de triomphe orné de peintures et de devises appropriées à la circonstance. Le boulevard Turcotte était aussi splendidement décoré. Les rues de la ville avaient été bordées d'arbres et d'arcs de triomphe. »

## Montréal en liesse

La ville de Montréal constitue le point principal de la visite du prince. Il doit inaugurer le nouveau pont Victoria, l'orgueil de la compagnie ferroviaire du Grand Tronc. Alors qu'à Québec, les problèmes ethniques ne s'étaient pas manifestés, on craint qu'ils se posent dans l'ancienne capitale. Des marchands avaient mis en vente des drapeaux « anglais, français et américains ». Comme depuis quelques années, les drapeaux aux couleurs de la France flottent à Montréal, on a peur que, dans certains quartiers, ces couleurs soient préférées à celles de la Grande-Bretagne. La *Minerve* fait la mise en garde suivante : « Il serait d'une extrême inconvenance de donner la prédomination aux couleurs françaises dans une circonstance comme celle-ci, où l'on veut faire honneur à l'héritier présomptif de la Couronne d'Angleterre dont nous sommes les sujets. Ainsi, faisons-nous d'abord un devoir de déployer le drapeau anglais et, quant aux couleurs des nations alliées à la Grande-Bretagne, il n'est pas besoin d'indiquer à des Canadiens français celles qui se recommandent à leurs prédilections. »

Au prône du dimanche 19 août, les curés des différentes églises de l'île de Montréal invitent les fidèles à bien accueillir leur prince. Ils annoncent aussi que « monseigneur l'évêque de Montréal nous charge de vous avertir que, vendredi prochain, au signal donné par le bourdon de Notre-Dame, les cloches de nos diverses églises sonneront toutes ensemble, en signe de joie, pour l'heureuse arrivée au milieu de nous de Son Altesse Royale, le prince de Galles ».

L'illustre visiteur débarque à Montréal un jour plus tard que prévu. Le samedi, la ville regorge de visiteurs venus de tous les coins et en particulier des États-Unis. Le soir du 25, on se serait cru en plein jour. « L'illumination de samedi soir nous a fourni un de ces spectacles grandioses que l'œil contemple avec admiration. L'illumination est toujours la partie populaire de nos fêtes solennelles : aussi, nous n'exagérons nullement en affirmant que plus de 80 000 personnes circulaient dans nos rues pour jouir du magnifique coup d'œil offert en ce moment. Des milliers de becs de gaz, de lampes, de lanternes chinoises, etc., répandaient leur brillante lumière sur l'immense réunion de curieux animés de la joie la plus vive. »

Le prince occupe sa journée du dimanche 26 à un service divin à la cathédrale protestante puis à deux parties de crosse, la première entre les Amérindiens du Sault-Saint-Louis, la seconde entre un nombre égal d'Indiens et de Blancs. « Ensuite, les Indiens exécutèrent une de leurs terribles danses de guerre. » Les fêtes du lundi 27 se terminent par un grand bal auquel participent 6000 personnes. On avait construit expressément pour la circonstance un bâtiment en bois de 300 pieds de diamètre « de forme circulaire, entouré comme d'une ceinture par une large terrasse flanquée de tourelles crénelées, érigé en milieu d'un parc artificiel d'une vaste étendue parsemé de fontaines de même artificielles. Vingt-quatre portes donnaient accès à la salle éclairée de 2000 quinquets. » Un journaliste déborde d'enthousiasme dans sa description :

> La musique est bonne, le parquet est bien poli, les danses sont très animées, les toilettes sont d'une beauté sans pareille, d'une fraîcheur délicieuse ; le buffet promet aux gastronomes de soutenir un long siège sans se rendre ; le champagne, le bordeaux, la limonade coulent déjà à flots de fontaines intarissables. [...] Autour de l'orchestre, des parfums exquis, l'eau de Cologne, l'eau de lavande s'échappent en jets odorants. Vraiment, ce serait peine de laisser ces précieuses essences se volatiliser : aussi plus d'une coquette tend son coquet mouchoir. [...] Le prince et le duc de Newcastle ont déclaré qu'ils n'avaient jamais été auparavant témoins d'un tel spectacle et qu'ils craignaient de ne l'être jamais de nouveau.

Le lendemain, le prince préside l'inauguration de la grande exposition provinciale au Palais de Cristal et inaugure aussi le pont Victoria. Le soir du 28, il assiste à un concert en son honneur. Dix mille personnes l'acclament à son arrivée dans la salle où un chœur interprétera un oratorio composé pour la circonstance par Charles W. Sabatier et Édouard Sempé. Après le départ du visiteur, une troupe italienne, dont fait partie Adelina Patti, « présente quelques morceaux de grands maîtres ».

Le 30, le prince se rend à Saint-Hyacinthe et à Sherbrooke où des milliers de personnes se massent pour le recevoir. Le lendemain, il part pour Ottawa où il présidera à la cérémonie de la pose de la première pierre des édifices gouvernementaux.

## Des problèmes de décorations

La tournée de l'héritier du trône comprend aussi le Haut-Canada. Bien avant son arrivée dans la partie supérieure de la province, des journaux comme le *Globe* avaient commencé une campagne de dénonciation de l'Église catholique trop choyée lors des réceptions. « Des ecclésiastiques, qui ont juré d'être pour le pape avant d'être pour la reine, lisait-on dans le journal de Brown, ont été présentés au prince avec préséance sur les Chambres et la haute magistrature ! Il nous est impossible de nous rendre compte d'une préférence aussi extraordinaire. Le clergé anglican est satisfait de venir après la magistrature et les Chambres : mais les ecclésiastiques romains prennent le pas sur tout ! Cette circonstance est bien propre à donner à nos visiteurs une idée du pouvoir qui s'exerce ici. »

Les orangistes de plusieurs villes décident de manifester à leur façon en dressant des arcs de triomphe avec leurs insignes et décorations. Le duc de Newcastle décide que le prince ne passera sous aucun de ces arcs de triomphe et que, si les orangistes veulent défiler avec leurs insignes, le prince boycottera les villes où de telles manifestations risquent d'avoir lieu. « Le comité de réception à Kingston et les autorités civiques de cette ville, aussi bien que celles de Toronto, lit-on dans la *Minerve* du 4 septembre, ont, de leur côté, essayé de détourner les orangistes de ce dessein, mais ils ne veulent rien écouter. Dût le prince changer d'itinéraire, les arcs de triomphe resteront et la procession aura lieu et probablement il y aura effusion de sang, car nous voyons par les journaux du Haut-Canada, que les catholiques de Toronto se sont réunis pour empêcher ces manifestations qu'ils regardent comme une cruelle insulte à leur adresse. »

Quelques endroits. d'abord inscrits sur l'itinéraire princier, sont rayés de la liste et, la plupart du temps, le prince de Galles se contentera de démonstrations réduites, évitant les grands défilés. Par contre, Cobourg, Peterborough et Port Hope réservent un accueil chaleureux au fils de la reine Victoria, dont le séjour en Amérique se terminera par une brève tournée aux États-Unis.

# De ministères
# en ministères
# 1861-1864

AU COURS DE LA QUATRIÈME ET DERNIÈRE SESSION du sixième Parlement du Canada-Uni, qui se déroule à Québec du 16 mars au 18 mai 1861, la question de la représentation basée sur la population demeure à l'ordre du jour. Michael Hamilton Foley, député de North Waterloo, qui avait été maître général des Postes dans le ministère Brown-Dorion en 1858, agite, sur ce sujet, le drapeau de la révolte. Il déclare :

> On a dit que les réserves du clergé ne pouvaient jamais être sécularisées et cette déclaration a conduit à la rébellion de 1837 et à l'effusion du sang. La même chose arrivera peut-être, si l'on ne fait pas bientôt des concessions sur la représentation. Les Bas-Canadiens disent que jamais, sous aucune considération, ils n'en feront ; les Haut-Canadiens jurent qu'ils obtiendront leur but. Est-il sage de laisser ainsi deux peuples vivre sur un pied d'antagonisme ? Si cela continue, il arrivera le même état de choses que l'on voit actuellement se produire entre le nord et le sud des États-Unis [la guerre de Sécession]. Je ne veux pas injurier les Bas-Canadiens, mais je tiens à exprimer ma pensée dans un langage ferme. L'opposition a fait tout ce qu'elle a pu pour éviter le conflit qui, j'en prends le ciel à témoin, arrivera inévitablement si des concessions ne sont pas faites à propos.

Plusieurs habitants de la partie supérieure de la province croient que les francophones du Bas-Canada sont en bonne partie responsables de la situation précaire dans laquelle se trouve le gouvernement de la colonie. Le député de Renfrew considère les Canadiens français comme des étrangers et les accuse de tous les maux :

La représentation basée sur la population, déclare-t-il en Chambre, est un des remèdes qui feront disparaître les maux actuels. Un autre remède proposé est la confédération des provinces ; il n'est pas impossible que nous y parvenions. Il y a encore un autre moyen. Si l'on méprise les justes demandes du Haut-Canada, si le peuple se voit forcé d'en appeler aux hommes d'origine anglaise dans le Bas-Canada, et de s'adresser au Parlement impérial pour lui dire que les Haut-Canadiens gémissent sous la domination d'une race étrangère et d'une religion qui n'est pas la religion de l'Empire, il arrivera que le gouvernement impérial, qui a fait l'Acte d'Union, le changera et fera complète justice. Si à nos maux politiques et aux difficultés commerciales actuelles venait se joindre le refus d'être écoutés d'elles, il n'y aurait plus d'autre alternative que de porter les yeux vers Washington. Avant de recourir à ces mesures extrêmes, il faut essayer tous les autres moyens.

McDougall, qui est corédacteur du *Globe* de Brown, reflète bien, par ses propos, les idées des clear grits du Haut-Canada vis-à-vis des Canadiens français.

## Pouvoir maintenu

Lorsque le gouverneur Head dissout le Parlement le 10 juin 1861, le premier ministre et chef du parti conservateur bas-canadien George-Étienne Cartier est confiant de remporter la victoire aux élections générales.

De toutes parts, dès le début de la campagne électorale, on se défend de vouloir faire appel à la corruption pour s'assurer un siège. On énumère les circonstances où l'on peut parler de la corruption électorale et les amendes prévues dans le cas de contravention à la loi :

Tout électeur qui reçoit quelque chose directement ou indirectement soit pour voter ou s'abstenir de voter concourt une amende de $200. Même pénalité pour celui qui paie. La loi ne limite pas ce genre de corruption au temps de l'élection, elle l'étend indéfiniment après l'élection. Le louage ou la promesse de payer des voitures pour transporter des électeurs et payer leur passage en chemin de fer, par aucun candidat ou son agent : pénalité de $30. Même pénalité pour celui qui s'engagera à transporter des voteurs et de plus celui qui entreprend de transporter des voteurs perd son droit de vote. Toute personne qui, directement ou indirectement, par elle-même ou par d'autres de sa part, menacera ou intimidera en aucune manière un électeur, dans le but de l'induire à voter ou à s'abstenir, ou en aucune manière gênera le libre exercice de la franchise d'aucun électeur sera réputée coupable d'influence indue et paiera une pénalité de $200. Tout engagement fait dans et pour une élection parlementaire est déclaré nul. [...] Les pénalités imposées par cet acte (23 Victoria, ch. 17) appartiennent au poursuivant.

Les programmes des partis conservateur et rouge restent imprécis. Le premier mise sur ses œuvres passées ; le second insiste surtout pour que soit abandonnée l'idée de la double majorité, source, selon lui, de l'instabilité ministérielle. Les conservateurs font appel à la religion en accusant les rouges de vouloir chasser le clergé de l'enseignement. La *Minerve* tire à boulets rouges contre Dorion et ses disciples. Dans son édition du 2 juillet 1861, l'organe du parti conservateur cite de larges extraits de *L'Avenir* qui a cessé de paraître quatre ans plus tôt. Cet organe du parti libéral avait affirmé le 18 janvier 1850 : « Les prêtres de tous les temps ont su tirer partie de la faiblesse inhérente à notre nature pour dominer et satisfaire leurs passions. Une république démocratique n'a pas besoin de prêtre. » La *Minerve*, après avoir reproduit ces lignes, accuse le chef du parti libéral du Bas-Canada : « c'est votre organe, M. Dorion, qui osait écrire de telles choses ; et, aujourd'hui, vous n'avez pas honte d'implorer les suffrages des électeurs catholiques de Montréal ? » La *Minerve* revient à la charge le 20 juillet : « Nous avons dit aux électeurs de tous les comtés du Bas-Canada : prenez garde à ceux qui se présentent devant vous comme partisans des principes rouges. Ces hommes sont dangereux ; leurs idées ne sont pas en harmonie avec vos idées, à moins toutefois que vous veuilliez, vous aussi, la ruine du clergé, et partant la défaillance des convictions religieuses, suivie de l'abandon de notre nationalité. »

Dans le comté de Verchères, entre autres, selon l'historien Jean-Paul Bernard, plusieurs curés dénoncent en chaire le parti rouge ou libéral. Un membre du clergé aurait déclaré : « C'est une obligation de conscience de soutenir le gouvernement ; [...] les libéraux et les rouges ne songent qu'à détruire toute religion. » Un autre prêtre aurait affirmé que « ceux qui opposent le gouvernement ne sont pas en état de grâce et qu'ils sont exposés à la damnation ».

Les élections se terminent, dans les deux parties du Canada-Uni, par une victoire des conservateurs. Dorion et Brown subissent la défaite dans leurs circonscriptions électorales. Une analyse de l'historien Bernard montre que, dans la grande région de Montréal, les bleus récoltent 44 pour cent du vote et les rouges 38, alors que, pour les régions de Québec et Trois-Rivières, les rouges ne gagnent que 6 pour cent du vote comparativement à 59 pour cent pour les conservateurs. Cartier et Macdonald ont réussi à obtenir l'appui majoritaire des Canadiens des deux parties de la province.

## « *Justement, le voisin...* »

Depuis le mois d'avril 1861, les États du nord et ceux du sud des États-Unis s'affrontent. La guerre de Sécession vient de débuter. Les autorités canadiennes craignent une invasion du territoire par les armées nordistes, invasion à laquelle on ne pourrait faire face.

> La garnison britannique du Canada et des provinces maritimes, écrit l'historien George F. G. Stanley, ne compte pas plus de 4300 hommes de tout grade dont 2200 seulement se trouvent dans la province du Canada ; un petit détachement de 100 hommes du Royal Canadian Rifles se trouve au fort Garry, et 150 membres du Royal Engineers sont en Colombie britannique. À ces forces viennent s'ajouter quelque 5000 volontaires en armes et en uniformes au Canada et environ autant dans les trois provinces maritimes. Derrière eux, se trouve la milice sédentaire, sans armes, sans uniformes et sans instruction.

Le 11 juin 1861, le sous-secrétaire d'État à la Guerre annonce à la Chambre des lords que le gouvernement britannique a décidé d'envoyer des renforts au Canada. L'envoi des troupes, précise-t-il, « n'entraînerait aucune dépense extraordinaire, attendu que les frais de transport seraient payés à même les estimés de la marine ». On nolise le *Great Eastern* et le *Golden Fleece* ; le premier transportera 2500 soldats, 100 officiers et 122 chevaux, alors que le second mènera à Québec aussi « 39 officiers, 868 soldats avec un nombre proportionné de femmes et d'enfants ». Les nouvelles troupes doivent être réparties entre Québec et Montréal, ce qui permettra aux carabiniers royaux canadiens d'aller prendre position sur les frontières du Canada.

Le *Great Eastern*, surnommé le *Léviathan des mers*, effectue la traversée en neuf jours. Parti d'Angleterre le 27 juin, il jette l'ancre devant Québec le 6 juillet. Selon le *Canadien*, le navire à vapeur a « une longueur de 680 pieds ; une largeur de 83 pieds, et la profondeur du pont à la quille est de 60 pieds. Longueur des principaux salons : 60 pieds ». Le vaisseau peut accueillir 800 passagers de première classe, 2000 de deuxième et 1200 de troisième. S'il n'accepte d'autres passagers, il peut transporter jusqu'à 10 000 hommes de troupes.

Le renforcement du système défensif du Canada constitue, aux yeux des nordistes, un geste de provocation. Le *New York Herald*, dans son édition du début juillet, dénonce l'envoi de troupes.

> À la vue des préparatifs que fait l'Angleterre pour nous engendrer querelle, il devient du devoir du Congrès et du gouvernement de prendre des mesures propres à déjouer sa mauvaise foi et à l'en punir. En attendant, il ne faut épargner aucun effort pour concilier les malheureux différends qui ont armé l'une contre l'autre les deux grandes sections du pays. [...] La réconciliation une fois effectuée entre le gouvernement et les mécontents du Sud, le premier pourrait immédiatement disposer, pour fins d'invasion, d'une armée de 200 000 hommes de troupes comme il n'y en a pas de supérieures au monde. Avec elle, en quinze jours, nous serions maîtres du Canada et aurions effacé de son sol jusqu'aux derniers vestiges de la suprématie britannique.

La situation se corse lorsque, le 8 novembre, le capitaine Wilkes arraisonne le navire anglais *Trent* en haute mer et met sous arrêt deux agents sudistes, James M. Mason et John Slidell. En Angleterre, le geste illégal de Wilkes soulève l'indignation et on songe à des représailles. On décide alors d'envoyer de nouveaux renforts au Canada, à bord du *Persia*, sous le commandement du brigadier général David Russell. Le navire se rend jusqu'à la hauteur du Bic, mais la saison étant déjà bien avancée, il doit rebrousser chemin. Débarqués à Halifax, Saint John et Saint Andrews, les soldats assignés à la défense du Canada doivent parcourir en traîneaux la vallée de la Madawaska et monter à bord du train à Rivière-du-Loup pour se rendre à Montréal.

Au début de janvier 1862, on achemine, de Québec à Montréal, une grande quantité de munitions que l'on transporte aux casernes de l'artillerie. Comme on craint le sabotage, on installe des portes de fer à chaque extrémité du pont Victoria, qui assure la liaison ferroviaire entre Montréal, Québec et Rivière-du-Loup. Lorsque s'ouvre la nouvelle session en mars 1862, le Canada dispose de 18 000 réguliers britanniques pour sa défense.

### Un feu sacré bien faible

La tension internationale et la menace d'une guerre avec les États-Unis soulèvent peu d'intérêt chez certains francophones du Canada qui n'y voient qu'un enjeu

anglais. Dans son édition du 23 décembre 1861, le *Journal de Saint-Hyacinthe* écrit :
« En réalité, quel intérêt pouvons-nous ressentir pour ou contre Slidell et Mason
que nous ne connaissons pas, qui ne nous touchent ni de près ni de loin ? N'est-il
pas raisonnable que la mère patrie, principalement intéressée dans la question, fasse
la guerre à ses dépens et ne laisse pas aux milices inexpérimentées du Canada et à
la colonie le fardeau d'une guerre qu'elle va provoquer dans le but d'obtenir une
satisfaction qui est une question plus impériale que coloniale. »

Une telle tiédeur est propre à soulever l'ire de journaux anglophones comme
le *Globe* de Toronto, d'autant plus que les libéraux du Bas-Canada songent à organiser une immigration qui renforcerait leur position démographique. Encore une
fois, le cri de race est lancé. À tous ceux qui reprochent aux Canadiens français de
s'attacher à leur langue et à leurs coutumes, le *Pays* répond le 7 décembre, sous la
plume de son journaliste Louis-Antoine Dessaulles :

> C'est vous qui, après quinze ans passés dans le Bas-Canada, pouvez à peine dire
> bonjour en français ! Le plus ignorant des Canadiens qui passe un an aux États-
> Unis parle l'anglais couramment. Nous apprenons l'anglais plus facilement et plus
> vite que vous n'apprenez le français ; nous montrons l'anglais à nos enfants, vous
> ne montrez pas le français aux vôtres ; nous ne méprisons pas l'anglais, vous
> méprisez le français ; nous ne détestons que les Anglais fanatiques ou corrompus ;
> et vous détestez indistinctement tout ce qui porte un nom français ! Qui, dans
> tout cela, montre de la largeur de vues ? Qui montre de l'étroitesse d'esprit ? Qui
> fait preuve d'idées mesquines et rétrécies ? Qui donc montre de l'hostilité de race,
> de la déraison nationale ?

La session qui débute le 20 mars 1862 se chargera, précisément sur la question
de la participation à la défense du territoire, d'opposer francophones et anglophones. Charles Stanley, lord Monck, assermenté comme gouverneur général en
novembre 1861, prononce le discours du trône le 21 et le débat s'engage immédiatement sur la question de la représentation proportionnelle. Le ministère
Cartier-Macdonald craint les motions de non-confiance. La déposition d'un projet
de loi restructurant la milice coloniale, le 25 avril, sera l'occasion, pour l'opposition,
de triompher du gouvernement.

L'historien Thomas Chapais résume ainsi le contenu du projet de loi présenté
par John A. Macdonald : « Ce projet de loi comportait l'organisation d'une armée
de 45 000 soldats et de 5000 officiers, 50 000 hommes répartis comme suit :
infanterie, 40 400 ; artillerie de garnison, 6400 ; artillerie, 850 ; cavalerie, 1350. Les
forces de réserves devaient être d'un nombre égal. Chaque bataillon devait être
appelé annuellement pour des exercices de vingt-huit jours. » Le coût du projet
dépasse le million de dollars, soit plus de dix pour cent du revenu total de la
province ! Le *Courrier du Canada* du 5 mai souligne le coût excessif de la mesure
proposée : « Nous devons de toute nécessité réorganiser notre milice ; il y va de
notre intérêt, il y va de notre avenir. Quant au plan de réorganisation donné dans
le projet de milice, nous n'y tenons pas plus qu'à un autre plan et tout ce que nous
demandons c'est qu'on ne perde pas de vue nos ressources financières et qu'on ne
ruine pas le pays pour le défendre, car le remède serait aussi dangereux que le mal
qu'on voudrait prévenir. »

Le 20 mai, le premier ministre Cartier présente le projet de loi en deuxième lecture. Personne ne se lève pour prendre la parole. On passe immédiatement au vote devant les galeries remplies à craquer, car les Québécois savent que le ministère risque de sombrer. La mesure est rejetée par 61 voix contre 54, soit une minorité de sept voix. Les députés du Haut-Canada ont voté majoritairement pour le projet de loi, alors que ceux du Bas-Canada, même des conservateurs, votent contre, soit 37 contre 21. Pour la première fois de sa carrière politique, Cartier se trouve donc en minorité dans son propre parti. Le lendemain du vote historique, les membres du cabinet remettent leur démission entre les mains du gouverneur Monck. De retour en Chambre, Cartier, après avoir félicité Macdonald d'avoir conservé la majorité dans sa partie, déclare :

> Le vote de mardi nous a renversés. Je ne le déplorerais pas s'il n'y avait que le ministère. Mais je crains que ceux qui sont hostiles aux institutions du Bas-Canada, et ils sont nombreux, ne s'en servent comme d'une arme. L'opposition a droit de choisir, pour renverser le ministère, la mesure sur laquelle il est le plus faible ; mais, je le répète, les ennemis du Bas-Canada, surtout ceux des Canadiens français voudront tirer avantage de ce vote. J'espère, cependant, que la noble conduite de notre clergé et les sentiments manifestés par les Canadiens français l'automne dernier, paralyseront les efforts qui seront tentés pour rendre suspecte notre loyauté. Une pensée nous console dans notre chute, c'est que nous tombons à l'occasion d'une mesure destinée à la protection, à la défense de notre pays, mesure que nous croyons nécessaire pour mettre les Canadiens en état de jouir librement de leurs institutions politiques, à l'ombre du glorieux drapeau de la Vieille Angleterre.

Cartier avait prédit juste. Les Canadiens français se font taxer de déloyauté, d'indifférence et d'ingratitude. Le premier journal à réagir est le *Morning Chronicle* de Québec.

> Le contraste frappant entre la conduite du Haut et du Bas-Canada en cette circonstance, lit-on dans l'édition du 21 mai, sera fatal au Bas-Canada. Le Haut-Canada se montre prêt à supporter sa part de sacrifices, pendant que le Bas-Canada montre de l'apathie, de l'indifférence. Jusqu'à quel point cet événement va-t-il affecter la position du Bas-Canada sous l'Union, personne ne peut le dire, mais on peut prévoir d'une manière presque certaine que le rejet du bill de milice va opérer des changements que les Bas-Canadiens auraient dû chercher à éviter. En effet, ils ont fait plus que de renverser un gouvernement. Ils ont détruit les sympathies qu'ils s'étaient gagnées et se sont exposés à perdre les avantages de la puissante protection qui ne leur a jamais manqué.

Le lendemain, le même journal revient à la charge : « C'est une déclaration de la part de 37 comtés bas-canadiens que la colonie ne veut pas remplir son devoir envers la Couronne dans la question vitale de la défense du territoire et cette déclaration sera ainsi comprise du monde entier. Nulle protestation de loyauté ne pourra effacer cette impression. Une majorité bas-canadienne a refusé de payer quelques piastres et de remplir un léger service comme prix de sa connexion avec la Grande-Bretagne et c'est ainsi que se présente son acte devant le monde. »

Pour le *Times* de Londres, c'est le lien colonial qui doit être remis en cause.

La question, y lit-on, n'est pas de savoir qui défendra le Canada, mais bien si le devoir de le défendre efficacement sera assumé par quelqu'un. Ce n'est pas une question de loyauté à l'Angleterre, comme on semble le croire. La connexion avec la mère patrie n'a presque rien à faire dans cette question. Si le Canada s'était entièrement émancipé de l'Empire britannique, le devoir impérieux de veiller à sa propre défense pèserait encore sur lui. Il est temps de dissiper les illusions qui ont trompé les esprits dans les temps de repos et de paix. On a cru que, séparé de l'Angleterre, le Canada ne serait plus concerné dans les questions de paix et de guerre, et que sa connexion à la Grande-Bretagne est la seule cause qui peut l'entraîner dans ces hostilités. Nous croyons que le contraire est la vérité et que l'Angleterre sera plutôt poussée à la guerre à cause du Canada que le Canada ne le sera à cause de l'Angleterre.

Les Canadiens, ajoute le journal, ne doivent plus croire que, pour eux, le simple fait de faire partie de l'Empire comporte pour ce dernier l'obligation de défendre sa colonie.

On est parfaitement d'opinion en Angleterre, ajoute le grand quotidien londonien, que, dans la connexion entre la mère patrie et ses colonies, l'avantage est infiniment plus grand du côté de l'enfant que du côté de la mère. Nous n'avons plus le monopole de leur commerce : nous n'avons plus leur patronage. Nous n'avons point l'espérance d'obtenir leur assistance pour défendre nos rivages et nous sommes obligés de les aider à défendre les leurs. Il y a peu de réciprocité dans une semblable relation. Si le Canada désire y mettre fin, nous ne tirerons point l'épée pour l'en empêcher ; et s'il ne veut pas combattre pour protéger son indépendance contre l'invasion étrangère, l'Angleterre ne combattra pas non plus. [...] La question est simple. Si les Canadiens veulent être défendus, ils doivent s'attendre à en supporter la plus lourde charge. C'est ce qui arrivera, qu'ils restent avec nous ou qu'ils se séparent de nous. On dit que les Canadiens français sont entraînés par jalousie nationale à faire opposition au bill de milice : mais ils doivent comprendre pourtant que le choix ne peut être entre l'Angleterre et l'indépendance, mais bien entre l'Angleterre et les États-Unis, peut-être même entre l'Angleterre et le Haut-Canada. [...] Pour nous, le danger d'une invasion étrangère en Canada est une chose fort secondaire : pour le Canada, c'est la vie ou la mort. Qu'ils s'arment donc, non pour notre sûreté, mais pour la sienne propre.

Par ce discours, le *Times* montre bien qu'il partage les vues de toute une faction qui, en Grande-Bretagne, dans les années 1860, prône l'abandon des colonies qui n'auraient aucune utilité pour la mère patrie. Les *Little Englanders*, comme on les appelle, sont donc favorables au bris des liens coloniaux. À la Chambre des communes, John Arthur Roebuck, qui a été l'agent des patriotes pendant plusieurs années, prend nettement position pour un bris éventuel : « Je veux que les Canadiens comprennent, et je veux que notre gouvernement leur fasse comprendre que nous ne tenons pas plus qu'à un *farthing* à l'union du Canada avec l'Angleterre. Je veux qu'ils comprennent bien que l'Angleterre ne retire aucun bénéfice de cette connexion. Je veux qu'ils comprennent clairement que l'Angleterre n'éprouverait aucun regret si, demain, ils se séparaient d'elle. »

Le secrétaire d'État aux Colonies, le duc de Newcastle, dans une lettre au gouverneur Monck datée du 21 août 1862, rapporte la réaction officielle du gouvernement métropolitain au rejet du projet de loi sur la milice. « Le gouvernement de Sa Majesté n'infère pas du rejet de cette mesure que le cabinet canadien et le peuple du Canada ont de la répugnance à prendre les dispositions convenables pour leur défense ; mais il regrette réellement que, dans un pareil moment, ils soient exposés à voir leurs motifs et leurs intentions mal interprétés non seulement par l'Angleterre, mais encore par les États-Unis. »

## La nouvelle fournée

Entre-temps, à la suite de la démission du cabinet Cartier-Macdonald, le gouverneur Monck avait fait appel à John Sandfield Macdonald pour former le nouveau ministère. Le premier ministre invite le député de Saint-Hyacinthe, Louis-Victor Sicotte, à prendre la direction de la partie bas-canadienne de son ministère. Le cabinet Macdonald-Sicotte est assermenté le 24 mai 1862. L'historien Louis-Philippe Turcotte résume ainsi le programme du nouveau gouvernement :

> Il reconnaissait le caractère fédéral de la constitution ou l'égalité de la représentation dans chaque province, mais il voulait régler cette représentation d'une manière plus juste ; il admettait le système de la double majorité, et ne voulait imposer aucune législation à une province contre la volonté de la majorité de ses représentants. Il se proposait encore de passer une loi de banqueroute, amender la loi de la milice et celle du tarif, pratiquer l'économie dans le service civil, maintenir Outaouais [Ottawa] comme capitale, et tenir une enquête sur les travaux des édifices parlementaires.

L'une des premières mesures présentées par le nouveau ministère concerne la milice. Le projet de loi limite à 10 000 le nombre des hommes devant former la milice volontaire et fixe à 250 000 $ la somme totale affectée à ce secteur.

Le gouverneur Monck vient proroger la session le 9 juin et, dans son discours de clôture, il souligne qu'il se réjouit « à la pensée qu'en pourvoyant plus amplement au maintien d'une force volontaire, vous avez consacré le principe que c'est pour les habitants du Canada un devoir de défendre leurs institutions, leurs foyers et leurs autels contre l'agression étrangère ».

Quelques semaines après la clôture des travaux parlementaires, le gouverneur, profitant d'un banquet tenu en son honneur à Montréal le 3 juillet, revient sur la question de la défense du territoire : « Je n'essaierai pas de dire quelle protection l'Angleterre pourra vous accorder. Mais si je ne puis dire ce qu'elle peut faire, je puis fort bien vous faire connaître ce qu'elle ne peut pas faire. Seule elle ne peut défendre le Canada et sauver la province ; les forces armées qui doivent être déployées contre l'ennemi doivent venir du Canada lui-même. »

La deuxième session du septième Parlement débute le 12 février 1863. Le cabinet Macdonald-Sicotte survit à quelques votes de non-confiance, mais il échoue sur la question des écoles séparées du Haut-Canada. Le représentant de la cité d'Ottawa, Richard William Scott, revient avec son projet de loi reconnaissant l'existence légale des écoles séparées et leur financement volontaire par des contribuables qui ne seraient pas taxés pour les écoles publiques. En troisième lecture, une majorité de députés du Haut-Canada votent contre la mesure, qui est tout de même adoptée par 76 voix contre 31, ces dernières provenant toutes de la partie supérieure de la province. Selon les principes qu'il avait lui-même énoncés, le premier ministre John Sandfield Macdonald était mis en minorité, car la mesure proposée concernait le Haut-Canada et les représentants de celui-ci avaient majoritairement voté contre. Le 1er mai, John A. Macdonald présente, à son tour, une motion très claire et sans équivoque : « L'administration, telle qu'actuellement constituée, ne mérite pas la confiance de cette Chambre. » Le 8 mai, après une semaine de débats virulents, la motion est approuvée par 64 voix contre 59. Cette fois-ci, le ministère est mis en minorité dans les deux parties du Canada.

Le lundi 11 mai, selon le correspondant de la *Minerve*, la foule « encombrait [...] les galeries de la Chambre. Tous les amis du ministère, de cent lieues à la ronde, s'y étaient donné rendez-vous. Ils étaient dans le rayonnement, ces braves gens, car il y avait dans l'air des rumeurs de dissolutions. » Chose surprenante, les membres du cabinet qui représentent le Bas-Canada sont tous absents. Le premier ministre déclare que son gouvernement avait l'intention « de faire passer rapidement les projets de loi présentés par les membres, sous leur responsabilité personnelle, de demander un vote de crédit et ensuite de proroger le Parlement, en vue d'une dissolution prochaine ».

L'ex-ministre Joseph Cauchon demande : « Où sont donc les membres du Bas-Canada qui forment partie de ce gouvernement ? » — « L'honorable membre peut prendre un warrant de recherche contre eux, s'il le trouve à propos », répond le premier ministre. Décision est alors prise d'ajourner les travaux au lendemain. Le correspondant de la *Minerve* se scandalise du fait que les ministériels n'aient répondu qu'en anglais aux questions de l'opposition.

> N'est-il point vrai, écrit-il dans l'édition du 16 mai, que les explications minis-térielles qui, d'ordinaire, sont données dans les deux langues, n'ont été données [...] qu'en anglais, parce que pas un des ministres présents n'était en état de parler la langue française ? N'est-il point vrai encore que M. de Cazes [Charles de Cazes, représentant des comtés unis de Richmond et Wolfe] a demandé des explications en français et qu'il n'a pu en obtenir ? Eh bien ! n'était-ce pas humiliant, honteux, dégradant pour nous ? Je comprends que M. Brown, l'ennemi invétéré des Cana-diens français, se soit pâmé d'aise devant cette injure qui était faite à notre race ; mais je ne comprends pas que des compatriotes aient pu donner raison au minis-tère contre l'opposition, quand celle-ci ne demandait que justice pour notre langue et notre dignité nationale.

Le gouverneur Monck vient clore la session le 12 mai et, quatre jours plus tard, il dissout le Parlement, ordonnant de nouvelles élections. Entre-temps, le premier ministre John Sandfield Macdonald reforme son cabinet pour la partie bas-canadienne et Antoine-Aimé Dorion devient co-premier ministre. Si, aux yeux des conservateurs d'alors, des rouges remplacent d'autres rouges, la situation serait différente selon l'historien Jean-Paul Bernard. « Dire des hommes de la nouvelle équipe qu'ils étaient liés à George Brown, sauf dans le cas de Holton, affirme-t-il, c'est sûrement simplifier un peu trop en répétant les témoignages de leurs adversaires politiques. Il est plus juste d'affirmer que les libéraux modérés et que les indépendants avaient fait place aux Rouges. Ceux-ci avaient besoin de l'appui de ceux-là mais une modification d'équilibre entre les deux groupes s'était produite au profit des libéraux plus avancés. »

## À boulets rouges

La campagne électorale de 1863 est marquée du sceau de la violence verbale. Les libéraux, pour lesquels on n'emploie plus que le qualificatif de rouges, sont à peu près les seuls à présenter un programme électoral plus ou moins structuré. Quant aux conservateurs, les bleus, ils se contentent souvent de dénoncer les politiques gouvernementales et de crier que la religion est menacée. La *Minerve*, dans son édition du 16 mai, lance un appel général contre le parti de Dorion :

> Les rouges se sont toujours dits les amis du peuple. Mais leurs ruses ont été démasquées ! Non celui-là n'est point l'ami du peuple qui est l'ennemi de son bienfaiteur, le clergé ! Ceux qui ont demandé l'abolition des dîmes, avocassé l'annexion et voulu retirer l'éducation des mains du prêtre, sont des faux frères qui ont cru faire acte de génie en donnant tête baissée dans tous les travers du siècle, dans tous les scandales d'une démocratie révolutionnaire. Si la sagesse de notre population, si la grande voix du clergé n'avaient point mis obstacle à leurs efforts, où serions-nous ? Dans les serres du républicanisme américain, au milieu des troubles, des crises et des bouleversements d'une guerre civile qui fait couler le sang à flots, sans produire aucun bon résultat. [...] Électeurs ! c'est le parti libéral-conservateur qui vous a arrêtés sur les bords de cet abîme. Ne l'oubliez point, car vous avez encore besoin qu'il soit fort et puissant !

Honoré Mercier, 23 ans, est l'un des rédacteurs du *Courrier de Saint-Hyacinthe*. Il pousse plus loin les sombres menaces. « Électeurs des comtés de Bagot, de Rouville et de Shefford, écrit-il le 9 juin, êtes-vous disposés à perdre votre langue, votre religion, vos propriétés, jusqu'à vos enfants ? Non, sans doute. Eh bien ! n'envoyez en Chambre que des hommes disposés à renverser le ministère actuel composé des éléments les plus hostiles à nos plus chers intérêts. »

Ignace Bourget, l'évêque du diocèse de Montréal, qui ne nourrit aucune sympathie pour les libéraux, rédige une lettre pastorale demandant à son clergé de conserver la neutralité dans la campagne électorale et lors de la votation, ce qui n'empêchera pas plusieurs curés de se prononcer ouvertement pour les candidats conservateurs. Se basant sur le cahier de notes de Louis-Antoine Dessaulles, l'historien Jean-Paul Bernard cite plusieurs cas d'intervention directe du clergé. Ainsi, le curé du Sault-au-Récollet aurait déclaré du haut de la chaire : « Que les Canadiens étaient divisés, qu'il y avait un bon et un mauvais parti, qu'il paraissait que les journaux disaient que c'était le mauvais parti qui était au pouvoir, que c'était le même parti qui avait égorgé 200 000 sujets du pape. »

À plusieurs endroits, la mise en nomination a lieu le lundi 1er juin. Dans le quartier est de la ville de Montréal où Cartier et Dorion sont candidats, l'assemblée de mise en nomination tourne à la bagarre générale. Pour les uns, les conservateurs sont responsables de l'incident ; pour les autres, il va sans dire que ce sont les hommes de Dorion qui ont monté le coup. Chaque faction dénombre plusieurs blessés dont quelques-uns graves. Le *Canadien* du 17 juin déplore la détérioration des mœurs électorales :

> Autrefois, dès qu'un homme devenait candidat, il était sacré aux yeux de la foule. Aujourd'hui, dès qu'un citoyen est sur les rangs, il semble qu'il est fait pour être un *Ecce Homo* ; on ne s'arrête à son égard que quand on l'a dépouillé de tout. Aussi, quiconque tient à son repos et au titre d'honnête homme, ce blason de famille, refuse-t-il de se prêter à ce rôle qui devient alors nécessairement le lot de l'aventurier politique. Aussi, a-t-on vu surgir depuis vingt ans des candidatures impossibles qui auraient prêté à rire à la génération qui nous a précédés et qui sont devenues les royautés électorales de notre époque. Jadis, l'encan des votes ou l'enchère sur les votants était inconnu. Le citoyen tenait à sa pudeur civique comme à celle de sa maison. Aujourd'hui, la prostitution élective est à l'ordre du jour. On ne remporte plus, on achète une élection. Les collèges électoraux menacent de devenir autant de bourgs pourris. Les services passés, les talents éminents, les facultés intellectuelles et les vertus patriotiques ne pèsent pas un fétu dans le plateau électoral : c'est l'écu qui règne, au défi de la loi, et qui donne la mesure d'une candidature heureuse. Triste à dire, mais cela est. Où allons-nous ? [...] Quand l'élection est devenue une spéculation mercantile, il faut bien s'avouer, si la chose est un peu générale, que le peuple lui-même est en vente, et ses droits à l'encan.

Les résultats des élections générales de 1863 ne changent rien à la situation politique du Canada-Uni, laquelle demeure aussi précaire : le ministère Macdonald-Dorion obtient la majorité dans le Haut-Canada, alors que dans le Bas, les conservateurs sortent victorieux.

Les rouges accusent le clergé catholique d'être en bonne partie responsable de leur défaite et demandent l'établissement du scrutin secret pour préserver la liberté du vote. En effet, plusieurs n'auraient pas osé voter rouge, le curé sachant pertinemment pour qui chacun votait, vu le système du vote ouvert alors en vigueur.

Le *Pays* du 13 juin lance un appel général à tous les hommes de bonne volonté et de bonnes mœurs : « Ne serait-il pas temps que ceux qui sont autre chose que des marchands de religion dans notre société ; que ceux qui ont la religion dans le cœur et non seulement sur la bouche, se joignent au parti libéral pour adopter le seul système qui puisse tuer la corruption et conséquemment faire disparaître le parjure ? »

## La session de la milice

Comme le menu législatif avait à peine été touché au cours de la session précédente, le premier ministre John Sandfield Macdonald demande qu'une nouvelle session débute le plus rapidement possible. Le Parlement se réunit donc, le 13 août 1863. Vu que la partie bas-canadienne du gouvernement est minoritaire, on cherche par tous les moyens à éviter un vote de non-confiance ou une mise en minorité.

L'historien Thomas Chapais souligne bien l'imbroglio engendré par cette fameuse question de la double majorité :

Le premier ministre M. Sandfield Macdonald avait été obligé d'amener son drapeau, c'est-à-dire le principe de la double majorité. Soutenu par une majorité haut-canadienne, son cabinet était battu en brèche par une majorité bas-canadienne. Et son collègue, M. Dorion, demeurait au pouvoir, quoiqu'il eût une minorité de quinze voix dans sa province. La double majorité était donc forcément mise au rancart. Et comment pouvait-il en être autrement ? Pourquoi un gouvernement, possédant la confiance d'une majorité effective de la députation, aurait-il été astreint à se retirer, parce qu'il n'avait pas la majorité dans les deux sections, pour remettre les rênes de l'administration à un parti en minorité non seulement dans une section, mais dans la députation prise comme un tout ? En pratique, cela pouvait conduire à des situations inextricables. Un cabinet fort dans le Bas-Canada et faible dans le Haut pouvait être forcé de se démettre et de faire place à un cabinet fort dans le Haut-Canada et faible dans le Bas. En vertu du principe de la double majorité, celui-ci ne pouvait pas plus gouverner que son prédécesseur. Alors que faire ? Recourir à une dissolution ? Mais si les élections générales ne modifient pas la position des partis, comme cela est arrivé aux élections récentes, comment sortir de l'imbroglio ? On voit jusqu'à quel point le problème était ardu. Pour le résoudre d'une façon rationnelle, il fallait sans doute repousser les prétentions extrêmes et proclamer que nulle grave mesure d'intérêt sectionnel ne devrait être imposée contre le gré de la majorité des députés représentant la section concernée ; mais en même temps qu'une majorité de la députation prise dans son ensemble suffirait pour assurer la stabilité d'un gouvernement.

La ligne de parti ne fonctionne pas lors du vote sur le projet de loi sur la milice. Plusieurs membres de l'opposition, dont Cartier, votent avec les députés ministériels en faveur du projet, faisant valoir qu'ils feraient tout pour la défense du territoire. La loi (27 Victoria, ch. 2) qui sera sanctionnée le 15 octobre, jour de la clôture de la session, établit que la milice comprendra tous les habitants mâles de la province du Canada-Uni, âgés de 18 ans ou plus et de moins de 60 ans. La loi déclare exempts du service militaire les juges, les membres du clergé, « les professeurs de tout collège ou université et tous instituteurs dans les ordres religieux », ainsi que le préfet, les gardiens et les gardes du pénitencier provincial.

Une autre classe de citoyens, quoiqu'enrôlée, est exemptée du service actif, sauf en cas de guerre, d'invasion ou d'insurrection. Ce groupe comprend, entre autres, les députés et conseillers exécutifs et législatifs ainsi que les officiers qui leur sont directement attachés, les officiers civils, les médecins et chirurgiens, les maîtres de poste et de courriers, les marins en service actif ainsi que les pilotes « pendant le temps de la navigation », les instituteurs des écoles publiques et communes, les passeurs d'eau, les éclusiers, les employés de chemins de fer, « les étudiants des séminaires, collèges, écoles et académies qui ont suivi leurs cours au moins six mois avant le jour auquel ils réclament telle exemption », etc.

La loi exempte aussi du service militaire les objecteurs de conscience :

> Toutes les personnes portant des certificats des sociétés de Quakers, Menonistes et Tunkers — ou tout habitant de cette province d'aucune dénomination religieuse, étant autrement sujet au devoir militaire en temps de paix, mais qui, en raison des doctrines de sa religion, objecte à prendre les armes et refuse tout service militaire

personnel — en seront exemptées ; mais ces exemptions n'empêcheront aucune personne de servir ou, si c'est un officier, de tenir une commission dans la milice, si elle le désire, et n'est pas incapable de servir pour cause d'infirmité corporelle ; et nulle personne n'aura droit à telle exemption, à moins qu'elle n'ait, un mois au moins avant de réclamer telle exemption, présenté une réclamation à cette fin, avec un affidavit (ou affirmation dans le cas où il est permis aux personnes d'affirmer) devant quelque magistrat constatant les faits sur lesquels elle fonde sa réclamation, au greffier de la municipalité, dans les limites de laquelle elle réside ; et chaque fois qu'exemption est réclamée, soit pour cause d'âge ou pour tout autre motif, la preuve du fait retombera toujours sur le réclamant.

La milice, telle qu'établie par la loi de 1863 qui demeurera en vigueur durant plusieurs décennies, se divise en trois classes. D'abord, les hommes de service de première classe, regroupant les hommes âgés de 18 à 45 ans, non mariés ou veufs sans enfants ; puis les hommes de service de deuxième classe, c'est-à-dire ceux qui sont mariés ou veufs avec enfants et qui sont âgés de 18 à 45 ans ; enfin, les hommes de réserve, soit tous ceux qui ont entre 45 et 60 ans.

La loi prévoit aussi que les 35 000 hommes qui forment la milice volontaire seront « instruits, armés et équipés, mais non payés ». Pour l'historien militaire George F. G. Stanley, « la nouvelle loi ne contribue que peu à donner un nouveau souffle à la milice, mais elle indique que l'opinion canadienne s'oriente au moins vers l'acceptation de responsabilité accrue ».

### Le besoin d'une coalition

La deuxième session du huitième Parlement débute le 19 février 1864, avec un cabinet qui ne possède toujours pas la majorité dans le Bas-Canada. Le débat sur l'adresse en réponse au discours du trône donne à l'opposition l'occasion de faire le procès de l'administration Macdonald-Dorion. Cartier se lance dans un discours-fleuve dont George Brown donnera un compte rendu à sa femme dans une lettre datée du 1er mars : « Le croiriez-vous ? Cartier a commencé à parler jeudi à quatre heures et il a parlé jusqu'à six heures ; il a recommencé à huit heures et demie et il a parlé jusqu'à onze heures et quart ; il a poursuivi son discours hier à trois heures et il a parlé jusqu'à six heures, recommencé à sept heures et quart et poursuivi jusqu'à une heure et quart ; treize heures pour un seul discours. Ils ont l'habitude de dire que je suis loquace, mais Cartier bat tous les parleurs du monde, passés, présents et futurs. »

Convaincu que l'état de crise parlementaire ne fait qu'empirer de jour en jour, George Brown présente, le 14 mars, une motion qui marque un tournant dans l'histoire du Canada. Dans son discours de présentation, il souligne l'origine des diverses parties de la motion qu'il va présenter d'une façon très habile : « Je ne soumets pas une proposition qui m'appartienne en propre, mais je me lève pour préconiser une politique énoncée par mes honorables amis de l'autre côté de la Chambre. [...] Je leur demande d'adopter la mesure qu'ils considéraient désirable il y a cinq ans. Jamais conseillers de la Couronne n'ont donné un avis plus sage, mieux conçu et plus patriotique que celui émis sur ce sujet par ces honorables messieurs, dans les termes que je reproduis. »

Brown donne alors le texte de sa motion qui, malgré sa longueur, doit être citée au complet en raison de son importance :

> Le 2 février 1859, les honorables MM. G.-É. Cartier, A. T. Galt et John Ross, alors membres du Conseil exécutif de cette province, adressèrent, lorsqu'ils étaient à Londres, agissant de la part du gouvernement dont ils faisaient partie, une dépêche au ministre des Colonies, dans laquelle ils déclarèrent : « Que de très graves difficultés se présentent maintenant dans la direction des affaires du Canada de manière à satisfaire sa nombreuse population ; qu'il existe des différends qui empêchent l'assimilation parfaite des vues des habitants des deux sections de la province ; que le progrès de la population a été plus rapide dans la section ouest et que cette section réclame maintenant le droit d'être représentée dans la législature suivant sa population ; que cette demande cause une agitation qui met en danger le fonctionnement paisible de notre système constitutionnel et qui entrave le progrès de la province ; que la nécessité de trouver un remède à un état de choses qui empire d'année en année a engagé les conseillers de Sa Majesté en Canada à chercher les moyens de faire disparaître pour toujours ces difficultés » ; il est résolu qu'un comité de vingt membres soit nommé pour s'enquérir et faire rapport des sujets importants contenus dans ladite dépêche et des meilleurs moyens à prendre pour remédier aux maux y mentionnés, avec pouvoir d'envoyer quérir personnes et papiers et de faire rapport de temps à autre ; ledit comité devant se composer des membres suivants, dont sept formeront un quorum : les honorables MM. Cameron, le procureur général Cartier, Cauchon, Chapais, Dickson, l'honorable Dorion, Dunkin, les honorables Mowat, Galt et Holton, M. Joly, l'honorable M. le procureur général Macdonald, les honorables J. G. Macdonald, McDougall et McGee, MM. MacKellar, Scroble et Street, l'honorable M. Turcotte et l'auteur de la motion.

À la surprise de plusieurs, Brown suggère ensuite l'établissement d'un gouvernement de coalition, la seule mesure, selon lui, capable de permettre une certaine stabilité parlementaire.

> À la place de M. Sandfield Macdonald, déclare-t-il, voici ce que je ferais. Je demanderais une entrevue à Son Excellence et je lui dirais : « J'ai l'appui d'une majorité de la Chambre comme chef constitutionnel du pays ; j'ai une majorité de cette Chambre ; je représente l'opinion du parlement, mais je ne crois pas avoir sur les mesures importantes une majorité suffisante pour me permettre d'espérer me maintenir jusqu'au bout. » Je demanderais alors à Son Excellence le droit de venir exposer la situation à cette Chambre librement, franchement et honnêtement et j'obtiendrais la permission de reconstituer mon cabinet. Je m'adresserais alors à l'opposition, je ferais appel à son patriotisme et je verrais si, dans le but de s'entendre avec la majorité haut-canadienne siégeant de ce côté, elle ne serait point disposée à me prêter son concours pour la formation d'un gouvernement fort. Ce serait là une démarche patriotique et qui réussirait peut-être.

Plutôt que de tenter une telle démarche, le premier ministre Sandfield Macdonald annonce, le 21 mars, que son cabinet vient de remettre sa démission. Sollicité par le gouverneur Monck, George-Étienne Cartier refuse de former le nouveau gouvernement. Étienne-Paschal Taché accepte et s'adjoint, pour le Haut-

Canada, John A. Macdonald. Les nouveaux ministres sont assermentés le 30 mars et la session est ensuite suspendue jusqu'au 3 mai pour qu'ils puissent se présenter devant leurs électeurs.

Le 19 mai 1864, la motion Brown est adoptée par 59 voix contre 48 et, dès le lendemain, le comité commence à siéger. Il sortira de ses travaux un projet de confédération « appliqué soit au Canada seul, soit à toutes les provinces de l'Amérique britannique du Nord ».

Construction d'une voie de chemin de fer

# LES CHEMINS DE FER

L
E 22 JUIN 1864, Antoine-Aimé Dorion, qui participe au débat qui suit l'adhésion de George Brown au ministère Taché-Macdonald, tente de faire préciser les limites de l'entente intervenue. Il veut connaître les implications réelles du projet de confédération des colonies anglaises de l'Amérique du Nord. Il demande donc à John A. Macdonald si le chemin de fer intercolonial fait partie du plan de fédération. « Le sujet n'a pas été mentionné dans le cours des négociations, répond le procureur général du Haut-Canada ; il ne s'est jamais présenté à mon esprit comme une partie de la nouvelle constitution. » Et pourtant, la question de la construction d'une ligne ferroviaire entre les différentes colonies pèsera lourd dans l'établissement des nouvelles structures politiques. L'historien Oscar Douglas Skelton a écrit, en 1916, que « les chemins de fer ont fait du Canada une nation ».

Déjà en 1835, le Nouveau-Brunswick avait mis sur pied un projet de chemin de fer devant relier la ville de St. Andrews à celle de Québec. Le 5 octobre, s'était formée la Saint Andrews and Quebec Railroad Association parce que la petite ville du Nouveau-Brunswick voulait devenir le port hivernal de la capitale du Bas-Canada. Dès le début de l'année suivante, deux délégués s'étaient rendus en Angleterre afin d'obtenir une subvention permettant d'effectuer un relevé topographique de la route à suivre. Le projet traîne en longueur et le premier tronçon, long de 56 kilomètres, ne sera inauguré que le 1er octobre 1857. Il n'est plus question, à cette époque, de se rendre jusqu'à Québec, et Woodstock apparaît comme le terminus prévisible de la ligne.

Pour les hommes d'affaires canadiens, surtout ceux de la région de Montréal, les ports anglais de la côte atlantique sont trop éloignés. Portland, dans l'État du Maine, apparaît l'endroit idéal pour servir de port pour le Canada-Uni. Alexander T. Galt, le représentant de la ville de Sherbrooke à la Chambre d'assemblée, se fait le promoteur d'un chemin de fer dont Portland serait le terminus atlantique. « Une ligne Portland-Montréal, notent les historiens Jean Hamelin et Yves Roby, revaloriserait les terres de la British American Land Company dont il [Galt] est administrateur et donnerait aux Cantons un débouché pour leurs produits. »

En juillet 1844, le juge Preble, de Portland, séjourne à Montréal pour promouvoir le projet. Le mois suivant, plusieurs habitants des Eastern Townships se réunissent à Compton pour étudier un projet de chemin de fer entre Montréal et Boston. Sous l'instigation de Galt, la Chambre d'assemblée adopte, en 1845, un projet de loi créant la St. Lawrence and Atlantic Railroad Company, connue aussi sous le nom de Compagnie de chemin à lisses du Saint-Laurent et de l'Atlantique. L'objectif visé : relier Montréal à Portland. Pour réaliser le projet, on décide de faire appel à un financement populaire.

Pour la *Minerve*, ce projet de chemin de fer est le seul capable de tirer la colonie du marasme économique des années 1840.

> Mille circonstances fâcheuses, peut-on lire dans l'édition du 6 août 1846, se sont réunies depuis quelque temps pour ruiner notre commerce, pour déprécier nos propriétés. Un état de malaise règne partout et chez le marchand et chez le propriétaire. Les affaires sont stagnantes et la valeur des propriétés est diminuée d'un quart, encore ne trouve-t-on plus d'acheteurs. Il est temps de porter remède à cette calamité, car c'en est une qui pèse sur notre ville [Montréal] et qui s'étend jusqu'à nos campagnes. Ce remède efficace est de rapprocher Montréal de l'Atlantique et par ce moyen l'abondance renaîtra parmi nous, car le commerce redeviendra prospère.

Le lundi 10 août 1846, de 6000 à 7000 personnes se réunissent au Champ de Mars, à Montréal, pour écouter des orateurs vanter les avantages qu'ils retireraient de la construction d'une ligne ferroviaire entre Montréal et Portland et pour les inciter à souscrire des actions dans la compagnie de chemin de fer. La rencontre remporte un franc succès, car « plus de 400 parts dans le chemin de fer ont été prises dans l'après-midi par différentes personnes ». Parmi les orateurs invités, on note la présence de La Fontaine, Cartier et Galt. Différentes résolutions sont aussi adoptées.

> 1. Que cette assemblée est d'opinion que le chemin de fer entre le fleuve Saint-Laurent et la mer Atlantique est maintenant devenu indispensable, comme étant une de ces mesures principales qui, en offrant de nouvelles voies de négoces, nous mettra en état de nous conformer à la nouvelle politique et aux nouvelles lois commerciales de l'Angleterre. Que ce n'est pas sans juste titre que nous devons nous fier à ce moyen pour retenir par devers nous le commerce du Haut-Canada, pour fournir aux États de la Nouvelle-Angleterre nos produits (branche de commerce d'un grand prix pour elle-même) et pour s'assurer une partie du transport des produits et marchandises des lacs de l'Ouest. Que, pour ces raisons entre autres, cette mesure est de la dernière importance à toute la province et est digne d'un appui général. 2. [...] Que, sans ce chemin, la cité de Montréal doit à l'avenir rétrograder, en autant que le commerce l'abandonnant sera détourné sur des points plus accessibles et, avec le commerce défaillant, viendront comme suites inévitables le décroissement de la population et une baisse ruineuse dans la valeur des biens fonciers. Que, sous ce point de vue, c'est l'opinion de cette assemblée qu'il est du devoir impérieux de tous les citoyens de souscrire à cette entreprise, chacun en proportion de ses moyens, et de se servir de leur influence pour en favoriser le succès.

Wolfred Nelson, à son tour, fait approuver une résolution affirmant que c'est l'opinion de l'assemblée « que l'on doit s'efforcer de compléter cette grande entreprise sans trop se reposer sur des secours du dehors, soit dans la Grande-Bretagne soit ailleurs ».

Les travaux de construction de la voie ferroviaire progressent plus rapidement du côté américain que du côté canadien. En mai 1847, les directeurs de la St. Lawrence and Atlantic Railway doivent prendre des mesures judiciaires contre plusieurs actionnaires qui ne versent pas leurs contributions. À ce moment-là, les travaux s'effectuent entre la montagne de Boucherville et la rivière Richelieu. « Tous les matériaux pour le pont, lit-on dans la *Minerve* du 6 mai, sont achetés, le fer est aussi acheté et il faut les payer. Quelle disgrâce pour Montréal ! Voyez la différence : la petite ville de Portland a près de 30 milles de complétés, et c'est à qui se rendra au bureau pour payer ses versements. Ici, il faut aller supplier les actionnaires, encore ne payent-ils point. Faut-il donc abandonner les travaux et donner pour raison que la ville de Montréal est en banqueroute ? Il n'y aura pas d'autre alternative. »

Pendant ce temps, la Champlain and St. Lawrence Railway Company améliore son service entre Laprairie et Saint-Jean et adopte, le 20 janvier 1845, de nouveaux règlements concernant les passagers et le fret. Différents articles illustrent la vie à bord d'un wagon, à cette époque :

> [...] 2. Tous les passagers du railroad doivent prendre leurs cartes aux bureaux respectifs avant le départ du train des chars et prendre leur place dans les chars tel qu'indiqué par leurs cartes. 3. Tous passagers qui désirent prendre avantage des cartes qui permettent d'aller à Saint-Jean, à Montréal ou à Laprairie, et retour dans la même journée doivent avertir que telle est leur intention avant d'obtenir ces cartes ; autrement le prix du passage sera exigible pour aller et pour revenir ; ils sont aussi requis de faire attention à l'avis qui se trouve sur l'une des cartes données en cette occasion afin d'assurer leur place pour revenir.[...] 5. Toute personne qui ira sur la locomotive ou sur le wagon de service encourra la pénalité de dix chelins pour chaque offense. 6. Il ne sera pas permis de fumer dans les chars de première classe sous la pénalité de dix chelins pour chaque offense. 7. Il ne sera pas permis à qui que ce soit de monter sur le haut des chars pour les passagers sous la pénalité de vingt-cinq chelins pour chaque offense. 8. Il ne sera pas permis d'amener de chiens dans les chars de première classe sous la pénalité de vingt-cinq chelins pour chaque offense.

En 1846, une nouvelle compagnie se forme pour construire une voie ferrée entre Montréal et Lachine. La Montreal and Lachine Railroad Company inaugure « son » chemin de fer le vendredi 19 novembre 1847. La distance de 13 kilomètres est franchie en 21 minutes !

> Le chemin se termine à Lachine à l'embouchure du canal. [...] La route passe par la Bourgogne et traverse la rue Saint-Joseph en deçà du village des Tanneries ; elle se rapproche parfois du canal de Lachine et de la ligne du télégraphe électrique. C'est vraiment un spectacle intéressant que de voir d'un côté cette file de chars poussés par la vapeur et qui franchissent l'espace avec la rapidité de la flèche, tandis que, de l'autre côté, on aperçoit les steamboats et autres vaisseaux chargés

de produits qui descendent et remontent le canal, et dans le centre, la ligne du télégraphe qui transmet les nouvelles d'un lieu à l'autre avec la rapidité de l'éclair. Nous ne pouvons plus nier que le progrès fait son cours parmi nous. [...] Ces chars, ajoute le journaliste de la *Minerve*, sont tous de manufacture canadienne ; ceux de première classe surtout sont élégants et très confortables, bourrés et peints dans le dernier goût ; ceux de 2e et de 3e classe sont aussi très commodes ; on peut y voyager très à son aise. La locomotive est de manufacture américaine, confectionnée à Philadelphie par MM. Morris & Cie. Son poids est de 18 tonneaux ; le diamètre de la roue principale est de cinq pieds et le diamètre du cylindre de 15 pouces.

Le projet de chemin de fer entre Montréal et Portland connaît, malgré tout, des progrès. Le 26 décembre 1848, malgré un temps maussade, le train circule pour la première fois entre Longueuil et Saint-Hyacinthe. Augustin-Norbert Morin est là, mais il considère que la cérémonie d'inauguration doit être reportée à plus tard, même si plus de 200 personnes attendent à la station de Longueuil. « La plupart [des personnes] avaient été obligées de traverser le fleuve en canots, au milieu des glaces et de beaucoup de dangers. » Le 10 février 1849, en présence du gouverneur général, lord Elgin, on procède à l'inauguration officielle du tronçon de la voie ferrée.

## Enfin, l'aide gouvernementale

La fièvre ferroviaire qui fait rage aux États-Unis a maintenant gagné le Canada. Le village de l'Industrie, qui deviendra plus tard la ville de Joliette, veut s'ouvrir sur le fleuve Saint-Laurent. Le 28 juillet 1847, la St. Lawrence & Industry Railway Company est créée. Elle verra à relier l'Industrie à Lanoraie. En mai 1850, l'ouvrage est terminé et les 19 kilomètres peuvent être parcourus en train. La compagnie, qui a dépensé 56 000 $ pour la construction de la voie, possède trois locomotives, deux wagons de passagers et à bagages et neuf autres wagons.

William Molson, voulant lier Caughnawaga à Rouses Point, met sur pied la Lake St. Louis and Province Line Railway Company. La situation est similaire dans la partie supérieure de la province où se multiplient les compagnies ferroviaires qui songent à construire des lignes courtes. C'est à ce moment que l'idée de réunir Halifax ou Saint-Jean à Montréal refait surface.

Au cours de la session de 1849, le Parlement canadien étudie un projet de loi « ayant pour objet de permettre la garantie de la province aux obligations des compagnies de chemins de fer à certaines conditions, et d'aider à construire le chemin de fer Halifax & Québec ». L'historien John Boyd résume ainsi le contenu de la loi qui recevra la sanction royale le 30 mai :

L'aide de l'État ne devait pas être accordée à des chemins de fer qui auraient moins de soixante-dix milles de longueur. La province ne devait pas émettre des débentures ni procurer des capitaux sous quelque forme que ce fût, mais simplement garantir l'intérêt des emprunts que les compagnies de chemins de fer pourraient contracter sur leurs propres valeurs ; en d'autres termes, l'État garantirait les valeurs de la compagnie, mais seulement pour le paiement de l'intérêt et jusqu'à concurrence de six pour cent. Le montant de la garantie était limité par le coût du chemin ; ce montant ne pouvait pas dépasser la moitié du coût total, et il ne pouvait être accordé que quand une moitié du chemin aurait été achevée, et alors que le montant à être accordé suffirait pour compléter le chemin. Le paiement de l'intérêt sur le titre de garantie devait constituer une première charge sur les revenus de la compagnie, et aucun dividende ne pouvait être déclaré tant que l'intérêt n'aurait pas été payé et que trois pour cent du capital n'aurait été réservé comme fonds d'amortissement. La province devait aussi avoir première hypothèque sur le chemin pour toute somme payée ou garantie.

Pour devenir éligible à l'aide gouvernementale, la St. Lawrence and Atlantic Railway décide de prolonger sa ligne de Saint-Hyacinthe à Richmond, alors que la Montreal and Champlain Railway construit un nouveau tronçon reliant Saint-Jean à Rouses Point. Autre amélioration : le terminus nord de la compagnie déménage de Laprairie à Saint-Lambert, juste en face de Montréal. Enfin, pour éviter la multiplication des petites lignes ferroviaires, le gouvernement du Canada-Uni modifie sa loi en 1851, stipulant que la garantie provinciale ne sera accordée qu'à la nouvelle compagnie en formation, la Great Trunck Railway System, plus connue, en français, sous le nom de chemin de fer du Grand Tronc. Le nouvel organisme absorbera plusieurs petites compagnies et construira, si possible, un chemin de fer intercolonial reliant Toronto à Halifax et à Portland.

## La voix de la mer

Le projet d'un intercolonial refait surface en 1850 avec le voyage de Joseph Howe, secrétaire provincial de la Nouvelle-Écosse, à Londres. Howe veut obtenir l'aide de financiers britanniques et, si possible, des subventions du gouvernement impérial. Le 10 mars 1851, le sous-secrétaire d'État aux Colonies lui répond que le gouvernement de la Grande-Bretagne est prêt à garantir un prêt à la condition qu'une entente intervienne avec le Nouveau-Brunswick et le Canada-Uni pour que le chemin de fer relie Halifax à Québec et, au surplus, Londres ne s'oppose pas à ce qu'un tronçon de la voie soit relié à une ligne américaine. Au début de juillet 1851, Howe séjourne à Toronto, Montréal et Québec pour promouvoir l'idée d'un intercolonial.

Au cours de la session de 1852, le gouvernement du Canada-Uni adopte trois projets de loi concernant les chemins de fer. Le premier constitue « en corporation une compagnie avec un capital de trois millions de livres sterling, réparti en actions de vingt-cinq livres, pour construire un chemin de fer sur une route désignée allant de Toronto à Montréal ». La deuxième permet aussi la formation d'une compagnie « chargée de construire un chemin de fer de Québec à Trois-Pistoles ».

Une disposition de la loi permet le prolongement de la voie de Trois-Pistoles à la frontière est de la province. La troisième loi autorise la fusion de compagnies déjà existantes dont « la voie formerait partie de la grande ligne centrale ». Le gouvernement canadien accorde la garantie de l'État qui est limitée à trois mille livres sterling par mille de voie.

La première réunion du conseil d'administration de la compagnie du Grand Tronc a lieu à Québec, le 11 juillet 1853. George-Étienne Cartier est alors engagé comme avocat de la compagnie pour le Bas-Canada. Par la suite, Cartier sera souvent accusé de conflit d'intérêt, car il était en même temps législateur sur la question des chemins de fer et avocat d'une compagnie recevant de l'argent du gouvernement !

La nouvelle compagnie décide que l'espacement des voies sera « de cinq pieds et six pouces ». Cette décision revêt une importance particulière. Les historiens Jean Hamelin et Yves Roby soulignent la gravité de l'initiative :

> Le Champlain et Saint-Laurent, The St. Lawrence and Atlantic, le Grand Tronc adoptent l'écartement de Portland : 5 pieds et 6 pouces. Cet écartement diffère de celui du réseau de Boston et de New York. De la sorte, les promoteurs désirent éviter que le trafic de l'Ouest via Montréal ne prenne la direction de New York ou de Boston. Le Erie Railroad avait jadis adopté l'écartement de six pieds pour les mêmes raisons. [...] Dans les années 1860, cette diversité dans les écartements suscite des problèmes insolubles quand les compagnies ferroviaires tentent de se fusionner ou de coordonner le trafic afin d'abaisser les coûts de transport et de donner plus de souplesse au rail.

La compétition devient de plus en plus forte entre les diverses compagnies ferroviaires desservant à peu près les mêmes régions. Le 20 septembre 1852, la Montreal and New York Railroad Company inaugure son service entre Montréal et Plattsburgh, par Lachine, Caughnawaga et Hemmingford. De Plattsburgh, les voyageurs peuvent se rendre à Boston ou à New York soit par bateau à vapeur, soit par train. La compagnie du Grand Tronc, qui vient d'absorber la St. Lawrence and Atlantic, publie des annonces vantant le service entre Montréal et Portland. Tous les jours, le train quitte Montréal à 7 h 10 et arrive à Portland à 19 h 20 le même soir. Le coût du billet est de six dollars. L'année suivante, on peut se rendre à New York en voiture de première classe pour trois dollars seulement, et avec cette assurance : « Pas d'interruption par la brume. »

On songe aussi à construire une ligne reliant Lévis à Richmond.

> Des propositions, lit-on dans le *Times* de Londres du 3 septembre 1853, ont été émises aujourd'hui pour obtenir des souscriptions au chemin de fer de Québec à Richmond, ligne de 100 milles et qui a été récemment entreprise par MM. Peto, Brassey et Betts, à raison de 5000 livres sterling par mille. Ce chemin doit joindre la ligne du Saint-Laurent et de l'Atlantique qui relie Montréal à Portland, port maritime des États-Unis, dans l'État du Maine, et il formera conséquemment la grande route de Québec à ces deux endroits, ainsi que vers les régions éloignées de l'Ouest, en suivant les grandes lignes canadiennes qui sont actuellement en voie de construction et qui conduisent à Chicago par les steamers et les railways américains.

Au début de 1855, le Grand Tronc a parachevé 392 milles de voie ferrée. Lévis est relié à Richmond. Des ouvriers s'affairent à compléter le lien entre Lévis et Saint-Thomas de Montmagny, alors que d'autres travaillent dans la région de la baie Georgienne. On a fait appel à une main-d'œuvre européenne spécialisée. « Un grand nombre de maçons, de charpentiers, de carriers et d'ouvriers de toute sorte, lit-on dans le *Canadien* du 21 avril 1854, se disposent à s'embarquer en Angleterre pour venir travailler sur le Grand Tronc du chemin de fer du Canada. Quatre ou cinq cents de ces ouvriers ont déjà quitté l'Angleterre, et toutes les places de troisième classe sur les vaisseaux de la ligne canadienne qui partiront de Liverpool durant ce mois et le mois prochain, ont été retenues par des entrepreneurs pour le passage de ces ouvriers immigrants. »

À la mi-novembre 1855, on inaugure la ligne Brockville-Montréal et le 1ᵉʳ décembre suivant, un convoi de deux wagons quitte Lévis en direction de Saint-Thomas de Montmagny. À son bord, des représentants du Nouveau-Brunswick, des membres du gouvernement, des financiers, des invités, des journalistes, etc., assistent au voyage inaugural. À Saint-Thomas, rapporte le *Canadien* du 5, « des centaines d'habitants y attendaient les chars et ils en saluèrent l'arrivée par des décharges répétées de mousquetterie. Des pavillons disposés au bord du chemin attestèrent l'unanimité de cette reconnaissance. » La durée du voyage est de deux heures et demie.

## Pas de compétition !

Plusieurs villes et municipalités se portent acquéreurs d'obligations de compagnies de chemin de fer, entre autres de celles du Grand Tronc. Ainsi, en 1850, la ville de Québec « se porte garantie d'une émission d'obligations de 100 000 livres sterling destinée à financer la construction du chemin de fer Lévis-Québec et Richmond ». Montréal, Terrebonne et le comté des Deux-Montagnes souscrivent d'importantes sommes pour financer le Montreal and Bytown Railway. Mais la ville de Québec se sent, malgré tout, un peu abandonnée dans la grande course ferroviaire. Elle n'est située directement sur aucune ligne de chemin de fer et il n'est pas question, dans l'immédiat du moins, qu'elle devienne le terminus d'un quelconque tronçon. La construction d'un pont entre Québec et Lévis réglerait peut-être le problème, car alors les trains pourraient franchir le Saint-Laurent. Déjà, en 1851, le conseil de la ville avait demandé une étude à un ingénieur anglais, Edward Wellman Serrell. Ce dernier remet son rapport en 1853. « Trois sites, écrit l'historien Antonio Drolet, lui parurent convenir au projet : le premier, en face de la ville, le pont devant s'ériger sur les hauteurs des deux villes ; un deuxième, un peu à l'ouest du Cap Diamant, et un troisième, près de l'embouchure de la rivière Chaudière. C'est à ce dernier endroit qu'on érigera, après 1900, le pont de Québec actuel. » Des hommes d'affaires obtiennent alors du Parlement du Canada-Uni une loi les autorisant à former la Compagnie du Pont de Québec. Mais le coût trop élevé de la construction, soit de quatre à cinq millions de dollars, fait avorter le projet.

À la même époque, on songe aussi à relier Montréal à Québec par un chemin de fer qui emprunterait la rive nord du fleuve. Les 7 et 9 mars 1852, un groupe de citoyens se réunit à Québec afin de former un comité pour approuver une série de résolutions concernant ce projet de chemin de fer. Le 27 du même mois, G. Joly, président du comité de direction, adresse une lettre à John Pakington, principal secrétaire d'État de Sa Majesté pour les colonies, à Londres.

> Le moment, lui écrit-il, paraît être venu où le gouvernement de Sa Majesté va décider si la garantie qu'il est question de donner pour la construction d'un chemin de fer d'Halifax à Québec sera étendue jusqu'à Montréal. Dans le cas où ce dernier plan serait adopté, le soussigné croit se faire l'interprète d'une grande majorité des citoyens des deux Canadas, en demandant que la rive nord du Saint-Laurent, depuis Québec jusqu'à Montréal, soit adoptée pour y établir le *main*

*trunk line*, et que la garantie du gouvernement lui soit appliquée de préférence à une ligne qui, passant par Richmond au sud du Saint-Laurent, laisserait Québec de côté. [...] Le chemin de fer de Québec à Montréal, par le nord du Saint-Laurent, se trouverait, dans tout son parcours, protégé par ce fleuve ; et ces deux grandes villes se trouveraient réunies par une ligne non interrompue, qui ne nécessiterait aucun transbordement, même si elle était continuée jusqu'aux extrémités du Haut-Canada. Si, au contraire, ce chemin de fer passait par le sud du Saint-Laurent, par Richmond, il se rapprocherait beaucoup des frontières des États-Unis, sans offrir aucune défense naturelle, en cas de guerre.

Londres et les autorités du Grand Tronc penseront différemment et la rive sud sera retenue. Par ailleurs, quelques cultivateurs de la rive nord sont peu favorables à la construction d'un chemin de fer sur ce côté du fleuve. À leurs yeux, le fait qu'un habitant puisse aller vendre ses produits à l'année longue aux marchés des villes signifierait une baisse de revenus pour les marchands locaux.

En 1854, à Québec, on se retrouve avec deux projets de chemins de fer. Sous la présidence de Pierre-Joseph-Olivier Chauveau, une compagnie se forme, le Chemin de fer septentrional de Québec. Cette compagnie espère recueillir un capital-action de 100 000 livres sterling pour construire une voie qui irait de Québec à la rivière Jacques-Cartier avec une extension éventuelle vers le lac Saint-Jean ou le Haut Saint-Maurice. Le but premier de ce chemin de fer est d'approvisionner la ville en bois de chauffage et de construction. On évalue à plus de 100 000 le nombre de cordes de bois nécessaires pour chauffer maisons et édifices chaque année. Le secrétaire F. N. Boxer affirme dans le *Rapport de l'ingénieur en chef sur l'étude de la ligne du chemin de fer de Québec et du Saguenay*, publié à Québec en 1854 : « Si ce chemin de fer ne possédait aucun autre avantage que celui de fournir le bois de chauffage à la cité de Québec qui, comme personne ne l'ignore, est nécessaire à la vie dans ce climat froid, et qui doit être acheté par chaque individu, avec la certitude aussi qu'on pourra se le procurer de la compagnie à un prix bien moindre qu'on peut l'avoir partout ailleurs, ce serait une raison suffisante pour le construire. »

Il faut croire que cette raison ne fut pas suffisante pour convaincre les investisseurs car, pendant plus d'une décennie, le projet sommeilla.

Quant au chemin de fer de la rive nord, le Parlement autorise, en 1853, la ville de Québec à investir dans la Quebec North Shore Railway Company. Le 8 avril de l'année suivante, François Baby obtient le contrat de construction. Sa soumission est la plus basse des 22 qui sont déposées. Il s'engage à compléter le chemin en moins de trois ans et demande 8000 livres courant par mille complété. Ce montant comprend, outre la pose des rails, la construction des « dépôts aux stations intermédiaires, quais et dépôts à Québec, ligne télégraphique, droit de passage et achat de terrains pour les lieux d'arrêt et les stations, intérêt sur les bons des municipalités et sur ceux de la compagnie, ainsi que sur les fonds versés, dépenses faites et à faire par la compagnie pour services d'ingénieurs et autres employés ». Le contracteur s'engage aussi à avoir 500 hommes à l'ouvrage sur le chemin un mois après la signature du contrat, 1000 hommes dans trois mois et 2500 dans quatre mois.

Là encore, le projet traîne en longueur. Les dirigeants du Grand Tronc font des pressions en sous-main pour que le projet ne se réalise pas. De plus, le gouvernement du Canada-Uni, lors de sa session de 1854-1855, avait voté un projet de loi autorisant un emprunt de 900 000 livres sterling pour venir en aide au Grand Tronc qui avait déjà reçu du même organisme 1 800 000 livres sterling « en vertu de la garantie provinciale ». La grande entreprise ferroviaire peut compter sur de puissants atouts au sein de l'appareil gouvernemental. Comme le souligne l'historien John Boyd, « il est vrai que John Ross, président du Conseil législatif et membre du gouvernement, était aussi président de la compagnie, que Francis Hincks était un des actionnaires, que Cartier était à la fois actionnaire et avocat de la compagnie, et que A. T. Galt et L. H. Holton avaient aussi des intérêts dans ce chemin de fer considéré à juste titre par beaucoup d'hommes publics des deux partis comme une entreprise nationale d'où dépendait en grande partie la prospérité future du pays ».

En 1859, le maire de Québec, Hector-Louis Langevin, se rend à Londres « avec mission de placer les bons de la Corporation et d'obtenir les capitaux nécessaires à la construction immédiate du chemin de fer ». Il est accompagné du vice-président de la compagnie, Napoléon Casault. Dans la capitale de la Grande-Bretagne, on songe plus à la guerre qui semble imminente entre l'Italie et l'Autriche qu'aux chemins de fer du Canada et, selon l'historienne Andrée Désilets, les Québécois « ont mauvaise réputation à Londres ». « Les aventures du Grand Tronc, dues surtout à une misérable administration, ajoute-t-elle, y ont amené de graves embarras financiers, certaines ruines même. » Après de bien longues négociations, les deux délégués réussissent à rencontrer des financiers anglais intéressés par le projet. Mais les conditions qu'ils posent en rendent la réalisation impossible. Dans son rapport de mission, Langevin précisera, le 22 mai 1860, que le travail des deux délégués a consisté à « faire connaître l'entreprise, à lutter contre ses nombreux et puissants ennemis et à préparer les voies à des arrangements futurs ». Ce ne sera que le 8 février 1879 qu'un train pourra parcourir par la rive nord la distance séparant Québec de Montréal.

## Œuvre de génie

Bien avant que le Grand Tronc ne fasse sien le projet de construction d'un pont sur le Saint-Laurent à la hauteur de la ville de Montréal, John Young avait préconisé cette idée, et ce, dès 1847. Cinq ans plus tard, l'ingénieur anglais Alexander M. Ross était venu dans la colonie étudier le projet et il avait suggéré la construction d'un pont tubulaire.

Le samedi 22 juillet 1854, on procède à la cérémonie de la pose de la première pierre du pont qui aura nom Victoria. On commence alors à construire une jetée à la Pointe-Saint-Charles. Des centaines d'hommes sont embauchés. Parmi eux, plusieurs Amérindiens conduiront les trains de bois à partir de l'île des Sœurs. La pierre nécessaire est expédiée de Pointe-Claire.

Un des ouvriers raconte :

> Le travail de la première année a été complètement démoli. [...] Des centaines d'hommes avaient travaillé tout le printemps, l'été et l'automne. Le travail avançait rapidement et les contracteurs se félicitaient de pouvoir terminer leurs engagements à temps. Mais, au cours de l'hiver, la glace commença à descendre avec force et emporta tout sur son chemin : [...] la perte fut importante, mais la

perte de temps fut encore la plus importante. Il devint alors nécessaire de prolonger la durée du contrat d'une année.

Après 65 mois de travail, l'ouvrage est complété et l'on s'enorgueillit de posséder « le pont le plus considérable du monde entier ». « Sa structure, écrit l'historien William Henry Atherton, avait 9184 pieds de longueur, soit 23 travées de 242 pieds et une, au centre, de 330 pieds. » À la reine Victoria qui lui demandait quelle était la longueur du pont d'une rive à l'autre, George-Étienne Cartier a répondu : « Quand nous, Canadiens, nous construisons un pont et que nous le dédicaçons à Votre Majesté, nous le mesurons non en pieds, mais en milles ! »

Un premier train franchit le pont Victoria le 24 novembre 1859, traînant deux wagons remplis d'invités. « La traversée, rapporte la *Minerve* du 26, a été tout à fait heureuse. Le train s'est arrêté au centre du tube et trois toasts ont été proposés à Sa Majesté la reine Victoria. C'était le baptême du pont. » Le 12 décembre suivant, un premier convoi régulier, « composé d'une grosse locomotive et de dix chars remplis de fret », passe sur cette gigantesque construction. Enfin, le 17 décembre, le pont est définitivement ouvert au public.

Le commerce de Montréal ne tarde pas à ressentir les effets d'une liaison directe avec la rive sud et les grandes artères ferroviaires. Dans un rapport daté du 17 décembre 1859, à la Pointe-Saint-Charles, on donne des chiffres impressionnants : « État du fret qui est passé sur le pont Victoria durant les cinq derniers jours : de l'ouest à l'est, 162 chars contenant 11 733 quarts de fleur, 1552 quarts de lard, 140 balles de coton et 110 tonnes de marchandises en général ; de l'est à l'ouest, 130 chars contenant : 534 tonnes de marchandises en général, 170 tonnes de fer et 39 000 pieds de bois de construction. »

## L'intercolonial, alors ?

Quelques jours à peine avant que le train ne commence à circuler jusqu'à Rivière-du-Loup, un journal de langue anglaise, *The British Colonist*, lance l'idée d'un chemin de fer reliant l'Atlantique au Pacifique :

> C'est le seul moyen de conserver à la Grande-Bretagne ses sujets qui habitent les côtes de l'océan Pacifique ; car il faut craindre que l'identité des intérêts de ces peuples avec ceux de l'Union américaine, produisent l'identité des sentiments et que bientôt il soit nécessaire d'ériger un gouvernement indépendant pour ces peuples qui habitent le territoire compris entre les possessions russes et l'isthme de Panama, sur le littoral du Pacifique. Sous ce point de vue, la construction d'un chemin de fer qui créerait un rapprochement véritable entre ces peuples et les autres sujets de la couronne britannique est d'un intérêt vital pour l'Angleterre. Ce chemin est encore avantageux en ce qu'il fournirait une route plus courte et plus prompte pour arriver en Chine.

La *Minerve*, dans son édition du 10 juillet, ne voit que des avantages à ce projet : « Quels avantages, pour nous Canadiens, si la construction d'une telle route venait faire du Canada un point d'arrêt entre l'Europe et l'Asie. Quel avenir brillant pour notre commerce, notre industrie, notre prospérité nationale. Nous aimons à croire que cet avenir nous est réservé ; efforçons-nous, du moins, d'obtenir les améliorations qui nous mettraient en voie d'y parvenir. »

Pendant que Perrette rêve à la richesse, le Grand Tronc se trouve aux prises avec de graves problèmes financiers. Au cours de l'été de 1860, il est même question de suspendre les activités de la compagnie, ce qui force le gouvernement du Canada-Uni à lui consentir un nouveau prêt. À ceux qui, lors de la session de 1861, lui reprocheront d'avoir fait un tel geste, Cartier répondra : « Qui donc hésiterait à dire qu'il ne fallait pas à tout prix épargner au pays l'humiliation de voir se fermer le Grand Tronc, lorsque le fils aîné de notre Souveraine venait, sur l'invitation des Chambres et du Canada tout entier, inaugurer le pont Victoria ? »

En juin 1861, la compagnie ferroviaire publie un rapport d'environ 200 pages analysant la situation financière et les perspectives d'avenir du Grand Tronc. On constate que, jusqu'à cette date, la perte subie se chiffre à 13 220 935 $.

Les auteurs du rapport ne mettent pas l'accent sur la mauvaise administration, mais considèrent que le Grand Tronc a sous-évalué son principal compétiteur.

> Le grand point traité ensuite dans le rapport, lit-on dans le *Morning Chronicle* du 25 juin, est la pratique insensée d'avoir fait entrer le chemin de fer en concurrence avec les routes d'eau. Après avoir démontré qu'il est inutile de lutter contre la nature et qu'aussi longtemps que le Saint-Laurent portera les eaux des lacs de l'Ouest à l'océan, les articles volumineux peuvent être transportés par eau à des prix qui seraient ruineux pour une voie ferrée, les commissaires prouvent que le site des stations rend difficile et désavantageuse toute communication avec les voies d'eau et que, même à Montréal, le blé dans les wagons vaut cinq cents de moins par minot que celui qui se trouve à bord des remorqueurs sur le canal Lachine. [...] Ils prétendent que la saine politique du Grand Tronc doit être de considérer les routes d'eau plutôt comme des alliés utiles que comme des ennemis.

Malgré le déficit accru du Grand Tronc et une augmentation considérable de la dette publique du Canada-Uni, l'éventuel prolongement du chemin de fer jusqu'à l'océan Atlantique agite encore la scène politique. Au printemps de 1861, une nouvelle délégation de représentants de la Nouvelle-Écosse, du Nouveau-Brunswick et du Canada-Uni se rend auprès du secrétaire d'État aux Colonies, le duc de Newcastle, pour obtenir l'appui financier du gouvernement impérial. Le ministre anglais laisse peu d'espoir sur une participation impériale, même si les délégués font valoir la menace de guerre entre les colonies anglaises et les États-Unis, à la suite de l'affaire du *Trent* et de la guerre de Sécession qui se poursuit. Le *Canadian News* résume ainsi les propos du duc de Newcastle :

> Il concevait bien l'anxiété causée en Canada par ce qui se passait actuellement aux États-Unis, mais la ligne ne pouvait être achevée à temps pour faire face aux éventualités, bien que le projet dont l'exécution a été jugée convenable il y a dix-huit ans le soit encore aujourd'hui. C'était, à son avis, une mesure politique à prendre non seulement pour le temps présent, mais pour toujours. [...] La politique admettait l'entreprise ; mais la difficulté, c'était de se procurer de l'argent et il aimerait à savoir s'il y avait actuellement un parti de messieurs prêts à s'occuper

du projet et à tâcher de former une compagnie, en un mot, si l'on en était arrivé à un point pratique ? Le gouvernement impérial ne pouvait pas prendre l'initiative dans une entreprise de ce genre ni traiter avec une députation de messieurs qui ne paraissaient être venus que dans le but de lui représenter l'importance du projet. Il lui était impossible d'agir là-dessus et la députation devait concevoir qu'il devait avoir quelque chose de pratique à proposer à ses collègues dans le Cabinet. D'abord, il fallait savoir qui ferait la proposition et qui exécuterait l'entreprise. Ensuite, il devait connaître les conditions requises avant de commencer les travaux.

Les trois délégués, Philip VanKoughnet, conseiller législatif du Haut-Canada représentant le Canada-Uni, Samuel Leonard Tilley du Nouveau-Brunswick et Charles Tupper de la Nouvelle-Écosse, reviennent avec une seule promesse, celle que le gouvernement de la Grande-Bretagne serait prêt à offrir une garantie sur l'intérêt.

Un pas important est fait en septembre 1862. Des délégués du Canada, de la Nouvelle-Écosse et du Nouveau-Brunswick, réunis à Québec, s'entendent sur le partage des frais encourus par la construction d'un chemin de fer intercolonial : le Canada-Uni défraiera les cinq douzièmes du montant à investir et les deux autres colonies se partageront le reste. Une condition essentielle repose sur la garantie impériale. De nouveau, des représentants des trois colonies concernées se rendent à Londres en novembre 1862 et, encore une fois, on ne peut en venir à une entente ferme.

Le gouvernement britannique trouve que ses colonies lui coûtent de plus en plus cher et veut que les trois provinces constituent, à même leurs revenus, un fonds d'amortissement, mais ces dernières répondent que leur situation financière est tellement précaire que cela ne peut se faire. La *Minerve* du 20 janvier 1863 reproduit un article du *Mercury* faisant le bilan de la situation :

Bien que le projet du chemin de fer intercolonial soit remis, il serait injuste de dire que la mission de MM. [Louis-Victor] Sicotte et [William Pearce] Howland en Angleterre, a eu pour résultat son abandon. Les délégués de la Nouvelle-Écosse et du Nouveau-Brunswick réunis en convention avec le gouvernement canadien, à Québec, décidèrent que l'absence d'un fonds d'amortissement serait une des conditions nécessaires à l'entreprise du chemin. Tous les délégués s'accordèrent sur ce point. On pensa alors que les responsabilités ordinaires qu'une semblable entreprise entraînerait seraient déjà une charge assez forte pour les provinces. On s'engagea donc à remettre indéfiniment la construction du chemin, si le gouvernement britannique proposait comme condition *sine qua non* un fonds d'amortissement. À leur arrivée à Londres, ils apprirent que le fonds d'amortissement était un des détails du projet exigés par le chancelier de l'Échiquier pour faire adopter l'arrangement par le Parlement anglais. M. Gladstone modifia ses conditions en retardant jusqu'à dix ans l'époque où les provinces commenceraient à pourvoir à l'amortissement. [...] Le gouvernement de la mère patrie fit objection à deux autres conditions sur lesquelles nos délégués insistèrent. L'une, que la contribution provinciale en faveur de la construction du chemin serait considérée comme une contribution en faveur de la défense provinciale. Le secrétaire des Colonies a refusé de la considérer ainsi. L'autre, que comme le chemin de l'Est doit être regardé sous plusieurs rapports comme une œuvre impériale, le secours que le

Canada peut lui donner sera récompensé par l'aide impériale pour promouvoir l'ouverture du territoire qui s'étend dans l'Ouest depuis le lac Supérieur jusqu'à la Colombie britannique. Sur ce point encore, le duc de Newcastle a refusé.

La fin prochaine du Traité de réciprocité avec les États-Unis rend de plus en plus urgent l'établissement d'un lien ferroviaire avec les provinces atlantiques. Pour s'assurer une certaine autonomie, les colonies anglaises de l'Amérique du Nord devraient être capables de communiquer entre elles sans emprunter le territoire américain dont les ports de New York, Boston et Portland sont encore, en 1863, les principaux points d'arrivée ou de départ des marchandises destinées ou tirées du continent nord-américain. Le premier ministre Sandfield Macdonald écrit à Tilley : « Je le dis devant Dieu, Tilley, si je croyais qu'en démissionnant nous pourrions obtenir l'intercontinental, je le ferais. »

Les rouges du Bas-Canada sont défavorables à la construction d'un inter-continental et dénoncent aussi le favoritisme pratiqué par Galt et Cartier en faveur de la compagnie du Grand Tronc. Honoré Mercier, dans le *Journal de Saint-Hyacinthe* du 18 septembre 1862, avait tenté de démontrer l'inutilité d'une voie vers l'Atlantique sur le plan défensif. « Dans la position précaire où se trouvent les finances de la province, une pareille entreprise à des conditions semblables est plus qu'une folie, c'est un crime. » Antoine-Aimé Dorion démissionne de son poste de ministre, en raison de son désaccord sur la question ferroviaire.

## Un petit pas en avant

Alors que le Nouveau-Brunswick et la Nouvelle-Écosse se disent prêts à entreprendre la construction du chemin de fer, le Canada refuse de s'engager dans des dépenses considérables. Il accepte cependant de financer le relevé topographique préliminaire au tracé d'une route. L'arpenteur Sandford Fleming est nommé au mois d'août 1863 pour effectuer le relevé, mais le Nouveau-Brunswick refuse de verser quelque argent que ce soit à ce projet tant qu'une entente n'interviendra pas sur la construction même du chemin de fer. La décision canadienne soulève l'indignation des colonies maritimes qui songent alors à s'unir entre elles. Le 4 novembre, le *Daily Evening Globe*, de Saint-Jean au Nouveau-Brunswick, trace la route à suivre : « Une loi, un gouvernement, un tarif créeraient des intérêts parfaitement identiques ; des intérêts identiques amèneraient une unanimité d'opinions et d'intentions parmi nous, et les provinces [atlantiques] unies seraient ainsi plus puissantes. Notre voix aurait plus de portée. Le Canada n'oserait plus nous traiter de façon aussi ignoble. »

L'attitude agressive des colonies maritimes et leur désir de s'unir sans le Canada-Uni commencent à inquiéter les autorités canadiennes. Le 20 février 1864, le gouverneur Monck avertit le lieutenant-gouverneur du Nouveau-Brunswick et l'administrateur de la Nouvelle-Écosse que « le Canada a, de sa propre initiative, responsabilité et à ses frais, donné instruction à Sandford Fleming de commencer le relevé topographique de l'intercolonial ».

La grande course est commencée : Fleming parcourt en raquettes la région séparant Rimouski de la Restigouche. À la fin d'avril, il atteint Halifax. Pendant ce temps, le directeur gérant du Grand Tronc, Charles John Brydges, va rencontrer Tilley et Tupper. Mais l'idée de l'union des provinces maritimes passe au premier plan.

> La Nouvelle-Écosse, écrit l'historien Peter B. Waite, était beaucoup mieux disposée envers l'union des Maritimes que le Nouveau-Brunswick, et la résolution demandant de nommer des délégués à une conférence fut d'abord présentée à la législature de cette province le 28 mars 1864. Mais l'offre canadienne de défrayer le coût d'un relevé topographique — connue publiquement depuis trois semaines — eut pour effet d'enlever au projet le peu de force qu'il avait acquis. Le débat à bâtons rompus qui eut lieu à la Chambre en témoignait ; quelques députés semblaient même préférer une union de toutes les colonies britanniques d'Amérique du Nord à l'union des Maritimes. La résolution fut votée le jour de sa présentation sur division ; mais la tiédeur et l'apathie des discussions auguraient mal pour l'avenir du projet. Le projet ne connut pas un meilleur sort au Nouveau-Brunswick, où il fut présenté deux semaines plus tard. Tupper espérait, écrivait-il à Tilley, que la résolution sur l'union des Maritimes fût adoptée au Nouveau-Brunswick avec la même unanimité qu'en Nouvelle-Écosse. C'est ce qui se produisit, mais l'unanimité trahissait le manque d'intérêt pour la proposition.

La décision du Canada-Uni de financer seul le relevé topographique, montrant ainsi un intérêt certain pour la construction du chemin de fer intercolonial, va influencer l'opinion des dirigeants des colonies maritimes, de sorte que les délégués canadiens seront plus facilement admis à la conférence de Charlottetown.

La question ferroviaire pèsera tellement lourd dans les discussions de Charlottetown, puis dans celles de Québec, que l'historien torontois William Lawson Grant a pu écrire : « Les transports ont une grande importance constitutionnelle, car l'histoire du mouvement de la Confédération au Canada ne peut être comprise si on ne la rattache pas au développement des chemins de fer. L'union des provinces anglaises de l'Amérique du Nord aurait été un non-sens tant que le succès des chemins de fer ne serait pas devenu un fait économique. »

# On vote
# la Confédération
# 1864-1865

L E MERCREDI 19 OCTOBRE 1864, alors que les Pères de la Confédération discutent avec chaleur de la composition du futur Sénat, un incident grave se produit à la frontière canado-américaine où environ 25 soldats sudistes, habillés en « bourgeois », dévalisent trois banques de la petite ville de St. Albans, dans l'État du Vermont, s'emparant de 200 000 $, et fuient vers les Eastern Townships sur des chevaux volés. Au cours de la fusillade, un habitant du village est tué. Une poursuite s'engage et deux des Sudistes sont arrêtés avant de pouvoir franchir la frontière. Les Nordistes poursuivent les voleurs jusqu'en territoire canadien et réussissent à mettre la main au collet du lieutenant Bennett Young, considéré comme le chef de la bande. Un officier britannique, aidé de quelques miliciens canadiens, ordonnera la libération immédiate de Young, faisant valoir que ce dernier a été arrêté en territoire britannique et que les Américains n'ont plus aucune autorité sur celui-ci.

Depuis plusieurs mois déjà, sinon depuis le début de la guerre de Sécession, les Confédérés circulaient en toute liberté et en toute sympathie dans les rues de Montréal. Ils avaient élu domicile au St. Lawrence Hall, l'hôtel de la rue Saint-Jacques. « C'est là en effet, note l'historien Léon Trépanier, que logeaient le sénateur Clément C. Clay, un chef des Confédérés, et nombre d'autres ainsi que John Wilkes Booth, le comédien américain qui devait par la suite assassiner le président Lincoln. »

Le chef de police de Montréal, Guillaume Lamothe, et quelques-uns de ses hommes partent à la recherche des « raiders » de St. Albans. Ils en mettent quatorze sous arrêt dans la région de Saint-Jean et les ramènent à la prison du Pied-du-Courant. On saisit aussi une partie du butin, soit 90 000 $.

L'enquête débute le 4 novembre dans la salle de la cour criminelle de Montréal, sous la présidence du juge Charles-Joseph Coursol. Le gouvernement américain est représenté par l'avocat montréalais Bernard Devlin. Les accusations formulées sont « meurtre, tentative de meurtre, vol de banque et vol de chevaux ». La poursuite demande l'extradition des prisonniers. Le procès dure plusieurs jours.

À la séance du 12 novembre, le lieutenant Young précise le but du raid :

> Je suis natif du Kentucky et citoyen des États confédérés, auxquels je dois allégeance. Je ne dois aucune allégeance aux États-Unis. Je suis officier commissionné de l'armée confédérée et je produis ici ma commission. Je produis aussi les instructions que m'a données mon gouvernement en même temps que cette commission, me réservant le droit de faire la preuve d'autres instructions, en tel temps et de telle manière que mes avocats le jugeront convenable. J'ai agi sous l'autorité et par ordre du gouvernement confédéré dans l'attaque que j'ai dirigée sur St. Albans. Je n'ai pas voulu violer la neutralité de l'Angleterre ou du Canada. Ceux qui étaient avec moi à St. Albans étaient tous officiers ou soldats confédérés et étaient sous mon commandement. [...] L'expédition n'a pas été organisée en Canada.

Young demande par la suite un délai de 30 jours pour attendre les ordres de son gouvernement.

Les accusés demandent donc d'être jugés comme des prisonniers de guerre et non comme de vulgaires criminels. Trois jours après le début du procès, la cause est ajournée au 13 décembre. À la reprise, Kerr, l'avocat de la défense, « objecte que la cour n'avait pas juridiction dans l'affaire et il décline la juridiction du juge ». Le juge Coursol rend alors son jugement qui se termine par ce paragraphe : « Je décide donc qu'en l'absence d'un mandat ou warrant du gouverneur pour autoriser l'arrestation des accusés, tel que le veut l'acte impérial, je n'ai et ne possède pas de juridiction en cette matière et, conséquemment, je suis tenu en loi et je dois à la justice et à un esprit d'impartialité bien comprise d'ordonner de suite la mise en liberté des prisonniers et le renvoi de toutes les accusations portées contre eux devant moi. Que les prisonniers soient de suite rendus à leur liberté individuelle. »

Sitôt le jugement rendu, l'avocat Devlin se lève indigné : « L'importance des intérêts que je défends doit excuser mon excitation, dit-il. Quelle responsabilité va retomber sur nos intérêts nationaux ! J'en appelle à votre sentiment de justice, de fermeté et d'honneur ; continuez les autres procédés. Je le déclare solennellement, nous aurons à en subir les conséquences. Aucun pays n'a répondu aussi fidèlement aux exigences des lois d'extradition que les États-Unis. » Mais le juge Coursol ne veut pas modifier son jugement. « J'ai mûrement réfléchi avant que de rendre ma décision », répond-il. Les prisonniers recouvrent alors leur liberté.

La réaction des Nordistes était prévisible. Le 14 décembre, le général américain John A. Dix autorise les troupes à poursuivre en territoire canadien ceux qui commettraient des raids aux États-Unis. Deux jours plus tard, le *New York Times* déclare : « Nous n'avons jamais été en meilleure situation pour déclencher une guerre à l'Angleterre. Les autorités canadiennes fulminent. Le gouverneur Monck traite Coursol de "juge stupide" et convoque quelques ministres à Spencerwood pour discuter de l'affaire. Cartier se rend d'urgence à Washington pour expliquer la conduite canadienne. La situation est d'autant plus surprenante que le chef de police, Guillaume Lamothe, à la demande du juge Coursol, a remis aux ex-prisonniers la somme de 90 000 $ dont ils s'étaient emparée à St. Albans. »

Le 19 décembre, on publie une proclamation offrant une récompense de 200 $ « à toute personne ou personnes, donnant telle information qui puisse conduire à la découverte et à l'arrestation » des quatorze Sudistes remis en liberté. Le lendemain de la signature de la proclamation, plus d'une vingtaine de financiers de Montréal reliés à la chambre de commerce, aux banques et aux compagnies d'assurances, dans un « mémorial » au gouverneur général, demandent que le Canada conserve une stricte neutralité et ne donne pas asile à ceux qui « commettent des actes de violence sur la frontière de nos voisins ». Ils demandent aussi qu'une enquête soit instituée pour juger la conduite de Coursol et de Lamothe.

Au Canada, on craint la guerre. Le 23 décembre, le gouverneur Monck remercie ceux qui se sont portés volontaires pour défendre les frontières et il exprime « l'assurance que cet appel aux armes n'est pas une mesure de guerre, mais une mesure de prudence, pour prévenir toute agression de maraudeurs contre nos amis voisins ». Trois jours plus tard, soit le lendemain de Noël, des volontaires de Québec et de Montréal s'embarquent à bord « de 17 chars » pour se rendre à Richmond et de là, à la frontière. Plus de 2000 volontaires sont appelés, par voie de tirage au sort, au service temporaire le long de la rivière. À Château-Richer, le 3 janvier 1865, on résiste au tirage au sort en menaçant de faire appel à la violence, mais l'affaire tourne court.

Quelques-uns des « raiders » de St. Albans, pourchassés par les hommes du grand connétable Bissonnette, furent arrêtés à nouveau et transportés à Toronto où ils comparaîtront devant le juge James Smith. Ils seront à nouveau acquittés, ayant fait la preuve que l'expédition contre les banques nordistes n'avait pas été préparée sur le territoire canadien. Les moins chanceux furent Guillaume Lamothe et Charles-Joseph Coursol qui jugèrent opportun de démissionner.

## Malgré tout, le champagne !

Même si la situation internationale est tendue, les Pères de la Confédération poursuivent leurs travaux et, le 28 octobre, la Conférence de Québec prend fin. Le lendemain, à Montréal, les délégués des différentes provinces acceptent l'invitation à un déjeuner servi en leur honneur au St. Lawrence Hall.

Les discours sont nombreux. Invité à répondre au toast proposé par le maire de Montréal, Jean-Louis Beaudry, « Aux ministres canadiens de Sa Majesté », George-Étienne Cartier commence son allocution en langue anglaise. On crie autour de lui : « En français ! En français ! » Le procureur général du Bas-Canada réplique : « Je prie mes compatriotes de ne pas insister que je m'exprime dans leur langue, vu qu'il est convenable de parler la langue des hôtes de la ville et que je désire être compris d'eux. » L'orateur vante ensuite l'œuvre à laquelle il travaille. « C'est un fait connu, dit-il, pendant six mois de l'année, nous sommes forcés de frapper à la porte de nos voisins et de transporter nos marchandises à travers leur territoire. Ce qui convenait il y a vingt ans à notre commerce, ne convient plus maintenant que notre population et que notre territoire défriché se sont accrus dans des proportions étonnantes. Il faut donc que la confédération de toutes les provinces britanniques s'effectue, sans quoi nous tombons dans la confédération américaine. » Des cris de « jamais, jamais », interrompent l'orateur. Cartier répond :

> Je savais que vous répondriez ainsi, et je suis content de vos protestations. Je sais que le désir de toutes les personnes présentes est d'achever cette grande œuvre nationale, qui liera en un même faisceau tous les principaux intérêts des colonies, et qui fera de nous tous une véritable nation. Je ne veux pas prétendre que cette nation sera distincte de la mère patrie. Mais lorsque je parle de former une confédération, j'entends que les pouvoirs accordés aux différentes provinces par le gouvernement impérial seront combinés ensemble pour être confiés à un seul gouvernement général. Et si cela s'accomplit, je croirai avoir mis la main à une œuvre excellente.

## Les minorités majoritaires

Dans ce même discours du 29 octobre, Cartier aborde le problème des minorités et du respect de leurs droits, car déjà la minorité anglophone du Bas-Canada craint d'être sacrifiée à la majorité francophone.

> On m'a dit que, dans le Bas-Canada, il existait une forte opposition à ce projet, parce que la population anglaise s'y trouverait à la merci de la population française. Que répondre ? Les Anglais nés dans le Bas-Canada pourraient-ils céder à de semblables arguments ? Qu'ils réfléchissent que si les Français ont la majorité au gouvernement provincial, ils seront, à leur tour, en grande minorité au gouvernement fédéral. La population française, en confiant ses intérêts à un gouvernement fédéral, fait preuve de confiance en nos compatriotes anglais. Est-ce trop demander à la race anglaise qu'elle se fie à la libéralité et à l'esprit de justice de la race française dans le gouvernement local ! À qui seront remis les intérêts les plus importants pour les deux populations du Bas-Canada ? est-ce au gouvernement fédéral ou au gouvernement local ? Pour ma part, je suis prêt à avouer hautement aujourd'hui que la prospérité des deux Canadas est due à l'entreprise de la race anglaise principalement, mais pourquoi cependant celle-ci s'opposerait-elle à la formation d'un gouvernement provincial où les Canadiens français seraient représentés en raison de leur nombre ? En tout cas, je n'hésite pas à proclamer que je ne souffrirai jamais, tant que je serai ministre de la Couronne, qu'une injustice soit faite, d'après la Constitution ou autrement, à mes compatriotes, soit anglais, soit catholiques ; je ne souffrirai jamais que mes compatriotes, les Canadiens français, soient injustement traités parce qu'ils appartiennent à une race et à une religion différentes de celles du Haut-Canada. On a longuement parlé des races à propos de cette grande conférence. Que l'on regarde aujourd'hui l'Angleterre, et l'on verra qu'avec l'union des trois royaumes par le lien législatif, il existe là des religions et des nationalités différentes.

Les réjouissances « confédératives » se poursuivent ensuite dans le Haut-Canada. Les délégués sont accueillis à Ottawa, Kingston, Belleville, Cobourg, Hamilton, St. Catharines, Niagara et Toronto, où George Brown se charge de la réception et profite de la circonstance pour exposer les principaux points des résolutions adoptées à Québec. « C'est la première fois, écrit-il à sa femme, que le schéma de la Confédération est réellement exposé au public. Pas l'ombre d'un doute que j'avais raison de dire que les Canadiens français éprouvaient des réticences au sujet du schéma, mais que le sentiment en sa faveur est à peu près unanime ici. »

## Une ombre au tableau

L'euphorie n'habite pas tous les sujets canadiens. Les rouges du Bas-Canada jugent que la mesure proposée est défavorable aux Canadiens français. Le 7 novembre 1864, Antoine-Aimé Dorion adresse un manifeste à ses électeurs du comté d'Hochelaga. Le député dénonce l'absence du peuple dans l'élaboration du projet de réforme constitutionnelle.

> L'absence de toute communication officielle des procédés de la conférence, le silence absolu des ministres bas-canadiens sur les détails de cette confédération projetée, semblent indiquer que l'on veut précipiter cette mesure, sans consulter le peuple et sans même lui donner le temps d'en étudier les dispositions et d'en apprécier la tendance et la portée. Le fait que les ministres, sans aucune mission quelconque, préparent dans l'intérieur de leur cabinet un changement de constitution, une révolution politique complète, qui devra affecter tous les intérêts, toutes les institutions, tous les rapports existants sous l'Union actuelle entre le Haut et le Bas-Canada, pour y substituer une autre union qui embrasserait toutes les provinces de l'Amérique du Nord, est de nature à attirer votre sérieuse considération.

Poursuivant son analyse du contenu de l'entente proposée, Dorion arrive à la conclusion que le partage des pouvoirs entre les deux niveaux de gouvernement ne reflète pas une union fédérative.

> Ce n'est donc pas une confédération qui nous est proposée, mais tout simplement une union législative déguisée sous le nom de confédération, parce que l'on a donné à chaque province un simulacre de gouvernement sans autre autorité que celle qu'il exercera sous le bon plaisir du gouvernement général. [...] Chaque système offre ses avantages et ses inconvénients, mais le projet de la conférence réunit les inconvénients des deux, sans donner la simplicité et l'efficacité que l'on rencontre dans l'unité législative, ni les garanties pour les institutions de chaque province que le système fédéral pourrait seul assurer. Ce projet de la conférence n'est propre qu'à faire renaître, surtout parmi les populations mixtes du Bas-Canada, les divisions et les animosités d'autrefois, qui étaient heureusement disparues — et à produire entre les gouvernements locaux et le gouvernement général des collisions fréquentes qui ne feront que créer du malaise et des embarras de toutes sortes.

Pour Dorion, la fédération, telle que proposée, présente plus d'inconvénients que d'avantages, surtout sur le plan de la représentation et sur le plan de la dette publique. « Cette union, conclut-il, ne peut que retarder le progrès et la prospérité du pays et je la repousse parce que je la crois contraire aux intérêts de toute la province et surtout désastreuse pour le Bas-Canada. »

Les partisans de la Confédération ne demeurent pas impassibles et quelques-uns sentent le besoin d'exposer leur point de vue. Le 23 novembre, les amis et électeurs de Galt lui offrent un banquet à Sherbrooke et, avant de passer à table, ils improvisent une assemblée publique au Palais de justice de l'endroit. Le ministre des Finances prononce alors un discours qui dure trois heures ! L'orateur aborde tous les points discutés à Québec et insiste sur ceux qui peuvent susciter une certaine inquiétude pour des anglophones : la question scolaire, les droits « des deux races au sujet de la langue », la position des Anglais du Bas-Canada et les limites des circonscriptions électorales.

Sur le plan scolaire, il n'est pas question de soumettre une minorité aux exigences de la majorité. « Forcer une population à faire instruire ses enfants d'une manière réprouvée par sa foi religieuse, ce serait commettre à son égard une suprême injustice. » Il faut noter que, lors de toutes les discussions sur la question scolaire, l'aspect religieux est le seul considéré. Il n'est nullement question d'une protection linguistique.

> Commettre une injustice envers les catholiques du Haut-Canada ou les protes-tants du Bas, ajoute Galt, serait jeter des semences de discorde qui produiraient de tristes fruits dans l'avenir. On a mis dans la même clause l'éducation supérieure et l'éducation primaire, bien qu'elles soient distinctes. Celle-ci doit être répandue autant que possible parmi le peuple ; celle-là doit former des sujets pour les professions libérales. Lorsque la question sera soumise à la Législature, j'espère que des mesures seront prises pour faire sortir nos maisons d'éducation supé-rieure de la position difficile où elles se trouvent. Cette remarque s'applique aux institutions catholiques aussi bien qu'aux protestants. [...] Je saisirai cette occasion pour faire connaître, en justice pour mes collègues canadiens-français dans le gouvernement, sir Étienne Taché, M. Cartier, M. Chapais et M. Langevin, que dans le cours des négociations, il n'y a pas eu de leur part une seule tentative et ils n'ont pas montré la moindre disposition de retirer aux Anglais du Bas-Canada aucun des droits réclamés par les Canadiens français eux-mêmes. Leur conduite a été pleine de sagesse et elle m'encourage, moi et les autres, à ne pas restreindre les droits de nos amis canadiens-français.

La question linguistique se résume à bien peu de choses. Galt avertit ses audi-teurs que les lois seront publiées en français et en anglais, si elles émanent du gouvernement central ou du gouvernement du Bas-Canada. Le ministre compte sur le respect mutuel pour éviter les affrontements « raciaux ».

> Le fait est, déclare-t-il sur un ton menaçant, que la population canadienne-française devra s'efforcer de conserver notre appui dans la Législature générale pour la protection de ses droits et que, comme Bas-Canadiens, nous nous don-nerons la main pour nous protéger tous ensemble ; nous autres, dans la Législa-ture locale, nous demanderons que rien de préjudiciable à nos intérêts ne soit tenté contre nous. S'il devait en être autrement, à quels résultats désastreux n'arriverions-nous point ! Il ne sera pas possible d'affronter sans danger une minorité aussi considérable que le sera la minorité française dans la Législature générale ; de même que tout outrage commis envers la minorité anglaise dans le Bas-Canada serait suivi d'événements qui provoqueraient bientôt une réparation

et un remède à la situation. [...] Si les Canadiens français étaient assez insensés pour s'attaquer à nos intérêts particuliers, la rétribution ne se ferait pas longtemps attendre, soit dans la Législature générale, soit même dans la Législature locale.

Une autre crainte qui agite la minorité anglophone du Bas-Canada est de voir à un moment donné la Législature modifier les limites électorales pour faire disparaître les comtés où les anglophones sont majoritaires.

Je savais, répond Galt, qu'on craignait que le parti dominant du Bas-Canada ou, pour parler clairement, que le parti canadien-français ne vint à dominer et à déterminer ces limites, de manière à priver l'élément anglais de la représentation à laquelle il a droit. Mais en examinant bien la question, je ne crois pas qu'il y ait lieu de craindre ce résultat, car même en supposant que tel fut le désir des Canadiens français, il leur serait difficile de le réaliser. La population anglaise du Bas-Canada forme près d'un quart du total et, dans quelques districts importants, elle forme la majorité, de sorte que je ne vois pas comment une population aussi considérable pourrait, par quelque système, être privée de la représentation à laquelle elle a droit. Mais au sujet des limites électorales, il serait absolument nécessaire qu'elles fussent d'abord déterminées par la Législature de tout le Canada, tel que maintenant constitué, car il n'y a aucune législation locale pour le Bas-Canada avant que la Confédération soit passée dans l'ordre des faits accomplis.

## La crainte s'épaissit

Plusieurs anglophones du Bas-Canada préfèrent l'union législative à l'union fédérale, car ils seraient assurés d'y jouir d'une sécurisante majorité. Mais le projet actuel de deux niveaux de gouvernement les inquiète. À une assemblée tenue à la fin de novembre à Saint-Jean d'Iberville, les assistants se plaignent du système scolaire et expriment leur appréhension quant à l'avenir. Quelques jours auparavant, soit le 23, le *Montreal Daily Witness* se demande si les protestants pourront vivre long-temps dans le Bas-Canada.

Plus les protestants en apprennent sur les procédés de la récente conférence de Québec, écrit le journaliste, plus ils s'aperçoivent que leur position a été méconnue, que leurs intérêts ont été sacrifiés. Le Bas-Canada est la seule province qui doit avoir des institutions particulières et catholiques romaines. Le droit de divorce, il est vrai, doit être conservé aux protestants, un droit qui ne sera pas exercé par un sur dix mille, mais c'est le seul point qu'on ait gardé. La législation ecclésiastique, y compris les corporations avec le droit d'absorber la propriété du pays en main-morte, et l'éducation seront tout à fait sous le contrôle de la majorité et comme cette majorité désire occuper le Bas-Canada, il s'ensuit que sa législation sera dirigée de manière à chasser les protestants. Dans ce cas, les protestants du Bas-Canada devraient s'unir comme un seul homme afin d'éviter ce mal — tentative qui serait peut-être inutile car les protestants des autres provinces ne paraissent faire aucune attention à la position de leurs frères du Bas-Canada et le gouvernement n'aura d'autre règle que le vœu de la majorité. Ils pourraient, il est vrai, faire tous ensemble un vigoureux effort, si de misérables divisions intestines ne les séparaient entre eux. De fait, les protestants du Bas-Canada sont rapidement poussés à la ruine par l'action d'une puissante compagnie de chemin de fer qui voit un avantage dans le changement proposé ; et une grande partie de protestants, — généralement ceux qui ont le plus d'influence — avec une imprudence dont on trouve peu d'exemples depuis les factions qui précédèrent la ruine de Jérusalem, prêtent leur force à cette corporation et lui servent d'instrument. Oh ! qu'ils regardent à la position qui leur est faite et à leurs véritables intérêts, car bientôt il sera trop tard.

## La ronde des noms

Pendant que quelques-uns s'inquiètent de l'avenir du Canada-Uni, plusieurs rêvent déjà d'un pays agrandi auquel il faut bien songer déjà à donner un nom. Car le mot *Canada* ne désigne que le territoire formant alors partie du Québec et de l'Ontario actuels. Ce sont surtout les anglophones qui s'intéressent au nom de la nouvelle entité politique en gestation. Le *Globe* de Toronto, à partir du début du mois de novembre 1864, publie des lettres de ses lecteurs suggérant toutes sortes d'appellation. On propose *Cabotia*, pour rappeler le souvenir de Sébastien Cabot ; *Colombia*, en l'honneur de Colomb ; *Canadia, Nortland, Aquæterra, Alberta* (pour rappeler le souvenir du prince Albert), *Nova Britannia, New Britain, Britannia, Acadia, Tupona, Amérique britannique* ou *Borelia*. Ce dernier nom, qui rappelle la position nordique du territoire, répond à *Australia*, le pays Sud, autre possession britannique. Pour un correspondant du *Leader* de Toronto, le nom d'*Efisga* serait idéal pour désigner le pays, fruit de l'union des colonies anglaises de l'Amérique du Nord, puisqu'il est composé des premières lettres des mots suivants : *England, France, Ireland, Scotland, Germany* et *Aborigènes* !

La *Minerve*, dans son édition du 10 novembre, prend position sur l'épineuse question toponymique :

> Si nous avions l'honneur d'être consultés par le gouvernement impérial sur ce grave sujet, nous conseillerions humblement à Sa gracieuse Majesté de baptiser le nouvel empire du nom de *Canada*. De toutes les colonies de l'Amérique britannique, le Canada est la plus importante et la mieux connue, non seulement en Angleterre, mais dans toute l'Europe. [...] Dans le cas donc où il faudrait un nom de fabrique nouvelle, nous proposerions le nom de *Laurentide*, en l'honneur de notre majestueux fleuve dont les eaux baignent tous les États de la future confédération. Les Européens pourraient dire, à leur guise, *La Laurentide* ou la *Confédération de la Laurentide*.

De toute façon, Londres aura le dernier mot sur cette question !

## Rebondissement extérieur

Le projet de confédération des colonies anglaises du continent nord-américain suscite plusieurs critiques et commentaires dans la presse britannique, française et américaine. Pour le *Times* de Londres, la guerre de Sécession a accéléré la marche vers l'union : « Nous ne chercherons pas jusqu'à quel point le grand changement qui s'est opéré dans la République américaine a pu contribuer à instruire les provinces sur les dangers de l'avenir. Mais il est certain qu'il leur a donné une plus forte impulsion vers l'union qu'elles ne sont peut-être disposées à l'admettre. »

À Paris, au début de novembre 1861, le quotidien le *Moniteur* publie régulièrement des nouvelles touchant le Canada. Les vendeurs de journaux sur les places publiques modifient la formule de criée. On n'entend plus : « Le *Moniteur* du soir avec des nouvelles de la guerre », mais « Le *Moniteur* du soir avec des nouvelles du Canada ».

François-Edmé Rameau de Saint-Père, qui a séjourné en Canada en 1860 et publié l'année précédente un ouvrage intitulé *La France aux colonies. Études sur le développement de la race française hors de l'Europe. Les Français en Amérique, Acadiens et Canadiens*, considère que l'annexion aux États-Unis est préférable à la Confédération. Il écrit dans la revue *l'Économiste français* :

> L'union dût-elle se rétablir et conquérir le Canada, en quoi ce mal serait-il plus grand que la Confédération ? La constitution américaine n'est pas plus menaçante pour l'autonomie du Canada français que cette Confédération projetée ; et absorption pour absorption, mieux vaut s'épargner les sacrifices d'une lutte inutile. Inutile, disons-nous ; car, si forte que puisse être cette Confédération, il est trop évident qu'elle sera toujours hors d'état de résister à la puissance restaurée des États-Unis ; la disposition de son territoire, la dissémination de ses ressources, le développement de ses frontières vulnérables sur plus de 400 lieues l'exposent trop à un envahissement qui couperait en tronçons affaiblis cette longue étendue de pays sans profondeur.

## Réactions impériales

Peu de temps après la clôture des travaux de la Conférence de Québec, le gouverneur général Monck s'empresse de faire parvenir aux autorités londoniennes le texte des résolutions qui viennent d'être adoptées. Edward Cardwell, le secrétaire d'État aux Colonies, fait connaître les premières réactions du gouvernement métropolitain dans une lettre datée du 3 décembre.

> Le gouvernement de Sa Majesté, dit-il, donne à votre dépêche et aux résolutions de la conférence sa plus sérieuse attention. Il les a considérées en général comme devant, dans la pensée de ceux qui les ont rédigées, établir une union de toutes les provinces en un seul gouvernement, aussi complète et aussi parfaite que les circonstances et l'examen sérieux des intérêts peuvent le permettre. Il les accepte, en conséquence, comme étant, dans le jugement réfléchi de ceux qui étaient les plus compétents pour délibérer sur un tel sujet, la meilleure charpente d'une mesure qui doit être adoptée par le Parlement impérial pour atteindre ce résultat très désiré.

Londres se réjouit de ce que les délégués à Québec aient consenti plus de pouvoirs au gouvernement central qu'aux gouvernements locaux :

> Il semble au gouvernement de Sa Majesté que l'on a pris des précautions qui sont bien propres à assurer au gouvernement central les moyens d'opérer une action effective dans toutes les diverses provinces et de se prémunir contre les maux qui peuvent inévitablement naître s'il existait quelque doute relativement aux

attributions respectives de l'autorité centrale et locale. Il est heureux d'observer que, bien que l'on ait l'intention de donner de grands pouvoirs législatifs aux corps locaux, on ait adhéré fermement néanmoins au principe du contrôle central. L'importance de ce principe ne peut être niée. Son maintien est essentiel à l'efficacité pratique du système, ainsi qu'à son harmonieuse opération dans l'administration générale et dans les gouvernements des diverses provinces.

Le secrétaire d'État aux Colonies soulève deux points qui, selon lui, présentent un problème : le pouvoir de pardonner aux criminels, « de commuer ou de remettre en tout ou en partie leurs sentences ou de surseoir à leur exécution », que la résolution 44e veut voir accorder aux lieutenants-gouverneurs, et la nomination à vie des conseillers législatifs. La question, dans ce dernier cas, surgit lorsqu'on envisage un affrontement possible entre le Conseil législatif et l'Assemblée populaire et que l'on recherche un moyen de dénouer la crise.

Afin que le projet de confédération se réalise à court terme, Cardwell trace à Monck le chemin à suivre :

> Le gouvernement de Sa Majesté n'anticipe aucune difficulté sérieuse de ce côté [l'étude par le Parlement britannique du projet], puisque les résolutions sont généralement trouvées suffisamment explicites pour guider ceux auxquels sera dévolu le soin de préparer ce projet de loi. Il lui semble, en conséquence, que vous devriez prendre des mesures immédiates, de concert avec les lieutenants-gouverneurs des diverses provinces, pour soumettre aux Législatures respectives ce projet de la conférence et si, comme je l'espère, vous pouvez faire rapport que ces Législatures sanctionnent et adoptent le projet, le gouvernement de Sa Majesté vous prêtera tout l'appui en son pouvoir pour le mettre à effet. On reconnaîtra probablement qu'il sera très convenable que, de concert avec les lieutenants-gouverneurs, vous choisissiez une députation des personnes les mieux qualifiées en ce pays afin qu'elles puissent être présentes pendant que l'on préparera le projet de loi et afin de donner au gouvernement de Sa Majesté le bénéfice de leurs conseils sur toutes les questions qui pourront s'élever pendant que la mesure subira l'épreuve dans les deux Chambres du Parlement.

Comme les colonies anglaises n'ont pas le pouvoir de modifier leur propre constitution, elles doivent donc faire appel au Parlement impérial qui, par une loi adoptée par la Chambre des communes et la Chambre des lords, pourra rendre efficace le projet de confédération.

## Un flot de discours

La troisième session du huitième Parlement du Canada-Uni s'ouvre à Québec le 19 janvier 1865. Dans son discours du trône, le gouverneur général Monck aborde la question de la Confédération : « Une considération attentive de la position générale de l'Amérique britannique du Nord a porté à conclure que les circonstances des temps offraient l'occasion, non simplement de régler une question de politique provinciale, mais de plus de créer une nouvelle nationalité. »

Le débat sur la « question de la Confédération des provinces de l'Amérique britannique du Nord » débute le 3 mars au Conseil législatif et à la Chambre d'assemblée.

Au Conseil législatif, le premier ministre Taché présente les résolutions de Québec pour approbation. Il commence son discours en langue française, mais le conseiller John Ross lui demande de s'exprimer en anglais. Taché accepte pour la raison suivante : « Comme plusieurs membres anglais ne comprennent pas du tout le français et que presque tous les membres français comprennent l'anglais, je parlerai dans cette dernière langue. » L'orateur consacre une partie de son intervention à rassurer la minorité anglophone du Bas-Canada :

> Si nous obtenons une union fédérale, ce sera l'équivalent d'une séparation des provinces et, par là, le Bas-Canada conservera son autonomie avec toutes les institutions qui lui sont si chères et sur lesquelles il pourra exercer la surveillance nécessaire pour les préserver de tout danger. Mais il est une partie des habitants du Bas-Canada qui, au premier coup d'œil, peut avoir de plus fortes raisons de se plaindre que les Canadiens français catholiques, ce sont les Anglais protestants. Et pourquoi ? Parce qu'ils sont en minorité. Je crois, cependant, que s'ils veulent examiner minutieusement le projet dans tous ses détails, ils seront pleinement rassurés sur les conséquences. D'abord, il faut signaler un grand événement : les lois du Bas-Canada ont été refondues et les habitants parlant la langue anglaise se sont familiarisés avec elles au point d'en être aujourd'hui satisfaits. Sous ce rapport, ils sont donc en sûreté. Ils allégueront peut-être que la majorité de la Législature locale pourra, plus tard, commettre des injustices envers eux, mais je pense qu'un retour vers le passé fera s'évanouir toute crainte. Avant l'union des deux provinces, quand la grande majorité de la Législature était française, les habitants d'origine anglaise n'ont jamais eu raison de se plaindre d'eux. Il n'y a pas d'exemple qu'une injustice ait été seulement tentée. S'il y a eu désaccord, c'est que la minorité voulait seule gouverner. Les faits passés attestent que le peuple du Bas-Canada s'est toujours montré libéral envers la partie anglaise de la population.

Le débat s'engage au Conseil législatif et la résolution concernant le choix des conseillers législatifs inquiète le conseiller Vidal qui aimerait « savoir [...] pourquoi le choix des conseillers législatifs du Bas-Canada doit, d'après le projet de confédération, être laissé au gouvernement local de cette province, et qu'il n'en est pas ainsi pour le Haut-Canada et les provinces maritimes ». Le conseiller Alexander Campbell répond qu'il « a été décidé qu'il en serait ainsi afin de sauvegarder les intérêts des Anglo-canadiens du Bas-Canada qui craignaient de n'avoir pas assez de moyens de protection autrement. » Le conseiller Thomas Ryan proteste contre la mesure : « Je sens de mon devoir de m'opposer à ce mode comme propre à éterniser les distinctions de nationalité et de religion ; je crois qu'il vaut mieux abandonner ce choix sans réserve à la Couronne. »

Les résolutions de Québec doivent être adoptées telles quelles ou rejetées en bloc. Aucune modification ne peut être apportée au texte, de sorte que les interventions sont plutôt d'ordre général que sur des points bien précis.

Quelques conseillers s'inquiètent d'une érosion possible des pouvoirs des provinces. « Toute mesure passée par cette province, déclare Philip Henry Moore, peut être désavouée dans les deux années qui suivront sa passation par le gouvernement impérial. Les gouvernements locaux, au contraire, seront sujets à voir leurs lois annulées dans le cours de l'année suivante par le gouvernement fédéral qui, à son tour, pourra voir ses mesures désavouées dans les deux années de leur passation. Ce droit de veto ainsi remis au gouvernement fédéral ne pourrait qu'amener de graves difficultés entre les gouvernements locaux et le gouvernement fédéral pour qu'il fût exercé souvent. » Quant au conseiller Louis-Auguste Olivier, il croit que « les pouvoirs du gouvernement fédéral seront tels que le Bas-Canada ne sera plus qu'un zéro dans les affaires qui l'intéressent le plus ».

Le 20 février, les conseillers prennent le vote sur la question de la Confédération : 45 votent en sa faveur et 15 se prononcent contre le contenu des résolutions de la Conférence de Québec.

*Les gros canons*

À la Chambre d'assemblée, le débat s'engage donc le 3 février. John A. Macdonald mène le bal. Tout comme au Conseil, on se demande pourquoi le peuple n'est pas appelé à se prononcer sur la grave question de la Confédération. À cela Macdonald répond : « Si cette mesure reçoit l'approbation de la Chambre, il n'y aura pas de nécessité de la soumettre au peuple. D'un autre côté, si la mesure est repoussée, il appartiendra au gouvernement de juger s'il doit y avoir un appel au peuple ou non. »

Selon les rapports officiels, chez les députés de l'opposition et dans les galeries, on entend des « rires ironiques » !

Dans son discours officiel, le 6 février, John A. Macdonald confesse sa préférence pour un régime unitaire :

> Quant aux avantages comparatifs d'une union législative et d'une union fédérale, je n'ai jamais hésité à dire que, si la chose était praticable, une union législative eût été préférable. J'ai déclaré maintes et maintes fois que, si nous pouvions avoir un gouvernement et un parlement pour toutes les provinces, nous aurions eu le gouvernement le meilleur, le moins dispendieux, le plus vigoureux et le plus fort. Mais en considérant ce sujet et en le discutant, comme nous l'avons fait dans la conférence avec le désir d'en venir à une solution satisfaisante, j'ai trouvé que ce système était impraticable. Et, d'abord, il ne saurait rencontrer l'assentiment du peuple du Bas-Canada qui sent que, dans la disposition où il se trouve comme minorité, parlant une langue différente et professant une foi différente de la majorité du peuple sous la confédération, ses institutions, ses lois, ses associations nationales qu'il estime hautement, pourraient avoir à en souffrir. C'est pourquoi il a été compris que toute proposition qui impliquerait l'absorption de l'individualité du Bas-Canada ne serait pas reçue avec faveur par le peuple de cette section. Nous avons trouvé, en outre, que quoique le peuple des provinces inférieures parle la même langue que celui du Haut-Canada et soit régi par la même loi — loi basée sur le droit anglais —, il n'y avait, de la part de ces provinces, aucun désir de perdre leur individualité comme nation, et qu'elles partageaient à cet égard les mêmes dispositions que le Bas-Canada. C'est pourquoi, après mûre considération du sujet et des avantages et désavantages des deux systèmes, nous nous aperçûmes que l'union législative ne ralliait pas toutes les opinions et qu'il ne nous restait qu'à adopter l'union fédérale comme seul système acceptable, même aux provinces maritimes.

Pour le futur premier ministre du Canada, la nature de l'union projetée est simple : « Ce projet peut être considéré comme un traité passé entre les différentes provinces et si l'on veut y faire aucune modification sérieuse, chacune des colonies se croira relevée de l'obligation implicite de le considérer comme un traité et pourra à son tour l'amender *ad libitum* au point de vue de ses propres intérêts ; tous nos travaux resteront sans résultat, et nous aurons à recommencer et à élaborer un nouveau traité ; nous devrons entrer à nouveau en négociations avec les diverses provinces et refaire tout le projet. »

L'idée de contribuer à former une nouvelle nation ou un nouveau peuple hante l'esprit de quelques Pères de la Confédération. « En un mot, s'écrie Macdonald, nous ne ferons plus qu'un peuple agissant de parfait accord dans la paix et dans la guerre. » Des applaudissements soulignent cette déclaration.

Cartier, lors de son discours du 7 février, aborde lui aussi la question d'une nouvelle « nation ».

> Lorsque nous serons unis, si toutefois nous le devenons, dit-il, nous formerons une nationalité politique indépendante de l'origine nationale ou de la religion d'aucun individu. Il en est qui ont regretté qu'il y eut diversité de races et qui ont exprimé l'espoir que ce caractère distinctif disparaîtrait. L'idée de l'unité des races est une utopie ; c'est une impossibilité. [...] Dans notre propre fédération, nous aurons des catholiques et des protestants, des Anglais, des Français, des Irlandais et des Écossais et chacun, par ses efforts et ses succès, ajoutera à la prospérité et à la gloire de la nouvelle confédération. Nous sommes de races différentes, non pas pour nous faire la guerre, mais afin de travailler conjointement à notre propre bien-être. Nous ne pouvons, de par la loi, faire disparaître ces différences de races, mais j'en suis persuadé, les Anglo-Canadiens et les Français sauront apprécier leur position les uns vis-à-vis des autres. [...] La diversité de races contribuera, croyez-le, à la prospérité commune. La difficulté se trouve dans la manière de rendre justice aux minorités.

Le 8 février à vingt heures, Brown commence son discours qu'il termine à minuit et demi. Le lendemain, il est fier de confier à sa femme : « La Chambre était remplie tout le temps et l'on m'a écouté avec l'attention la plus complète. [...] Quand j'ai terminé mon intervention, les membres des deux côtés de la Chambre sont venus m'entourer pour me féliciter pour mon discours. Ils disent que c'est de loin le meilleur discours que je n'aie jamais prononcé ; mais, de cela, je ne suis pas certain. »

Brown insiste sur l'évolution de la situation depuis la bataille des Plaines d'Abraham : « Cent ans se sont écoulés depuis la conquête de Québec, mais voici que les enfants des vainqueurs et des vaincus siègent côte à côte, tous avouant leur profond attachement à la Couronne britannique — tous délibérant sérieusement pour savoir comment nous pourrons le mieux protéger les bienfaits des institutions britanniques — comment on pourra établir un grand peuple sur ce continent en relations intimes et cordiales avec la Grande-Bretagne. »

Pour Brown, le projet de Confédération est le fruit de multiples concessions mutuelles :

> Nos amis du Bas-Canada ne nous ont concédé la représentation d'après la population qu'à la condition expresse qu'ils auraient l'égalité dans le Conseil législatif. Ce sont là les seuls termes possibles d'arrangement et, pour ma part, je les ai acceptés de bonne volonté. [...] Si, à raison de la concession que nous avons faite de l'égalité de la représentation dans la chambre haute, nous ne pouvons forcer le Bas-Canada à subir une législation contraire à ses intérêts, nous aurons du moins ce que nous n'avons jamais eu jusqu'ici, le pouvoir de l'empêcher de faire ce que nous regardons comme des injustices à notre égard. Je crois le compromis juste et je suis persuadé que son exécution sera facile et ne blessera aucun intérêt.

Certains discours ont des allures de roman-fleuve, comme celui prononcé par Thomas d'Arcy McGee, le 9 février. Après un long rappel de l'évolution historique des deux Canadas, le député d'origine irlandaise déclare :

> Je ne suis aucunement effrayé de la perspective d'une majorité française dans la législature locale ; car si elle est injuste ce ne pourra être qu'accidentellement et qu'on sache bien que, si je parle ainsi, ce n'est pas parce que je partage la même croyance religieuse, car la langue et le sang sont des barrières que la religion elle-même est impuissante à faire disparaître. Je ne crois pas non plus que mes compatriotes protestants doivent avoir aucune crainte que ce soit, parce que les Canadiens français n'ont jamais été intolérants ; leur caractère ne s'y prête pas, à moins toutefois d'être persécutés mais alors il n'arrive que ce qui a lieu pour toutes les autres races de toutes les croyances.

Parmi les députés du Bas-Canada qui s'opposent au projet de Confédération, Antoine-Aimé Dorion est un des plus ardents. Il prend la parole le jeudi 16 février. Pour lui, le projet proposé ne correspond pas à ses espoirs.

> La confédération que je demandais, dit-il, était une confédération réelle, donnant les plus grands pouvoirs aux gouvernements locaux, et seulement une autorité déléguée au gouvernement général — différant totalement sous ce rapport de celle qui est aujourd'hui proposée, et qui donne tous les pouvoirs au gouvernement central, en réservant aux gouvernements locaux le moins de liberté possible. » La preuve de cela, selon le représentant de la circonscription d'Hochelaga, réside dans le pouvoir de désaveu. « Ne voit-on pas qu'il est très possible qu'une majorité dans un gouvernement local soit opposée au gouvernement général, et que dans ce cas la minorité demandera au gouvernement général de désavouer les lois décrétées dans la majorité ? Les hommes qui composeront le gouvernement général dépendront de l'appui de leurs partisans politiques dans les législatures locales, qui exerceront toujours une grande influence dans les élections, et pour conserver leur appui ou dans le but de servir leurs amis, ils opposeront leur veto à des lois que la majorité de la Législature locale trouvera bonnes et nécessaires.

Lors de la séance du 9 mars, qui est très longue, les rouges du Bas-Canada font un dernier effort pour démontrer que le projet de Confédération sera nuisible et aux Canadiens français et à l'ensemble du Canada. Le député de Bagot, Maurice Laframboise, se lance à l'attaque de Cartier, tâchant de démontrer son intérêt personnel dans la mesure proposée :

Lord Durham, dit-il, savait bien ce qu'il faisait quand il recommandait de donner des places et des honneurs aux ambitieux qui faisaient du bruit — et le procureur général du Bas-Canada faisait beaucoup de bruit et de tapage en 1836 et 1837 ; il était à l'assemblée des cinq comtés où il coiffa le bonnet de la liberté. Lord Durham dit : « donnez des places aux principaux, et vous verrez comme ils sacrifieront leurs compatriotes et se soumettront à l'Angleterre. » Et, en effet, c'est là ce qui a le mieux réussi, et l'on a vu que tous ceux qui avaient empêché le mouvement qui s'était fait dans le Bas-Canada contre l'union, tous ceux qui criaient : « Taisez-vous ! L'Union nous a sauvés ! » tous ceux-là ont été récompensés. Les uns ont été sirés, les autres ont eu des honneurs, des places et du pouvoir ; et le procureur général du Bas-Canada sera récompensé et comme eux fait baronnet s'il peut faire passer le plan de Confédération, qui est désiré par l'Angleterre. Pour ma part, je ne lui envie pas ces récompenses ; mais je ne puis voir de cœur-joie qu'il cherche à les obtenir au moyen d'un plan de Confédération que je crois funeste aux intérêts du Bas-Canada. Je ferai tout en mon pouvoir pour empêcher qu'il se réalise.

Jean-Baptiste-Éric Dorion partage le même avis. Selon lui, les gens éclairés doivent se prononcer contre le projet. « Je dis que le peuple du Bas-Canada s'alarme du projet de Confédération et des changements inconnus que l'on projette. Je ne veux pas dire que ce sentiment existe dans le district de Québec, car l'on me paraît dormir sur les deux oreilles dans cet endroit, mais il existe certainement, et à un très haut degré, dans le district de Montréal et jusqu'à Trois-Rivières, des deux côtés du fleuve. »

## La fin des débats

Le vendredi 10 mars 1865, la motion principale de John A. Macdonald est mise au vote. Sur les 124 députés présents, 91 votent en faveur de l'adoption des résolutions de la Conférence de Québec. L'historien Jean-Paul Bernard analyse ainsi le vote exprimé par les députés du Bas-Canada.

> Sur les 62 députés du Bas-Canada, écrit-il, 37 avaient voté en faveur de la Confédération, tandis que 25 s'étaient déclarés contre. Cependant, une analyse plus précise du vote montre que le projet n'avait été appuyé que par 27 députés canadiens-français sur 49. Mieux que cela, si l'on enlève d'une part les voix de J. Poupore et de T. Robitaille, qui représentaient les circonscriptions majoritairement anglophones de Pontiac et de Bonaventure, et si l'on ajoute, d'autre part, celles de Holton et de Huntingdon, qui représentaient des comtés majoritairement francophones, on peut dire que parmi les 49 représentants des comtés francophones qui prirent part au vote 25 dirent *oui* et 24 dirent *non* au projet de Confédération. Si 13 des représentants des 24 comtés francophones de la grande région de Montréal et si 4 des 7 représentants de la grande région de Trois-Rivières s'étaient prononcés contre la Confédération, 7 seulement des 19 représentants des comtés francophones de la région de Québec l'avaient fait.

Pour le journal rouge le *Pays*, cette séance parlementaire « restera profondément marquée dans les annales du Canada et surtout dans l'histoire de la nationalité française sur cette partie du continent américain ».

La séance au cours de laquelle le vote est pris se termine à quatre heures trente. À la clôture, note le *Pays*, « les députés composant la glorieuse majorité, suivant le rapport, auraient chanté en chœur le *God save the Queen*. Après une séance où l'on venait de créer une nouvelle nationalité et de sacrifier la nôtre, nous comprenons qu'il était de toute convenance d'entonner l'hymne national anglais ».

Si le projet de Confédération soulève l'approbation d'une majorité de députés canadiens, il aura moins de chance dans les provinces maritimes. Tout n'est pas encore réglé !

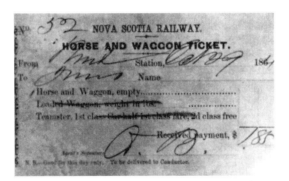

# LA MARCHE FINALE
# 1865-1867

AU LENDEMAIN DU VOTE MÉMORABLE DU 10 MARS 1865, les conservateurs et quelques libéraux se réjouissent d'avoir réussi à faire approuver par la Chambre d'assemblée le projet d'une nouvelle constitution. Par contre, les rouges ne cachent pas leur déception, surtout que tout se passe sans que le peuple ne soit consulté. Le *Pays* publie une lettre d'un lecteur qui signe F. J. S., dénonçant, cela va sans dire, le projet en cours : « Ce sera, dit-il, un jour néfaste, celui qui verra la Chambre d'assemblée approuver, sans avoir consulté le peuple, les mesures si injustes que veut nous imposer la coalition Brown-Cartier. Les représentants de la nation n'ont pas été élus pour changer la face du pays ; ils l'ont été pour conserver ses privilèges et, s'ils ne sont pas fidèles à leur mandat, s'ils outrepassent les pouvoirs qui leur ont été conférés, ils auront un terrible compte à rendre à leurs constituants. »

Le lundi 13 mars, John A. Macdonald présente à la Chambre d'assemblée une motion demandant de former un comité pour la rédaction d'une adresse à la reine « au sujet de l'union des colonies de l'Amérique britannique du Nord ». Avant même que la discussion ne s'engage sur le bien-fondé de la motion, le député John Hillyard Cameron, du Haut-Canada, propose à son tour qu'une humble adresse soit présentée au gouverneur général « demandant à Son Excellence de vouloir bien, en vue des grands intérêts qui sont mis en jeu dans une mesure si importante, et qui change entièrement la constitution de cette province, ordonner qu'il soit fait un appel au peuple avant que le parlement impérial ne confirme ou décrète ladite mesure ». Dans son discours, Cameron fait valoir que des colonies maritimes ont déjà fait appel au peuple.

> Nous entendons dire de tous les côtés de la Chambre, ajoute-t-il, que tout le pays est en faveur de cette mesure. Dans ce cas, pourquoi hésiter à demander au pays de confirmer par une élection ce qui est si clairement avantageux et ce qui est si

sûr d'être approuvé ? Monsieur l'orateur, j'entends dire, dans cette Chambre et en dehors de cette Chambre, que le peuple du Bas-Canada est opposé à la mesure. Si tel est le cas, s'il y est aussi fortement opposé qu'on l'a dit, serait-ce une conduite sage de notre part de la lui imposer contre sa volonté ? Nous voulons créer une existence gouvernementale entièrement nouvelle, et nous proposons de soumettre une immense étendue de pays à une nouvelle forme de gouvernement. Nous voulons et prétendons qu'elle ait sa meilleure et plus ample base dans le cœur du peuple. Et, monsieur l'orateur, ne sera-t-elle pas plus forte et mieux enracinée dans l'estime du peuple si on la lui soumet et si on obtient sa sanction pour la mettre à exécution ?

La motion Cameron est rejetée par 84 voix contre 35, mais l'adresse à la reine est acceptée. Le 18 mars, la session est prorogée. Le mardi 21, le conseil des ministres siège toute la journée pour étudier l'organisation d'une mission en Angleterre au sujet du projet de Confédération. Brown avoue que c'est la discussion la plus grave à laquelle il ait jamais pris part. La rencontre se poursuit le lendemain et, à dix-huit heures, on craint une scission grave chez les ministres. Le 15 avril, Galt et Cartier partent pour Londres et, cinq jours plus tard, Brown et Macdonald s'embarquent à bord du *China*. Les deux délégués du Bas-Canada arrivent à Londres quelques jours avant ceux du Haut et commencent aussitôt à participer à divers repas ou rencontres.

Le lundi 15 mai, les quatre ministres canadiens sont présentés à la reine Victoria. Galt note qu'ils ont été traités comme des ambassadeurs et non comme de simples coloniaux, ainsi qu'ils ont été toujours appelés. Le prince de Galles, qui était dans la salle, les reconnaît et les salue gentiment ! Un comité du Cabinet impérial est formé pour discuter avec les délégués du projet de Confédération. Il est formé du duc de Somerset, du comte de Grey et Ripon, de William Ewart Gladstone et de Edward Cardwell.

Dans leur rapport au gouverneur général Monck, les délégués font état de leurs travaux :

> Le premier sujet auquel nous appelâmes l'attention de la Conférence fut la Confédération proposée des colonies de l'Amérique septentrionale britannique. Nous rappelâmes aux ministres impériaux combien l'union affecterait considérablement toutes les questions que nous étions chargés de discuter — surtout celles de la défense, des relations commerciales étrangères et des communications intérieures — et combien elle en faciliterait grandement la solution satisfaisante. [...] Nous reçûmes dès l'abord des membres du Cabinet impérial les assurances de leur cordiale approbation du projet de confédération et de leur ardent désir d'en aider le prompt accomplissement de toute l'influence légitime du gouvernement impérial. [...] Nous reçûmes les assurances que le gouvernement de Sa Majesté userait de tous les moyens légitimes pour assurer le prompt assentiment des provinces maritimes à l'Union.

Les questions du chemin de fer intercolonial et de la défense du territoire sont ensuite abordées. Dans le premier cas, le gouvernement impérial réitère sa promesse d'une garantie « pour un emprunt destiné à la construction de cet ouvrage ». Sur le second point, nous exprimâmes, rapportent les délégués, le désir sincère du peuple du Canada de perpétuer l'heureuse connexion existante avec la Grande-Bretagne, et sa disposition à contribuer de bon cœur à la défense de l'Empire pour sa bonne quote-part, selon ses moyens, tant en hommes qu'en argent. Mais nous fîmes remarquer que si malheureusement la guerre éclatait jamais entre l'Angleterre et les États-Unis, ce ne pourrait être qu'une guerre impériale, pour des raisons impériales, que notre pays seul serait exposé aux horreurs de l'invasion, et que notre position exposée, loin de nous imposer des fardeaux inaccoutumés, devait au contraire nous assurer la considération spéciale du gouvernement impérial.

La discussion porte ensuite sur le renouvellement du traité de réciprocité et sur l'ouverture des territoires du Nord-Ouest à la colonisation et à l'agriculture.

Nous proposâmes aux ministres impériaux que tout le territoire britannique à l'est des montagnes Rocheuses et au nord des lignes américaines et canadiennes fût cédé au Canada, sujet aux droits que la Compagnie de la Baie d'Hudson pourrait établir et qu'il fût fait face à la compensation payable à la Compagnie (s'il se trouvait en être dû aucune) au moyen d'un emprunt garanti par la Grande-Bretagne. Le gouvernement impérial acquiesça à cette proposition et, après un examen soigné de l'affaire, nous nous sommes convaincus que la compensation payable à la Baie d'Hudson ne pouvait en aucun cas être onéreuse.

Considérant leur mission accomplie, les quatre délégués quittent Londres à la fin de juin. Macdonald est de retour à Montréal le 7 juillet, le lendemain de l'arrivée de Cartier.

## L'Est ébranle le projet

Alors que le projet de Confédération va bon train au Canada-Uni, les colonies atlantiques ne partagent pas le même enthousiasme. Le Parlement de Terre-Neuve est saisi du projet lors de l'ouverture de la session, le 27 janvier 1865. Le débat s'engage en comité plénier le 20 février suivant et le premier ministre Hugues Hoyles déclare que « Terre-Neuve entrant dans la Confédération serait comme un Sauvage qui doit céder ses droits pour entrer dans la société ».

On demande que le projet soit soumis au peuple, à l'occasion d'une élection générale. On décide donc de reporter l'étude des résolutions de la Conférence de Québec après les élections !

Les habitants de l'Île-du-Prince-Édouard et leurs représentants ne manifestent pas plus d'enthousiasme. L'hebdomadaire *The Islander*, de Charlottetown, avait écrit dans son édition du 6 janvier : « La majorité des habitants ont le sentiment que la Confédération serait un désastre pour leur province. On leur dit que, si l'île devait s'unir aux autres provinces, dans un gouvernement fédéral, les habitants seraient frappés de lourds impôts, qu'on les enverrait aux frontières du Haut-Canada pour aller défendre les Canadiens et que l'achèvement du chemin de fer intercolonial contribuerait à acheminer les produits du Canada jusqu'à Saint-Jean et à Halifax, causant ainsi du tort aux fermiers de l'Île-du-Prince-Édouard. »

Le 31 mars, par un vote de 23 contre 5, la Chambre d'assemblée refuse d'accepter les résolutions de Québec. Le Conseil législatif fait le même geste quelques jours plus tard.

Le premier ministre du Nouveau-Brunswick, Samuel Leonard Tilley, préfère s'en remettre à une élection générale. Suivant les circonscriptions électorales, les électeurs se prononcent entre le 28 février et le 18 mars. Albert J. Smith, chef du parti libéral, remporte la victoire. Comme les nouveaux députés préfèrent une union législative à une union fédérale, il devient inutile de présenter, pour adoption, les résolutions de la Conférence de Québec. Devant la tournure des événements, pour ne pas subir à son tour une défaite, le premier ministre Tupper, de la Nouvelle-Écosse, se contente de soumettre à la députation de sa province un simple projet d'union des colonies maritimes.

Pour la majorité des habitants des colonies maritimes, le projet de Confédération n'est à l'avantage que des Canadiens qui veulent des ports ouverts à l'année et quelqu'un pour payer les dépenses de leur manie des grandeurs. Le lieutenant-gouverneur de la Nouvelle-Écosse, analysant la situation dans une lettre au secrétaire d'État aux Colonies, le 16 mars, affirme : « L'opinion publique, en Angleterre, a tellement été préoccupée par le Canada et par ce que le Canada pourrait ou voudrait faire, qu'il n'est jamais venu à l'esprit de la plupart des gens qu'un habitant de la Nouvelle-Écosse pouvait être aussi intelligent et aussi loyal que n'importe quel Canadien, tout en considérant la question de l'union d'une manière tout à fait différente. [...] Pour un Néo-Écossais, il ne s'agit pas de savoir ce qu'il gagnera, mais plutôt de savoir comment il sera absorbé et quel supplément il lui faudra payer pour être absorbé. »

Cardwell, le secrétaire d'État aux Colonies, adresse, le 24 juin, une lettre au lieutenant-gouverneur Gordon, du Nouveau-Brunswick, affirmant la décision de la Grande-Bretagne de voir se réaliser le projet de Confédération, tel que défini à Québec. Le premier ministre Smith et les membres de son Conseil ne prisent pas la pression londonienne et, lors de leur réunion du 12 juillet, ils font inscrire cette phrase dans leur procès-verbal : « La Confédération est un produit des difficultés canadiennes et son but n'est pas d'unir, mais de diviser. »

## Le flirt avec le client

Lors de leur séjour à Londres, les quatre délégués canadiens avaient abordé la question du renouvellement du Traité de réciprocité avec les États-Unis. Dans leur rapport au gouverneur général, ils écrivent :

> Sur le sujet du Traité de réciprocité américain, nous entrâmes dans de complètes explications avec les ministres impériaux. Nous expliquâmes comment le traité avait avantageusement opéré pour le Canada et le désir de notre peuple de le voir renouveler ; mais nous montrâmes en même temps combien plus avantageusement encore il avait opéré pour les intérêts américains et nous déclarâmes ne pouvoir croire que le gouvernement des États-Unis eût sérieusement en vue l'abolition d'un arrangement au moyen duquel ils avaient si grandement accru leur commerce intérieur, s'étaient assuré un trafic de transport vaste et lucratif et avaient obtenu l'accès libre au Saint-Laurent et aux riches pêcheries de l'Amérique britannique, et cela pour la seule raison que les provinces avaient aussi profité du traité. [...] Nous demandâmes que le ministre britannique à Washington reçût instruction d'exposer franchement au gouvernement américain le désir du peuple

canadien de voir renouveler le traité et la disposition où nous sommes de discuter et d'accepter favorablement toutes dispositions justes qui pourraient être faites pour une extension ou des modifications de ces conditions ; nous demandâmes que les vues du gouvernement américain fussent obtenues sous le plus court délai convenable, et que Son Excellence sir Frederick Bruce agît de concert avec le gouvernement canadien dans l'affaire. Le gouvernement impérial accéda cordialement à nos suggestions.

Les gouvernements impériaux et canadiens doivent faire vite car, le 12 janvier précédent, le Sénat américain avait voté l'abrogation du traité par un vote de 33 voix contre 8. Le 17 mars, soit à peine un mois avant son assassinat, le président Abraham Lincoln avait signé l'avis de dénonciation qui signifiait que le traité devait cesser d'être en vigueur le 17 mars 1866.

En juillet, Galt et William Pearce Howland, ministre et député de West York dans le Haut-Canada, se rendent à Washington rencontrer l'ambassadeur Bruce. Ce dernier les avertit qu'il sera difficile de convaincre les Américains de renouveler le traité, car ils prisent peu l'attitude adoptée par la Grande-Bretagne lors de la guerre de Sécession.

Presque au même moment se tient à Détroit la Convention des chambres de commerce des États-Unis à laquelle participent quelques délégués canadiens. Le 14 juillet, l'orateur invité est John Fox Potter, consul des États-Unis à Montréal. Le diplomate expose sa conception de la réciprocité qui doit exister entre le Canada-Uni et les États-Unis :

> Je crois que le plus grand bienfait que l'on puisse accorder au peuple du Canada et qui serait en même temps avantageux aux États-Unis serait d'établir un système de réciprocité, mais un système permanent ; et je dis qu'il existe aujourd'hui dans le Canada et spécialement dans le Bas-Canada, un plus fort sentiment que jamais en faveur d'une alliance plus étroite avec les États-Unis. [...] La question est de savoir comment nous aurons le consentement du peuple canadien pour cette alliance plus étroite ? Comment convaincrons-nous le peuple du Canada qu'il est dans son intérêt d'entrer dans une alliance plus étroite ? Je m'accorde avec ceux qui disent que nous ne pouvons forcer le peuple du Canada à entrer dans cette alliance ; mais en autant que le Traité de réciprocité se trouve concerné, il était entendu, dans l'arrangement original, que nous aurions le droit de terminer le traité à l'expiration de dix années, en donnant avis à l'autre partie. Cet avis a été donné. Nous avons le droit de le terminer, si nous croyons que la fin du traité ouvrira les yeux à une grande partie du peuple du Canada et lui fera voir où reposent ses véritables intérêts et qu'une alliance plus étroite lui serait très avantageuse et ferait valoir ses meilleurs intérêts. Je dis, quoique ce ne soit pas le temps d'entrer bien avant dans ce sujet, et je suis parfaitement convaincu qu'il ne peut y avoir de profonde réciprocité entre les États-Unis et le Canada sans cette alliance plus étroite, à laquelle j'ai fait allusion, et qui, je l'espère, sera acceptée par le libre consentement du peuple du Canada et des États-Unis.

Après avoir rejeté l'hypothèse d'une conquête par les armes du Canada, le consul lance un appel aux habitants de la colonie voisine :

Si les Canadiens veulent venir vers nous, qu'ils viennent comme des frères et nous vivrons comme des frères, et nous vivrons comme des frères à l'ombre d'un même drapeau et sous une même destinée. La question, alors, est de savoir si nous consentirons simplement à accorder aux Canadiens tous les privilèges de nos marchés ? Car la vraie politique est qu'en accordant ces privilèges, ils seront placés sur le même pied que nos propres citoyens à l'égard de nos responsabilités et de notre taxe. Je crois que j'exprime le sentiment général de ceux du Canada qui sont le plus amis des États-Unis lorsque je dis qu'il n'est pas de la politique de notre gouvernement, de notre politique, de continuer ce traité, parce que je crois que, deux ans après l'abrogation du traité de réciprocité, les Canadiens eux-mêmes demanderont à former partie des États-Unis.

La déclaration du consul américain à Montréal déplaît au gouvernement canadien et lors de la session d'août 1865, la Chambre d'assemblée se demandera si le diplomate a forfait à ses devoirs. Mais il semble bien que la déclaration de Potter reflétait assez justement l'attitude du gouvernement américain.

En août 1865, le gouverneur général Monck forme un comité chargé d'étudier les traités commerciaux. Des représentants du Canada-Uni, de la Nouvelle-Écosse, de Terre-Neuve, du Nouveau-Brunswick et de l'Île-du-Prince-Édouard en font partie. Il se dégage des travaux de ce comité qu'advenant le cas où les États-Unis maintiennent leur décision de ne pas renouveler le traité, les colonies anglaises de l'Amérique du Nord devront chercher à développer leurs relations commerciales avec les Indes occidentales et l'Amérique latine.

## En Chambre

Le 8 août, le gouverneur Monck inaugure la quatrième session du huitième Parlement du Canada-Uni en l'absence du premier ministre Taché, décédé quelques semaines avant l'ouverture des travaux parlementaires. Comme la Grande Coalition existait toujours, l'approbation par Brown du choix d'un nouveau premier ministre était quasi nécessaire. Les candidatures de Macdonald et de Cartier sont rejetées et celle de Narcisse-Fortunat Belleau, conseiller législatif, apparaît comme un compromis acceptable. Le ministère Belleau-Macdonald est donc assermenté le 7 août.

La session, qui se termine le 18 septembre, est marquée par l'adoption d'une seule mesure importante : la promulgation du nouveau code civil du Bas-Canada, qui doit entrer en vigueur le 1er août 1866.

Le ministère, même après la clôture des travaux parlementaires, continue à se préoccuper de la question du renouvellement du Traité de réciprocité. En novembre, une nouvelle mission se rend à New York pour tenter à nouveau de convaincre les représentants américains de la nécessité de continuer l'entente douanière. Galt est prêt à céder beaucoup pour une extension du traité ; il se dit prêt à concéder des conditions plus favorables pour les spiritueux ou à élargir la liberté de commerce sur le Saint-Laurent. Selon le ministre des Finances, le gouvernement canadien serait prêt à financer l'élargissement des canaux pour permettre aux navires de fort tonnage d'atteindre les Grands Lacs. Le ministre Brown considère que ce sont là de trop fortes concessions et, comme le ministère se dit prêt à adopter une loi pour prolonger l'entente tarifaire avec les États-Unis sur de telles cessions, il donne sa démission le 22 décembre 1865, sans pour autant cesser d'appuyer la Grande Coalition.

## Les francophones hors Canada

Les dizaines de milliers de Canadiens français qui se sont établis aux États-Unis depuis les années 1830 ne demeurent pas impassibles devant la crise politique qui agite le Canada-Uni. Quelques-uns décident d'organiser à New York la Convention des Canadiens des États-Unis. Le 15 novembre 1865, à l'hôtel Saint-Charles, environ 400 Canadiens français se réunissent pour dénoncer le projet de Confédération. J. N. Cadieux, médecin à Elmira, dénonce, dans un discours enflammé, les Canadiens français membres du gouvernement canadien.

> Depuis plusieurs années, clame-t-il, les Canadiens français ont été forcés, par la persécution du gouvernement anglais, et j'ai honte de le dire, par ceux dont naturellement ils devraient attendre amour et protection, de laisser leur patrie et à émigrer aux États-Unis pour y chercher le pain, l'espace et la liberté qui leur étaient refusés sous le gouvernement anglais. [...] Pendant la dernière guerre [de Sécession], quarante mille Canadiens français ont pris les armes et ont combattu bravement pour la défense du gouvernement qui leur a donné protection et cela surtout a tellement exaspéré les tories canadiens que leurs journaux et leurs chaires ont lancé non seulement des faussetés dignes d'un journal comme la *Minerve*, mais les assertions les plus ridicules et les plus fausses que peut proférer la bouche d'un fanatique, d'un traître et d'un poltron comme George-Étienne Cartier, le Premier du Canada, qui ne regrette rien tant que de ne pas être anglais.

Lors d'une assemblée tenue à Elmira, le 23 novembre, Cadieux présente un rapport de la convention de New York.

> La Convention, dit-il, a fermement persuadé les Canadiens français disséminés sur toute l'étendue des États-Unis de l'importance de former aussitôt que possible des associations propres à réunir leurs forces et à les préparer à frapper un grand coup, si l'Angleterre n'abandonne pas bientôt le Canada, soit en y formant un gouvernement indépendant, soit plutôt en l'annexant aux États-Unis qui possèdent le meilleur gouvernement sur terre. Il est absolument nécessaire que nous, Canadiens français d'Elmira, quoique peu nombreux, nous nous organisions d'une manière permanente. Par là, nous pourrons coopérer à l'œuvre de nos frères des autres endroits. Nous donnerons l'exemple aux grands centres. L'œuvre commencée est déjà presque couronnée de succès. Qu'avons-nous à craindre ? Rien ! Qu'avons-nous à gagner ? Beaucoup ! L'esclavage est d'un côté, la liberté de l'autre. Avons-nous des amis ? Oui. Qui sont-ils ? Légion. N'oublions jamais que les Américains sont nos meilleurs amis. [...] L'espérance arrive sur les quatre vents du ciel. Le serf est devenu libre en Russie, l'Italie compte parmi les nations de la terre, on a reconnu au nègre les droits de l'homme. Que les Canadiens français, que les Irlandais, que les esclaves blancs espèrent ! Les chaînes sont un filet : que l'une des mailles se brise et tout se défait.

Lors de cette réunion à Elmira, à la suggestion de Cadieux, se forme une association qui prend le nom de Fils de la Liberté ! Selon le président-fondateur, le nouvel organisme devrait compter 100 000 membres !

Rapidement, la dissension apparaît chez les dirigeants canadiens-français de New York et des environs. Les Fils de la Liberté sont pour l'indépendance pure et simple du Canada, alors qu'une autre faction prône l'annexion de la colonie aux États-Unis. Les espoirs de Cadieux ne se réalisent pas assez rapidement à son goût. La presse tory du Bas-Canada le dénonce et tire sur lui à boulets rouges, ce qui n'empêche pas les Fils de la Liberté d'Elmira d'aller, le 1ᵉʳ janvier 1866, présenter en parade leurs hommages à leur président. Quelques semaines auparavant, soit le 10 novembre, le *Journal des Trois-Rivières*, reconnu pour son esprit conservateur, avait affirmé : « Notre pitoyable presse démagogique et annexionniste s'est affilé bien souvent le caquet pour crier journellement que l'union fédérale des colonies britanniques de l'Amérique du Nord n'aurait jamais lieu. Quelques-uns d'entre nos libéraux ont même enveloppé la Confédération du linceul de la mort pour la coucher dans la tombe. Qu'ils prennent garde, elle pourrait peut-être enterrer tous ces démagogues à courte vue et les faire disparaître à jamais d'au milieu de nous. »

Même si Cadieux devient l'objet des attaques de la presse conservatrice du Bas-Canada, cela ne l'empêche pas de continuer à lutter contre le projet de Confédération. Le 21 mars 1866, il organise à Elmira une assemblée réunissant des opposants au projet de la nouvelle constitution. Le lendemain, 22 mars, Cadieux prononce une conférence à Corning, dans l'État de New York. Le sujet : « L'indépendance de l'Irlande et l'annexion du Canada. » Selon l'*Elmira Gazette*, « les cercles féniens d'O'Mahony et de Roberts assistaient en corps. » Justement, ces fameux Féniens venaient de faire parler d'eux au Canada-Uni !

## Une nouvelle menace

La fin de la guerre de Sécession, en 1865, permet à une organisation irlandaise de prendre la vedette. La Fraternité fénienne, fondée en 1858, songe à s'emparer du Canada pour l'échanger contre la liberté de l'Irlande. L'organisme regroupe des Irlandais nationalistes prêts à prendre les armes en Amérique pour délivrer l'Irlande. Les deux principaux chefs du mouvement sont John O'Mahony et W. R. Roberts. Lors d'un discours à Buffalo, en janvier 1866, le « général » T. W. Sweeny, qui agit comme secrétaire à la Guerre du mouvement, déclare : « Avant que le soleil de mai ne brille, nous conquerrons un certain territoire sur lequel le drapeau de l'Irlande flottera et qui nous servira de base pour nos opérations contre l'Angleterre pour la libération de l'Irlande. »

La rumeur se répand au Canada que les Féniens, appuyés par les Irlandais canadiens, profiteront de la fête de saint Patrick, le 17 mars, pour tenter un grand coup. Le 7 mars, à minuit, l'ordre est donné d'appeler immédiatement sous les armes 10 000 miliciens volontaires. À Québec, on se met donc, en pleine nuit, à lever les hommes.

> Tout le monde ou presque tout le monde dormait, raconte un journaliste du *Canadien* dans l'édition du 9, les gens paisibles d'un sommeil léger, les soldats ronflaient, lorsque tout à coup on entendit retentir dans les rues les grelots des chevaux lancés au galop. Les sonnettes s'agitèrent, les marteaux retombèrent à coups pressés, et bientôt à la hauteur des fenêtres du second étage apparut une ligne blanche de bonnets de nuit agités par la curiosité ou la stupeur. Une même

pensée souleva les coiffures nocturnes et transperça l'âme de tous ces gens à moitié éveillés : « Les Féniens viennent d'opérer une descente à la Basse Ville et se fortifient dans le marché neuf. » L'appel aux armes retentissait de toutes parts poussé par des voix enrouées par le froid de la nuit. Chaque maison qui recèle un défenseur de la patrie était sens dessus dessous. On voyait des volontaires sortir en toute hâte et courir au poste, sans prendre le temps d'achever de passer leur pantalon. Les officiers, les sergents avaient fort à faire de retrouver leurs soldats dispersés dans toute la ville et endormis dans tous les coins.

À quatre heures, les volontaires sont prêts pour l'inspection sur le terrain d'exercice de la Grande-Allée. À Montréal, le 8 au matin, la même scène se produit et des centaines d'hommes se retrouvent sous les armes. Les employés de banques dans les deux villes travaillent armés. On installe des sentinelles un peu partout et les suspects sont fouillés.

À Québec, quelques-uns des 1100 volontaires sont cantonnés dans des maisons de particuliers du quartier Montcalm. On fixe la ration journalière à une livre de viande ou de poisson, une livre de pain, une livre de pommes de terre, une once et demie de beurre ; une demi-once de thé et de café et une demi-once de sel et de poivre. Tous les jours, il y a trois revues régulières : l'une à dix heures, la deuxième à quatorze heures et la dernière à dix-neuf heures. À cause du danger appréhendé, les portes de la ville sont fermées depuis minuit jusqu'à six heures du matin et, toute la journée et toute la nuit, une chaîne de sentinelles est placée « à portée de voix l'une de l'autre » autour des fortifications. De plus, selon les rapports officiels, « des détachements de volontaires armés font la patrouille la nuit dans les rues de la ville. Des revolvers ont été distribués aux officiers volontaires ».

Des volontaires sont expédiés le long des frontières et les officiers de douanes « ont reçu ordre d'ouvrir les malles des passagers venant en ce pays et de s'emparer de toutes les armes et minutions qu'elles pourraient contenir et tous les paquets de marchandises suspectes devront être soigneusement visités ».

La psychose de la guerre s'empare de plusieurs citoyens qui retirent leur argent des banques pour le cacher soit dans leur jardin, soit dans leur sous-sol. On appréhende ce fameux 17 mars qui doit marquer une attaque générale contre le Canada. Le vendredi 15 mars, des troupes défilent dans les rues de Québec et de Montréal où on déménage, à l'île Sainte-Hélène, 70 tonneaux de poudre qui se trouvaient emmagasinés « derrière la Montagne ». Le pays est maintenant prêt à se défendre contre une invasion fénienne. « Voici un état correct des forces militaires dont peut actuellement disposer le Canada, peut-on lire dans le *Canadien* : Il y a d'abord 8000 à 10 000 hommes de troupes régulières anglaises disséminés dans les différentes parties de la province. Ensuite, 11 000 volontaires ont été appelés sous les armes pour le service actif à la frontière ; 15 000 autres volontaires bien armés et disciplinés sont prêts à marcher au premier appel sous une heure d'avis. En sus, il y a 80 000 miliciens enrôlés qui n'attendent que l'ordre du gouvernement pour aller se joindre aux volontaires et aux troupes régulières. » De plus, le gouvernement canadien reçoit l'offre de service de 1500 guerriers de la tribu des Six-Nations « établis sur la rivière Outaouais ».

Le 17 mars, les Irlandais des différentes villes du Canada-Uni célèbrent la fête de leur saint patron dans le calme. Les journaux peuvent écrire : « Le jour fatal, marqué pour l'invasion fénienne, est passé sans que, d'un bout à l'autre du pays, aucune démonstration ne soit venue troubler la paix publique. » À la fin du mois de mars, les miliciens obtiennent la permission de regagner leur foyer. Le *Journal de Saint-Hyacinthe* affirme que cette levée massive a coûté quotidiennement au gouvernement canadien la somme de 30 000 dollars. Et tout cela, selon la même publication, « pour combattre les moulins à vent enfantés par la cervelle avariée de M. McGee ».

## Une convention résolue

Une nouvelle convention des Canadiens français favorables à l'annexion du Canada aux États-Unis se tient, le mardi 10 avril 1866, à la salle de lecture Clinton à New York. Le but de la rencontre est la formation d'un organisme structuré. L. P. Fontaine, élu à l'unanimité président de la convention, aborde la question du projet d'invasion du Canada par les Féniens.

> Pourquoi, dit-il, les Féniens feraient-ils diversion en allant au Canada ? Cela n'avancerait certainement pas leur cause. Bien au contraire, ils s'aliéneraient, par cette agression, l'appui qu'ils sont en droit d'attendre de tout ami de la liberté tant aux États-Unis qu'au Canada. Si les Féniens commettaient cette grande faute, ils donneraient raison à ceux qui les accusent d'avoir pour unique but le pillage et la rapine, et les meilleurs amis de leur cause prendraient les armes contre eux. Les chefs du mouvement ont si bien compris cela que, dans leurs discours et dans leurs écrits, ils ont désavoué l'intention d'envahir le Canada.

Fontaine dénonce ensuite une manie des Canadiens français : « Quant à la langue française, qui de vous n'a pas remarqué la malheureuse tendance à parler l'anglais qui, semblable à une manie, s'est emparée de la société canadienne-française ! C'est à qui, dans certains cercles, niera savoir parler français. Ceux-là mêmes qui combattent le plus l'annexion, par crainte de perdre cette langue, sont les premiers à renier le dialecte qu'ils tiennent de leurs pères pour s'adresser en anglais à ceux qui les paient pour dénigrer les États-Unis. Ils ont, pour ainsi dire, honte de se déclarer d'origine française. Il est à la mode de parler anglais. »

J. B. E. Beaubien, secrétaire de la convention, donne ensuite lecture d'une série de résolutions dont les premières concernent le projet de Confédération :

> Que nous, Canadiens français de New York croyons être le fidèle écho de l'opinion de nos compatriotes dispersés sur le sol américain, en nous déclarant opposés au projet de la Confédération des provinces de l'Amérique britannique du Nord, tel que développé par la convention de Québec, cette mesure étant injuste dans sa conception et hostile aux véritables intérêts des Canadiens français ; que la conduite du gouvernement canadien, durant les derniers événements, démontre amplement le manque de popularité du projet de Confédération, puisque ce gouvernement, afin de presser l'adoption de cette mesure, n'a pas cru déroger à sa dignité en créant et exploitant des craintes mal fondées et de plus en plaçant le Canada dans la position ridicule d'un pays qui s'arme contre un ennemi imaginaire.

Puis vient la résolution demandant l'annexion du Canada aux États-Unis, vu « que la forme républicaine est, selon nous, la forme de gouvernement la plus juste ».

Les membres de la Convention de New York se trompent lorsqu'ils affirment que les Féniens ne songent pas à attaquer le Canada car, dès le début de juin, quelques centaines d'Irlandais armés franchissent la frontière tant dans le Haut que dans le Bas-Canada. Les engagements les plus importants ont lieu dans la partie supérieure de la colonie. La rumeur court que 12 000 Féniens se massent à St. Albans, dans l'État du Vermont, et qu'ils se préparent à marcher sur Montréal. Le gouvernement canadien ordonne la levée immédiate de 10 000 volontaires. Le 2 juin, les autorités américaines émettent une proclamation demandant à la population de ne pas prêter main-forte aux Irlandais.

Les nouvelles se bousculent sur le télégraphe. Un texte en provenance de Québec, daté du 3 juin, affirme :

> Les volontaires ont été passés en revue au nombre de mille environ ; ils sont animés de la plus louable ardeur. À 10 heures a.m., le 7e Fusiliers, au nombre de mille, reçut ordre de partir par un train spécial pour Cornwall, croyons-nous. À 2 1/2 h p. m., l'artillerie royale a été appelée de l'église et elle est partie pour on ne sait où avec un équipement complet et deux jours de ration. Une frégate est partie d'ici au lever du jour pour Montréal ; bon nombre de ses marins sont partis par steamer hier soir pour armer plusieurs vaisseaux sur les lacs. La compagnie des remorqueurs du Saint-Laurent a vu employer plusieurs de ses vaisseaux par les autorités militaires pour porter des munitions dans l'Ouest. Le remorqueur *Hercule* a pris en chargement plusieurs canons de la frégate *Aurora* et il est parti à midi pour les lacs. [...] Les volontaires de Lévis sont prêts.

Les mouvements de troupes se multiplient. Les soldats se déplacent surtout en chemin de fer. On envoie des renforts dans la région de Saint-Jean, Hemmingford et Frelighsburg. On appréhende une attaque à tout moment et certains commencent à douter de la fidélité de quelques Irlandais établis au Canada qui, peut-être, se joindraient aux envahisseurs pour leur prêter main-forte. Le 6, on annonce que « le serment d'allégeance doit être administré aux employés du canal Lachine ».

Le 7 juin 1866, les Féniens franchissent la frontière dans la région de Saint-Armand et le général Sweeny lance une proclamation au peuple de l'Amérique britannique du Nord :

> Nous n'avons rien à régler avec le peuple de cette province, avec lequel nous voulons entretenir les relations les plus amicales. Nos armes sont pour les oppresseurs de l'Irlande. Nos coups ne seront dirigés que contre le pouvoir de l'Angleterre ; nous n'empiéterons que sur ses privilèges et non sur les vôtres. Nous nous attaquons à ses droits et nous proclamons notre droit de faire de ses possessions américaines le champ, la base de nos opérations dans une guerre contre un ennemi. Nous venons nous installer dans ses possessions et les mettre contre elle dans une guerre pour la liberté de l'Irlande. Nous ne venons ici ni comme meurtriers ni comme voleurs ; nous ne voulons pas piller.

Les Féniens plantent leur drapeau vert sur les collines de Pigeon Hill, dans le comté de Missisquoi, et des volontaires sont envoyés pour les en chasser. Avant même qu'un engagement sérieux n'ait lieu, les envahisseurs se replient et retournent aux États-Unis, emportant avec eux « 40 têtes de bétail, 150 moutons et quelques vieux chevaux ». « Ils ont pillé toutes les maisons et ont emporté tout ce qu'ils ont pu », ajoute le correspondant de la *Minerve*. Quelques Féniens sont faits prisonniers et transportés par train à Montréal.

Pendant que se déroulent tous ces événements, les députés du Canada-Uni siègent pour la première fois dans les nouveaux édifices gouvernementaux à Ottawa.

## La dernière session

La cinquième session du huitième Parlement, la dernière avant l'entrée en vigueur de la Confédération, débute le 8 juin. Dans son discours du trône, le gouverneur Monck parle de l'invasion et de la défense du territoire, de la fin du Traité de réciprocité et... de la Confédération. « La grande question de l'union des provinces de l'Amérique septentrionale britannique en est arrivée maintenant à une position telle qu'elle fait espérer une prompte solution favorable. C'est pourquoi je me flatte et je crois qu'il sera possible d'adopter, pendant la présente session, les mesures nécessaires pour compléter, en ce qui concerne cette province, les détails du projet ; et j'ose exprimer le confiant espoir que le prochain parlement qui se tiendra dans ces murs ne se bornera pas à une assemblée de représentants du Canada, mais comprendra ceux de toutes les colonies britanniques de l'Amérique septentrionale. »

Avant de passer à la discussion usuelle sur le discours du trône, le procureur général John A. Macdonald présente un projet de loi pour suspendre le bref de l'habeas corpus et il demande de suspendre toutes les règles pour adopter le bill immédiatement. La mesure vise directement les Féniens et leurs sympathisants qui pourraient se retrouver en prison. Elle a pour titre Acte pour autoriser l'arrestation et l'emprisonnement jusqu'au huitième jour de juin mil huit cent soixante-sept, des personnes soupçonnées d'avoir commis des hostilités ou d'avoir conspiré contre la personne et le gouvernement de Sa Majesté. Les deux Chambres adoptent aussi une autre mesure reliée au même problème, l'Acte pour mettre les habitants du Bas-Canada à l'abri des injustes agressions commises par des sujets des pays étrangers en paix avec Sa Majesté.

Lors du débat sur l'adresse en réponse au discours du trône, le député rouge Antoine-Aimé Dorion propose une motion demandant « qu'un changement aussi radical dans les institutions politiques [le projet de Confédération] et les relations de la province ne devrait pas être mis à effet avant que le peuple ait eu l'occasion d'exprimer son approbation ». Les députés repoussent la proposition par 79 voix contre 19.

## On protège la minorité

Le 13 juillet, John A. Macdonald présente à la Chambre une série de 15 résolutions concernant « le gouvernement local et la législature du Haut et du Bas-Canada lorsque l'Union des provinces sera effectuée ». Alors que l'on prévoit que pour le Haut-Canada une Assemblée législative sera suffisante pour voir à l'aspect législatif, il faudra pour le Bas-Canada un Conseil législatif et une Assemblée ; le premier se composera de vingt-quatre membres nommés à vie par la Couronne, sous le grand sceau du gouvernement local et chaque membre représentera un collège électoral précis. Quant à la seconde, l'article 11 des résolutions prévoit :

> L'Assemblée législative du Bas-Canada sera composée de soixante-cinq membres qui seront élus pour les soixante-cinq collèges électoraux en lesquels le Bas-Canada est actuellement divisé, sous l'autorité du chapitre deux des Statuts refondus pour le Bas-Canada, et de l'Acte 23 Victoria, chapitre un, ou de tout autre Acte qui les amende, en vigueur à l'époque de la création du gouvernement local, tant pour la représentation à sa Législature locale qu'à la Chambre des communes des provinces fédérées ; mais il ne sera pas loisible de présenter au lieutenant-gouverneur, pour obtenir son assentiment, aucun bill du Conseil légis-latif ou de l'Assemblée législative où les délimitations des collèges électoraux pourraient être modifiées, à moins qu'il n'ait été passé à ses deuxième et troisième lectures dans l'Assemblée législative avec le concours des trois quarts des membres composant alors l'Assemblée législative, et l'assentiment ne sera donné à aucun bill de cette nature à moins qu'une adresse n'ait été présentée au lieutenant-gouverneur par l'Assemblée législative déclarant que tel bill a été ainsi passé.

George-Étienne Cartier, lors de son intervention du 13 juillet, tente de justifier les structures particulières du gouvernement du Bas-Canada par une affirmation un peu surprenante :

> Les populations du Bas-Canada sont beaucoup plus monarchistes que celles du Haut-Canada ; elles apprécient davantage les institutions monarchiques, hormis toutefois les démocrates avancés, comme il s'en trouve quelques-uns dans cette Chambre. Ceux-là vont me désapprouver ; mais je n'y ai pas regret. Pour avoir leur approbation, il me faudrait favoriser beaucoup trop leurs idées et manquer par là même au premier de mes devoirs. [...] Dans le Bas-Canada, je le répète, nous sommes monarchistes conservateurs ; et nous voulons prendre les moyens d'empêcher la tourmente populaire de jamais bouleverser l'État.

Donc, pour des raisons de stabilité politique, le Bas-Canada doit posséder deux Chambres, dont une se compose de membres nommés à vie par le gouvernement.

Pour l'opposition rouge et plusieurs journaux du Bas-Canada, le but visé n'échappe pas. On pouvait lire dans la *Minerve* du 10 juillet : « La minorité anglaise du Bas-Canada espère que le Conseil législatif pourrait, s'il devenait nécessaire, neutraliser l'action de l'Assemblée quand cette action pourrait être nuisible à cette minorité. [...] Le Conseil législatif, nous le répétons, est établi exclusivement pour les Anglais du Bas-Canada. Les Canadiens français n'en ont nul besoin. » Le *Cana-dien*, lui non plus, n'est pas dupe. « On nous présente le Conseil législatif, nommé par la Couronne, comme une institution inspirée par l'esprit conservateur, comme une œuvre monarchique, lit-on dans l'édition du 18 juillet. Il n'en est rien. C'est uniquement une barrière que l'on met à l'extension de notre influence, c'est une forteresse que l'on érige sur notre domaine et dont la garnison anglaise tiendra nos forces en échec. »

Rassurée du côté du Conseil législatif, la minorité anglophone du Bas-Canada le sera aussi quant à l'Assemblée législative. La crainte de quelques-uns est qu'une fois la Confédération établie, les députés francophones profiteront de leur majorité pour modifier les limites des collèges électoraux, risquant ainsi de noyer la population anglophone dans une majorité francophone. Cartier aborde le sujet dans son discours du 13 juillet :

> On a cherché à effrayer la population anglaise du Bas-Canada à ce propos. Mais elle n'a rien à craindre. Il y a aujourd'hui dans le Bas-Canada seize circonscriptions électorales qui fournissent à la population anglaise ou protestante sa bonne part de représentation : Ottawa (comté), Argenteuil, Shefford, Richmond et Wolfe, Compton, Stanstead, Missisquoi, Brome, Huntingdon, Sherbrooke, Mégantic, Châteauguay, Montréal-Ouest, Montréal-Centre, Québec-Ouest et Gaspé. À la vérité, ce n'est qu'un quart de la représentation totale ; mais comment ce quart pourrait-il être opprimé ? Supposons qu'on veuille donner une nouveau membre à tel district, les autres districts, jaloux de leur influence, s'y opposeront naturellement. En outre, dans plusieurs comtés, il existe une minorité anglaise assez importante pour pouvoir y exercer une influence très sensible : Pontiac, Bonaventure, Québec-Centre, Montréal-Ouest, Montcalm, etc. Voilà assurément qui doit rassurer ceux de nos concitoyens anglais et protestants qui désirent, comme moi, que l'harmonie règne partout entre nous. Les anciennes luttes ne sauraient renaître, soyons-en bien convaincus.

Mais il semble bien que de telles garanties ne suffisent pas à la minorité anglophone. Le 2 août, l'article 11 des résolutions proposées est modifié pour protéger encore plus les circonscriptions électorales où les Anglais sont majoritaires. Il est alors proposé que les limites des comtés de Pontiac, Ottawa, Argenteuil, Huntingdon, Missisquoi, Brome, Shefford, Stanstead, Compton, Wolfe et Richmond et la ville de Sherbrooke ne puissent être modifiées par l'Assemblée législative « à moins que la deuxième et la troisième lectures du projet de loi à cet effet n'aient été adoptées à l'Assemblée législative avec le concours de la majorité absolue des députés qui devraient représenter ces circonscriptions électorales ». Malgré l'opposition des députés rouges qui accusent les anglophones de manquer de confiance dans la majorité canadienne-française, la mesure est adoptée par 68 voix contre 24.

Pour que la sécurité des anglophones du Bas-Canada soit complète, on attaque ensuite la question des écoles de la minorité. Le 31 juillet, Hector-Louis Langevin, qui occupe le poste de solliciteur général du Bas-Canada, présente un projet de loi prévoyant pour le Bas-Canada deux surintendants de l'Éducation, le premier pour les catholiques et l'autre pour les protestants. Comme le fait remarquer l'historienne Andrée Désilets, cette mesure « accorderait à la minorité protestante l'indépendance qu'elle désire depuis longtemps ». Le 1er août, le député de la circonscription de Russell, dans le Haut-Canada, Robert Bell, présente à son tour un autre projet de loi visant à accorder aux catholiques de la partie supérieure les mêmes droits qu'à la minorité protestante du Bas-Canada. Il réclame, entre autres, une école normale payée par l'État. Les députés du Haut-Canada considèrent que la question des écoles séparées a été réglée définitivement en 1863 par l'adoption d'une loi à ce sujet et la majorité ne tient pas à rouvrir le dossier.

Le correspondant parlementaire de la *Minerve*, dans une lettre datée du 2 août, vante la générosité des députés francophones : « On fait aux protestants du Bas-Canada toutes les concessions qu'ils peuvent raisonnablement demander, on va même au devant de leurs désirs. Cette attitude donne une force extraordinaire vis-à-vis du Haut-Canada, au sujet des réclamations des catholiques de cette province. »

Le débat s'engage et plusieurs représentants du Haut-Canada soulignent, dans leurs interventions, qu'on ne peut comparer la situation scolaire des protestants du Bas-Canada à celle des catholiques du Haut-Canada et que ces derniers n'ont pas droit, historiquement, aux mêmes privilèges que les premiers. Le problème risque de faire tomber le gouvernement. On trouve plus sage de retirer les deux projets de loi, ce qui entraîne le mécontentement de Galt qui s'était fait le champion défenseur des droits de la minorité protestante du Bas-Canada. Le 7 août, Galt démissionne donc de son poste de ministre des Finances.

Le 11 août, les résolutions concernant le gouvernement local du Canada-Uni sont adoptées. Antoine-Aimé Dorion, fidèle à ses principes, propose à nouveau l'envoi d'une adresse au gouverneur général, « le priant de permettre un appel constitutionnel au peuple avant l'établissement de la Confédération ». La mesure n'obtient que 13 voix sur 65.

La session est prorogée le 15 août. Dans son discours de clôture, le gouverneur général souligne qu'au cours de la session qui se termine, le Parlement a adopté le Code de procédure civile. Mais, pour le représentant de la reine, la mesure la plus importante concerne le projet de Confédération.

> En fermant cette session qui est probablement la dernière sous l'Acte d'Union des deux Canadas, je félicite le Parlement que cette loi a appelé à l'existence sur les événements qui ont eu lieu en cette province durant le dernier quart de siècle. Cette période a été témoin de la ferme consolidation de nos institutions, tant politiques que municipales, de la colonisation de notre pays et du développement de nos ressources intérieures et de notre commerce avec l'étranger, du perfectionnement et de la simplification de nos lois et, par-dessus tout, de l'éducation que l'adoption du système du gouvernement responsable a donnée à nos hommes d'État en la manière si bien éprouvée de la Constitution anglaise. [...] Tout, en un mot, semble nous faire présager que nous sommes à la veille d'entrer dans une ère nouvelle et que le jour n'est pas éloigné où, sous la puissante égide du Très-Haut, il sortira des colonies anglaises de l'Amérique du Nord, une nation forte, riche et vigoureuse et d'autant plus fière de resserrer encore les liens qui la rattachent à la mère patrie, que jamais la liberté n'a cessé de régner et de fleurir pour nous sous le gouvernement de notre reine bien-aimée.

## Tout n'est pas fini

Les rouges du Bas-Canada se rendent compte qu'ils viennent de perdre une autre manche, même si tout n'est pas perdu... Ils continuent à dénoncer le projet de Confédération tel que structuré.

Jean-Baptiste-Éric Dorion, dans un discours prononcé à Drummondville, trouve une formule imagée pour illustrer la minorisation de plus en plus prononcée des francophones : « Avant l'Union, dit-il, nous avions un Anglais devant nous ;

avec l'Union, nous en avons un en avant et un en arrière ; avec la Confédération, nous en aurons un en avant, un en arrière, un de chaque côté et peut-être un sur la tête. » Le 1er novembre, les membres de l'opposition du Bas-Canada font parvenir à lord Carnarvon, secrétaire d'État aux Colonies, une représentation demandant un appel au peuple. « Cette démarche, souligne l'historien Jean-Paul Bernard, était vraiment une action de dernier recours. Elle avait quelque chose d'un geste désespéré pour des gens qui n'ignoraient pas les influences qui jouaient pour leurs adversaires. »

Quant aux ministériels, ils continuent dans leurs déclarations publiques à vanter les avantages que tous et chacun pourront retirer de la nouvelle constitution. Plusieurs membres du cabinet se préparent à partir pour Londres où, avec des représentants de la Nouvelle-Écosse et du Nouveau-Brunswick, ils travailleront à se mettre d'accord sur une nouvelle série de résolutions qui serviront de base à la rédaction d'un projet de loi qui devra être soumis au Parlement anglais.

Le 30 octobre 1866, les dirigeants de la ville de Montréal et quelques constituants organisent un banquet-hommage en l'honneur de Cartier. Le procureur général du Bas-Canada profite de la circonstance pour rassurer la minorité protestante sur la question scolaire.

> Vous savez que je suis catholique, déclare-t-il aux 250 convives ; j'aime ma religion, la croyant la meilleure ; mais tout en me disant hautement catholique, je crois de mon devoir comme homme public, de respecter la sincérité et les convictions religieuses des autres. Je suis aussi Canadien français, comme un grand nombre de ceux que je vois autour de moi. J'aime ma race, j'ai pour elle une prédilection bien naturelle assurément ; mais, comme politique et comme citoyen, j'aime aussi les autres. Et je suis heureux de voir, par cette réunion de concitoyens de toutes classes, de toutes races, de toutes religions, que mes compatriotes ont reconnu ces sentiments chez moi : j'ai déjà eu l'occasion de proclamer en Parlement que la minorité protestante du Bas-Canada ne devait rien craindre de la Législature provinciale sous la Confédération. Ma parole est engagée et, je le répète, il ne sera rien fait qui soit de nature à blesser les principes et les droits de cette minorité. J'en prends à témoin tous les convives protestants qui m'écoutent. La parole que je donne sera gardée ; c'est celle d'un homme d'honneur. [...] Après avoir dit que les protestants du Bas-Canada auront toutes les garanties possibles, je dois ajouter que la minorité catholique du Haut-Canada aura les mêmes garanties, et je vous en donne aussi ma parole solennelle. La minorité catholique du Haut-Canada sera protégée à l'égal de la minorité protestante du Bas-Canada. Toutes les appréhensions à ce sujet sont vaines et fausses. Ne vous y arrêtez pas ; et j'y insiste, tout ira bien.

Cartier essaie de démontrer que la réalisation du projet de Confédération n'est rien d'autre que la concrétisation d'un espoir de Jacques Cartier ! « S'il sortait aujourd'hui de sa tombe, il jetterait sans doute un regard de satisfaction sur ce vaste pays, que la civilisation éclaire de ses lumières et auquel la Confédération va bientôt ouvrir une ère de prospérité et de bonheur. »

L'orateur termine en précisant les modèles que ses compatriotes doivent imiter : « Les Canadiens français ne doivent pas avoir peur des Anglais. Après tout, ils ne sont pas si effrayants. Admirons plutôt leur énergie et leur persévérance, imitons-les. Pour être d'excellents Canadiens français, il faut posséder, avec les qualités de notre race, les meilleures de celles des Canadiens anglais. »

Le chemin est tracé, tout est prêt. La Confédération peut maintenant devenir réalité.

Chambre du Conseil législatif, à Charlottetown

Les personnages importants de la scène politique dans les années 1860 : sir Hugh Allen, sir George-Étienne Cartier, sir John A. Macdonald, sir Alexander T. Galt et Antoine-Aimé Dorion

# L'ACCORD ROYAL
# 1866-1867

UN GROUPE DE CANADIENS FRANÇAIS établis aux États-Unis organise la deuxième Convention des Canadiens français des États-Unis. La réunion se tient à New York les 1ᵉʳ et 2 décembre 1866. Parmi les délégués se trouve Louis-H. Fréchette, de Chicago. L'assemblée se prononce contre le projet de Confédération et pour l'annexion du Canada aux États-Unis.

> Vu, dit-on, que le projet de Confédération des Canadas aux provinces anglaises du golfe Saint-Laurent sacrifie les intérêts politiques et nationaux des Canadiens de race française et que cette nouvelle forme de gouvernement engloutirait pour toujours la population d'origine française, œuvre si longtemps préméditée et tant de fois tentée depuis la conquête, et la mettrait à la merci de la population anglo-saxonne ; vu que le seul moyen, pour le Bas-Canada, de conserver sa religion, sa nationalité, ses institutions et ses lois et de sortir de l'inaction, de la pauvreté et de l'indigence où le joug du fier lion étranger l'a jusqu'à présent maintenu, est son annexion aux États-Unis.

Les délégués, qui ne mettent aucunement en cause leur représentativité, citent même le pape à l'appui de leur position. La 13ᵉ résolution est ainsi formulée : « Sa Sainteté Pie IX, tout en ne voulant pas, sans doute, dicter à nos compatriotes le choix d'une nouvelle forme de gouvernement, a exprimé l'opinion qu'il serait préférable de voir le Canada entrer dans l'union américaine que de l'exposer aux fléaux d'une guerre causée par des complications dont les Canadiens ne sont pas responsables. Nous sommes reconnaissants envers le Saint-Père d'avoir prononcé ces paroles empreintes d'une si grande libéralité. »

Certains Franco-Américains souhaitent que le gouvernement américain, se basant sur la doctrine Monroe, intervienne pour empêcher la constitution, à ses frontières, d'une puissance qui pourrait devenir une menace pour les États-Unis. À cela, la *Minerve* du 10 janvier 1867 répond : « Nous disions, il y a quelques jours, que les Canadiens français de New York, en demandant au Congrès d'intervenir dans les affaires particulières des colonies, pour empêcher la Confédération, montraient eux-mêmes tout ce que leur cause avait de vil et de méprisable. »

L'État du Maine est le premier à intervenir officiellement. Le 4 janvier 1867, le gouverneur Joshua L. Chamberlain, dans son discours devant les membres de la Législature locale, parle en ces termes du projet de Confédération des colonies anglaises : « Si cela réussit, ce ne peut que nous être préjudiciable. Les amis de ce pays habitant ces provinces sont fortement opposés au projet. Le tout nous concerne plus que nous serions portés à le croire à première vue. » Chamberlain demande ensuite aux représentants de faire pression sur le gouvernement de Washington pour qu'il intervienne rapidement.

À la fin de février, la Législature du Maine adopte donc les résolutions suivantes :

> Toute tentative de la part du gouvernement impérial de la Grande-Bretagne pour établir un gouvernement monarchique dans l'Amérique du Nord ou pour établir une vice-royauté par acte du Parlement sur ses diverses provinces de l'Amérique du Nord, serait une infraction implicite aux principes de gouvernement que cette nation s'est chargée de maintenir sur ce continent. Le peuple du Maine, profondément intéressé à maintenir la paix et des relations amicales avec le peuple de l'Amérique britannique du Nord, fait respectueusement appel au gouvernement des États-Unis pour qu'il interpose sa légitime influence sous forme de remontrances chaleureuses et amicales au gouvernement anglais contre l'établissement dans l'Amérique du Nord de tout système de gouvernement dont l'influence mettrait en danger les relations amicales du peuple des provinces britanniques et de celui des États-Unis. Le gouverneur est requis de transmettre copie du rapport qui précède au président des États-Unis et à chaque chambre du Congrès.

Le général Nathaniel Prentiss Banks réussit, le 27 mars, à faire approuver par le comité conjoint des Affaires étrangères du Sénat des États-Unis une résolution contre le projet de Confédération : « Que le peuple des États-Unis ne peut voir avec indifférence la Confédération des provinces sur la frontière nord de ce pays ; qu'une semblable confédération établie sans le consentement de toutes les provinces du continent est une violation des principes de gouvernement constamment reconnus et n'est propre qu'à envenimer davantage les relations des deux gouvernements. »

Ces mesures de protestations auront peu de poids, d'autant plus qu'au moment où des sénateurs américains se penchent sur la question, le Parlement britannique termine déjà l'étude du projet de loi créant le Canada.

## Cuisine londonienne

À la fin de novembre, les délégués du Canada-Uni, de la Nouvelle-Écosse et du Nouveau-Brunswick se retrouvent dans l'une des salles du Westminster Palace Hotel de Londres pour revoir le contenu des résolutions de Québec, pour y apporter les modifications nécessaires et, enfin, pour préparer la matière nécessaire à la rédaction du projet de loi établissant la Confédération qui doit être soumis pour discussion et approbation à la Chambre des communes et à la Chambre des lords. La première séance officielle de la Conférence de Londres a lieu le 4 décembre.

Dans une lettre à son frère Jean, Hector-Louis Langevin trace le portrait des participants :

> [John A.] est un fin renard. C'est un homme très instruit, insinuant, habile et très populaire. C'est l'homme de la conférence. Cartier et moi, nous sommes nᵒˢ 2 et 3. Galt est un habile financier, mais trop impétueux et trop facile à céder. Il n'est pas stable. [William Pearce] Howland est un homme de 2ᵉ classe, mais excessivement prudent, il est même timide ; il est très lent à se décider. [William] MacDougall est capable ; il s'instruit constamment, mais c'est un franc paresseux, qui a beaucoup d'ambition et peu de franchise. [Charles] Tupper, de la Nouvelle-Écosse, est capable, mais trop incisif ; il se fait ainsi beaucoup d'ennemis acharnés : c'est un ambitieux et un spéculateur. [Adams George] Archibald, aussi de la Nouvelle-Écosse, est un bon jurisconsulte, calme, capable, respecté et respectable et représente l'opposition avec McCully. Jonathan McCully [de la Nouvelle-Écosse] est un homme impétueux, mais ayant bon cœur ; c'est un bon écrivain et un bon avocat. [William A.] Henry, de la Nouvelle-Écosse, est un homme de 6 pieds 1 pouce populaire, laid, ayant la goutte, bon cœur, aimant le plaisir et la politique qu'il sait [pratiquer] depuis 22 ans ; il est un homme de bons talents. [John Mercer] Johnson [du Nouveau-Brunswick] est un avocat distingué, brusque, aimant le plaisir ; on le dit éloquent. Il ne prendra qu'une part modérée aux délibérations de la conférence. Le Nouveau-Brunswick est représenté par Tilley, fin matois, habile et adroit. C'est un des hommes les plus distingués des Provinces maritimes. Il a pour compagnons : [Charles] Fisher, un bon vieux, parlant beaucoup et d'une capacité médiocre ; [Robert Duncan] Wilmot, homme médiocre, plus capable néanmoins que Fisher, mais bien laid ; [Peter] Mitchell, premier ministre par accident, bon garçon, verbeux, grosse tête, connaissant son importance. Il y en a un autre [William Johnston Ritchie, de la Nouvelle-Écosse] dont j'oublie le nom en ce moment.

À la première séance, Macdonald est élu président de la Conférence. On détermine aussi que chaque province aura droit à un vote, le Haut et le Bas-Canada comptant pour deux provinces. Le 4 décembre, les délégués ont le temps d'étudier les 29 premières résolutions de Québec. Au cours des deux séances suivantes, les autres résolutions font l'objet d'une étude rapide. Les rencontres subséquentes comportent une étude détaillée de quelques résolutions, comme celles concernant le nombre de sénateurs, les qualifications requises pour être nommé sénateur, le divorce et l'éducation.

Plusieurs pressions sont exercées sur Cartier et Langevin par des membres du clergé catholique pour qu'ils prennent les devants sur la question scolaire et demandent, en premier, que les catholiques des autres provinces que le Bas-Canada jouissent de droits importants dans le secteur de l'éducation. Thomas L. Connolly, l'archevêque de Halifax, suggère même que l'éducation soit laissée entre les mains du gouvernement fédéral pour mieux protéger les minorités catholiques. Les deux délégués francophones attendent que les représentants des colonies maritimes prennent l'initiative de présenter un texte ou qu'un représentant protestant le fasse. Langevin écrit à son frère Edmond, le 1ᵉʳ décembre : « Tu peux être sûr que ce que je puis faire pour favoriser les écoles séparées des provinces maritimes, je le ferai bien volontiers, mais il faut que l'initiative vienne des délégués des provinces elles-mêmes. Autrement, on nous dirait : Mêlez-vous de vos affaires. »

Le plus important n'est pas tant de préserver les droits des minorités catholiques que de garantir et de protéger ceux de la minorité protestante du Bas-Canada. Galt propose donc un texte qui obtient un appui unanime et que l'on retrouve au paragraphe 7 de l'article 41 des résolutions de Londres :

> La Législature locale pourra faire des lois relatives aux sujets suivants : [...] 7e l'éducation, sauf les droits et privilèges conférés par la loi à la minorité protestante ou catholique d'une province touchant les écoles séparées au temps de l'entrée en vigueur de l'Union. Et dans toute province où un système d'écoles séparées ou dissidentes existera par la loi ou sera subséquemment établi par la législature locale, il pourra être interjeté appel au gouverneur général en conseil du Gouvernement général de tout acte ou décision des autorités locales pouvant toucher aux droits ou privilèges de la minorité protestante ou catholique en matière d'éducation. Et le Parlement général aura la faculté de légiférer en dernier ressort sur ce sujet.

Charles Tupper, qui participe aux délibérations, précisera en 1896 le but visé expressément par l'article sur l'éducation :

> On a insisté, déclare-t-il à la Chambre des communes d'Ottawa, sur l'insertion de cet article dans l'intérêt, non des catholiques, mais des protestants. Je dis que nous n'aurions pas eu de Confédération, que tout ce projet eut échoué misérablement si nous avions refusé d'inclure cette protection de la minorité protestante de Québec, telle que représentée par sir Alexander Galt. Ceux de mes collègues qui étaient présents dans cette occasion ne me démentiront pas si je dis que sir Alexander Galt était si catégorique sur ce point que jusqu'à ce que la conférence eût adopté cette politique, il ne voulut ni prendre part ni aider en quoi que ce soit à l'accomplissement de la Confédération. J'ajoute que, non seulement cette disposition fut insérée dans l'intérêt des protestants, mais qu'il ressort du précis précieux, bien que court, publié récemment par M. Pope, des faits se rattachant à l'établissement de la Confédération qu'elle fut adoptée à l'unanimité, que les provinces du Nouveau-Brunswick et de la Nouvelle-Écosse, et la province du Canada votèrent toutes en faveur de cette disposition, qui devait pour toujours protéger les droits de la minorité que celle-ci fût catholique ou protestante.

Cartier et Langevin, les deux seuls francophones participant à la Conférence de Londres, cherchent à protéger les droits de leurs coreligionnaires des autres provinces en assurant aux protestants du Bas-Canada le maintien de leur situation scolaire. « C'est en traitant avec justice la minorité protestante de leur province, remarque l'historienne Andrée Désilets, que les délégués du Bas-Canada incitent leurs collègues à accorder les mêmes avantages aux minorités de leurs provinces respectives. »

La question du mariage et du divorce trouve aussi une solution propre à satisfaire la majorité de l'épiscopat catholique du Bas-Canada : le divorce sera du ressort du gouvernement fédéral, ainsi que le mariage, mais le gouvernement local conserve sa juridiction sur la « célébration du mariage ».

## Des vacances bien méritées

Le 24 décembre, les délégués des colonies anglaises de l'Amérique du Nord approuvent le texte des résolutions de la Conférence de Londres. Dès le lendemain, jour de Noël, John A. Macdonald écrit à lord Carnarvon qu'il lui transmettra lesdites résolutions le 26. Il demande de ne point faire de publicité sur leur contenu jusqu'à ce que le projet de loi soit déposé devant le Parlement britannique.

Pendant que le secrétaire d'État aux Colonies fait imprimer le texte des résolutions et avant que ne commence la rédaction du projet de loi, la plupart des délégués s'offrent quelques jours de congé. Langevin, accompagné de Chauveau, se rend à Rome. Quant à Cartier, il demeure en Angleterre où il participe à plusieurs réceptions et banquets. Il ne se rendra à Rome qu'une fois le projet de Confédération devenu loi. Macdonald, lui, choisit de visiter la France.

Le 9 janvier 1867, le Canadian Club de Londres organise un banquet en l'honneur des délégués qui demeurent toujours dans la capitale britannique. Lord Carnarvon profite de cette tribune pour annoncer que le Parlement de la Grande-Bretagne « ferait tout en son pouvoir pour faire réussir le projet de Confédération ».

## Une dernière tentative

Les dernières semaines de janvier et les premières de février sont occupées à la rédaction du projet de loi qui doit être soumis au Parlement britannique. Cartier semble plus préoccupé par les réceptions mondaines que par le travail. Macdonald considère que le temps est peut-être venu pour lui de convertir l'union fédérale en union législative. Mais Galt et Langevin veillent au respect des préoccupations des Pères de la Confédération. Le 12 février 1867, Langevin écrit à son frère Édouard : « Notre bill est enfin complet depuis aujourd'hui à 6 heures. Mais il a fallu y voir, y revoir, y revoir encore, et puis y rerevoir quand d'autres y avaient vu ou y avaient mis la main. L'histoire aura plus tard à enregistrer tout ce qui s'est fait ou tenté ici, et l'on comprendra alors ce que je ne puis écrire ici. » Le 1er mars, le chat sort du sac dans une lettre d'Hector-Louis Langevin à son frère Jean : « Je dois voir par notre bill que notre union est fédérale et non législative. Tout le dit, l'indique, le fait voir. Tous nos intérêts religieux et nationaux sont à l'abri. »

Le journaliste Elzéar Gérin, qui couvre la Conférence de Londres, écrira dans le *Constitutionnel* de Trois-Rivières, le 26 mai 1873 :

C'est durant la Conférence de Londres de 1866 et 1867 que celui qui trace ces lignes a vu l'homme à l'œuvre et jugé de près de l'évaluation de ses idées politiques, de son patriotisme ardent, sincère et profond, et de son activité incomparable. La tâche était rude à Londres pour Cartier. Ce n'est plus dévoiler un secret que de dire que, dans les conférences de Londres, tous les délégués du Haut-Canada, des provinces maritimes et, avec eux, Galt, désiraient l'union législative et voulaient que lord Carnarvon, alors ministre des Colonies, rédigeât en conséquence le projet de loi, qu'il devait présenter au Parlement. Devant un danger aussi imminent, Cartier trouva moyen de se multiplier. Il n'aurait jamais voulu qu'on manquât ainsi de parole à ses compatriotes à qui l'on avait promis l'autonomie provinciale. Il n'aurait jamais voulu les livrer ainsi pieds et poings liés à la majorité brutale d'une union législative. Devant les instances des autres délégués, Cartier aurait même déclaré qu'il aviserait le premier ministre, sir Narcisse Belleau, de dissoudre le cabinet, plutôt que de se soumettre.

Dans les années 1910, John Boyd, l'historiographe de Cartier, cherchera à détruire l'idée que Macdonald soit intervenu pour modifier la nature de l'union projetée. Il cite, à cet effet, le témoignage de Thomas Chapais, le gendre de Langevin : « En réponse à votre demande, écrit l'historien, je dois vous informer que sir Hector Langevin, dans ses conversations sur la Confédération, n'a jamais rien dit qui pût m'engager à croire qu'une tentative quelconque avait été faite à Londres pour changer l'union fédérale projetée en une union législative. Je crois que si un incident aussi grave fût survenu il l'aurait mentionné ou il en aurait dit quelques mots occasionnellement, ce qu'il n'a jamais fait. » Dommage que Langevin, avant de converser avec Chapais, n'ait pas eu le temps de relire sa correspondance pour la période concernée !

Le projet de loi subit sa première lecture à la Chambre des lords, le 12 février. Les lords Carnarvon et Monck participent activement aux débats. Au premier incombe la tâche de préciser le contenu et la portée du projet de loi. Le secrétaire d'État aux Colonies explique clairement à la Chambre des lords la nature du partage des pouvoirs entre les gouvernements central et locaux :

> Si, d'une part, le gouvernement central est trop puissant, il risque de se substituer à l'action locale et de supplanter la bienfaisante autonomie administrative des organismes provinciaux, dont la bonne foi et l'utilité pratique exigent le maintien ; si, d'autre part, le gouvernement central n'est pas suffisamment puissant, les droits de l'État subissent l'assaut des prétentions, la cohésion disparaît et la fermeté efficace des autorités centrales en souffre. Il s'agit en réalité de doter le gouvernement central de fonctions élevées et d'une autorité quasi souveraine, pour qu'il puisse appliquer les principes généraux et apporter dans les mesures législatives l'uniformité qu'exige le bien commun de toutes les provinces et de conserver aux provinces toutes les libertés municipales et toute l'autonomie compatible avec les circonstances, de les contraindre même à exercer, pour le plus grand avantage de la collectivité, les pouvoirs qui leur reviennent.

## Le nom choisi

Les délégués des diverses colonies avaient laissé à la discrétion de la reine Victoria le choix du nom à donner à la nouvelle entité géographique. Dans son discours, lord Carnarvon souligne la préférence des représentants des diverses colonies : « Voici maintenant le nom qui va être donné au nouvel État. La chose peut vous paraître de peu d'importance ; mais au fond il n'en est pas ainsi. Les délégués ont suggéré le nom de *Canada*, sujet à l'approbation de la reine. Sa Majesté ayant été consultée, elle y a consenti immédiatement avec beaucoup de grâce et de sagesse. »

Le secrétaire d'État aux Colonies répond d'avance aux objections que quelques lords pourraient faire sur la nature de l'union proposée :

> On a dit, d'abord, que ce plan n'est pas l'union législative. Avec un grand nombre de politiciens, j'aurais préféré cette union ; mais les provinces, telles que consti-

tuées, ne pouvaient y consentir. On a dit que la Confédération donnerait de l'ombrage aux Américains ; mais une telle supposition est tout simplement une insulte au sens commun de ce peuple. On a dit, de plus, que la Confédération était née des difficultés entre le Haut et le Bas-Canada. Mais je puis vous dire que l'on a grandement exagéré ces difficultés. [...] On a dit que le principe fédératif appliqué aux colonies ne pouvait réussir, parce que c'était une affaire de compromis qui n'offrait aucune garantie. Il faut observer que ce n'est pas un compromis en toute chose. L'autorité centrale repose toujours dans la Couronne anglaise ; et c'est une garantie contre les collisions entre les différents États, collisions qui ne peuvent avoir lieu que lorsque ces États forment une souveraineté.

Le 22 février, le comte de Shaftesbury présente la pétition de l'Association provinciale des enseignants protestants du Bas-Canada soulignant la crainte des protestants de cette partie de la province de se voir soumis à une majorité francophone et d'avoir à financer une portion du système scolaire catholique. Lord Carnarvon répond : « Il me semble que les pétitionnaires s'effraient bien inutilement des conséquences du projet de Confédération. Une des clauses contre lesquelles ils pétitionnent pourvoit précisément à ce qu'aucun changement ne soit fait dans certains comtés du Bas-Canada, les comtés qui élisent la minorité protestante, sans le consentement des représentants de ces comtés. La Chambre doit voir, par là même, qu'il est à peu près impossible que la minorité protestante soit en butte à la moindre molestation. »

La Chambre des lords approuve, le 26 février, le projet de loi établissant la Confédération canadienne. La Chambre des communes commence à étudier le projet immédiatement après. Ce dernier ne soulève que peu d'intérêt et les débats sont très courts. Le 8 mars, les députés britanniques approuvent, en troisième lecture, le British North America Act. Les délégués des quatre colonies sont indignés de la façon dont la Chambre des communes a étudié, si l'on peut dire, le texte du projet de loi. « L'Union, écrira John A. Macdonald, a été traitée comme s'il s'agissait d'une association de deux ou trois paroisses. » Un délégué de la Nouvelle-Écosse dénonce l'attitude des députés :

> Un greffier bredouilla non même sur les clauses, mais sur leur nombre et, comme s'il s'agissait d'une méthode encore trop lente d'expédier une mesure désagréable et ennuyeuse qui ne mettait en jeu la position électorale de quiconque et qui, par conséquent, n'intéressait personne, il avait trouvé moyen de lire à la fois toute une série de numéros disant, par exemple : Il est proposé que les clauses 73, 74, 75 soient adoptées — et elles l'étaient en effet, sans que personne ne s'inquiétât de leur contenu. [...] La Chambre s'anima et se remplit davantage quand survint un projet de loi concernant une taxe sur les chiens — vous comprenez que des gentilshommes campagnards, probablement incapables de pointer la Nouvelle-Écosse sur une carte, mais possédant des meutes de chiens de chasse, soient plus intéressés par cette taxe que par les tarifs canadiens. J'avoue qu'une telle indifférence m'a plus humilié qu'une opposition réelle.

Le 29 mars 1867, la reine Victoria accorde la sanction royale au British North America Act.

## Royaume ou puissance ?

Les quatre considérants qui précèdent les articles de la loi délimitent l'ampleur et les raisons de la Confédération :

> Considérant que les provinces du Canada, de la Nouvelle-Écosse et du Nouveau-Brunswick ont exprimé le désir de contracter une union fédérale pour ne former qu'une seule et même puissance (Dominion) sous la couronne du Royaume-Uni de la Grande-Bretagne et de l'Irlande, avec une constitution reposant sur les mêmes principes que celle du Royaume-Uni ; considérant de plus qu'une telle union aurait l'effet de développer la prospérité des provinces et de favoriser les intérêts de l'Empire britannique ; considérant de plus qu'il est opportun, concurremment avec l'établissement de l'union par autorité du Parlement, non seulement de décréter la constitution du pouvoir législatif de la Puissance, mais aussi de définir la nature de son gouvernement exécutif ; considérant de plus qu'il est nécessaire de pourvoir à l'administration éventuelle d'autres parties de l'Amérique britannique du Nord dans l'union.

Le choix du mot *puissance* ou *Dominion* dans le premier considérant avait posé quelques problèmes. Les délégués cherchaient, au cours de leurs délibérations, un mot pour l'accoler à celui de Canada. Ils voulaient éviter le mot *royaume* pour ne pas froisser les États-Unis. Selon Leonard P. D. Tilley, c'est son père Leonard qui, alors qu'il lisait la Bible, aurait trouvé le nom exact. Une phrase du livre des Psaumes (chapitre 72, verset 8) le frappa :

> « He shall have dominion also from sea to sea. » « *Dominabitur a mare usque ad mare.* » Il dominera d'une mer à l'autre. Alors, non seulement le Canada venait de se trouver un titre, mais aussi une devise ! L'expression *Dominion of Canada* est acceptée. Un nouveau problème surgit alors puisqu'il faut trouver l'équivalent français de ce terme anglais. Cartier, à qui on a fait appel, suggère *Puissance*. « Je ne suis pas un traducteur, moi, je suis un homme d'État, et le mot *Puissance* me paraît meilleur qu'un autre. Il a plus d'ampleur que celui de *Dominion* et c'est ce qu'il nous faut. Que les Anglais se contentent du mot *Dominion* pour désigner la Confédération, c'est leur affaire ; nous prenons, nous, le mot *Puissance*. La différence est tout à notre avantage. Cela sonne mieux en français qu'en anglais ; ce n'est pas à nous à le regretter. C'est une supériorité comme une autre, et ce n'est pas la seule que nous aurons dans le nouvel ordre de choses. C'est de bon augure, et lorsque nous dirons en parlant de notre *Puissance*, on en sera plus frappé que lorsque les Anglais diront *Dominion* : *Puissance* primera *Dominion*.

## Un texte de base

Le British North America Act comprend 146 articles. L'article 9 précise que « à la reine continueront d'être et sont par le présent attribués le gouvernement et le pouvoir exécutif du Canada ». La souveraine sera représentée par un gouverneur général qui sera assisté d'un Conseil privé de la Reine pour le Canada. En vertu de l'article 15, la reine continue à posséder « le commandement en chef des milices de terre et de mer et de toutes les forces militaires et navales du Canada ».

Les articles 17 à 57 concernent le pouvoir législatif du gouvernement fédéral, qui repose sur un Sénat et sur une Chambre des communes. Les sénateurs, dont le nombre ne devra pas dépasser 78, sont nommés à vie et ils ne peuvent siéger en même temps à la Chambre des communes. Cette dernière se composera de 181 membres, soit 92 pour l'Ontario, 65 pour le Québec, 19 pour la Nouvelle-Écosse et 15 pour le Nouveau-Brunswick. Le quorum est fixé à 20 membres.

Le Canada demeure toujours une colonie britannique et la reine conserve ses pouvoirs sur les législations qui pourraient être adoptées par le Parlement du Canada, c'est-à-dire qu'elle peut désavouer une loi même si celle-ci a été sanctionnée par le gouverneur général.

Au niveau provincial, la reine sera représentée par un lieutenant-gouverneur, « nommé par le gouverneur général en conseil par instrument sous le grand sceau du Canada ». Cet officier demeure en fonction tant que le gouverneur général le désire et son salaire est fixé et payé par le Parlement du Canada. Comme prévu, le Québec est la seule province dont le pouvoir législatif est entre les mains d'un Conseil législatif et d'une Assemblée législative.

La durée d'une Assemblée législative, pour le Québec et l'Ontario, est fixée à quatre ans, « à compter du jour du rapport des brefs d'élection, à moins qu'elle ne soit plus tôt dissoute par le lieutenant-gouverneur de la province ». La Législature doit siéger au moins une fois par année, « de manière qu'il ne s'écoule pas un intervalle de douze mois entre la dernière séance d'une session de la Législature dans chaque province, et sa première séance dans la session suivante ».

L'article 91 énumère quelques-uns des pouvoirs qui appartiennent en propre au Parlement du Canada. Alors que, dans la constitution des États-Unis, tout pouvoir non expressément concédé au pouvoir central appartient aux États, la constitution canadienne adopte le principe inverse. La situation politique et militaire qui prévaut chez les voisins, au moment où les Pères de la Confédération élaborent leur projet d'union, explique en bonne partie cette orientation.

> Il sera loisible à la Reine, de l'avis et du consentement du Sénat et de la Chambre des communes, affirme l'article 91, de faire des lois pour la paix, l'ordre et le bon gouvernement du Canada, relativement à toutes les matières ne tombant pas dans les catégories de sujets par le présent acte exclusivement assignés aux législatures des provinces ; mais, pour plus de garantie, sans toutefois restreindre la généralité des termes ci-haut employés dans cette section, il est par le présent déclaré que (nonobstant toute disposition contraire énoncée dans le présent acte) l'autorité législative exclusive du Parlement du Canada s'étend à toutes les matières tombant dans les catégories de sujets ci-dessous énumérés, savoir :

1. La dette et la propriété publique ;
2. La réglementation du trafic et du commerce ;
3. Le prélèvement de deniers par tous modes ou systèmes de taxation ;
4. L'emprunt de deniers sur le crédit public ;
5. Le service postal ;
6. Le recensement et les statistiques ;
7. La milice, le service militaire et le service naval et la défense du pays ;
8. La fixation et le paiement des salaires et honoraires des officiers civils et autres du gouvernement du Canada ;

9. Les balises, les bouées, les phares et l'île de Sable ;
10. La navigation et les bâtiments ou navires ;
11. La quarantaine et l'établissement et maintien des hôpitaux de marine ;
12. Les pêcheries des côtes de la mer et de l'intérieur ;
13. Les passages d'eau (ferries) entre une province et tout pays britannique ou étranger ou entre deux provinces ;
14. Le cours monétaire et le monnayage ;
15. Les banques, l'incorporation des banques et l'émission du papier monnaie ;
16. Les caisses d'épargne ;
17. Les poids et mesure ;
18. Les lettres de change et les billets promissoires ;
19. L'intérêt de l'argent ;
20. Les offres légales ;
21. La banqueroute et la faillite ;
22. Les brevets d'invention et de découverte ;
23. Les droits d'auteur ;
24. Les Sauvages et les terres réservées pour les Sauvages ;
25. La naturalisation et les aubains [étrangers] ;
26. Le mariage et le divorce ;
27. La loi criminelle, sauf la constitution des tribunaux de juridiction criminelle, mais y compris la procédure en matière criminelle ;
28. L'établissement, le maintien et l'administration des pénitenciers ;
29. Les catégories de sujets expressément exceptés dans l'énumération des catégories de sujets exclusivement assignés par le présent acte aux législatures des provinces.

Et aucune des matières énoncées dans les catégories de sujets énumérés dans cette section ne sera réputée tomber dans la catégorie des matières d'une nature locale ou privée comprise dans l'énumération des catégories de sujets exclusivement assignés par le présent acte aux législatures des provinces.

L'article 92 énumère les pouvoirs concédés de façon exclusive aux législatures provinciales :

Dans chaque province, la législature pourra exclusivement faire des lois relatives aux matières tombant dans les catégories de sujets ci-dessous énumérés, savoir :

1. L'amendement de temps à autre, nonobstant toute disposition contraire énoncée dans le présent acte, de la constitution de la province, sauf les dispositions relatives à la charge de lieutenant-gouverneur ;
2. La taxation directe dans les limites de la province, dans le but de prélever un revenu pour des objets provinciaux ;
3. Les emprunts de deniers sur le seul crédit de la province ;
4. La création et la tenure des charges provinciales, et la nomination et le paiement des officiers provinciaux ;
5. L'administration et la vente des terres publiques appartenant à la province et des bois et forêts qui s'y trouvent ;
6. L'établissement, l'entretien et l'administration des hôpitaux, asiles, institutions et hospices de charité dans la province, autres que les hôpitaux de marine ;
7. [...]

8. Les institutions municipales dans la province ;

9. Les licences de boutiques, de cabarets, d'auberges, d'encanteurs et autres licences, dans le but de prélever un revenu pour des objets provinciaux, locaux ou municipaux ;

10. Les travaux et entreprises d'une nature locale, autres que ceux énumérés dans les catégories suivantes : a) Lignes de bateaux à vapeur ou autres bâtiments, chemins de fer, canaux, télégraphes et autres travaux et entreprises reliant la province à une autre ou à d'autres provinces ou s'étendant au-delà des limites de la province ; b) Lignes de bateaux à vapeur entre la province et tout pays dépendant de l'empire britannique ou tout pays étranger ; c) Les travaux qui, bien qu'entièrement situés dans la province, seront avant ou après leur exécution déclarés par le Parlement du Canada être pour l'avantage général du Canada, ou pour l'avantage de deux ou d'un plus grand nombre de provinces ;

11. L'incorporation de compagnies pour des objets provinciaux ;

12. La célébration du mariage dans la province ;

13. La propriété et les droits civils dans la province ;

14. L'administration de la justice dans la province, y compris la création, le maintien et l'organisation de tribunaux de justice pour la province, ayant juridiction civile et criminelle, y compris la procédure en matières civiles dans ces tribunaux ;

15. L'infliction de punitions par voie d'amende, pénalité ou emprisonnement dans le but de faire exécuter toute loi de la province décrétée au sujet des matières tombant dans aucune des catégories de sujets énumérés dans cette section ;

16. Généralement toutes les matières d'une nature purement locale ou privée dans la province.

## Éducation et langue

Dans le texte final du British North America Act, les droits des minorités dans les questions d'éducation sont formulés d'une manière légèrement différente de celle du texte proposé par Galt lors de la Conférence de Londres. En vertu de l'article 93,

dans chaque province, la législature pourra exclusivement décréter des lois relatives à l'éducation, sujettes et conformes aux dispositions suivantes :

1. Rien dans ces lois ne devra préjudicier à aucun droit ou privilège conféré, lors de l'union, par la loi, à aucune classe particulière de personnes dans la province, relativement aux écoles séparées ;

2. Tous les pouvoirs, privilèges et devoirs conférés et imposés par la loi dans le Haut-Canada, lors de l'union, aux écoles séparées et aux syndics d'écoles des sujets catholiques romains de Sa Majesté, seront et sont par le présent étendus aux écoles dissidentes des sujets protestants et catholiques romains de la reine dans la province de Québec ;

3. Dans toute province où un système d'écoles séparées ou dissidentes existera par la loi, lors de l'union, ou sera subséquemment établi par la législature de la province, il pourra être interjeté appel au gouverneur général en conseil de tout acte ou décision d'aucune autorité provinciale affectant aucun des droits

ou privilèges de la minorité protestante ou catholique romaine des sujets de Sa Majesté relativement à l'éducation ;

4. Dans le cas où il ne serait pas décrété telle loi provinciale que, de temps à autre, le gouverneur général en conseil jugera nécessaire pour donner suite et exécution aux dispositions de la présente section, ou, dans le cas où quelque décision du gouverneur général en conseil, sur appel interjeté en vertu de cette section, ne serait pas mise à exécution par l'autorité provinciale compétente, alors et en tout tel cas, et en tant seulement que les circonstances de chaque cas l'exigeront, le Parlement du Canada pourra décréter des lois propres à y remédier pour donner suite et exécutions aux dispositions de la présente section ainsi qu'à toute décision rendue par le gouverneur général en conseil sous l'autorité de cette même section.

Il faut noter qu'en 1867, les droits des minorités dans le domaine scolaire sont d'ordre religieux et non linguistique. Le B.N.A.A. ne contient qu'un seul article, le numéro 133, qui concerne l'usage de la langue : « Dans les chambres du Parlement du Canada et les chambres de la Législature de Québec, l'usage de la langue française ou de la langue anglaise, dans les débats, sera facultatif ; mais, dans la rédaction des archives, procès-verbaux et journaux respectifs de ces chambres, l'usage de ces deux langues sera obligatoire ; et dans toute plaidoirie ou pièce de procédure par-devant les tribunaux ou émanant des tribunaux du Canada qui seront établis sous l'autorité du présent acte, et par-devant tous les tribunaux ou émanant des tribunaux de Québec, il pourra être fait également usage, à faculté, de l'une ou de l'autre de ces langues. Les actes du Parlement du Canada et de la Législature de Québec devront être imprimés et publiés dans ces deux langues. »

## Secteurs communs

En vertu de l'article 95, l'agriculture et l'immigration sont des secteurs dont le pouvoir fait l'objet d'un partage entre les deux niveaux de gouvernements :

Dans chaque province, la législature pourra faire des lois relatives à l'agriculture et à l'immigration dans cette province ; et il est par le présent déclaré que le Parlement du Canada pourra de temps à autre faire des lois relatives à l'agriculture et à l'immigration dans toutes les provinces ou aucune d'elles en particulier ; et toute loi de la législature d'une province relative à l'agriculture ou à l'immigration n'y aura d'effet qu'aussi longtemps et tant qu'elle ne sera pas incompatible avec aucun des actes du Parlement du Canada.

Les dettes des différentes provinces deviennent, elles aussi, communes. Les article 111 à 120 concernent ce secteur :

111. Le Canada sera responsable des dettes et obligations de chaque province existantes lors de l'union.

112. Les provinces d'Ontario et Québec seront conjointement responsables envers le Canada de l'excédent (s'il en est) de la dette de la province du Canada, si, lors de l'union, elle dépasse soixante-deux millions cinq cent mille piastres, et tenues au paiement de l'intérêt de cet excédent au taux de cinq pour cent par année. [...]

118. Les sommes suivantes seront annuellement payées par le Canada aux diverses provinces pour le maintien de leurs gouvernements et législatures :

| | |
|---|---|
| Ontario | 80 000 $ |
| Québec | 70 000 $ |
| Nouvelle-Écosse | 60 000 $ |
| Nouveau-Brunswick | 50 000 $ |
| | 260 000 $ |

Et chaque province aura droit à une subvention annuelle de quatre-vingts centins par chaque tête de la population, constatée par le recensement de 1861 et — en ce qui concerne la Nouvelle-Écosse et le Nouveau-Brunswick — pour chaque recensement décennal subséquent, jusqu'à ce que la population de chacune de ces deux provinces s'élève à quatre cent mille âmes, chiffre auquel la subvention demeurera dès lors fixée. Ces subventions libéreront à toujours le Canada de toutes autres réclamations, et elles seront payées semi-annuellement et d'avance à chaque province ; mais le gouvernement du Canada déduira de ces subventions, à l'égard de chaque province, toutes sommes d'argent exigibles comme intérêt sur la dette publique de cette province, si elle excède les divers montants stipulés dans le présent acte.

Les ressources naturelles sont concédées aux provinces, en vertu de l'article 109 :

Toutes les terres, mines, minéraux et réserves royales appartenant aux différentes provinces du Canada, de la Nouvelle-Écosse et du Nouveau-Brunswick lors de l'union, et toutes les sommes d'argent alors dues ou payables pour ces terres, mines, minéraux et réserves royales appartiendront aux différentes provinces d'Ontario, Québec, Nouvelle-Écosse et le Nouveau-Brunswick, dans lesquelles ils sont sis et situés, ou exigibles, restant toujours soumis aux charges dont ils sont grevés, ainsi qu'à tous les intérêts autres que ceux que peut y avoir la province.

## Les rails de la Confédération

Pour les provinces maritimes, la construction d'un chemin de fer revêt une importance primordiale. Il est alors normal qu'un article, soit l'article 145, stipule le délai accordé pour que débutent les travaux :

Considérant que les provinces du Canada, de la Nouvelle-Écosse et du Nouveau-Brunswick ont, par une commune déclaration, exposé que la construction du chemin de fer intercolonial était essentielle à la consolidation de l'Union de l'Amérique britannique du Nord, et à son acceptation par la Nouvelle-Écosse et le Nouveau-Brunswick, et qu'elles ont en conséquence arrêté que le gouvernement du Canada devait l'entreprendre sans délai ; à ces causes, pour donner suite à cette convention, le gouvernement et le Parlement du Canada seront tenus de commencer dans les six mois qui suivront l'union, les travaux de construction d'un chemin de fer reliant le fleuve Saint-Laurent à la cité d'Halifax dans la Nouvelle-Écosse, et de les terminer sans interruption et avec toute la diligence possible.

Pour permettre la réalisation de cet engagement, le Parlement britannique adopte une loi qui sera sanctionnée le 12 avril 1867 et qui a pour titre Acte pour autoriser la garantie de l'intérêt d'un emprunt que le Canada devra prélever pour construire un chemin de fer devant relier Québec et Halifax. La nouvelle loi autorise la Trésorerie de Sa Majesté à garantir le paiement de l'intérêt de l'emprunt, à la condition que le taux d'intérêt n'excède pas quatre pour cent par année et que la somme empruntée ne dépasse pas trois millions de livres sterling. La garantie royale ne sera accordée, aussi, que si le Parlement canadien adopte un projet de loi pourvoyant « 1. à la construction du chemin de fer ; 2. à ce que l'usage du chemin de fer en tout temps soit assuré au service militaire et autre de Sa Majesté ».

## Le retour des délégués

Considérant leur mission accomplie, les délégués des différentes provinces quittent la capitale de la Grande-Bretagne. Les uns rentrent directement en Amérique, alors que d'autres visitent quelques pays d'Europe. Après un court séjour à Rome où il rencontre le pape Pie IX, Cartier s'embarque à bord de l'*Hibernian* et il arrive à Québec le 16 mai. Dès le lendemain matin, il se rend à Lévis prendre le train du Grand Tronc pour Montréal. Presque à chaque arrêt, il est accueilli par des centaines de citoyens qui l'acclament. À Victoriaville, Arthabaska et Acton, on lui présente des adresses. La réception qui lui est réservée à Saint-Hyacinthe suscite l'enthousiasme du journaliste du *Courrier de Saint-Hyacinthe* qui écrit : « Dès trois heures de l'après-midi, la gare du chemin de fer présentait le spectacle le plus animé. Près de trois cents personnes s'y pressaient, attendant le moment favorable pour saluer cet homme à qui le Bas-Canada a confié ses destinées. Plusieurs citoyens de Montréal étaient venus jusqu'ici en députation pour le recevoir. Vers cinq heures le convoi arriva et des acclamations enthousiastes saluèrent M. Cartier lorsqu'il parut. Chacun se pressait autour de lui, heureux de lui donner la main. Lui-même paraissait tout ému de cette réception cordiale. »

En réponse à l'adresse que lui présente le député de l'endroit, Rémi Raymond, Cartier vante le nouveau pays en voie de formation :

> Nous marchons vers de plus hautes destinées ; le nom de Canada a franchi nos frontières, il s'étend aujourd'hui aux provinces du Golfe. [...] Messieurs, ne perdez point de vue qu'avec l'union fédérale, nous devenons la troisième nation maritime commerciale du monde. [...] On comprend en France que la Confédération est pour les colonies de l'Amérique britannique du Nord le seul moyen d'échapper à l'annexion aux États-Unis ; et l'on sent bien dans le pays de nos pères, qu'il est de l'intérêt du reste du monde que les États-Unis n'élargissent point davantage leurs frontières. [...] La Confédération a été un compromis, elle conserve encore aujourd'hui son caractère.

À son arrivée à Montréal, le même jour, soit le 17 mai, Cartier voit dix mille personnes venues l'accueillir à la gare Bonaventure. Le maire Starnes lui présente une adresse, alors que le canon souligne l'arrivée du ministre. Le procureur général du Bas-Canada décrit encore les bienfaits de la Confédération et tente d'illustrer le brillant avenir réservé à la nouvelle entité politique :

Le Canada, de simple province qu'il était est maintenant érigé en nation. Il prend rang parmi les peuples. Ce nom de Canada ne s'appliquera plus seulement au Haut et au Bas-Canada, mais il comprendra encore les provinces de la Nouvelle-Écosse, du Nouveau-Brunswick, et bientôt l'Île-du-Prince-Édouard, Terre-Neuve, les territoires de la Rivière-Rouge, et la Colombie anglaise. Le Canada va devenir une nation, s'étendant d'un océan à l'autre ; ce grand fait de l'union des colonies est maintenant accompli. [...] Le Canada doit être un pays, non de licence, mais de liberté, et toutes les libertés doivent être protégées par la loi. Tels sont les principes qui m'ont guidé dans le passé, et qui me guideront dans l'avenir.

Galt est, lui aussi, la cible de différentes manifestations. Le 22 mai, les citoyens de Lennoxville organisent en son honneur un banquet auquel participent trois cents convives, dont quelques députés et conseillers législatifs. Galt rassure ses concitoyens au sujet de l'éducation. « L'éducation de nos enfants, déclare-t-il, entre pour la plus grande part dans les espérances et les craintes de tout citoyen honnête, et l'Union n'eût pu fonctionner avec harmonie, si tout citoyen de quelque condition et de quelque croyance qu'il soit, n'eût eu l'assurance que ses enfants auraient leur part de liberté religieuse. Lors de la discussion de ces intérêts dans la législature de Québec, il fut convenu entre l'honorable M. Cartier et moi que la minorité du Bas-Canada serait protégée. »

Cartier, qui participe aux réjouissances de Lennoxville, rend hommage à Galt dans son discours : « En discutant le projet de la Confédération, j'avais demandé que les divers intérêts du Bas-Canada, soit protestants, soit français ou catholiques, fussent représentés aux débats. Je déclarai même à mes collègues que je ne serais disposé à aller en Angleterre, pour y traiter de cette union, que si j'étais accompagné de M. Galt, représentant la population protestante du Bas-Canada. Mon ami n'avait jamais sollicité sa nomination. La chose lui fut proposée d'abord par lord Monck ; mais j'étais alors persuadé que personne mieux que lui ne pouvait sauvegarder les intérêts de ses coreligionnaires dans des circonstances aussi grandes. »

La ronde des réceptions et des banquets continue, surtout pour Cartier. Le 25 mai, la Société Saint-Jean-Baptiste d'Ottawa lui rend hommage en le proclamant le premier des patriotes canadiens-français. Le Père de la Confédération multiplie encore une fois les visions prophétiques :

La Confédération, c'est un arbre dont les branches s'étendent dans plusieurs directions et qui sont fermement attachées au tronc principal. Nous, Franco-Canadiens, nous sommes l'une de ces branches. À nous de le comprendre et de travailler au bien commun. Le patriotisme bien entendu est celui qui ne lutte pas avec un esprit de fanatisme, mais qui, tout en sauvegardant ce qu'il aime, veut que son voisin ne soit pas plus molesté que lui-même. Cette tolérance, messieurs, est indispensable, c'est par elle que nous nous associerons à la grande œuvre, dans laquelle il convient à notre ambition de réclamer une part d'honneur.

Pour les rouges et les libéraux, tout n'est peut-être pas perdu. Ils ne peuvent plus songer à demander un appel au peuple, mais ils songent à faire des prochaines élections un genre de référendum sur la nouvelle constitution. On peut lire dans le *Pays* du 4 juin : « En un mot, dans l'intérêt du Bas-Canada, le parti libéral devra chercher à donner plus d'élasticité au lien fédéral, et à repousser les éléments de centralisation dans la distribution des pouvoirs, dans le patronage du gouvernement et dans la constitution même des diverses branches des différentes législatures, de manière à en faire une véritable Confédération et de nous éloigner le plus possible des principes adoptés et qui font de la Confédération actuelle plutôt une union législative qu'une union fédérale. »

La station du Great Western à Toronto en 1868

# Confédération, an 1

L A NOUVELLE LOI ÉTABLISSANT LA CONFÉDÉRATION laissait à la reine Victoria le soin et le privilège de fixer l'entrée en vigueur de la nouvelle constitution. Le 22 mai 1867, la souveraine appose sa signature au bas du document qui affirme :

> Par et avec l'avis de notre Conseil privé, Nous avons jugé convenable d'émettre cette Proclamation royale et Nous ordonnons, déclarons et commandons que le et après le 1er jour de juillet 1867 les provinces du Canada, de la Nouvelle-Écosse et du Nouveau-Brunswick devront former et seront une souveraineté sous le nom de Canada. Et Nous ordonnons de plus et Nous déclarons que les personnes dont les noms suivent sont celles que par warrant sous notre seing royal il nous a plu approuver comme étant les personnes qui devront être les premières appelées au Sénat du Canada.

Suivent les noms de 72 personnes, parmi lesquelles 24 représentent la nouvelle province de Québec. Quinze sont francophones et neuf anglophones. Même s'ils représentent environ 75 pour cent de la population de la nouvelle province, les francophones ne détiennent que 62,5 pour cent des sièges affectés à leur territoire.

Le 4 juin, la *Gazette officielle* de Londres annonce que lord Monck devient le gouverneur général du Canada. Avant même sa nomination officielle, le représentant de la reine avait demandé à John A. Macdonald d'agir comme premier ministre. Il lui écrivait le 24 mai : « En vous autorisant à prendre la charge de former l'administration du Dominion du Canada, je désire vous exprimer ma ferme conviction qu'à l'avenir il doit être clairement établi que le poste de premier ministre sera détenu par une seule personne qui sera redevable au gouverneur général pour la nomination des autres ministres. De plus, il faut mettre fin au système des deux premiers ministres, système qui a prévalu jusqu'ici. » Le choix — normal — de Macdonald signifie une première brisure du tandem Macdonald-Cartier, ce dernier devenant simple ministre.

La formation du cabinet pose quelques problèmes au premier ministre. Le 5 juin, William McDougall rappelle à Macdonald quelques points sur lesquels ils se sont mis d'accord lors de leurs conversations à Londres ainsi qu'au Canada depuis leur retour : le cabinet devra compter des représentants des deux grands partis politiques de toutes les provinces, les départements importants devraient être divisés également entre les deux partis. McDougall ajoute : « Si j'accepte un poste sous votre direction, je m'attends à être spécialement consulté sur toutes les questions de patronage et les matières touchant l'Ontario ».

Le premier ministre du Canada devra donc tenir compte, dans son choix, des régions, des groupes ethniques et de l'appartenance religieuse. L'Ontario exige un ministre de plus que le Québec. Cette dernière province aura donc quatre représentants, dont trois francophones catholiques : Cartier, Langevin et Jean-Charles Chapais. L'élément anglo-protestant est représenté par Galt. McGee comptait bien être choisi comme ministre, mais Charles Tupper lui fait comprendre qu'il serait important de laisser à Edward Kenny, catholique de la Nouvelle-Écosse, le soin de représenter les Irlandais catholiques. L'Ontario comptera donc cinq ministres, le Québec quatre. La Nouvelle-Écosse et le Nouveau-Brunswick deux chacun. « En accordant à l'Ontario un ministre de plus qu'à la province de Québec, affirme l'historien Robert Rumilly, Cartier avait obtenu qu'à chaque législature le président d'une des Chambres fût un Canadien français. Pendant la première législature, un Canadien français présiderait le Sénat et un Anglais, les Communes : pendant la seconde législature, un Anglais présiderait le Sénat et un Français les Communes ; et ainsi de suite, en alternant. »

La formation du premier ministère suscite quelques querelles et blesse la susceptibilité de certains. « La préséance entre nous, écrit Hector-Louis Langevin le 1er juillet, est réglée par la longueur de nos services passés. Je viens donc avant M. Kenny et aussi plus tard je serai avant tout autre nouveau Conseiller privé. Dans tous ces arrangements, il y a des choses qui ne me plaisent guère, mais il me faut ronger mon frein dans l'intérêt de ma section de pays, en attendant que je puisse avoir mon jour qui ne tardera pas. Le fait est qu'il y a des masques qui devront tomber plus tard. »

## L'opposition continue

Même s'ils sentent qu'ils viennent peut-être de perdre la dernière manche, les rouges décident quand même de continuer à dénoncer le projet de Confédération qui deviendra réalité le 1er juillet. Le jeudi 31 mai, un « caucus rouge » se tient à Montréal. Selon la *Minerve*, Antoine-Aimé Dorion aurait résumé ainsi les principales conséquences de la nouvelle constitution : « 1er La Confédération est une œuvre infâme parce que la langue française sera proscrite et notre religion menacée. 2e Elle va nécessiter un surcroît de dépenses et la taxe directe. 3e Elle va amener la conscription et les enrôlements. 4e Elle va occasionner des dépenses énormes dans les fortifications et le chemin de fer intercolonial. 5e Elle va ruiner l'industrie et les ouvriers. 6e Elle va nous mettre les Américains à dos. »

Le *Pays*, principal organe du parti rouge, continue dans ses colonnes à dénoncer la Confédération.

> Il n'y a rien de bon à attendre de la Confédération, avons-nous dit, lit-on dans l'édition du 6 juin. Cela est vrai et nous persistons à le dire. Il faut que l'opposition

surveille cette mesure et tâche de la faire fonctionner pour le mieux, avons-nous ajouté. Et nous n'en démordons point. Seulement, il eût peut-être été plus correct de dire le moins de mal possible. Tout de même il n'y a pas entre nos deux phrases de contradiction. La Confédération est un poison inventé et administré pour détruire la race française. Tout ce que nous voulons, nous, c'est sauver le malade en lui donnant de bons conseils, en lui administrant un antidote, en nous établissant à son chevet, s'il est nécessaire, et en cherchant par tous les moyens en notre pouvoir à arrêter les funestes effets de l'empoisonnement. Voilà tout. [...] Nous acceptons la Confédération, non en ce sens que nous la trouvons bonne, mais comme le médecin qui est forcé d'accepter l'état de santé de son client, en s'efforçant de l'améliorer peu à peu. Nous ne nous suiciderons point politiquement en refusant de prendre dans les conseils de la nation la part d'influence et d'autorité que nous donnent les talents, les principes, l'expérience de notre parti.

Les libéraux de Dorion commencent déjà leur campagne électorale, mais une série de déclarations des autorités religieuses va venir entraver leur marche et, dans certaines régions, l'arrêter complètement ou presque.

## La voie de Dieu

Déjà, à la mi-mars 1867, même s'il n'a pas encore officiellement pris position au sujet du changement de constitution, le clergé catholique du Bas-Canada a plus de raisons de se dire en faveur du projet que contre. Le grand vicaire de Québec, Charles-Félix Cazeau, dans une lettre à George Edward Clerk, éditeur du *True Witness*, hebdomadaire catholique anglais de Montréal, énumère quelques raisons qui justifient le choix du clergé. Rappelant la situation d'instabilité ministérielle qui a existé jusqu'en 1864, Cazeau ajoute :

Il ne restait plus, pour sortir d'embarras que deux alternatives : ou la confédération ou l'annexion aux États-Unis. Nos hommes d'État en qui nous avions le plus de confiance se prononcèrent pour la confédération, afin d'éviter l'annexion. De ce côté, se trouvaient des hommes comme sir É.-P. Taché, MM. Cartier, Cauchon, Langevin, Chapais et, en dehors de la politique, des hommes qui n'inspiraient pas moins de confiance, tels que le juge Morin, homme d'un patriotisme si intègre et éclairé et généralement tous les amis de la religion et de l'ordre. De l'autre côté, que voyait-on ? Des hommes visant à l'annexion et considérés, par leurs antécédents, comme assez peu favorables à la bonne cause et dont le clergé n'avait guère à se louer. Dans un pareil état de choses, il n'y avait pas pour le clergé à balancer. Il était naturel que ses sympathies fussent plutôt pour ses défenseurs que pour ses détracteurs, pour ceux qui voulaient nous conserver à la domination de l'Angleterre plutôt que pour ceux qui voulaient nous engouffrer dans celle de la république voisine. J'ignore quelle était l'opinion dans le diocèse de Montréal, mais ici il y avait à peu près unanimité. Sans doute personne n'était enthousiasmé de la Confédération, mais elle était acceptée comme un moindre mal que l'annexion. Le clergé, comme corps, ne s'est prononcé ni pour ni contre la Confédération et, s'il penchait davantage du côté où se trouvaient ses amis, il n'a fait aucune démarche pour exprimer son opinion. S'il avait vu des dangers sérieux pour la religion dans le nouveau projet de constitution, il aurait protesté comme il le fit lors de l'union des deux provinces. Mais en face de l'annexion qui présentait des dangers autrement graves, il n'avait rien de mieux à faire que de garder silence et de laisser faire les membres honorables à qui incombait la pénible tâche de préparer la Confédération.

Selon Louis-François Laflèche, le coadjuteur de l'évêque Thomas Cooke de Trois-Rivières, les évêques doivent appuyer ouvertement la nouvelle constitution. Le 8 mai, il écrit donc à Charles-François Baillargeon, administrateur de l'archidiocèse de Québec, suggérant que tous les évêques du Bas-Canada publient un mandement à l'occasion de la proclamation du 1er juillet. Baillargeon consulte, à ce sujet, Jean Langevin, nouvel évêque de Rimouski, qui, tout comme les évêques de Kingston et de Hamilton, se dit favorable au projet.

Quelques jours auparavant, soit le 25 mai, Ignace Bourget, évêque de Montréal, avait fait parvenir une lettre circulaire aux membres de son clergé sur la conduite à tenir pendant les prochaines élections. Il rappelle que l'on doit bannir des élections « les discours calomnieux, les cabales malhonnêtes, les querelles, les violences, les excès de boisson, les faux serments et autres moyens criminels ». Il ne parle pas ouvertement de la Confédération, sauf qu'après avoir rappelé une déclaration du concile plénier de Québec de 1854 où il est question des vrais principes, il ajoute : « Un de ces vrais principes, pour tous les catholiques sincères, est que tous les sujets sont obligés en conscience de se soumettre à tout gouvernement légitimement établi ; et que ce serait un excès condamnable de travailler à le renverser par la violence ou autres mauvais moyens. »

Le 8 juin, Thomas Cooke, évêque du diocèse de Trois-Rivières, signe une lettre pastorale rédigée en bonne partie par son coadjuteur Laflèche. Il dénonce les dangers de l'annexion aux États-Unis, puis se prononce officiellement en faveur de la Confédération :

> Nous ne connaissons rien qui puisse autoriser à croire que la Confédération est un acte de trahison. Elle a été discutée assez longtemps, examinée assez scrupuleusement par les hommes les plus dévoués et les plus éclairés de toutes les provinces pour lever tout doute à cet égard. [...] Aujourd'hui que ce projet a reçu la sanction du gouvernement impérial et qu'il est devenu la loi fondamentale du pays, nous devons vous rappeler que notre devoir comme catholiques est de mettre un terme à toute discussion sur ce sujet ; si nous avons eu une parfaite liberté d'opinion, dans les limites du juste et de l'honnêteté tant que la Confédération n'a été qu'à l'état de projet, si nous avons pu en toute sûreté de conscience être pour ou contre, la combattre avec chaleur, ou la défendre avec conviction, suivant que nous l'avons cru utile ou dangereuse, il n'en est plus ainsi depuis qu'elle est passée à l'état de loi. Elle est devenue aujourd'hui une chose jugée et obligatoire. [...] Vous devez en conscience, nos très chers frères, et comme catholiques et comme amis sincères de l'ordre, de l'union et de la paix, vous devez favoriser dans la mesure de vos forces et par le concours de votre bonne volonté, le bon fonctionnement de la constitution qui va bientôt être inaugurée. [...] Ce devoir, ajoute Cooke, vous aurez à le remplir dans les prochaines élections, en vous assurant que les hommes dont vous allez faire choix pour vous représenter dans les parlements, seront animés de cet esprit de conciliation de cette bonne volonté dont le concours est indispensable pour tirer de la nouvelle constitution tout le bien que nous devons en attendre.

Voilà qui est relativement clair : il faut voter pour ceux qui sont d'accord avec la Confédération, donc contre les rouges, s'ils continuent à combattre la mesure.

Quant à Baillargeon, il signe son mandement le 12 juin. Il souligne, lui aussi, que toute autorité vient de Dieu et que la Confédération a été adoptée par une autorité dûment établie. « L'œuvre de l'autorité doit être respectée ; refuser de s'y soumettre, ce serait renverser l'ordre établi et résister à sa volonté, ce serait marcher à l'anarchie, à la trahison, à la révolte et à tous les maux qui en sont la suite. » Au sujet des prochaines élections, il se contente de recommander à ses ouailles de donner leurs suffrages « aux candidats les plus dignes et, en même temps, les plus capables de servir les intérêts de la patrie et de la religion ».

L'évêque de Rimouski donne son mandement le 13 juin. Le frère de Hector-Louis Langevin voit la main de Dieu dans la nouvelle loi. « Vous la respecterez donc, nos chers frères, cette nouvelle Constitution, qui vous est donnée, comme l'expression de la volonté suprême du Législateur, de l'Autorité légitime, et par conséquent de celle de Dieu même. » Pour Jean Langevin, seuls les candidats favorables à la Confédération, donc les conservateurs, sont dignes de recevoir les votes des électeurs.

> Dans les élections prochaines, dit-il, vous considérerez comme une obligation de conscience de choisir avec soin ceux qui doivent vous représenter, soit dans la Chambre des communes, soit dans le Parlement local. Dans ce choix fait avec discernement, sans passions mesquines, sans préférence purement personnelle, avec l'unique désir du bien public, avec un véritable patriotisme en un mot, dépend beaucoup le salut de notre pays, aussi bien que la conservation de tout ce qui nous est cher comme nation, notre religion, notre langue, nos institutions. [...] Vous vous défierez, s'il s'en rencontrait parmi vous, de ces esprits mécontents qui rêvent pour le Canada le bonheur et la prospérité dans l'annexion à un pays voisin. S'ils réussissaient dans leurs sinistres projets, ce qu'à Dieu ne plaise, ce serait, à moins d'un miracle de la Providence, la ruine de notre peuple, la perte de nos mœurs, de nos coutumes, de notre langue, l'anéantissement de notre nationalité. Vous exigerez donc des candidats une déclaration explicite et formelle de principes, l'engagement positif de soutenir la nouvelle Constitution.

Voilà qui est clair ! L'évêque sent le besoin de renchérir en demandant à ses fidèles de demeurer unis, donc de faire front commun sous la bannière conservatrice : « Nous diviser dans ce moment serait nous suicider, nous faire une blessure mortelle. Si nous voulons avoir, dans les conseils de la nouvelle Nation canadienne, dans le Parlement de la Confédération, notre juste et légitime influence ; dans la balance du gouvernement, le poids auquel nous donne droit le chiffre de notre population : demeurons unis, encore une fois, d'esprit, de cœur, de volonté. »

Le ministre Langevin avait raison d'écrire à son frère Jean le 22 juin : « J'ai reçu ton mandement et il n'y a pas de doute qu'il me va bien. »

La prise de position des autorités religieuses réjouit les conservateurs, surtout George-Étienne Cartier qui, dès le 13 juin, s'empresse de remercier Laflèche pour le mandement de Cooke : « Ce mandement, affirme-t-il, fera époque dans les annales de l'épiscopat du Canada. » Le *Journal des Trois-Rivières*, dans son édition du 14, tire un argument électoral des lettres des évêques : « La soumission au nouvel ordre de choses n'est plus une affaire d'opinion, c'est une chose obligatoire pour tous les catholiques de ce pays. Vouloir résister plus longtemps à la Confédération et chercher les moyens de la détruire, c'est méconnaître un des enseignements les plus importants du catholicisme, c'est violer le grand principe de l'obéissance aux puissances supérieures. »

Ignace Bourget est le seul évêque qui trouve grâce auprès des libéraux, car il s'est contenté de rappeler les devoirs d'un chrétien lors des élections. Le 25 juillet, il avait signé une lettre pastorale destinée à être lue dans toutes les églises de son diocèse, dans laquelle il répétait les directives qu'il avait adressées à son clergé le 25 mai précédent sur le même sujet. À Larocque, qui lui demande de prendre une position plus claire face à la Confédération, Bourget répondra, le 15 octobre : « Tous ont compris que c'était pour eux un devoir de conscience de se soumettre à la Confédération et qu'il leur fallait voter en conséquence. [...] C'est donc à tort que l'on cherche à faire croire que je ne suis pas pour la Confédération sous prétexte que je me suis exprimé autrement qu'eux [les autres évêques] dans les documents précités. »

Plusieurs libéraux catholiques éprouvent des problèmes de conscience à continuer à appuyer le parti de Dorion. Quelques-uns consultent des prêtres à ce sujet. Laflèche est saisi de la question et il y apporte une réponse le 20 août :

> Un électeur peut-il voter en conscience pour un candidat qui déclare qu'il appartient au parti libéral et qu'il est décidé à le supporter, sachant que ce parti qui a combattu la nouvelle constitution de toutes ses forces a décidé dans le mois de mai dernier qu'il fallait s'y opposer et la combattre, bien qu'il dise à présent qu'il accepte mais qu'il veut la modifier ? —Réponse : Nous croyons qu'un électeur ne peut voter en conscience de cette manière, et qu'en votant ainsi il agit fort imprudemment et se rend coupable de péché attendu que les évêques de la province, et notamment l'évêque des Trois-Rivières, ont décidé et fait connaître à leurs diocésains qu'on est obligé sous peine de péché d'accepter la nouvelle constitution et de voter pour des hommes qui sont franchement et sincèrement décidés à la faire bien fonctionner.

Quelques curés seront moins nuancés que leurs évêques et ils donneront à leurs paroissiens des consignes plus directes et brandiront la menace de péché mortel contre ceux qui oseraient voter libéral. Chose d'autant plus facile à contrôler que le vote est toujours ouvert et non secret.

### Le premier 1er juillet

Le lundi 1er juillet 1867 a été décrété fête légale et jour chômé. Diverses manifestations se déroulent dans la plupart des villes importantes. À Ottawa, l'entrée en vigueur de la nouvelle constitution est saluée dès minuit et cinq minutes par une salve de 101 coups de canon. Les cloches de toutes les églises sonnent alors en même temps et un feu d'artifice illumine le ciel. À onze heures, le maire de la capitale canadienne lit la proclamation royale. Partie de crosse et course de canots complètent les activités.

En Nouvelle-Écosse, les réjouissances ne sont pas générales, car plusieurs citoyens n'acceptent pas les modifications apportées au gouvernement. Le *Morning*

*Chronicle* paraît avec les bordures de deuil et un article parle de la mort de la liberté ainsi que de « la libre et brillante province de la Nouvelle-Écosse ». Par contre, à Toronto, nouvelle capitale de la province de l'Ontario, aucune ombre au tableau et la première nuit confédérative se déroule en réjouissances de toutes sortes.

Le 28 juin, le maire de Québec, Joseph Cauchon, avait émis une proclamation invitant

> tous les citoyens de la cité de Québec à célébrer ledit jour comme jour de réjouissances en l'honneur de l'inauguration de la Confédération desdites provinces sous le nom de *Puissance du Canada*. Je donne de plus avis que ledit premier jour de juillet prochain je lirai dans les places les plus fréquentées de la dite cité, savoir : sur l'Esplanade, à la haute ville de ladite cité, à midi ; et ensuite devant l'église Saint-Jean, quartier Saint-Jean ; et vis-à-vis le Marché Jacques-Cartier, Saint-Roch, pour l'information des habitants de cette cité, la Proclamation royale unissant les provinces de l'Amérique du Nord, dont une copie m'a été transmise par le secrétaire provincial ; et la ferai afficher dans le vestibule de l'Hôtel-de-Ville, dans la rue Saint-Louis, dans la haute ville de cette cité, afin que personne ne puisse plaider ignorance à cet égard.

À onze heures, les soldats de la garnison ainsi que les corps de volontaires de Québec paradent sur l'Esplanade. Après la lecture de la proclamation aux endroits précités, « une batterie de campagne tira une salve d'artillerie ». L'après-midi, la population put visiter quelques navires ancrés dans le port et, le soir, un feu d'artifice termina les activités.

Montréal souligne le grand événement par une parade militaire, divers concerts, un spectacle d'équilibristes, une partie de crosse et des promenades en bateau. À la demande du maire Henry Starnes, deux feux d'artifice sont présentés : l'un au jardin Viger ; l'autre, au pied de la Montagne, où, lit-on dans la *Minerve* du jour, « on a élevé un édifice de 300 pieds qui sera tout couvert d'inscriptions illuminées, de l'effet le plus surprenant. On y verra, entre autres choses, un steamer de la compagnie Allan voguer à toute vapeur. »

Plusieurs petites villes, comme Trois-Rivières, soulignent, elles aussi, l'événement.

## Une nouvelle nation

Tous les espoirs sont permis en ce 1<sup>er</sup> juillet 1867. George Brown peut écrire dans le *Globe* de Toronto : « Nous saluons la naissance d'une nouvelle nation. Une Amérique anglaise unie, forte de quatre millions d'habitants prend place aujourd'hui parmi les grandes nations du monde. » La *Minerve* emboîte elle aussi le pas : «Canadiens, rallions-nous tous autour du nouveau drapeau. Notre constitution assure la paix et l'harmonie. Tous les droits seront respectés ; toutes les races seront traitées sur le même pied, et tous, Canadiens français, Anglais, Écossais, Irlandais, membres unis de la même famille, nous formerons un État puissant, capable de lutter contre les influences indues de voisins forts. [...] Nous ne craindrons plus l'annexion. » Fortement inspirée par Cartier lui-même, la *Minerve* souligne le danger que courrait le Québec s'il ne participait pas activement au nouveau gouvernement :

La province de Québec n'a pas le droit de mettre obstacle à la marche des événements et d'arrêter le développement d'une grande idée. Si elle fait cela, ce sera son arrêt de mort. Elle en reviendra aux luttes de 1837, avec cette différence que ce ne seront plus alors les Anglais qui seront ses ennemis, mais ses propres compatriotes d'autres races, qui ne lui pardonneront jamais son attitude. La gloire de notre nationalité n'est pas dans l'isolement, mais dans la lutte et le combat. [...] Ne cherchons pas à enfermer notre nationalité dans un horizon sans grandeur et sans étendue. Élargissons plutôt le cercle de nos aspirations. En augmentant le nombre de ses enfants et de ses défenseurs, ce sera le moyen de la rendre grande et belle. La Confédération élargira nos horizons et en même temps donnera à notre vie nationale et à notre vie de famille les éléments de bonheur et de prospérité qui nous ont manqué jusqu'à présent. La Confédération nous rendra libres et maîtres de notre propre domaine dans l'administration des affaires de notre patrimoine spécial.

*L'Événement* de Québec, dans un éditorial du 2 juillet, prend une attitude plus nuancée que son confrère de Montréal.

Voici donc le Bas-Canada marié en secondes noces. Le premier ménage en somme a été heureux, quoique notre conjoint, le Haut-Canada, n'eût pas l'humeur positivement facile. [...] Ce n'est point encore tout à fait un mariage d'amour que nous faisons là : c'est un mariage de convenance. L'âge, les positions des époux sont assortis. Si nous ne ressentons pas une grande passion pour les provinces qui nous sont unies, du moins nous n'en aimons pas d'autre. Rien n'empêche qu'un solide attachement ne naisse de nos relations constantes. Ce ne sont pas les gens les plus épris qui font les meilleurs ménages. Tel mari bat sa femme qui, avant le mariage, était doux comme un mouton et tendre comme un tourtereau.

## Un « K » blessant

C'est à onze heures, le matin du 1ᵉʳ juillet, que lord Monck est assermenté comme gouverneur général du Canada. Les ministres fédéraux prêtent aussi le serment d'office. Au cours de la même cérémonie, le représentant de la reine annonce que cette dernière vient de conférer à John A. Macdonald le titre de chevalier commandeur de l'Ordre du Bain. En plus de pouvoir porter le titre de sir, Macdonald peut ajouter, à la suite de son nom, les lettres K.C.B. Quant à Cartier, Galt, Howland, McDougall, Tilley et Tupper, ils n'ont droit qu'au titre de compagnons du Bain, ou aux lettres C.B.

Cartier et Galt refusent l'honneur qui leur est conféré, le premier parce qu'il est offensé, le second par solidarité pour son confrère. « L'annonce des honneurs, hier, écrit Galt à sa femme le 2 juillet, a causé du trouble. Cartier n'acceptera pas et son refus entraînera nécessairement le mien car je ne puis accepter ce qu'il refuse sans déclarer ou que je pense qu'il a tort, ce que je ne puis faire, ou que ses services ont été plus importants que les miens, une position d'infériorité que je ne puis volontairement assumer. C'est là une situation disgracieuse et inusitée de refuser un honneur publiquement conféré, mais si lord Monck est un âne, je ne puis l'aider. »

Le fait que Cartier et Macdonald n'aient pas droit aux mêmes honneurs soulève un mouvement d'indignation chez les francophones. Dans un mémoire rédigé en mars 1879, Macdonald protestera de son innocence dans tout cela : « Personne d'entre nous n'avait reçu avant cela aucun avis des intentions de Sa Majesté. MM. Cartier et Galt, considérant insuffisante cette reconnaissance de leurs services, refusèrent de recevoir la décoration. Une émotion considérable fut soulevée dans le Bas-Canada parmi les Canadiens français parce qu'ils considéraient que l'homme qui représentait leur race n'avait pas été traité avec les égards voulus et une motion en ce sens fut présentée dans le parlement. »

Le consul de France au Canada, Abel-Frédéric Gautier, dans une lettre du 10 juillet, rend compte de l'état d'esprit qui prévaut au Québec : « M. Macdonald n'a pas fait plus, ni moins, il a fait autant que M. Cartier, pour mener à bonne fin l'ordre de choses nouveau, et la différence que les Conseillers de la Couronne ont cru devoir établir en faveur d'un Canadien anglais a blessé et est vivement ressentie comme une humiliation par la race catholique et franco-canadienne. » Le 28 novembre suivant, Gautier revient sur le sujet et illustre les conséquences du geste fait le 1er juillet :

> Ce qui gêne surtout le gouvernement dans sa prompte et complète organisation, ce sont les dissentiments qui existent entre les principaux membres du ministère, sir John A. Macdonald, chef du Cabinet, et l'hon. M. Cartier, ministre de la Milice, naguère encore très intimes. L'intérêt politique les unit toujours, mais de leur ancienne et commune amitié dont ce dernier m'a si souvent parlé avec effusion, il ne reste plus rien. Je crois être dans le vrai en attribuant l'origine de ce refroidissement aux nominations dans l'Ordre du Bain dont, à plusieurs reprises j'ai eu l'honneur d'entretenir Votre Excellence [le marquis de Moustier, ministre des Affaires étrangères de France]. La part si minime faite aux Canadiens français [une croix sur sept] dans la distribution de ces honneurs et l'infériorité, surtout, de la classe accordée à M. Cartier en comparaison de celle conférée à sir John A. Macdonald, ont profondément blessé leur amour-propre national ; aussi ne négligent-ils jamais, depuis lors, d'affirmer leur origine. C'est ainsi qu'ils ont dernièrement exigé et obtenu que toutes les communications verbales ou écrites fussent faites aux Chambres simultanément en français et en anglais, chose que voulait l'Acte d'Union du Haut et du Bas-Canada et que prescrit également la Constitution nouvelle, mais qui était depuis longtemps tombée en désuétude, et plusieurs orateurs franco-canadiens qui, d'ordinaire, parlaient en anglais et s'exprimaient parfaitement dans cette langue, affectent maintenant de ne plus prendre la parole qu'en français. M. Cartier, qui exerce une grande influence politique parmi la population franco-canadienne, aurait découvert, assure-t-on, dans cette affaire des décorations, de la part de son collègue, d'accord en cette circonstance avec lord Monck, un manque d'égards blessant pour lui et ses co-nationaux qu'il n'est pas disposé à pardonner, et il profitera, croit-on, de la première occasion convenable qui se présentera pour se séparer de lui : un remaniement complet du ministère actuel en serait la conséquence inévitable.

## Le Québec s'organise

La province de Québec doit maintenant se doter d'une structure gouvernementale. Le 1er juillet, sir Narcisse-Fortunat Belleau est nommé lieutenant-gouverneur. Il prête serment le lendemain. « Qui eût pu prévoir, nous ne dirons pas il y a cent ans, cinquante ans, vingt-cinq ans, mais il y a sept ou huit ans, peut-on lire dans le *Courrier du Canada* du 3, qui eût pu prévoir que le Bas-Canada, le berceau de la nationalité canadienne-française, serait, dans un avenir si prochain et sans cesser d'être colonie anglaise, gouverné par un Canadien français catholique ? »

Belleau demande à Joseph Cauchon de former le premier cabinet provincial. Le 4 juillet, le maire de Québec se met à la tâche. Si le recrutement se fait bien du côté des francophones, il n'en va pas de même avec les anglophones. Henry Starnes, le maire de Montréal, refuse l'offre de devenir ministre ; le Québécois George Irvine hésite, mais semble prêt à accepter. Quant à Christopher Dunkin, représentant du comté de Brome, il donnera son accord à une condition. « Dunkin, écrit l'historien Louis-Philippe Audet, exigeait-il comme prix de son adhésion que le futur premier ministre fasse adopter immédiatement une loi qui garantirait les droits scolaires des protestants dans le sens prévu par le bill Langevin. Autrement dit, Cauchon devait désavouer son attitude de l'année précédente et faire amende honorable. Le premier ministre désigné déclara alors qu'il était disposé à donner certaines garanties aux protestants, telle celle de consentir une plus grande autonomie scolaire, de désigner une ou plusieurs personnes pour occuper des postes clés au département de l'Éducation. » Mais Dunkin exige, en quelque sorte, la création de deux secteurs scolaires, l'un catholique et l'autre protestant, ce que ne peut accepter Cauchon qui écrit à Dunkin le 10 juillet : « Cette législation, fruit d'un odieux soupçon, serait un stigmate que je ne pourrais jamais consentir à imprimer de ma propre main au front de ceux de ma croyance et de mon origine. »

Pour Dunkin, Cauchon n'a pas l'appui des anglophones et il lui écrit : « Il m'est impossible d'oublier que votre conduite pendant la dernière session vous enlevait naturellement la confiance de cette partie de vos compatriotes bas-canadiens dont les opinions doivent trouver en moi un représentant. »

Le 11 juillet, se rendant compte de l'impossibilité de réussir dans la tâche qui lui avait été confiée, Cauchon demande au lieutenant-gouverneur de nommer un nouveau premier ministre. Par contre, il est convaincu que Galt a fortement influencé le député de Brome. Belleau, à la demande de Galt, Cartier et Langevin, fait appel à Pierre-Joseph-Olivier Chauveau, surintendant de l'Instruction publique et, ce qui n'est pas négligeable, bien vu de l'élément anglophone. Le 15 juillet, le premier cabinet de la province de Québec est assermenté. Il se compose de sept ministres, dont deux anglophones. Christopher Dunkin occupe le poste de trésorier et George Irvine celui de solliciteur général. Les autres membres sont Chauveau, le premier ministre, qui garde la direction de l'Instruction publique ; Gédéon Ouimet, procureur général ; Joseph-Octave Beaubien, commissaire des Terres de la Couronne ; Louis Archambault, commissaire de l'Agriculture et des Travaux publics, et Charles-Eugène Boucher de Boucherville, président du Conseil législatif. Trois des ministres représentent le Montréal métropolitain ; deux, le Québec métropolitain et deux, les Eastern Townships. Pour Charles-Joseph Lévesque dit Lafrance, le rédacteur de l'*Écho du Peuple*, hebdomadaire publié à Québec, le nouveau cabinet n'est pas des plus représentatifs :

> M. Chauveau, lit-on dans l'édition du 20 juillet, est pour nous une gloire nationale, c'est peut-être l'homme le plus propre à rallier les partis et à animer

d'un même esprit de patriotisme les Canadiens malheureusement pendant trop longtemps divisés. La haute intelligence jointe au tact exquis de cet homme d'État peuvent lui permettre de rendre forte et digne cette Chambre locale essentiellement française et qui, si on le veut, sera toujours le boulevard et le soutien de notre race, le rempart inexpugnable contre lequel viendront se briser les tentatives hostiles de nos ennemis. M. Chauveau conservera son salaire de 4000 $. Malheureusement ce monsieur ne s'est pas entouré en général d'hommes qui commandent au même degré le respect et la confiance des partis.

## Le fouillis électoral

Les élections vont se dérouler en même temps, tant pour élire des députés au fédéral qu'au provincial. À cette confusion vient s'ajouter un élément important : un citoyen peut se faire élire aux deux niveaux de gouvernement et détenir alors un double mandat. Ainsi, dans certaines circonscriptions électorales, un candidat qui se présente aux deux postes peut avoir deux opposants, un pour le niveau fédéral et l'autre pour le niveau provincial. Un certain nombre d'électeurs ne peuvent sortir de leur confusion. Une chose, toutefois, est certaine : un député ne peut être ministre en même temps à Ottawa et à Québec !

Pour Simon Lesage, le choix est vite fait. Il déclare à Langevin, le 29 juillet : « Quand même j'aurais le choix entre un siège à Ottawa et un siège à Québec, je préférerais de beaucoup aller à Québec, car c'est là que les *damned French Canadians* vont enfin se sentir vivre de leur vie propre. À mes yeux, ils valent mieux que tout le reste de la Confédération et la Confédération elle-même ne peut prospérer sans eux et sans qu'ils prospèrent aussi. »

Les brefs d'élections ne sont pas tous émis le même jour et la votation ne devra pas dépasser deux jours pour la même circonscription. De plus, elle n'aura pas lieu en même temps dans toutes les circonscriptions électorales.

Sans que la nouvelle constitution ne soit soumise à un vrai référendum, la Confédération est néanmoins un des thèmes importants abordés par les orateurs au cours de la campagne électorale.

> Les conservateurs, écrit l'historien Jean-Paul Bernard, s'attachèrent autant à dénoncer le rougisme qu'à défendre la Confédération, tandis que leurs adversaires passèrent plus de temps à défendre leur opposition à la Confédération qu'à l'expliquer. Le principal problème parut être, un moment, de savoir si l'opposition à la Confédération était factieuse, après la sanction de la loi par la reine et les lettres pastorales de quatre évêques. Même dans la grande région de Québec, où il n'y avait pas de quoi, on agita l'épouvantail du rougisme et de l'opposition factieuse à la nouvelle constitution. Ainsi les élections ont-elles permis de mesurer le sentiment populaire face à la Confédération et les forces relatives du clergé et des Rouges, sans qu'il soit possible de distinguer une chose de l'autre.

Sur le plan provincial, les élections ont une allure plus terre à terre. Certains candidats des circonscriptions rurales insistent sur le fait qu'ils sont agriculteurs dans l'espoir que les électeurs vont les préférer aux candidats venus de la ville. Certains misent sur leurs réalisations passées, d'autres sur leur capacité de réalisations. Selon l'historien Marcel Hamelin, « l'étude de la campagne au niveau local ne nous permet pas de considérer les élections de 1867 comme un plébiscite sur la Confédération. » « Sans doute, ajoute-t-il, les journaux discutent encore des mérites et des dangers de la nouvelle constitution. Mais la Confédération est un fait accompli et rares sont les candidats au mandat provincial qui en font le thème principal de leur campagne. En ce sens, la presse ne reflète pas vraiment les préoccupations majeures de l'électeur moyen. D'ailleurs les journaux ont une diffusion fort limitée, surtout dans les campagnes, et ce n'est qu'une minorité d'électeurs qui suivent les polémiques de la presse. »

## « L'ami des charretiers »

Dans le comté de Montréal-Est, la mise en nomination a lieu le 29 août. Cartier brigue les suffrages à la fois au fédéral et au provincial. Au premier niveau, Médéric Lanctôt, premier vice-président de l'Association des Ouvriers, que l'on appelle aussi l'*ami des charretiers*, s'oppose à lui en raison de l'appui accordé à ces derniers lors de leur grève en 1864. Ludger Labelle est candidat rouge au provincial.

Le désordre éclate alors que les orateurs essaient de se faire entendre d'une foule nombreuse. Le corps de la cavalerie des guides doit intervenir pour rétablir l'ordre. Au cours des jours qui suivent, divers actes de violence éclatent et la police doit effectuer quelques arrestations.

Les bureaux de votation dans Montréal-Est ouvrent leurs portes les 5 et 6 septembre. De part et d'autre, on parle de corruption et d'achat des votes. Pour empêcher de plus grands désordres, le chef de police de Montréal, F. W. L. Penton, avait fait paraître une annonce dans les journaux rappelant un article de la loi électorale :

> Tous les hôtels, les auberges et les boutiques où il se vend ordinairement des liqueurs ou des boissons enivrantes ou fermentées, seront fermés durant les deux jours de la votation, dans les quartiers ou dans les municipalités où se tiendront des polls d'élection comme ils doivent l'être les dimanches pendant l'office divin, et nulles liqueurs spiritueuses ou fermentées ou boissons ne seront vendues ou données durant ce temps sous une pénalité de cent piastres contre les personnes qui les tiendront, si elles ne ferment, et sous la même pénalité si elles vendent ou donnent des liqueurs spiritueuses ou fermentées comme susdit.

Dans le quartier de Montréal-Ouest, deux Irlandais se font la lutte : McGee et Bernard Devlin. Encore là, la violence est présente, d'autant plus que McGee, connu pour son opposition au mouvement fénien, n'a pas la faveur des Irlandais catholiques extrémistes et qu'il passe pour un traître à la cause de son pays d'origine.

> Hier soir, lit-on dans le *Pays* du 7 septembre, après la votation, un grand nombre d'Irlandais attaquèrent le Mechanic's Hall d'où M. McGee adressait la parole à ses partisans et brisèrent toutes les fenêtres. Plusieurs coups de feu furent échangés et plusieurs personnes furent grièvement blessées. M. McGee et ses principaux partisans eurent toutes les peines du monde à échapper aux coups. La police et les troupes arrivèrent quand tout fut fini. M. Richard McShane, un des cabaleurs de M. McGee, fut sévèrement battu par la foule, au milieu de laquelle il avait eu

l'effronterie de crier des hourras pour M. McGee. Durant toute la soirée, il y a eu nombre de rencontres et de coups entre des groupes de différents partis.

Le scrutin se termine par la victoire de McGee. Dans Hochelaga, Antoine-Aimé Dorion remporte la victoire avec 1312 voix contre 1289 pour Lanouette. Au provincial, pour la même circonscription, le candidat libéral Laurent-Olivier David subit la défaite, ce qui signifie que les voteurs favorisent l'homme plutôt que le parti.

## Du côté de Québec

Plusieurs journaux, au cours de la campagne électorale, dénoncent le droit au double mandat et tentent de convaincre la population que le gouvernement local, pour les francophones, est le plus important. Dans son édition du 30 juillet, l'*Écho du Peuple* déclare : « À nos yeux et aux yeux de tout Canadien désintéressé, la seule faible branche de salut qui nous reste, à nous Canadiens français, dans la Confédération, se trouve dans le gouvernement local ; c'est là qu'on devra retrouver dans toute sa vigueur et sa force le sentiment national, ce sentiment qui donnait autrefois à nos pères une si grande puissance et leur permettait de lutter avec une noble fierté et un magnifique succès contre cette oligarchie stupide et malfaisante. »

Le quartier Saint-Roch est témoin de quelques scènes de violence. Le 24 août, on y assiste à « la scène la plus dégoûtante qui ait encore eu lieu dans le pays ». « Jamais, selon l'*Écho du Peuple*, on avait vu des candidats s'emparer violemment des *hustings*, en chasser tous les partisans des adversaires et là, au moyen d'un officier-rapporteur, aussi injuste qu'impartial, se faire proclamer élus unanimement, sans opposition. »

Selon le *Daily News* de Québec, un homme trouve la mort dans la région de Lévis lors d'une assemblée électorale : « Pendant qu'un nommé Canton, partisan de M. Marceau [un candidat libéral modéré], adressait la parole aux électeurs de New Liverpool, quelqu'un de la foule lui lança une pierre qui le frappa au visage. Il a été ramassé sans connaissance, transporté chez lui où il est mort hier matin. »

La circonscription électorale où la bataille est la plus rude est sans contredit celle de Kamouraska qui, pendant plusieurs mois, ne sera représentée ni à Ottawa ni à Québec. Le conservateur Jean-Charles Chapais brigue les suffrages aux deux niveaux de gouvernement et cherche à se faire élire par acclamation aux deux postes. L'organisation libérale est prête à lui concéder une élection sans opposition au fédéral ; par contre, elle veut faire élire le libéral Charles-Alphonse-Pantaléon Pelletier au provincial.

L'officier-rapporteur, un nommé Garon, cousin germain de Chapais, fait afficher, de nuit, une proclamation enlevant le droit de vote aux électeurs des paroisses de Saint-Pascal, Saint-Pacôme et Notre-Dame-du-Portage, reconnus pour leurs sympathies libérales. Le prétexte est que les listes électorales « ne sont que de vraies copies des listes originales ». Le 19 août, des électeurs enregistrent par écrit leur opposition à une telle conduite.

Un correspondant qui signe *Vérité*, dans une lettre datée du 1er septembre, dénonce l'esprit de partisanerie de l'officier public :

Lorsque le public voudra considérer que ce registrateur du comté, le cousin germain de M. Chapais, officier-rapporteur de par sa grâce, a, il n'y a que quelques semaines, pour donner la preuve à son patron de son dévouement, porté l'inconvenance au point d'attacher un ruban rouge à la queue et un ruban bleu dans les cornes de sa vache et poussé l'oubli de son devoir jusqu'au point de parader avec sa vache ainsi décorée dans les rues du village pour insulter tout un parti, faire monter le rouge au front des honnêtes gens, en tenant des discours offensifs contre ceux qui opposent son parti, on comprendra facilement d'une part pourquoi il a cherché à nuire au parti de M. Pelletier en supprimant ces polls, c'est qu'un ministre de la Couronne ait choisi un pareil instrument pour être l'officier impartial dans une lutte électorale où les électeurs ont des droits égaux.

Le jour de la mise en nomination, la bagarre éclate entre les partisans des deux clans. Plusieurs personnes sont blessées plus ou moins grièvement. Comme l'officier-rapporteur ne peut remplir sa tâche, la circonscription électorale perd sa franchise.

## Victoire conservatrice

Au Québec, le parti conservateur fait élire 52 députés à Ottawa, sur un total de 65. L'Ontario et le Nouveau-Brunswick portent au pouvoir les représentants du même parti, mais la Nouvelle-Écosse enregistre un vote de protestation : sur 19 députés, un seul, Charles Tupper, est conservateur. Les adversaires de la Confédération font élire 18 députés !

Sur le plan provincial, les conservateurs québécois remportent 51 sièges et les libéraux seulement 13. Par rapport aux élections générales de 1863, les rouges enregistrent un recul important.

Les élections, note l'historien Jean-Paul Bernard, avaient donc confirmé l'incapacité des Rouges de percer vraiment dans la grande région de Québec. Les 5 % du suffrage total au fédéral et au provincial, qu'ils avaient obtenus venaient, d'ailleurs, des comtés de Drummond-Arthabaska et de Yamaska, comtés voisins de la grande région de Montréal. Même dans cette grande région de Montréal, contre 33 % des voix en 1863, les Rouges n'en avaient plus que 18 %. C'était sans doute le mouvement le plus significatif. Dans l'île de Montréal, on était passé de 42 % à 8 % des voix ; dans la région de Chambly-Saint-Jean, de 47 % à 22 % ; dans la région de l'île Jésus, de 7 % à 0 % ; dans la région au nord de Montréal, du côté de l'Assomption et de Berthier, de 24 % à 5 %. Les Rouges n'avaient maintenu leur position que dans la région de Saint-Hyacinthe où ils avaient conservé 41 % des voix.

L'intervention cléricale explique en partie la désaffection populaire pour les candidats libéraux ou rouges. Le *Pays* le sent bien et il organise une vaste enquête pour colliger les cas d'intervention indue de la part de membres du clergé. Louis-Antoine Dessaulles fait de même. « À côté de plusieurs cas de refus de sacrements, résume Jean-Paul Bernard, il note, par exemple, que tous les professeurs du Collège de Saint-Hyacinthe ont voté bleu ; que le curé de Saint-Dominique a dit à ses paroissiens qu'il était obligé de déclarer, à regret, qu'ils devaient voter pour les candidats conservateurs ; qu'on faisait pression sur les femmes pour amener les maris à ne pas voter pour les libéraux. »

Il faudra attendre encore quelques années pour assister à des contestations légales d'élections pour influence indue de la part du clergé catholique.

## Une dernière apparition

Lors de la campagne électorale, la *Minerve*, édition du 13 août, avait cherché à montrer que les rouges étaient les ennemis de l'Église catholique et elle avait cité le cas de Louis-Joseph Papineau : « M. L.-J. Papineau, le grand prêtre des rouges déclarait que l'Église n'a rien à faire avec l'État. »

L'ancien chef du parti patriote, malgré ses 80 ans passés, a suivi de près le déroulement des élections. Le 17 décembre, devant les membres de l'Institut canadien de Montréal, il fait sa dernière apparition publique et il règle ses comptes avec la politique. « Vous me croirez, j'espère, si je vous dis que j'aime mon pays. L'ai-je aimé sagement ? L'ai-je aimé follement ? Au-dehors, les opinions peuvent être partagées. Néanmoins, mon cœur et ma tête consciencieusement consultés, je crois pouvoir décider que je l'ai aimé comme il doit être aimé. Ce sentiment, je l'ai sucé avec le lait de ma nourrice, ma sainte mère. L'expression brève par laquelle il est le mieux énoncé : "Mon pays avant tout", je l'ai balbutiée sans doute sur les genoux de mon père. »

Rapidement l'orateur en vient à dénoncer la Confédération :

> Ce n'est pas l'acceptation précipitée de l'Acte de la Confédération, bâclé à Québec, qui peut prouver la sagesse des hommes d'État d'Angleterre. Il n'est pas leur œuvre ; il a été préparé dans l'ombre sans l'autorisation de leurs constituants par quelques colonistes anxieux de se cramponner au pouvoir qui leur échappait. Le sinistre projet appartient à des hommes malfamés et personnellement intéressés ; l'accomplissement du mal est dû au gouvernement britannique, surpris, trompé, inattentif à ce qu'il a fait. [...] L'Acte actuel a été imposé à des provinces qui étaient paisibles, où il n'y avait plus d'animosités de races, ni d'animosités religieuses à calmer. Là où personne n'était coupable, tous sont punis, puisqu'ils subissent une loi sur laquelle ils n'ont pas été consultés.

Papineau n'a pas perdu le goût des longs discours et, après quelques heures, il termine son discours en traçant le portrait de ce que sera la population du Québec dans un avenir plus ou moins lointain :

> Bien aveugles sont ceux qui parlent de la création d'une nationalité nouvelle, forte et harmonieuse, sur la rive nord du Saint-Laurent et des Grands Lacs, et qui, à tout propos, ignorent et dénoncent le fait majeur et providentiel que cette nationalité est déjà toute formée, grande et grandissant sans cesse ; qu'elle ne peut être confinée dans ses limites actuelles ; qu'elle a une force d'expansion irrésistible ; qu'elle sera de plus en plus dans l'avenir composée d'immigrants venant de tous les pays du monde, non plus seulement de l'Europe, mais bientôt de l'Asie, dont le trop plein cinq fois plus nombreux n'a plus d'autre déversoir que l'Amérique ; composée, dis-je, de toutes les races d'hommes qui, avec leur mille croyances religieuses, grand pêle-mêle d'erreurs et de vérités, sont toutes poussées par la

Providence à ce commun rendez-vous pour fondre en unité et fraternité toute la famille humaine. [...] La patrie n'aura de force, de grandeur, de prospérité, de paix sérieuse et permanente, qu'autant que toutes ces divergences d'origines ou de croyances s'harmoniseront et concourront ensemble et simultanément au développement de toutes les forces et de toutes les ressources sociales.

Le Parlement du Canada à Ottawa vers 1870

# Problèmes
## d'organisation
## 1867-1870

L E MERCREDI 6 NOVEMBRE 1867, à quinze heures, le gouverneur général du Canada lord Monck se rend, avec sa suite, à la Chambre du Sénat
pour ouvrir la première session du premier Parlement de la Puissance du
Canada. Sénateurs et députés y assistent. Le représentant de la reine demande que
l'on procède à l'élection d'un président des délibérations tant pour le Sénat que
pour la Chambre des communes où le premier ministre John A. Macdonald, appuyé
par George-Étienne Cartier, propose la candidature de James Cockburn, représentant de Northumberland-Ouest, au poste d'orateur. « M. Jos Dufresne, rapporte le
*Canadien* du 8, s'opposa à l'élection de M. Cockburn, parce que ce dernier n'entendait pas les deux langues qui doivent se trouver sur un pied d'égalité dans la
Chambre des communes. Au moment où l'on inaugurait un nouvel ordre de choses,
il convenait, ajoutait M. Dufresne, de donner la présidence à un homme capable de
se faire entendre des deux nationalités. L'honorable M. Cartier répliqua au préopi-
nant en affirmant le principe posé par M. Dufresne, mais il ne pensait pas qu'il pût
trouver son application, car M. Cockburn entendait assez bien le français, sans
cependant pouvoir le parler. » Après cet incident, Cockburn est immédiatement élu
par acclamation.

Le lendemain, le gouverneur général se rend de nouveau dans la salle du Sénat
pour prononcer le discours du trône.

> Votre nouvelle nationalité, déclare-t-il dans sa conclusion, entre dans sa carrière
> soutenue de l'appui et de l'aide matérielle et du plus ardent bon vouloir de la mère
> patrie. Dans toute l'étendue de votre territoire règnent la paix, la sécurité et la
> prospérité, et je fais de ferventes prières pour que vos aspirations se dirigent vers

de tels objets élevés et patriotiques et que vous soyez inspirés d'un tel esprit de modération et de sagesse qu'il vous fasse tourner la grande œuvre qui vient d'être accomplie à votre bonheur et à celui de votre prospérité, et la rende un nouveau point de départ dans l'avancement moral, politique et matériel du peuple du Canada.

Dès le début de la session, les fraudes électorales font l'objet de nombreuses discussions. Le 19 novembre, des pétitions contestant les élections sont présentées dans douze circonscriptions de la province de Québec : Joliette, Argenteuil, Bagot, Charlevoix, Verchères, Berthier, Québec-Est, l'Islet, Hochelaga, Yamaska, Mégantic et Montréal-Est. Dans cette dernière circonscription électorale, c'est Cartier lui-même qui a été élu !

Il est aussi question de la façon dont le comté de Kamouraska a été défranchisé. Selon certains orateurs, la malhonnêteté aurait atteint un nouveau sommet lors de la dernière campagne électorale et le droit au double mandat serait venu compliquer une situation déjà embrouillée. Le député ontarien David Mills présente un projet de loi « à l'effet de rendre inéligibles au Sénat et à la Chambre des communes les membres des législatures locales ». La mesure est rejetée, l'un des plus forts opposants étant encore Cartier.

> La proposition émise par l'honorable député, déclare-t-il le 20 novembre, n'est pas sérieuse. Il prétend que les ministres locaux qui reçoivent un traitement annuel sont par le fait même privés du droit de siéger dans cette Chambre. C'est user d'un argument *ad absurdum*. Recevoir, dit-il, un traitement d'un autre gouvernement enlève le droit d'occuper un siège en cette Chambre. C'est là prononcer l'exclusion de tous les députés des autres provinces qui sont payés par leur gouvernement respectif. Les provinces ne seraient plus alors que dépendantes du gouvernement fédéral, lorsqu'en réalité elles constituent des gouvernements distincts.

## Un besoin d'expansion

La Hudson's Bay Company possède toujours une portion énorme de territoire qui formera, au XXe siècle, les provinces du Manitoba, de l'Alberta et de la Saskatchewan, ainsi que les Territoires du Nord-Ouest. Les dirigeants du gouvernement du Canada songent, dès 1867, à acquérir de la compagnie londonienne les droits de propriété sur ces espaces. Le 4 décembre, le ministre des Travaux publics, William McDougall, présente à la Chambre des communes d'Ottawa une série de résolutions demandant « que le Parlement adoptât une adresse à Sa Majesté la reine pour décréter cette union à des conditions équitables ». Le territoire convoité est habité par des Amérindiens, des métis francophones et anglophones, ainsi que par des colons des deux langues. La septième résolution proposée par McDougall précise « qu'advenant la cession des territoires au gouvernement canadien les prétentions des tribus sauvages à une indemnité pour les terres réservées pour la colonisation seraient examinées et réglées d'après les principes de justice qui ont toujours guidé la Couronne dans ses transactions avec les aborigènes ».

Le projet d'annexion soulève peu d'enthousiasme chez certains députés de la province de Québec, même si Cartier tente de démontrer l'importance de la mesure.

« Allons-nous reculer, dit-il, devant la dépense relativement insignifiante de cinq à six millions de dollars pour étendre notre Dominion jusqu'à la Colombie britannique? Depuis que les États-Unis sont devenus une nation, leur politique a toujours été de s'agrandir par l'annexion de nouveaux territoires. Or, quand on apprendra en Europe que nous avons acquis ces immenses territoires, qui représentent des millions d'acres de terre, vous verrez un grand courant d'émigration se diriger vers notre pays. »

Tous ne partagent pas l'enthousiasme de Cartier. Henri-Gustave Joly de Lotbinière, qui siège en même temps à Québec et à Ottawa, s'oppose fortement aux résolutions McDougall :

> Nous avons, il est vrai, accepté la Confédération, mais il ne faut aller ni trop vite ni trop loin. Les députés canadiens-français ne peuvent appuyer ces résolutions, car leurs électeurs ne consentiront jamais à sanctionner une telle dépense dans le moment actuel. Il n'est pas vrai que le territoire du Nord-Ouest demande à être annexé aux États-Unis ; cette nouvelle a été mise en circulation par la Compagnie de la Baie d'Hudson qui cherche, par ce moyen, à retirer de nous un meilleur prix. Quoi qu'il en soit, si ces lointaines populations, ne tenant aucun compte de l'intérêt que nous leur portons, ne veulent pas attendre que nous ayons les moyens de les secourir, eh ! bien qu'elles demandent leur annexion aux États-Unis.

Lotbinière est un libéral reconnu. Son opposition à la mesure ministérielle était prévisible, mais Louis-François-Rodrigue Masson, député conservateur de Terrebonne, partage son avis :

> Il y a une grande différence entre la sanction de la Confédération et celle de pareilles annexions. Sans doute, le territoire qu'on veut nous adjoindre est riche, fertile, prospère, et son annexion au Canada serait pour lui un véritable bienfait ; mais, au-dessus de tout cela, il y a le grand intérêt du Canada qui est en jeu, et les nouveaux députés français ne sont pas prêts à le sacrifier sans être bien au fait de la mesure que l'on veut adopter, sans avoir des données certaines sur l'état actuel de nos moyens pécuniaires. Il est donc désirable que le gouvernement remette la chose dans la seconde partie de la session, autrement les députés indépendants seraient obligés de rejeter la mesure ministérielle.

Le premier ministre Macdonald se rend compte qu'il ne peut compter sur l'appui inconditionnel de la députation québécoise. Il lui faut reprendre le contrôle de la situation. Il s'adresse donc de façon impérative à Langevin : « Now, Langevin, or never ». « Le secrétaire d'État, raconte l'historienne Andrée Désilets, se lève et parle longuement, sans éloquence vraie, mais de "sa parole correcte, claire, logique, dit un témoin, [qui] porte avec elle la conviction et la lumière". Il enveloppe avec bon sens et persuasion les motifs qui font un devoir aux députés québécois de voter l'annexion du Nord-Ouest. Les chancelants se rallient au ministère ; l'amendement de Holton est rejeté par la Chambre qui vote la mesure de McDougall avec une majorité écrasante. » Macdonald est reconnaissant envers le ministre francophone et il lui déclare : « Langevin, you have saved the Government. »

Un groupe de colons anglophones décide de ne pas attendre les résultats des négociations qui doivent se dérouler entre le gouvernement canadien et la Hudson's

Bay Company. À Portage-La-Prairie, ces individus fondent un genre de république et se donnent un nommé Thomas Spence comme président. « On fit des lois, raconte le missionnaire Georges Dugas, on établit des douanes pour rançonner les voyageurs qui traversaient ce royaume du roi Péteau et, à grand son de trompe, on publia, dans les prairies de l'Ouest, que la république de Spence n'aurait à répondre de ses actes qu'à l'Angleterre ! Une telle déclaration était trop ridicule pour être prise au sérieux par la classe intelligente ; néanmoins, elle eut pour effet de confirmer, à l'étranger, l'idée qu'il était impossible à un sujet anglais de vivre sous le gouvernement d'Assiniboia (celui de la compagnie) à la Rivière-Rouge. »

Le « président » Spence écrit au secrétaire d'État aux Colonies, le 19 février 1868 : « Nous ambitionnons simplement de développer nos ressources, d'améliorer la condition de la population et en somme de favoriser et de préserver les intérêts britanniques dans ce Far West grandissant. »

Londres ne tarde pas à réagir. Le 30 mai, T. Frederick Elliot, du Bureau colonial, répond à Spence : « La population du Manitoba ne sait probablement pas que la création d'un gouvernement séparé de la manière indiquée dans ces documents n'est pas reconnue par la loi et qu'elle n'a pas l'autorité de créer et d'organiser un gouvernement, ni même d'établir des institutions municipales, ainsi appelées, pour elles-mêmes, sans le recours à la compagnie de la Baie d'Hudson ou à la Couronne. »

Il devient donc de plus en plus urgent pour le gouvernement canadien de régler de façon pacifique le transfert de propriété des Territoires du Nord-Ouest.

## Une menace séparatiste

Pendant que l'on songe à s'agrandir vers l'Ouest, le Canada risque de perdre une de ses provinces à l'Est. Lors des élections générales fédérales de 1867, la Nouvelle-Écosse avait élu un seul député conservateur sur 19 et, aux élections provinciales, seulement deux députés favorables à la Confédération sur un total de 38 représentants. La province atlantique trouve qu'elle retire peu d'avantages financiers de sa participation à la Confédération.

Le 12 janvier 1868, une grande réunion à laquelle assiste entre autres Joseph Howe, député fédéral de la province, se tient à Halifax. On y adopte une série de résolutions contre la Confédération

> [...] Attendu que le peuple de la Nouvelle-Écosse n'a jamais donné son assentiment à l'Acte d'Union, la Législature qui l'a adopté l'ayant fait en opposition à la volonté bien connue du peuple et par l'usurpation d'un pouvoir qui ne lui a jamais été confié. C'est pourquoi il est résolu que, dans l'opinion de cette assemblée, l'Acte d'Union (The British North America Act) tel que passé et rendu loi par le Parlement impérial n'a aucun droit à la loyauté du peuple de la Nouvelle-Écosse et que l'obéissance à cet acte ne constitue qu'une question de coercition et n'est pas accordée par la volonté librement manifestée du peuple.

Les participants à la rencontre demandent que la Législature de la Nouvelle-Écosse saisisse le Parlement impérial de la question.

Parlant de l'intervention à Londres, Howe déclare :

Si cette réponse n'est pas favorable, nous demanderons alors ce qu'il y a à faire. Je serais bien prêt à le dire. Alors, sans doute, viendra une période d'épreuve et d'anxiété ; si le Parlement anglais dit que nous devons être en servitude vis-à-vis du Canada, ce sera une affaire sérieuse et un conseil de guerre devra être convoqué pour prendre en considération la ligne de conduite que nous aurons à suivre. Quand ce temps sera arrivé, j'espère que les Néo-Écossais feront face à la crise comme des hommes. Mais il y a une chose dont je suis certain, c'est qu'ils ne consentiront jamais à être taxés par les Canadiens, et à voir leurs représentants hués par ceux qui méprisent leur petit nombre.

Au début de février, la Chambre d'assemblée de la province sécessionniste adopte des résolutions pour envoyer à Londres des délégués chargés de demander le rappel du British North America Act en ce qui concerne la participation de la Nouvelle-Écosse à la Confédération. Le Parlement de Londres repousse cette requête par 182 voix contre 87.

En août 1868, le gouvernement de Macdonald opte pour l'opération charme. Des représentants du gouvernement fédéral se rendent à Halifax pour tenter de trouver un terrain d'entente. Enfin, un accord intervient le 30 janvier 1869, à la suite de l'offre d'Ottawa de hausser la subvention annuelle à la province, la faisant passer de 63 000 $ à 82 698 $. Joseph Howe, qui avait déclaré au premier ministre du Canada qu'il préférait se rendre plutôt que de se joindre aux ministériels, finit par accepter, quelque temps après, le poste de président du Conseil privé du Canada !

Le premier mouvement séparatiste vient d'être jugulé.

## L'autodéfense

Alors que Londres commence à rapatrier la majeure partie des soldats britanniques cantonnés sur le territoire canadien, le gouvernement fédéral organise la défense du Canada. À cet effet, Cartier, ministre de la Milice, présente le 31 mars 1868 un projet de loi pour établir une milice canadienne et affecter des sommes assez importantes à l'amélioration du système défensif des villes de Montréal, Kingston, Toronto, Hamilton, London et St. John au Nouveau-Brunswick. Selon l'historien George F. G. Stanley, le projet de loi sur la milice

maintient, en théorie, le principe de la conscription, tout en reconnaissant que la force de volontaires constitue l'armature du système défensif du Canada. L'effectif autorisé de la milice volontaire ou active doit s'élever à 40 000 soldats, engagés, de leur plein gré, pour une période de trois ans. Trois ans plus tard, l'effectif passera à 45 000 hommes. [...] La milice active qui, soit dit en passant, comprend une milice de la marine, peut être tenue de faire l'exercice de huit à seize jours par an. En plus de la milice active, il y a une milice de réserve ; celle-ci, qui n'existe que sur papier, regroupe tous les hommes valides âgés de dix-huit à soixante ans qui ne sont pas engagés volontaires.

Sur les 37 170 hommes qui formeront au début la milice active, le tiers à peu près, soit exactement 12 637 hommes, vient de la province de Quebec.

*Une foule de volontaires*

La création d'un gouvernement provincial ne va pas sans causer quelques problèmes, d'autant plus que la majorité des fonctionnaires déjà à l'emploi du Canada-Uni préfèrent déménager à Ottawa où les salaires versés seront plus élevés qu'à Québec. « Nous sommes entrés en fonction le 15 juillet [1867], raconte le ministre provincial Dunkin, sans qu'il y ait à cette époque un seul employé que je sache, dans aucun département. Personne n'était là pour nous servir. Nous avons été obligés de faire venir un greffier temporaire du Conseil, de rassembler à la hâte quelques clercs et assistants d'une sorte ou d'une autre, comme nous avions pu les trouver. [...] Nous n'avions pas d'archives, pas d'employés, pas de départements, pas de chefs de service et nous devions entrer immédiatement en campagne électorale. »

Le nouveau gouvernement de la province de Québec offre aux fonctionnaires seulement 75 pour cent du salaire payé par Ottawa pour des postes équivalents. Exception est consentie à ceux qui reçoivent déjà un salaire supérieur à celui offert. Tel est le cas de Henry Hopper Miles, vice-recteur du collège Bishop, qui devient secrétaire au ministère de l'Instruction publique avec un salaire annuel de 1200 $.

Lorsque s'ouvrira la première session, l'administration provinciale comptera 92 fonctionnaires en poste à Québec. Dans certains milieux, on avait craint une multiplication des emplois et le *Journal des Trois-Rivières* avait fait, le 15 octobre 1867, la mise en garde suivante : « N'avoir que le nombre d'employés strictement nécessaire, que ces employés aient les qualifications requises par la nature de leur travail et que leurs salaires soient proportionnés à la valeur de leurs services ainsi qu'au revenu du gouvernement, voilà les trois principales choses que nos ministres doivent avoir en vue dans l'organisation de leurs départements. »

Les chercheurs d'emplois jugent l'occasion idéale pour harceler les représentants du peuple. « Une foule d'individus comptaient que l'avènement de la Confédération allait leur donner des rentes, raconte le journal *l'Événement* du 22 avril 1869. Tout jeune homme dont le grand-oncle seulement s'était prononcé en faveur du nouvel ordre de choses croyait bien avoir droit au moins à un emploi de quelques cents louis par année. Il y a donc eu une véritable chasse aux emplois lors de la formation du ministère local. »

Le 9 janvier 1869, l'Assemblée législative adopte même une résolution pour mettre fin à la chasse : « Défense est faite, par la Chambre, de nommer un messager ou un copiste de plus. » La *Minerve* du 14 se réjouit d'une telle décision. « On ne se fait aucune idée, à moins d'avoir été témoin de la chose, du nombre et de l'insistance des solliciteurs. Au commencement de la session, la porte de l'Orateur était littéralement assiégée par les gens en quête de situations ; il y avait des jeunes et des vieux, des valides et des infirmes, des ignorants et des instruits, désirant être copistes ou greffiers, ou messagers ou n'importe quoi. Ils ne tenaient pas particulièrement à la besogne, mais ils s'accordaient avec une touchante unanimité pour demander un salaire. »

## Une première session

Le 2 novembre 1867, des lettres patentes sont émises pour la nomination des 24 premiers conseillers législatifs. De ce nombre, 8 sont anglophones.

Le temps est alors venu pour les députés et les conseillers législatifs de commencer leur travail. Le 27 décembre, alors que la majorité des habitants est plus préoccupée par les réjouissances du temps des Fêtes que par les problèmes politiques, les députés provinciaux se réunissent pour se choisir un président d'assemblée. Joseph-Godric Blanchet, représentant la circonscription électorale de Lévis, est élu à ce poste sans opposition.

La Chambre d'assemblée se réunit dans un édifice fraîchement rénové car, à la suite du déménagement du gouvernement à Ottawa, en 1866, le parlement était demeuré vide.

> Quelques citoyens de Québec, écrit l'historien Marcel Hamelin, se seraient même permis de dégarnir l'ancien Parlement de ses plus belles décorations, emportant chez eux rideaux, poignées de portes et chandeliers : en 1867, tout le mobilier était disparu. [...] À l'automne de 1867, le département des Travaux publics fait entièrement redécorer l'intérieur de l'édifice. [...] Selon la tradition, le vert prédomine dans les décorations de la Chambre d'assemblée. À l'intérieur de la salle, le fauteuil rouge de l'Orateur contraste avec les pupitres de noyer foncé réservés aux députés. La Chambre est éclairée par d'immenses chandeliers, alimentés au gaz, ce qui offre l'inconvénient de surchauffer la salle. Sur la table du greffier, la masse, considérée comme un chef-d'œuvre d'orfèvrerie, est agrémentée d'une couronne en or poli, du monogramme royal et de feuilles d'acanthe. [...] Au-dessus du fauteuil de l'Orateur, la galerie des dames, et à l'opposé, celle réservée aux hommes. De chaque côté de la Chambre, un petit balcon garni de six pupitres est la chasse gardée des journalistes ; ces derniers ont également à leur disposition une petite salle destinée à la rédaction de leurs chroniques parlementaires.

Le samedi 28 décembre, le lieutenant-gouverneur Belleau prononce le discours du trône. Pour la première fois, le texte est d'abord lu en français, puis en anglais ; jusqu'ici, la langue de l'empire avait eu préséance. Après avoir souligné que l'on profite de l'ajournement de la session du Parlement fédéral pour ouvrir les travaux au niveau provincial, afin de permettre aux 15 députés qui possèdent un double mandat de pouvoir siéger au Parlement provincial, Belleau précise à nouveau les limites de la juridiction locale : « La Constitution vous a confié de grands intérêts et imposé de graves devoirs relativement à la justice, à l'instruction publique, à l'organisation civile et municipale, à la bienfaisance publique, au patronage des sciences, des lettres et des arts, à l'exploitation du domaine public, comprenant celle de nos vastes forêts et de nos mines si importantes, au développement de nos ressources sociales, à l'immigration, à la colonisation, à la police et en général aux lois civiles et au droit de propriété. » Gautier, le consul de France à Québec, est frappé par le peu de pouvoirs laissés aux provinces et, dès le 30 décembre, à la suite de l'ouverture de la session à laquelle il avait assisté, il écrit au ministre des Affaires étrangères de France :

Les législatures provinciales ne peuvent s'immiscer dans aucune des questions de l'ordre politique, commercial ou financier sauf quelques taxes locales ; des grandes voies ferrées, du recensement et des statistiques, de la milice et de la défense du pays, des pêcheries, des quarantaines, de tout ce qui se rattache à la navigation d'outre-mer ou fluviale ; etc. ; aussi, bien des gens, les Anglais surtout, commencent-ils à se demander s'il ne serait pas plus simple et plus économique de n'avoir qu'une union législative et un seul gouvernement pour toute la Confédération. Les Franco-Canadiens s'opposeraient, cependant, avec énergie à un pareil arrangement qui leur ferait peu à peu perdre leur nationalité, leur langue et tout ce qui, par leur origine, les rattache encore à la France.

La première session du premier Parlement de la province de Québec se termine le 24 février, après 38 jours de séances. De l'avis des spécialistes, les résultats des travaux sessionnels sont plutôt minces, le point le plus intéressant demeurant peut-être la présentation du budget par le trésorier provincial. Le vendredi 14 février, Dunkin prononce un discours de trois heures où il montre, chiffres à l'appui, qu'à la fin du premier semestre d'opération, la province a un excédent de 131 789,33 $, les recettes ayant été de 616 869,35 $ et les dépenses totales de 485 130,02 $. Pour la période allant du 1er juillet 1867 au 1er janvier 1869, on prévoit des dépenses de 2 000 000 $, qui laisseront un excédent de 660 600 $.

Le nouveau budget prévoit les dépenses suivantes :

| | |
|---|---|
| Éducation : | 275 000 $ |
| Justice : | 300 000 $ |
| Administration générale : | 213 000 $ |
| Travaux publiques, agriculture et colonisation : | 227 000 $ |
| Divers : | 168 000 $ |

Au chapitre des revenus, l'apport le plus important provient du subside fédéral, soit 915 309 $. Les revenus des terres et forêts sont de l'ordre de 377 779 $ et de diverses sources, 242 458 $. Le budget administré par le gouvernement fédéral est beaucoup plus imposant : du 1er juillet 1867 au 30 novembre de la même année, les recettes atteignent presque 7 500 000 $ et les dépenses, 5 323 000 $. Aux deux niveaux de gouvernement, on prévoit une meilleure situation financière pour les années à venir.

Ottawa, déjà, attire plus l'attention que Québec. On sent d'ailleurs l'influence de Cartier qui, en sous-main, tente d'orienter les politiques du gouvernement local. Dans une lettre à son frère datée du 8 janvier 1868, Langevin, qui siège aux deux Parlements, compare le ministère Chauveau « à une chétive pécore qui pourrait bien crever si elle s'enfle trop ».

## Quel honneur !

Il importait ensuite de réparer l'affront fait à Cartier, conséquemment aux Canadiens français, qui s'était vus attribuer une décoration inférieure à celle accordée à John A. Macdonald, le 1er juillet 1867. Profitant de son séjour à Londres, Charles Tupper sensibilise le duc de Buckingham au problème. Il lui écrit le 31 mars 1868 :

Étant profondément pénétré de l'importance qui s'attache à tout ce qui est de nature à fortifier le dévouement si loyal à la Couronne qui règne dans toutes les parties du Dominion du Canada, et connaissant le vif intérêt que vous portez à cette partie de l'empire, je crois devoir solliciter la faveur d'une entrevue officielle afin de vous communiquer mes vues sur la désirabilité de soumettre à Sa Majesté qu'il conviendrait de conférer à l'honorable M. Cartier, ministre de la Milice, une marque de faveur royale aussi élevée que celle conférée à sir John A. Macdonald. [...] Je me réjouis qu'il ait plu à Sa Majesté de conférer avec raison une si haute distinction à M. Macdonald, mais je considère très malheureux qu'un million de Français catholiques, comptant parmi les sujets les plus loyalement dévoués à la personne et au trône de Sa Majesté puissent considérer qu'un représentant de leur race et de leur religion, dont le rang ne le cède à celui d'aucun autre au Canada, et qui a les mêmes titres que tout autre aux faveurs royales, n'ait pas été jugé digne de recevoir les mêmes hautes marques de faveur. Je dois aussi vous faire observer que l'acceptation par M. Cartier d'une dignité inférieure aurait certainement détruit la grande influence dont il dispose parmi ses compatriotes et affaibli le pouvoir qu'il peut actuellement exercer avec tant d'avantage pour le service de Sa Souveraine.

Comme il n'y a pas alors de vacance chez les chevaliers de l'Ordre du Bain, la reine Victoria confère à Cartier le titre de baronnet. Le même jour, soit le 22 avril, Langevin reçoit le titre de compagnon de l'ordre du Bain, ce qui lui permet d'ajouter à la suite de son nom les lettres C.B., sans que cette nomination ne lui permette de prendre le titre de sir.

## Une minorité choyée

Lorsque débute la deuxième session de la première Législature de la province de Québec, le 20 janvier 1869, les représentants de la minorité anglophone protestante sont bien décidés à faire adopter un projet de loi pour mieux structurer leur système scolaire. Six jours avant l'ouverture des travaux sessionnels, le conseiller législatif James Ferrier avait déclaré à Galt : « Dunkin est à vos pieds et fera tout ce que vous lui demanderez pour le projet de loi sur les écoles, dit-il ; mais le pauvre homme est embarrassé et il ne fera assurément rien si vous ne le supportez point. »

Le 19 mars, le premier ministre Chauveau présente un projet de loi destiné, selon l'historien Louis-Philippe Audet, à « donner aux protestants du Québec les garanties et la protection qu'ils n'avaient pu obtenir par suite du retrait du bill Langevin en 1866 ». Le point majeur du projet de loi concerne le partage des sommes recueillies au moyen d'une taxation ad hoc.

À Québec et à Montréal, précise le premier ministre également responsable de l'instruction publique, le gouvernement distribuera les allocations suivant la population. Les commissaires devront payer aux écoles une somme triple de la somme payée par le gouvernement. Cette somme prélevée sur la propriété foncière sera divisée suivant la proportion des propriétés que le rôle d'évaluation donne aux catholiques et aux protestants. Comme les catholiques recevront, par cet arrangement, moins que par le passé, on comblera le déficit en puisant dans le fonds de l'éducation supérieure. [...] Quant aux taxes prélevées sur les propriétés des banques et les compagnies incorporées, elles seront réparties également entre les catholiques et les protestants.

Pour Chauveau, « cette mesure est bien plus libérale que la loi d'Ontario et les lois de tous les autres pays où la société est composée comme la nôtre ». Henri-Gustave Joly de Lotbinière, qui est devenu chef de l'opposition libérale le 9 mars, appuie la mesure. Il est vrai qu'il est de religion protestante ainsi que 13 des autres députés de la Chambre d'assemblée.

Le député de Dorchester, Hector-Louis Langevin, qui est aussi secrétaire d'État dans le ministère Macdonald, participe au débat de première lecture. Lui aussi, il tient à souligner la générosité du projet de loi envers la minorité :

> Sa mesure [au premier ministre Chauveau] est libérale, car elle accorde aux protestants non seulement ce que la Constitution leur donne, mais aussi plusieurs faveurs ; des choses auxquelles ils n'avaient pas absolument droit, mais qui étaient nécessaires au bon fonctionnement du système. Elle est juste, parce que, en rendant justice à la minorité, elle ne fait pas tort à la majorité. Je suis fier que le gouvernement ait si bien réussi. Avant la Confédération, des hommes exagérés prétendaient que nous maltraiterions la minorité. Mais, à la première session, nous donnons un démenti à cette assertion, et la majorité s'est montrée très bien disposée. D'ailleurs, nous sommes en minorité dans la Confédération et l'exemple que nous donnons aujourd'hui aura un bon effet dans le Parlement fédéral et plaidera en notre faveur.

Joseph-Adolphe Chapleau, représentant de la circonscription de Terrebonne, manifeste peu d'enthousiasme pour le projet, tout comme Joseph-Édouard Cauchon. Le premier participe au débat du 19 mars.

> Nous nous plaisons tous à dire, déclare-t-il, que, dans cette province comme dans la puissance du Canada, nous ne devons reconnaître qu'une seule et même nationalité ; cependant on ne peut nier que deux croyances religieuses existent, croyances qui doivent être respectées et protégées. Il s'ensuit que, dans une société mixte, comme celle qui existe parmi nous, la délimitation des droits, des privilèges et des faveurs envers chacune de ces croyances, doit être déterminée avec le plus grand soin, pour ne pas froisser les droits de la majorité, tout en respectant les justes demandes de la minorité, appuyées par la loi. Du moment que l'on s'écarte de ce juste milieu, on ne doit pas s'étonner si l'opinion publique s'émeut, si les consciences sont troublées. Déjà cette question a mis à deux doigts de sa perte un gouvernement tout aussi influent, tout aussi solide que celui-ci ; la leçon doit servir à régler le pouvoir dans sa conduite actuelle.

Pour Chapleau, la mesure proposée est trop généreuse pour la minorité protestante du Québec qui devient, par le fait même, beaucoup mieux traitée que ne l'est la minorité catholique de l'Ontario. Il relève trois différences importantes :

> La première est la faculté pour les non-résidents de se déclarer dissidents et dans les villes de Québec et de Montréal, la répartition égale des taxes prélevées sur les corporations publiques et les individus qui ne font pas de déclaration de dissidence, tandis que dans le Haut-Canada ces taxes vont à la croyance de la majorité. La seconde est l'appropriation de la taxe sur les propriétés foncières dans ces deux

villes, faite spécialement aux écoles de la croyance de ceux qui possèdent ces propriétés. Cette seconde disposition me paraît consacrer un principe faux : c'est que l'appropriation de la taxe scolaire doit se faire suivant la propriété et non suivant la population scolaire. En outre, on sait qu'en définitive, c'est le locataire qui paie la taxe et il arrivera alors que, non seulement la taxe sera payée par lui, mais qu'elle servira à maintenir des écoles qui ne seront pas de la majorité et qui ne seront pas de sa croyance. Le troisième changement est la réorganisation du bureau de l'Instruction publique dans certaines éventualités, réorganisation qui diffère essentiellement des privilèges et des droits des catholiques d'Ontario.

Le futur premier ministre de la province de Québec appréhende le jour où la minorité protestante considérera comme un droit les faveurs que lui accorde le gouvernement Chauveau.

Qu'avons-nous maintenant? déclare donc Chapleau. Une mesure que je ne veux pas discuter aujourd'hui ni juger, parce que nous ne l'avons pas devant nous préparée, rédigée, et que nous n'en connaissons pas encore assez bien les dispositions, mais une mesure qui, je le crains [...] consacre une politique de favoritisme contraire à l'esprit de la Constitution et dangereuse pour l'avenir. Cette mesure, nous a dit l'honorable premier ministre, contient des dispositions qui sont bien en avant de la Législature d'Ontario et des autres provinces. Elle consacre déjà des privilèges. Comme tous mes compatriotes, sur cette question, j'aime la libéralité et certes ce n'est pas moi qu'on accusera jamais de favoritisme ; mais il est des conditions, des circonstances où la libéralité est dangereuse, où les privilèges deviennent odieux ; c'est lorsque cette libéralité, ces privilèges ouvrent la porte à des empiétements et donnent lieu à des récriminations. Et je crains, monsieur l'orateur, que la présente mesure soit de nature à faire appréhender de pareils dangers.

Le projet de loi sur les écoles subit quelques légères modifications en cours de route et il est approuvé en troisième lecture, le 27 mars. Langevin ne cache pas sa joie : « La minorité souffre-t-elle ? Est-elle persécutée ? Au contraire, les protestants n'ont-ils pas leurs coudées franches ? Je crois qu'à l'avenir, jamais ils n'auront raison de se plaindre plus qu'aujourd'hui. Le passé offre une garantie pour l'avenir. Je regrette que le chef de la majorité dans la province de Québec, sir G.-É. Cartier, ne soit pas au milieu de nous, car il verrait avec plaisir que l'on a tenu sa promesse. »

Au Conseil législatif, la discussion est plus courte et l'opposition, inexistante. Même des conseillers protestants s'avouent surpris de la générosité de la majorité francophone catholique. « Je dirai, déclare Jeffery Hale, que j'appartiens à la minorité et que nous avons demandé justice, et la majorité qui pouvait refuser, non seulement ne l'a pas fait, mais en a agi avec la plus grande libéralité et a même été au-delà de ce que nous attendions. »

Cauchon avait affirmé le 23 mars : « Cette législation est odieuse, elle consacre la défiance des protestants à l'égard des catholiques et sanctionne une insulte jetée à la face des Canadiens français. » À la demande de l'évêque de Québec, qui considère que l'Église catholique trouve son profit dans le projet de loi, Cauchon cesse de s'opposer à la mesure. Si en Chambre, la mesure soulève peu de résistance, certains journaux se chargent de montrer qu'elle comporte quelques injustices pour la majorité catholique. Le *Daily News* de Montréal publie des chiffres sur la propriété foncière à Montréal : les protestants possèdent des immeubles évalués à 21 000 000 $ ; les catholiques, à 19 000 000 $ et les neutres, à 5 000 000 $. Le *Pays* du 25 mars constate, chiffres à l'appui, qu'il y aura plus d'argent consacré à l'éducation d'un enfant issu de la minorité qu'à un autre appartenant à la majorité :

> Les diverses dénominations recevront par conséquent des diverses sources [...] selon la répartition voulue par la loi : les protestants, 17 977,70 $ ; les catholiques, 22 866,78 $. Nous ajouterons à ces nombres que, comme le calcul sur lequel le gouvernement a basé sa répartition démontrerait que la proportion des protestants est d'environ 100 sur 374, il s'ensuivrait par conséquent que, sur le total chaque enfant protestant recevra environ une proportion de 1,80 $ contre 84 cents donnés à l'enfant catholique. Or si l'on peut s'assurer que les propriétaires seuls paieront l'impôt, la mesure sera autant basée sur la justice qu'il était possible de le dire dans l'état de complication où se trouve la population de notre ville. Ces calculs permettent de faire une autre comparaison sur la distribution de la propriété foncière de notre ville, c'est que pour chaque dollar possédé par les catholiques les protestants recevront près de trois dollars. Si l'axiome d'économie politique qui dit que, dans les pays mal gouvernés, les gens déjà riches le deviennent davantage et les pauvres s'appauvrissent, on peut entrevoir une époque où les différences que l'on remarque déjà se seront encore beaucoup accrues. Espérons que la maxime ne se confirmera pas en Canada.

Le système scolaire de la province de Québec reposant sur deux structures religieuses à peu près parallèles, il peut donc être mis en place à la suite de la sanction royale accordée à la nouvelle loi, le 5 avril 1869. Parmi les personnes présentes à la cérémonie de prorogation se trouvent l'archevêque de Québec, les évêques protestants de Québec et du Vermont, le recteur de l'Université Laval, plusieurs juges ainsi que les consuls de France et d'Espagne.

Pour l'historien Thomas Chapais, la loi de 1869 est la preuve de la « largeur de vue » du gouvernement de la province de Québec.

> Ne nous lassons pas de le proclamer, dit-il, cette loi, la législature de la province de Québec n'était pas obligée de l'adopter, d'après la Constitution. L'article 93 de la loi impériale et organique de 1867 ne garantissait à la minorité anglaise et protestante que les droits dont elle jouissait au moment de l'Union. Et, au moment de l'Union, il n'y avait pas pour les protestants d'autonomie scolaire, pas de dualisme administratif, pas de réparation proportionnelle de la taxe sur les corporations, pas d'union facultative des minorités dissidentes. Tout cela a été accordé, donné, garanti à la minorité de notre province comme un pur don, comme un témoignage de bon vouloir et de libéralité, comme un gage de concorde et d'harmonie, entre les croyances et les races. Et une fois donné, notre législature n'a pas essayé de le retirer, de le reprendre ; elle ne s'est pas repentie de sa générosité ; au contraire, dans toutes les occasions, elle a fait preuve de la même tolérance et de la même largeur de vue.

Quelques jours après la clôture de la session, le lieutenant-gouverneur Belleau, analysant la situation existant entre les deux niveaux de gouvernement, le fédéral et le provincial, trouve qu'il est temps de demander au pouvoir central de respecter l'autonomie provinciale. Il écrit à Langevin, le 7 avril :

Si vous continuez à vous arroger des pouvoirs qui sont plus que douteux, un instant arrivera que vos prétentions seront niées, d'où conflit, *dead lock*, conflit entre les pouvoirs exécutifs, conflit se portant jusque dans les Communes où les représentants locaux et fédéraux passeront à l'opposition, pour combattre la centralisation fédérale et y demeurer jusqu'à la victoire complète de leurs vues [...]. À moins d'une disposition nette et claire, au contraire, accordez au pouvoir local ce qu'il réclame de la Constitution ; donnez-lui le bénéfice du doute, et n'établissez pas les pouvoirs fédéraux par déduction, par conséquence et conclusion.

## Un achat coûteux

Le gouvernement canadien veut régler la question de la propriété des Territoires du Nord-Ouest. Il délègue à Londres George-Étienne Cartier et William McDougall. Ces derniers quittent Québec le 3 octobre 1868 et arrivent dans la capitale britannique le 12. Les négociations s'amorcent avec les autorités de la métropole, mais McDougall tombe malade et le premier ministre Benjamin Disraeli subit la défaite. Alors, tout ou presque est à recommencer. De plus, la Hudson's Bay Company se montre exigeante. Elle veut obtenir 5 000 000 $ pour le territoire convoité, plus de multiples avantages. Le gouvernement du Canada est quasi incapable d'accepter une telle demande.

Après bien des négociations et des pressions exercées par les ministres anglais, la compagnie cède et pose comme exigences le versement de la somme de 300 000 livres sterling avec la garantie impériale ; la conservation « de ses postes et terres avoisinantes ne formant pas en tout plus de 50 000 acres » ; la possession de « un vingtième du terrain dans chaque township ou district compris dans la zone fertile du territoire » et l'exemption de toute taxe exceptionnelle « sur la propriété de la compagnie, le commerce ou ses employés ».

Une entente intervient le 9 avril 1869 et, le même jour, on peut lire dans le *Telegraphe* de Montréal :

Il n'y a pas de doute que le résultat de sa mission [Cartier] a été d'ajouter près d'un quart de l'Amérique du Nord au territoire du Canada. Sans entrer dans aucune controverse politique sur la valeur, les avantages et la responsabilité de cette acquisition, l'on ne peut nier que l'adjonction de ce territoire à la Puissance ne soit un grand événement, un pas nécessaire dans la vie nationale, si jamais nous voulons être une nation, de la population de l'Amérique anglaise. Sir George Cartier a été le principal agent de cette opération et nous ne pouvons oublier que pour cela il a été obligé de combattre et de surmonter une certaine somme de crainte de la part de ses amis et suivants.

Dès le 1er avril, Cartier s'était embarqué à bord du *North American* ; il était débarqué à Portland, dans l'État du Maine, quelques jours plus tard. Le train qui le ramène à Montréal s'arrête dans plusieurs gares où le ministre est accueilli par une foule sympathique. Le 15 avril, il arrive à la gare Bonaventure, à Montréal. La fanfare du Grand Tronc joue pour lui *The conquering hero comes*. Devant cinq à six mille personnes, le maire William Workman lui souhaite la bienvenue. « Avec quatre provinces unies par la Confédération, répond "le héros", nous sommes déjà forts ;

mais il ne faut pas nous en tenir là. Une nation comme un individu doit aspirer à grandir et à devenir plus forte. À diverses occasions, quand j'ai eu à adresser la parole à mes amis de l'autre côté de l'Océan, dans la mère patrie, je n'ai jamais manqué de leur dire que le Canada voulait devenir un pays grand et puissant ; non pas pour satisfaire une ambition égoïste, mais pour ajouter encore au prestige de la chère vieille Angleterre. »

Passant ensuite en revue les conditions d'acquisition des territoires possédés par la Hudson's Bay Company, l'orateur souligne l'importance de l'adjonction de 50 millions d'acres « de terres en prairie pour faire concurrence aux éleveurs et aux cultivateurs de blé des États-Unis ».

> Oui, ajoute-t-il, le Canada aura là d'immenses prairies propres au nourrissage et à la culture ! Nous voyons un grand nombre de compatriotes du Haut et du Bas-Canada partir pour les États-Unis. Il ne faut pas en être surpris. Tout le monde n'est pas du même goût et le besoin de locomotion produit insensiblement l'émigration. Eh bien, nous aurons chez nous la plus belle diversité de localité qu'on puisse imaginer. L'émigrant se portera volontiers dans le Nord-Ouest et, avant cinq années, il y aura là 80 000 âmes. Les douanes nous donneront alors un revenu de 60 000 livres sterling par année. Messieurs, ne soyez donc pas effrayés.

Le 28 mai, Cartier présente aux députés de la Chambre des communes d'Ottawa une série de résolutions « pour ratifier l'arrangement qu'il avait conclu, au nom du Canada, avec le gouvernement impérial et la Compagnie de la Baie d'Hudson pour l'acquisition des Territoires du Nord-Ouest ». Dans son intervention, le ministre de la Milice fait état d'une certaine opposition des Canadiens français de la province de Québec à l'achat de ces terres : « On dit que d'accord avec mes amis, je m'étais opposé à l'acquisition des territoires du Nord-Ouest. Je n'ai jamais voulu consentir à ce que la province d'Ontario devint seule propriétaire de cette immense région, à l'exclusion des autres provinces, c'est la seule objection que j'ai faite, et j'espère que mes amis du Bas-Canada vont montrer, ce soir, par leur vote, qu'ils sont convaincus que j'ai agi pour leur intérêt, comme j'espère que les députés du Haut-Canada seront unanimes à approuver le gouvernement. »

L'organisation administrative du territoire et le sort réservé à ses habitants ne semblent pas causer de problèmes aux administrateurs canadiens. Cartier, dans son intervention, indique les étapes à suivre :

> Aussitôt les résolutions adoptées et l'adresse votée, le gouvernement présentera une mesure pour obtenir l'autorisation d'organiser là-bas un gouvernement provisoire. Il est important que l'organisation de ces territoires ne soit pas différée d'un seul jour. Il faudra que les townships soient tracés et délimités pour recevoir les immigrants. Quand la proclamation royale paraîtra, le gouvernement du Canada devra être prêt à former la nouvelle administration. L'Acte de l'Amérique britannique du Nord va donc s'appliquer bientôt à une suite, à une chaîne de provinces qui s'espaceront de l'Atlantique au Pacifique. J'espère qu'on n'entendra plus parler d'annexion.

Une quinzaine de députés, dont neuf de la province de Québec, s'opposent à l'adoption des résolutions, alors que plus de 120 sont en faveur.

Le 4 juin, John A. Macdonald présente un projet de loi pour établir un gouvernement provisoire comprenant un lieutenant-gouverneur et un conseil. Deux mois plus tard, des arpenteurs employés par le gouvernement canadien s'apprêteront à arpenter les terres de la région de la Rivière-Rouge, mais ils feront face à une opposition de plus en plus violente de la part de la population locale.

## Seul ou avec d'autres ?

Après deux ans d'existence, la Confédération n'a pas encore réussi à cimenter l'union de tous les Canadiens et à faire disparaître tout souhait d'annexion aux États-Unis ou l'espoir d'une indépendance complète vis-à-vis de l'Angleterre. Le 14 avril 1869, le secrétaire d'État aux Colonies avertit le gouvernement canadien que la Grande-Bretagne a l'intention de rapatrier les troupes anglaises stationnées en Amérique britannique du Nord. Cette nouvelle inquiète Ottawa ; certains y voient déjà une nouvelle orientation de la mère patrie face à ses colonies.

Dans un discours prononcé le 18 mai, Galt souhaite l'indépendance du Canada « sans la rupture de la Confédération ». L'historienne Andrée Désilets résume ainsi les prises de position du député de Sherbrooke : « 1er Que le pays ne peut prospérer sans réciprocité [avec les États-Unis] ; 2e Que les États-Unis ayant abrogé leur traité dans un but uniquement politique, à savoir la ferme détermination de combattre et d'anéantir la puissance anglaise en Amérique du Nord, il n'y a aucune chance pour le Canada d'obtenir la réciprocité tant qu'il sera sous la tutelle de l'Angleterre ; 3e Que, tôt ou tard, le Canada est destiné à l'indépendance politique. »

Le *Times* de Londres consacre plusieurs articles à l'indépendance du Canada. Cet important journal souhaite la brisure du lien colonial. De tels propos choquent le loyalisme de Cartier qui profite d'un banquet offert par les citoyens de Montréal à John Rose, le 28 septembre, pour répondre : « J'ai lu avec regret, dans le *Times* de Londres, que la mère patrie devra se séparer des colonies ; et, à ce propos, sans parler politique, voyons quelle sera la situation sous nos successeurs. Car il nous faudra bien tôt ou tard déposer le pouvoir et le jour où il le faudra faire, je n'en serai pas fâché. Jetons un coup d'œil sur l'avenir, alors que de Terre-Neuve à l'île Vancouver, le Canada ne fera qu'une vaste Confédération. »

Langevin est plus lucide que son confrère et il sent bien qu'une certaine menace plane sur le nouveau pays. « Québec n'est pas annexionniste, écrit-il à son frère Edmond le 22 septembre, mais Québec a faim et ventre affamé n'a pas d'oreilles. Les ouvriers feraient n'importe quoi pour donner du pain à leurs familles. C'est un élément dangereux et un temps critique. Et je dois ajouter que les encouragements à l'indépendance tendent nécessairement à l'annexion dans notre position actuelle. »

Le Canada, sans trop s'en rendre compte, se prépare à faire face à sa première crise grave.

Une vue de Winnipeg en 1872

# LES CANADIENS
# FRANÇAIS DE L'OUEST
# 1869-1870

AVANT MÊME QUE NE COMMENCE L'ÉMIGRATION VERS LA NOUVELLE-ANGLETERRE, plusieurs habitants du Bas-Canada avaient choisi les Territoires du Nord-Ouest, en particulier la région de la Rivière-Rouge, pour nouvelle patrie. Le premier recensement de la nouvelle province du Manitoba, celui de 1871, donne comme population totale de l'entité politique 11 400 âmes, soit 1565 Blancs, 5757 Métis francophones et 1565 Métis anglophones. Au cours de la décennie suivante, environ 4000 Canadiens français de la province de Québec iront s'établir au Manitoba. Par contre, l'Ontario commence à considérer que ces territoires constituent une annexe normale de la province et, conséquemment, on encourage une émigration massive vers les Prairies. Les Métis francophones, face aux modifications politiques et démographiques qui s'annoncent, commencent à craindre pour leur avenir, d'autant plus que les immigrants anglophones en provenance de l'Ontario ont une attitude agressive envers eux. « Les premiers colons canadiens qui étaient venus s'établir à la Rivière-Rouge, écrit l'historien George F. G. Stanley, traitaient les habitants de l'endroit avec dédain, les faisaient passer pour des arriérés et ne faisaient nul cas de leurs traditions ou de leurs institutions. »

Le clergé catholique joue un rôle actif pour tenter de prémunir les Métis contre les empiétements des immigrants, mais la stratégie consiste souvent à amener les populations à aller plus à l'Ouest. Selon le professeur Marcel Giraud, « le clergé savait qu'il n'y avait pas lieu de compter sur les métis, encore ignorants de la vraie valeur de la terre et de volonté trop incertaine pour se convertir à l'agriculture ». « Il s'efforçait en vain, ajoute-t-il, de prévenir le glissement graduel des terres métisses vers les Ontariens, les Scandinaves et les Allemands, qui les enlevaient pour peu de chose, pour un cheval attelé par exemple dans la région de Pembina. »

Des catastrophes naturelles viennent, en 1868, compliquer encore la situation. Au printemps, la rivière Rouge sort de son lit et à l'été, les sauterelles détruisent tout. Les colons de la Rivière-Rouge font donc appel aux habitants de la province de Québec. Le 14 octobre, Charles-François Baillargeon, archevêque de Québec, invite les curés de son diocèse à organiser une collecte en faveur des sinistrés.

> Vous savez, en effet, par les journaux, écrit-il aux curés, que la colonie de la Rivière-Rouge est menacée à son tour de périr par la famine, si de prompts secours ne lui sont envoyés. Les récoltes ont été détruites, comme celles de l'Algérie, par les sauterelles et sa dernière ressource, la chasse au bison, lui fait absolument défaut. [...] Une collecte sera faite dans votre église, tel dimanche qu'il vous plaira d'indiquer d'ici au 15 novembre prochain, pour venir au secours des malheureux colons de la Rivière-Rouge. Afin d'exciter davantage leur zèle pour la bonne œuvre, vous pourriez leur dire [aux paroissiens] que cette colonie a été fondée par des enfants du sol canadien, que ce sont des missionnaires canadiens qui l'ont fécondée de leurs sueurs, au prix de grands sacrifices ; qu'elle est en ce moment sous les soins spirituels d'un prélat canadien, monseigneur Taché, l'honneur de la religion et de son pays ; qu'enfin, elle compte avec confiance, dans sa détresse, sur la charité de ses frères et amis du Canada, qui ont déjà tant fait pour elle, à différentes époques.

Les secours sont acheminés par voie d'eau ou en empruntant les routes américaines. Le gouvernement du Canada, qui négocie alors l'achat des Territoires du Nord-Ouest de la Hudson's Bay Company, juge qu'il serait préférable que le transport puisse se faire exclusivement en territoire britannique. Dès l'automne 1868, William McDougall, le ministre fédéral des Travaux publics, envoie John A. Snow, accompagné d'un petit groupe d'Ontariens, arpenter les terres de la région en prévision de la construction d'une route, entre le lac des Bois et la Rivière-Rouge. L'arpenteur recrute une main-d'œuvre locale qu'il paie peu.

> Il obligeait ceux qui consentaient à travailler pour ces prix minimes, écrit le juge-historien Louis-Arthur Prud'homme, à être payés en effets pris dans un magasin d'un homme qui était tenu pour un membre odieux du parti canadien. Les Métis, tout en murmurant, se soumirent à ces exigences à cause de la grande détresse dans laquelle ils se trouvaient, cette année-là. Pendant l'hiver, les esprits commencèrent à se soulever contre Snow. On avait appris par des lettres perdues par Snow qu'il avait fait des traités avec les Sauteux pour l'achat de leurs terres pour son propre compte et celui de ses engagés d'Ontario. On répétait de plus qu'on avait enivré les sauvages afin d'obtenir plus facilement la cession de leur territoire de chasse. Mais ce qui porta l'indignation à son comble fut la nouvelle qu'un des compagnons de Snow avait publié dans les journaux d'Ontario des correspondances dans lesquelles il insultait la population française et anglaise du pays et surtout les Métis. Les gens du pays se soulevèrent contre les arpenteurs. Ils se rendirent auprès de Snow et le forcèrent d'abandonner les lieux. Ce fut leur premier coup de main, d'où devait sortir, l'année suivante, le gouvernement provisoire.

L'auteur des lettres incriminantes était Charles Mair, le trésorier du groupe, qui s'était lié d'amitié avec John C. Schultz, un des leaders colons anglophones hostiles aux Métis.

*Une hâte dangereuse*

Le transfert de propriété des Territoires du Nord-Ouest entre la Hudson's Bay Company et le gouvernement du Canada n'a pas encore eu lieu. Il en est question pour le 1er décembre 1869. Mais Ottawa décide de ne pas attendre le changement légal et procède, avant cette date, à l'exécution de travaux apparemment urgents. Le 10 juillet, McDougall demande à John Stoughton Dennis de prendre la direction d'un groupe d'employés et d'aller commencer à faire l'arpentage des terres en prévision de l'établissement de nouveaux colons venant surtout de l'Ontario. On recommande à Dennis de tenir compte des droits acquis des occupants.

Certains employés ne tiennent pas compte des revendications de la population locale et plantent leurs piquets sans tenir compte des divisions déjà existantes. La tension monte de plus en plus. George-Étienne Cartier, dans un mémoire secret au gouvernement impérial, en date du 8 juin 1870, analysera ainsi la situation :

> C'est au milieu de cette disposition des esprits qu'arrivèrent un certain nombre d'employés subalternes du gouvernement canadien, chargés de construire des chemins, qui prirent des airs d'autorité injustifiables, ainsi qu'un parti d'arpenteurs canadiens, sous la direction de l'inconsidéré colonel Dennis, qui augmentèrent l'irritation des esprits par leurs procédés, en s'efforçant, malgré l'opposition qu'ils rencontraient, d'arpenter des terres qui étaient déjà en possession des colons. Les colons étaient naturellement sous l'impression que les nouveaux arrivants avaient été envoyés au milieu d'eux pour arpenter et mesurer les terres des colons dans le but de les en dépouiller. Les colons étaient généralement sous la fausse impression qu'ils avaient été vendus d'une certaine manière par la Compagnie de la Baie d'Hudson au gouvernement canadien, en vertu de l'Acte de l'Amérique britannique du Nord, dont ils ne connaissaient pas alors les dispositions, ainsi que l'ont prouvé les événements subséquents. Les colons étaient disposés à considérer et, de fait, considéraient l'immigration des Canadiens comme une invasion, tout comme ils auraient considéré l'invasion de leur territoire par les Sauvages.

À la hâte d'arpenter les terres s'ajoute celle de donner à la nouvelle possession, non encore officielle et légale, une structure administrative. Au cours du mois de juin, le premier ministre John A. Macdonald offre à William McDougall le poste de lieutenant-gouverneur des Territoires du Nord-Ouest. Le nouveau représentant de la reine est connu pour ses minces sympathies à l'égard des francophones catholiques. Le 21 septembre 1869, la sœur grise Mary A. Curran, dans son rapport à la maison mère de Montréal, affirme :

> Dès le mois de juin dernier, on annonçait, presque à chaque arrivée, que le gouverneur McDougall devait prendre possession du territoire acquis par le Canada ; cette acquisition avait été faite sans que les habitants du pays fussent consultés. Ils en furent froissés, mais ce ne fut que lorsque les pauvres gens apprirent que, très probablement, leur religion serait persécutée, qu'ils résolurent de prendre la défensive et de repousser l'agresseur. La première intervention du ciel est bien manifeste, en ce que, si monsieur McDougall était parti au mois de juin, il y avait trop d'hommes absents, soit dans les barges ou à la chasse, qu'on aurait osé

compter sur le succès ; mais au mois d'octobre, plusieurs centaines étaient revenus.

Les habitants de la Rivière-Rouge savent que le gouvernement canadien n'a encore aucune autorité sur eux et que ce dernier ne peut encore rien leur imposer. Comme le fait remarquer Georges Dugas, alors curé de la paroisse-cathédrale de Saint-Boniface, « les Métis déclarèrent donc que, comme sujets anglais, ils voulaient demeurer loyaux à l'Angleterre et respecter l'autorité du gouvernement légitime d'Assiniboia, aussi longtemps que celui-ci n'aurait pas proclamé sa propre déchéance ; mais que, d'un côté, la Compagnie de la Baie d'Hudson, n'ayant pas le droit de livrer le peuple de la Rivière-Rouge à un gouvernement étranger, et que, de l'autre, l'Angleterre n'obligeant pas les provinces de l'Amérique du Nord à faire partie de la Confédération canadienne, les Métis refusaient de reconnaître l'autorité du Canada jusqu'à plus ample information. »

Le lieutenant-gouverneur McDougall ne sait trop quelle conduite tenir : doit-il se rendre immédiatement à la Rivière-Rouge ou lui faut-il attendre que s'effectue le transfert légal de propriété ? Le 28 septembre, le sous-secrétaire d'État Edmund Allen Meredith lui fait part des dernières décisions gouvernementales :

> Comme vous avez été nommé lieutenant-gouverneur des Territoires du Nord-Ouest avant le transfert formel de ces territoires par Sa Majesté au Dominion du Canada, et comme il y a lieu de croire que ce transfert se fera dans un délai de deux ou trois mois, j'ai l'honneur, par ordre de Son Excellence le gouverneur général, de vous informer qu'il est désirable d'effectuer, sans perdre de temps, les arrangements préliminaires requis pour l'organisation du gouvernement des Territoires. À cet effet, je dois vous faire part que vous devez vous rendre à Fort Garry, aussitôt que possible, afin de pouvoir surveiller l'exécution des arrangements préliminaires indiqués dans le paragraphe précédent et d'être prêt à prendre charge de l'administration des Territoires lors de leur transfert au Canada.

## On arrête les travaux

Les journaux annoncent, le samedi 16 octobre, que McDougall quitte Saint-Paul, dans l'État américain du Minnesota, pour se rendre au fort Garry. Mais des événements survenus à la Rivière-Rouge retardent ce départ. En effet, le 11, à Saint-Vital, des arpenteurs qui campaient sur la terre d'André Nault reçoivent des habitants l'ordre de quitter immédiatement les lieux et de cesser d'arpenter cette terre que Nault avait acquise de la Hudson's Bay Company.

> Comme Nault, raconte le juge Prud'homme d'après le témoignage du principal intéressé, leur adressait la parole en français, ils lui répondirent qu'ils ne comprenaient pas ce qu'il leur disait. Nault alla trouver son cousin Louis Riel, qui demeurait sur la rive opposée de la rivière Rouge, presque en face de la terre de Nault. Il lui demanda de venir avec lui pour arrêter ces intrus. Chemin faisant, ils amenèrent avec eux Janvier Ritchot. Ils se rendirent auprès des arpenteurs qui traçaient de nouvelles lignes sur la terre de Nault. Riel leur représenta que le propriétaire de ce terrain l'occupait depuis nombre d'années et les pria sur l'heure

de se retirer. Le chef de ce parti se contenta pour toute réponse d'ordonner à ses employés de continuer leurs travaux. Alors Riel fit acte d'autorité. Il mit le pied sur la chaîne et se dressant fièrement en face de ces étrangers il leur jeta ce défi : « You dare to proceed any further. » Aussitôt Nault et Ritchot jetèrent bas leur paletot et s'avancèrent vers ce parti.

Les arpenteurs se rendent alors au fort Garry porter plainte au gouverneur de la Hudson's Bay Company, William Mactavish. Appelé à s'expliquer, Riel répond que « le gouvernement canadien n'a aucun droit de faire effectuer ces travaux d'arpentage sur les Territoires sans une permission expresse du peuple de l'établissement ». Celui qui est de plus en plus considéré comme le chef des Métis dit ensuite au gouverneur Mactavish, qui venait à son tour de protester contre l'attitude des autorités d'Ottawa : « Je vous demande comme notre gouverneur de nous protéger contre de telles violations de nos droits de propriétaires d'autant plus que nous avons reçu les titres de ces terrains de votre compagnie. » Visiblement embêté, le gouverneur répond : « Monsieur Riel, suis-je encore gouverneur ? La Compagnie s'est engagée par écrit à rétrocéder tous ses droits à la Couronne et il est possible que l'acte de rétrocession soit déjà signé. Que voulez-vous que je fasse en pareille occurrence ? »

Craignant que le pays ne se retrouve sans autorité légale, Riel presse les Métis de s'organiser. Le 16 octobre, dans la salle publique de la paroisse de Saint-Norbert, ces derniers mettent sur pied le Comité national des Métis de la Rivière-Rouge. John Bruce est nommé président et Louis Riel, secrétaire. Dès le lendemain, une quarantaine de Métis bloquent le chemin du roi conduisant au village. Le 22, devant le juge de paix William Cowan, cantonné au fort Garry, Walton F. Hyman, à la solde de Schultz, déclare sous serment :

> Une quarantaine d'hommes armés étaient assemblés à Saint-Norbert, sur les bords de la rivière Sâle ; qu'ils avaient barricadé le chemin et interrompu toute circulation ; que ces hommes armés appartenaient aux paroisses de Saint-Norbert et de Saint-Vital ; que plusieurs autres étaient logés dans les environs ; que ces hommes étaient stationnés là pour s'opposer à l'entrée de l'honorable McDougall dans la Rivière-Rouge ; qu'ils étaient tous déterminés à lui fermer le passage et même à le tuer, s'il voulait entrer malgré eux dans la colonie. Que déjà une vingtaine de soldats étaient en route pour Pembina où ils devaient rencontrer le lieutenant-gouverneur et lui enjoindre de ne pas mettre le pied sur le territoire anglais.

Le climat devient de plus en plus explosif et la sœur de Louis Riel, Sara, qui est religieuse à Saint-Norbert, écrit le 18 octobre à sa mère : « Chère maman, je vous prie de recommander à ce cher frère d'être prudent, de ne pas marcher seul, la nuit. Il peut y avoir du danger à le faire. Mon cœur est plutôt en proie à la crainte et à l'inquiétude et tantôt bercé par l'espérance ; quelque chose me dit d'espérer et il me semble que je suis sûre qu'il réussira. »

Les colons anglais, eux aussi, sont inquiets. Le 19, lors d'une réunion spéciale, ils décident de refuser « d'adresser des souhaits de bienvenue à McDougall ». Deux jours plus tard, à titre de secrétaire, Louis Riel signe le document suivant adressé au lieutenant-gouverneur : « Monsieur, le Comité national des Métis de la Rivière-

Rouge ordonne à William McDougall de ne pas entrer dans les Territoires du Nord-Ouest sans une permission spéciale du comité susdit. Par ordre du président, John Bruce. »

Le Conseil d'Assiniboia, chargé par la Hudson's Bay Company d'administrer les Territoires du Nord-Ouest sous la direction du gouverneur, se réunit le 25 octobre pour étudier la situation. En l'absence de Mactavish, qui est malade, la présidence est occupée par le juge John Black. Bruce et Riel sont invités à justifier les gestes qu'ils ont faits. Seul le dernier prend la parole. « Il dit que ses partisans, écrit Guillaume-J. Charette, étaient satisfaits du gouvernement de la Compagnie de la Baie d'Hudson et qu'ils n'en désiraient point d'autre. Il appuya sur le fait qu'il s'opposait à tout gouvernement venant du Canada sans le libre consentement des habitants de son pays et qu'il n'admettrait jamais un gouverneur nommé par une autre autorité que celle de la Compagnie de la Baie d'Hudson à moins qu'une délégation choisie par les habitants du Nord-Ouest n'eût accepté les conditions de nomination de ce gouverneur. » Le 30 octobre, le gouverneur Mactavish écrit donc à McDougall : « C'est mon opinion et celle du conseil qu'il vaut mieux pour vous de demeurer à Pembina pour y attendre l'issue des négociations, dans l'espérance qu'elles apaiseront les mécontents. Sur ce point, le conseil est entièrement dans mes vues. »

Les recommandations de Mactavish sont un peu superflues, car un groupe de Métis, conduit par Ambroise Lépine, force McDougall à retourner en territoire américain. « Cet incident, note l'historien Mason Wade, explique l'emploi du terme rébellion pour désigner le soulèvement métis, terme qu'il est difficile de justifier, puisque McDougall n'était qu'un citoyen privé et que la région de la Rivière-Rouge n'était pas territoire canadien tant qu'il n'y avait pas eu transfert de souveraineté. » Le témoin oculaire de ces événements, Georges Dugas, était de cet avis. « Le parti de Riel, dit-il, [...] ne méritait en aucune façon le nom de rebelle, puisqu'il ne résistait à aucune autorité légitime. Ils ne prenaient donc les armes, au mois d'octobre 1869, que pour se protéger contre une bande d'étrangers qui voulaient se rendre les maîtres dans le pays. »

## À la défense du fort Garry

Les Métis craignent un coup de main de la part des colons canadiens dirigés par Schultz. La rumeur court, le 28 octobre, qu'un groupe armé se prépare à « aller surprendre et massacrer les Métis retranchés dans les bois de Saint-Norbert ». Il devient important, pour les Métis, de pouvoir se défendre de façon adéquate, d'autant plus que la liste des soldats volontaires comprend alors environ 400 noms.

Riel réussit à convaincre les Métis d'occuper le fort Garry, ce qui se produit sans opposition et sans violence, le 2 novembre.

> Vers les trois heures de l'après-midi, raconte Dugas, on vit apparaître, par groupes de quatre ou cinq, des hommes armés qui montaient la côte et entraient au fort comme de simples chasseurs de la prairie. Les premiers qui entrèrent n'éveillèrent pas la curiosité des commis, ni des autres employés de la compagnie. Ce ne fut qu'au moment où les derniers soldats entraient qu'on remarqua quelque chose

d'inaccoutumé. Riel, qui avait accompagné ses hommes, alla trouver le docteur Cowan, premier officier en charge du fort, pour lui expliquer sa démarche.

— Que venez-vous faire ici avec des hommes armés ? dit le docteur Cowan à Riel.

— Nous venons pour garder le fort, répondit-il.

— Garder le fort ? Mais contre qui ?

— Contre un danger imminent qui nous menace et menace tout le pays, dit Riel ; mais je n'ai pas le temps de vous donner toutes les explications ce soir ; mes hommes vont se loger dans un des bâtiments du fort ; vous les nourrirez et ils ne toucheront à rien.

Le soir, à la tombée de la nuit, ajoute Dugas, les portes du fort furent fermées et gardées par des sentinelles, comme en temps de guerre.

Riel veut gagner les colons anglais et écossais à la cause de la revendication. Le 6 novembre, il fait distribuer aux habitants des onze paroisses à majorité anglophone la note suivante : « Le chef et les représentants de la population française dans la Terre de Rupert, après avoir chassé les envahisseurs de leurs droits, comptant sur les sympathies de leurs frères d'origine anglaise, viennent leur tendre une main amie et les inviter à envoyer douze représentants dans le but de former, avec les Métis français, un conseil où seront discutés les moyens à prendre pour sauvegarder les intérêts de la nation dans les circonstances actuelles. Ce conseil s'assemblera dans la salle de la cour de justice, à fort Garry, le 16 novembre prochain. »

Le conseil projeté se composera donc de douze représentants francophones et d'autant d'anglophones.

Le lieutenant-gouverneur McDougall, bien au courant de tout ce qui se passe dans la colonie, décide d'imposer son autorité. Le 7 novembre, il fait parvenir au gouverneur Mactavish une mise en garde :

Je vous ai déjà envoyé deux lettres, vous expliquant en détail ma position et vous suggérant de lancer une proclamation pour expliquer le changement de gouvernement et avertir ainsi les mécontents des conséquences qui vont résulter de leurs actes illégaux. J'ai été désappointé d'apprendre que les autorités n'avaient rien fait pour informer le public de ce changement de gouvernement proclamé par un acte impérial, sanctionné par la reine. Je vous rappellerai à vous et à votre conseil qu'en attendant la proclamation du transfert, vous êtes gouverneur du pays et, par conséquent, responsable de tout ce qui trouble l'ordre public.

Au moment où il a écrit cette lettre, McDougall avait certainement entre les mains la missive de Joseph Howe, président du Conseil privé du Canada, qui contenait ces phrases : « Vous n'êtes qu'un simple citoyen et c'est comme tel que vous devez vous rendre à Winnipeg. [...] Vous ne pouvez, dans l'état actuel des choses, ni revendiquer, ni affirmer aucune autorité sur le territoire de la compagnie de la Baie d'Hudson, avant que la proclamation de la reine annexant le pays au Canada ne vous parvienne. »

Le 9 novembre, le gouverneur Mactavish recommande donc à McDougall de retourner tout simplement à Ottawa « pour y attendre des circonstances plus favorables ». Mais le représentant de la reine tient trop à son poste pour reculer ainsi !

Le 16 novembre 1869, répondant à l'invitation de Riel, les 24 représentants francophones et anglophones se réunissent au fort Garry. Le gouverneur Mactavish lance alors une proclamation constituant un rappel à l'ordre : « Vous êtes aux prises avec une crise qui peut avoir une heureuse issue ou engendrer des calamités incalculables, et avec tout le poids de mon autorité officielle et tout le prestige de ma situation personnelle, permettez-moi de vous engager à n'employer que des moyens réguliers, constitutionnels et prudents. »

La réunion du 16 s'annonce orageuse : les anglophones veulent que l'on procède à l'élection d'un nouveau président et d'un nouveau secrétaire, alors que les francophones déclarent que Bruce et Riel doivent continuer à occuper leurs postes. Riel lance alors l'idée de former un gouvernement provisoire. Le Métis écossais James Ross et quelques autres crient alors à la rébellion ! La riposte de Riel ne tarde pas : « Si nous sommes rebelles, nous le sommes contre la Compagnie qui nous a vendus. [...] Nous ne nous rebellons pas contre la Compagnie de la Baie d'Hudson : elle s'est dévestie de son autorité. Nous ne nous rebellons pas contre le Canada : il n'a pas encore juridiction ici. Nous ne nous rebellons pas contre la reine : si elle était au courant de notre situation, elle viendrait à notre aide. »

Les délégués anglophones veulent consulter leurs commettants et une autre rencontre est fixée au 23 novembre, puis au 1er décembre, jour prévu pour l'entrée en vigueur de la cession officielle du territoire. Mais, à Ottawa, le premier ministre Macdonald ne prise guère l'évolution de la situation à la Rivière-Rouge. Le 26 novembre, il télégraphie donc à John Rose, ministre canadien des Finances, qui séjourne à Londres, pour lui demander de ne pas remettre à la Hudson's Bay Company le versement de 300 000 livres sterling. « Le Canada, lit-on sur le télégramme, ne peut accepter la Nord-Ouest tant que sa possession paisible ne sera pas assurée. Nous avons averti le Colonial Office de retarder l'émission de la proclamation. [...] Pendant ce temps, l'argent doit demeurer en dépôt et ne pas être versé. »

Londres ne tarde pas à réagir. Le 30 novembre, le secrétaire d'État aux Colonies, lord Granville, télégraphie à son tour à John Young, baron Lisgar, gouverneur général du Canada : « Le gouvernement par la Compagnie est devenu impossible ; le gouvernement par le Canada demeure la seule alternative et doit être établi promptement. »

*Une proclamation enflammée*

Même s'il ignore toujours si la proclamation royale a été émise ou non, le lieutenant-gouverneur McDougall décide de prendre possession de son royaume le 1er décembre 1869. « Il est de la plus haute importance, écrit-il au gouvernement canadien, d'annoncer le transfert sous l'autorité la plus authentique et de la façon la plus solennelle, afin de donner confiance aux loyaux et de mettre les mécontents dans leur tort. » Dans la nuit froide du 30 novembre au 1er décembre, McDougall, accompagné de six personnes de son entourage, franchit la frontière américaine et se rend jusqu'au poste de la Hudson's Bay Company, situé près de Pembina. Là, il affiche sa proclamation officielle. Se considérant comme le nouveau maître des

Territoires du Nord-Ouest, McDougall nomme le colonel Dennis responsable du rétablissement de l'ordre sur lesdits territoires.

> Je vous autorise, ajoute-t-il, à organiser, armer et équiper une force suffisante pour attaquer, arrêter, désarmer et disperser ces hommes armés et illégalement réunis pour troubler la paix publique ; à les assaillir, à faire feu sur eux, à les chasser par la force de leurs demeures et de leurs places fortifiées, ainsi que de tout autre endroit où vous les trouverez réunis. Je vous autorise, vous, mon lieutenant et conservateur de la paix, à vous servir de tout ce dont vous aurez besoin pour vous équiper et vous approvisionner, troupeaux, chevaux, wagons, sleighs et tout autre véhicule. Je vous autorise encore à nommer des officiers et députés pour vous aider et à leur donner les ordres que vous jugerez nécessaires ; je vous autorise à appeler des magistrats pour vous seconder et pour protéger la vie des loyaux sujets de Sa Majesté.

Il va sans dire qu'une telle proclamation n'avait aucune valeur légale, mais elle produisit un effet énorme, surtout chez les Métis anglophones. Le ministre Cartier, dans son mémoire du 8 juin 1870, n'hésite pas à écrire : « Il y eut d'abord la proclamation de M. McDougall, en date du 1er décembre 1869, émise sans autorité, car, de fait, il n'était pas lieutenant-gouverneur ; puis, pour ne rien dire de plus, la commission extraordinaire donnée par M. McDougall au colonel Dennis comme lieutenant-gouverneur et conservateur de la paix dans les Territoires du Nord-Ouest, pour lever, organiser, armer, équiper et approvisionner un effectif militaire suffisant dans lesdits territoires pour fins militaires contre les colons. Il est certain que les termes de la commission de M. McDougall au colonel Dennis, dès que la proclamation fut connue des colons, ont dû seuls provoquer les Métis et les irriter fortement. »

À la Rivière-Rouge, on ne sait trop à quel gouvernement se vouer. Mactavish semble avoir abandonné toute autorité et McDougall, malgré sa proclamation, ne peut prétendre occuper son poste. Le 27 novembre, le premier ministre du Canada avait écrit à son lieutenant-gouverneur que la prise de pouvoir signifierait, d'une part, la fin de l'autorité de la compagnie, mais que, d'autre part, s'il ne peut réussir à pénétrer sur le territoire convoité, « aucun gouvernement légal ne pourrait exister et l'anarchie suivrait nécessairement ». « Dans un tel cas, ajoute Macdonald, il est quasi admis par la loi des peuples que les habitants peuvent former un gouvernement *ex necessitate* pour la protection de leur vie et de leur propriété. »

Pour les Métis, cette protection de leur vie et de leurs biens et le respect de ce qu'ils considèrent comme leurs droits constituent la base de leurs préoccupations. Pour les rassurer et rétablir le calme, le gouverneur général du Canada émet, le 6 décembre, une proclamation en ce sens :

> Par autorisation de Sa Majesté, je vous assure que, lors de l'union avec le Canada, tous vos droits civils et religieux seront respectés, vos propriétés vous seront assurées et votre pays, comme par le passé, administré en vertu des lois britanniques et conformément à l'esprit de justice qui en découle. De plus, en vertu de son autorité, j'ordonne et commande à ceux d'entre vous qui sont encore rassemblés et ligués en dépit de la loi, de se disperser paisiblement et de regagner leur maison, sous peine de punitions infligées par la loi en cas de désobéissance. En ce dernier

lieu, je vous informe que, dans le cas de votre dispersion et de votre obéissance immédiate et paisible, j'ordonnerai qu'il ne soit pris aucune procédure légale contre quelques parties que ce soit impliquées dans ces malheureuses infractions à la loi.

Avant même que la proclamation royale n'atteigne la Rivière-Rouge, le Comité national des Métis se transforme, le 8 décembre, en gouvernement provisoire. La veille, le gouverneur Mactavish avait annoncé « la déchéance du gouvernement d'Assiniboia ».

Le 8 décembre au matin, la proclamation signée par Bruce et Riel est affichée à Winnipeg et des copies sont envoyées dans plusieurs villes américaines ainsi qu'à Ottawa. Peu de colons anglophones ont participé aux dernières réunions au cours desquelles on a discuté d'une liste des droits et approuvé l'établissement d'un gouvernement provisoire, car la pseudo-proclamation de McDougall en avait convaincu plusieurs qu'il était préférable de regagner paisiblement leurs foyers. Une quarantaine d'entre eux, plus décidés que les autres, s'étaient réfugiés dans la maison du docteur Schultz, à Winnipeg, prêts à résister à une attaque. Le 7, une centaine de soldats métis avaient encerclé la maison. Sommés de se rendre, les assiégés décident de se rendre et sont conduits au fort Garry à titre de « prisonniers politiques ».

La proclamation du 8 décembre comprend une déclaration de principes et diverses prises de position. « Comme il est admis par tous les hommes, en principe fondamental, que l'autorité publique a droit au respect et à l'obéissance de ses sujets, il est pareillement admis qu'un peuple qui se trouve sans gouvernement est libre d'adopter une forme de gouvernement de préférence à une autre, et de refuser son allégeance à celle qu'on lui impose contre sa volonté. C'est d'après ces principes que le peuple de la Rivière-Rouge a donné son obéissance et son respect à la forme de gouvernement que les circonstances qui ont entouré son enfance l'ont obligé d'accepter. » Comme le gouvernement de la Hudson's Bay Company, celui du Conseil d'Assiniboia,

> contrairement au droit des nations, en mars 1869, [...] a transmis au Canada tous les droits qu'il a et prétend avoir sur ce pays, par un contrat dans lequel le peuple de la Rivière-Rouge est regardé comme ne méritant pas d'être consulté ; vu encore qu'il est généralement admis qu'un peuple est libre d'adopter la forme de gouvernement qui correspond le mieux à ses besoins, dès que le pouvoir auquel il était soumis l'abandonne ou veut le livrer, malgré lui, à un pouvoir étranger auquel il n'a pas droit de le livrer. Sachez maintenant que Nous, les représentants du peuple, assemblés en conseil au Fort Garry, le 24 novembre 1869, après avoir invoqué le Dieu des nations, et appuyés sur les principes fondamentaux ci-dessus énoncés, déclarons solennellement au nom de nos constituants et en notre nom devant Dieu et devant les hommes, qu'à partir du jour où le gouvernement que nous avons toujours respecté nous a abandonnés, en transmettant à un gouvernement étranger l'autorité sacrée qui lui avait été confiée par le peuple de la Rivière-Rouge et de la Terre de Rupert, [ce peuple] devint libre de toute allégeance audit gouvernement. 2. Qu'il refuse de reconnaître l'autorité du Canada, qui prétend avoir droit de nous l'imposer, contrairement à nos intérêts de sujets britanniques plus que sujets du gouvernement auquel la nécessité nous avait soumis jusqu'à ce jour. [...] 4. [...] Dans le cas de persistance de la part du Canada à poursuivre son

odieuse politique de nous soumettre par les armes, nous protestons de nouveau contre cette honteuse démarche, et nous déclarons le gouvernement canadien responsable devant Dieu et devant les hommes des maux innombrables que causera son injustifiable entreprise. [...] Nous sommes fermement déterminés, à l'avenir, de repousser toute invasion étrangère de quelque part qu'elle vienne. De plus, nous déclarons et proclamons au nom du peuple de la Terre de Rupert et du Nord-Ouest, que le 24 novembre 1869, date mentionnée plus haut, nous avons établi un gouvernement provisoire et que nous le tenons pour la seule autorité légale existante maintenant dans la Terre de Rupert et dans le Nord-Ouest, et que le peuple lui doit respect et obéissance. Qu'en attendant, nous sommes toujours prêts à entrer en négociation avec le gouvernement canadien, pour tout ce qui pourrait être favorable à la prospérité de ce peuple. Pour soutenir ces déclarations, nous nous appuyons sur la divine Providence et nous nous engageons nous-mêmes par serment sur notre vie, nos biens et notre honneur.

## Une mission de paix

Sans reconnaître officiellement l'existence du gouvernement provisoire, le gouvernement canadien décide d'envoyer des émissaires à la Rivière-Rouge. Le 23 novembre, le premier ministre Macdonald, dans une lettre au ministre Rose, analyse bien la situation : « La résistance des sang-mêlé n'est évidemment pas dirigée contre la souveraineté de Sa Majesté ou le contrôle de la Compagnie de la Baie d'Hudson, mais contre la prise du pouvoir par le Canada. »

L'abbé Jean-Baptiste Thibault, originaire de Lévis et missionnaire pendant près de quarante ans dans l'Ouest, et le colonel Charles-René-Léonidas d'Irumberry de Salaberry, « le fils du héros de Châteauguay », qui avait déjà séjourné dans les Territoires du Nord-Ouest, sont invités par le gouvernement canadien à se rendre auprès des Métis pour les convaincre des intentions pacifiques d'Ottawa. Ils sont accompagnés de Donald A. Smith, le représentant en chef de la Hudson's Bay Company au Canada. Le premier ministre Macdonald l'autorise à dépenser certaines sommes pour acheter au besoin quelques Métis influents afin de « construire un pont d'or sur lequel McDougall pourra passer pour entrer dans le pays », affirmera-t-il lui-même.

Le 25 décembre, Thibault et Salaberry arrivent à Saint-Boniface, suivis deux jours plus tard de Smith. Le 29, Riel devient président du gouvernement provisoire.

Smith, qui deviendra plus tard lord Strathcona, refuse de montrer à Riel les ordres dont il est muni. Il veut rencontrer le peuple et non les membres du gouvernement provisoire. Le 19 janvier 1870, dans l'enceinte du fort Garry, environ mille personnes se réunissent pour entendre lecture de ces ordres. Dans une lettre adressée à Smith le 12 janvier, le gouverneur général du Canada se contente d'énoncer quelques vagues promesses. Ce sont celles-là qui sont transmises aux Métis : « Vous ferez remarquer attentivement à tous ceux qui ont quelque plainte à faire qu'ils doivent s'adresser à moi comme représentant de Sa Majesté. Vous pourrez affirmer que le gouvernement impérial agira avec la plus parfaite bonne foi avec les habitants de la Rivière-Rouge. Le peuple peut s'en rapporter en toute confiance à la protection promise aux différentes dénominations religieuses ; les titres des propriétés seront respectés et toutes les franchises qui existent seront conservées. »

Lecture faite, Riel propose, appuyé par A. G. B. Bannatyne, « que les électeurs de langue française et anglaise soient appelés à choisir vingt représentants de chaque groupe pour étudier les conditions présentées par le Canada et décider ce qu'ils jugeraient le plus utile pour le bien du pays ». Le 25 janvier donc, les quarante délégués se réunissent au fort Garry. Un comité mixte est alors formé pour étudier la liste des droits que l'on veut voir accepter par le gouvernement canadien.

Les discussions durent jusqu'au 10 février. Le groupe écossais demeure quelque peu réticent à participer à ce genre de réunion dont on doute de la légitimité. John Fraser, John Sutherland, Ambroise-Dydime Lépine et Xavier Pagée se rendent donc auprès du gouverneur Mactavish dont la santé ne cesse de décliner. « Le gouvernement d'Assiniboia existe-t-il encore ? » lui demande Sutherland. Réponse : « Non ». « Ne serait-il pas désirable, dans ces circonstances, ajoute Sutherland, d'établir un gouvernement provisoire ? » Sans hésiter, le gouverneur répond : « Non seulement c'est nécessaire, mais, pour l'amour de Dieu, formez un gouvernement provisoire ; nous n'aurons de paix au pays jusqu'à ce que la chose soit faite. » Sutherland se fait insistant : « Mais votre autorité comme gouverneur ? » — « Laissez-moi mourir tranquille, je suis un homme mort ; travaillez pour la population. Je n'ai aucun pouvoir, aucune autorité », répond celui qui, depuis 1858, était gouverneur de l'Assiniboia et qui allait mourir peu après son retour à Londres en 1870.

Riel est reconfirmé à son poste de président le 9 février et les représentants élisent alors les autres membres qui formeront le gouvernement. Les anglophones obtiennent huit postes et les francophones, quatre.

La liste des droits précise que les territoires connus sous le nom de Terre de Rupert et du Nord-Ouest n'entreront dans la Confédération du Dominion du Canada qu'avec le titre de province, avec tous les droits et privilèges communs aux autres provinces. Parmi les autres droits réclamés qui concernent l'organisation du gouvernement local et son financement, le droit de vote et les communications, l'article 14 demande qu'en moins de cinq ans soit établi un système complet de communication par navires à vapeur entre le lac Supérieur et le fort Garry. Trois articles concernent les langues officielles : le français et l'anglais pourront être légalement utilisés tant à la Législature provinciale que dans les cours de justice. De plus, tous les documents officiels et tous les actes de la Législature seront publiés dans les deux langues. Enfin, le lieutenant-gouverneur de la nouvelle province ainsi que le juge de la cour suprême de ladite province devront être bilingues.

Le 11 février, Riel préside à la nomination de trois délégués du gouvernement provisoire qui reçoivent la mission d'aller présenter au gouvernement du Canada les demandes des Métis : l'abbé Noël-Joseph Ritchot, qui représente les Métis francophones, Alfred H. Scott, représentant les colons anglophones, et John Black, juge de profession et représentant les Métis anglophones. Le trio ne quittera la Rivière-Rouge qu'à la fin de mars.

### L'homme de la dernière chance

À Ottawa, l'inquiétude augmente. Le premier ministre craint une menace américaine. « Il est évident à mes yeux, écrit-il le 28 janvier 1870 à Charles John Brydges, directeur du Grand Tronc, [...] que le gouvernement des États-Unis est résolu à faire tout ce qu'il pourra, sauf la guerre, pour entrer en possession du Territoire de l'Ouest et nous devons prendre des mesures immédiates et énergiques pour nous y opposer. »

Cartier est convaincu qu'un homme comme l'évêque de Saint-Boniface, Alexandre-Antonin Taché, peut calmer les Métis et ramener la paix. Mais le problème, c'est que le personnage est à Rome où il assiste au concile du Vatican. Cartier lui envoie donc un télégramme lui demandant de rentrer au pays aussi rapidement que possible. Langevin télégraphie aussi à son frère Jean pour l'inciter à convaincre Taché d'effectuer un retour précipité. En février, l'évêque de Saint-Boniface prend contact avec des représentants du gouvernement canadien. Joseph Howe lui demande, le 15 février, de faire savoir « aux Métis que tous les procédés qui, pendant un certain temps, ont menacé, à la Rivière-Rouge, la vie et la propriété des habitants, sont entièrement désapprouvés et condamnés par le gouvernement canadien ». Le lendemain, c'est au tour de Macdonald de faire parvenir un message à Taché, affirmant que si le gouvernement de la Compagnie est rétabli, « vous êtes autorisé à informer les chefs [...] qu'une amnistie générale sera accordée ». Quelque temps auparavant, selon son propre témoignage, l'évêque, au cours d'une conversation, avait demandé à Macdonald s'il pouvait promettre l'amnistie, vu que des actes répréhensibles avaient été commis. « Oui, vous pouvez la leur promettre », avait répondu le premier ministre du Canada.

La nouvelle de la demande faite à Taché d'intervenir auprès des Métis transpire et certains journaux commencent à lancer des accusations contre l'ecclésiastique. À la Chambre des communes d'Ottawa, le 22 février, lors du débat sur l'adresse au discours du trône, George-Étienne Cartier s'insurge contre les affirmations de quelques journalistes anglophones. « Il est absolument faux, déclare-t-il, que monseigneur Taché ait fomenté les troubles et nous n'avons, pour nous renseigner à ce sujet, qu'à lire sa correspondance avec le gouverneur Mactavish, ainsi que les instructions données par lui aux institutions religieuses pour la réception du gouverneur McDougall. » Le ministre francophone dénonce également l'attitude de la presse orangiste qui crie au conflit racial : « Il est regrettable que certaines feuilles cherchent à attiser le feu de la discorde dans l'Est, parce que les passions ont été soulevées au Nord-Ouest, et à provoquer un conflit national. Il ne s'agit pas en ce moment d'une question de nationalité, pour ce qui est du gouverneur de là-bas. Prétendre le contraire, c'est fausseté et malice. »

L'évêque Taché arrive à Saint-Norbert le 8 mars 1870 et, dès le lendemain, il est à Saint-Boniface. Les soldats de Riel lui demandent la permission d'aller recevoir la bénédiction de leur prélat. La permission est accordée, mais Riel s'abstient d'y aller, disant : « Ce n'est pas monseigneur Taché, ce n'est pas l'évêque de Saint-Boniface qui passe, c'est le Canada. »

Au cours des derniers jours, des événements graves sont venus donner une orientation nouvelle au mouvement de protestation des Métis : du sang a été répandu !

## « Remember Scott ! »

Le jeudi 10 février précédent, la nouvelle se répand dans le fort Garry qu'une centaine d'hommes, commandés par le major Charles A. Boulton, ont quitté Portage-la-Prairie et qu'avec l'aide des Anglais « du bas de la colonie », ils se proposent d'attaquer le fort. La garnison est alors portée à 500 hommes. Au petit matin, le 15, la troupe traverse les rues de Winnipeg « pour se rendre au fort de pierre en bas de la colonie écossaise où Schultz les attendait avec les siens ». Dans le groupe se trouve Thomas Scott, un des anciens employés de l'arpenteur Snow. Scott, que l'on dit membre des loges orangistes, est reconnu pour son esprit provocateur et sa haine ouverte des Métis francophones. Dans sa marche à travers Winnipeg, il s'arrête devant la maison d'Henri Coutu, l'un des cousins de Riel, où le chef métis loge quelquefois, dans l'espoir, selon Dugas, « de l'y rencontrer et de le tuer, comme il s'en vantait ». Heureusement, Riel n'y était pas ! Le 16 au matin, John Norquay, qui deviendra plus tard premier ministre du Manitoba, se présente au fort Garry porteur d'un message à l'intention de Riel affirmant que les hommes de Boulton et de Schultz ne reconnaissent pas l'autorité du gouvernement provisoire. Le même jour, Riel répond que la guerre civile sera la destruction du pays. « Nous sommes prêts à rencontrer n'importe quel groupe ; mais la paix, nos droits britanniques, voilà ce que nous voulons avant tout. Messieurs, les prisonniers ont été libérés ; ils ont juré de garder la paix. Nous avons pris la responsabilité de nos actes passés. M. William Mactavish vous a demandé, pour l'amour de Dieu, de former et de compléter le gouvernement provisoire. Vos représentants s'étaient joints à nous à la suite de cette demande. Qui maintenant viendra et détruira l'établissement de la Rivière-Rouge ? »

Le 18 février, la majeure partie des Écossais décident de retourner chez eux sans attaquer le fort Garry. Comme ils passent non loin du fort, les Métis français se lancent à leur poursuite et en arrêtent 48 qu'ils ramènent comme prisonniers. Parmi eux se trouve Thomas Scott.

L'attitude du groupe de colons anglais risque de compromettre la mission que s'est donnée le gouvernement provisoire : négocier avec Ottawa. « Le mouvement du parti organisé au Portage, affirme l'historien Alexander Begg, a été la conséquence de la téméraire conduite de McDougall et de Dennis, mais elle n'a pas été la dernière. Car depuis lors, il n'a cessé d'exister dans le pays des jalousies et des haines entre les deux classes de la colonie. » Pour l'historien Stanley, « le chemin dont Riel n'a jamais dévié fut de construire un gouvernement fort dans la colonie pour négocier avec le Canada. Il a voulu, ajoute-t-il, unir et non diviser la colonie. Mais il y avait Schultz et les Canadiens qui cherchaient constamment à causer du trouble et à semer la discorde. Ils étaient des perturbateurs ces nouveaux venus qui avaient essayé d'accélérer l'établissement du règne du Canada, qui avaient appuyé McDougall et, par deux fois, cherché à susciter la rébellion à la Rivière-Rouge. Il faut donc leur servir une leçon. Quelqu'un doit être puni. »

Le commandant de l'expédition, le major Boulton, comparaît donc devant une cour martiale et est condamné à mort. Mais par suite de nombreuses pressions, entre autres celle de Smith, et à la suite de discussions avec le président du gouvernement provisoire sur les changements à apporter dans l'attitude des colons anglais, Boulton recouvre la liberté, ainsi que plusieurs autres prisonniers.

Parmi ceux qui demeurent en prison, le plus turbulent est sans contredit Thomas Scott : « Le dernier jour de février, raconte Riel, Thomas Scott fut si violent qu'un certain nombre de Métis, se trouvant exaspérés, le saisirent, le traînèrent dehors et s'apprêtaient à le sacrifier lorsqu'un des conseillers français, survenant, le leur arracha et le renvoya conduire dans sa cellule. Le 1er mars, Riel fut averti et de suite s'enquérit des circonstances de cette affaire, tâchant de calmer les gardes ; mais ce jour-là même, Th. Scott ayant renouvelé ses actes outrés, les soldats demandèrent à grands cris que l'affaire fut laissée à la cour martiale. Riel fit tout ce qu'il put pour persuader Scott de promettre d'être paisible ; Scott se moqua et l'insulta. » Selon le témoignage de Paul Proulx, l'un des membres du Conseil de Riel, « les Métis dirent à Riel que, si Scott n'était pas exécuté, qu'ils le tueraient lui [Riel]. Riel alla avertir Scott qui lui répondit en ricanant : Les Métis sont une bande de lâches ; je les défie de me tirer. »

Le 3 mars, une cour martiale, composée d'Ambroise-Dydime Lépine, André Nault, Elzéar Lagimodière, Elzéar Goulet, Baptiste Lépine et Joseph Nolin, entend des témoignages assermentés concernant la conduite de Scott. Le verdict est que le prisonnier soit fusillé le lendemain à dix heures. Le ministre méthodiste George Young intervient pour tenter de sauver son coreligionnaire. L'exécution est retardée à midi. Riel résiste aux pressions exercées sur lui. « Si je lui accorde la liberté, avant quinze jours, ce ne sera pas une vie, mais plusieurs vies qui seront sacrifiées, puisqu'il est déterminé à conspirer de nouveau contre le gouvernement provisoire, dès qu'il sera libre. » Dans un document qu'il rédigera en 1872, Riel ajoutera : « Les complications des affaires publiques de la Rivière-Rouge rendirent sa mort inévitable. »

En Ontario, bien plus que dans la région de la Rivière-Rouge, la mort de Scott, que l'on appelle un meurtre de sang-froid, soulève un tollé. On veut que cette exécution soit vengée. La tension entre francophones et anglophones augmente considérablement. Le cri de « Remember Scott » remplace celui de « Remember Weir », lancé en 1837.

L'historien Mason Wade justifie en quelque sorte le bien-fondé de la décision de la cour martiale du gouvernement provisoire, lorsqu'il écrit : « La mort de Scott fut appelée meurtre judiciaire, mais elle paraît plutôt avoir été une exécution de justice locale, dans la tradition de l'Ouest où le peuple se chargeait habituellement de l'application de la loi, en l'absence d'institutions établies pour maintenir l'ordre. »

L'historien Stanley n'est pas du même avis. « L'exécution de Scott, affirme-t-il, fut un acte politique et, en tant que tel, ce fut une bévue politique. [...] Au cours des années qui suivirent, aussi bien Scott que Riel ont cessé d'être des hommes, des êtres humains avec leur fragilité humaine ; ils sont devenus des symboles politiques, des slogans politiques, autour desquels des hommes se sont ralliés et pour lesquels ils discutent et combattent avec une bien mince connaissance des forces et des faiblesses de ces hommes dont ils se renvoient les noms. » C'est pour cette infortunée erreur de jugement, ajoute-t-il, que Riel a quitté le chemin de la gloire pour prendre plus tard celui du gibet !

Camp de volontaires à Holbrooke en 1870

# OUEST ET USA
# 1870-1871

QUELQUES JOURS APRÈS ÊTRE RENTRÉ À SAINT-BONIFACE, l'évêque Taché demande à l'abbé L.-R. Giroux, qui agit en quelque sorte comme aumônier des troupes de Riel, de quitter le fort Garry. Le président du gouvernement provisoire ne sait toujours pas s'il peut compter sur la sympathie du chef religieux. Le 15 mars 1870, Taché rencontre les délégués francophones et anglophones. Dans son allocution de bienvenue, le secrétaire Thom Dunn invite ses compatriotes métis à la prudence : « Nous avons déjà reçu trois commissaires envoyés par le gouvernement canadien, aujourd'hui, il en arrive un quatrième dans la personne de monseigneur Taché, évêque de Saint-Boniface. Je n'ai aucun doute que vous allez donner à ses paroles une haute attention. Pour ma part, je désire sincèrement que Sa Grandeur soit porteur de pouvoirs assez étendus pour répondre à tous nos besoins. Mais nous avons besoin d'être sur nos gardes, car nous ne savons pas quels sont ces pouvoirs et nous ne devons pas nous jeter aveuglément dans les mains de n'importe quel commissaire. Marchons avec prudence. Voilà ce que je vous recommande. »

Selon le témoin Georges Dugas, l'évêque de Saint-Boniface évite de se compromettre : « Il déclare à l'assemblée qu'il n'était pas commissaire officiel, mais seulement chargé de faire connaître les dispositions du gouvernement canadien à l'égard du peuple de la Rivière-Rouge ; il dit que les ministres à Ottawa avaient hautement blâmé la conduite et les procédés de McDougall et que désormais les droits des habitants de la Rivière-Rouge seraient protégés. »

Comme c'est à Ottawa que doivent s'établir les structures du gouvernement de la nouvelle province, les trois délégués du gouvernement provisoire reçoivent donc mission de se rendre dans la capitale canadienne. L'abbé Noël-Joseph Ritchot et Alfred Scott quittent la Rivière-Rouge le 24 mars et le juge John Black les suit le 26. Deux semaines plus tard, soit le 12 avril, un premier délégué rencontre le ministre George-Étienne Cartier.

Il causa assez longtemps avec nous, note Ritchot dans son journal, et nous dit que toutes nos affaires s'arrangeraient bien ; qu'eux, hommes du gouvernement, ne feraient pas attention aux criailleries d'une certaine classe d'hommes qui ne cherchaient qu'à créer du trouble au gouvernement, qu'ils regrettaient l'exécution du nommé Scott, si toutefois elle avait eu lieu, à cause de l'excitation qu'elle avait produite dans les esprits, mais que ce ne serait pas une raison pour le gouvernement de ne pas profiter des moyens de pacification qu'ils trouvaient dans la personne des délégués du Nord-Ouest, qu'il espérait que cette excitation se calmerait bientôt et qu'il pourrait traiter avec nous aussitôt que M. Black serait arrivé. Il me pria de revenir le lendemain à la même heure lui introduire M. Scott, l'autre délégué arrivé avec moi. Il me pria en même temps de laisser un peu calmer les esprits avant d'entrer en arrangement, en m'assurant que le gouvernement était content de voir arriver les délégués et qu'il était prêt à les entendre et à leur rendre justice.

Effectivement, les esprits de quelques anglophones de l'Ontario sont plus que surchauffés. Le frère de Thomas Scott fait émettre, à Toronto, des mandats d'arrestation contre les délégués pour participation au meurtre du fort Garry. Vers les vingt-deux heures, le 12 avril, Alfred Scott est mis aux arrêts à Ottawa et, le lendemain, Ritchot se rend de lui-même chez le magistrat. Une foule importante se presse autour du Palais de justice. « De la cour, raconte l'abbé, on nous mena à la maison de police. Après certaines formalités, on nous renvoya à nos logis respectifs, mais sous la garde d'un homme de police et ce pour comparaître de nouveau le lendemain, à une heure de l'après-midi. » Lors de cette nouvelle comparution, le juge renvoie la cause, car le magistrat de Toronto n'avait pas juridiction sur les délégués. Mais un nouveau mandat est aussitôt émis par un magistrat d'Ottawa, de sorte que Scott et Ritchot doivent à nouveau faire face à la justice. Ritchot s'adresse au gouverneur général lui demandant de faire cesser les poursuites et le samedi 23 avril, les délégués, libérés sous caution, rencontrent le premier ministre du Canada. Le même jour, devant le juge O'Gara, « l'avocat du demandeur annonça qu'il retirait sa poursuite, n'ayant pas de preuves contre nous. Le magistrat déclara donc que nous étions libres. En sortant, nous trouvâmes à la porte une foule de Canadiens français et un grand nombre d'Irlandais, un très grand nombre de membres des chambres et les principaux citoyens de la ville. Tous nous félicitèrent, se réjouirent et voulurent faire des démonstrations. »

Du 25 avril au 6 mai, de nombreuses rencontres ont lieu entre les délégués, le premier ministre Macdonald, le ministre Cartier et parfois le gouverneur général, le baron Lisgar. Le mandat des délégués avait été précisé dans une lettre du secrétaire d'État du gouvernement provisoire, datée du 22 mars : « J'ai à vous dire que vous n'êtes pas autorisés à conclure un arrangement final et que les négociations entre les deux gouvernements auront besoin d'être ratifiées par le gouvernement provisoire. » Les négociations, d'ailleurs, ne doivent porter que sur les articles faisant partie de la liste des droits.

Plusieurs fois, la discussion s'engage sur la question de l'amnistie et sur celle du partage d'une certaine quantité de terres entre les Métis. Le 25 avril, les délégués font remarquer au premier ministre « que l'amnistie générale est une condition *sine qua non* de nos arrangements ». Le 3 mai, le gouverneur général se prononce sur cette question d'amnistie.

Son Excellence, note Ritchot, me dit [...] qu'en effet il y aurait une proclamation générale d'amnistie, que Sa Majesté ne demandait pas mieux que de rétablir la paix dans ses États, que sir Clinton Murdock, délégué spécial de Sa Majesté pour l'aider à régler ces questions difficiles connaissait parfaitement l'intention de Sa Majesté à ce sujet. Alors sir Clinton Murdock nous dit que le gouvernement de Sa Majesté ne désirait qu'une chose, c'était de rétablir la paix et de passer l'éponge sur tous les faits et actes illégaux qui avaient eu lieu dans le Nord-Ouest de ses territoires. Nous lui observons de nouveau que nous n'avons rien d'écrit sur ce sujet si important et qu'il semble nécessaire d'en avoir. Il me répond que lorsqu'on a à traiter avec des hommes tels que ceux devant lesquels nous étions, il ne fallait pas mettre tous les points sur les « i », qu'il fallait leur laisser une certaine latitude, qu'il n'en serait que plus avantageux pour nous, etc. Je crus devoir me rendre à ces observations, mais j'observai que le peuple ne serait pas satisfait sans avoir quelques assurances à ce sujet. Son Excellence me dit que tout irait bien, que les habitants du Nord-Ouest pouvaient se rassurer, que personne ne serait troublé.

Pendant qu'à Ottawa se joue l'avenir de la colonie de la Rivière-Rouge, la situation évolue rapidement au fort Garry. Le 9 avril, Riel signe une proclamation concernant le maintien de l'ordre et la protection publique.

Aujourd'hui, stipule le texte, le gouvernement oublie toutes les divergences de politique et il accorde amnistie complète à tous ceux qui veulent obéir à l'autorité reconnue. À partir de ce jour, les routes publiques seront ouvertes à tous ; la Compagnie de la Baie d'Hudson va reprendre le cours de ses affaires et elle contribuera au bien public en mettant ses billets en circulation comme par le passé, à la valeur de l'or. C'est à quoi elle s'engage aujourd'hui même. Pour prévenir le renouvellement des calamités par lesquelles nous avons passé, le gouvernement traitera avec sévérité tous ceux qui oseront compromettre la sécurité publique. Il est temps d'agir contre le désordre, tant des partis que des individus. Mais espérons plutôt qu'à l'avenir toute mesure de rigueur ne sera plus nécessaire ; les leçons du passé devront nous servir.

Le 20 avril, à la suggestion de Taché, Riel ordonne de remplacer au mât principal du fort Garry l'emblème du gouvernement provisoire, la fleur de lys et le trèfle irlandais, par l'*Union Jack*. William Bernard O'Donoghue, trésorier du gouvernement provisoire, ne prise pas cette décision et veut que l'on arbore à nouveau « son » drapeau. Riel enjoint André Nault de se tenir au pied du mât et de tirer sur le premier qui voudrait toucher à l'*Union Jack*.

## Une province nommée Manitoba

La Chambre des communes du Canada commence à étudier, le 2 mai 1870, un projet de loi « ayant pour objet d'établir et de constituer le gouvernement de la province de Manitoba ». Cartier précise certains points de la législation soumise à l'approbation des députés. « Manitoba, dit-il, est la clé des Territoires du Nord-Ouest ; il restera en dehors de ses frontières de vastes contrées où l'on pourra créer plus tard des provinces et il importe que son mécanisme politique soit aussi parfait que possible. Le nom indien qu'on lui a donné et qui est très euphonique veut dire *Le Dieu qui parle*. Eh bien, que la nouvelle province — le Territoire est inconnu sous la constitution anglaise — parle toujours à tous les habitants du Nord-Ouest le même langage de la raison, de la vérité et de la justice. » L'orateur aborde ensuite la question des 1 200 000 acres de terre réclamées par les Métis : « Ces 1 200 000 acres ne seront pas traitées comme les réserves indiennes ; elles seront réparties entre les chefs de familles qui pourront ainsi établir leurs enfants. Nous concéderons les autres terres à ceux qui viendront coloniser le pays. » Au député de Joliette, François-Benjamin Godin, qui lui demande si la nouvelle constitution sera « soumise à la ratification des habitants du Nord-Ouest », Cartier répond par la négative.

Le débat se poursuit jusqu'au 10 mai. Les discussions sont parfois violentes. Quelques représentants de l'Ontario ne prisent pas le fait que la nouvelle province ait une certaine structure bilingue. « Quand Riel et Mgr Taché ont voulu créer un État biculturel sur la rivière Rouge, écrivent les historiens Jean et Marcel Hamelin et John Huot, les Ontariens se sont raidis devant le spectre d'un Ontario coincé entre deux Québec. »

Sous les applaudissements ironiques de quelques députés, lors de la séance du 9 mai au soir, Cartier revient sur la question de la « rébellion » :

> Je n'approuve pas ce qu'ont fait les habitants du Nord-Ouest, pas plus que je n'aime à les entendre qualifier sans cesse de rebelles et d'insurgés. Quoi ! rebelles ? mais quand donc ont-ils voulu se soustraire à la souveraineté de la Reine ? Je ne doute pas que leur résistance n'ait été préméditée, mais l'autorité canadienne n'existait pas encore là-bas ; la résistance n'a pas eu d'autre effet que de nous empêcher d'exercer le pouvoir créé par l'Acte que voilà. Je ne m'arrêterai pas sur les troubles qui ont eu lieu dans le Territoire. Il vaut mieux en effacer toute trace par des mesures libérales. La population là-bas est éclairée, et la conférence de la Rivière-Rouge, qui a adopté la Déclaration des Droits, ne souffrirait pas trop, je crois, d'une comparaison avec celle qui s'est tenue il y a quelques années à Québec.

Le projet de loi, adopté le 10 mai, reçoit la sanction royale deux jours plus tard. Les articles 22 et 23 concernent l'éducation et la langue ; leur contenu se rapproche de celui des articles du British North America Act de 1867 sur les mêmes sujets :

> 22. Dans la province, la Législature pourra exclusivement décréter des lois relatives à l'éducation, sujettes et conformes aux dispositions suivantes : (1) Rien dans ces lois ne devra préjudicier à aucun droit ou privilège conféré, lors de l'union, par la loi ou par la coutume à aucune classe particulière de personnes dans la province, relativement aux écoles séparées. (2) Il pourra être interjeté appel au gouverneur général en conseil de tout acte ou décision de la Législature de la province ou de toute autorité provinciale affectant quelqu'un des droits ou privilèges de la minorité protestante ou catholique romaine des sujets de Sa Majesté relativement à l'éducation. (3) Dans le cas où il ne serait pas décrété telle loi provinciale que, de temps à autre, le gouverneur général en conseil jugera nécessaire pour donner suite et exécution aux dispositions de la présente section, — ou dans le cas où quelque décision du gouverneur général en conseil, sur appel interjeté en vertu de cette section, ne serait pas dûment mise à exécution par l'autorité provinciale compétente — alors et en tout tel cas, et en tant seulement que les circonstances

de chaque cas l'exigeront, le Parlement du Canada pourra décréter des lois propres à y remédier pour donner suite et exécution aux dispositions de la présente section, ainsi qu'à toute décision rendue par le gouverneur général en conseil sous l'autorité de la même section. 23. L'usage de la langue française ou de la langue anglaise sera facultatif dans les débats des Chambres de la Législature ; mais dans la rédaction des archives, procès-verbaux et journaux respectifs de ces chambres, l'usage de ces deux langues sera obligatoire ; et dans toute plaidoirie ou pièce de procédure par-devant les tribunaux ou émanant des tribunaux du Canada, qui sont établis sous l'autorité de l'Acte de l'Amérique Britannique du Nord, 1867, et par-devant tous les tribunaux de la province, il pourra être également fait usage, à faculté, de l'une ou l'autre de ces langues. Les actes de la Législature seront imprimés dans ces deux langues.

Tout comme pour la province de Québec, la Législature du Manitoba se composera d'un Conseil législatif et d'une Assemblée législative et ce, en raison de son caractère biethnique. Le 24 juin, les membres du gouvernement provisoire votent en faveur de l'acceptation de la loi votée à Ottawa et, le 29 juin 1871, le Parlement britannique modifie la loi de 1867 pour inclure le Manitoba dans la liste des provinces formant la Puissance du Canada.

## Armée et amnistie

Dans son discours de prorogation de la session, le 12 mai, le gouverneur général parle de l'envoi de troupes au Manitoba pour maintenir la paix et protéger les Métis contre les dangers que de nouveaux immigrants pourraient leur faire courir. Quelques-uns soupçonnent déjà le gouvernement fédéral d'organiser une expédition militaire pour mater et punir Riel et ses hommes. Le danger est d'autant plus grand que les délégués du gouvernement provisoire reviennent au fort Garry le 17 juin sans avoir réussi à faire signer quelque déclaration que ce soit à ce sujet. Avant leur départ d'Ottawa, Cartier avait suggéré de faire appel à la reine pour bénéficier de la clémence royale, mais les ministres canadiens ne veulent pas porter sur leurs épaules le poids de l'amnistie, sachant fort bien que les anglophones de l'Ontario ne leur pardonneraient jamais un tel geste.

> Il est évident — et pour cela nous pouvons nous en rapporter au témoignage de Macdonald lui-même — écrit l'historien Stanley, que la question de l'amnistie de Riel ne fut le jouet que de considérations politiques. Macdonald ne s'opposait pas à une amnistie à l'égard des Métis. Il tenait cependant à conserver des votes. Dans son témoignage au Comité d'enquête sur les causes des troubles du Nord-Ouest, Macdonald dit : « Je sentais que si le gouvernement britannique accordait une amnistie, qu'elle serait loyalement acceptée par la population, tandis que si le gouvernement canadien prenait la responsabilité de la demande, que cet acte serait vu d'un très mauvais œil par la population, en tout cas, celle de l'Ontario. »

Le Manitoba doit entrer officiellement dans la Confédération le 15 juillet et Adams George Archibald doit y occuper le poste de lieutenant-gouverneur. Dès le début de mai, le colonel Garnet J. Wolseley, officier de l'état-major de l'armée britannique, s'affaire à organiser un corps expéditionnaire. « La force, écrit l'historien Stanley, est formée de détachements de la Royal Artillery, des Royals Engineers et d'autres services, de 373 hommes et officiers du 60th Rifles, ainsi que de deux bataillons de milice, venant de l'Ontario (382 hommes) et du Québec (389 hommes). En outre, un grand nombre de conducteurs, de guides et de voyageurs, dirigés par S. J. Dawson, sont présents afin d'aider au déplacement jusqu'à la Rivière-Rouge. » Le bataillon de miliciens québécois est sous le commandement du lieutenant-colonel Louis Casault. Le 25 mai, cette petite armée débarque à Prince Arthur's Landing, sur les bords du lac Supérieur. Il lui faudra encore quelques mois avant d'atteindre la Rivière-Rouge. À ce dernier endroit, on connaît, grâce au télégraphe de Saint-Paul au Minnesota, la venue des troupes. L'inquiétude commence à gagner quelques Métis. Certains songent à résister. D'autres comptent sur l'appui d'Américains ou de Féniens. Sachant qu'une « amnistie de bouche n'était pas une amnistie écrite », l'évêque Taché devine que la position de Riel et de ses hommes est de plus en plus précaire. Le 9 juin, il écrit au secrétaire d'État Joseph Howe : « J'ai solennellement donné ma parole d'honneur et j'ai aussi fait la promesse au nom du gouvernement du Canada que les troupes seraient envoyées en mission de paix ; que les troubles du passé seraient totalement ignorés ou oubliés ; que personne ne serait troublé, même s'ils ont été chef ou membre du gouvernement provisoire ou pour avoir agi sous sa direction. En un mot, c'est une amnistie complète et entière (si elle n'a pas encore été décrétée) qui serait certainement accordée avant l'arrivée des troupes, de sorte que tous devraient demeurer calmes et s'avertir les uns les autres de faire de même. »

Le contenu de certains articles de journaux de Toronto est propre à augmenter les appréhensions. Sur les murs de la capitale de l'Ontario, on peut lire des placards appelant à la vengeance : « Les rebelles français dirigeront-ils notre Dominion ? », « Orangistes, avez-vous déjà oublié le frère Scott ? », « Hommes de l'Ontario, le sang de Scott criera-t-il en vain vengeance ? », etc.

L'avocat Joseph Dubuc, originaire de Sainte-Martine dans le comté de Châteauguay, venait d'arriver au fort Garry en même temps que l'abbé Ritchot, répondant ainsi à une invitation de son confrère Riel. Dans une lettre à la *Minerve* rédigée le 2 juillet, il décrit le climat régnant chez les Métis :

> Dans le *Daily Telegraph* du 10 juin, que j'ai sous la main, je lis que Riel a annoncé au peuple que l'expédition faisait volte-face et retournait au Canada. Pourquoi ne pas ajouter qu'il leur a promis de faire rebrousser chemin au soleil, afin de plonger les troupes dans d'épaisses ténèbres ? Ce serait tout aussi vrai. [...] Le même journal contient plusieurs autres énoncés également véridiques sur Riel et Mgr Taché. Voilà la bonne foi de ces soi-disant loyaux pur sang. D'où leur vient cette rage de mentir ? Que veulent-ils ? Ah ! on comprend leur but. Ils voulaient faire de cette colonie une annexe d'Ontario et s'emparer du pays au détriment des Métis. On sait bien que ce n'était pas l'intention du gouvernement canadien ; mais les honnêtes orangistes de Toronto voulaient en venir là. Leur fureur vient de leur désappointement. [...] Ce qui fait surtout monter la bile du *Telegraph* et du *Globe*, c'est l'amnistie. Comment ! on ne tuera personne ! On dirait qu'il leur faut une hécatombe humaine. Ils ont soif du sang de Riel et des principaux de la colonie. Une bouchée de Monseigneur Taché leur serait délicieuse. Modérez vos transports, messieurs. L'Angleterre qui aime et protège ses sujets ne cédera pas à vos

suggestions sanguinaires. L'amnistie viendra. Elle viendra à temps ; et, en dépit de vos machinations pernicieuses, la paix et la concorde régneront dans le pays. La population métisse catholique de la Rivière-Rouge demeurera fidèle et loyale à l'Angleterre. D'ailleurs, elle n'a jamais eu l'intention de se soustraire à l'allégeance britannique. Elle voulait entrer dans la Confédération avec les mêmes droits que les autres sujets anglais, et non pour y venir muselée et servante, sinon esclave, d'une autre province de la Puissance. Direz-vous que ses prétentions étaient injustes ?

Décidé à clarifier la situation, Taché quitte Saint-Boniface le 27 juin pour se rendre à Ottawa. Dès son arrivée dans la capitale, il rencontre Cartier et part avec lui pour Niagara où séjourne le gouverneur général. À Kingston, on apprend qu'une manifestation se prépare pour dénoncer la présence de Cartier et du « traître » Taché. Ce dernier réussit quand même à rencontrer le représentant de la reine à Niagara. Il racontera plus tard à Georges Dugas ce qui se passa alors : « Ne pouvant éviter une entrevue avec l'évêque qui l'avait cherché jusque-là, il lui dit en l'apercevant : "Je ne veux pas vous voir" ; et des deux mains, il faisait le geste pour repousser Mgr Taché. » Déçu, l'évêque de Saint-Boniface décide de retourner chez lui. « Mgr Taché, écrit Langevin à son frère le 14 août, était à Toronto mercredi [le 10], je crois, et s'en allait au Nord-Ouest. Il part triste, ne pouvant pas savoir s'il y aura amnistie ou non. Le fait est qu'il serait bien désirable que Riel allât pendant quelques mois voyager aux États-Unis ; il permettrait ainsi aux passions de se calmer. »

## Que faire ?

Lorsqu'il rencontre Riel, le 23 août au matin, Taché affirme que les troupes ont une mission toute pacifique et qu'elles n'arriveraient pas avant quinze jours. « Monseigneur, lui répond Riel, on vous a trompé du commencement à la fin ; les soldats sont ici tout près ; on veut nous surprendre et pour cela toutes les issues sont fermées ; les éclaireurs qu'on envoie de ce côté sont gardés prisonniers. » « Retournant au fort, écrira Riel plus tard, un autre détective m'attendait pour me dire que les troupes viendraient s'arrêter ce soir-là à la Grenouillère. Je pressai notre monde de sauver le plus que nous pourrions de ce qui nous appartenait dans le fort ; depuis deux semaines, je m'étais occupé de cette chose-là, mais l'idée d'O'Donoghue de résister aux troupes paralysait mes mesures de précautions. » Le soir, le Conseil se réunit pour décider des dernières mesures à prendre.

Riel avait déjà songé à demeurer dans le fort pour accueillir les troupes, alors que O'Donoghue, « avec la majorité des représentants français », voulait résister par les armes.

Moi, j'avais une autre pensée, écrira plus tard Riel ; celle de réunir au fort Garry tous les Métis qui avaient servi le gouvernement provisoire, les placer sur la côte sud de l'Assiniboine et ouest de la rivière Rouge, prêts à saluer les troupes par un feu de joie, tandis que moi, avec quatre-vingts ou cent hommes de garde, me tiendrais à la porte sud du fort Garry. Ayant envoyé des hommes marquants du pays au-devant du commandant, lui dire que le fort était libre, et inoccupé pour recevoir le représentant de la reine, j'eusse attendu pour me retirer avec les Métis que les troupes eussent pris possession du fort ; une petite minorité hésitait si elle adopterait le plan, mais les autres n'en voulurent pas.

Le 24 août au matin, alors qu'il pleut à verse, un colon anglais avertit Riel de l'arrivée imminente de Wolseley. Selon le témoignage de Riel, lors de son procès en 1885, l'officier entrait au fort Garry par une porte alors que le chef métis en sortait par une autre. « Je restai en vue, ajoute Riel, j'étais petit, je ne voulais pas être dans son chemin. Mais comme je savais qu'il avait de bons yeux, je me suis dit : Je vais rester à une distance où je pourrai être vu et s'il veut m'avoir il pourra venir : un général sait très bien où est son ennemi ou il devrait savoir... Je me tenais à environ trois cents verges en avant de lui. Tandis qu'il disait que les bandits de Riel avaient pris la fuite, Riel était bien près de lui. »

En passant à Saint-Boniface, Riel s'arrête à l'évêché, le temps de dire à Taché : « Venez voir, monseigneur, les soldats qui arrivent au fort ; le croyez-vous maintenant ? Il ne me reste plus qu'à monter à cheval et m'enfuir de l'autre côté des frontières. »

Sur le chemin de Pembina, l'ex-président du gouvernement provisoire déclare aux deux Métis qui l'accompagnent : « N'importe ce qui arrivera maintenant : les droits des Métis sont assurés par le Bill du Manitoba ; c'est ce que j'ai voulu. Ma mission est finie. »

## Début de la vengeance

Dans son autobiographie, Wolseley regrette de n'avoir pu s'emparer de Riel les armes à la main, car alors il aurait pu le pendre sur-le-champ. Dès le lendemain de son entrée au fort Garry, le militaire émet une proclamation à l'intention de ses soldats où il ne ménage pas les injures : « Bien que les bandits qui opprimaient ce peuple se soient enfuis à votre approche sans vous fournir l'occasion de montrer comment des hommes capables de faire un pareil ouvrage pouvaient combattre, vous avez mérité autant de votre pays que si vous aviez gagné une bataille. »

Heureusement que la mission du corps expéditionnaire n'était que pacifique !

Le lieutenant-gouverneur Archibald prend possession de son poste le 2 septembre et les élections fédérales sont fixées en décembre.

Parmi les militaires cantonnés au fort Garry se trouvent des miliciens en provenance de l'Ontario qui rêvent encore d'exercer leur vengeance, en particulier contre tous ceux qui ont trempé de près ou de loin dans l'exécution de Scott.

Le 13 septembre, Elzéar Goulet, l'un des membres de la cour martiale qui avait décrété l'exécution de Scott, marche dans Winnipeg. Reconnu par quelques soldats, il est aussitôt poursuivi. Pour échapper aux pierres qu'ils font pleuvoir sur lui, Goulet plonge dans la rivière Rouge et se noie. Aucune accusation ne sera portée contre les militaires responsables de sa mort. Dans sa biographie de Louis Riel, l'historien Stanley relève d'autres exemples de vengeance : François Guillemette, qui avait administré le coup de grâce à Scott, est assassiné près de Pembina ; Bob O'Lone, le copropriétaire du Red Saloon où se réunissaient souvent des membres du gouvernement provisoire, est tué lors d'une querelle dans l'établissement ; James Tanner meurt à la suite de l'emballement de ses chevaux causé par un objet lancé par des inconnus.

André Nault, qui avait présidé à l'exécution de Scott, n'échappe pas, lui non plus, à la vague vengeresse.

Ayant été vers le 15 février 1871 accompagner madame Riel qui voulait soigner son fils Louis, malade à Saint-Joseph, États-Unis, non loin de la frontière internationale, raconte l'historien Adrien-Gabriel Morice, André Nault s'arrêta en revenant de chez l'exilé à une pension tout près de cette frontière mais du côté anglais. Là, il trouva un soldat qui, ayant entendu un Métis l'appeler *Mon capitaine*, s'informa de son nom et courut avertir d'autres troupiers qui rôdaient dans les environs. L'hôtelier le pressa alors de regagner au plus tôt le territoire américain, ce que Nault fit, mais non sans avoir eu à repousser par des menaces ou par la force plusieurs soldats qui voulaient l'arrêter. Arrivé tout essoufflé au poteau délimitateur, il s'y reposa en s'y appuyant du côté américain, où il se croyait désormais à l'abri de toute attaque de la part des représentants de l'autorité canadienne. Mais une quinzaine de volontaires l'y assaillirent à la fois et l'un deux lui donna un coup de baïonnette sur la tête qui le fit affaisser. Laissé pour mort par les Ontariens, il parvint quelque temps après à se traîner chez un Métis qui en prit soin pendant une semaine.

Riel est également visé par le courroux des partisans de Scott, d'autant plus que le gouvernement de la province de l'Ontario a offert la récompense de 5000 $ à qui arrêterait Riel et ses associés ; une belle fortune qui pourrait exciter plus d'un chasseur de prime...

La paix revient au Manitoba, même si tous les problèmes n'y sont pas réglés. Selon l'historien Stanley, « sir John Macdonald peut être considéré à bon droit comme la personnification du mal dans cette histoire ». Selon le spécialiste des questions militaires et de Riel, la raison en est bien simple : le premier ministre du Canada n'a jamais cru que les Métis formaient un peuple.

Macdonald, ajoute-t-il, commit une faute en ne faisant pas la différence entre les droits de l'individu et les droits d'une collectivité. Il était plus ou moins prêt au printemps de 1870 à faire des concessions à certaines familles de Métis, à leur donner des terres ou certaines valeurs pour satisfaire à leurs demandes. Mais Macdonald ne pouvait comprendre que les Métis fussent plus qu'un groupe d'individus, qu'ils formaient déjà un petit peuple, qu'ils étaient en fait exactement ce qu'ils avaient pris l'habitude de s'appeler, la Nouvelle Nation, avec leurs aspirations nationales propres, et la détermination de survivre en dépit du nouvel ordre économique et politique qui venait les atteindre. Comme leader politique, Macdonald était un politicien pratique, tout le contraire du rêveur ou du romantique. Il savait comment aborder les problèmes concrets, mais avait moins d'habileté quand il s'agissait de principes ou d'abstractions politiques. Et le concept du Métis comme nation, ne fut pour lui que pure abstraction. Il ne crut jamais en la Nouvelle Nation, tout simplement parce qu'il n'y comprit jamais rien. Et il n'y comprit jamais rien parce qu'il ne put s'imaginer qu'un groupe d'individus au sang mêlé pouvait avoir le sens de la collectivité, de la race, de la nation.

## Plus à l'Ouest, encore

L'achat des Territoires du Nord-Ouest et l'organisation de la province du Manitoba laissent directement à l'administration fédérale les régions situées entre les frontières de la nouvelle province et celles de la colonie de la Colombie britannique rattachée à l'Angleterre.

La métropole commence à trouver que sa colonie située sur la côte de l'océan Pacifique coûte cher, car la dette brute de la Colombie britannique à la fin de 1869 est de 43,62 $ *per capita*, alors que le Canada, lors de son entrée dans la Confédération, n'avait qu'une dette de 30,13 $. Bien plus, alors que dans les provinces on dépense par tête environ 4,57 $, l'administration de la colonie de l'Ouest coûte 15 $. Voilà autant de raisons qui justifient la nomination, le 17 juin 1869, d'un gouverneur proconfédération à Victoria, Anthony Musgrave. Quelques mois plus tard, des loyaux sujets présentent une requête à la reine demandant le rattachement de leur colonie au Canada.

> Vu que nous dépendons entièrement des parties voisines des États-Unis pour les choses nécessaires à la vie qui ne nous arrivent qu'en payant de lourds impôts, soulignent les pétitionnaires, tandis que, d'un autre côté, nos faibles exportations sont sujettes à des restrictions imposées par le tarif des États-Unis, qui équivalent presque à l'exclusion. [...] Que nous attendons en vain l'immigration d'Angleterre, attendu que nous sommes trop pauvres pour soutenir la concurrence avec les autres colonies, et aussi à cause de la grande distance de la colonie des centres commerciaux. [...] Que nous soumettons humblement à la considération de Votre Gracieuse Majesté, comme moyen de faire renaître la prospérité chez nous, ce qui suit : Que le gouvernement de Votre Majesté veuille bien nous exonérer immédiatement des dépenses nécessitées par un personnel trop nombreux d'officiers, aide à l'établissement d'une ligne de vapeurs anglaise avec Panama, afin que les émigrants de l'Angleterre puisse arriver jusqu'à nous, et enfin assume la dette de la colonie ou que Votre Majesté permette à la colonie de devenir partie des États-Unis.

Les pétitionnaires demandent aussi la construction d'une route par voie de terre reliant leur colonie au Canada.

Musgrave essaie d'influencer l'opinion publique en faveur d'un rattachement au Canada et il fait valoir les avantages économiques qui en résulteraient. Il écrit au gouverneur général du Canada, le 20 février 1870 : « Si l'on veut que l'union soit réelle et que la colonie y entre cordialement il sera nécessaire que la mesure qui accomplira cette union garantisse l'exécution d'améliorations locales. »

Des délégués se rendent à Ottawa pour tâcher d'établir un terrain d'entente. Le *Colonist*, un journal de Vancouver, prise assez peu ces démarches. « Laissons les délégués du gouverneur Musgrave, écrit-il dans son édition du 26 mai, dire aux autorités d'Ottawa que la Colombie anglaise n'est pas habile à se gouverner elle-même, s'ils l'osent ! Nous leur répondrons que, si la Colombie anglaise n'est point prête pour le self government, elle ne l'est pas davantage pour devenir province fédérale. »

En mars 1871, la Chambre des communes du Canada étudie un projet de loi prévoyant l'entrée de la Colombie britannique dans la Confédération. L'opposition au projet est forte, non seulement chez les libéraux, mais aussi chez quelques conservateurs. Cartier, qui mène les débats, a de la difficulté à faire passer la mesure. On soulève le fait que les subsides offerts sont trop élevés, que le chemin de fer projeté coûtera trop cher, etc. Antoine-Aimé Dorion souligne qu'il serait peut-être préférable de songer à agrandir le Canada du côté de l'océan Atlantique. « S'il faut étendre la Confédération, dit-il, faisons-le plutôt avec les 150 000 habitants de Terre-Neuve, les 100 000 de l'Île-du-Prince-Édouard, qui valent mieux que 10 000 Blancs de la Colombie britannique ; les premiers sont des hommes fixés au pays, tandis que les autres sont des aventuriers errants. [...] La construction du Pacifique est une absurdité commerciale et, avant de l'entreprendre, achevons les canaux, ce que nous avons promis du reste. »

Cartier ne l'entend pas ainsi. Participant activement au débat, il déclare le 28 mars :

> Cette jeune Confédération est sur le point de s'étendre sur toute la portion nord du continent. Et quand on considère qu'il a fallu à nos voisins soixante années pour atteindre le Pacifique, où trouver dans l'histoire du monde, rien de comparable à notre merveilleuse prospérité ? J'ai toujours prétendu qu'une nation, pour être grande, doit avoir une puissance maritime. [...]. Notre union avec les provinces du golfe nous a donné une marine à l'est, et maintenant notre union avec la Colombie britannique nous donnera une marine à l'ouest. Bientôt le voyageur anglais qui débarquera à Halifax pourra en cinq ou six jours traverser une moitié du continent habitée par des sujets britanniques. Il faut nous faire une juste idée de la grandeur de notre pays.

Les élans oratoires des ministériels ne peuvent convaincre tout le monde puisque le projet de loi n'est adopté qu'avec une majorité de 18 voix.

Dans la province de Québec, les journaux ministériels vantent les avantages de l'union de la Colombie britannique à la Confédération. Le *Canadien* et le *Montreal Herald*, entre autres dénoncent la mesure, insistant sur la composition ethnique de la population qui deviendra canadienne : « C'est pour une population de 16 000 Blancs, 1000 Chinois et 45 000 Métis que l'on veut construire un chemin de fer au Pacifique qui coûtera au moins vingt-cinq millions de louis », peut-on lire dans le journal publié à Québec. Le *Herald* n'est pas plus enthousiaste : « Les quelques milliers d'habitants de ce charmant pays, y compris les maraudeurs de la Californie, les Indiens et les Chinois idolâtres, vont tirer sur notre trésor et doubler notre dette actuelle. [...] L'entretien d'un tel veau sera très onéreux. » Car, en plus d'une subvention annuelle et de subventions *per capita*, le gouvernement fédéral s'était engagé à commencer deux ans plus tard et à terminer dans dix ans un chemin de fer reliant l'océan Pacifique au réseau ferroviaire canadien déjà existant.

La reine en conseil, lors d'une réunion à la cour de Windsor le 16 mai 1871, donne son accord à l'admission de la Colombie britannique dans la Confédération, ce qui a lieu le 20 juillet suivant. La veille, Edward Graham Alston, alors procureur général intérimaire de la colonie, écrivait : « Nous sommes un pays conquis et les Canucks en prennent possession demain ! »

*Même les Américains...*

L'annexion de la Colombie britannique au Canada augmente les difficultés existant déjà entre Ottawa et Washington. La propriété de l'île de San Juan et les frontières entre la nouvelle province et l'Alaska sont deux problèmes qui viennent s'ajouter à celui de l'indemnisation à verser pour la destruction du navire *Alabama*, lors de la guerre civile, et aussi à ceux résultant du non-renouvellement du Traité de réciprocité en 1866.

La situation européenne force l'Angleterre à se rapprocher des États-Unis et, en conséquence, à faire disparaître les questions litigieuses. La métropole nomme donc des commissaires chargés d'aller à Washington négocier une entente avec le gouvernement américain. Frederick Samuel Robinson, comte de Grey et de Ripon, agit comme chef de la délégation anglaise dont fait partie le premier ministre du Canada. Pour la première fois dans l'histoire des colonies anglaises de l'Amérique britannique du Nord, un colonial est appelé à agir comme représentant officiel du gouvernement anglais dans une négociation avec un pays étranger. Macdonald quitte Ottawa le 27 février 1871. Craignant que le premier ministre du Canada ne prenne avantage de sa mission, Robinson souligne, dès le début des négociations, que Macdonald ne représente aucunement le gouvernement canadien, mais bien celui de la Grande-Bretagne. Cela n'améliore pas la situation de Macdonald qui se rend compte que la mère patrie est prête à céder beaucoup sur la question des pêcheries au détriment de sa colonie, d'autant plus que les Américains réclament le droit de pêcher à l'intérieur des eaux côtières et ce, à perpétuité, moyennant une compensation monétaire. Les commissaires américains, dirigés par le secrétaire d'État Hamilton Fish, laissent sous-entendre que leurs compatriotes sont prêts à user de violence si ce droit ne leur est pas accordé. « C'était intolérable, écrit Macdonald à Cartier le 17 avril, que ces pêcheurs de la Nouvelle-Angleterre pussent dire qu'ils étaient résolus à pêcher dans nos eaux, qu'ils en eussent le droit ou non, et que, si la chose ne leur était pas permise, ils forceraient les deux nations à se battre entre elles ; et que nous devions sacrifier nos propriétés à cause de ces menaces. » Le 23 avril, Cartier, qui agit alors comme premier ministre intérimaire, répond à Macdonald :

> Nous nous rendons pleinement compte de la gravité de la situation et nous savons aussi quel profond intérêt le Canada doit porter au règlement des différends entre la Grande-Bretagne et les États-Unis. Le gouvernement impérial, s'étant formellement engagé à ne pas disposer de nos pêcheries sans notre consentement, ce serait de sa part un manque de parole et une indignité sans égal à l'égard d'une grande possession britannique que de vouloir disposer de ces pêcheries pour une somme devant être fixée par arbitrage et de décréter en outre la franchise du poisson. Les habitants du Canada sont prêts à échanger le droit de pêche pour des droits de commerce réciproques ; mais, advenant qu'ils ne puissent obtenir des droits de cette nature, ils préfèrent garder leurs pêcheries et ils doivent protester contre ce qui se passe actuellement à l'encontre de leur volonté, en ce qui concerne leurs droits et leurs biens. On ne nous a jamais dit que les pêcheries allaient se trouver mêlées inextricablement à la question de l'*Alabama*, et nous n'aurions jamais cru qu'une tentative serait faite pour nous forcer à disposer de nos pêcheries contre

notre gré afin d'obtenir certains résultats sur d'autres points en litige, si importants que puissent être ces résultats. Notre Parlement ne consentira jamais à accepter un traité reposant sur une semblable base, et si on insiste là-dessus vous devez vous retirer de la commission. Nous sommes pleinement d'accord avec vous au sujet de ce que vous avez dit à lord Grey.

Le texte de Cartier parvient trop tard à Macdonald, car le premier ministre de la Grande-Bretagne, William Ewart Gladstone, venait de télégraphier aux commissaires anglais « d'accepter un règlement des pêcheries côtières sur la base de la franchise du poisson et d'une compensation monétaire, dont le chiffre serait fixé par arbitrage, le tout restant sujet à ratification par le Canada ». Il est clair alors que les intérêts de l'Empire priment sur ceux de la colonie ! Un journaliste du *Journal de Québec* commentera dans l'édition du 11 mai : « Ce sera l'ancienne politique de la Grande-Bretagne se continuant dans ses tristes traditions, donnant toujours pour obtenir la paix, et nous sacrifiant toujours par crainte de conflits actuels ou possibles avec les États-Unis. » « Pour notre part, ajoute le même journaliste, nous protestons humblement, mais énergiquement contre une politique aussi suicide, que nous ne comprenons pas, à moins qu'elle ne veuille nous dire que ceux qui doivent bientôt faire partie d'un même peuple doivent, par avance, jouir des mêmes privilèges et absolument des mêmes droits. Mais, alors, pourquoi la réciprocité n'est-elle pas plus réelle et pourquoi sommes-nous seuls le sacrifice ? »

L'accord, qui prendra le nom de traité de Washington, est signé le 8 mai. Macdonald avait hésité avant d'apposer sa signature au bas du document, songeant même à rejeter l'entente. « C'eût été là pour moi la décision la plus aisée à prendre et celle aussi qui aurait le plus aidé à ma popularité, écrit-il à John Rose, et c'est bien ce que mes collègues à Ottawa m'engageaient à faire. Mais mon refus de signer aurait pu entraîner des conséquences si graves que je décidai finalement de faire le sacrifice d'une bonne partie de ma popularité et de la situation que j'occupais au Canada plutôt que de courir le risque de faire avorter complètement le traité. »

Le traité comprend 43 articles. Les Américains obtiennent le droit de pêcher à l'intérieur des eaux côtières canadiennes pour une période de douze ans, moyennant une indemnisation monétaire dont le montant sera fixé par une commission. En échange, les Canadiens reçoivent le droit d'exporter aux États-Unis sans droits de douanes certains produits comme le poisson et l'huile de poisson. Les navires américains obtiennent le libre accès au fleuve Saint-Laurent, aux canaux et aux Grands Lacs, à la condition de payer les mêmes droits que ceux imposés aux navires canadiens et britanniques. Par contre, les navires américains ne peuvent « faire du cabotage entre deux ports canadiens ». Comme le Canada sort légèrement désavantagé de l'entente, il obtient la permission de circuler librement sur le lac Michigan, ainsi que sur les rivières Yukon, Porcupine et Stikine, situées... en Alaska !

Quant à la possession de l'île de San Juan, elle sera déterminée par une commission. La question de l'*Alabama* demeure plus compliquée, car le montant des réclamations varie selon ceux qui se croient lésés. Charles Sumner, président du comité sénatorial américain pour les Affaires étrangères, évalue les pertes à deux milliards de dollars. En guise de compensation, il ne réclame rien de moins, pour son pays, que la cession de toutes les colonies anglaises de l'Amérique du Nord. Par ailleurs, des individus réclament aussi des sommes du gouvernement anglais pour les pertes personnelles qu'ils ont subies. Ainsi, selon le *Washington News*, le docteur J. C. Ayer et Cie, de Lowell, Massachusetts, se contenterait de la possession du Canada en guise de compensation pour la cargaison de médicaments détruite lors de la perte du navire !

Pour trancher la question, on fait appel à un tribunal d'arbitrage de Genève, en Suisse, qui décidera que la Grande-Bretagne devra verser aux États-Unis la somme de 15 500 000 $ en guise de compensation.

## Une vraie guigne !

Lors de son séjour à Washington, Macdonald aurait aimé négocier avec le gouvernement américain une indemnisation pour les pertes subies lors des différents raids des Féniens dont les bases d'opération étaient situées aux États-Unis. Pour éviter un nouvel affrontement, les représentants de la Grande-Bretagne décident de saisir leur propre gouvernement de l'affaire. Enfin, le 16 mars 1872, le gouvernement anglais, plutôt que de verser au Canada une compensation monétaire, accepte de garantir un prêt de 2 500 000 livres sterling pour la construction du chemin de fer transcontinental.

Les dernières manifestations du mouvement fénien ont eu lieu à la fin du printemps de 1870 dans la région de Frelighsburg et à l'automne de l'année suivante au Manitoba.

John O'Neill, qui commande les soldats irlandais désireux de s'emparer du Canada pour l'échanger avec l'Angleterre contre l'indépendance de l'Irlande, a fixé l'attaque au 24 mai, jour de la fête de la reine. « Profitant de ses expériences précédentes, écrit l'historien Stanley, O'Neill se livre à ses préparatifs dans le plus grand secret et il réussit à rassembler, en différents endroits, d'Ogdensburg à St. Albans, 15 000 équipements militaires et 3 000 000 de cartouches. Son quartier général est à Franklin [Vermont]. »

Avant même que les Féniens ne franchissent la frontière, les journaux de Montréal publient leur plan d'attaque ! On peut lire dans le *Pays* du 25 mai : « Voici quel est, d'après les mieux informés, le plan de la campagne que veulent entreprendre les Féniens. L'armée se partagera en trois divisions : l'une, avec deux pièces de campagne, marchera sur Saint-Jean ; une autre sur St. Albans et la troisième se portera du côté d'Ogdensburg. On parle aussi d'un autre mouvement qui serait dirigé sur le Niagara, mais l'impression générale est que, de ce côté, il n'y a pas de crainte sérieuse à avoir. »

Le mardi 24 mai, un détachement de volontaires, commandé par le lieutenant colonel W. Osborne Smith, quitte Montréal à bord d'un train spécial pour se rendre dans les Eastern Townships, le long de la frontière canado-américaine. Les deux bataillons du Grand Tronc font de même le 25 au matin. Dans toute la région montréalaise, les miliciens volontaires sont appelés sous les armes. Les troupes régulières effectuent le trajet entre Québec et la frontière à bord de seize wagons. Pendant ce temps, du côté américain, l'agitation est grande. À St. Albans, selon une dépêche télégraphique, « les convois ont amené à peu près 320 hommes » ; à Malone, plusieurs wagons chargés d'armes et de munitions arrivent pour être envoyés à divers endroits le long de la frontière. Chose surprenante, les troupes américaines n'ont pas encore bougé pour mettre fin à la menace d'invasion.

Par suite d'un manque d'organisation, l'attaque est fixée au mercredi 25 mai, au matin. Alors que ses hommes ne sont plus qu'à une vingtaine de mètres de la frontière, le « général » O'Neill leur adresse la parole : « Soldats de l'avant-garde de l'armée irlandaise de l'Amérique, qui vous êtes réunis pour délivrer l'Irlande du joug de ses oppresseurs, vous vous trouvez enfin en face de vos ennemis. Les yeux de vos compatriotes sont fixés sur vous ; souvenez-vous de la sainteté de la cause que vous défendez et marchez en avant ! »

O'Neill surveille ses troupes qui avancent en territoire canadien. Malheureusement pour lui, un incident imprévu vient mettre fin à sa participation à l'engagement qui va avoir lieu. « Le général Foster, qui avait sa voiture couverte à quelques pas de là, rapporte le *Pays* du 27, s'approcha du général O'Neill et l'arrêta. Le général se recula et dit qu'il ne se laisserait pas arrêter, qu'il avait du reste près de lui des forces pour le protéger. Le général Foster lui montra alors deux compagnies américaines qui se trouvaient près de là prêtes à lui prêter main-forte ; O'Neill se vit forcé de monter en voiture avec le général et à peine étaient-ils assis que le cocher lançant ses chevaux les éloigna en quelques instants du théâtre de l'engagement. Le général O'Neill avait été averti que le moindre cri lui coûterait la vie. » Accusé d'avoir violé les lois de la neutralité, l'Irlandais était conduit à Burlington pour y subir son procès.

Pendant ce temps, deux engagements se déroulent, le premier à Pigeon Hill et le second à Frelighsburg. Les Féniens sont repoussés sans trop de peine. Le moindre mouvement de troupe fait l'objet d'un télégramme. À Montréal, on s'agite et on s'inquiète. « Dans les rues commerçantes, du mouvement, du bruit, une certaine excitation plus grande qu'à l'ordinaire, écrit un journaliste. D'immenses pancartes sur lesquelles viennent s'inscrire presque minute par minute les dernières dépêches, s'étalent aux portes des bureaux de journaux où stationnent des groupes de lecteurs avides. Des nuées de jeunes garçons s'en vont colporter les numéros parus, criant à tue-tête : *The latest news of Fenians*. On s'aborde dans les rues, on s'interroge et l'on ne sait trop que penser. »

À partir du 28, les troupes régulières et plusieurs régiments de miliciens commencent à regagner soit leurs campements soit leurs domiciles. À Frelighsburg, on est aux aguets, car quelques centaines de Féniens sont toujours stationnés de l'autre côté de la frontière. À Malone, la loi martiale est en vigueur et il est interdit de vendre de l'alcool aux Féniens. Une nouvelle datée du 31 mai, en provenance de Saint-Armand, trace ce simple bilan de la situation : « Tout est calme ce matin ; on ne parle plus de Féniens. »

Un groupe de citoyens montréalais, parmi les plus influents, se réunit le 25 juin, tant pour blâmer la conduite du gouvernement américain lors de la dernière invasion que pour demander à l'Angleterre « ce qu'elle entend faire au sujet de la défense du pays ».

Parmi les résolutions, parfois adoptées dans le tumulte, la quatrième, présentée par Hugh Allan et appuyée par Peter Redpath, affirme :

Qu'il est du devoir du gouvernement du Canada d'en arriver à une explication sérieuse avec le gouvernement impérial pour savoir à quelles conditions et dans quelles limites la Puissance recevra dans l'avenir l'appui de l'Angleterre pour soutenir l'honneur du pavillon anglais et résister à l'invasion du territoire par les ennemis de l'empire ; et de demander des indemnités au gouvernement des États-Unis pour toutes les injures qui nous sont venues de leur territoire ; qu'en agissant ainsi notre gouvernement déclare la bonne volonté qui existe parmi la nation canadienne tout entière de remplir les obligations pécuniaires ou de toutes autres sortes, qui lui incombent par son union avec la mère patrie, obligations que le Canada désire voir longtemps maintenues ; et qu'on désirerait en même temps que toute tentative d'agression sur le sol de la Puissance soit aussi vivement ressentie par l'Angleterre que si elle était faite sur son propre territoire.

L'Angleterre attendra deux ans avant de donner suite à la demande des Canadiens. Entre-temps, John O'Neill, qui n'a pas abandonné ses rêves de conquête, décide d'appuyer W. B. O'Donoghue, l'ancien trésorier du gouvernement provisoire des Territoires du Nord-Ouest, dans sa tentative de s'emparer du Manitoba pour transformer cette province en République de la Terre de Rupert ou tout simplement en État américain. L'ancien chef des Métis compte sur l'appui de ces derniers pour réussir dans sa tentative.

L'évêque Taché fait appel à Louis Riel pour convaincre les Métis de demeurer fidèles au Canada et à l'Angleterre. Celui qui fut président du gouvernement provisoire revient donc en territoire canadien, même au risque d'être capturé, car sa tête est toujours mise à prix. Le 28 septembre, il réunit à Saint-Vital les principaux leaders métis de la région : Ambroise Lépine, Pierre Léveillé, Elzéar Lagimodière, J. R. Ritchot, Pierre Parenteau, Joseph Saint-Germain, André Nault, Baptiste Touron, Baptiste Beauchemin, Baptiste et Maxime Lépine. Quelques jours plus tard, O'Donoghue envoie un jeune messager invitant les leaders métis à se joindre à lui. Une nouvelle réunion a lieu à Saint-Vital les 5 et 6 octobre. On arrive à la conclusion que les Métis doivent se prononcer ouvertement en faveur du gouvernement. Le 7, Riel écrit personnellement au lieutenant-gouverneur Archibald « pour l'assurer de la loyauté des paroisses métisses ».

Riel continue donc à agir comme le vrai chef des Métis. Pour mieux défendre le territoire canadien contre les Féniens, il met sur pied une petite armée et va offrir ses services au lieutenant-gouverneur.

Le 8, après la messe, raconte Jean-Baptiste Proulx, missionnaire à Saint-Boniface, trois cents Métis, sous le commandement de Riel et de Lépine, se sont réunis à Saint-Boniface. Ils ont fait dire au gouverneur qu'ils voulaient le voir pour lui offrir leurs services. Le gouverneur n'osa pas les recevoir au fort. On dit qu'il craignait d'être fait prisonnier avec tous ses gens. Certainement, il n'était pas prudent de mettre cette masse d'hommes en contact avec les soldats. Demander seulement les chefs, ceux-ci n'auraient pas voulu venir ; ils auraient craint une trahison. Le gouverneur prit le parti de se transporter de l'autre côté de la rivière. Il donna la main à tout le monde ; Riel parla au nom de sa nation ; le gouverneur se montra satisfait et fit preuve dans ses paroles de beaucoup de prudence et de beaucoup de tact. Il partit au bruit d'une décharge d'artillerie, comme on en avait lâché à son arrivée. Les orangistes sont en feu. Ils disent que le gouverneur n'aurait pas dû même recevoir ces rebelles, bien loin d'aller au-devant d'eux. Les Métis jubilent ; tant que le gouverneur s'est cru maître de la situation, il n'a pas fait attention à nous, surtout à nos chefs ; maintenant qu'il a peur, il plie le jarret.

Après une courte incursion en territoire manitobain, O'Donoghue est fait prisonnier par deux Métis. Ainsi finit l'aventure fénienne.

Québec, à la fin du XIXᵉ siècle, est devenue une ville de second plan.

# Virage à droite
# 1870-1872

Lors de l'entrée en vigueur de la Confédération, en juillet 1867, certains journaux anglophones de Montréal avaient écrit que c'en était fait de la minorité protestante de la province de Québec, maintenant qu'on venait de la livrer pieds et poings liés à la majorité francophone. Le jour même de l'ouverture de la troisième session de la première Législature du Parlement de la province de Québec, le député de Montréal-Est parle du bon sort réservé à la minorité. L'intervention de George-Étienne Cartier est d'autant plus remarquée que sa présence à l'Assemblée législative se fait rare. On peut lire dans la *Minerve* du lendemain :

> Quand sir Georges s'est levé pour prendre la parole, un vif mouvement s'est produit dans l'enceinte délibérante et dans les galeries. Il y avait deux ans que sa voix n'avait pas retenti dans cette salle si habituée à sa parole énergique et incisive. C'est avec un indicible sentiment d'intérêt et d'émouvante attention que nous voyons le père de la Confédération en face de son œuvre, surveillant le fonctionnement de tous les rouages et esquissant à grands traits les principes de la politique, simplifiant, en quelques paroles claires et lucides, les explications et les détails, ayant des paroles d'encouragement pour tout le monde, déposant les armes offensives qui le rendent si formidable dans une autre Chambre pour devenir l'ami de tous et se montrer un guide sûr et éclairé et exercer une autorité toute paternelle au milieu des délibérations.

Cartier profite donc de son passage à Québec pour livrer son message de bonne entente.

> Maintenant, dit-il, je me permettrai cette hardiesse de dire que les catholiques canadiens-français ont toujours traité libéralement les autres croyances. Ce n'était pas une affaire de majorité ou de minorité : c'était une affaire de justice. Il ne

s'agissait pas de savoir qui serait le plus fort, mais qui serait le plus juste, en laissant chacun libre de rendre hommage comme il l'entendrait à la divinité. Je me rappelle que, dans le temps, un certain nombre de personnes disaient : « Pourquoi donner aux protestants du Bas-Canada des avantages que les protestants du Haut-Canada n'accordent pas aux catholiques. » À cela, je répondais : « Faisons le bien. Si c'est notre conviction qu'il faut accorder toute liberté religieuse à ces compatriotes, faisons-le. Ce sera aux autres à faire leur devoir comme nous. » Il fallait traiter les protestants avec la plus entière libéralité, afin que les catholiques pussent dire aux protestants : « Voilà ce que nous avons fait. » Au reste, chaque individu doit jouir, en pareille matière de la liberté d'action dans toute sa plénitude ; et en cela, les minorités doivent être assimilées aux individualités.

Pour Cartier, la différence est mince, bien mince, entre les francophones et les anglophones. Lors d'un banquet qui lui est offert, à lui ainsi qu'à Langevin, par les négociants de Québec, le 23 décembre 1869, il déclare : « Nous ne sommes plus des Français ici, mais bien des citoyens anglais parlant français. Qu'est-ce qui nous a conservés sujets anglais ? C'est cet esprit commercial qui a suivi l'armée anglaise et multiplié les liens d'intérêt entre nous et l'Angleterre. »

## La P. P.

Une des principales mesures de la session qui se termine le 1er février 1870 est « l'établissement d'un système général de police en cette province ». Le nouveau corps de police provincial « stationnera dans toutes les cités, villes et villages, à la discrétion du gouvernement. Les municipalités paieront une partie des dépenses et le gouvernement, l'autre. » Jusqu'ici, certaines villes possédaient leur propre corps de police et, en cas d'urgence, elles pouvaient faire appel soit à la milice, soit à l'armée régulière.

Le quart des effectifs de la nouvelle police provinciale fera le service à cheval. La loi stipule les exigences minimales requises pour devenir membre : « Nulle personne ne sera nommée sergent ou constable, si elle n'est d'un tempérament sain, et âgée de dix-huit ans et plus, mais au-dessous de quarante. Toutefois, les constables de la première classe pourront être nommés sergents, bien qu'ayant dépassé l'âge de quarante ans. Les sergents et les constables de la première classe devront savoir lire et écrire soit en anglais soit en français. » Quant à ceux de seconde classe, comme le fait remarquer le *Pays*, « ils peuvent être des ânes bâtés, cela n'empêchera point leur admission ».

La formule de serment indique quels seront les devoirs du policier : « Je, A.B., jure solennellement que j'accomplirai et accomplirai fidèlement, dignement et impartialement les devoirs et fonctions de... dans le corps de police de la Province de Québec, et que j'obéirai bien et fidèlement à tous les ordres légaux ou instructions légitimes que je recevrai comme tel, sans crainte, partialité ou affection de ou envers quelque personne ou parti que ce soit. »

Les villes de Montréal, Québec et Trois-Rivières manifestent le désir de conserver leur propre police locale et demandent en conséquence que leur territoire échappe au contrôle de la police provinciale.

Après huit mois d'existence, le « premier rapport sur l'état de la police provinciale de Québec » nous révèle que le corps comprend deux surintendants, dix-neuf sergents et cinquante-cinq agents. « Pour les ministériels, fait remarquer l'historien Marcel Hamelin, un corps de police provincial est nécessaire pour assurer la dignité du gouvernement qui ne peut continuer à se fier aux municipalités ou à la milice pour maintenir l'ordre et faire exécuter ses décisions. Ce corps de police pourra encore pallier l'inefficacité des polices locales souvent incompétentes, protéger les petites municipalités qui n'ont pas les moyens d'assurer l'ordre et surveiller les édifices publics. »

## Une sentence peu appréciée

Trois ans après l'entrée en vigueur de la nouvelle constitution, la question du partage des biens entre la province de Québec et celle de l'Ontario n'est pas encore réglée. Les arbitres ne réussissent pas à s'entendre. Ceux de l'Ontario suggèrent un partage de l'excédent de la dette du Canada-Uni en se basant sur la population des deux parties de la colonie établie d'après le recensement de 1861 ou « selon le rapport des sommes affectées à des fins locales ». Sentence est rendue par une partie du corps d'arbitrage, en l'absence du représentant du Québec, le 5 septembre 1870. « Les arbitres, écrit Marcel Hamelin, fixent les *dettes locales* contractées par le Canada-Uni à la somme de 18 587 520 $, dont 9 808 728 $ à l'avantage du Québec. Les deux provinces doivent assumer l'excédent de la dette selon cette proportion. Ils partagent l'actif en tenant compte surtout de la localisation des différents biens. Selon cette sentence arbitrale, la province de Québec devient responsable d'environ 5 000 000 $ de la dette et l'Ontario d'environ 5 600 000 $. » Les autorités de Québec dénoncent cette sentence qu'elles considèrent injuste, d'autant plus que, lors de l'entrée en vigueur de l'Acte d'Union en 1841, le Bas-Canada avait dû payer une dette énorme accumulée par le Haut-Canada.

Le 9 décembre 1870, l'Assemblée législative de Québec adopte une série de résolutions dénonçant le jugement rendu par les arbitres. Le député libéral Félix-Gabriel Marchand, dans son intervention, affirme que l'avenir de la Confédération est en jeu. « Ce qui est arrivé, déclare-t-il, illustre les conséquences prédites par ceux qui se sont opposés à la Confédération. » Lorsqu'il avait présenté son budget le 29 novembre, le trésorier provincial Joseph Gibb Robertson avait annoncé un surplus d'une centaine de milliers de dollars, mais, comme l'intérêt annuel de la dette partagée s'élève à un quart de million de dollars, soit environ 17 % du budget de la province, le surplus se mue en déficit !

Le problème du partage de la dette ne trouvera une solution définitive qu'en 1873. Entre-temps, les députés provinciaux ne rateront pas l'occasion de dénoncer le jugement arbitral. Ainsi, le 9 décembre 1871, Joseph Cauchon brandit une grave menace : « Pour ma part, dit-il, je ne me soumettrai jamais à une injustice. J'ai travaillé autant que qui que ce soit à l'œuvre de la Confédération et à la faire accepter, et nous pouvons la briser. Je crois, comme les membres de mon parti, à la Confédération que nous avons aidé à ériger, et lui voulons une longue existence. Cependant, plutôt que de nous soumettre à une iniquité, nous briserons la Confédération et je sais que c'est la manière de voir de toute la province. »

## La droite en scène

L'idée de former un troisième parti politique dans la province de Québec est de plus en plus fréquemment abordée dans les conversations, chez les ultracatholiques surtout où l'on juge le parti libéral condamnable et le parti conservateur trop libéral. Déjà, le 13 janvier 1870, on pouvait lire dans le *Courrier de Saint-Hyacinthe* :

> Une raisonnable opposition est en quelque sorte nécessaire au bon fonctionnement d'un gouvernement constitutionnel. Or, la phalange microscopique qui se donne aujourd'hui comme l'antagoniste de l'administration est radicalement incapable de contrôler les actes ministériels. Alors, où trouver cette opposition qui est pour ainsi dire le nerf de la constitution ? Évidemment dans un parti nouveau composé d'hommes désirant sincèrement le bien et l'avancement du pays. [...] Sans doute, la réunion de ce nouveau groupe serait fort blâmable si elle devait faire revivre la démagogie que la Confédération a réduite à la plus complète impuissance. Mais il n'y a rien à craindre sous ce rapport. [...] Les libéraux voient également du mal dans les institutions et dans les hommes, tandis que les membres du tiers parti voient du mal chez les hommes seulement parce qu'ils compromettent par une administration défectueuse nos institutions qu'ils jugent excellentes en elles-mêmes.

L'imminence de nouvelles élections générales dans la province de Québec rend urgente, aux yeux de l'entourage des évêques Bourget et Laflèche, l'émergence d'un nouveau parti politique dévoué et soumis aux intérêts et à la primauté de l'Église catholique. Le 20 avril 1871, le *Journal des Trois-Rivières* publie le *Programme catholique*. Se basant sur la dernière lettre pastorale de l'évêque de Trois-Rivières, les auteurs du texte tracent le portrait du candidat idéal et les engagements auxquels il doit souscrire pour obtenir l'appui des catholiques. Partant du principe que l'État doit être soumis à l'Église, les auteurs affirment :

> Il est impossible de le nier, la politique se relie étroitement à la religion, et la séparation de l'Église et de l'État est une doctrine absurde et impie. Cela est particulièrement vrai du régime constitutionnel qui, attribuant au parlement tout pouvoir de législation met aux mains de ceux qui le composent une arme à double tranchant qui pourrait être terrible. C'est pourquoi il est nécessaire que ceux qui exercent ce pouvoir législatif soient en parfait accord avec les enseignements de l'Église. C'est pourquoi il est du devoir des électeurs catholiques de choisir pour leurs représentants des hommes dont les principes soient parfaitement sains et sûrs. L'adhésion pleine et entière aux doctrines catholiques romaines en religion, en politique et en économie sociale doit donc être la première et la principale qualification que les électeurs catholiques devront exiger du candidat catholique. C'est le critérium le plus sûr qui devra leur servir à juger des hommes et des choses. On comprend qu'il ne peut être ici question des protestants auxquels nous laissons la même liberté que nous réclamons pour nous-mêmes. [...] Nous appartenons, en principe, au parti conservateur, c'est-à-dire à celui qui s'est constitué le défenseur de l'autorité sociale. C'est assez dire que par le parti conservateur nous n'entendons pas toute réunion d'hommes n'ayant d'autre lien que celui de l'intérêt et de l'ambition personnelle, mais un groupe d'hommes professant sincèrement les mêmes principes de religion et de nationalité, conservant dans leur

intégrité les traditions du vieux parti conservateur qui se résument dans un attachement inviolable aux doctrines catholiques et dans un dévouement absolu aux intérêts nationaux du Bas-Canada. Dans la situation politique de notre pays, le parti conservateur étant le seul qui offre des garanties sérieuses aux intérêts religieux, nous regardons comme un devoir d'appuyer loyalement les hommes placés à sa tête. Mais ce loyal appui doit être subordonné aux intérêts religieux que nous ne devons jamais perdre de vue.

L'appui au parti conservateur est loin d'être inconditionnel. Les programmistes dénoncent les lois sur le mariage, l'éducation, l'érection des paroisses, les registres de l'état civil, etc. Selon eux, il est important que les législateurs modifient les lois pour les rendre parfaitement conformes aux doctrines de l'Église catholique romaine. En conséquence, les électeurs doivent accorder leur appui aux seuls candidats qui répondent aux critères indiqués.

Pour simplifier le choix des électeurs, le *Programme catholique* établit les règles à suivre :

1. Si la lutte se fait entre deux conservateurs, il va sans dire que nous appuierons celui qui acceptera le programme que nous venons de tracer. 2. Si, au contraire, elle se trouve engagée entre un conservateur d'une nuance quelconque et un adepte de l'école libérale, nos sympathies actives seront pour le premier. 3. Si les seuls candidats qui s'offrent à nos suffrages dans un comté sont tous libéraux ou oppositionnistes, nous devons choisir celui qui souscrira à nos conditions. 4. Enfin, dans le cas où la contestation serait engagée entre un conservateur rejetant notre programme et un oppositionniste quand même l'acceptant, la position serait plus délicate. Voter pour le premier serait nous mettre en contradiction avec la doctrine que nous venons d'exposer. Voter pour le second serait mettre en péril ce parti conservateur que nous voudrions voir puissant. Quel parti prendre entre ces deux dangers, nous conseillerions alors l'abstention des électeurs catholiques.

Sachant qu'il peut parfois arriver qu'un candidat soit catholique et... bête en même temps, les programmistes jugent prudent d'écrire ensuite : « Il est utile d'ajouter que pour faire prévaloir leurs convictions religieuses, il faut chez les députés l'intelligence et l'instruction. Après s'être assuré des principes religieux des candidats, il faudra donc en second lieu s'efforcer de faire parvenir en chambre la plus grande somme possible d'intelligence et d'instruction. »

Le programme se résume en deux mots : « Religion et Patrie ». Les supporters se méritent le nom d'ultramontains. L'historienne Nadia Fahmy-Eid définit ainsi les principes fondamentaux de l'ultramontanisme : « Il s'agit : 1. de restaurer l'autorité pontificale dans son intégrité en la définissant comme l'autorité suprême au sein de la chrétienté ; 2. d'instaurer une fois pour toutes la suprématie de la société religieuse sur la société civile par le biais de la soumission totale de l'État à l'Église. »

Il va sans dire que tout l'épiscopat catholique n'approuve pas le *Programme catholique*. L'archevêque de Québec et les évêques de Rimouski et de Saint-Hyacinthe prennent soin d'avertir leurs fidèles que tous les évêques n'endossent pas les principes émis dans le programme et que les électeurs demeurent libres de voter pour qui ils veulent. Bourget et Laflèche se prononcent cependant ouvertement en faveur des programmistes. Le premier écrit, le 6 juin, à François-Xavier-Anselme Trudel :

La présente est pour certifier à qui voudra l'entendre que j'approuve en tous points le *Programme catholique* et qu'il n'y a rien dans ce programme qui soit dans mon opinion digne de blâme, même au point de vue de l'opportunité. J'ajoute que je considère ce programme comme la plus forte protection du vrai parti conservateur et le plus ferme appui des bons principes qui doivent gouverner une société chrétienne. Je m'attache à ce principe parce que j'y vois le salut de ma chère patrie, qui ne sera véritablement libre qu'en autant que la liberté de l'Église y sera respectée, avec tous les droits qui seront assurés et garantis.

La presse, tout comme l'épiscopat, se divise en deux factions, chacune faisant valoir ses opinions.

## Des élections générales

Le Parlement provincial est dissous le 27 mai 1871 et les élections générales doivent, selon les circonscriptions, se dérouler entre le 16 juin et le 14 juillet.

Le parti conservateur est toujours sous la direction de George-Étienne Cartier. Même s'il ne siège à peu près jamais au Parlement de Québec, le ministre fédéral contrôle le gouvernement provincial. « M. Chauveau et ses collègues, lit-on dans le *Canadien* du 16 janvier, n'osent remuer un bras, placer un messager, une laveuse même dans les passages de la Chambre, sans obtenir d'avance le bon plaisir de M. Cartier ou celui de M. Langevin. On conçoit qu'un gouvernement aussi pusillanime et aussi négatif ne contente personne. »

Dans son édition du 26 mai, la *Minerve*, principal porte-parole du parti conservateur, invite la population à voter pour son parti afin de lui permettre de continuer l'œuvre si bien commencée.

Le succès du parti conservateur nous paraît infaillible parce que les juges qui vont se prononcer ont déjà compris que notre pays dirigé par des mains habiles, fait des progrès rapides et sûrs. Les quatre années d'essai que nous venons de passer ont prouvé que la Confédération n'a été ni un fiasco, ni une trahison. Le développement de nos ressources a suivi une marche intelligente et logique. [...] En quatre années, l'agriculture, la colonisation, l'industrie des chemins de fer, l'organisation municipale ont subi une révolution complète. Pas un intérêt ne souffre ; une politique vigoureuse et vigilante a découvert tous les besoins et l'on verra qu'avec cet immense résultat d'améliorations physiques et morales, la province est riche et prospère comme elle ne l'a jamais été.

Alors que l'horizon provincial est bleu et sans nuages pour les conservateurs, il apparaît menaçant aux yeux des libéraux dirigés par le protestant Henri-Gustave Joly de Lotbinière. Le 21 avril, l'éditorialiste du *Pays* dénonce le parti en place :

La position qu'occupe le Bas-Canada au centre de la Confédération dont il est le trait d'union et la clef et qui ne peut exister un instant sans son concours, donne à sa législation locale un poids et une responsabilité qui ne doivent pas être confiés légèrement à des mains incapables ou faibles ou rapaces. Il faut que les électeurs comprennent que leur pays a été mis en péril, ainsi que le prouve, mieux que tout ce que l'on pourrait dire, l'émigration qui les décime chaque année, et qu'il faut, pour l'empêcher de périr, autre chose que des flatteurs du pouvoir, des craintifs et des chercheurs de place.

La campagne électorale ne revêt pas partout la même intensité. Dans vingt-sept circonscriptions, il y a élection par acclamation. Dans les trente-huit autres comtés, la lutte est parfois dure. Ainsi, dans Bagot, le professeur de droit à l'Université Laval, François Langelier, se présente sous la bannière libérale. On utilise contre lui des armes religieuses, l'assimilant aux rouges qui ont envahi les États pontificaux. On le présente comme un annexionniste. Le *Courrier de Saint-Hyacinthe* tire à boulets rouges sur lui :

> Et le professeur de l'Université s'est fait l'humble instrument de ces rebelles aux enseignements de leur Évêque, de ces prédicants de pestilence qui, tous les jours, distillent le poison de leurs mauvaises doctrines dans le cœur des habitants de la campagne ou des ouvriers de la localité. Dans les boutiques, dans les bureaux, aux coins des rues, sur le marché ils parlent contre l'Évêque, contre les prêtres, contre le casuel, contre la dîme, etc. Ils déprécient par des mensonges effrontés les ressources du pays, et poussent par là même les cultivateurs à l'émigration. Ils exagèrent les taxes, la dette du pays. Ils fanatisent tout le monde jusqu'aux femmes.

Malgré le prestige de son adversaire, le notaire Pierre-Samuel Gendron, candidat conservateur, remporte la victoire.

Non loin de là, dans la circonscription de Drummond-Arthabaska, le candidat libéral est un jeune avocat d'Arthabaska, Wilfrid Laurier, que l'*Union des Cantons de l'Est* appelle « ce politicien en herbe ». « Qu'arrivera-t-il si les libéraux de son acabit, lit-on dans le même journal, prenaient le pouvoir ? Cela entraînerait la disparition de nos plus anciennes institutions et la promulgation de lois hostiles à la religion ! » Le père Suzor, le curé de la paroisse où demeure Laurier, se prononce en chaire contre le candidat libéral, promettant de démissionner de son poste de curé si le libéralisme triomphe. Le 9 juillet, Laurier sort victorieux avec une majorité de 702 voix, mais le père Suzor demeure curé d'Arthabaska, ayant facilement réussi à convaincre ses propres paroissiens de le supplier de demeurer à son poste...

George-Étienne Cartier, peu assuré d'une victoire dans la région de Montréal, décide de se présenter dans la circonscription de Beauharnois. Son adversaire est un cultivateur, Célestin Bergevin, qui base sa campagne sur sa qualité de terrien et sur le fait qu'il demeure dans le comté. Le ministre fédéral réussit quand même à remporter la victoire.

Dans la circonscription de Lévis, le poète libéral Louis-Honoré Fréchette s'oppose au conservateur Joseph-Godric Blanchet, médecin. Le propriétaire du moulin de Saint-Augustin, James Patton, dans un brillant discours, incite ses ouvriers à voter conservateur. Le *Canadien* du 30 juin rapporte les propos de l'orateur improvisé : « C'est deux bords dans la politic : c'est le bord bleu épi le bord rouge. C'est le bord rouge pas bonne en toute, pasque c'est travaille pour les pauvres gens. C'est le bord bleu bonne, because c'est travailler pour le gens riche, épi c'est les gens riches, c'est faire les moulins. C'est vous pas de moulins, c'est vous pas d'ouvrage. Ben, c'est vous autre vote pour Blanchet, ou ben c'est vous crève de faim, épi c'est plus de religion catholique en toute. Fréchet c'est contre les moulins épi contre les curés [*sic*]. » Grâce, entre autres, à cet appui convaincant, Blanchet remporte la victoire.

Parmi ceux qui subissent la défaite, le plus célèbre est sans doute Antoine-Aimé Dorion qui ne réussit pas à triompher de Louis Beaubien, dans la circonscription électorale de Hochelaga.

Si les affrontements violents sont plutôt rares lors de ces élections générales provinciales de 1871, il y a quand même quelques scènes désagréables. Le jour de la mise en nomination pour la circonscription de Laprairie, le candidat indépendant Andrew Esinhart est élu par acclamation.

> Il revenait de l'élection suivi d'un grand nombre de voitures, raconte le journaliste de l'*Opinion publique* dans l'édition du 13 juillet, et passait devant le camp [militaire de Laprairie]. Des volontaires anglais se jetèrent soudain sur la voiture où il se trouvait, en arrachèrent un drapeau français, le mirent en pièces et le foulèrent à leurs pieds. Lorsque les volontaires canadiens-français eurent connaissance de cet acte de fanatisme, ils furent transportés d'indignation, menacèrent de se ruer sur les Anglais et passèrent une partie de la soirée à chanter des airs patriotiques, mais l'énergie des officiers français parvint à calmer l'effervescence. Quant aux volontaires anglais, ils craignaient tant une revanche de la part de nos compatriotes qu'ils furent sur le qui-vive toute la nuit.

## Victoire et défaite

Les élections se terminent par une victoire du parti conservateur.

> Au lendemain des élections de 1871, écrit l'historien Marcel Hamelin, l'allégeance politique de plusieurs députés demeure imprécise. Il serait donc tout à fait irréaliste de chercher à quantifier les voix en faveur de chacun des partis. L'analyse des thèmes de la campagne au niveau local nous permet cependant de présenter de la façon suivante les résultats de ces élections : au début de la deuxième législature, 16 députés souhaitent la formation d'un cabinet libéral, c'est le cœur de l'opposition officielle ; quatre députés [...] pourraient appuyer un cabinet libéral ou conservateur ; les 45 autres députés se considèrent conservateurs.

Parmi ces derniers, il n'y a qu'un seul programmiste avoué, François-Xavier-Anselme Trudel, le député de Champlain. John Jones Ross, conseiller législatif pour la division de Shawinigan, après avoir adhéré au *Programme catholique*, avait fait bien des efforts pour empêcher l'élection de Trudel. Luc Desilets, curé du Cap-de-la-Madeleine et un des « fanaux de tôle » de Laflèche, écrit à son évêque, le 10 août, au sujet de Ross : « C'est lui qui a paralysé le mouvement catholique ici, qui a jeté la division, ruiné nos espérances, qui nous a poussés dans le discrédit, et tend à nous jeter dans le ridicule pour son propre avancement. »

La tentative des programmistes se solde donc par un échec que se plaisent à souligner tant les journaux libéraux que ceux qui appuient les conservateurs. Pour la *Minerve*, le vrai défenseur de la religion catholique demeure le parti de Cartier. « La force de l'idée catholique, peut-on y lire, repose dans le parti conservateur, et c'est par le parti conservateur que l'Église arrivera à l'obtention de tous les privilèges qui lui sont dus. » Oscar Dunn, dans l'*Opinion publique* du 13 juillet, ajoute : « Deux évêques le recommandaient [le Programme catholique], trois le condamnaient formellement : c'est la première fois que pareil scandale se produit chez nous. Jamais encore notre bon peuple de la campagne, dont la confiance en ses pasteurs n'est égalée que par le respect qu'il leur témoigne, n'avait songé que nos chefs spirituels pouvaient se diviser sur une question de premier ordre et différer d'opinion quant à la nature des conseils qu'ils doivent donner aux électeurs. [...] Si donc le clergé a perdu un peu de son prestige aux yeux du peuple, il n'a rien perdu au moins du bon vouloir des conservateurs. »

Pourtant, Bourget et Taschereau n'en sont pas à leurs derniers affrontements !

## Des nouveaux prometteurs

La première session de la deuxième Législature de la province de Québec s'ouvre le 7 novembre 1871. Deux jours plus tard, le lieutenant-gouverneur Belleau prononce un discours du Trône que les députés de l'opposition qualifieront de vide. Même s'il n'annonçait pas un programme législatif important, le représentant de la reine avait quand même profité de la circonstance pour faire un bilan des dernières réalisations du gouvernement Chauveau.

> Mon gouvernement, avait-il déclaré, a nommé dernièrement plusieurs agents d'immigration tant en Europe que sur divers points du pays, et nous avons déjà lieu de nous féliciter du résultat de leurs efforts et de celui des autres mesures que nous avons adoptées pour mieux faire connaître les ressources de cette province, sa topographie et l'importance de ses terres incultes aux habitants des pays européens et à nos compatriotes. Ce sujet de l'immigration étant dans les attributions du gouvernement fédéral et des gouvernements locaux, a présenté dans l'origine quelques difficultés. J'ai cru devoir provoquer une première conférence qui a été suivie de plusieurs autres. Dans la dernière de ces réunions, les six provinces composant aujourd'hui la Confédération se trouvaient représentées. J'ai tout lieu d'espérer que la meilleure entente régnera entre le gouvernement fédéral et les gouvernements locaux qui se partageront dans la mesure de leurs ressources et de leur commun intérêt, la tâche de pourvoir à cet important objet.

Belleau parle ensuite du nouveau code municipal et des améliorations apportées aux cours de justice et dans le domaine de l'éducation.

Wilfrid Laurier participe au débat sur l'adresse en réponse au discours du Trône. Son intervention du 10 novembre suscite les commentaires de quelques chroniqueurs parlementaires. Celui du *Journal de Québec* écrit dans l'édition du 11 :

> M. Laurier a fait son début parlementaire dans un langage facile, coloré même et sympathique. Il s'est tenu tout naturellement dans les lieux communs, parlant colonisation, agriculture, industrie, immigration et émigration. C'est par cette ritournelle que s'essaient plus ou moins tous les débutants qui visent à l'effet et tiennent à éterniser leur popularité chez leurs constituants. Bientôt, quand, comme M. Laurier, ils ont du talent et qu'ils ont acquis de l'expérience et des idées pratiques, ils puisent dans leur propre fond, sans rien perdre de leur verve, encore moins de leur originalité.

Pourtant, le jeune avocat, après avoir tracé un tableau plutôt noir de la situation de la province, avait tenté d'analyser la source des maux : l'absence d'une industrie nationale.

Nous sommes environnés, avait-il déclaré, d'une race forte et vigoureuse, d'une activité dévorante et qui a pris l'univers entier pour champ de travail. Je suis jaloux, monsieur, en tant que Canadien français de nous voir éternellement devancés par nos compatriotes d'origine britannique. Nous sommes obligés d'avouer que, jusqu'ici, nous avons été laissés en arrière. Nous pouvons l'avouer et l'avouer sans honte, parce que le fait s'explique par des raisons purement politiques qui n'accusent chez nous aucune infériorité. Après la conquête, les Canadiens, jaloux de conserver intact leur héritage national, se concentrèrent en eux-mêmes, sans conserver avec le dehors aucune relation. La conséquence immédiate fut qu'ils restèrent étrangers à toutes les réformes qui s'accomplissaient tous les jours au-delà de leurs frontières, qu'ils demeurèrent fatalement enfermés dans le cercle de leurs vieilles théories. D'un autre côté, les nouveaux colons arrivaient du pays le plus développé en fait de commerce et d'industrie qui fût sous le soleil. Ils apportaient avec eux la civilisation de leur patrie, ils se retrempaient sans cesse par un courant continuel d'immigration, qui ajoutait sans cesse non seulement à leur nombre, mais à leurs connaissances et à leurs idées. Nous pouvons avouer sans honte que nous avons été devancés par de tels hommes dans de telles circonstances.

L'infériorité économique des francophones devient un sujet à la mode. Le 6 décembre, le député Gendron propose la formation d'un comité dont la mission serait de trouver les moyens de développer l'industrie dans la province de Québec. Le programmiste Trudel suggère que l'on encourage ceux qui voudraient se destiner au commerce et à l'industrie. « Dans ce pays, déclare-t-il à l'Assemblée le 6 décembre, lorsque l'on rencontre un jeune étudiant qui montre d'excellentes dispositions pour les sciences, les études philosophiques, métaphysiques, etc., de suite on voit en lui l'étoffe d'un médecin, d'un avocat, d'un procureur général ou d'un notaire ; c'est une erreur. Ces jeunes gens peuvent souvent se livrer avantageusement au commerce, à l'agriculture ou à l'industrie qui demandent chacune des études aussi profondes, aussi sérieuses que les professions libérales. »

## Québec ou Ottawa ?

Au cours de la session qui se termine le 23 décembre 1871, la question du double mandat retient elle aussi l'attention de la députation. Les libéraux présentent un projet de loi abolissant le privilège d'être député en même temps aux niveaux fédéral et provincial. Le problème est que sur les 65 députés qui forment l'Assemblée législative de la province de Québec, 17 œuvrent sur la scène fédérale. Les ministériels repoussent le projet libéral par 34 voix contre 29. Lors du débat qui accompagne l'étude de la mesure, Laurier étudie le problème de la double représentation, en précisant ce qu'est, pour lui, l'autonomie provinciale.

Le premier ministre Chauveau s'oppose au projet de loi au nom de la liberté du peuple d'élire qui il veut. Le 24 novembre, Laurier se charge de lui répondre.

Je suis un ami de la liberté, dit-il, mais la liberté pour moi ne signifie pas la licence. Le peuple libre n'est pas celui qui n'a ni lois, ni freins ; le peuple libre est celui chez qui toutes les attributions, tous les droits des membres de l'État sont clairement définis et déterminés et chez qui il n'y a pas empiétement d'un pouvoir sur l'autre.

Voilà la véritable liberté. [...] Je n'hésite pas à dire que ce qu'on est convenu d'appeler la double représentation, le double mandat, est tout à fait incompatible avec le principe de notre constitution, avec le principe fédératif. Une confédération est un faisceau d'États qui ont ensemble des intérêts communs, mais qui néanmoins vis-à-vis des uns des autres ont des intérêts locaux, distincts et séparés. Pour tous leurs intérêts et tous leurs besoins communs, les États ont une législature commune, la législature fédérale ; mais pour tous les intérêts locaux, ils ont chacun une législature locale et séparée. Dans le domaine respectif de leurs attributions, les législatures, tant locales que fédérales, sont souveraines et indépendantes les unes des autres. Or, pour que le système fédératif ne soit pas un vain mot, pour qu'il produise les résultats qu'il est appelé à produire, il faut que les législatures soient non seulement de droit, mais de fait ; il faut surtout que la législature locale soit complètement à l'abri de tout contrôle de la législature fédérale. Si, de près ou de loin, la législature fédérale exerce le moindre contrôle sur la législature locale, alors ce n'est plus en réalité l'union fédérative que vous avez ; vous avez l'union législative sous la forme fédérative. Si vous ouvrez les portes de cette Chambre aux membres de la législature fédérale, vous admettez par le fait même le contrôle de cette Chambre par la législature fédérale, et alors, comme je l'ai dit, vous détruisez l'union fédérative dont, à la vérité, vous retenez bien la forme, mais dont vous n'avez plus la substance.

Laurier voit déjà le jour où il y aura « des froissements, des complications d'intérêt » entre le gouvernement fédéral et les gouvernements provinciaux. Pour lui, alors, si le double mandat existe encore, Ottawa sera le seul favorisé.

Si, dans ces circonstances, vous ouvrez les portes de cette Chambre aux membres de la législature fédérale, n'introduisez-vous pas, par ce seul fait, dans cette Chambre un élément nécessairement hostile à la province de Québec et qui devra nécessairement prendre parti contre lui ? Pense-t-on qu'en entrant dans cette Chambre les députés fédéraux cesseront d'être députés fédéraux ? Pense-t-on qu'en entrant ici ils laisseront sur le seuil leurs intérêts et leurs sentiments ? Pense-t-on qu'après avoir plaidé à Ottawa la cause d'Ottawa, ils plaideront à Québec la cause de Québec ? Pense-t-on qu'ils brûleront ici ce qu'ils adoraient à Ottawa et qu'ils adoreront ici ce qu'ils brûlaient à Ottawa ? Erreur ! erreur ! les députés fédéraux restent fédéraux, s'il est vrai que nul ne peut servir deux maîtres à la fois ; ils plaideront à Québec contre Québec la cause d'Ottawa et ils appuieront leurs arguments de tout le poids de leur influence. Et alors, quel sera le sort de Québec ? Le sort de Québec sera le sort du pot de terre qui, un jour, s'avisa de voyager de compagnie avec le pot de fer : Québec sera broyé.

Laurier termine son intervention par une phrase lapidaire : « Avec le simple mandat, Québec est Québec ; avec le double mandat, ce n'est plus qu'un appendice d'Ottawa. » Mais, comme nous l'avons vu, les raisons que font valoir les libéraux restent incapables de convaincre les ministériels qui votent encore une fois en faveur du double mandat.

## Le Québec à Ottawa

Le climat politique qui prévaut au début des années 1870 semble favorable à l'éclosion des tiers partis. Lors des élections provinciales de la province de Québec à l'été de 1871, le parti du *Programme catholique* fait long feu ; à la fin de la même année, un groupe de citoyens met sur pied un nouveau parti en prévision des prochaines élections générales fédérales. « Ce fut, en somme, affirme Robert Rumilly, quatre ans après la Confédération, la première tentative pour briser les cadres des deux partis traditionnels, conservateur et libéral ; le premier mouvement nationaliste. On devait en compter d'autres ; sans que chacun d'eux se réclamât des précédents, tous ont eu un destin analogue : des chefs très brillants, l'audience d'une partie de la jeunesse, des succès retentissants, un effritement rapide, une disparition ne laissant qu'un sillage très vite effacé. »

La nouvelle formation politique veut regrouper aussi bien libéraux que conservateurs autour d'un même programme qui puise plus, il est vrai, dans les idées « rouges » que « bleues ». Les mesures préconisées touchent plus le secteur provincial que celui d'Ottawa.

> Programme pour la province de Québec. 1. Abolition du Conseil législatif ; 2. Réforme des lois électorales pour que la qualification des candidats, le double mandat et la formalité de la nomination soient abolis ; que toutes les élections se fassent le même jour au scrutin secret et que les contestations d'élections soient jugées par les tribunaux ordinaires ; 3. Réduction de l'indemnité des députés et de l'Orateur de l'Assemblée législative ; 4. Réduction du nombre des ministres ; 5. Réduction du nombre des employés au strict nécessaire pour l'efficacité du service public ; 6. Réforme de l'administration de la justice, de manière à rendre moins dispendieux le recours aux tribunaux et à assurer une plus prompte exécution des affaires judiciaires ; 7. Abolition de la police provinciale ; 8. Réforme de nos lois d'éducation. Faire distribuer par la Chambre toutes les allocations ; réduire le nombre des inspecteurs d'école ; créer des écoles spéciales des arts et métiers et améliorer l'enseignement des écoles normales et des écoles primaires ; 9. Réforme dans l'administration des terres publiques et leur colonisation par octrois gratuits ; 10. Adjudication aux enchères ou au plus bas soumissionnaire de tous les ouvrages publics devant coûter plus de cent piastres ; 11. Détermination par la législature des chemins de colonisation ou autres travaux publics et de la somme à dépenser pour chacun d'eux ; 12. Encouragement des chemins macadamisés et des chemins à lisses ; 13. Paiement par la Puissance de l'excédent de la dette du Canada mis à la charge de Québec et de l'Ontario ; 14. Rapatriement de nos compatriotes émigrés. Pour la Puissance : 1. Élection des sénateurs par le peuple ou par les législatures locales ; 2. Réforme des lois électorales comme pour la province de Québec ; 3. Réduction du nombre des ministres ; 4. Réduction du nombre des employés publics au strict nécessaire pour l'efficacité du service public ; 5. Réorganisation de la milice en prenant pour base le maintien de l'ordre intérieur ; 6. Amélioration de nos voies de communication intérieure pour faire prendre au commerce de l'Ouest la voie du Saint-Laurent ; 7. Obtention du droit absolu de régler nous-mêmes nos relations commerciales avec les autres pays, de manière à assurer l'établissement de manufactures au Canada.

Honoré Mercier est nommé secrétaire du parti national qui se donne une publication officielle, *Le National*, dont le premier numéro paraît le 11 mai 1872.

## Une des dernières mesures

Une cinquième session marque la fin du premier Parlement du Canada. Commencée le 11 avril, elle se terminera le 14 juin. Deux sujets retiennent l'attention : la question des écoles séparées du Nouveau-Brunswick et la formation d'une compagnie de chemin de fer chargée de la construction d'un réseau ferroviaire devant relier Montréal ou Toronto à la Colombie britannique, tel que l'avait promis le gouvernement du Canada lors des négociations qui s'étaient terminées par l'entrée de la Colombie britannique dans la Confédération. Les travaux de construction devaient commencer dans les deux ans suivant la date de l'entente — le 28 juillet 1871 — et être achevés en dix ans.

Le 26 avril, le ministre Cartier présente donc « un petit bill et qui porte un titre modeste ; mais il décrète la construction du chemin de fer canadien du Pacifique ». L'entreprise sera du ressort de l'entreprise privée.

> Un autre article, précise Cartier, porte que le chemin de fer du Pacifique ne sera ni construit ni exploité par le gouvernement, mais par des entrepreneurs particuliers. Cet acte a pour objet, en somme, d'autoriser le gouvernement à conclure des conventions avec des compagnies constituées pour la construction et l'exploitation d'un chemin de fer depuis le lac Nipissing jusqu'à la côte du Pacifique. [...] Le bill dit aussi que deux compagnies, ou plus, pourront se fusionner à cette fin et que, dans ce cas, le gouvernement aura toute faculté de traiter avec elles, si elles ont le capital voulu pour exécuter l'entreprise. Le gouvernement exigera que ce capital soit d'au moins dix millions de piastres, et dix pour cent versés. Ce versement ne devra pas être fictif à une banque, mais sera opéré *bona fide* entre les mains du receveur général, avant que le gouvernement puisse rien arrêter avec la compagnie.

Même si la vaste entreprise ferroviaire est laissée aux soins de l'entreprise privée, le gouvernement fédéral lui viendra quand même en aide.

> Personne n'ignore, ajoute Cartier, qu'il n'y a pas de compagnie ou de capitaliste, si riche qu'il soit, qui puisse construire le chemin avec ses seules ressources. Voilà pourquoi le gouvernement demande la liberté de subventionner la compagnie qui se chargera d'exécuter cette entreprise. Il lui donnera une concession de cinquante millions d'acres de terre au plus, en blocs alternants d'une profondeur de vingt milles, de chaque côté du chemin. Les blocs intermédiaires, non concédés, seront réservés par le gouvernement pour être vendus, en remboursement du secours d'argent qu'il aura aussi à accorder. [...] Si les réserves ne suffisent pas pour rembourser le subside d'argent, il se réserve le droit de prendre des terres dans d'autres parties du Dominion.

Le 1er juin 1872, le projet de loi sur le chemin de fer du Pacifique subit sa troisième lecture. Fort de sa victoire, Cartier quitte la Chambre des communes tout heureux.

## Les rouges visitent les bleus

Peu de temps avant la fin de la session et la dissolution du Parlement, les Communes avaient approuvé une modification à la loi électorale. Le nombre de circonscriptions électorales passe alors à 200, soit 88 pour l'Ontario, 21 pour la Nouvelle-Écosse, 16 pour le Nouveau-Brunswick, 6 pour la Colombie britannique et 4 pour le Manitoba. Quant à la province de Québec, tel que spécifié dans le British North America Act, le nombre de ses représentants ne bouge pas et demeure à 65. Alors qu'en 1867, la province de Québec comptait 36 pour cent de la députation totale, elle ne possède plus que 32,5 pour cent en 1872. Dans l'*Opinion publique* du 20 juin, L.-O. David souligne que les francophones doivent demeurer vigilants s'ils veulent conserver leur influence à Ottawa.

> Nous pouvons dire sans erreur, dans tous les cas, écrit-il, qu'on ne peut prendre trop de précautions et déployer trop d'activité, si nous voulons conserver notre influence dans la Confédération. En face d'une majorité anglaise et protestante qui va toujours s'augmentant, nous avons besoin de rallier toutes nos forces. Nous sommes un de ceux qui ont dit, lors de l'établissement du nouveau régime, qu'il fallait s'attendre à lutter contre une majorité antipathique à nos intérêts nationaux et religieux et même matériels. Et il en sera ainsi tant que les Anglais seront des Anglais, et les Français des Français, les catholiques des catholiques, et les protestants des protestants. On n'a jamais fait et on ne fera jamais des constitutions qui feront disparaître les animosités religieuses et nationales, parce qu'on ne peut refaire la nature du cœur humain. Toute la sagesse des hommes d'État doit consister à empêcher autant que possible le choc des convictions et des intérêts opposés, à bien définir les droits et les devoirs de chacun, et à marquer clairement les limites que personne ne pourra dépasser. [...] Qu'on évite de froisser les sentiments de nos compatriotes anglais, d'empiéter sur leurs droits, c'est parfait ; mais aussi soyons inébranlables en face de l'injustice et de l'arbitraire, n'accoutumons pas la majorité à croire qu'avec le Bas-Canada, il y aura toujours des accommodements.

Face aux élections qui viennent, la grande inquiétude de plusieurs est la corruption et le désintéressement de la masse. David, toujours dans le même article, souligne la différence de mentalité entre les années 1830 et celles de 1870 :

> Que les temps sont changés ! Il y a 30 ans à peine, quelques milliers d'hommes n'hésitaient pas à sacrifier leur vie, à braver les échafauds pour défendre l'héritage national qui leur avait été confié, et nous, nous n'aurons même pas le mérite de donner un vote indépendant et consciencieux ! Certains comtés étaient immenses à cette époque ; il fallait aller voter à quinze ou vingt lieues. On partait avec une brique de lard et un demi-pain dans un sac et on s'en allait au poll ; et, comme les coups de main n'étaient pas rares, on restait là, cinq, six et même huit jours, tant que les amis n'avaient pas tous votés, pour les défendre au besoin. Malheur à celui qui aurait essayé d'acheter le vote de ces braves citoyens ! Maintenant, hélas ! des gens qui demeurent à quelques arpents du poll ne vont pas voter, si on ne leur envoie pas une voiture et le prix de leur journée ! On n'a pas de temps à perdre pour rien, dit-on. Et on se plaint, après cela, quand on entend dire que le représentant de tel ou tel comté a failli à son devoir ! On se lamente sur la situa-

tion du pays et l'on part pour les États-Unis. Mais, pauvres gens ! vous n'avez que ce que vous méritez. Ce qu'il y a d'étonnant, c'est que les choses n'aillent pas encore plus mal. [...] Dans certains comtés, on ne demande plus aux candidats qu'une chose : combien ils peuvent mettre d'argent dans l'élection. L'intrigue, la ruse, l'argent et la boisson, voilà avec quoi on se fait élire ! Au lieu d'instruire le peuple, de s'adresser à ce qu'il y a de noble chez lui, de lui faire entendre le langage de l'honneur et de la vérité, on le flatte, on le séduit, on le corrompt, on le dégrade. Les honnêtes gens renoncent à la politique, les hommes de talents se découragent, les médiocrités tapageuses tiennent le haut du pavé et nos ennemis se moquent de nous.

## Les forces en présence

Le parti conservateur, sous la direction de John A. Macdonald, trace un bilan positif de son action parlementaire et de ses réalisations économiques. L'aile québécoise est un peu ébranlée par les membres du parti national et elle craint pour Cartier. Elle espère avoir l'appui du clergé et essaie de présenter le parti conservateur comme le chien de garde du catholicisme. On peut lire dans la *Minerve* : « Voué au respect comme à la protection du clergé, le parti conservateur n'est pas prêt à dévier de sa mission. [...] M. Cartier lutte depuis 25 ans pour les intérêts bas-canadiens qu'il a sauvegardés, malgré les efforts coalisés de nos ennemis. » La tactique des conservateurs consistera à présenter les nationaux comme des rouges, des ennemis de la religion. La *Minerve* regorge de petites méchancetés : « Grattez un national et vous trouverez un rouge. [...] Mêmes idées, mêmes doctrines, même but. Quand le rougisme aura réussi à faire des Canadiens des citoyens sans religion, sans cœur, sans entrailles, il sera prêt à aller ensuite promener la torche dans le pays. [...] Les rouges du Canada sont bien les rouges de Paris parce qu'ils sont les mêmes impies et les mêmes envieux. »

Les grits de l'Ontario, connus aussi sous le nom de libéraux, dirigés par Alexander Mackenzie, souhaitent la fin de la « French Domination », incarnée par Cartier. Le *Globe* de Toronto, dans son édition du 15 juillet, précise les grandes lignes de la politique grit : « L'Ontario ne veut aucune concession aux États-Unis sans contrepartie, plus de poignée de mains avec Riel au Manitoba, plus de CPR construit par le gouvernement sans contrôle parlementaire, pas de fraudes électorales protégées par les comités parlementaires, pas de campagnes électorales et de scrutin prolongés, pas de recensement partisan, pas de papier-monnaie inconvertible, pas de chemin de fer Intercolonial à travers des endroits inhabités, pas de dépenses non vérifiées au chapitre du service secret. »

Dans la province de Québec, certains journaux ultramontains dénoncent les ministres conservateurs de ne pas avoir pris une position plus ferme en face du gouvernement du Nouveau-Brunswick qui, par sa loi scolaire, venait presque de signer l'arrêt de mort des écoles catholiques. Le *Nouveau-Monde* de Montréal, porte-parole de l'évêque Bourget, et le *Journal des Trois-Rivières*, organe quasi officiel de Laflèche, accusent violemment Cartier et Langevin, les soupçonnant presque d'avoir abandonné leurs principes religieux. Jean Langevin, évêque de Rimouski et frère du ministre des Travaux publics, signe une circulaire à son clergé le 1er juillet

1872 dénonçant les journaux qui s'intitulent la presse catholique et qui prétendent « dicter aux catholiques du pays entier la conduite qu'ils auront à y tenir ; comme si, dans chaque diocèse, il y avait, pour diriger les consciences dans l'application des règles d'autre guide autorisé que le premier pasteur, uni et soumis au Chef suprême de l'Église ». Même si la loi des écoles du Nouveau-Brunswick est condamnable, chacun demeure libre de choisir les moyens pour en contrer les méfaits et « nos législateurs catholiques pouvaient, sans blesser les principes religieux, voter dans un sens ou dans l'autre ». En conséquence, les ultramontains ne doivent plus lancer la pierre aux deux ministres francophones et partir en guerre électorale contre eux. Le 18 juillet, Elzéar-Alexandre Taschereau, archevêque de Québec, publie lui aussi une lettre dans le même sens.

Suivant les circonscriptions électorales, les élections générales se tiendront donc entre le 20 juillet et le 12 octobre 1872 ; mais, dans chaque circonscription, la votation ne dure qu'une seule journée. En plusieurs endroits, la lutte sera violente et quelques vedettes subiront même la défaite. Heureusement, presque tous ignorent encore le scandale qui naît à l'occasion de cette élection !

# Un scandale
# ferroviaire
# 1872-1873

L A CIRCONSCRIPTION ÉLECTORALE D'OTTAWA, dont la population est au tiers francophone, a droit à deux députés. Le maire Martineau décide de briguer les suffrages, mais le jour de la mise en nomination, soit le 24 juillet 1872, il se retire devant le front commun des anglophones et la division qui règne chez ses compatriotes. La capitale du Canada n'est donc pas encore prête à élire un francophone comme représentant à la Chambre des communes. La capitale de la province de Québec connaît, quant à elle, une campagne électorale beaucoup plus agitée et violente.

Dans la circonscription électorale de Québec-Centre, deux candidats s'affrontent : Joseph-Édouard Cauchon, qui vient de quitter la présidence du Sénat pour se présenter, et James G. Ross, l'homme de la minorité anglophone qui, selon le *Chronicle*, forme « les premiers du pays ».

Le jour de la votation est fixé au 5 août. Dès neuf heures et demie, les hommes forts de Ross, ses *bullies*, empêchent les partisans de Cauchon de voter au bureau de votation du patronage. Des jeunes gens abattent les « drapeaux » du candidat Ross. La situation se corse rapidement. « Un gang venu de la basse ville, rapporte le *Journal de Québec* du lendemain, drapeaux en tête, armé de revolvers, conduit par certains chefs qu'on ne se serait pas attendu de voir là », se rue sur le poll, blessant quelques personnes. De là, le groupe se rend aux bureaux du *Journal de Québec* pour y casser plusieurs carreaux.

Peu après deux heures de l'après-midi, un affrontement tragique se produit près d'un cimetière protestant : « Les partisans de M. Cauchon s'étaient réunis dans les rues Saint-Jean et d'Aiguillon. Les gangs de M. Ross étaient en face au coin des rues Nouvelle et Saint-Augustin. Elles se précipitèrent du haut en bas et firent une décharge de revolvers. Les gens de M. Chauveau, qui n'étaient pas munis d'armes, n'eurent à opposer que leur courage. C'est alors que le porteur du drapeau de M. Ross fut tué dans l'action générale. »

Ce rapport du *Journal de Québec*, dont Cauchon est rédacteur en chef, est démenti lors de l'enquête du coroner, qui démontrera que des partisans de Cauchon étaient armés. David Gandle est cependant tué sur le coup. Peu après la police, puis un détachement de l'armée « aux ordres du maire avec quelques hommes de cavalerie », réussissent à rétablir l'ordre. La foule ne se disperse que vers les dix-neuf heures trente, alors que Cauchon est proclamé vainqueur.

Déçus, certains anglophones parlent de partir, de « laisser le pays ». Le *Journal de Québec* leur répond : « Évidemment ces hommes se prennent au sérieux, puisqu'ils croient qu'il n'est pas permis d'avoir une opinion contraire à la leur. Eh ! bon Dieu, le pays existait avant eux et s'ils s'en allaient nous ne pensons pas que la Constitution fédérale en fût le moins du monde affectée, ni que même le globe terrestre ne tournât comme d'habitude sur son axe, en suivant les lois éternelles de la gravitation. »

La *Quebec Gazette*, reprenant certains propos du *Chronicle*, considère que les anglophones de la capitale provinciale doivent tirer une pénible conclusion des événements. « Les citoyens de Québec qui parlent la langue anglaise, lit-on dans l'édition du 9 août, ont appris, pour la centième fois, ce qu'ils doivent attendre de la masse de nos concitoyens d'origine française, lorsqu'ils réclament leur part de légitime influence. » Une telle remarque fait bondir le rédacteur du *Journal de Québec* qui répond, le lendemain : « Si nous étions animés du même sentiment que ces fanatiques qui, on le voit, ne veulent que la domination de leur race et de leur religion, nous pourrions tourner la médaille et dire avec plus de vérité : Les citoyens de Québec qui parlent la langue française ont appris pour la centième fois ce qu'ils doivent attendre de la masse de nos concitoyens d'origine anglaise, lorsqu'ils réclament leur part de légitime influence. »

Le calme revient dans Québec et, quelques jours après les élections, les ouvriers canadiens-français des faubourgs peuvent recommencer sans crainte à travailler dans la basse ville d'où ils avaient été chassés par les Irlandais à la suite des échauffourées électorales.

## Une promesse inutile

Depuis 1867, George-Étienne Cartier représente à la Chambre des communes la circonscription électorale de Montréal-Est. Mais, en 1872, la réélection du ministre ne semble pas assurée. C'est sans doute pour cette raison que la votation est fixée seulement au 28 août. Le candidat libéral est un avocat de 36 ans, Louis-Amable Jetté. Il est le premier à commencer la lutte et il attaque son adversaire sur la question des écoles du Nouveau-Brunswick, sur l'hémorragie de la population francophone qui perd une partie de ses membres avec l'émigration vers la Nouvelle-Angleterre et sur la question du chemin de fer.

Cartier n'amorce sa campagne électorale que le 9 août seulement. Bien auparavant, il avait pris des engagements au sujet du terminus de la ligne ferroviaire du Pacifique. La *Minerve* du 26 juin fait écho aux engagements du ministre fédéral :

> Nous pouvons déclarer aujourd'hui que l'hon. sir Georges E. Cartier renoncera à son siège dans le cabinet plutôt que de laisser sacrifier les intérêts du Bas-Canada ; qu'il veut que le Pacifique arrive à Montréal par le nord de l'Ottawa [rivière Outaouais], et le chemin de colonisation du Nord, de manière à opérer une jonction à Montréal avec le chemin de fer de la rive nord ; et que ces graves intérêts ne seront confiés qu'à une compagnie qui possède des intérêts directs, soit à Montréal, soit plus bas, et qui jouisse de la confiance du Bas-Canada, en même temps qu'il s'assurera qu'aucune injustice ne soit commise envers le Haut-Canada. L'hon. sir Georges-É. Cartier a de plus déclaré que jamais le Grand Tronc ou M. C. J. Brydges n'ont eu rien à faire et qu'ils ne désirent n'avoir rien à faire, soit directement soit indirectement avec la construction ou la direction du Pacifique.

Dès le début de la campagne, la question de l'octroi du contrat de construction à une compagnie exclusivement canadienne devient primordiale. Les intérêts montréalais, dans cette affaire, sont représentés par Hugh Allan, grand financier propriétaire de la ligne de navigation transatlantique Allan. La *Minerve* souligne les rapports amicaux liant Cartier à Allan : « Le contrat de la construction du chemin [du Pacifique] sera signé avant les élections et dans des conditions à donner satisfaction ample aux légitimes intérêts et aux droits du Bas-Canada, du nord de l'Outaouais, du nord du Saint-Laurent, de Montréal et de Québec. Sir Hugh Allan, qui n'a pas l'égoïsme et l'étroitesse de vue que lui supposent nos amis du *Journal de Québec* et du *Constitutionnel*, s'est déclaré parfaitement satisfait des explications de sir Georges et a pleine confiance dans ses intentions. »

Cartier ouvre donc sa campagne électorale le vendredi soir, 9 août, sur la place Saint-Jacques, en face de l'église du même nom, à l'angle des rues Sainte-Catherine et Saint-Denis. Hugh Allan est à ses côtés. Après avoir évoqué ses 25 ans d'expérience politique et ses 17 ans de vie active au sein du gouvernement, Cartier aborde la question du chemin de fer. Il n'a pas le temps de prononcer plus de quelques phrases que déjà le chahut éclate. L'orateur a quand même le courage et le temps de déclarer : « Le chemin de fer du Pacifique se terminera à Nipissing, auprès du lac ; c'est une nécessité géographique. La compagnie construira de là à Montréal un chemin qui vous donnera virtuellement le terminus du Pacifique. Sir Hugh Allan s'en chargera. »

Devant les cris et les vociférations, Cartier termine rapidement son discours. On appréhende des troubles plus graves lors de la mise en nomination qui doit avoir lieu à midi le lundi 19 août. Ce jour-là, plus de 150 policiers sont en devoir. À l'heure dite, les deux candidats, accompagnés de leurs partisans, sont debout sur les hustings. Jetté parle le premier. Cartier est hué dès ses premières paroles. « Quelqu'un ici pense-t-il que je me laisserai intimider par ces cris ? déclare-t-il. Depuis vingt-cinq ans que je suis dans la vie publique, j'ai vu bien des scènes de ce genre, et elles ne m'ont jamais empêché de parler. [...] M. Jetté se réclame d'être du parti national, mais le parti qui m'oppose et qui nous oppose n'est pas le parti national, c'est le parti annexionniste. Plus ce parti change de nom, moins il varie ! »

Cartier a à peine le temps d'aborder la question des écoles du Nouveau-Brunswick que le chahut éclate dans l'assistance. La police tente en vain de séparer les belligérants et de rétablir l'ordre.

> Les adversaires de M. Cartier, chassés du terrain par ses amis, écrit Joseph Tassé, reparurent un instant après, armés de manches de haches et de gourdins et annoncèrent leur arrivée en lançant une grêle de pierres sur l'estrade et sur les électeurs qui l'entouraient. Les amis de M. Cartier les repoussèrent de nouveau, leur inspirant cette fois une crainte salutaire. M. [Joseph] Coursol, maire de Montréal, bravant les menaces des perturbateurs de l'ordre public, se jeta résolument au milieu de la foule et son sang-froid et sa bravoure ne contribuèrent pas peu à rétablir la tranquillité.

Cartier invite alors ses partisans à le suivre chez lui où il terminera son discours.

Les nationaux font état du froid qui existerait entre l'évêque Bourget et Cartier, à la suite de la prise de position de ce dernier sur la question de la division de la paroisse Notre-Dame de Montréal. Sans doute pour faire cesser les remarques désobligeantes, Bourget rend visite à Cartier, le mardi 20 août. « Cette simple démarche de courtoisie, écrit la *Minerve* du 22, a suffi pour détruire l'échafaudage de calomnies que les nationaux débitent à ce sujet sur la prétendue hostilité de Sa Grandeur à sir Georges, car il n'est même plus possible de prendre le *Nouveau-Monde* au sérieux et nous croyons qu'il est de la plus stricte justice, pour contre-balancer les effets des faux bruits que l'on colporte de déclarer, sans faire un usage indu d'une telle autorité, que Sa Grandeur est, comme tous les vrais conservateurs, favorable à la réélection de sir Georges. »

Le *National* ne prise pas la conclusion que tire son adversaire, la *Minerve*. Il réplique immédiatement :

> Pourquoi ces hypocrites ne disent-ils pas tout de suite que Notre Saint-Père le pape s'est déclaré pour la candidature de M. Cartier ? Nous comprenons que des évêques et des prêtres pleins de charité, remplis de l'esprit de leur ministère, se rappelant la conduite du bon pasteur, leur modèle, qui abandonne quatre-vingt-dix-neuf brebis de son troupeau pour courir après la centième qui s'est égarée, soient allés faire à M. Cartier des visites de charité et de condoléances. Mais il y a un indigne mensonge à représenter les visites de courtoisie et de charité comme des adhésions politiques et la *Minerve* (l'eusses-tu cru ?) comme l'organe de l'évêché.

Avec ou sans l'appui du clergé, Cartier subit une cuisante défaite le mercredi 28 août, son adversaire remportant la victoire avec une majorité de 1300 voix.

La défaite de Cartier surprend. L'évêque de Montréal et Bayle et le supérieur de Saint-Sulpice à Montréal sont parmi les premiers à se rendre auprès du père de la Confédération pour lui offrir leur sympathie. Le gouverneur général du Canada, lord Dufferin, envoie une lettre de consolation, le 29, soit le lendemain même des élections.

> Bien que mes fonctions m'obligent à rester à l'écart des luttes politiques, écrit le représentant de la reine, je suis sûr de ne commettre aucun acte inconstitutionnel

en vous exprimant le profond et extrême regret que j'ai éprouvé en apprenant votre défaite à Montréal. En commun avec presque tous ceux qui se sont distingués dans la vie parlementaire, il vous a fallu subir l'une des vicissitudes proverbiales qui s'attachent à la fortune des hommes populaires. [...] Il ne saurait y avoir le moindre doute que vous pourrez aisément obtenir un autre siège, car je suis sûr que même vos adversaires politiques les plus acharnés ne se pardonneraient jamais leur triomphe si cela devait entraîner votre exclusion du parlement.

Et pourtant, le parti conservateur a dépensé beaucoup d'argent et d'énergie dans la circonscription de Montréal-Est ! Arthur Dansereau, rédacteur de la *Minerve*, y fait écho dans une lettre à Langevin, en date du 7 septembre :

Dans notre district, le patronage n'a toujours été étendu qu'aux amis personnels de sir Georges ou à des personnes incapables de rendre des services. Faites la revue des gens favorisés par le gouvernement, vous n'y trouverez que des poules mouillées et souvent des adversaires. Il est arrivé que les vrais amis du parti, toujours délaissés, ont fini par se désillusionner et, à la dernière élection, pas un homme n'a voulu marcher sans argent. Les 25 000 $ dépensés pour acquérir une minorité de 1300 voix sont restés entre les mains de ces amis. Il n'y a réellement plus d'esprit de parti parce qu'on n'a pas songé à l'entretenir.

## Élu par acclamation

Le jour où Cartier mord la poussière, les élections ne sont pas partout terminées puisque dans certaines circonscriptions électorales, le vote n'a pas encore eu lieu. Ainsi, le comté de Provencher, au Manitoba, doit se choisir un représentant le 14 septembre seulement. Deux candidatures sont connues : celle d'Henry J. Clarke, le procureur général de la province, et celle de Louis Riel, qui vit toujours en exil aux États-Unis. Le 4 septembre, le premier ministre Macdonald envoie un télégramme au lieutenant-gouverneur Archibald lui demandant de faire en sorte « que sir Georges [Étienne Cartier] soit élu dans votre province, mais, cependant, ne permettez pas que l'ancien président du gouvernement provisoire résigne en sa faveur ». Archibald obtient l'appui de l'évêque Taché pour inciter Riel à ne pas se présenter, malgré le souhait de Macdonald, car l'élection de l'ancien chef métis aurait soulevé bien des problèmes ! Le 14 septembre, lors de la mise en nomination, les deux candidats se retirent et Cartier est alors élu par acclamation. Dans sa lettre de remerciement à ses commettants, le 21 septembre, Cartier déclare : « Je ne puis donc faire autrement que de reconnaître l'acte bienveillant de ces candidats, qui, spontanément, se sont retirés de la lutte, pour vous permettre de réunir vos suffrages sur ma personne. Je suis chagrin d'avoir à vous dire qu'il me faut immédiatement aller faire un voyage d'Europe dans l'intérêt de ma santé. »

## L'élection de la corruption

Les élections de 1872 reportent au pouvoir le parti conservateur, mais avec une faible majorité. La nouvelle Chambre des communes se composera de 102 députés conservateurs et de 98 libéraux. Alors que la province de l'Ontario choisit

50 députés libéraux sur un total de 88, la province de Québec vote majoritairement pour le parti conservateur en élisant 38 conservateurs et 27 libéraux.

Dans son édition du 16 août, le *Courrier du Canada* déplore la façon dont se sont déroulées les élections générales :

> On serait terrifié si on pouvait connaître au juste le nombre de ceux qui, depuis le commencement des élections actuelles, ont vendu leurs suffrages, se sont parjurés et se sont volontairement embrigadés dans les bandes de fiers-à-bras organisées pour seconder l'œuvre de la corruption et du parjure. Autrefois, on rencontrait des électeurs qui faisaient le trafic de leurs suffrages et à qui il n'en coûtait rien de prendre en vain le nom de Dieu ; mais ces électeurs appartenaient à la classe des enfants perdus de notre société et ils étaient déjà marqués au front d'un stigmate infâmant. Mais, aujourd'hui, le mal a envahi toutes les classes de la société ; dans les villes, les marchands considérés vendent leur vote.

## Taxes et religion

Parmi les raisons qui expliquent la certaine désaffection envers le parti conservateur, surtout dans la province de Québec, il y a ce que l'on a appelé l'affaire des écoles du Nouveau-Brunswick. L'article 93 du British North America Act ne concernait que les écoles séparées établies en vertu d'une loi spécifique. Or, les catholiques du Nouveau-Brunswick croient que leur loi scolaire de 1858 leur reconnaît le droit de posséder leurs propres écoles puisque cette législation leur permet d'enseigner oralement le catéchisme et de se servir du livre de catéchisme comme livre de lecture !

En mai 1871, le gouvernement du premier ministre George Edwin King décide de faire disparaître ces écoles de paroisses où l'on enseigne le français et la religion catholique. Il adopte donc une loi qui déclare que l'école publique est neutre et qu'il est interdit aux instituteurs de porter quelque signe religieux distinctif que ce soit. De plus, tous les manuels doivent recevoir l'approbation du Bureau provincial d'éducation. En conséquence, les catholiques qui veulent que leurs enfants continuent de recevoir un enseignement religieux et d'apprendre la langue française devront payer pour l'entretien de ces écoles privées, en plus de verser les sommes nécessaires pour le maintien des écoles publiques, et ce sous forme de taxes. Dans son discours de prorogation de la Législature du Nouveau-Brunswick, le lieutenant-gouverneur Lemuel Allan Wilmot précise les buts visés par la nouvelle loi scolaire : « Je vous demande de faire tout en votre pouvoir, dans vos sphères respectives, pour donner effet à cette mesure. Très sincèrement, j'espère que nous pourrons voir bientôt, lorsque la loi sera appliquée, les enfants de toute dénomination religieuse fréquenter les mêmes écoles, s'asseoir sur les mêmes bancs et lutter bravement pour obtenir les mêmes prix, formant ainsi des amitiés qui se continueront plus tard quand ils entreront dans la vie réelle du travail. »

Les catholiques, qui forment exactement le tiers de la population totale de la province, dénoncent vertement la nouvelle loi scolaire qui les oblige à cotiser pour un système d'écoles où ils ne peuvent en conscience, selon les recommandations de leur clergé, envoyer leurs enfants. En juin 1871, ils signent une pétition destinée au gouverneur général du Canada dénonçant ce qu'ils considèrent comme une violation de la lettre, sinon de l'esprit, du British North America Act.

Que, lors de la discussion du bill, les catholiques [...] ont demandé par requête que l'on accordât le droit dont jouit la minorité protestante dans la province de Québec, d'établir des écoles dissidentes ou séparées, ce qui leur fut refusé. [...] Que, si on permet à cette loi de devenir en force, vos requérants seront forcés de contribuer à l'établissement d'écoles qu'ils condamnent en conscience et que, s'ils ne veulent pas exposer leurs enfants à ce qu'ils regardent comme un danger très sérieux et très alarmant, ils devront établir d'autres écoles à leurs frais, payant deux fois plus que les autres, ou laisser leurs enfants dans l'ignorance. [...] En conséquence, vos requérants prient humblement Votre Excellence de désavouer cet acte.

La Chambre des communes d'Ottawa est saisie de la question le 29 avril 1872, alors que le député Renaud présente une motion demandant qu'une copie de toute la correspondance échangée entre le gouvernement du Canada et celui du Nouveau-Brunswick au sujet de la loi des écoles soit déposée devant la Chambre. Au cours du débat qui s'engage, le premier ministre Macdonald prononce une profession de foi dans les écoles séparées :

Durant toute ma carrière parlementaire, je me suis montré un ami constant des écoles séparées, puisque j'ai contribué à donner ce système à la minorité catholique d'Ontario. Chacun sait que cette question a failli menacer l'existence de la Confédération et que, si l'on eût chargé le Parlement fédéral de régler la question de l'instruction publique, cela aurait suffi pour faire répudier la Confédération par la population du Bas-Canada. Il fut donc expressément stipulé, dans l'Acte d'Union (de 1867), que la question serait laissée entièrement à la décision des provinces, qu'il n'y aurait pas d'intervention là où un système d'écoles séparées serait en vigueur et que toute confession religieuse qui, au temps de la passation de l'Acte, ou par un acte subséquent de la Législature locale, aurait acquis des privilèges, serait protégée contre tout autre acte de la Législature locale, et que toute tentative par la Législature d'enfreindre ces privilèges serait frappée de nullité, le gouverneur général ayant plein pouvoir d'agir à cet effet.

L'intervention de George-Étienne Cartier est attendue avec impatience, les catholiques du Nouveau-Brunswick comptant sur lui. Mais le ministre se retranche derrière une position très légaliste.

La seule question à résoudre est de savoir si l'Acte dont on se plaint a enfreint les droits que possédaient auparavant les catholiques du Nouveau-Brunswick. Les actes qui ont précédé celui-ci n'ont jamais conféré le droit d'établir des écoles séparées, car ils constituaient tout simplement une législation valide d'une session à l'autre. Je regrette beaucoup que le gouvernement du Nouveau-Brunswick ait passé cette loi, mais comme les anciennes lois n'autorisaient pas l'existence d'écoles séparées et qu'elles n'accordaient pas des droits spéciaux aux catholiques, je crois que le présent acte finira par être avantageux, car si les catholiques luttent avec autant de persévérance qu'ils l'ont fait dans Ontario, sans bigoterie, sans passion, mais avec la détermination de revendiquer leurs droits, ils ne pourront manquer d'être mis sur le même pied que leurs coreligionnaires d'Ontario. Oui, que les catholiques du Nouveau-Brunswick fassent bien comprendre avec quelle libéralité la grande majorité des catholiques de la province de Québec ont traité la minorité protestante, et leurs justes droits ne pourront manquer d'être pleinement reconnus. [...] Dans toutes nos discussions au sujet de la Confédération, il ne fut jamais question des droits des catholiques de cette province. L'évêque du Nouveau-Brunswick a écrit des lettres en faveur de la Confédération, mais il n'a jamais réclamé une protection spéciale pour ses fidèles. Quant à moi, je déclare hautement que les catholiques du Nouveau-Brunswick devraient avoir les mêmes privilèges que ceux de la province de Québec. Seulement il est incontestable qu'ils n'ont pas la même protection que ces derniers, en vertu de la loi. *Dura lex, sed lex.*

Le 20 mai, le représentant de la circonscription électorale de Victoria, au Nouveau-Brunswick, John Costigan, propose qu'une adresse de la Chambre soit présentée au gouverneur général, adresse soulignant que toutes les lois qui rompent l'harmonie religieuse du Canada sont injustes et qu'en conséquence la loi scolaire du Nouveau-Brunswick devrait être désavouée. Deux jours plus tard, John Hamilton Gray, député de Saint-Jean et un des pères de la Confédération, propose un amendement à la motion Costigan par lequel il affirme que la loi est parfaitement constitutionnelle et que l'on devrait attendre qu'elle ait été en vigueur au moins six mois avant de voir si elle peut être préjudiciable à la Puissance. Quant à Pierre-Joseph-Olivier Chauveau, représentant le comté de Québec, il demande de modifier le British North America Act pour accorder à toute dénomination religieuse du Nouveau-Brunswick et de la Nouvelle-Écosse les droits, privilèges et avantages qu'elle possédait sur le plan scolaire avant 1867.

Le député de Stanstead, Charles Carroll Colby, trouve un moyen de rallier la majorité avec une motion qui n'est rien d'autre que la manifestation de vœux pieux : « Que cette Chambre regrette que l'Acte des écoles récemment passé dans le Nouveau-Brunswick cause du mécontentement à une partie des habitants de cette province et espère qu'elle sera amendée durant la prochaine session de la Législature du Nouveau-Brunswick, de manière à faire disparaître les justes sujets de mécontentement qui existent maintenant. » Cartier, à nouveau, participe au débat qui suit la présentation de la motion. Il souligne les dangers qui pourraient découler de l'intrusion du gouvernement fédéral dans un champ de compétence provinciale :

C'est pour les meilleures raisons du monde que le sujet de l'éducation a été attribué à la juridiction des gouvernements locaux, et si ces gouvernements ont juridiction exclusive en cette matière, comment le Parlement du Canada peut-il intervenir ? Et agir ainsi, serait créer le plus dangereux précédent, au cas où les protestants de la province de Québec deviendraient mécontents de sa législation, ils pourraient alors en appeler au Parlement fédéral, pour la faire abroger. [...] La loi passée par le Nouveau-Brunswick est constitutionnelle et je ne vois rien qui puisse justifier le gouvernement du Canada de la désavouer. Nous pouvons tous avoir à cœur de rendre justice au Nouveau-Brunswick ; mais la Chambre doit rester dans les limites de la loi.

Au cours de la campagne électorale provinciale de l'été 1872, la question des écoles du Nouveau-Brunswick est à l'ordre du jour. Le clergé catholique de la province de Québec est divisé sur l'attitude à prendre. La presse ultramontaine fait état de l'avis d'un théologien romain qui avait déclaré : « Aucun député catholique ne peut prêter la main à une semblable injustice, ce qu'il ferait si, par son vote, il contribuait à faire rejeter le secours en question. » Les évêques Taschereau et Langevin ramènent la question à sa vraie dimension : un problème constitutionnel !

## Mise en minorité

Lorsque s'ouvre la première session du deuxième Parlement du Canada, le 5 mars 1873, la question des écoles du Nouveau-Brunswick est toujours d'actualité. Les ministres du cabinet Macdonald ne veulent pas créer un précédent dangereux en intervenant dans un domaine de juridiction provinciale. Le 12 mai, Hector-Louis Langevin écrit à son frère Edmond : « Prenons garde de ne pas risquer nos droits, privilèges et garanties constitutionnels, pour tenter un effort inutile en Angleterre en faveur des catholiques du Nouveau-Brunswick. L'Acte constitutionnel est un pacte ou traité. [...] Y toucher malgré la majorité de la Nouvelle-Écosse et du Nouveau-Brunswick, c'est préparer les voies et créer un précédent pour l'intervention du Parlement fédéral dans nos affaires bas-canadiennes. »

Le député Costigan revient à la charge le 14 mai en présentant une nouvelle motion qui a obtenu l'appui de l'évêque catholique de Saint-Jean, John Sweeney. Il demande que la Chambre des communes mette « les parties lésées en mesure de soumettre le cas judiciairement au Conseil privé ; et il est du devoir du gouvernement de conseiller à Son Excellence le gouverneur général de désavouer les actes passés durant la dernière session de la Législature du Nouveau-Brunswick, pour légaliser l'imposition des taxes, conformément à l'Acte des écoles et pour amender ledit Acte des écoles communes. »

Le premier ministre Macdonald conseille alors à la minorité catholique d'être patiente et d'attendre que justice lui soit faite. Il souligne le fait que la cour suprême du Nouveau-Brunswick s'est prononcée en faveur de la validité de la loi. « Si la Chambre, ajoute-t-il, adoptait la présente proposition, ce serait un grand malheur. Cela affaiblirait la confiance des provinces dans le gouvernement central et paralyserait, dans la pratique, l'opération de la Constitution. »

Honoré Mercier, qui avait été élu député de Rouville aux élections générales de l'année précédente, profite du débat engendré par la motion Costigan pour prononcer son premier discours à la Chambre des communes. Il commence par comparer l'importance des minorités au Québec, en Ontario et au Nouveau-Brunswick.

> La minorité de Québec ne forme qu'un septième, et celle d'Ontario qu'un sixième de la population entière de ces provinces respectives, tandis que la minorité du Nouveau-Brunswick forme plus d'un tiers de la population totale. Je cite ces chiffres qui ont leur place logique dans ce débat, afin de démontrer l'injustice criante faite à nos coreligionnaires du Nouveau-Brunswick. Une loi persécutrice prive cruellement un tiers de la population d'une province des droits et privilèges qui sont généreusement accordés à un sixième et à un septième des populations respectives des autres provinces.

Le futur premier ministre de la province de Québec, après avoir souligné que la conduite du gouvernement du Nouveau-Brunswick blesse « au cœur les catholiques de toute la Puissance », parle d'un revirement possible des lignes de force :

[les catholiques] devront protester solennellement contre un tel déni de justice et prendront en face de la nation l'engagement sacré de se venger à la première occasion que les circonstances fourniront. Et qu'il me soit permis de rappeler que cette occasion n'est peut-être pas aussi éloignée qu'on pourrait le croire. Il n'y a que 500 000 protestants de plus que de catholiques dans la Puissance entière ; or nous avons, nous Canadiens, 600 000 compatriotes qui mangent à l'étranger le pain amer de l'exil et soupirent, de l'autre côté de la frontière américaine, après le jour heureux où il leur sera permis de reprendre au sein de la patrie toujours regrettée la place que le malheur les a forcés de quitter. Si cet heureux événement se réalisait, et j'ai assez de confiance en l'avenir pour croire qu'il se réalisera, alors les protestants ne seraient plus en majorité et l'heure de la rétribution aurait sonné. Ceux qui, oubliant la foi jurée, la parole sacrée, auraient abusé de leurs forces et de leur pouvoir pour écraser une minorité impuissante, seraient à leur tour à la merci de leurs victimes de la veille ; et les persécutés d'aujourd'hui deviendraient peut-être, malheureusement, les persécuteurs du lendemain.

L'orateur termine son intervention par un cri de solidarité : « C'est surtout la population de Québec qui unit sa voix à celle de la minorité du Nouveau-Brunswick. Cette population de Québec a droit d'espérer qu'elle sera écoutée par la majorité protestante, car elle a toujours été libérale et généreuse pour la minorité de sa province. »

La motion Costigan est mise aux voix ; 98 députés votent en sa faveur et 63 contre.

Le gouvernement de Macdonald est donc mis en minorité, sans que cela n'entraîne sa chute. Mais il sort de ce débat affaibli, surtout dans l'opinion publique, car le Canada tout entier s'intéresse de plus en plus à ce qu'on appellera le scandale du Pacifique.

Quant au problème scolaire du Nouveau-Brunswick, il connaît des développements à partir du mois de juin 1873, alors que les autorités commencent à sévir contre ceux qui négligent ou refusent de payer les taxes scolaires. On vend à l'encan la voiture et les deux chevaux de l'évêque catholique Sweeney. La vache du père McDevitt est saisie. Joseph Michaud, curé d'office de la cathédrale de Saint-Jean, se retrouve en prison pour refus de payer une taxe qu'il juge injuste. Le prêtre séjourne peu longtemps en prison : vers dix-huit heures trente, le jour même de son arrestation, le député shérif le remet en liberté car « quelqu'un avait envoyé au député shérif une lettre anonyme avec 5 $ pour payer la taxe d'école du prêtre ».

Le *Moniteur acadien* demande, à nouveau, au gouvernement fédéral d'intervenir, sinon la Confédération en subira de graves conséquences : « Les hommes sérieux [se demandent] si cela durera longtemps, c'est-à-dire si, sous le prétexte de respecter les autonomies provinciales, l'on permettra à la tyrannie la plus odieuse de peser si systématiquement sur une population de cent mille âmes, jusqu'à ce que le désespoir pousse celle-ci à la résistance et que, par la violence de la secousse qu'elle imprimera, elle ébranle la Confédération jusque dans ses fondements. »

La question scolaire du Nouveau-Brunswick trouvera une solution partielle deux ans plus tard, après que la violence eut éclaté en quelques endroits.

## Le scandale !

Comme nous l'avons déjà vu, le 28 mai 1872 le Parlement du Canada avait adopté un projet de loi concernant la construction du chemin de fer du Pacifique. À ce moment-là, deux compagnies, l'une de Toronto, l'autre de Montréal, envisageaient la possibilité de réaliser le projet. L'entreprise montréalaise peut compter sur d'importants appuis financiers américains, mais des membres du cabinet fédéral, Cartier entre autres, ne veulent pas d'une compagnie dont les intérêts seraient américains. D'ailleurs, au cours de la campagne électorale de l'été 1872, Cartier avait déclaré : « Jamais une sacrée compagnie américaine n'aura le contrôle du Pacifique. »

Avant la fin de 1872, le premier ministre Macdonald réalise son projet de former une nouvelle compagnie avec les éléments des deux compagnies rivales. En février 1873, une nouvelle charte est émise au nom de la Canadian Pacific Railway Company. Hugh Allan en devient le président et aucun Américain ne siège au conseil d'administration. Les évincés menacent de faire éclater un scandale.

Le 2 avril 1873, Lucius Seth Huntingdon, député libéral de Shefford, dans les Eastern Townships, intervient à la Chambre des communes d'Ottawa sur une question de privilège. Il croit pouvoir établir par des preuves suffisantes qu'un arrangement était intervenu entre Allan et George W. McMullen, ce dernier agissant

> pour certains capitalistes des États-Unis, par lequel arrangement ces derniers convinrent de fournir tous les fonds nécessaires pour la construction du chemin de fer projeté et de donner au premier un certain percentage en vue de leurs intérêts et de leur position, le plan convenu étant ostensiblement celui d'une compagnie canadienne ayant sir Hugh Allan comme président ; que le gouvernement fut informé que des négociations étaient pendantes entre les deux dites parties ; que subséquemment il fut convenu entre le gouvernement et sir Hugh Allan et M. [John Joseph Caldwell] Abbott [député du comté d'Argenteuil], que sir Hugh Allan et ses amis avanceraient une forte somme d'argent pour aider à l'élection des ministres et de leurs amis à l'élection générale alors prochaine, et que lui et ses amis auraient le contrat pour la construction du chemin de fer ; qu'en conséquence sir Hugh Allan avança une forte somme d'argent pour l'objet ci-dessus mentionné, à la sollicitation pressante des ministres ; qu'une partie des deniers dépensés par sir Hugh Allan pour obtenir l'acte d'incorporation ou charte lui a été payée par lesdits capitalistes des États-Unis en vertu de l'arrangement conclu avec lui.

En conséquence, Huntingdon demande qu'un comité de sept membres soit formé « pour s'enquérir de toutes les circonstances se rattachant aux négociations pour la construction du chemin de fer du Pacifique, à la législation de la dernière session sur le sujet, et à l'octroi de la charte à sir Hugh Allan et autres, avec pouvoir d'envoyer quérir personnes et papiers, et avec instruction de faire rapport de tous les témoignages pris devant lui, ainsi que de ses délibérations ».

La motion est rejetée par 107 voix contre 76. Les ministériels n'ont prononcé avant le vote aucun discours ni fait aucune remarque. Mais le lendemain, Macdonald, devant la gravité des accusations, « donne avis qu'il demandera à la Chambre de nommer un comité de cinq membres que la Chambre choisira pour considérer les sujets mentionnés dans la proposition de M. Huntingdon, hier, ce comité devant siéger pendant la vacance, si c'est nécessaire, et de lui accorder une commission royale, si besoin, afin de lui donner des pouvoirs additionnels ».

Le 8 avril, à la demande de Macdonald, les députés désignent par mode de votation les cinq membres du comité d'enquête : Joseph-Godric Blanchet, député de Lévis ; Antoine-Aimé Dorion, député de Napierville ; James MacDonald, député de Pictou ; Edward Blake, député de South Bruce, en Ontario ; et John Hillyard Cameron, député de Cardwell, en Ontario, et président du comité. Ce dernier demande à la Chambre des communes d'adopter un projet de loi autorisant le comité d'enquête à entendre les témoignages sous serment. Lors de son étude au Sénat, ce projet soulève un point d'interrogation, « de savoir si ces dispositions étaient bien du ressort de la Législature canadienne ». L'article 18 du British North America Act décrète que « les privilèges, immunités et pouvoirs que posséderont et exerceront le Sénat, la Chambre des communes et les membres de ces corps respectifs seront ceux prescrits de temps à autre par actes du Parlement du Canada ; ils ne devront cependant jamais excéder ceux possédés et exercés lors de la passation du présent acte par la Chambre des communes du Parlement du Royaume-Uni de la Grande-Bretagne et d'Irlande et par les membres de cette Chambre ». Or, en 1867, la Chambre des communes d'Ottawa ne possède pas, comme son pendant londonien, le droit de nommer des comités avec privilège de faire prêter serment.

## Délai sur délai

Le 6 mai, le président Cameron demande que le comité ne se réunisse pas avant le 2 juillet, pour ainsi donner le temps à George-Étienne Cartier, Hugh Allan et J. C. Abbott, qui séjournent en Angleterre, de revenir au Canada pour pouvoir se défendre des accusations qui pèsent contre eux. George-Étienne Cartier ne sera pas entendu : il décède à Londres, le 20 mai, des suites de la maladie de Bright.

L'opposition commence à affirmer que les ministériels font tout pour retarder le début de l'enquête. Vers le 20 mai, Cameron écrit aux autres membres du comité pour les avertir que « le bill autorisant l'administration des serments dans le comité sera désavoué sur le conseil des officiers en loi de la Couronne et qu'il était, en conséquence, autorisé à demander à ces messieurs s'ils accepteraient une commission royale pour poursuivre l'enquête au lieu de l'ordre parlementaire actuel ». Il est à noter que trois des membres du comité sont d'allégeance conservatrice et deux, libérale.

La commission Huntingdon, comme on l'appelle alors, se réunit le 2 juillet dans la salle de séance de la cour d'appel, à Montréal, en présence d'une importante assistance. Le président donne lecture de l'annonce publiée dans la *Gazette officielle du Canada* stipulant que le serment ne peut être exigé des témoins appelés à comparaître. Les membres du comité sont en désaccord sur les deux questions suivantes : doivent-ils siéger quand même et doivent-ils exiger le serment. Cameron fait alors état d'une lettre qu'il vient de recevoir du premier ministre Macdonald renouvelant l'offre de nommer une commission royale d'enquête. Les trois conservateurs sont en faveur d'une telle modification, alors que Dorion et Blake s'y opposent, parce que la nouvelle commission relèverait du Conseil exécutif et non plus de la Chambre des communes.

Le comité de la Chambre décide donc d'ajourner au 13 août. Mais le 4 août, avant la reprise des travaux, le scandale du Pacifique prend un nouveau tournant. Ce jour-là, le *Montreal Herald* entreprend la publication d'une série de lettres compromettant plusieurs ministres et députés du cabinet Macdonald. La *Montreal Gazette* et d'autres journaux emboîtent le pas, publiant à leur tour des correspondances plus ou moins compromettantes.

Ainsi, on apprend que, le 16 juillet 1872, Hugh Allan déclarait à McMullen : « Il y a une espèce de négociation entre MacPherson [du groupe de Toronto] et moi relativement à cette compagnie [qui réunirait les financiers de Toronto et de Montréal], mais elle n'a pas encore abouti à rien jusqu'à présent. Pendant ce temps, les élections approchent et, si la chose n'est pas arrangée à la satisfaction du Bas-Canada, les chances d'élections de sir Georges Cartier seront bien minces. Je n'en puis encore entrevoir le résultat, mais la décision n'en sera pas reculée bien longtemps. Je vous avertirai aussitôt que je saurai quelque chose. » Quinze jours auparavant, soit le 1ᵉʳ juillet, Allan avait écrit « à un éminent président d'un chemin de fer américain » :

> Depuis longtemps, les cultivateurs canadiens-français désirent la construction d'un chemin de fer de Montréal à Ottawa à travers leurs campagnes, mais Cartier, qui est l'avocat salarié du Grand Tronc, auquel ce nouveau chemin de fer ferait opposition, a toujours suscité des difficultés et par son influence en a empêché la construction. Pour la même raison, il voulait donner le contrat du Pacifique à des personnes ayant des relations avec le Grand Tronc et, dans ce but, il a attisé le feu d'une opposition à notre projet. Mais je vis dans ce chemin de fer canadien-français et dans l'approche des élections générales où Cartier et autres auraient à se présenter devant leurs électeurs, un moyen sûr d'atteindre mon but, surtout parce que je me propose d'y arriver au moyen du terminus du Pacifique. Les plans que je soumets sont les plus propres à servir les intérêts du Canada et, en voulant les faire adopter par le public, je fais un acte très réellement patriotique ; mais, même dans ce but, il faut trouver des moyens d'influencer le public et j'ai employé plusieurs jeunes avocats canadiens-français pour écrire en ce sens dans leurs principaux journaux. J'ai souscrit une somme qui peut avoir une influence prépondérante dans le capital-actions de la compagnie et j'ai subventionné les journaux eux-mêmes, y compris les rédacteurs et les propriétaires. J'ai parcouru le pays que le chemin devait traverser et rendu visite à plusieurs habitants. Je suis aussi allé voir les prêtres, je gagnai leur amitié et j'employai des agents pour aller parmi les notables et parler du sujet.

Allan vante ensuite le succès de ses démarches. Il affirme à son correspondant qu'il peut compter sur l'appui de 27 députés sur les 45 concernés. Il a pu ainsi organiser la compagnie et faire procéder à la souscription d'une partie du capital-actions. Comme tout cela mérite une certaine « récompense », il termine sa lettre par ces mots plus ou moins énigmatiques : « Comme vous devez le supposer, l'affaire n'en est pas rendue là sans beaucoup de dépenses, dont une grande partie payable seulement après avoir obtenu le contrat, mais je pense que cela n'ira pas loin de 300 000 $. »

*Demandes de plus en plus pressantes*

Macdonald écrit à Cartier le 20 juillet 1872 qu'il l'autorise « à déclarer à Allan que le gouvernement emploiera son influence pour lui obtenir la place de président ». Il ajoute qu'« on devra garder le silence sur toute l'affaire jusqu'après les élections ». Cartier communique oralement à Allan la substance de la missive du premier ministre. Le financier demande au ministre de lui confirmer le tout par écrit, ce que fait Cartier le 30 juillet. Le même jour, il écrit une autre lettre à Allan, beaucoup plus compromettante celle-là : « Cher sir Hugh, les amis du gouvernement s'attendent à ce que des fonds seront versés dans les élections prochaines et toute somme que vous ou votre compagnie avancera dans ce but vous sera remboursée. Ci-inclus vous trouverez un mémoire. Votre tout dévoué, George E. Cartier. Il faudrait immédiatement pour : sir John A. Macdonald 25 000 $ ; Hector Langevin, 15 000 $ ; sir G. E. C., 20 000 $ ; sir J. A., (add.) 10 000 $ ; H. Langevin, (add.) 10 000 $ ; sir G. E. C. (add.) 30 000 $. »

Le jour même où Cartier donne confirmation écrite à Allan que le gouvernement fédéral accorderait le contrat à la nouvelle compagnie née du fusionnement, le financier montréalais demande au premier ministre du Canada de sanctionner les conditions précisées par son ministre. Macdonald refuse de faire un tel geste. « Alors, raconte l'historien John Boyd, sir Hugh Allan informa sir Georges Cartier qu'il considérait la lettre comme non avenue, et sir Georges Cartier télégraphia au premier ministre pour l'informer que la lettre avait été retirée. » Voilà ! Ce qui n'empêche pas Allan de verser les sommes demandées, comme il le déclarera sous serment devant la Commission royale d'enquête : « À la face de la lettre, dit-il, le mémoire est pour 110 000 $, mais dans le temps que cela fut écrit les trois premiers articles s'élevant à 60 000 $ furent seuls mentionnés. Sir Georges m'a dit, cependant, qu'il arrangerait tout cela plus tard. J'ai donc versé les trois premières sommes aux messieurs indiqués. Après cela, sir Georges me pria d'envoyer encore 10 000 $ à sir John A. Macdonald et 10 000 $ à M. Langevin, et 30 000 $ au comité central d'élections et les trois sommes en dernier lieu mentionnées dans le mémoire y furent alors ajoutées par sir Georges. »

Le 24 août, Cartier fait parvenir à Abbott la note suivante : « En l'absence de sir Hugh Allan, je vous serais obligé de vouloir bien remettre au comité central une autre somme de 20 000 $ aux mêmes conditions que celles mentionnées par moi au bas de ma lettre à sir Hugh en date du 30 du mois dernier. P. S. Veuillez aussi envoyer à sir John A. Macdonald dix mille dollars de plus aux mêmes conditions. » Deux jours plus tard, c'est le premier ministre lui-même qui se fait pressant. « Il me faut encore dix mille dollars, écrit-il à Abbott de Toronto. C'est le dernier appel. Ne manquez pas. Répondez aujourd'hui. »

Les contributions de Allan dépassent les 300 000 $. Cartier aurait reçu 85 000 $ ; Macdonald, 45 000 $ et Langevin, 32 000 $.

*Un mauvais coup*

La commission Huntingdon doit donc se réunir le 13 août 1873. Bien avant la date fixée, la rumeur commence à courir que le gouverneur général, à la demande du premier ministre Macdonald, s'apprêterait à proroger la session le 13 août précisément ! En plusieurs endroits du Canada se tiennent des assemblées où l'on adopte des résolutions demandant à lord Dufferin de ne pas proroger la session, pour permettre à la population de connaître la vérité. On sait déjà, par contre, de qui se composera la commission royale en gestation.

Le 13 août 1873, à 3 heures et demie de relevé, le représentant de la reine proroge le Parlement. Le matin, le comité présidé par Cameron s'était réuni. Quelques heures plus tard, le gouverneur général reçoit Richard Cartwright qui lui présente une pétition signée par 80 membres de l'opposition et par 12 ministériels demandant que la Chambre des communes continue à siéger jusqu'à ce qu'elle ait eu le temps de prendre les mesures nécessaires pour mettre fin au scandale du Pacifique. Dans sa réponse, le gouverneur général Dufferin fait état de la demande du cabinet des ministres de proroger immédiatement la Chambre en raison de la saison avancée. Mais il promet de réunir les députés le plus rapidement possible.

Immédiatement après la prorogation, les députés mécontents se réunissent dans la chambre du comité des chemins de fer pour tenir une « assemblée d'indignation ». Le lendemain, 14 août, une proclamation officielle annonce la formation d'une commission royale d'enquête formée des juges Charles Dewey Day, de Montréal, Antoine Polette, de Trois-Rivières, et James Robert Gowan, de Barrie en Ontario.

> Nous vous avons constitués et nommés commissaires pour faire enquête comme il est dit plus haut ; et vous, ledit Charles Dewey Day, serez le président de cette commission, et nous vous autorisons et requérons, en qualité de commissaires, d'agir avec toute la promptitude possible et par tous les moyens légaux de recueillir des témoignages, de sommer de comparaître devant vous parties ou témoins et de les requérir de faire leurs dépositions sous serment ou affirmation solennelle pour les personnes ayant droit d'affirmer en matière civile, et de produire tous documents que vous jugerez nécessaires pour faire une enquête complète dans les questions et déclarations ci-dessus indiquées.

Les séances se tiendront à Ottawa.

La commission commence ses auditions le 4 septembre et les termine le 30 du même mois. Le 23 octobre, le jour même de l'ouverture de la deuxième session du deuxième Parlement du Canada, le rapport des commissaires est déposé devant les membres de la Chambre. La session s'ouvre donc le jeudi 23 ; le dimanche auparavant, Dufferin avait écrit à Macdonald une lettre où il lui faisait part de son désarroi et de la situation pénible dans laquelle il se trouvait, déchiré entre son amitié pour le premier ministre et son devoir comme gouverneur général. « En dépit de la faiblesse de Cartier, lui disait-il, vous avez religieusement protégé les intérêts du Canada à la fois contre les spéculateurs américains qui s'étaient adressés à vous et contre les approches de sir Hugh Allan. » Mais, au dire du représentant de la reine, Macdonald est vraiment compromis par les résultats de l'enquête.

Le chef du parti conservateur, « à qui le Canada doit son existence », selon Dufferin, s'était défendu en accusant son ancien allié, mort depuis quelques mois déjà :

Ce ne fut qu'après sa mort et lorsque la preuve fut produite, écrit Macdonald à Dufferin, que ses collègues apprirent sa conduite insensée. Comme je l'ai déjà dit, cela indiquait trop clairement que son esprit était affaibli autant que son corps. Naturellement, je ne puis dire cela qu'à vous, vu que je préférerais subir n'importe quelle conséquence plutôt que de discréditer sa mémoire devant le public ou dire quelque chose qui put avoir l'apparence d'une tentative ayant pour but de rejeter sur lui le blâme qui pourrait s'attacher à ces transactions, vu qu'il n'est plus là pour se défendre.

Le débat sur l'adresse en réponse au discours du trône est l'occasion idéale pour l'opposition de dénoncer le gouvernement Macdonald que l'on charge de tous les crimes. Le chef de l'opposition, Alexander Mackenzie, présente une motion de non-confiance.

Edward Blake prononce, le 4 novembre, un long discours, survolant les principaux événements qui ont entouré le scandale du Pacifique. En conclusion, il déclare : « Aucun ministre ne peut conserver une position où son intérêt est en conflit avec son devoir. Si le gouvernement a reçu de l'argent d'un entrepreneur pour des considérations quelconques, sa position n'est pas tenable. En rendant justice au parti dans ce cas, on trahirait le public. [...] Je crois que le vote qui va être pris marquera la fin de vingt années de corruption. »

La séance se poursuit une partie de la nuit. Le 5 novembre, un peu avant quatre heures, Macdonald prend la parole ; son discours ne se terminera qu'à neuf heures. Le premier ministre fait le tour de son œuvre et tente de balayer les accusations qui pèsent contre lui. Un coup de théâtre, prévu par quelques-uns, se produit, causant une grande surprise.

Les conseillers de la Couronne, jusqu'à hier, déclare Macdonald, croyaient pouvoir compter, en cette Chambre, sur un appui qui leur permettrait non seulement de triompher d'une proposition de non-confiance, mais leur permettrait encore d'administrer, d'une manière satisfaisante et avec crédit, les affaires du gouvernement du pays. D'après certains discours prononcés en cette enceinte et en dehors, ils ont raison de croire et ils savent qu'ils n'ont pas, en ce moment, une majorité suffisante, et en conséquence j'ai cru qu'il était de mon devoir de me rendre auprès de Son Excellence le gouverneur général et de lui offrir la démission du gouvernement et je suis autorisé de dire, et je puis répéter en ce moment ce que j'ai dit, il y a quelques jours, qu'aucune action de la Couronne ne peut être communiquée à cette Chambre, sans l'assentiment et le consentement de la Couronne. J'ai l'autorité de Son Excellence pour déclarer que la démission des ministres a été acceptée et pour déclarer aussi qu'il a confié à M. Mackenzie la tâche de former un gouvernement sous les circonstances.

Le 7 novembre 1873, avec l'assermention du nouveau cabinet, le premier gouvernement libéral depuis l'établissement de la Confédération prend le pouvoir. Les conservateurs de Macdonald se retrouvent donc dans l'opposition.

# LES SCANDALES LOCAUX
# 1873-1875

E N L'ABSENCE DE GEORGE-ÉTIENNE CARTIER, Langevin assume la direction de l'aile québécoise du parti conservateur. Cela ne va pas sans quelques légers problèmes. La rivalité entre Montréal et Québec refait surface, surtout à la suite des rumeurs de remaniements profonds au sein du cabinet provincial et de la nomination d'un nouveau lieutenant-gouverneur. Dans une lettre confidentielle à Langevin, en date du 25 janvier 1873, Chapleau essaie de prévoir les conséquences du déplacement des zones d'influence.

> Je ne suis pas un des Montréal & Québec et j'accepte avec plaisir l'honneur de servir sous un chef de la ville de Champlain, mais je vous avoue que les Montréalais sont gens à regarder à ce qu'on fait autour d'eux. Le parti conservateur y est gravement compromis par la maladie de sir Georges. Il ne nous reste comme représentant du parti parmi les ministres fédéraux et locaux que l'hon. M. Ouimet. Ouimet a été le choix accepté du parti pour cette région-ci ; peut-il occuper encore la position avancée que la retraite de sir Georges lui imposerait ? Ses amis disent que non, et j'admets qu'à tort ou à raison l'opinion est ainsi formée. [...] Et puis comptons bien. La capitale à Québec, tous les départements publics (éducation enlevée à Montréal) pour Québec ; le lieutenant-gouverneur de Québec, le premier ministre, un de Québec, le commissaire des Terres plus bas que Québec, le futur procureur général de Québec, et le chef accepté du parti national (le bon) Canadien de Québec. Il y a déjà assez pour donner un thème très varié aux mécontents.

La nomination de Chauveau à la présidence du Sénat laisse donc vide la place de premier ministre de la province de Québec. L'occasion est bonne pour effectuer un remaniement ministériel. Le 27 février, Gédéon Ouimet est assermenté au poste de premier ministre. Six autres ministres, dont trois anglophones, prêtent en même temps le serment d'office. L'historien Marcel Hamelin souligne l'influence fédérale dans le choix des ministres. « Tout comme pour le cabinet Chauveau, écrit-il, le ministère Ouimet naît de la volonté des leaders fédéraux du parti conservateur en particulier de Langevin. »

## Appel à l'ordre

Libéraux et conservateurs ont l'occasion, en mars 1873, de vérifier l'unité de leurs partis à l'occasion d'élections partielles dans les régions de Québec et de Kamouraska, tant au niveau provincial que fédéral.

Les élections se déroulent calmement dans le comté de Québec, alors que dans Québec-Est des bureaux de votation sont saccagés. Dans la même circonscription électorale, le 24 février, lors de la mise en nomination, le candidat Charles-Alphonse-Pantaléon Pelletier avait vu son chapeau haut-de-forme transpercé par une balle tirée par un adversaire !

## La scène s'élargit

Le souhait des Pères de la Confédération était de créer un seul pays avec les colonies anglaises d'Amérique du Nord. En 1873, le Canada comprend six provinces : le Québec, l'Ontario, le Nouveau-Brunswick, la Nouvelle-Écosse, le Manitoba et la Colombie britannique. L'Île-du-Prince-Édouard, qui avait jugé qu'elle ne retirerait pas assez d'avantages en adhérant à la nouvelle Confédération en 1867, change d'idée quelques années plus tard, surtout à cause de sa mauvaise situation financière et des pressions du gouvernement de la Grande-Bretagne. L'île avait voulu se doter d'un réseau ferroviaire, mais la réalisation d'un tel projet fait grimper la dette de la colonie à 4 100 000 $, au 30 juin 1873, soit une dette de 41,84 $ *per capita*.

Le premier ministre Robert Poore Haythorne entre en communication avec le gouvernement canadien afin de connaître les conditions d'Ottawa pour admettre sa colonie au sein de la Confédération. Le gouvernement fédéral se montre d'une grande générosité : il se rend responsable de la dette de l'Île-du-Prince-Édouard au moment de l'union ; il versera d'importants subsides annuels en plus de diverses compensations monétaires ; il assume et défraie

> toutes les dépenses pour les services suivants, savoir : le traitement du lieutenant-gouverneur, le traitement des juges de la Cour suprême et des cours de districts et de comtés, où elles sont établies ; les frais relatifs au département des postes ; la protection des pêcheries ; la milice ; les phares, les hôpitaux de marins naufragés, de quarantaine et de marine ; les explorations géologiques ; le pénitencier ; le service de paquebot-poste entre l'île et la terre ferme, plaçant ainsi l'île, hiver et été, en communication avec le chemin de fer intercolonial et les autres chemins de fer du pays ; l'entretien de communications télégraphiques entre l'île et la terre ferme de la Puissance, et tels autres frais qui pourraient avoir rapport aux services qui, suivant l'Acte de l'Amérique britannique du Nord de 1867, appartiennent au gouvernement fédéral et qui sont et pourront être alloués aux autres provinces.

Le 1er juillet 1873, l'Île-du-Prince-Édouard devient la septième province du Canada. Le gouverneur général Dufferin s'était rendu à Charlottetown pour présider les fêtes marquant l'événement. Le *Herald*, qui depuis sa fondation en 1864 avait dénoncé la Confédération, avait publié à la mi-juin un article demandant que les fêtes et les réjouissances soient réduites au strict minimum. « Des gens de l'ancienne mode pourraient peut-être faire la remarque que, si cette union avait été une affaire de choix, il y aurait eu peu à objecter à ces fêtes et à ces démonstrations, mais voyant que c'est affaire d'accommodement, sinon de la plus pressante nécessité, comme on nous l'a dit bien des fois, ces réjouissances sont aussi hors de place que la danse aux funérailles. » Malgré l'opposition, les fêtes du 1er juillet sont brillantes un peu partout sur l'île et lord Dufferin est heureux d'écrire au premier ministre Macdonald : « On a l'impression que c'est le Canada qui a été annexé. Je n'ai rien fait pour leur faire perdre leurs illusions. »

## À l'Ouest, du nouveau

Depuis son entrée dans la Confédération, le Manitoba s'est doté d'institutions démocratiques. Les francophones participent activement à la vie politique. Mais le calme n'est pas parfait. Quelques individus cherchent toujours à mettre la main sur Riel, Lépine et O'Donoghue, d'autant plus que le gouvernement de la province de l'Ontario maintient sa prime de 5000 $ pour l'arrestation des « meurtriers de Scott ». Le 14 septembre 1873, Ambroise Lépine tombe entre les mains des chasseurs de primes. Son incarcération se prolonge jusqu'au 22 décembre, alors qu'il retrouve la liberté moyennant un cautionnement de 8000 $ versé par les Métis et les Canadiens français. Son procès aura lieu plus tard, lorsqu'on sera sûr de la juridiction de la cour qui doit le juger.

Riel, qui espère encore que le gouvernement fédéral accordera l'amnistie générale, proteste contre l'arrestation de Lépine et songe, à nouveau, à se présenter dans la circonscription électorale de Provencher le 14 octobre.

S'il est élu, comme il l'espère, il se rendra à Ottawa plaider la cause des Métis qui continuent à être persécutés. La question de l'amnistie prend de l'ampleur avec les événements. Le 4 octobre, l'évêque Taché écrit au ministre Langevin : « Plus on agite cette pénible question, plus on s'aperçoit que le Gouvernement s'est moqué de nous. Ça peut peut-être s'appeler de la politique, mais ce n'est certainement pas de l'honnêteté. » Ceux qui, comme Taché, ont cru et croient encore que le gouvernement Macdonald-Cartier s'était engagé à accorder l'amnistie ne cachent pas leur déception.

Le 13 septembre, même absent, Riel est élu par acclamation député de Provencher. Croyant que le nouvel élu viendrait fêter la victoire avec ses supporters chez le curé de Saint-Norbert, « la police, raconte l'historien George F. G. Stanley, arriva et fouilla l'église, le couvent et le presbytère de Ritchot ; mais elle ne put trouver Riel ».

Tous se demandent si Riel va se rendre à Ottawa occuper son siège, bravant ainsi la colère de plusieurs Ontariens, mais le député de Provencher se rend à Montréal, en empruntant le territoire américain. Il y rencontre Honoré Mercier et quelques amis qui organisent son voyage à Ottawa. Le 21 octobre, le *Globe* de Toronto publie une dépêche télégraphique de son correspondant d'Ottawa :

On croit Riel arrivé en cette ville. Le bruit s'est répandu que, cet après-midi, il avait été au Block-Eastern, au Russel House et autres places, mais cela est douteux. Son collègue, M. Cunningham, est arrivé ce matin. En dépit de la rumeur que Riel est allé à Montréal, on croit qu'il est avec l'archevêque Taché à l'Hôtel-Dieu, rue Sussex. Le *Citizen* publie, ce soir, un nouvel article incendiaire et donne le portrait du nouvel élu de Provencher. Il est rumeur que deux frères de Thomas Scott soient en cette ville, mais on ne sait pas si l'un ou l'autre a été vu. Il y a bien des rumeurs dans l'air, quelques-unes marquées au coin de la plus grande extravagance, mais il n'y a pas d'excitation, et il n'est pas probable qu'il y en aura.

La rumeur de la présence de Riel à Ottawa s'avère fausse, car le député, qui s'est rendu à Hull, n'a pas osé franchir la rivière pour aller prêter son serment d'office. Il a décidé de se replier sur Montréal, sachant que le procureur général Mowat, de la province de l'Ontario, venait de signer un warrant d'arrestation à son intention. Quelques jours plus tard, il s'établissait à Plattsburgh, dans la maison des pères oblats.

Pendant ce temps, les Métis qui vivent dans les environs du lac Canard, en Saskatchewan, se donnent une structure administrative. Leur nombre, à la suite des événements de 1869-1870 au Manitoba, avait augmenté et plusieurs avaient dû suivre la migration du bison. Une mission catholique — Saint-Laurent — est établie en octobre 1871. Quelques années plus tard, soit le 20 décembre le 1873, à la suggestion du missionnaire oblat Alexis André, les Métis procèdent à l'élection d'un Conseil « pour administrer la justice et juger les différends qui peuvent s'élever au milieu d'eux ». Gabriel Dumont est élu président et son mandat est d'un an. Sept conseillers complètent le conseil : Isidore et Jean Dumont, Alexandre et Baptiste Hamelin, Moïse Ouellette, Baptiste Gariépy et Abraham Montour.

Le territoire qui appartient au gouvernement canadien ne possède pas alors une administration adéquate aux yeux de ses habitants. Le nouveau conseil adopte donc les « lois et régulations pour la colonie de Saint-Laurent sur la Saskatchewan ». On y retrouve les deux prises de position suivantes :

> Toute affaire décidée devant le Conseil établi à Saint-Laurent ne pourra être rappelée par aucune des parties devant un autre tribunal quand le gouvernement du Canada aura placé des magistrats réguliers dans le pays, et toutes les personnes qui plaident le font avec la connaissance qu'ils promettent de ne jamais rappeler des décisions données par le conseil établi à Saint-Laurent et personne n'est admis à jouir des privilèges de cette communauté qu'avec la conviction expresse de se soumettre à cette loi. [...] Il est bien entendu qu'en faisant ces lois et ces règlements, les habitants de Saint-Laurent ne prétendent nullement constituer pour eux un État indépendant ; mais la situation actuelle du pays où ils vivent les oblige à prendre quelques mesures pour maintenir la paix et l'union parmi eux, sachant qu'une société aussi large que la leur ne peut exister sans une organisation quelconque, pour se sauvegarder mutuellement leurs droits. Mais en formant ces lois ils se reconnaissent les sujets loyaux et fidèles du Canada et se sont préparés à abandonner leur propre organisation et à se soumettre aux lois du Dominion, aussitôt que le Canada aura établi au milieu d'eux des magistrats réguliers avec une force suffisante pour maintenir dans le pays l'autorité de la loi.

Le président Gabriel Dumont remplit sa tâche avec attention et il apparaît comme le chef des Métis de cette région. Mais nous sommes encore loin des problèmes qui agiteront la Saskatchewan en 1885.

## Le peuple ratifie

Le chef libéral Alexander Mackenzie, devenu premier ministre du Canada le 7 novembre 1873, décide d'en appeler au peuple pour faire ratifier sa prise de pouvoir. Le 2 janvier 1874, lord Dufferin dissout le Parlement fédéral et ordonne des élections générales. À la suite de la loi adoptée au mois de mai de l'année précédente, il est devenu illégal pour les députés des Assemblées législatives provinciales de siéger en même temps à la Chambre des communes. La fin du double mandat force donc certains de ceux-ci à faire un choix.

Pour l'organe officiel du parti conservateur dans la province de Québec, la *Minerve*, il est évident que les élections revêtent une grande importance et qu'il y va de l'avenir des Canadiens français.

> Après vingt années de combat glorieux, lit-on dans l'édition du 5 janvier 1874, le fantôme de la domination haut-canadienne se dresse contre nous plus menaçant que jamais. À quoi nous ont servi ces efforts gigantesques où nos champions, se prenant corps à corps avec les plus redoutables clear-grits, finissaient par les terrasser ! Nous avions pour nous la valeur de la justice. Une main impie voulait se porter sur nos institutions nationales et religieuses. Le farouche George Brown faisait retentir l'enceinte parlementaire des cris : « *No French Domination, no Popery.* » La phalange bas-canadienne, guidée par des chevaliers sans peur et sans reproche, se tenait constamment sur la brèche, repoussant bravement l'attaque, frappant de tous côtés et jetant le désordre dans le camp ennemi. [...] Pendant vingt années, le Bas-Canada eut la consolation de se dire respecté et considéré. [...] MM. Brown et Mackenzie n'ont qu'un but : devenir assez forts chez eux pour n'avoir plus besoin des autres provinces. En d'autres termes, c'est la conspiration de l'élément fanatique du Haut-Canada tendant la main à l'élément fanatique des autres provinces pour écraser la province du Bas-Canada.

Les writs d'élections sont émis le 7 janvier. Le même jour, l'archevêque de Québec, Elzéar-Alexandre Taschereau, adresse une circulaire à son clergé lui rappelant ses devoirs en période électorale : « Soyez prudents, parce qu'en temps d'élection les passions politiques excitent les hommes à la défiance. Il ne faut pas, hors le cas de nécessité extrême, exposer le clergé et, par suite, la religion, aux haines et aux vengeances des partis politiques. C'est surtout dans ce que vous direz en chaire que vous devez peser vos paroles afin de n'offenser personne, tout en disant la vérité et en exposant les vrais principes qui doivent guider un électeur chrétien. »

La campagne électorale est plutôt terne, car le mois de janvier se prête peu aux grandes manifestations. Joseph Schull décrit ainsi les activités du candidat libéral Wilfrid Laurier dans Drummond-Arthabaska : « À travers les tempêtes de neige et les vents glacés, il avait parcouru les routes des deux comtés, pris la parole entre les poêles ronflants et les fenêtres ouvertes, sur les estrades des salles pleines de courants d'air et dans les cours venteuses, n'avait dormi que quatre heures par nuit en moyenne. Mais l'ennui et l'indécision l'avaient quitté. » Laurier, qui était malade depuis quelque temps, cesse de tousser, subitement guéri dans l'action de la campagne électorale !

La majeure partie des circonscriptions électorales vont aux urnes le 22 janvier. Depuis l'entrée de l'Île-du-Prince-Édouard dans la Confédération, le nombre de députés est passé à 206. Les libéraux réussissent à faire élire 134 candidats et les conservateurs, 72. De ce nombre, 31 viennent de la province de Québec qui, pour la première fois, a donné une majorité de trois sièges aux libéraux. Les six députés de l'Île-du-Prince-Édouard sont tous d'allégeance libérale ; la Nouvelle-Écosse et le Nouveau-Brunswick élisent 28 libéraux et seulement 9 conservateurs. Sur les 88 députés de l'Ontario, 64 sont libéraux. La représentation du Manitoba se compose de deux députés dans chacun des partis. Enfin, la Colombie britannique accorde aux conservateurs les six sièges auxquels elle a droit. « Les libéraux triomphent, concluent les historiens John Huot, Jean et Marcel Hamelin, mais leur victoire ne repose pas sur des assises solides. Le vote exprime moins la confiance du peuple dans une équipe que la censure d'une machination politico-financière éhontée. »

## Le mouton noir

La circonscription électorale de Provencher, au Manitoba, réélit Louis Riel que les libéraux, tout comme les conservateurs, veulent empêcher de siéger à Ottawa. Antoine-Aimé Dorion demande à l'évêque Taché, par l'intermédiaire du lieutenant-gouverneur Alexander Morris, d'intervenir auprès du chef métis pour le convaincre de ne pas se présenter. Indigné, le prélat, qui demande toujours l'amnistie générale, se refuse à intervenir. Lors de la votation, Riel remporte facilement la victoire. Une nouvelle fois, il décide de se rendre à Ottawa. Au début de mars, accompagné de Jean-Baptiste-Romuald Fiset, qui vient d'être réélu député de Rimouski, il se présente chez le greffier de la Chambre des communes, Alfred Patrick. Fiset demande à prêter le serment d'office et son compagnon, bien emmitouflé, fait de même. Ce n'est qu'une fois la cérémonie terminée et après que les deux hommes eurent quitté la pièce que Patrick se rend compte que Riel vient de prêter serment ! L'historien Stanley raconte qu'aussitôt après, le fonctionnaire se rendit auprès d'Antoine-Aimé Dorion, ministre de la Justice, pour lui faire part de la nouvelle.

Lorsque s'ouvre la première session du troisième Parlement du Canada, le 26 mars 1874, la grande question est de savoir si Louis Riel aura l'audace de venir occuper son siège à la Chambre des communes. L'affaire se corse le 9 avril. Ce jour-là, le député conservateur de North-Hastings, en Ontario, et Grand-Maître de l'Ordre d'Orange, Mackenzie Bowell, présente une motion demandant l'expulsion immédiate du député Riel, absent de son siège. Le gouvernement Mackenzie répond en instituant une commission d'enquête sur les troubles à la Rivière-Rouge. Le député libéral de Châteauguay, Luther Hamilton Holton, propose, lors du débat sur la motion Bowell, d'attendre les résultats de l'enquête du comité avant de prendre une décision quant à l'expulsion de Riel. Joseph-Alfred Mousseau, représentant de Bagot, préconise tout simplement que la Chambre vote l'amnistie générale.

Les discours succèdent aux discours. Certains sont violents. Le 15, Wilfrid Laurier entre dans la ronde. Pour être mieux compris, il parle en anglais, sachant bien que les députés francophones comprendront ses propos. « Je dois demander pardon à la Chambre, dit-il, de me servir d'une langue que je ne possède qu'imparfaitement ; vraiment, je devrais réclamer une amnistie complète, car je sais avec trop de certitude que j'aurai le malheur, dans le cours des quelques remarques que je désire faire devant cette Chambre, de massacrer fréquemment l'anglais de la reine. » L'orateur fait valoir que Riel n'a pas encore été trouvé coupable par quelque tribunal compétent que ce soit et qu'alors il doit être considéré comme non coupable du crime dont on l'accuse. De plus, Macdonald n'a-t-il pas promis l'amnistie ? « Non, messieurs, tant que cette question d'amnistie n'aura pas été éclaircie, pour ma part, je ne déclarerai jamais que cet homme fuit la justice de son pays. » En conséquence, Laurier suggère d'attendre le rapport du comité d'enquête avant de prendre le vote sur la motion. Le futur premier ministre termine son intervention en demandant qu'une amnistie complète soit accordée à ceux qui ont fait partie du gouvernement provisoire de la Rivière-Rouge.

Le 15 avril, Riel, qui ne s'y trouve pas autrement qu'en esprit, est expulsé de la Chambre des communes par un vote de 123 voix contre 68. Le comité d'enquête poursuit son travail et entend divers témoignages dont ceux de Macdonald, Langevin et l'évêque Taché. Ce dernier, outré du témoignage de l'ancien premier ministre du Canada au sujet de ses promesses d'amnistie, écrit à l'évêque Laflèche le 9 mai : « Le Très Honorable John A. Macdonald a menti (excusez le mot) comme ferait un voyou. »

Le siège de Provencher est déclaré vacant et des élections sont prévues pour le mois de septembre. Encore une fois, malgré son absence, Riel y est réélu par acclamation !

### Encore le Herald !

Sur la scène fédérale, le scandale du Pacifique alimente encore bien des conversations, d'autant plus que Macdonald se sent mal à l'aise dans son poste de chef de l'opposition. Le Montreal Herald, qui avait le premier publié des textes incriminants au sujet des argents versés au parti conservateur fédéral, lance une nouvelle accusation, le 16 juillet 1874. Cette fois-ci, des ministres provinciaux sont mis en cause dans un échange de terrains de valeur inégale. Sur l'un de ces terrains on doit bâtir un nouvel hôpital. Le scandale des Tanneries vient de naître !

En 1839, écrit l'historien Marcel Hamelin, « dans le but d'y construire un asile d'aliénés, le gouvernement du Bas-Canada [...] acheta des religieuses de l'Hôtel-Dieu de Montréal un terrain d'environ 25 arpents situé à la côte Saint-Antoine, au village des Tanneries, dans la circonscription d'Hochelaga ». En mars 1874, des représentants de l'Hôpital Général de Montréal rencontrent le procureur général George Irvine pour obtenir du gouvernement provincial l'autorisation de construire un hôpital de convalescents et de malades contagieux sur le terrain des Tanneries. Fidèles au principe de l'égalité, des ministres font valoir qu'on devrait également ériger un hôpital destiné celui-là aux catholiques.

À la mi-juin, le courtier montréalais John Rollo Middlemiss fait savoir au cabinet Ouimet, par l'intermédiaire du rédacteur de la Minerve, Arthur Dansereau, surnommé le boss, qu'il est prêt à échanger le terrain des Tanneries pour un autre d'une quarantaine d'arpents, appelé la ferme Leduc, situé « au coteau Saint-Pierre, à l'angle du chemin d'en haut de Lachine et du chemin de la côte Saint-Luc ». Ainsi, les deux hôpitaux pourraient être construits sur un terrain plus vaste.

Un arrêté ministériel, en date du 27 juin, autorise l'échange des terrains qui a lieu le 1er juillet, avant même que le lieutenant-gouverneur Caron ait signé le fameux arrêté ministériel. On se rend alors compte que le gouvernement a échangé un cheval contre un lapin. « On dit, lit-on dans le *Montreal Star* du 18 juillet, que le terrain donné au gouvernement vaut peut-être un cent le pied, tandis que celui qu'il a cédé vaut au moins 25 cents le pied. Les hommes de toutes les nuances politiques déclarent que cette spéculation n'est pas susceptible de défense. »

La ferme des frères Leduc avait été vendue, au cours des mois de mars et avril 1874, au courtier Walter R. Rice pour la somme de 38 000 $. Le 30 juin, Middlemiss devient acquéreur du terrain en versant à Rice 163 000 $. Selon des spécialistes, la valeur réelle de la ferme Leduc est d'environ 40 000 $ et celle du terrain des Tanneries, de 200 000 $. Le *Herald* l'évaluera beaucoup plus haut : « Ce transfert secret d'une propriété valant plus d'un million — à une époque où les riches capitalistes sont énergiquement lancés dans les spéculations de terrains et se disputent, l'argent à la main, tous les lots mis en vente — est évidemment crime ou d'ignorance ou de fraude. »

Le 21 juillet, une assemblée publique se tient à la porte de l'église des Tanneries « pour prendre en considération la conduite du gouvernement local dans le dernier échange de terrain ». Libéraux et conservateurs y participent, les premiers accusant le gouvernement, les seconds essayant de le défendre ou de se justifier. Une nouvelle assemblée a lieu en face de l'église Saint-Jacques, le 27. On y adopte une résolution déclarant que la transaction « est contraire à l'intérêt public et de nature à faire perdre toute confiance dans l'administration locale ».

Le scandale prend de l'ampleur, le jour même de l'assemblée de Saint-Jacques, alors que le *Bien Public* révèle qu'un pot-de-vin aurait été versé à un membre du parti conservateur :

> Dépôt de 65 000 $ au crédit de M. Dansereau de la *Minerve*. Dans les premiers jours de juillet, après la transaction Middlemiss, un dépôt de 65 000 $ a été fait au crédit de M. Dansereau à une des banques de Montréal. D'où venait cet argent ? Était-ce une partie des 160 000 $ qu'on prétend avoir été payés par M. Middlemiss à M. Rice ? Était-ce l'argent que nous affirmons avoir été donné par les parties intéressées à M. Dansereau, soit pour son crédit, celui de la *Minerve*, ou pour un fonds d'élections ? Ce dépôt de 65 000 $ ne donnerait-il pas la clef du mystère des Tanneries ? Oui, indubitablement. Et la preuve, c'est que le chèque donné par MM. Bond, Brothers, courtiers, à M. Middlemiss, en acompte de la somme qu'il lui prêtait, est celui qui se trouve aujourd'hui porté au crédit de M. Dansereau à la Banque.

Une nouvelle assemblée de protestation se tient le 29 juillet, place Chaboillez, à Montréal. Encore une fois, le gouvernement conservateur de Ouimet est accusé de mauvaise administration. Le lendemain, le procureur général Irvine démissionne, suivi le 5 août par J. J. Ross, le président du Conseil législatif. Le cabinet Ouimet est profondément ébranlé. Certains souhaitent sa démission. De part et d'autre, on attend le retour d'Angleterre du trésorier provincial Joseph Gibb Robertson. Si celui-ci démissionne, la chute du gouvernement Ouimet sera imminente.

Le 7 septembre, tel que prévu, Robertson démissionne. « À mon avis, déclare-t-il, on n'aurait pas dû accepter la résignation de M. Irvine, on aurait dû exiger la retraite de MM. [Louis] Archambault [ministre de l'Agriculture et des Travaux Publics] et [J.-Adolphe] Chapleau [solliciteur général]. On me répondra que c'était par le fait les déclarer coupables. Non pas, mais seulement les reconnaître responsables, en leur laissant toute latitude de se justifier devant la Chambre. » Le premier ministre ne sait trop que faire, car Robertson lui a conseillé de démissionner. Le lendemain, 8 septembre, Ouimet remet au lieutenant-gouverneur Caron la démission de son gouvernement. Après quelques jours de réflexion, le représentant de la reine demande à Charles-Eugène Boucher de Boucherville de former le prochain gouvernement. Le nouveau cabinet est assermenté le 22 septembre. Les deux anciens ministres les plus compromis dans le scandale des Tanneries, Archambault et Chapleau, n'en font point partie. Le scandale trouvera son dénouement.

## Un relent de vengeance

Chapleau, qui ne fait plus partie du cabinet, demeure quand même député de Terrebonne et sa réputation de plaideur persuasif ne s'est pas perdue. Le 27 septembre 1874, il quitte la gare Bonaventure à Montréal pour se rendre au Manitoba défendre Ambroise Lépine, dont le procès pour le « meurtre » de Thomas Scott doit commencer bientôt. Elzéar Lagimodière et André Nault, accusés du même « crime », attendent eux aussi leur procès.

Le procès débute le 13 octobre. La moitié des jurés sont francophones. La Couronne doit faire comparaître 40 témoins et la défense, 12 seulement. Dans son exposé préliminaire, Francis E. Cornish, représentant de la Couronne, fait valoir l'illégitimité du gouvernement provisoire. « Il y a quelques années, déclare-t-il aux jurés, cette province, vous le savez, fut annexée au Canada, et une poignée de turbulents s'arrogèrent le droit de tout régir, et de tout gouverner. Prenant en main l'autorité suprême qui ne leur appartenait pas, ils commirent de regrettables excès et il paraît même qu'ils assassinèrent l'infortuné Thomas Scott. »

La poursuite tente de montrer que Lépine, en tant que président de la cour martiale, avait lui-même ordonné l'exécution de Scott. De son côté, la défense veut établir l'existence de fait du gouvernement provisoire et la légalité des gestes commis. À l'issue du procès, le 26 octobre, le jury rend un verdict de culpabilité avec une recommandation à la clémence. Le juge en chef du Manitoba, Edmund Burke Wood, balaie la réserve exprimée par les jurés et ordonne que Lépine soit pendu le 28 janvier 1875.

Dès que la nouvelle est connue dans la province de Québec, des mouvements de protestation s'organisent. Une assemblée se tient à la salle Jacques-Cartier de Québec le 2 novembre. En Ontario, la plupart des journaux se disent favorables à une commutation de peine. Le *Globe* de Toronto donne le ton :

> Il reste maintenant à Son Excellence le gouverneur général, comme représentant de Sa Majesté et comme chef de l'Exécutif dans la Puissance, de dire quel effet

aura la recommandation du jury à la clémence. Dans tous les cas, une telle recommandation mérite une sérieuse attention, plus même dans ce cas que d'ordinaire. Il n'y a pas de doute qu'elle a même, dans l'opinion du jury, contribué matériellement au verdict. On ne peut non plus douter que le criminel avait des circonstances atténuantes à alléguer. Il était le subordonné de Riel et il y a lieu de penser qu'il croyait son acte paré des couleurs de la légalité. L'offense aussi en est une qui ne se renouvellera probablement pas. Sous ces circonstances, nous ne doutons pas que l'on recommandera à Son Excellence une commutation de la sentence de mort. Assez de sang a été versé dans une misérable querelle et, si la sentence finale suffit pour indiquer l'horreur de la population du Canada pour le meurtre de Thomas Scott, personne ne fera objection.

Plus on se rapproche du 28 janvier 1875, jour prévu pour la pendaison de Lépine, plus l'inquiétude augmente et des assemblées se tiennent pour demander au gouverneur général d'user de son droit de grâce. Le 15 janvier, au nom de lord Dufferin, H. G. Fletcher, son secrétaire, fait parvenir au ministre fédéral de la Justice l'avis suivant :

> Quoique Son Excellence partage entièrement l'opinion du jury et considère que le crime dont le prisonnier Lépine a été trouvé coupable n'a été rien moins qu'un meurtre cruel et injuste, elle est d'opinion que des circonstances subséquentes et notamment les relations qui ont existé entre les autorités provinciales du Manitoba et le prisonnier, ainsi que ses compagnons, sont telles qu'elles lient dans une grande mesure les mains de la justice. Il appert de plus à Son Excellence que l'affaire dépasse les bornes de l'administration ordinaire et qu'elle sera mieux traitée en vertu des instructions royales qui autorisent le gouverneur général, dans certaines affaires capitales, de se dispenser de l'avis de ses ministres et exercer la prérogative de la Couronne suivant son jugement indépendant et sur sa responsabilité personnelle. J'ai donc instruction de vous informer que c'est le plaisir de Son Excellence que la sentence de mort prononcée contre le prisonnier Lépine soit commuée en deux années de détention à la prison, à dater de l'arrêt de condamnation et la confiscation permanente de ses droits politiques.

L'usage du droit de grâce par le gouverneur général dans le cas Lépine soulève un point de droit constitutionnel important. Edward Blake, qui deviendra ministre fédéral de la Justice quelques mois plus tard, contestera au représentant de la reine le droit d'user de ce pouvoir seulement à la suite de l'avis des ministres. « M. Blake, écrit le juriste Maurice Ollivier dans sa thèse de doctorat, croyait que toute la responsabilité devait appartenir aux ministres et non au gouverneur, c'est-à-dire que le représentant du souverain dût être dans la même position à ce sujet que le souverain lui-même, en Angleterre qui n'agissait que sur l'avis de ses ministres. » Blake ira défendre son point de vue à Londres et finira par avoir gain de cause.

La question de l'amnistie demeure toujours pendante. Le 11 février, le premier ministre Mackenzie présente à la Chambre des communes une motion sur ce sujet : « Qu'une complète amnistie soit accordée à toutes les personnes concernées par les Troubles du Nord-Ouest pour tous les actes commis par elles durant lesdits troubles, sauf pour L. Riel, A. D. Lépine et W. B. O'Donoghue. Qu'il est de l'opinion de cette Chambre [...] qu'une telle amnistie soit par la suite accordée à L. Riel et

A. D. Lépine à la condition qu'ils soient bannis pour cinq ans des Dominions de Sa Majesté. » Les députés francophones qui misaient sur une amnistie sans restriction sont déçus et rappellent les promesses de Macdonald qui prétend n'avoir rien promis ! La motion est approuvée par 126 voix contre 50, le 12 février.

Le député Bowell, dont la soif de vengeance est tenace, revient à la charge pour demander l'expulsion de Riel de la Chambre des communes. La *Gazette officielle du Canada* du 24 avril annonce l'élection de A. G. B. Bannatyne comme député de Provencher. La même publication contient aussi l'avis d'amnistie partielle et précise que le terme d'exil de Lépine commencera 24 heures après son élargissement. Chassé de son pays, Riel reprend le chemin des États-Unis.

## Caraquet se soulève

Au Nouveau-Brunswick, la question scolaire continue d'agiter l'opinion publique. L'obligation de payer la taxe pour financer les écoles publiques pousse des habitants de Caraquet à se réunir en janvier 1875 pour protester avec plus de force. Une émeute éclate au cours de laquelle le sang coule. Un nommé Gilford est tué au cours d'un affrontement et un francophone meurt ensuite des blessures reçues. Le gouvernement ordonne à une section d'artillerie et à un détachement du 72e bataillon de milice, cantonnés à Chatham, de se rendre à Caraquet. Le 29 janvier, alors que les troupes font leur entrée dans le village acadien, treize des émeutiers sont envoyés en prison. Le 1er février, le nombre de prisonniers passe à vingt, dont deux sont des femmes. Le calme revient, mais plusieurs Acadiens seront traduits devant les tribunaux sous l'accusation de meurtre.

Face aux événements du Manitoba et du Nouveau-Brunswick, le *Canadien* croit déceler un plan diabolique : « L'on serait tenté de croire, peut-on lire dans l'édition du 3 février, qu'il y a une immense conspiration contre la race française dans le Dominion. Foulés aux pieds à Manitoba, écrasés au Nouveau-Brunswick, nous sommes menacés d'anéantissement. Il est temps que cela finisse. Nombreux sont les moyens de nous soustraire aux influences malfaisantes qui cherchent à allumer entre les races une guerre dont les conséquences ne peuvent être calculées. »

Le problème manitobain trouve un genre de solution avec la motion Mackenzie. Quant à la question scolaire du Nouveau-Brunswick, le Conseil exécutif de cette province adopte, le 6 août 1875, un règlement mettant fin en partie au différend : là où les enfants catholiques sont assez nombreux, ils pourront recevoir l'éducation dans des écoles où ils seront regroupés et les édifices appartenant à des communautés religieuses ou à l'Église catholique et qui ont été loués par les commissaires d'écoles pourront servir à l'enseignement religieux en dehors des heures de classe.

## Le vote secret

Normalement, la deuxième Législature de la province de Québec doit se terminer au cours de l'année 1875, puisque les quatre années réglementaires tirent à leur fin. La quatrième session débute le 3 décembre 1874.

À l'instar du gouvernement fédéral, celui de la province de Québec veut amender sa loi électorale. En effet, le 26 mai 1874, le gouverneur général avait sanctionné une loi établissant le vote secret lors des élections fédérales. L'article 27 de la nouvelle loi stipulait : « Le bulletin de chaque électeur sera un papier (appelé bulletin de vote dans le présent acte) indiquant les noms et la description des candidats inscrits alphabétiquement dans l'ordre de leur nom de famille ou, s'il y a plusieurs candidats du même nom, dans l'ordre de leurs prénoms. »

Adversaires et partisans du vote secret font valoir les motifs qui justifient leurs différentes prises de position lors du débat. Le 15 janvier 1875, le député de Portneuf, Praxède Larue, se prononce contre le vote secret : « Dans la province de Québec, l'immense majorité des électeurs sont indépendants. Ils n'ont pas besoin du scrutin. Le scrutin peut être désirable dans des localités où il y a beaucoup d'industriels qui peuvent être influencés d'une manière indue, mais l'influence indue ne peut être exercée dans la province de Québec où les masses des électeurs sont des cultivateurs qui sont parfaitement indépendants. La masse des électeurs est indépendante et il est humiliant pour elle d'être obligée de voter secrètement. »

Joseph-Adolphe Chapleau, représentant de Terrebonne, se déclare lui aussi contre le vote secret et ce, pour des raisons morales :

> On dit que le scrutin secret est une idée nouvelle et par conséquent un progrès, mais une idée nouvelle n'est pas toujours un progrès et, d'ailleurs, ce n'est pas une idée nouvelle. [...] Le scrutin secret n'empêche pas la corruption, au contraire, on n'a plus honte de se laisser corrompre, dès que cela se fait en secret ; d'ailleurs, aujourd'hui, les promoteurs mêmes du scrutin secret reviennent sur leurs idées et veulent l'abolition du scrutin. [...] On dit que le scrutin secret empêchera le respect humain de faire voter contre ses convictions, mais les convictions qui viennent en collision avec le respect humain, c'est-à-dire avec l'opinion publique, ne peuvent être honnêtes en politique.

Le député de Chicoutimi et Saguenay, Pierre-Alexis Tremblay, ne partage pas du tout les déclarations de Chapleau.

> Le but que je me propose en demandant l'adoption du scrutin, c'est de mettre fin à l'intimidation, à la violence, à la corruption. Ce ne sont pas les riches, les puissants qu'il s'agit de protéger ; ce sont les pauvres, les ouvriers, les journaliers, enfin ceux qui sont plus ou moins à la merci des grands propriétaires ou d'hommes à la tête de grandes compagnies. [...] Je puis citer des faits pour prouver les inconvénients du système actuel. Lors de la dernière élection de Chicoutimi, un nommé Laberge, pour avoir voté contre M. Price, n'a pas même pu obtenir la permission de couper des billots sur son propre lot, billots qu'il offrait de vendre au grand propriétaire de Chicoutimi, le possesseur de 4000 milles carrés de limites. L'agent de ce M. Price à l'Anse Saint-Jean, paroisse située à 25 milles de la paroisse voisine, a menacé ceux qui voteraient contre son bourgeois d'être privés de l'avantage de faire moudre leur grain à l'unique moulin qui existe à cet endroit. Voici le certificat de M. Lalancette qui, deux jours après la votation, au milieu de la nuit, pendant qu'il travaille sur le moulin de la rivière Chicoutimi, est chassé parce qu'il a voté contre le candidat du gouvernement.

Malgré une assez forte opposition, la nouvelle loi électorale réussit à franchir les diverses étapes d'approbation. Mais il est vrai que le premier ministre Boucher de Boucherville en avait fait une question ministérielle. À l'avenir, non seulement la votation se fera avec des bulletins et en secret, mais elle se déroulera aussi partout le même jour, sauf dans les circonscriptions de Gaspé et de Chicoutimi-Saguenay.

## Les deux « jobs »

Dès l'ouverture de la session provinciale, à l'occasion du débat sur l'adresse en réponse au discours du trône, l'opposition libérale demande l'annulation du contrat des Tanneries. Pour trancher la question, Boucher de Boucherville fait nommer un comité de cinq membres, trois conservateurs et deux libéraux, pour enquêter sur cette affaire. Le 20 février 1875, le comité présente à l'Assemblée son rapport, approuvé par les trois conservateurs et rejeté par les deux libéraux !

> 1. Votre comité a examiné durant la marche de l'enquête au-delà de 140 témoins. [...] 2. Votre comité est d'opinion que les témoignages quoique contradictoires et se combattant à certains degrés, seront considérés comme établissant le fait que la propriété des Tanneries vaut de 60 000 $ à 100 000 $ de plus que la partie de la ferme Leduc acquise à la Province. 3. [...] Quant à la somme de 48 000 $ passée des mains dudit Middlemiss audit C. A. Dansereau, Esq., laquelle somme les parties déclarent être de la nature d'un prêt, votre comité n'est pas convaincu que cette transaction est telle que représentée par eux. 4. [...] Votre comité recommande respectueusement qu'une action soit prise immédiatement pour faire annuler ledit échange.

Le gouvernement provincial fait donc appel aux tribunaux pour faire annuler le contrat d'échange. Le 30 octobre, Francis Godschall Johnson, juge de la cour supérieure, déboute le gouvernement et déclare la transaction valide.

Entre-temps, un autre scandale avait retenu l'attention du public : « la job du canal Lachine ». Cette fois-ci, des libéraux sont compromis. Le 7 janvier 1875, le *Canadien* annonce que, quelques mois auparavant, des députés libéraux siégeant à la Chambre des communes s'étaient portés acquéreurs, à vil prix, de terrains situés au nord du canal Lachine, espérant les revendre au gouvernement fédéral qui songe à élargir le canal. La *Minerve*, dans son édition du 11 mars, donne des chiffres sur les bénéfices que peuvent réaliser les spéculateurs « libéraux ». Ces derniers sont prêts à céder leur propriété au gouvernement fédéral pour la somme de 425 840 $, faisant ainsi un bénéfice de 323 840 $, puisqu'ils n'ont payé que 102 000 $, et encore la transaction s'est-elle faite à crédit !

À la Chambre des communes, les députés impliqués tentent de fournir des explications. À la suite de l'intervention de Louis-Amable Jetté, représentant de Montréal-Est, le 2 mars, le premier ministre Mackenzie atténue ainsi les faits : « Aucune terre n'a été offerte et aucune information n'a été demandée par ces personnes, si ce n'est ceci : si le gouvernement désirait acquérir des terrains dans ce quartier et, si oui, jusqu'à quel point la vente de ces terrains conviendrait aux plans du gouvernement. »

Les conservateurs, heureux de se venger du scandale du Pacifique, tentent par tous les moyens d'embêter les libéraux. Mais la « job du canal Lachine » a quand même moins de conséquences que la « job du Pacifique ». D'autant plus que l'opinion publique se passionne pour ces questions surtout à l'occasion de campagnes électorales et, justement, un de ces grands moments de la vie politique se profile à l'horizon québécois.

*Au secret*

La session provinciale se termine le 23 février 1875 et le lieutenant-gouverneur dissout la deuxième Législature le 7 juin, ordonnant des élections générales. Le 26 avril précédent, l'archevêque de Québec avait fait parvenir à son clergé une lettre circulaire rappelant que le parjure est un cas réservé et que ce péché « ne pourra être absous que par les Grands Vicaires du diocèse et par les prêtres à qui ce pouvoir aura été donné nommément et dans des cas particuliers ».

> Il est nécessaire, ajoute Elzéar-Alexandre Taschereau, que les fidèles comprennent, par la difficulté d'en être absous, combien ils doivent détester ce crime énorme. [...] Outre le parjure, il y a dans les élections un autre mal à déraciner : c'est la vente et l'achat des votes. [...] Vendre son suffrage est une déshonorante bassesse, une sordide avarice, une trahison contre le bien public : qui s'en rend coupable mérite à tout jamais d'être privé du droit de voter. Et ce qui rend ce crime encore plus exécrable, c'est qu'il naît souvent de l'intempérance et engendre presque toujours le parjure. Il sera bon de vous élever aussi contre ceux qui reçoivent de l'argent pour ne pas voter ; c'est une manière indirecte de favoriser un candidat en qui l'on n'a point confiance ; c'est, par conséquent, un manquement à son devoir et une trahison envers la société.

Bourget, évêque de Montréal, recommande à ses fidèles de voter pour des hommes de principes prêts à défendre les droits de l'Église. « De là, concluez ce que vous devez penser de ceux qui, malgré leurs protestations publiques et solennelles, ne se sont pas montrés favorables, par leurs votes en Chambre, au droit des habitants du Manitoba à l'amnistie générale qu'on leur avait promise, et à celui des catholiques du Nouveau-Brunswick aux écoles séparées dont une loi injuste et vexatoire les a dépouillés. »

Le parti conservateur et le parti libéral précisent leurs programmes à l'occasion d'une assemblée contradictoire qui se tient à Sainte-Croix de Lotbinière le dimanche 6 juin. Le député de l'endroit et chef du parti libéral, Henri-Gustave Joly de Lotbinière, a invité le premier ministre conservateur Boucherville à l'affronter sur son propre terrain. Chacun des chefs se fait accompagner de ses meilleurs orateurs, bien entendu !

Boucher de Boucherville vante les réalisations de son gouvernement dans le domaine de la construction ferroviaire et ses efforts pour convaincre les Canadiens français émigrés aux États-Unis de revenir dans leur patrie. Il dénonce le ministère Mackenzie qui a voté la somme de 100 000 $ pour aider les Mennonites à s'établir au Manitoba et qui « n'a pas voulu mettre un sou pour aider les Canadiens qui voulaient laisser les États-Unis et venir fixer leur résidence sur les terres que le Canada peut leur offrir ».

Comme il se doit, Joly dénonce le gouvernement Boucherville, l'accusant d'être un cabinet Ouimet déguisé. Il revient sur le scandale des Tanneries. Puis il tente de montrer que son parti n'a rien de dangereux sur le plan religieux. « Au nom du parti libéral, je répudie l'accusation que l'on porte contre nous d'avoir les mêmes principes que les rouges d'Europe. Je ne veux pas qu'on aille chercher en France les vieux haillons du parti rouge pour venir nous en revêtir. Non ! le parti libéral n'a rien à faire avec les socialistes et les communistes. Je dirai même qu'il a beaucoup plus de respect pour la propriété que beaucoup de conservateurs. Pense-t-on que je voudrais être chef de rouges ? S'il y a des gens de ce parti en Canada, qu'ils se retirent de moi. Je ne consentirai jamais à être leur guide. »

Laurier prend aussi la parole lors de l'assemblée contradictoire, définissant en ces termes le parti libéral au Canada : « Nous sommes libéraux comme on est libéral en Angleterre ; nous sommes libéraux comme O'Connell ! C'est là un de nos chefs, lui qui a si vaillamment défendu la religion dans le Parlement anglais ; c'est là que nous puisons nos doctrines et non pas chez ces prétendus libéraux qui cherchent à faire triompher les idées par la violence et l'effusion du sang ! »

Quelques conservateurs et surtout la presse ultramontaine continueront à prétendre que les libéraux sont des rouges et, par conséquent, contre la religion catholique. Devant leurs éventuels électeurs, les libéraux multiplieront les invitations à faire les différences qui s'imposent et à ne plus confondre politique et religion. Mais les électeurs peuvent-ils résister à des interventions comme celle de Langevin, évêque de Rimouski, qui entre indirectement dans le débat en publiant une lettre pastorale où il établit des critères de choix :

> Vous ne pouvez voter en faveur de ceux qui prétendent entre autres choses : 1. Qu'il est dangereux d'introduire les principes religieux dans les luttes politiques ; 2. Qu'il faut que la Législature interdise aux pasteurs de l'Église de donner au peuple une direction de conscience en matière d'émotions, et qu'elle doit protéger les votants contre les censures spirituelles ; 3. Qu'il est à propos pour le peuple de pratiquer l'indépendance morale, quand il s'agit de politique ; [...] 5. Que le clergé n'a de fonctions à exercer qu'à l'église et à la sacristie ; 6. Qu'il serait désirable d'avoir des écoles mixtes où l'on n'enseignât aucune religion aux enfants, et d'enlever au clergé tout contrôle sur l'enseignement.

Maintenant que le peuple connaît mieux l'orientation des partis en lice, à lui de se prononcer !

Le faubourg Saint-Louis, à Québec, en flammes lors de l'incendie de mai 1876

# LIBÉRAUX CONTRE CURÉS
# 1875-1877

L E MERCREDI 7 JUILLET 1875, les habitants de la province de Québec se rendent aux urnes. Pour la plupart d'entre eux, c'est la première fois qu'ils utilisent un bulletin de vote lors d'une élection provinciale. Des imprimés leur expliquent « la manière de voter » :

> L'électeur ne doit voter que pour un seul candidat. Le votant entrera dans l'un des compartiments et fera une croix avec un crayon, qui y sera déposé à cet usage, en regard du nom du candidat en faveur duquel il voudra donner son suffrage. Le votant pliera ensuite son bulletin de manière à n'en laisser voir que le dos et de manière aussi que l'annexe puisse être détachée sans déplier le bulletin ; puis il remettra le bulletin ainsi plié au sous-officier-rapporteur qui le déposera dans la boîte de scrutin, après avoir détaché l'annexe. Le votant sortira immédiatement du bureau de votation. Si un votant gâte par inadvertance un bulletin de vote, il pourra le remettre à l'officier autorisé qui, s'étant assuré du fait, lui en donnera un autre. Si l'électeur vote pour plus d'un candidat ou fait quelque marque sur le bulletin au moyen de laquelle il peut être reconnu, son vote sera nul et ne sera pas compté. Si le votant emporte un bulletin de vote hors du bureau de votation, ou dispose frauduleusement dans la boîte de scrutin quelque papier autre que le bulletin de vote qui lui aura été remis par le sous-officier-rapporteur, il sera passible de punition par une amende de cinq cents piastres ou un emprisonnement de six mois.

Pour une des premières fois, une journée d'élections n'est pas marquée par le désordre, des bagarres ou des morts. « La nouvelle loi a fonctionné à perfection, peut-on lire dans l'*Événement* du 8. Dans cette ville [Québec] si souvent ensanglantée par des émeutes électorales, il n'y a pas eu une seule scène de désordre à déplorer. Tout s'est passé comme dans un corps délibérant bien organisé. Aussi, à la fin de la journée, les bons citoyens se félicitaient-ils sur l'immense progrès moral accompli. » À Montréal, le même calme règne et, le soir du scrutin, plusieurs citoyens se sont rendus à l'angle des rues Craig et Saint-Lambert pour connaître, grâce aux annonces lumineuses, les résultats de la votation. L'administration de la compagnie s'était assurée des communications télégraphiques partout afin de faire connaître le plus rapidement possible le nom des candidats élus.

Le parti conservateur fera élire 43 députés et le parti libéral, 22, soit un gain de cinq par rapport à 1871. Boucherville demeure donc premier ministre de la province de Québec.

### Une équivoque persistante

Malgré tous leurs efforts, les libéraux n'ont pas réussi à démontrer que leur parti politique n'avait pas ou peu de rapport avec le libéralisme catholique, condamné par Rome. Puisque l'archevêque Taschereau et plusieurs professeurs de l'Université Laval ne cachent pas leurs sympathies pour les membres du parti libéral, il devient donc de plus en plus important de clarifier la position officielle de l'épiscopat québécois sur la question du libéralisme.

Les évêques de la province ecclésiastique de Québec, réunis dans la capitale provinciale, signent, le 22 septembre 1875, une lettre pastorale où il est surtout question des rapports entre le clergé et la politique. Les chefs religieux commencent par affirmer la supériorité de l'Église sur l'État.

> Non seulement l'Église est indépendante de la société civile, écrivent-ils, mais elle lui est supérieure par son origine, par son étendue et par sa fin. [...] La fin de l'Église est le bonheur éternel des âmes, fin suprême et dernière de l'homme ; la société civile a pour fin le bonheur temporel des peuples. Par la nature même des choses, la société civile se trouve indirectement, mais véritablement, subordonnée ; car non seulement elle doit s'abstenir de tout ce qui peut mettre obstacle à la fin dernière et suprême de l'homme, mais encore, elle doit aider l'Église dans sa mission divine et au besoin la protéger et la défendre.

Rappelant que le libéralisme catholique a été condamné par le pape Pie IX, les évêques expliquent ainsi l'action d'un adepte de cette doctrine :

> Le libéral catholique se rassure, parce qu'il a encore certains principes catholiques, certaines pratiques de piété, un certain fonds de foi et d'attachement à l'Église, mais il ferme soigneusement les yeux sur l'abîme creusé dans son cœur par l'erreur qui le dévore en silence. Il vante encore à tout venant ses convictions religieuses et se fâche quand on l'avertit qu'il a des principes dangereux ; il est peut-être encore sincère dans son aveuglement, Dieu seul le sait ! [...] En présence de cinq brefs politiques qui dénoncent le libéralisme catholique comme absolument incompatible avec la doctrine de l'Église, quoiqu'il ne soit pas encore formellement condamné comme hérétique, il ne peut plus être permis en conscience d'être un libéral catholique.

Abordant le rôle du clergé dans la politique, l'épiscopat québécois réaffirme sa conviction que le prêtre peut et doit se mêler de politique :

En excluant le clergé, on exclut l'Église et en mettant de côté l'Église, on se prive de tout ce qu'elle renferme de salutaire et d'immuable : Dieu, la morale, la justice, la vérité et quand on a fait main basse sur tout le reste, on n'a plus à compter qu'avec la force ! [...] Les plus grands ennemis du peuple sont donc ceux qui veulent bannir la religion de la politique ; car, sous prétexte d'affranchir le peuple de ce qu'ils appellent la *tyrannie du prêtre, l'influence indue du prêtre*, ils préparent à ce même peuple les chaînes les plus pesantes et les plus difficiles à secouer : ils mettent la force au-dessus du droit et ôtent à la puissance civile le seul frein moral qui puisse l'empêcher de dégénérer en despotisme et en tyrannie !

Pour les évêques québécois, les membres du clergé ont les mêmes droits et les mêmes privilèges que les autres citoyens, mais ils ne peuvent être soumis aux mêmes lois. Parlant du prêtre que quelques-uns veulent reléguer dans la sacristie, ils déclarent :

N'est-il pas citoyen au même titre que les autres ? Eh quoi ! le premier venu peut écrire, parler et agir ; on voit quelquefois affluer vers un comté ou une paroisse des étrangers qui viennent pour y faire prévaloir leurs opinions politiques : seul le prêtre ne pourra parler et écrire ! [...] Y a-t-il des questions où l'évêque et le prêtre puissent, et même quelquefois doivent intervenir au nom de la religion ? Nous répondrons sans hésitation : oui, il y a des questions politiques où le clergé peut et même doit intervenir au nom de la religion. La règle de ce droit et de ce devoir se trouve dans la distinction que nous avons déjà signalée entre l'Église et l'État. Il y a en effet des questions politiques qui touchent aux intérêts spirituels des âmes, soit parce qu'elles ont rapport à la foi ou à la morale, soit parce qu'elles peuvent affecter la liberté, l'indépendance ou l'existence de l'Église même sous le rapport temporel. Il peut se présenter un candidat dont le programme soit hostile à l'Église, ou bien dont les antécédents sont tels que sa candidature soit une menace pour ces mêmes intérêts. [...] Alors le prêtre et l'évêque peuvent en toute justice et doivent en toute conscience élever la voix, signaler le danger, déclarer avec autorité que voter en tel sens est un péché, que faire tel acte expose aux censures de l'Église. Ils peuvent et doivent parler non seulement aux électeurs et aux candidats, mais même aux autorités constituées [...] Ce n'est donc point convertir la chaire en tribune politique que d'éclairer la conscience des fidèles sur toutes ces questions où le salut se trouve intéressé.

Après avoir signalé que ce genre d'intervention de la part du clergé ne se présente pas tous les jours, les évêques rappellent aux autorités civiles que le prêtre échappe aux tribunaux réguliers :

L'on objectera peut-être que le prêtre est exposé comme tout homme à dépasser la limite qui lui est assignée et qu'alors c'est à l'État à le faire rentrer dans le devoir. À cela nous répondrons d'abord que c'est faire gratuitement injure à l'Église entière que de supposer qu'il n'y a pas dans sa hiérarchie un remède à l'injustice ou à l'erreur d'un de ses ministres. En effet, l'Église a ses tribunaux régulièrement constitués et si quelqu'un croit avoir droit de se plaindre d'un ministre de l'Église, ce n'est pas au tribunal civil qu'il doit le citer, mais bien au tribunal ecclésiastique, seul compétent à juger la doctrine et les actes du prêtre. Voilà pourquoi Pie IX, dans sa bulle *Apostolicæ Sedis*, octobre 1869, déclare frappés d'une excommunication majeure ceux qui obligent directement ou indirectement les juges laïques à citer devant leur tribunal les personnes ecclésiastiques, contre les dispositions du droit canonique.

La lettre pastorale des évêques, qui reflète bien plus les idées ultramontaines de Bourget, Laflèche et Langevin que celles de Taschereau, est accompagnée d'une circulaire adressée au clergé traçant une ligne de conduite dans certains cas, comme celui d'une poursuite devant un tribunal civil pour influence indue lors d'élections : « 1. Un prêtre, accusé d'avoir exercé une influence indue dans une élection pour avoir rempli quelque fonction ou donné des avis ou des conseils, comme prédicateur, confesseur ou pasteur, et cité pour cela en justice, devrait récuser respectueusement, mais fermement, la compétence du tribunal civil, et invoquer le recours au tribunal ecclésiastique. 2. Un prêtre qui, ayant suivi exactement les décrets des Conciles provinciaux et les ordonnances de son évêque, serait néanmoins condamné pour influence indue par le tribunal civil, devrait souffrir patiemment cette persécution, par amour pour la sainte Église. »

## Tendre la main

Tous les conservateurs n'ont pas cette étroitesse d'esprit de considérer que tous les membres du parti libéral sont des adeptes des idées rouges ou révolutionnaires. D'ailleurs, ceux qui professent le libéralisme doctrinal sont peu nombreux. Le projet d'un rapprochement entre libéraux et conservateurs catholiques francophones se développe au début de l'automne de 1875. Le député conservateur de Terrebonne aux Communes, Louis-François-Rodrigue Masson, écrit à ce sujet au journaliste ultramontain Alphonse Desjardins, le 7 octobre 1875 :

> Vous savez que mon opinion personnelle a toujours été (et je l'ai dit publiquement en maintes occasions au risque de me faire appeler naïf et maladroit par le *National*) qu'il y avait dans le parti libéral ou rouge du Bas-Canada beaucoup plus d'hommes foncièrement religieux et conservateurs que de vrais libéraux ; plus d'hommes décidés à soutenir nos institutions et maintenir nos rapports actuels aussi longtemps que possible avec la mère patrie, que d'hommes désireux de donner une nouvelle forme à ces institutions et rêvant de l'annexion. [...] Je crois ces hommes aussi conservateurs que vous ou moi, je les crois aussi sincèrement attachés aux principes religieux que ceux qui sont enrégimentés dans le camp conservateur, et une union avec eux serait un bonheur pour le pays.

Chez les libéraux, Joseph Cauchon, président du Conseil privé, partage les mêmes idées, mais Langevin refuse tout rapprochement. Le parti conservateur choisit alors de se ranger encore plus vers la droite. D'ailleurs, un organe de cette droite, le *Journal des Trois-Rivières*, cité dans le *National* du 13 octobre, dénonce toute velléité de meilleures relations entre les deux partis politiques.

> On parle beaucoup en ce moment-ci, lit-on dans l'organe officieux de l'évêque Laflèche, de conciliation et d'entente entre les partis. Ce sont là des paroles tout à fait inutiles, car on n'est ni bon ni droit par convention. Il n'y a pas de conciliation possible entre la vérité et l'erreur, non plus qu'entre les partisans de l'une ou de l'autre. Ceux qui tiennent ce langage montrent par là qu'ils sont du parti de l'erreur, car personne qui possède la vérité n'est justifiable de l'aban-

donner pour faire la paix avec celui qui la combat. On se réconcilie avec un homme qui nous avait fait du tort, on pardonne à un ennemi ; mais quand celui qui professait de fausses doctrines les abandonne pour accepter la véritable, il ne fait pas acte de conciliation, il se convertit.

Les prises de position politiques du clergé catholique ont leur pendant avec la formation de la Protestant League à Montréal et à Québec. La section de cette dernière ville se réunit au National School le 4 février 1876. On y adopte cinq résolutions : le rappel de la loi qui donne au Manitoba un système d'écoles séparées ; le rappel de la loi d'érection des paroisses catholiques qui pourvoit à ce que cette érection ait lieu conformément aux décrets de l'Église catholique ; la formation d'un comité d'enquête sur le fonctionnement de la loi du rapatriement des Canadiens français émigrés aux États-Unis ; le désaveu de la loi qui se rapporte à l'inhumation des catholiques dans leurs cimetières et l'amendement de l'Acte constitutionnel « de manière à enlever au clergé le droit de réclamer la dîme devant les tribunaux et à empêcher l'imposition de toute taxe ou aucune appropriation d'argent pour aucune institution sectaire ou pour aucune fin d'éducation ou ecclésiastique ».

## L'enfer libéral

Une élection partielle dans la circonscription électorale de Charlevoix en janvier 1876 va permettre un affrontement politico-religieux entre libéraux et conservateurs. Pierre-Alexis Tremblay, élu député libéral aux Communes en 1874, voit son élection annulée pour corruption. Un nouveau scrutin est fixé au 22 janvier 1876. Tremblay pose sa candidature, ainsi que Langevin qui ne s'était pas présenté en janvier 1874. Malgré la saison hivernale, la lutte s'annonce chaude.

Le jour de l'An au matin, après la grand-messe, les deux candidats se retrouvent sur le husting dressé à la Baie-Saint-Paul. Des libéraux de l'Île-aux-Coudres, venus prêter main-forte à Tremblay, sont repoussés par des conservateurs de la paroisse. Le lendemain, qui est le dimanche 2, candidats et partisans se retrouvent aux Éboulements. Langevin déclare qu'il s'est présenté, car il est assuré de l'appui de tous les curés du comté de Charlevoix. Cauchon met cette affirmation en doute et alors le vicaire Gosselin, qui suivait l'assemblée d'une lucarne du presbytère, crie à l'assistance du haut de sa fenêtre « qu'il était certain que M. Langevin avait l'appui de tous les curés du comté ». L'attitude quasi générale du clergé tout au cours de la campagne électorale montre bien que les curés favorisent le candidat conservateur.

Le curé Doucet, de la Malbaie, affirme au cultivateur Denis Harvey que « si on votait pour M. Tremblay, dans deux ans, il n'y aurait plus de religion ». Selon Pitre Gilbert, de Saint-Urbain, le curé Fafard aurait déclaré en chaire, le dimanche 16 janvier : « Si vous voulez avoir des services de votre curé et des bons habitants, à l'avenir, votez comme eux et avec eux. » Il ajouta, selon le même témoin, qu'il considérerait comme des sans-cœur ceux qui donneraient leur vote au candidat libéral. Le même dimanche, le curé Roy, de Saint-Irénée, se serait, selon le témoignage assermenté d'Octave Rivard, avancé à la balustrade et aurait déclaré à ses paroissiens qu'il n'y aurait pas de grand-messe ce dimanche-là « à cause des troubles qu'il y avait eus le dimanche précédent ». Après la messe, il serait monté en chaire pour déclarer : « Vous vous pensez forts ici ; allez aux Éboulements et vous verrez que votre parti est très faible. [...] Débandez-vous les yeux, aveugles que vous êtes. On va voir dans cette élection la confiance que vous avez dans vos prêtres. Votez pour le bon bord, c'est un cas de conscience. » Ferdinand Tremblay affirme que le curé Roy aurait ajouté : « Vous parlez mal les uns des autres. Vous traitez le parti conservateur de ventre bleu, de ventre pourri. Vous insultez tout le parti. »

Le curé W. Tremblay, de la paroisse de Saint-Fidèle, lit le mandement du 22 septembre en chaire et termine son commentaire par ces mots : « Connaissant comme je connais ce qui se passe, si je votais pour le parti du libéralisme, je croirais commettre un péché. » Le marchand Johnny Tremblay va rendre visite à son curé pour en connaître plus long sur le choix qu'il doit faire. « Il m'a parlé d'élection au presbytère huit ou dix jours avant la votation, déclarera-t-il sous serment en juillet. Je lui ai demandé si c'était un péché comme je l'avais entendu dire de voter pour M. Tremblay. Il m'a dit : "Pour des gens qui ne connaissent pas et qui ne sont pas suffisamment instruits sur le mandement, ce n'était pas un péché ; mais que lui, connaître comme il connaissait, qu'il ferait un péché en votant pour un homme qui supporterait le gouvernement Mackenzie." »

À Saint-Siméon, le curé Cinq-Mars avertit son paroissien, le cultivateur Johnny Desbiens, qu'il commettrait un péché mortel s'il votait pour le candidat libéral. Lors de son passage dans cette paroisse, Langevin avait ouvert son paletot et avait montré à l'assistance la décoration papale qu'il avait épinglée à son veston, faisant remarquer, au témoignage de son adversaire, « qu'après avoir reçu une telle marque d'honneur les électeurs devaient avoir une entière confiance en lui ». Dans sa défense, Langevin explique ainsi son geste : « Je ne me suis pas servi de cette décoration pour me faire valoir auprès des électeurs, et, je n'en aurais pas parlé sans les violentes attaques de mon adversaire. »

Les curés de Saint-Hilarion et de Baie-Saint-Paul sont certes ceux qui se prononcent le plus ouvertement et le plus fermement pour le parti conservateur. J. J. Langlais, curé de la première paroisse, donne de son sermon du 16 janvier une version légèrement différente de celle de ses paroissiens, qui jurent que la leur est véridique. Zéphirin Bergeron, l'instituteur de la place et ancien élève de l'École normale Laval, rapporte ainsi au juge les propos de son curé :

> Rappelez-vous, aurait-il dit, qu'au moment où vous donnerez votre vote, l'Éternel le pèsera dans sa balance avec une grande sévérité. Je vais vous présenter les deux partis par deux bannières : la bannière bleue représentant Notre Saint-Père le Pape, et la bannière rouge représentant Victor-Emmanuel et Garibaldi. De quel côté voudriez-vous être lorsque vous mourrez ? Du côté de Garibaldi et de Victor-Emmanuel ou du côté du Pape ? Voyez ce que vous avez à faire dans ces deux jours-ci. Car le vote que vous avez à donner a plus d'importance que vous le pensez.

Selon plusieurs témoins, il aurait alors ajouté que c'était un péché mortel de voter libéral. Pendant le sermon, quelques paroissiens mécontents ont quitté l'église et, après la grand-messe, certains auraient poursuivi la discussion à coups de poing.

Le curé Sirois, de Baie-Saint-Paul, prononce plusieurs sermons sur les élections et, comme d'autres, il donne plusieurs lectures commentées de la lettre pastorale du 22 septembre. Il qualifie les orateurs libéraux qui viennent de l'extérieur du comté de *faux Christs* et de *faux prophètes*. Il les accuse de vouloir abolir la dîme.

> Il dit, selon le témoignage du député de Lévis, Étienne-Théodore Pâquet, qu'une révolution religieuse produite par le libéralisme est plus proche qu'on ne le croit. Il arrivera ici ce qui est arrivé ailleurs. Les prêtres seront persécutés, exilés, mais pour lui, il est prêt parce que, par un secret de la divine Providence, il faut que la religion ait de ces épreuves-là et que les prêtres soient persécutés, car c'est ainsi que le monde, devenu trop pervers, se régénère. Mais malheur à ceux qui seront coupables du sang qui coulera alors, eux seuls en porteront la responsabilité. [...] Pour prévenir ces maux, il faut écraser le libéralisme par l'union du peuple avec son clergé. C'est ainsi que le Canada a grandi jusqu'à ce jour et c'est ainsi qu'il en sera dans la suite.

Les paroissiens de Baie-Saint-Paul ne sont pas indifférents aux propos de leur curé. Fleurent Côté essaie de décrire les changements d'attitude dans son voisinage.

> Je ne suis pas capable de dire tout ce qu'il [le curé] a dit à ce sujet. Mais il y en avait qui avaient peur d'être damnés s'ils votaient pour un libéral. Je n'ai pas entendu le sermon qu'il a prononcé le dernier dimanche avant la votation ; j'étais ce jour-là à la Malbaie. Ce sermon m'a paru avoir beaucoup d'effet dans la paroisse. Je suis revenu le mardi. En arrivant ma bru me dit : « Tout est viré. » Je lui ai répondu : « Ça ne se peut pas. » Elle a ajouté : « Si vous y aviez été, vous auriez bien viré vous aussi, vous auriez eu peur. » Je lui ai répondu que je n'aurais pas eu peur. Après que j'ai été arrivé, j'ai constaté que tout était changé ; beaucoup étaient revirés et d'autres n'ont pas voté.

Transquestionné, le témoin précise : « Quand j'ai dit qu'il y en avait qui avaient eu peur d'être damnés, s'ils votaient pour un libéral, je veux dire que ce sont des femmes qui m'ont dit qu'elles ne voulaient pas que leurs maris votassent pour M. Tremblay, parce qu'elles craignaient qu'ils fussent damnés. »

Le samedi 22 janvier 1876, les électeurs de Charlevoix choisissent Hector-Louis Langevin pour les représenter à la Chambre des communes, avec une majorité de 211 voix. Tremblay décide de faire appel aux tribunaux pour faire invalider l'élection. Il fait valoir dix-sept chefs d'accusation, dont neuf concernent l'attitude du clergé.

Avant même que le juge Adolphe-Basile Routhier, ultramontain et programmiste reconnu, ne commence l'audition des témoins, l'évêque Laflèche fait connaître à l'archevêque Taschereau son propre « jugement » :

> Maintenant, lui écrit-il le 26 mars 1876, les curés, en lisant la lettre pastorale à leurs paroissiens et en l'expliquant, remplissaient une fonction qui a aussi une analogie avec celle du juge faisant sa charge aux jurés afin de les aider à bien remplir leur devoir. Or la loi civile laisse une grande latitude aux juges dans ces sortes d'adresses, parce qu'ils sont les guides naturels des jurés qui ont tant besoin d'être éclairés. Nul doute que l'Église n'accorde à ses pasteurs une latitude et une protection convenables dans les instructions et directions qu'ils ont à donner aux

fidèles. [...] Les curés ont-ils donc été trop loin et ont-ils commis un acte criminel en disant en chaire que la lettre pastorale condamnait le parti libéral ? Je réponds : ils ont été trop loin, mais ils n'ont pas commis un acte criminel ni exercé une influence indue. [...] Je pense qu'il faut se garder de dire que la lettre [de l'évêque] n'a pas condamné le parti libéral, ce qui ne serait pas strictement vrai. Car ce document condamne indirectement tout individu ou tout parti politique imbu des erreurs libérales, et par conséquent cette condamnation atteint le parti libéral en autant qu'il est imbu de ces erreurs.

Une prise de position comme celle de Laflèche montre qu'il devient urgent d'agir pour assainir l'atmosphère politique de la province de Québec. Bourget et certains curés sont partis en guerre contre tout ce qui paraît rouge. Le quotidien *Le Bien public*, identifié comme libéral dès sa fondation en avril 1874, cesse de paraître le 20 mai 1876. Son rédacteur, Laurent-Olivier David écrit, en guise d'adieu :

On dirait qu'il n'y a plus qu'un crime dans le monde, qu'un péché mortel, c'est de voter pour un candidat réformiste, de recevoir un journal qui met en doute l'infaillibilité de sir John et de M. Langevin. Et malheureusement, souvent les prêtres qui font le plus de bruit sont ceux dont la parole devrait avoir le moins d'autorité. Un peuple catholique supporte longtemps de pareils abus ; il ferme même les yeux pour ne point les voir afin que sa foi n'en souffre pas, mais comme les abus s'accumulent rapidement, quand ils ne sont pas combattus immédiatement, un jour vient où ils sont intolérables, et alors l'indifférence pour la religion et la haine du prêtre produisent des révolutions.

L'archevêque Taschereau, dans un mandement daté du 25 mai et adressé au clergé régulier et séculier ainsi qu'à tous les fidèles de son archidiocèse, apporte des nuances à la lettre pastorale du 22 septembre de l'année précédente. Il ne dénonce ni le libéralisme catholique ni le parti libéral, mais se contente de souligner que chacun est libre de choisir le parti ou le candidat pour lequel il veut voter.

En même temps que la Constitution vous donne le droit et la liberté de choisir celui qui vous représentera en Parlement, Dieu vous fait une obligation de n'user de cette liberté et de ce droit, que dans la vue du plus grand bien du pays ; car c'est à ce plus grand bien que doit tendre toute politique et, par conséquent, toute élection. Vous devez donc ne donner votre suffrage qu'à des hommes que vous jugez capables de le procurer, et sincèrement disposés à le faire. [...] Lorsque les candidats ou leurs amis viendront vous exposer leurs propres principes et combattre ceux de leurs adversaires, écoutez-les avec l'attention que mérite l'importance de l'affaire et avec la politesse que commande la charité chrétienne. Écoutez-les sans préventions et sans parti pris ; soyez disposés à renoncer à votre erreur, dès que vous l'aurez reconnue. Soyez calmes et tranquilles pour juger en connaissance de cause. Il y va de votre honneur et de celui de votre paroisse ; il y va aussi de votre conscience. Dans le doute, consultez quelques personnes de confiance.

Voilà qui diffère de l'attitude et de la pensée des évêques Bourget et Laflèche !

## Un triomphe éphémère

Le 3 juillet, le juge Routhier commence, au palais de justice de la Malbaie, l'audition des témoins dans la cause de demande d'annulation de l'élection de Langevin. Le 15 novembre, il rend son jugement, déclarant l'élection du conservateur valide. Il se base sur le fait que la loi électorale défend l'influence indue temporelle, sans faire mention de l'influence indue spirituelle. Tremblay n'accepte pas la sentence et, le 12 décembre, il porte sa cause en appel devant la Cour suprême qui vient d'être établie par le gouvernement fédéral. Une semaine plus tard exactement, trois juges de la cour de révision, Louis-Napoléon Casault, John Maguire et Thomas McCord, annulent, à cause de l'influence indue, l'élection provinciale dans la circonscription de Bonaventure.

Jean Langevin, évêque de Rimouski et frère du député Hector-Louis, n'accepte pas le jugement rendu par les trois juges dans l'affaire de Bonaventure. Le 15 janvier 1877, il publie un mandement « portant condamnation de certaines propositions contraires aux droits de l'Église ». Il dénonce ce qui lui apparaît comme les erreurs les plus courantes. La première « est la prétention de regarder un Parlement quelconque comme omnipotent. Dieu seul est tout puissant. [...] Des catholiques ne peuvent donc soutenir qu'un Parlement est compétent à porter toute espèce de loi, même pour gêner ou rendre moins libre l'exercice de la prédication ou l'administration des sacrements ; des juges catholiques ne peuvent en conscience appliquer de telles lois. »

La seconde erreur dénoncée par l'évêque Langevin est « la prétention que la liberté de la franchise électorale est absolue ». « Prétendre, ajoute-t-il, que les électeurs doivent être absolument libres de toute autre loi que la loi civile, c'est vouloir que, durant les élections, la loi de Dieu et celle de l'Église soient suspendues, qu'elles n'obligent point. » La troisième erreur est reliée directement aux derniers événements ; elle consiste dans le droit que s'arrogent les cours civiles « de réprimer les abus qui peuvent se glisser dans la prédication et le refus des sacrements ». « Ah ! Nos chers frères, aurions-nous jamais pu croire que, dans notre cher Canada, de pareilles propositions eussent pu être énoncées publiquement du haut d'un tribunal sans être accueillies par un cri de réprobation universelle ? [...] Or l'Église seule a le droit de poser les limites que ne doit pas dépasser le prédicateur dans le développement de la doctrine. »

La quatrième erreur concerne directement l'influence indue : « En menaçant les électeurs de peines spirituelles, par exemple du refus des sacrements, même d'après les instructions de l'évêque diocésain, un curé se rend coupable d'influence indue, de manœuvre frauduleuse. »

L'évêque de Rimouski termine son mandement par une mise au point doctrinale :

> À ces causes, le Saint Nom de Dieu invoqué, en vertu de notre pouvoir épiscopal et pour remplir notre devoir de gardien de la foi dans notre diocèse : 1. Nous condamnons comme fausses et contraires aux enseignements de l'Église chacune des propositions : I. Le Parlement est omnipotent et compétent à porter toute loi, même opposée à l'exercice de la religion ; II. La liberté des électeurs doit être absolue ; III. C'est aux Cours civiles de réprimer les abus qui peuvent se glisser

dans la prédication et le refus des sacrements ; IV. La menace du refus des sacrements à propos des élections par les pasteurs de l'Église est une influence indue, une manœuvre frauduleuse, dont les Cours civiles ont à prendre connaissance ; V. Il faut observer un serment injuste. 2. Nous déclarons indignes des sacrements ceux qui soutiendraient ces propositions ou aucune d'elles, jusqu'à ce qu'ils les aient désavouées.

Le mandement de Langevin est publié alors que les juges de la Cour suprême du Canada se penchent sur la demande d'annulation de l'élection dans Charlevoix pour influence indue ! Le 28 février, à l'unanimité, les juges, partant des déclarations de cinq curés, déclarent nulle l'élection de Hector-Louis Langevin. Les notes du juge Jean-Thomas Taschereau, le frère de l'archevêque de Québec, expliquent le pourquoi d'une telle décision. « Nous avons à interpréter la loi électorale dans une de ses dispositions les plus importantes, à déclarer si elle réprouve et défend l'influence indue qu'on allègue avoir été exercée par le clergé dans l'élection dont il s'agit et s'il est du pouvoir des tribunaux civils de se prononcer sur l'exercice de cette influence. [...] Pour réussir dans leur contestation, les appelants devaient prouver : 1. l'agence de ces membres du clergé et autres personnes incriminées ; 2. des menaces équivalant à une influence indue ; 3. des promesses ou autres menaces frauduleuses. »

Le savant juge, se basant sur une jurisprudence anglaise et canadienne, définit ainsi l'agence : « Toute personne qui, de bonne foi, s'immisce dans une élection pour favoriser un candidat, avec l'assentiment de ce dernier, devient *ipso facto* l'agent de ce dernier. » Analysant ensuite les déclarations des cinq curés, Jean-Thomas Taschereau en arrive à la conclusion qu'il y a eu effectivement influence indue.

La loi défend expressément toute influence indue de quelque source qu'elle vienne, et sans aucune distinction. Je dois donner à cette loi une exécution pleine et entière conformément au statut. Je ne vois rien dans cette loi qui puisse être interprété comme contraire à ma religion ni à l'exercice de cette religion par ses ministres. Je n'ai aucune discrétion à exercer ; je ne puis modifier la loi. [...] Appliquant ici la loi aux divers cas d'influence indue qui ont été prouvés dans cette cause, je suis d'opinion, avec tous les membres de cette cour, qu'il y a eu exercice d'influence indue de la part des révérends messieurs Cinq-Mars, Doucet, Sirois, Langlais et Tremblay, tous curés de paroisses du comté de Charlevoix. Ces prêtres ayant été les agents de l'intimé [Langevin], leurs actes lient leur principal [l'intimé] et suffisent pour annuler l'élection en cette cause.

Les journaux conservateurs sont les premiers à dénoncer avec véhémence la décision de la cour suprême. La *Minerve* déclare qu'il ressort de cette décision qu'il y a un conflit entre l'épiscopat catholique et le plus haut tribunal du Canada. « Nous connaissons aussi la loi qui nous commande d'obéir à Dieu avant d'obéir aux hommes, tout juges de la cour suprême qu'ils soient. C'est pourquoi, malgré le jugement de ce haut tribunal, nous continuerons de nous incliner devant nos évêques et de croire avec eux que les prêtres ont le droit et que c'est leur devoir d'éclairer les fidèles en matières politiques. » Le *Franc Parleur* met Taschereau personnellement en cause : « Un juge catholique, et appartenant à notre race, est venu consacrer le principe le plus odieux et le plus attentatoire à la liberté du clergé dans cette province. »

Quant au *Canadien*, dans son édition du 6 mars, il tire la conclusion suivante : « Le peuple canadien ne verra dans cette décision qu'une grande raison de plus de serrer ses rangs et d'entourer le clergé d'un surcroît d'estime, de respectueuse soumission et d'appui. »

## Un retour au même

La circonscription électorale de Charlevoix retourne donc aux urnes le 23 mars 1877 pour choisir son représentant à la Chambre des communes. Les candidats sont les mêmes qu'à l'élection précédente. Tremblay et Langevin se font une lutte acharnée. On s'accuse de part et d'autre d'achat de votes. L'argent, dit-on, coule à flot dans le comté. On déplore des scènes de violence. Langevin remporte la victoire avec une majorité de 56 voix seulement. Israël Tarte, dans le *Canadien* du 24, triomphe : « Malgré la corruption effroyable pratiquée par les chefs libéraux, l'hon. Langevin est sorti victorieux de la lutte. [...] Nous avons donc droit de nous réjouir. Nous voulons de l'influence du prêtre en politique ; nous voulons un tarif protecteur ; nous voulons pour le Bas-Canada une juste part de la distribution des deniers publics, nous voulons de l'ordre et de l'économie dans les finances ; nous voulons la fin de ce gouvernement de gaspillage qui nous mène à la banqueroute. »

À lire les écrits du journaliste Tarte, les abonnés du *Canadien* auront eu l'impression que la victoire de Langevin est le triomphe du bien sur le mal : « Cette élection aura nécessairement un grand retentissement dans le pays. Elle est la deuxième répudiation solennelle des principes libéraux sur les droits du prêtre en politique. Et elle va enseigner aux organisateurs de la persécution contre le clergé, que le bon sens du peuple fera partout et vite justice aux idées libérales quand elles se montreront à nu. Les libéraux de toute classe et de toute nuance finiront par comprendre qu'ils feront mieux de laisser au prêtre sa liberté. »

Sans doute pour ne pas influencer le choix des électeurs de Charlevoix, les évêques de la province de Québec attendent au 26 mars pour publier une déclaration au sujet du jugement de la Cour suprême du Canada dans l'affaire de la contestation d'élection dans le comté en vedette. Les signataires parlent de leur « douleur profonde, que tous les vrais catholiques ne manqueront point de partager avec eux ». Ils demandent donc une réforme de la loi électorale et concluent : « En présence de la position faite au clergé par cette sentence du plus haut tribunal judiciaire du pays, nous n'avons pu nous dispenser d'élever la voix pour sauvegarder un droit sacré et nécessaire de l'Église catholique, et pour demander que nos législateurs, dans leur sagesse et dans leur désir de rendre justice à tous, apportent à cet état de choses un remède convenable. »

L'opposition entre l'Église et l'État commence à inquiéter les autorités romaines, d'autant plus que l'on sait que le clergé et l'épiscopat canadien sont divisés non seulement sur le plan politique, mais aussi sur la question universitaire. Les deux factions multiplient les mémoires et envoient des émissaires à Rome. Laflèche avait d'ailleurs quitté son diocèse pour la Ville Éternelle en juillet 1876. Rome décide donc d'envoyer dans la province de Québec un enquêteur chargé de soumettre une analyse de la situation et d'échafauder des solutions. George Conroy, évêque du diocèse d'Ardagh en Irlande, nommé délégué apostolique, débarque à Québec le 24 mai 1877.

Les instructions de « l'envoyé de la cour de Rome » décrivent la nature de sa mission :

> Une autre cause des mêmes inconvénients [division de l'épiscopat] se trouve dans l'ingérence du clergé dans les affaires politiques, sans se soucier assez de la prudence pastorale. [...] Il faudra ajouter que l'Église, en condamnant le libéralisme, n'entend pas frapper tous et chacun des partis politiques qui, par hasard, s'appellent libéraux, puisque les décisions de l'Église se rapportent à certaines erreurs opposées à la doctrine catholique, et non pas à un parti politique déterminé, et que par conséquent ceux-là font mal qui, sans autre fondement, déclarent condamné par l'Église un des partis du Canada, à savoir le parti réformiste, parti naguère chaudement appuyé même par quelques évêques. Enfin, pour ce qui regarde l'objet principal des doutes proposés, à savoir quelle mesure on doit prendre à l'égard des catholiques qui, pour cause de prétendue ingérence du clergé dans les élections politiques, recourent au tribunal, on ne peut donner une règle générale aux évêques. [...] Qu'ils prennent soin d'empêcher, autant que possible, que des personnes ecclésiastiques soient obligées de comparaître devant le juge laïque. Il faudra enfin exhorter les évêques à observer par rapport aux affaires politiques la plus grande réserve, eu égard en particulier au danger qu'il y a de provoquer à une guerre violente contre l'Église les protestants déjà inquiets et irrités contre le clergé, sous prétexte d'ingérence indue dans les élections politiques.

Libéraux et conservateurs font la cour au délégué papal, les premiers pour lui prouver que le parti libéral ne prône aucune doctrine répréhensible, les seconds pour lui prouver que les libéraux canadiens sont les frères des Rouges et des garibaldiens.

La manifestation la plus importante de cette opération de séduction a lieu le 26 juin, à Québec. Le président du *Club Canadien*, Achille Larue, avait invité comme conférencier Wilfrid Laurier en lui demandant de parler du libéralisme politique.

Le député de Drummond-Arthabaska accepte l'invitation et commence à rédiger son texte. Mis au courant du projet et des points que Laurier veut aborder, le premier ministre Mackenzie lui écrit qu'après avoir consulté quelques libéraux importants, « l'opinion prépondérante semble être qu'il serait plus prudent d'attendre, pour prononcer votre conférence, que le Légat ait terminé sa mission ». Laurier ne partage pas cet avis et considère l'occasion idéale pour prouver à Conroy que le parti libéral ne présente aucun danger pour l'Église. Pour plus de sûreté, le conférencier soumet son texte à l'abbé Benjamin Pâquet, professeur de théologie à l'Université Laval et, selon l'historien Joseph Schull, « bras droit de Mgr Taschereau ».

Le mardi soir 26 juin, la salle de l'Académie de Musique de Québec est remplie à craquer.

> Il y avait plus de deux mille personnes rassemblées dans une salle qui en contient à peine douze cents dans les occasions les plus chères au public, lit-on dans

l'*Événement* ; les gardiens des portes, envahis par un flot montant et grossissant sans cesse, avaient renoncé à recevoir les billets d'entrée ; la foule était trop nombreuse et trop avide pour attendre ; on ne pouvait pas la contenir ni la soumettre aux règlements ordinaires ; il a fallu de bonne heure lui laisser libre cours et lui abandonner toutes les issues ; la grande porte centrale elle-même, toujours fermée, même dans les plus attrayantes circonstances et qui ne mesure pas moins de vingt pieds de largeur, avait dû être laissée toute grande ouverte et les gradins qui mènent de cette porte au plancher de la salle étaient littéralement inondés d'auditeurs qui se prêtaient appui pour tenir le plus profond silence, afin de ne rien perdre des paroles qu'ils venaient entendre.

Devant un auditoire gagné à l'avance, Laurier prononce un discours qui fera époque, car il marquera pour plusieurs le point de départ d'une nouvelle conception du libéralisme politique.

Je sais que le libéralisme catholique, déclare-t-il, a été condamné par le chef de l'Église. On me demandera : qu'est-ce que le libéralisme catholique ? Sur le seuil de cette question, je m'arrête. Cette question n'entre pas dans le cadre de mon sujet ; au surplus, elle n'est pas de ma compétence. Mais je sais et je dis que le libéralisme catholique n'est pas le libéralisme politique. S'il était vrai que les censures ecclésiastiques portées contre le libéralisme catholique dussent s'appliquer au libéralisme politique, ce fait constituerait pour nous, Français d'origine, catholiques de religion, un état de chose dont les conséquences seraient aussi étranges que douloureuses. En effet, nous Canadiens français, nous sommes une race conquise. C'est une vérité triste à dire, mais enfin c'est la vérité. Mais si nous sommes une race conquise, nous avons aussi fait une conquête : la conquête de la liberté. Nous sommes un peuple libre ; nous sommes une minorité, mais tous nos droits, tous nos privilèges nous sont conservés. Or, quelle est la cause qui nous vaut cette liberté ? C'est la constitution qui nous a été conquise par nos pères, et dont nous jouissons aujourd'hui.

Partant du principe que les deux principaux groupes ethniques doivent posséder les mêmes droits et privilèges, Laurier le compare aux partis politiques.

Si nous, qui sommes catholiques, nous n'avions pas le droit d'avoir nos préférences, si nous n'avions pas le droit d'appartenir au parti libéral, il arriverait de deux choses l'une : ou nous serions obligés de nous abstenir complètement de prendre part à la direction des affaires de l'État, et alors, la constitution — cette constitution qui nous a été octroyée pour nous protéger — ne serait plus entre nos mains qu'une lettre morte ; ou nous serions obligés de prendre part à la direction des affaires de l'État sous la direction et au profit du parti conservateur, et alors, notre action n'étant plus libre, la constitution ne serait encore entre nos mains qu'une lettre morte, et nous aurions par surcroît l'ignominie de n'être plus, pour ceux des membres de la famille canadienne qui composent le parti conservateur que des instruments et des comparses. Ces conséquences absurdes, mais dont personne ne pourrait contester la rigoureuse exactitude, ne montrent-elles pas jusqu'à l'évidence à quel point est fausse l'assertion qu'un catholique ne saurait appartenir au parti libéral ?

N'oubliant pas que le délégué pontifical lira son texte et écoutera les commentaires, le futur chef du parti libéral insiste sur le respect que nourrit sa formation politique pour le clergé :

> Je dis qu'il n'y a pas un seul libéral canadien qui veuille empêcher le clergé de prendre part aux affaires politiques, si le clergé veut prendre part aux affaires politiques. Au nom de quel principe les amis de la liberté voudraient-ils refuser au prêtre le droit de prendre part aux affaires politiques ? Au nom de quel principe les amis de la liberté voudraient-ils refuser au prêtre le droit d'avoir des opinions politiques et de les exprimer, le droit d'approuver ou de désapprouver les hommes publics et leurs actes, et d'enseigner au peuple ce qu'il croit être son devoir ? Au nom de quel principe le prêtre n'aurait-il pas le droit de dire que, si je suis élu, moi, la religion est menacée, lorsque j'ai le droit, moi, de dire que si mon adversaire est élu, l'État est en danger ? [...] Non, que le prêtre parle et prêche comme il l'entend, c'est son droit. Jamais ce droit ne lui sera contesté par un libéral canadien.

Laurier fait ensuite l'historique du parti libéral au Bas-Canada, le rattachant au courant libéral en Grande-Bretagne. Puis il termine par un appel général :

> Je m'adresse à tous mes compatriotes indistinctement et je leur dis : Nous sommes un peuple heureux et libre ; et nous sommes heureux et libres, grâce aux institutions libérales qui nous régissent, institutions que nous devons aux efforts de nos pères et à la sagesse de la mère patrie. La politique du parti libéral est de protéger les institutions, de les défendre et de les propager et, sous l'empire de ces institutions, de développer les ressources latentes de notre pays. Telle est la politique du parti libéral ; il n'en a pas d'autre.

Les conservateurs se plaisent à relever les erreurs de doctrine et à prouver que le parti libéral mérite toujours la condamnation de l'Église.

Un nouveau pas est franchi le 11 octobre 1877, avec la publication d'un nouveau mandement de l'épiscopat de la province de Québec qui établit une nette distinction entre le libéralisme politique et le libéralisme catholique :

> Nous suivons l'exemple du Saint-Siège qui, en condamnant les erreurs du libéralisme catholique, s'est abstenu de signaler les personnes ou les partis politiques. Il n'existe en effet aucun document pontifical condamnant un parti politique quelconque ; toutes les condamnations émanées jusqu'à présent de cette source vénérable se rapportent seulement aux catholiques libéraux et à leurs principes, et c'est dans ce sens que l'on doit entendre le bref adressé en septembre 1876 à l'un de Nous. [...] Nous laissons à la conscience de chacun de juger, sous le regard de Dieu, quels sont les hommes que ces condamnations peuvent atteindre, quel que soit d'ailleurs le parti politique auquel ils appartiennent.

Le 1er novembre suivant, Conroy donne publiquement son accord sur le contenu du mandement des évêques. Malheureusement, le délégué papal ne pourra compléter sa mission, car, sur le chemin du retour, il tombe malade et doit s'arrêter à Terre-Neuve où il meurt le 8 août 1878.

Le parti libéral a donc maintenant droit de cité, malgré certains membres du clergé qui continueront encore de lui faire la lutte, affirmant, de façon plus ou moins subtile, que « le ciel est bleu et l'enfer est rouge »...

# LA TEMPÊTE
# 1877-1880

L ES CONSERVATEURS, formant un parti appelé de plus en plus libéral-
conservateur, ne jettent pas un regard dédaigneux sur les libéraux, quelques-
uns souhaitant même un rapprochement entre les deux formations politiques. Le mardi 21 août 1877, le secrétaire de la province, Joseph-Adolphe Chapleau,
prononce un discours à Saint-Lin, village natal de Laurier, au cours duquel il prône
la formation d'un parti du progrès où « son ami personnel et son adversaire
politique, M. Laurier » pourrait avec lui « concourir au bonheur du pays ». « Quand
même ce parti s'appellerait libéral, ajoute-t-il, formons-le et engageons nos concitoyens à nous prêter main-forte. »

La proposition de Chapleau soulève de multiples commentaires. « Cette
branche d'olivier, commente le *National* du 23, sera-t-elle acceptée de bon cœur ?
Nous l'espérons pour le bonheur du pays. On sait que, sur l'épineuse question de
l'union des partis, nous avons des craintes et des espérances. [...] M. Chapleau et
M. Laurier sont deux jeunes hommes politiques à qui l'avenir sourit. S'il leur est
permis de régler la grave question de l'union des partis, ils auront bien mérité
l'estime de leurs concitoyens. Cependant nous faisons nos réserves et nous devons
avouer que nos souhaits sont plus ardents que nos espérances. » Israël Tarte, dans
le *Canadien* du 28, laisse peu d'espoir à Chapleau : « Pour lui épargner le mal qu'il
se donne, nous lui déclarons distinctement que de fait le parti conservateur ne peut
accepter aucune réconciliation avec des hommes qui attaquent les principes sociaux
et religieux de la grande majorité de nos compatriotes à moins qu'ils ne renoncent
à leurs idées. »

Un événement va encore opposer Chapleau et Laurier. Ce dernier est
assermenté, le 8 octobre, ministre du Revenu de l'Intérieur. En conséquence, il doit
retourner devant les électeurs de la circonscription électorale de Drummond-
Arthabaska pour se faire élire à nouveau. Les assemblées commencent au moment

même où les évêques publient leur mandement sur le libéralisme. Dans une lettre adressée au clergé, on précise : « Le décret du Quatrième Concile vous défend implicitement d'enseigner en chaire ou ailleurs, qu'il y a péché de voter pour tel candidat ou pour tel parti politique. À plus forte raison, vous est-il défendu d'annoncer que vous refuserez les sacrements pour cette cause. Du haut de la chaire, ne donnez jamais votre opinion personnelle. »

La mise en nomination se déroule à Arthabaskaville, le 20 octobre. Le parti conservateur présente comme candidat Désiré-Olivier Bourbeau, « cultivateur, industriel, commerçant ».

Malgré les demandes des évêques, la campagne électorale est teintée par les questions de religion et de libéralisme. Les partisans de Bourbeau se promènent avec une copie d'une lettre du curé de Sainte-Victoire d'Arthabaska, Joseph-Napoléon Héroux, disant :

> Je soussigné certifie avec beaucoup de plaisir que M. Désiré Bourbeau demeure dans la paroisse de Sainte-Victoire d'Arthabaska et qu'il pratique d'une manière édifiante la religion catholique ; qu'il a été maire, marguillier et secrétaire des écoles et qu'il a rempli ses devoirs à la satisfaction des habitants de la paroisse. Il a d'abord été cultivateur et, bien qu'il soit intéressé aujourd'hui dans différentes branches du commerce, il est encore propriétaire de plusieurs fermes qu'il exploite avec profit. Le gouvernement, voyant l'influence dont il jouissait dans cette paroisse et reconnaissant son mérite, l'a nommé juge de paix, il y a déjà plusieurs années. M. Bourbeau est un candidat digne de la plus grande confiance, vu qu'il a souvent fait preuve de talent et de désintéressement dans les affaires publiques, qu'il s'est montré dévoué aux intérêts de la religion et qu'il a fait preuve de patriotisme dans plusieurs circonstances.

Une autre lettre, anonyme celle-là, et signée du pseudonyme « Un prêtre d'Arthabaska », dénonce le parti libéral et son candidat : « Les évêques, dans leurs lettres pastorales, et les prêtres dans leurs sermons, ne peuvent désigner les personnes ou les partis. C'est à l'intelligence du peuple de distinguer, par les paroles et les actes d'un homme, s'il est libéral ou non. Je n'hésite pas à dire qu'à ce point de vue les paroles et les actes de M. Laurier sont ceux d'un libéral dangereux. »

Une anecdote rapportée par l'historien Oscar D. Skelton illustre la délicatesse de cette situation où plusieurs paroissiens se sont vu obligés d'aborder leur curé de cette manière : « Je ne peux pas voter pour M. Laurier parce que vous me dites que, si je vote pour un libéral, je suis damné ; je ne peux pas voter pour M. Bourbeau parce que vous me dites que, si je ne vote pas suivant ma conscience, je serai damné ; je ne peux pas m'abstenir de voter parce que vous me dites que, si je ne vote pas, je serai damné. Puisque je serai damné de toute manière, je serai damné pour faire ce qui me plaît. Je vais voter pour M. Laurier. »

L'argent coule à flots dans la circonscription électorale. Le parti conservateur y délègue l'industriel Louis-Adélard Senécal dont les goussets sont bien remplis. La votation a lieu le samedi 27 octobre et Laurier subit la défaite par 29 voix. Dans un télégramme au premier ministre Mackenzie, le candidat défait ne cache pas sa déception :

Cette élection a été la plus odieuse qui ait eu lieu depuis longtemps en cette province. [...] Les passions les plus viles y furent déchaînées, et ce que je craignais le plus a fini par se produire, la corruption. Les trois paroisses les plus importantes du comté de Drummond, Saint-Guillaume, Sainte-Germaine et Saint-Bonaventure, ont été soudoyées. Je comptais sur 150 voix de majorité en ces trois endroits, et la veille de l'élection le succès paraissait assuré ; mais mon vieil ami M. Senécal s'amena dans la nuit de vendredi à samedi, accompagné de deux autres entrepreneurs en construction de chemins de fer et tous trois se mirent à acheter les électeurs comme dans le bon vieux temps.

Isidore Thibaudeau, député de Québec-Est depuis janvier 1874, décide d'offrir son siège à Laurier et le 7 novembre au soir, une délégation de quatre électeurs se rend à Arthabaska présenter au ministre du Revenu de l'Intérieur une pétition signée par 3000 électeurs le priant « de poser sa candidature dans Québec-Est ». Dès le lendemain, Laurier arrive à Québec.

L'adversaire de Laurier, dans Québec-Est, est Adolphe Tourangeau, qui avait déjà été maire de Québec et député à la Chambre des communes. Parmi les questions à l'ordre du jour, il y a le chômage dans les chantiers navals, la taxe sur le thé, l'amnistie refusée à O'Donoghue qui s'était illustré au Manitoba en 1870, et... le libéralisme catholique.

Le mercredi 28 novembre 1877, Laurier est élu représentant de Québec-Est avec une majorité de 316 voix. Malgré la pluie, les électeurs s'étaient rendus en foule aux différents bureaux de votation. Comme on craignait des actes de violence, les forces de l'ordre avaient été au poste toute la journée. « La batterie d'artillerie de la garnison, lit-on dans le *National* du 29, était sous les armes dans la salle du marché Jacques-Cartier et des détachements de la police provinciale et de la police riveraine avaient été envoyés à Saint-Sauveur. On n'a pas eu besoin de leurs services, car il n'y a pas eu de troubles. »

Les libéraux, pour assurer la victoire de leur candidat, auraient eu recours à la fraude électorale. Déjà, le 23 novembre, Chapleau écrivait à Langevin : « Le sentiment parmi les libéraux ici [à Montréal] est que l'on trahit Laurier quelque part à Québec et qu'il faut employer toutes sortes de moyens pour assurer une victoire à leur homme. Ils vont essayer le truc de prendre un homme et de le faire voter sur un billet faux, en rapportant le vrai billet qu'il donne à un cabaleur qui le remplit et le vend à tout électeur qui veut pour quelques piastres aller déposer le billet déjà rempli par le cabaleur et rapporter encore un billet en blanc, pour en acheter un autre. Il faudra éviter ce *dodge* dangereux par tous les moyens possibles. »

## Sus à l'orange !

Au cours de la campagne électorale dans Drummond-Arthabaska, il avait plusieurs fois été question de l'affaire Hackett et des processions orangistes du 12 juillet. En effet, depuis quelques années, les affrontements étaient fréquents entre les Irlandais catholiques et ceux qui fêtaient la victoire de la Boyne. En 1876, quelques coups de feu sont échangés à Montréal entre des Young Britons et des opposants. Rue Bleury, un jeune homme « portant des fleurs jaunes à la boutonnière de son habit » est assailli. Il se défend à coups de revolver !

Le journal libéral *Le National*, dans son édition du 14 juillet 1876, rappelle aux lecteurs l'origine de la fête du 12 juillet et lance un appel à la compréhension. « Mercredi était le cent quatre-vingtième anniversaire de la bataille de la Boyne qui a assuré la domination du protestantisme en Irlande et dans les îles Britanniques. [...] C'est le 12 juillet 1696 que fut livrée près de la rivière Boyne la célèbre bataille qui noya dans le sang des Irlandais catholiques leurs dernières espérances. Les protestants vainqueurs se nommèrent orangistes à raison du nom de leur chef. Guillaume d'Orange vit son prestige grandir rapidement et il régna sur l'Angleterre sous le nom de Guillaume III. »

Le 10 juillet, des représentants de diverses associations irlandaises et anglaises, tant catholiques que protestantes, se réunissent au St. Lawrence Hall et adoptent des résolutions « tendant à demander aux orangistes de ne pas faire de processions ». Par ailleurs, les autorités municipales fortifient la ville. Dès le 10 au soir, des gardes militaires s'installent au Drill Shed, à l'Hôtel de Ville et aux baraques du faubourg Québec. Un détachement de l'artillerie de la garnison de Montréal se rend à l'île Sainte-Hélène garder l'arsenal. La surveillance doit durer jusqu'au 12 au soir. De plus, la brigade du feu reçoit ordre « de se tenir prête en cas de besoin, le 12 juillet, et de ne laisser leur station qu'après cette date ».

Des orangistes de Québec, Prescott, Ottawa et Toronto doivent se rendre à Montréal pour participer aux manifestations. On commence à craindre le pire. *Le National* affirme, le 10 : « On a appris de source certaine qu'une grande quantité d'armes à feu a été vendue ces jours derniers, ce qui prouve peu en faveur de la prétendue non-animosité des membres des deux partis. »

Le jeudi 12 juillet, dès huit heures, des centaines de personnes se rendent rue Saint-Jacques, devant le 81, où se trouvent les locaux des orangistes. Tout semble calme. Un service religieux se déroule à l'église Knox, située sur la rue Dorchester. Le pasteur Doudlet y prononce un discours de circonstance. Le calme règne à peu près partout. « En descendant la côte du Beaver Hall, un Irlandais s'avisa d'insulter une femme qui portait des rubans jaunes et voulut les lui arracher. Cette dernière riposta en allongeant un vigoureux coup de parasol à l'assaillant. »

Vers quatorze heures, la situation se corse. Un jeune homme bien vêtu, à l'air très respectable, descend la côte du Beaver Hall, un ruban jaune à son chapeau. Quelqu'un lui demande d'enlever le ruban provocateur. Le jeune homme refuse et la bagarre commence. Une foule compacte assiste à la scène. Le garçon, sentant que les personnes présentes lui sont hostiles, s'enfuit vers la rue Craig. Poursuivi, il cherche à se réfugier à l'intérieur du magasin Dunn et Cie. « Mais on ferma la porte et le jeune homme se trouva à la merci de la foule qui l'entourait. Plusieurs coups de revolver furent alors tirés sur lui et il reçut deux balles dans la tête. Il tomba nageant dans son sang et, quelques secondes après, la foule reculait d'horreur à la vue du malheureux se tordant dans les dernières convulsions de l'agonie. » Thomas Lett Hackett, jeune homme dans la vingtaine et membre de la loge Boyne 401, venait de mourir ! Les télégraphes transmettent la nouvelle à travers le Canada. On sent le besoin de poster des hommes de garde dans la plupart des édifices publics. L'église Saint-Patrice fait l'objet d'une surveillance particulière, car on craint les représailles des orangistes.

Le 13, d'autres coups de feu sont tirés. L'enquête du coroner commence alors que des centaines d'orangistes de l'Ontario arrivent à Montréal, en prévision des funérailles de la victime.

Le 14 juillet, craignant le pire, le maire de Montréal, Jean-Louis Beaudry, émet cette proclamation : « Le soussigné, maire de cette cité, donne par les présentes avis à qui de droit que des mesures rigoureuses ont été prises pour préserver la paix et pour appréhender et punir toutes personnes mal intentionnées qui tenteraient en aucune façon de troubler la paix en cette occasion. » Le même jour, les présidents des sociétés catholiques irlandaises lancent, eux aussi, un appel à la paix et au calme. Le dimanche 15 juillet, à la cathédrale, le prédicateur déclare : « Ne prenez part à aucune démonstration ; demeurez paisibles dans vos maisons ou à votre ouvrage ; priez pour que le bon Dieu préserve notre ville de tout malheur et pour que la charité chrétienne ne soit point blessée. »

Tous ne prêchent malheureusement pas la bonne entente. L'éditorialiste de l'hebdomadaire des catholiques anglophones de Montréal, *The True Witness*, lance un appel à la guerre sainte dans l'édition du vendredi 13 juillet : « Canadiens français, cette affaire vous concerne autant que nous. Si l'orangisme triomphe, nos libertés sont finies. Soutenez-nous dans la bataille et, en nous unissant, nous ferons disparaître de notre chemin les éléments qui nous menacent. »

Les funérailles du jeune Hackett ont lieu le lundi après-midi, 16 juillet. Plus de 5000 personnes, sympathisants ou opposants, y assistent. Des orangistes d'Ottawa et de Port-Hope se sont joints à ceux de Montréal et de la Pointe-Saint-Charles, ainsi qu'aux membres de l'Ordre des Bons Templiers. Tous portent leurs insignes et leurs décorations respectives. La milice au grand complet est sous les armes. Tous les hommes de police sont à leur poste. Les volontaires mettent leurs baïonnettes au bout de leur fusil pour charger la foule massée au square Victoria et qui insulte les orangistes. Après les funérailles, le corps est déposé dans le charnier du cimetière protestant. La cérémonie donne lieu à des déclarations enflammées. Un député libéral de l'Ontario s'écrie : « Malheur à Montréal si nous sommes forcés de revenir ici ! »

Un calme précaire s'établit à Montréal mais les affrontements entre catholiques et orangistes restent relativement nombreux. Au moins deux personnes trouveront une mort violente au printemps de 1878. En prévision du prochain 12 juillet, les députés de l'Assemblée législative de Québec étudient un projet de loi interdisant les processions de parti. Le bill est approuvé en troisième lecture le 11 juillet 1878. Quelques jours auparavant, quatre avocats de Montréal, Strachan Bethune, Ed. Carter, Thomas W. Ritchie et Edward Barnard avaient émis un avis juridique concluant que l'Association orangiste était un organisme illégal et que « la procession ou réunion projetée sont illégales, nous dirons que non seulement le droit mais le devoir des conservateurs de la paix est de supprimer et de disperser telle assemblée ou procession si elles étaient tenues ». Le maire Beaudry décide donc d'interdire toute manifestation publique le 12 juillet.

Comme les autorités ignorent si les orangistes se plieront à la décision du maire, elles mettent sur pied un service d'ordre extraordinaire. Dès le 9, les Fusiliers Royaux campent sur l'île Sainte-Hélène ; une batterie d'artillerie s'installe près de l'hôpital situé dans la partie ouest de la ville ; le 53e régiment de Sherbrooke et le

54e de Richmond, forts de 600 hommes, prennent position sur la Place d'Armes ; quatre autres bataillons occupent le square Victoria et la côte du Beaver Hall ; d'autres soldats enfin se retrouvent au square Dominion et sur le Champ de Mars. Jugeant peut-être qu'un tel déploiement sera insuffisant, les autorités municipales font prêter serment à 500 constables spéciaux. Le 11, des détectives effectuent une descente à la loge des Orangistes, espérant y trouver des armes à feu. Mais la fouille s'avère vaine. Les hôpitaux prennent des mesures nécessaires pour recevoir les blessés éventuels. Montréal a des allures de ville assiégée !

Le 12 juillet, vers les neuf heures, plusieurs centaines de personnes se réunissent rue Saint-Jacques, alors que policiers et militaires, armes au poing, sont prêts à toute éventualité. Le maire va rencontrer les chefs orangistes pour leur demander une nouvelle fois de ne pas défiler dans les rues de la ville. Il ne réussit pas à les convaincre. À la fin de l'avant-midi, une bagarre éclate au coin des rues Saint-Laurent et Craig. Les policiers arrachent les rubans que certains orangistes arborent à leur veston.

À quatorze heures, le maire Beaudry demande à la foule qui se trouve encore rue Saint-Jacques de se disperser, afin de permettre aux orangistes de regagner paisiblement leurs foyers. À part quelques escarmouches de peu d'importance, le 12 juillet 1878 n'est marqué d'aucun incident grave. Mais le lendemain éclate ce que l'on appellera « la fusillade des Tanneries ». « Alors qu'un convoi du Grand Tronc, transportant des volontaires en route vers Sherbrooke, traversait Saint-Henri, près d'un champ où des enfants étaient en train de s'amuser, raconte Léon Trépanier, des soldats les interpellèrent en agitant des mouchoirs de couleur orange. Maudits Orangistes ! s'écrièrent les enfants, et une pluie de pierres s'abattit sur le wagon, faisant voler les vitres en éclats. Des soldats ripostèrent par des coups de carabine, blessant cinq enfants. » L'affaire aura sa conclusion devant les tribunaux.

## Un représentant décidé

Alors que le problème orangiste inquiète surtout la région de Montréal, c'est toute la province de Québec qui est agitée par l'affaire du coup d'État. À la suite du décès de René-Édouard Caron, le 13 décembre 1876, Luc Letellier de Saint-Just avait été nommé lieutenant-gouverneur. Ancien ministre libéral à Ottawa, il manifeste son intention de suivre de près la bonne marche du gouvernement de sa province. Lors de l'ouverture de la troisième session de la troisième Législature, le 19 décembre 1877, il avait abordé la question économique. « La crise commerciale qui se fait encore sentir et qui bouleverse le pays tire à sa fin, il faut l'espérer. Je suis convaincu que l'abondance des dernières moissons et les travaux publics qui s'exécutent dans la province contribueront à faire disparaître la dépression qui paralyse les affaires et à ramener la prospérité dans le pays. »

La construction ferroviaire demeure alors une des principales préoccupations du gouvernement conservateur de Boucherville. Mais, en raison de la crise économique, le financement de la construction de nouvelles lignes se fait plus difficile. Les municipalités souscrivent des montants importants, espérant recevoir en échange des avantages commerciaux. Le gouvernement de la province de Québec est le maître d'œuvre du projet de la ligne Québec, Montréal, Ottawa et Occidental, regroupant le chemin de colonisation du Nord et le chemin de la rive nord. À la suite des pressions de Chapleau, Terrebonne est préférée à Montréal comme terminus d'une des lignes.

Le 26 janvier 1878, plus de 2000 personnes se réunissent pour protester contre la politique gouvernementale. L'assemblée adopte plusieurs résolutions, dont la suivante : « Que l'intérêt du pays tout entier, de même que celui de cette cité, exige que la ville de Montréal soit, par un tracé direct, le point de jonction des deux chemins de la Rive Nord et de Colonisation et que les citoyens de cette ville ne sauraient approuver ni accepter le tracé de Terrebonne proposé par le gouvernement. »

L'un des orateurs participants, Urgel Piché, brandit la grande menace : « Montréal, dit-il, est sacrifiée pour la petite ville de Terrebonne qui n'est pas aussi grande qu'une des petites rues du faubourg de Québec. Le chemin de fer sera fait maintenant pour le village de Terrebonne. Si l'iniquité se consomme, il restera toujours au peuple une dernière ressource qu'il trouvera dans la Constitution. Ce sera le désaveu de son gouvernement. »

La ville de Montréal s'apprête à ne pas verser les 660 000 $ qu'elle doit encore sur les 1 000 000 $ promis. Le procureur général de la province de Québec, Auguste-Réal Angers, veut employer la manière forte pour obliger les municipalités à respecter leurs engagements financiers. Il présente donc un projet de loi autorisant le gouvernement à « forcer les municipalités à payer sans avoir recours aux procédures judiciaires ordinaires ». Le projet de loi est adopté en troisième lecture le 20 février 1878.

Le lieutenant-gouverneur s'oppose à la mesure qui vient d'être adoptée, affirmant que le pouvoir exécutif ne doit pas se substituer au pouvoir judiciaire. Le 26 février, vers seize heures, son aide de camp remet au premier ministre Boucherville une lettre demandant copie d'un certain nombre de documents concernant les chemins de fer. Letellier de Saint-Just veut aussi « un exposé des raisons qui ont engagé le gouvernement provincial à ne se point contenter des dispositions du droit statutaire et public et de celle du code civil de cette province, pour opérer le recouvrement des sommes d'argent qui peuvent être dues par ces corporations, mais sans en avoir préalablement avisé en aucune manière avec le lieutenant-gouverneur, à proposer une législation *ex facto* pour les y contraindre ».

Boucherville occupe la nuit du 26 au 27 à préparer sa réponse qu'il fait porter à Letellier de Saint-Just le même jour. Il justifie le geste fait par son gouvernement en déclarant que sans ce projet de loi, il ne restait plus que deux solutions : soit contracter un nouvel emprunt, soit suspendre les travaux de construction du chemin de fer. Le premier ministre porte lui-même sa lettre au lieutenant-gouverneur, retenu par la maladie à sa maison de Spencer Wood. Le 28, Boucherville retourne à nouveau chez Letellier de Saint-Just pour lui remettre les documents demandés.

Le samedi 2 mars, à midi cinquante-cinq, l'aide de camp se présente chez le premier ministre pour lui remettre une longue lettre signée par Letellier de Saint-Just. Ce dernier analyse tous les griefs qu'il a relevés dans l'administration du gouvernement Boucherville depuis sa nomination et il termine ainsi : « Pour toutes ces causes, le lieutenant-gouverneur ne saurait clore ce mémoire sans exprimer le regret qu'il éprouve à l'idée de ne pouvoir continuer à le maintenir dans sa position à l'encontre des droits et des privilèges de la Couronne. » Moins d'une heure après la réception de cette dernière lettre, le premier ministre se présente à Spencer Wood. Il déclare au représentant de la Reine « que, d'après le mémoire reçu de lui ce jour-là même, qu'il le démettait de sa position de premier ministre ». Le lieutenant-gouverneur répond que « c'était à lui d'interpréter la lettre ». Boucherville tend alors à Letellier de Saint-Just sa lettre de démission.

Quelques instants après son départ, Boucherville demande à son cocher de retourner à Spencer Wood. Il veut obtenir de Letellier la permission de donner des explications à l'Assemblé législative lors de la prochaine séance.

> Le lieutenant-gouverneur, racontera quelques jours plus tard Angers, lui dit qu'il n'avait aucune objection et lui demanda alors s'il voulait l'aviser sur le choix de celui qu'il devait appeler. M. de Boucherville lui répondit qu'il se pensait, ayant été démis, dans une position différente de celle d'un ministère qui, battu dans la Chambre, conservait encore la confiance du souverain, qu'il avait une majorité de 25 voix dans un dernier vote. Que, dans ces circonstances, il ne pensait pas pouvoir l'aviser sur ce sujet. Il le quitta alors. Rendu dans l'antichambre, le lieutenant-gouverneur le fit rappeler et lui dit : « Veuillez retarder les explications jusqu'à lundi. »

## Luc Ier

Le 4 mars, Letellier de Saint-Just demande à Boucherville de retarder encore ses explications aux députés. Mais partout, il n'est plus question que du coup d'État de « Luc Ier ». Les journaux conservateurs crient à l'injustice et à l'ignominie. À Ottawa, le gouvernement Mackenzie sent que celui qu'il a nommé au poste de lieutenant-gouverneur de la province de Québec vient de le mettre dans une position très délicate. Wilfrid Laurier, dans une lettre datée du 5 mars adressée à son ami Ernest Pacaud, décrit l'atmosphère qui règne dans la capitale canadienne :

> Nous sommes d'avis ici que Letellier a tout gâté : son action ne peut guère être défendue et elle est certainement inconstitutionnelle, à moins de faits qui, s'ils existaient, seraient déjà publics. [...] Quand nous avons appris la manière dont les choses s'étaient passées, nous avons cru que nous ne devions rien faire du tout. Si la résignation des ministres avait eu lieu d'après le cours ordinaire des choses, il eût été de notre devoir d'aider à la formation du nouveau gouvernement. Mais, dans cet état de choses, nous ne pouvons et ne devons rien faire. Letellier paraît avoir agi sans consulter qui que ce soit ; au moins, il ne paraît pas qu'il ait consulté qui que ce soit.

Le lieutenant-gouverneur fait appel à Henri-Gustave Joly de Lotbinière, un protestant né en France, pour former le nouveau gouvernement, même si les libéraux sont minoritaires à l'Assemblée. Le 8 mars, les ministres dûment assermentés entrent en fonction. Pour la première fois, le trésorier provincial n'est pas anglophone : le représentant de Saint-Hyacinthe, Pierre Bachand, est nommé à ce poste. La charge de présenter le nouveau cabinet à l'Assemblée législative incombe au député de Shefford, Maurice Laframboise. Ce dernier profite de la circonstance pour tracer les grandes lignes de la politique qu'entend suivre le gouvernement libéral :

> Le nouveau cabinet déclare qu'il abandonne le bill qui a pour but l'imposition de nouvelles taxes ; il se propose de faire face aux obligations de la province et d'exécuter ces entreprises à l'accomplissement desquelles la foi publique est engagée, par un système d'économie et de retranchement qui exemptera le peuple de l'imposition de nouveaux fardeaux. Le cabinet se propose de compléter, avec l'aide de la Chambre, les autres mesures qui sont encore devant cette Chambre et qui se trouvent dans un état si avancé que leur passation finale n'est maintenant qu'une matière de forme, tous leurs détails ayant été longuement considérés et adoptés après mûres délibérations. Le cabinet croit pouvoir compter assez sur le jugement de la Chambre et sur son dévouement aux intérêts de la province pour espérer qu'elle ne voudra pas prendre sur elle la responsabilité de rendre complètement nul, au dernier moment, l'ouvrage de toute la session.

Les 8 et 9 mars, les conservateurs dénoncent le coup de force du lieutenant-gouverneur auquel ils veulent faire remettre une adresse demandant que la législature ne soit pas dissoute. Alors que l'on discute de ce sujet, le 9, peu après quinze heures, et que l'on s'apprête à prendre un vote qui sera défavorable au gouvernement Joly, on entend, à l'extérieur, la musique et les coups de canon annonçant l'arrivée de Luc I<sup>er</sup>. Le huissier à la verge noire, après avoir frappé les coups traditionnels, entre et somme les députés de se rendre à la chambre du Conseil législatif rencontrer le lieutenant-gouverneur. Le président et les 12 membres libéraux présents obéissent à l'ordre qui leur a été donné, alors que les députés conservateurs restent à leurs sièges.

Après avoir accordé la sanction royale aux projets de lois adoptés au cours de la session et réservé « pour la signification du bon plaisir de Son Excellence le gouverneur général » le projet de loi pour amender le chemin de fer de Québec, Montréal, Ottawa et Occidental, Letellier de Saint-Just annonce un appel au peuple : « Désirant constater d'une manière constitutionnelle l'opinion, dans la province de Québec, en ce qui concerne l'état des affaires publiques et les changements ministériels qui viennent d'avoir lieu, je me suis décidé à proroger le Parlement en vue d'en prononcer bientôt la dissolution. J'ai le ferme espoir que les électeurs de la province feront preuve, dans le choix de leurs représentants, d'autant de jugement que de patriotisme. C'est le vrai moyen d'assurer la paix, la prospérité et le bonheur de la population de notre province. »

## Le vrai problème

Le geste « extraordinaire » du lieutenant-gouverneur soulève toute la question de la responsabilité ministérielle. Les conservateurs s'emparent donc de cet aspect du problème et en font un cheval de bataille pour la campagne électorale qui s'ouvre. Dès le dimanche 10 mars, à Lévis, Chapleau attache le grelot : « C'est la liberté du peuple qui est en jeu, déclare-t-il lors d'une grande assemblée populaire. Il s'agit de savoir si le peuple sera gouverné par un seul homme, ou bien si le peuple se gouvernera lui-même ; il s'agit de savoir si la volonté d'un seul sera substituée à la volonté de tous ; il s'agit de savoir, en un mot, si le lieutenant-gouverneur règne ou gouverne. » Plus tard, l'orateur revient sur le même sujet : « Le cabinet de Boucherville pouvait compter sur les deux tiers des votes dans l'Assemblée législative. Tout à coup, je me vois renvoyé des conseils du chef de l'État. Pourquoi ? Avais-je perdu la confiance du peuple ? Non. Avais-je forfait à mon devoir ? Personne ne le prétend. J'étais congédié par l'acte absolu du lieutenant-gouverneur. La seule et unique question qui vous sera soumise est donc de savoir qui a le droit de faire et de défaire les ministères, le gouverneur ou le peuple ? »

Passant en revue les diverses taxes que doivent payer les habitants de la province de Québec, il démontre que c'est Ottawa qui récolte le plus. « Je défie qui que ce soit de me contredire : la province de Québec est l'État le moins taxé qui existe, si l'on considère la perfection de son système administratif. »

Pour terminer son discours, Chapleau trouve la formule qui fera succès. Après avoir rendu hommage à Papineau, il conclut : « Plût à Dieu que le parti libéral qu'il a fondé respectât ses enseignements. Que dirait Papineau, lui, l'expulsé des gouverneurs, s'il voyait maintenant ses héritiers devenus les défenseurs et les complices de l'expulsion de ceux en qui le peuple avait confiance ? Que dirait-il ? Il ferait entendre un de ces accents terribles dont l'écho est venu jusqu'à nous et s'écrierait : "Faites taire la voix de Spencer Wood et laissez parler la grande voix du peuple." »

La Législature provinciale est dissoute le 22 mars. La grande voix du peuple se prononcera le mercredi 1er mai 1878.

## La voix d'Ottawa

La Chambre des communes d'Ottawa est saisie de l'affaire Letellier de Saint-Just le 11 avril, après que le chef de l'opposition, John A. Macdonald, eut présenté une motion de blâme : « Qu'il soit résolu que le renvoi récent par le lieutenant-gouverneur de Québec de ses ministres, était, sous les circonstances, imprudent et contraire aux attributions accordées aux aviseurs de la Couronne depuis que le principe du gouvernement responsable a été concédé aux colonies de l'Amérique britannique du Nord. »

Le premier ministre Mackenzie répond que le gouvernement fédéral n'a pas à aborder la question soumise par Macdonald, car celle-ci est du ressort du gouvernement provincial et ne concerne pas la Chambre des communes.

Le ministre Laurier fait de l'autonomie provinciale le centre de son intervention :

> Je prétends qu'il n'est ni de notre pouvoir ni de notre ressort de critiquer la conduite de M. Letellier : son juge naturel est le peuple de la province de Québec. [...] Je laisse l'acte du lieutenant-gouverneur au jugement du peuple. Mais je dirai que, si nous adoptons la résolution, nous poserions un principe dangereux, nous porterions un coup fatal à nos institutions, nous violerions directement le système fédéral qui nous régit. C'est un fait reconnu que, si la province de Québec n'avait pas représenté une minorité de croyance, de race et de langue différentes, ce n'est pas l'union fédérale que nous aurions ; le système fédératif a conservé à la province de Québec son autonomie. S'il est une chose à laquelle il tienne, c'est de conserver dans son intégrité le principe fédératif tel que nous le possédons. Je dis

donc que le gouvernement fédéral n'a pas le pouvoir d'intervenir dans une matière qui se rattache exclusivement à la constitution de Québec. L'intervention de ce parlement établirait un principe dangereux. Je partage l'avis de l'honorable chef de l'opposition que les provinces sont des gouvernements libres et responsables. Or, si cette proposition est juste, n'est-il pas vrai que le peuple de Québec possède le remède en supposant qu'il aurait à se plaindre d'avoir été traité injustement ? Il vaudrait encore mieux laisser subsister cette injustice plutôt que de mettre le système fédéral en danger. [...] Je répète qu'en adoptant la résolution, nous empiéterions sur les droits du peuple du Québec.

Le débat dure 27 heures ! Le correspondant de la *Minerve* affirme que « jamais, depuis la Confédération, un débat ne s'était prolongé aussi longtemps ». Malgré tout, la motion Macdonald est battue par 112 voix contre 70. Épuisé, le chef de l'opposition avait dû aller se coucher dans une des salles de comité. Selon le *Globe*, il était « simplement saoul, au sens régulier, ordinaire du mot ».

Letellier de Saint-Just demeure donc à son poste, mais pour combien de temps ? Pour lui, les élections générales constituent une épreuve de force qu'il espère remporter. La campagne électorale bat son plein pendant presque tout le mois d'avril. Les libéraux dénoncent les extravagances et les folles dépenses du gouvernement Boucherville. Quant aux conservateurs, l'affaire Letellier de Saint-Just constitue leur meilleur cheval de bataille.

Le clergé semble plus discret dans ses interventions, cela sans doute parce que le parti libéral apparaît, moins qu'autrefois, comme l'hydre à sept têtes. Certains curés continuent cependant de dénoncer le mal libéral.

François-Xavier Lemieux, candidat dans la circonscription électorale de Bonaventure, subit la défaite à cause, selon lui, de l'intervention indue de certains prêtres. « C'est dans ce pays lointain, écrira-t-il à Laurier le 23 août 1904, que je briguai, pour la première fois, les suffrages, en 1878, contre notre ami commun Tarte. Croyez-moi, à cette époque, le sol était quelque peu réfractaire aux idées libérales. Je fus, sans cérémonie et du haut de la chaire, décrété de damnation éternelle, parce que vilain rouge que j'étais, j'avais la témérité d'être le candidat des Anglais et des protestants contre un des piliers de l'Église, chargé d'*Agnus Dei* et de bénédictions épiscopales de M^gr Jean Langevin. »

Dans le comté de Berthier, l'intervention cléricale est telle que les tribunaux sont appelés à porter un jugement sur son déroulement. Lors de l'enquête, la témoin Catherine Hervieux, épouse de Louis Boucher, raconte qu'après s'être confessée au curé de la paroisse de Lanoraie, C.-A. Loranger, ce dernier lui aurait dit :

Êtes-vous du parti de M. Robillard [le candidat conservateur] ? J'ai dit : oui. Il a dit : pensez-vous que votre famille est de ce parti-là ? J'ai dit : je n'en sais rien, j'ai deux garçons. Il a dit : vos garçons sont-ils du parti de M. Robillard ? J'ai dit : je ne sais pas. Il a dit : s'ils sont du parti libéral, comme femme chrétienne, vous à qui Dieu a confié le soin d'élever vos enfants, je vous oblige, comme femme chrétienne, vous êtes obligée de les élever sur la loi de l'Église, la loi vous oblige. [...] Tâchez de faire votre possible pour qu'ils soient des conservateurs ; le parti libéral est un méchant parti ; ils sont au milieu de quatre voisins, qui travaillent à les virer au parti rouge, au parti libéral.

Le tout s'est déroulé dans le confessionnal ! La cour de révision annulera cette élection le 30 novembre 1880.

La campagne électorale et la votation sont, somme toute, peu marquées par la violence physique, si l'on exempte le drame du 30 avril, alors qu'un nommé Voisine, reconnu pour être un libéral, est assassiné à Trois-Pistoles, par « un fanatique conservateur ».

Les électeurs de la province de Québec élisent 32 libéraux et 32 conservateurs. Malgré l'égalité des sièges, le parti libéral, en tant que gouvernement sortant, peut former le ministère. La circonscription électorale de Trois-Rivières avait déjà élu par acclamation un conservateur indépendant, Arthur Turcotte. Pour Belleau, la cause de la défaite des conservateurs réside dans la triste situation économique. Il confie à Langevin, le 5 mai : « Pas de taxes, pas de taxes, voilà ce qui a été la cause de notre défaite. Du coup d'État, de la question du gouvernement responsable qui nous est virtuellement enlevé, nos gens n'y comprenaient rien, ne voulaient que protester contre la taxe. »

## À la merci d'une voix

La dernière session provinciale s'était terminée avant que la Législature n'ait eu le temps de voter le budget. Le 4 juin 1878, les députés se retrouvent donc au travail et leur première tâche consiste à élire un président. Le premier ministre Joly de Lotbinière propose la candidature de Turcotte, s'assurant ainsi de son appui lorsque les députés seront appelés à voter. Le représentant de Trois-Rivières est élu par 33 voix contre 32, n'ayant pas craint de voter pour lui ! Pour expliquer une telle conduite, le *National* écrit, dans son édition du 5 : « Les esprits étroits du parti conservateur affirment que M. Turcotte a voté pour lui-même ; cette prétention n'est pas tout à fait exacte : M. Turcotte n'a pas voté pour lui, il a voté pour le gouvernement que le peuple a soutenu aux dernières élections. »

Lors du débat sur l'adresse en réponse au discours du trône, les conservateurs accusent le ministère Joly d'avoir usurpé le pouvoir et de s'y cramponner. Les libéraux répondent que leur victoire est claire. Le premier ministre déclare : « De l'ancienne administration, le peuple ne réélit que deux membres ; de la nouvelle, il élit d'emblée tous les membres. Dira-t-on encore que ce n'est pas là une condamnation complète de l'ancien gouvernement ? Je suis heureux que le peuple en ait laissé deux revenir dans cette enceinte. Ils pourront se rappeler souvent ces mots de l'Écriture : *Memonto mori* ! Ils resteront là pour servir d'exemples saisissants, formidables, aux administrateurs imprudents, pour ne pas dire davantage. »

La tension est grande, mais Joly de Lotbinière réussit à faire adopter le budget et la session est prorogée le 20 juin.

## Un retour en force

La session fédérale s'était terminée le 10 mai 1878. Elle était la cinquième du troisième Parlement. Le 17 août, le gouverneur général dissout ce Parlement et ordonne des élections générales. La votation doit avoir lieu le 17 septembre.

Le parti libéral a contre lui le climat économique de l'époque. Comme le font remarquer les historiens Jean et Marcel Hamelin et John Huot, « de 1873 à 1879, les prix ont baissé [...]. Les salaires ont baissé, les faillites commerciales se sont multipliées et le chômage a envahi les villes. » De plus, à cause du climat économique, les libéraux n'ont pu réaliser la plupart de leurs promesses électorales. « Ils n'avaient pas construit le chemin de fer du Pacifique, écrit l'historien Joseph Schull. [...] Les libéraux n'avaient pas créé la prospérité ; ils avaient accédé au pouvoir en plein marasme, et le marasme durait toujours. »

Les conservateurs prônent une politique nationale, qui comporte l'établissement d'un tarif douanier élevé « pour réserver aux producteurs canadiens le marché canadien ». Le mot d'ordre des libéraux est : « Honnêteté, Intégrité et Économie ». Quant au coup d'État de Letellier de Saint-Just, il apparaît comme un thème secondaire important.

Le 17 septembre 1878 au soir, les conservateurs remportent la victoire. John A. Macdonald reprend le pouvoir avec une Chambre des communes composée de 137 conservateurs et de 69 libéraux.

Fier des succès remportés par sa formation politique, Chapleau commence à lorgner un siège à Ottawa, mais il devra attendre encore quelques années avant de voir son rêve se réaliser. Comme plusieurs autres hommes politiques canadiens-français, il préférera la scène fédérale au petit théâtre provincial.

## Le temps de la vengeance

Le retour des conservateurs au pouvoir à Ottawa va signifier la fin du lieutenant-gouverneur Letellier de Saint-Just. « En novembre 1878, rapporte l'historien Jean-Charles Bonenfant, trois anciens ministres du cabinet de Boucherville, dont Angers, adressèrent une pétition à sir Patrick MacDougall, qui était alors administrateur du Canada, à la suite du départ du gouverneur général, lord Dufferin, pour lui demander la destitution de Letellier de Saint-Just. L'administration ne voulut pas prendre une décision aussi importante et il réserva l'affaire au nouveau gouverneur général, le marquis de Lorne. »

Les conservateurs de la province de Québec sont de plus en plus assurés de leur victoire vengeresse. Chapleau ironise sur l'avenir de Luc Ier, dans une lettre qu'il adresse à Langevin le 20 décembre à minuit et demi. Le destinataire de la missive venait d'être élu un mois plus tôt député de la circonscription électorale de Trois-Rivières. « Si ce despote est encore à Spencer Wood le 1er janvier, j'en connais plus d'un qui ne dira pas "a Happy New Year" et les croqu'signols conservateurs seront maigres. Thibodeau offre à partir de 100 $ à 1000 $ à qui le prendra que Letellier ne sera pas rappelé... et si on lui dit : mais s'il résignait ? Deux contre un, répond-il, qu'il ne résignera pas, serait-ce le gouverneur qui le lui dirait ! Spencer Wood est en ce moment un vrai baromètre. Si le bonhomme sort, c'est le beau temps ; s'il reste chez lui, c'est du mauvais ! »

Le marquis de Lorne, qui a épousé Louise, la fille de la reine Victoria, commence à occuper ses fonctions de gouverneur général du Canada le 25 novembre. Pour lui, affirme-t-il dans un mémoire du 30 décembre, il est très difficile de renverser une décision prise majoritairement par la Chambre des communes en avril de la même année, d'autant plus qu'il considère le geste de Letellier comme constitutionnel, même s'il dépasse les normes régulières d'une bonne administration.

La première session du quatrième Parlement débute le 13 février 1879. Dès le 11 mars, le député de Bagot, Joseph-Alfred Mousseau, présente la motion suivante : « Résolu que l'acte commis par le lieutenant-gouverneur de la province de Québec, le 2 mars 1878, en renvoyant son ministère, a manqué de sagesse dans les circonstances et tendait à renverser la position que les aviseurs de la Couronne occupent depuis que le principe du gouvernement responsable a été accordé aux colonies de l'Amérique britannique du Nord. »

Un autre long débat s'engage et les libéraux défendent le geste de Letellier en demandant de respecter l'autonomie provinciale. « Même si la Chambre possédait l'autorité nécessaire pour intervenir, fait valoir Laurier, serait-il juste et loyal envers le Bas-Canada de s'interposer lorsque la population de la province de Québec est la seule qu'intéresse cet acte, lorsqu'elle est seule à en souffrir s'il est imprudent, ou à en tirer profit s'il est sage ; et lorsqu'elle en a affirmé l'à-propos ; enfin, serait-il juste, serait-il opportun, serait-il constitutionnel pour les députés des autres provinces de condamner ce que les électeurs de Québec ont approuvé ? » Le 14 mars, par un vote de 136 voix contre 51, la motion Mousseau est adoptée. Ne voulant pas porter l'odieux de la destitution de Letellier de Saint-Just, mais pressé par une bonne partie de sa députation francophone, le premier ministre Macdonald, très astucieux, refile le problème au gouverneur général au tout début d'avril. Le gendre de la reine, par suite de l'absence de précédent dans ce domaine, décide de référer le tout « au gouvernement de Sa Majesté pour en recevoir des instructions ».

L'attitude de Macdonald déclenche une crise au sein de son parti. La *Minerve*, dans son éditorial du 4 avril, donne le ton d'exaspération des conservateurs de la province de Québec : « Le jeune homme qui représente la Reine à Ottawa ne vaut pas mieux que le forban qui représente la Reine à Québec. Et l'Angleterre nous demande de l'affection ! »

Langevin reçoit mission de se rendre à Londres défendre le point de vue du gouvernement canadien, alors que Joly de Lotbinière s'embarque lui aussi pour l'Angleterre, à la demande de Letellier de Saint-Just. Dans la métropole occupée à bien d'autres choses, l'affaire du coup d'État traîne pendant plus de deux mois avant qu'une décision ne soit prise. Exaspéré, Langevin écrit à son frère Edmond, le 19 juin : « Si j'avais affaire à ces gens-là bien souvent, ils me feraient mourir à petit feu. On se plaint quelquefois des lenteurs de nos bureaux au Canada. Mais c'est de l'électricité en comparaison de ces gens-ci. » Sir Michael Hicks Beach, secrétaire d'État aux Colonies, recommande donc au marquis de Lorne de se conformer à la décision du ministère Macdonald. « Le lieutenant-gouverneur, souligne cependant Beach, avait constitutionnellement le droit de renvoyer ses ministres provinciaux, si pour une raison ou pour une autre il croyait de son devoir de le faire, mais dans l'exercice de ce droit comme dans celui de toutes ses autres fonctions, il devait se conduire vis-à-vis des partis rivaux avec impartialité. »

Le 25 juillet, on apprend qu'un arrêté ministériel ordonne la destitution de Luc Letellier de Saint-Just de son poste de lieutenant-gouverneur de la province de Québec. Théodore Robitaille lui succédera. Chez les libéraux québécois, l'indignation fait place à la colère. Mais ils ne peuvent rien faire d'autre que d'organiser des assemblées publiques pour dénoncer Macdonald et les conservateurs. Le premier ministre Joly se retrouve dans une position encore plus précaire. Lorsque la session reprend, le 28 octobre, la situation du ministère libéral devient intenable. Le Conseil législatif refuse de voter les subsides. Comme le nouveau lieutenant-gouverneur refuse à son premier ministre de déclencher un nouvel appel au peuple, il ne reste plus à Joly qu'à démissionner. La *Minerve* du 30 octobre coiffe son éditorial du titre révélateur : « Le 2 mars vengé. L'usurpation finie. »

Joseph-Adolphe Chapleau devient le nouveau premier ministre de la province de Québec. Le cabinet se compose de libéraux et de conservateurs. Les transfuges libéraux porteront pour plusieurs mois les surnoms de veaux, de vendus ou de traîtres !

La rue Saint-Laurent, à Montréal, vers 1880

# L'HEURE DU CHOIX
# 1880-1882

1ère Année.    MONTREAL, Samedi 12 Juin 1880.    No 3

# LE PEUPLE

JOURNAL HEBDOMADAIRE

CHAPLEAU, LE NOUVEAU PREMIER MINISTRE, compte sur l'appui de quelques libéraux pour diriger le gouvernement de la province de Québec. Ce genre de ministère de coalition soulève l'indignation des libéraux inconditionnels. Dans un éditorial intitulé « Les traîtres ! les vendus ! », la *Patrie* du 30 octobre 1879 dénonce ceux qui appuient Chapleau : « Libéraux de la province de Québec, gravez ces noms néfastes dans votre mémoire, dans la mémoire de vos enfants ! »

Selon la coutume, les membres du nouveau cabinet retournent devant leurs électeurs pour faire renouveler leur mandat. Le 1er novembre, Chapleau va prêter main-forte à Étienne-Théodore Pâquet, député libéral de Lévis, qui vient d'accepter le portefeuille de secrétaire et de registraire, « le traître numéro 1 ». À cette occasion, il indique les priorités de sa future administration :

> Le gouvernement se propose un double but : d'abord, il nous faut courir au plus pressé, c'est-à-dire prendre les moyens les plus immédiats de mettre de l'ordre dans nos finances ; ensuite, il faut développer les ressources naturelles du pays, ce qui est un autre moyen de combler le trésor public. Parmi les premiers moyens, je trouve ceux-ci : 1. Vendre le chemin de fer du Nord ; 2. Formuler certaines réclamations contre le gouvernement fédéral ; 3. Liquider le fonds d'emprunt municipal ; 4. Diminuer les dépenses. Cette dernière promesse est tout à fait banale aux yeux d'un grand nombre depuis que la politique d'économie et de retranchement a été mise à la mode par mes honorables prédécesseurs. [...] Si nous trouvons quelques réformes à opérer dans le service public ; si, en particulier, nous trouvons qu'il est possible de diminuer les dépenses du Conseil législatif, nous ne faillirons pas à notre devoir. Quant aux moyens à prendre pour développer les ressources du pays, nous aurons à étudier les suivants entre autres : 1. Encourager la fabrication du sucre de betterave ; 2. Encourager la fabrication du fromage ; 3. Encourager l'exploitation de nos mines de phosphates ; 4. Réviser les lois générales sur les mines.

La situation financière de la province de Québec est plus que précaire. Chapleau devra négocier de nouveaux emprunts, augmenter les taxes ou faire appel à Ottawa. Il tâte donc le terrain sur ce dernier point auprès de Langevin, à qui il écrit le 14 décembre :

> Il faut se l'avouer, la situation n'est guère tenable ici. [...]. L'intérêt sur notre dette va bientôt atteindre 700 000 $ (tout près de notre subside) et nos sources de revenus diminuent à mesure qu'on augmente les vôtres. Et l'on ne doit pas penser à la taxe aujourd'hui à moins de se suicider. C'est le temps ou jamais de demander le concours énergique de vos ministres bas-canadiens au Conseil privé du Canada. Je sais que les gouvernements sont rarement disposés à se donner de la peine pour régler les difficultés des autres, mais notre position est tellement exceptionnelle qu'elle justifie n'importe quelle démarche, excepté la répudiation. Comme j'avais l'honneur de vous le dire à Ottawa, le montant qu'il nous faut n'est pas énorme (500 000 $) mais il nous le faut, en sus de l'emprunt qu'il faudra contracter (3 000 000 $). Tant mieux ensuite si nous trouvons le Pérou dans les Laurentides !

Le manque de fonds n'est pas le seul problème auquel doit faire face Chapleau, premier ministre de 39 ans. Les luttes de pouvoir, au sein du parti conservateur, l'inquiètent ; l'agitation vient surtout du fait que l'on doit nommer bientôt un gérant des chemins de fer gouvernementaux. Dans une lettre confidentielle à Langevin, le 19 janvier 1880, il se plaint de l'état de sa santé et du chaos « où m'a jeté la succession de Joly ». Et il ajoute :

> Nos amis des deux côtés, français et anglais, me causent en ce moment un immense embarras. Des deux côtés, on veut la suprématie dans la direction du chemin de fer. Le parti politique a perdu beaucoup de son esprit de discipline depuis quelques années, et les premiers ministres de mon âge sont ceux qui souffrent le plus de ce relâchement de discipline. Cependant, j'espère réussir en suivant la tactique que j'ai adoptée à mon arrivée au pouvoir, de faire ce que je crois pour le mieux, et de laisser au temps et à la réflexion de guérir les affections plus ou moins cuisantes qui se développent autour de nous.

Le premier ministre de la province de Québec est convaincu que la vente de la ligne du Québec, Montréal, Ottawa et Occidental ferait disparaître le déficit de son gouvernement. Il nomme donc son ami, l'industriel Louis-Adélard Senécal, gérant de la compagnie et lui confie une mission qui semble être d'amorcer les négociations de vente.

## Flirt à l'horizon

Chapleau ne peut pas compter sur l'appui inconditionnel des conservateurs ultramontains qui préconisent toujours la suprématie de l'Église sur l'État ; de plus, Honoré Mercier a lui aussi des problèmes avec les rouges du parti libéral qui conservent leur pointe d'anticléricalisme. Un rapprochement se dessine donc entre les deux chefs. Joseph-Alfred Mousseau et Rosaire Thibaudeau vont quelquefois agir comme entremetteurs.

Le mariage, s'il avait lieu, note l'historien Joseph Schull, en serait un fameux où deux politiciens sans scrupules s'efforceraient réciproquement de se supplanter. Ce serait un mariage de raison, un expédient politique, auquel Laurier n'aurait rien à voir. Cela pouvait signifier la fin de Laurier, car chacun des deux compères était susceptible d'accéder à la scène fédérale. Tout compte fait, Chapleau valait mieux dans le rôle d'ennemi ; quant à Mercier, on pouvait compter sur lui jusqu'au moment où il déciderait de devenir un rival.

Mercier est loin d'être défavorable à un rapprochement avec Chapleau, mais il pose ses conditions, entre autres l'abolition du Conseil législatif.

> Je suppose, écrit-il à Thibaudeau le 27 février, que le ministère Chapleau mette l'abolition du Conseil législatif dans son programme, sans coalition ; ce serait le devoir des libéraux de l'aider, dans l'œuvre patriotique qu'il aurait entreprise, les principes et non les hommes devant nous servir de guides. Si cette manière de voir est juste, pourquoi la coalition sur cette base serait-elle mauvaise ? Ne pouvant obtenir pour les libéraux seuls la gloire d'avoir fait du bien au pays, nous la partageons avec les conservateurs. Où est le mal ? Voilà, mon cher ami, ma manière de voir. Je suis pour la coalition afin de sauver la province qui s'en va à la ruine, et aussi dans l'espérance de sauver des débris du parti libéral, sur les ruines du Conseil législatif, mais je n'en veux pas pour l'amour des portefeuilles, et je ne sais si je consentirais à entrer dans le gouvernement de coalition. J'aimerais mieux y voir trois de mes amis en qui j'aurais pleinement confiance.

Le 2 juin, quelques jours après l'ouverture de la troisième session de la quatrième Législature, Mercier propose qu'une adresse soit présentée à Sa Majesté demandant que le Conseil législatif de cette province soit aboli. Le député de Saint-Hyacinthe tente de démontrer que le Conseil est inutile et qu'il coûte trop cher. « On a prétendu, dit-il, que le Conseil était chargé de sauvegarder les droits de la population protestante. Personne ne peut prétendre cependant que le Conseil soit plus au-dessus des préjugés religieux que l'Assemblée législative et, dans le cas où la population protestante aurait besoin de protection, le gouvernement fédéral a le pouvoir de la lui accorder. » La motion Mercier est rejetée par 35 voix contre 17 ; le premier ministre Chapleau n'avait pas voulu se prononcer ouvertement contre l'aile droite de son parti, les ultramontains, qui considéraient le Conseil législatif comme le sanhédrin, dans la Bible. Cette prise de position retardera la coalition souhaitée avec Mercier.

## Vive la France !

Dans son discours du trône du 29 mai, le lieutenant-gouverneur Théodore Robitaille avait abordé la question des finances en ces termes :

> La construction du chemin de fer provincial ayant épuisé le fonds consolidé des chemins de fer, absorbé les subventions réservées aux compagnies privées et ayant de plus nécessité des emprunts temporaires sur le crédit de la province, il est devenu nécessaire de pourvoir au remboursement de ces subventions et de ces emprunts. À cet effet, mon gouvernement a jugé à-propos de prendre des mesures

préliminaires relativement à la négociation d'un emprunt capable de faire face à nos besoins actuels, sans cependant dépasser les ressources de notre province.

Le gouvernement de la province de Québec décide donc d'aller emprunter quelques millions de dollars sur le marché financier français. Le consul de France à Québec, Robert-Alexis Lefaivre, intervient pour faciliter l'opération. On établira aussi un Crédit foncier franco-canadien. Jonathan Saxton Campbell Wurtele se rend négocier l'emprunt à Paris, au cours de l'été de 1880. La Banque de Paris et des Pays-Bas ainsi que les frères Cahen d'Anvers sont d'accord pour prêter 4 000 000 $ à un taux d'intérêt annuel de 5 pour cent. Cette décision marque un nouveau départ des relations entre la France et la province de Québec. Le quotidien parisien le *Gaulois*, dans son édition du 20 juillet, se réjouit des retrouvailles : « Doit-on ranger les titres du nouvel emprunt du gouvernement de Québec (Canada) parmi les fonds étrangers ? Nous serions assez portés à répondre : non. Le Bas-Canada est resté tellement province française ; il a tellement gardé les mœurs, les usages et la langue même des anciens habitants de la Nouvelle-France, qu'il nous est permis de regarder les membres de sa population actuelle comme des compatriotes d'outre-Océan. »

L'importance sentimentale et patriotique de la transaction financière n'échappe pas non plus aux journalistes canadiens. Sous la signature d'Aimé Gélinas, on lit dans *l'Opinion publique* du 22 juillet :

Les capitaux français ne ressemblent pas aux capitaux ordinaires. Ils sont susceptibles de subir l'influence des sentiments : ils font mentir le proverbe que les capitaux, comme les corporations, n'ont pas d'âme. Les Français, comme individus et comme peuple, sont toujours prêts à répandre leur sang ou leur argent pour ce qu'ils considèrent comme une bonne cause ; ce qui n'est nullement incompatible avec les qualités d'hommes d'affaires qu'ils possèdent au plus haut degré. Cette fois, leur cœur et leur intérêt sont d'accord, puisqu'en nous prêtant ils font un bon placement tout en rendant service à des compatriotes.

Même le journal libéral la *Patrie*, qui ordinairement dénonce le gouvernement Chapleau sur tous les points, ne peut s'empêcher de louanger l'ancienne mère patrie :

La France en nouant des relations avec ses congénères des bords du Saint-Laurent continue à remplir son rôle civilisateur. Nous n'avons pas à lui demander la liberté : la généreuse nation qui a recueilli sa succession au Canada nous a accordé la plénitude des libertés constitutionnelles et politiques. Ce qu'il nous manque, ce sont les qualités qui distinguent les hommes d'affaires de la France : la prudence, la clairvoyance et de hautes notions de moralité commerciale. [...] La France n'a pas à associer le Canada à ses destinées politiques, mais elle peut le faire avancer dans la voie de la civilisation et du progrès en lui donnant des ressources pour développer son commerce, son industrie, faire connaître ses produits à l'étranger et faciliter l'importation des productions des autres pays. C'est la voie du libre-échange que vont ouvrir les capitalistes français. [...] Notre pensée se résume en quatre mots : l'amour de la France !

Le rapprochement entre la France et la province de Québec ne va pas sans déplaire à certains hommes politiques du gouvernement fédéral. Et pourtant,

Chapleau avait justifié son attitude face au pouvoir central dans une lettre à Macdonald, le 31 octobre 1880 : « Le programme qu'un gouvernement intelligent doit suivre, c'est d'harmoniser l'action de la province avec les progrès généraux des institutions fédérales. »

Le gouvernement de la province de Québec n'est pas le seul à chercher des fonds sur le marché européen. Les financiers qui se préparent à négocier une entente avec Ottawa pour la construction du chemin de fer transcanadien établissent des contacts avec la Société générale française et la maison Reinach de Paris et de Francfort. La rumeur se répand que la Chambre des communes du Canada s'apprête à étudier un projet de loi pour créer un nouveau crédit foncier qui entrerait en concurrence directe avec celui qui s'établit entre Paris et Québec.

Malgré les manigances de certains députés et ministres d'Ottawa, le Crédit foncier franco-canadien sera mis sur pied et rendra de réels services, surtout dans le domaine hypothécaire.

## Un ogre ferroviaire

Le gouvernement fédéral fait lui aussi face à un problème de construction de chemin de fer. La promesse qu'il avait faite à la Colombie britannique, lors de l'entrée de celle-ci dans la Confédération, n'est pas encore devenue réalité, le chemin de fer transcontinental qui devait entrer en opération avant 1881 n'étant pas encore construit. Le temps presse et le ministère Macdonald mise sur cette entreprise pour donner une nouvelle poussée à l'économie canadienne.

Le premier ministre Macdonald quitte Québec pour Londres le 26 juillet 1880. C'est dans la métropole britannique que doivent se dérouler les dernières négociations avec un syndicat de financiers intéressés à signer une entente avec le gouvernement canadien pour la construction du fameux chemin de fer. Cette entente intervient le 14 septembre suivant. La compagnie, qui prendra plus tard le nom de Canadian Pacific Railway Company, recevra du gouvernement du Canada la somme de 25 000 000 $ et 25 000 000 d'acres de terre, situées de chaque côté de la voie ferrée entre Winnipeg et Jasper House. Les clauses de l'entente stipulent que la construction devra être terminée avant le 1er mai 1891 et que la compagnie déposera la somme de 1 000 000 $ en garantie.

Le contrat est dûment signé à Ottawa le 21 octobre et il ne reste plus maintenant au Parlement qu'à entériner l'entente. La 3e session du 4e Parlement débute le 9 décembre. Dès le 14, le ministre Charles Tupper présente « deux résolutions pour la construction du chemin de fer du Pacifique ».

Le nouveau chef de l'opposition libérale, Edward Blake, dénonce le projet et recommande que l'on construise la voie ferrée en tenant compte des besoins immédiats de la population. Wilfrid Laurier, lors de son intervention du 21, reprend le même thème. Il insiste sur le fait que la nouvelle compagnie exercera un monopole à peu près absolu sur une partie des Territoires du Nord-Ouest et aussi qu'elle sera exempte de taxes sur la majorité des produits qu'elle devra importer pour la construction de la voie. « Si cette voie ferrée avait été construite petit à petit, ce pays aurait peut-être compté quelques millionnaires en moins au cours des prochaines années, mais il aurait compté beaucoup de foyers heureux et satisfaits. »

Le 28 janvier 1881, John A. Macdonald dépose devant les membres de la Chambre des communes un projet de loi « basé sur les propositions concernant la construction du chemin de fer du Pacifique ». Quatre jours plus tard, le bill a déjà subi sa troisième lecture et est approuvé par un vote de 128 voix contre 49. Le 15 février, il devient loi à la suite de la sanction royale que lui accorde le gouverneur général. Comme le fait remarquer l'historienne Andrée Désilets, « c'était le couronnement de la Confédération ! »

## La caverne des voleurs !

À Québec, ce n'est pas la construction du chemin de fer du Pacifique qui inquiète les hommes politiques, les financiers et les journalistes, mais bien la situation financière du gouvernement et la vente possible du Québec, Montréal, Ottawa et Occidental Limitée. Dans certains milieux, on commence à souhaiter que le Canadian Pacific Railway Limited se porte acquéreur de l'éléphant blanc québécois. La *Patrie* du 31 janvier 1881 affirme : « Si le syndicat n'achète pas le chemin de fer Q. M. O. et O. ou lui suscite de la concurrence, M. Chapleau ne peut plus faire face aux obligations de la province et il faut recourir à l'impôt, ce qui porterait un coup mortel au ministère provincial. D'un autre côté, on n'ose pas abandonner sir John et M. Langevin. »

La ville de Montréal veut devenir le terminus du Q. M. O. & O. et elle adopte, à cet effet, le 19 janvier 1881, une résolution demandant que cette ligne ferroviaire soit prolongée jusqu'aux casernes de la porte Québec où sera construite la gare Viger.

Les libéraux décident d'orchestrer une campagne destinée à empêcher le gouvernement Chapleau de vendre une partie de son chemin de fer. L'hebdomadaire libéral québécois, l'*Électeur*, accroche le grelot en annonçant, dans son édition du 17 avril, que Chapleau et Senécal sont « sur le point de livrer le chemin de fer du Nord au South Eastern pour trente ans ». Trois jours plus tard, paraît un éditorial non signé et intitulé « La caverne des 40 voleurs ».

> Cette caverne des voleurs, c'est l'administration des chemins de fer du Nord, et le chef de la bande s'appelle de son vrai nom Louis-Adélard Senécal. [...] Pour M. Senécal, toute la science de la finance se réduit à cette formule : je pose zéro, je retiens tout. C'est avec cette formule qu'il administre maintenant le chemin de fer du Nord, c'est par l'application de cette formule à tous ceux avec qui il a fait affaire, qu'il a successivement ruiné la Compagnie de navigation de Trois-Rivières, M. Meige, de Saint-Guillaume, M. Beaupré, d'Yamaska, M. Tranchemontagne, de Berthier, M. Valentine George, de Drummondville, MM. Desmarteau, Adolphe Roy, Hudon, Tourville, de Montréal. Que le diable n'en soit pas jaloux ! [...] Dans sa carrière, vous ne trouvez que deux choses : des ruines et des victimes.

L'auteur anonyme, que l'on saura plus tard n'être autre que Wilfrid Laurier, continue son attaque de façon plus virulente encore : « L'administration du chemin de fer du Nord, aujourd'hui, c'est le vol érigé en système. Que personne ne se récrie ; le mot que nous employons n'implique ni violence de langage, ni irritation d'humeur. Nous ne faisons qu'appeler les choses par leur nom. »

Senécal ne tarde pas à réagir et à recourir à la justice. Le 26 avril, Ernest Gagnon, le gérant de l'*Électeur*, est mis aux arrêts, puis relâché sous cautionnement. Le procès Gagnon devient assez rapidement le procès Laurier et soulève alors encore plus l'intérêt populaire. Le député libéral, qui décide de se défendre lui-même, répète dans son plaidoyer toutes les attaques qu'il avait formulées contre Senécal et il obtient, le 15 octobre, le droit de prouver ses allégations. L'affaire risque donc de se tourner contre l'accusateur qui se retrouve sur la sellette. Sur les douze jurés, neuf se prononcent en faveur de l'acquittement de Laurier. Il apparaît certain que Senécal n'aura pas recours aux tribunaux une nouvelle fois. « Le huissier et ses adjoints, raconte l'historien Schull, furent impuissants à faire taire les acclamations de la salle. Il y eut une longue procession jusqu'à la demeure de Mercier et de nouvelles acclamations pour Laurier lorsque ce dernier prit la parole de la véranda. Le parti était sauvé au Québec, du moins pour le moment. »

## Du strabisme politique

Dès l'ouverture de la quatrième session de la quatrième Législature le 28 avril, le premier ministre Chapleau est l'objet d'attaques de la part de l'opposition. On l'accuse, ainsi que deux autres de ses ministres, d'avoir reçu un pot-de-vin du Crédit foncier franco-canadien. Il se défend en déclarant qu'il n'a pas accepté la somme qui lui aurait été offerte !

Même s'il dirige les travaux parlementaires avec brio, Chapleau se sent de plus en plus attiré par la scène fédérale. Mais le premier ministre de la province de Québec songe d'abord à un rapprochement entre les modérés conservateurs et libéraux. Le 31 mars, Chapleau et Mercier s'étaient rencontrés dans un restaurant de Montréal. Les négociations entre les deux hommes politiques se déroulent sous le signe de la discrétion, car les rouges et les ultramontains sont aux aguets pour empêcher toute coalition entre les deux partis. Les journaux du 4 juin révèlent que Chapleau et Mercier ont effectué le trajet Québec-Montréal en tête-à-tête.

Chapleau ne veut pas d'une coalition à tout prix. La question de l'abolition du Conseil législatif suscite peu d'enthousiasme chez lui. Pierre Boucher de La Bruère y fait écho dans une lettre qu'il lui adresse le 27 mai :

> Tu m'as dit être opportuniste, ce qui m'a laissé sous l'impression que tout en ne désirant pas peut-être l'abolition du Conseil législatif, cependant tu ne considérais pas son maintien comme assez important pour combattre énergiquement en sa faveur et faire comprendre au peuple qu'il était une partie nécessaire de notre rouage politique. Je t'avouerai sans détour que ce mot d'opportuniste dans ta bouche, sur une question qui pour moi en est une de principe, m'a causé une pénible impression, car je considère que le maintien de la Chambre haute est une garantie contre ces écarts du parti libéral comme la chose s'est vue en 1878 et 1879, et une sauvegarde pour notre existence nationale.

Un coup d'éclat se produit le jeudi 9 juin à la Chambre d'assemblée, lorsque le député Mercier présente une résolution demandant la formation d'« un comité collectif des deux Chambres qui, après avoir étudié patriotiquement et sans esprit de parti la situation des affaires de la province suggérera les remèdes propres à améliorer cette situation et à éloigner la triste nécessité de la taxe directe qui nous menace depuis 1878 ». Le représentant de la circonscription électorale de Saint-Hyacinthe se lance ensuite dans une analyse relativement pessimiste de la situation économique de la province de Québec, non sans avoir souligné que sa proposition ne constitue en aucune manière « un vote de non-confiance dans l'administration actuelle ».

« En comparant, dit-il, les dépenses ordinaires de la première année de la Confédération avec celles d'aujourd'hui, nous constatons, à notre grand effroi, qu'il y a une augmentation d'au-delà de 1 000 000 $, c'est-à-dire dans tous les ministères du service civil, de la législation, des travaux publics, de la charité, etc., etc. N'y a-t-il pas dans ces faits, dans ces chiffres de quoi effrayer les députés les moins timorés, les ministres les plus rassurés. » Le moyen d'améliorer la situation économique de la province de Québec serait sans doute, avant de recourir à une taxe directe, de demander au gouvernement fédéral des subsides plus élevés.

> Et si jamais, ajoute Mercier, les députés de cette province formaient un corps compact et solide dans la Chambre des communes, nous pourrions obtenir des *better terms* [une augmentation du subside fédéral] en nous fondant sur ces récla-mations, en nous aidant non seulement du mérite de la question, mais encore des précédents qui ont été créés en faveur de la Nouvelle-Écosse, du Nouveau-Brunswick, de Manitoba et de la Colombie. Mais le jour où nous ferons cette demande, nous mettrons en danger nos institutions provinciales ; car il n'y a pas à se le dissimuler, la majorité de la Puissance du Canada n'est pas et ne peut pas être sympathique à nos institutions. Parlant un langage différent du nôtre, profes-sant une religion qui n'est pas celle de la majorité des habitants de cette province, elle ne pourra pas comprendre la position particulière dans laquelle nous nous trouvons. Nous aurons beau chercher à démontrer que la catastrophe financière dont nous sommes menacés n'est pas due à la mauvaise administration du gou-vernement, mais qu'elle est due uniquement aux circonstances déplorables dans lesquelles nous avons été placés, nous ne serons pas écoutés, ou nous ne serons pas crus. D'ailleurs, cet appel serait fatal à nos institutions. Ceux à qui nous deman-derons de l'argent, nous diront non sans raison : modifier vos institutions qui sont trop lourdes, trop compliquées, trop coûteuses et alors, pour obtenir les secours dont nous aurons besoin, il faudra s'imposer les sacrifices que l'on exigerait de nous, et dans des circonstances beaucoup plus défavorables. On nous dira : modi-fiez votre constitution, et simplifiez-la de manière à faire disparaître toutes les sources de dépenses qui ne sont pas strictement indispensables.

Le futur premier ministre de la province de Québec poursuit son analyse, affirmant que le gouvernement local ne peut compter que sur ses propres moyens :

> Il est bien permis de dire, d'après ce qui s'est passé depuis quelques années à Ottawa, que nous n'obtiendrons rien de ce côté. Tous les gouvernements qui se sont succédé depuis les premiers jours de la Confédération ne se sont guère occupés de notre province. Pourquoi ? c'est bien simple. La majorité est anglaise dans la Puissance et elle est canadienne-française dans la province de Québec. Nous sommes la minorité et il nous faut subir la loi du plus fort. Elle est inexo-rable et ses conséquences sont inévitables. Nous avons fait une union désa-

vantageuse, nous l'avons accomplie, nous devons la subir en silence et tout ce que nous avons à faire c'est de tâcher de l'améliorer nous-mêmes par nos propres ressources, avec intelligence et patriotisme, et sans compter sur les autres. Le jour où il faudra compter fatalement et inexorablement avec le gouvernement d'Ottawa, comme notre seule ressource pour nous tirer des embarras financiers dans lesquels on se trouve, ce jour-là marquera notre déchéance nationale. Notre devoir est donc bien clair, il est évident, nous devons travailler à ramener l'équilibre dans nos finances pour nous-mêmes et par nous-mêmes. Mettons nos rêves de côté, ne nous laissons pas endormir dans une fausse sécurité et travaillons avec courage et intelligence à remplir le devoir qui nous est imposé. Et ce devoir est bien facile à comprendre : simplifier notre système de gouvernement, faire disparaître toutes les dépenses qui ne sont pas strictement indispensables, abolir les institutions dont nous pouvons nous passer, diminuer le nombre des ministres, ne conserver qu'une Chambre, renvoyer impitoyablement, en leur accordant une pension si c'est nécessaire, tous les employés dont on peut se passer ; voilà notre devoir, il n'y en a pas d'autre. Voilà le salut et il est à ces conditions.

Le 25 juin, Chapleau se prononce contre la formation d'un comité spécial pour étudier la situation de la province. « Malgré notre désir de nous assurer les services de ceux qui veulent travailler dans l'intérêt de la province, notre devoir, notre propre dignité nous obligent de ne pas accepter la direction d'un comité. Le gouvernement ne peut faire ainsi abandon du droit d'initiative qu'il a sur les questions d'intérêt public. » Les députés rejettent donc de façon majoritaire l'idée de la formation d'un comité spécial, suivant en cela le chef du parti conservateur provincial.

## Le peuple ratifie

La session provinciale est prorogée le 30 juin 1881 et l'on sait que des élections générales doivent se tenir à l'automne. En octobre, l'archevêque Taschereau rappelle à son clergé quels sont ses devoirs en période électorale : « Si le clergé suit exactement la ligne de conduite qui lui est tracée par le Saint-Siège et par l'épiscopat, s'il s'en tient scrupuleusement à l'*Ultra Non Procedant Inconsulto Episcopo* de notre quatrième Concile, il ne sera plus question d'influence indue cléricale, ni de ces discussions qui passionnent les esprits au détriment de la religion et la chose publique. »

Le lieutenant-gouverneur dissout la Législature le 7 novembre et la votation est fixée au 2 décembre. Chapleau avait déjà inauguré sa campagne électorale à Sainte-Thérèse le 3 novembre. Il vante la bonne situation de la province : « Tout va bien ; les affaires sont prospères, l'argent abonde partout, les propriétés se dégrèvent ; l'agriculture et la colonisation sont l'objet d'une attention particulière de la part des gouvernements, et les bons résultats qui découlent de cette attention se sont déjà fait sentir. » Chapleau attaque ensuite les principaux points de la doctrine libérale : l'instruction laïque, l'abolition du Conseil législatif, etc. Il accuse aussi les libéraux de ne pas comprendre les intérêts de la province au sujet des chemins de fer. Il profite donc de l'occasion pour annoncer que la vente du chemin de fer constitue un point important du programme électoral de son parti.

Le programme du parti libéral se résume dans une dénonciation de la politique suivie jusqu'ici par le gouvernement Chapleau qui se voit accusé de bien des crimes. Le chef de l'opposition, Joly de Lotbinière, trace les grands points de son programme lors d'un discours prononcé le 9 novembre au Mechanic's Hall, à Montréal. Il se moque des projets de coalition qui traînent depuis des mois : « Je ne veux pas une coalition pour oublier le passé honteux de certains adversaires, pour pardonner des fautes impardonnables. Si on commence à se coaliser avec M. Chapleau, on finira par embrasser M. Senécal. » Ce dernier est l'homme à abattre. Son nom revient encore avec la question ferroviaire :

> M. Chapleau, ajoute Joly de Lotbinière, dit qu'il vendrait le chemin de fer 8 000 000 $. Il est possible que ce marché puisse être bon. Mais je voudrais que les 8 000 000 $ fussent donnés aux créanciers de la province et non à M. Senécal. Si nous vendons le chemin de fer, il faudra éteindre une partie de la dette provinciale et non pas dépenser ces 8 000 000 $. Le premier ministre a parlé de demander des faveurs au gouvernement central. Il veut avoir des *better terms*. Je crains fort qu'il subisse un échec. Le jour malheureux où le parti conservateur a sacrifié notre autonomie et amoindri notre importance comme province en demandant la tête du lieutenant-gouverneur Letellier, il s'est mis à la merci de sir John A. Macdonald.

La campagne électorale est marquée beaucoup plus par la violence verbale que par la violence physique. Plusieurs candidats conservateurs sont élus par acclamation le jour de la mise en nomination, le 25 novembre. Une semaine plus tard, le gouvernement Chapleau est reporté au pouvoir avec une majorité accrue. Le parti conservateur fait élire 52 députés et le parti libéral, 13 seulement.

Le 3 décembre, Chapleau s'empresse de télégraphier à Langevin : « Résultat final de l'élection. Cinquante-trois fidèles, dix infidèles et deux indifférents [...], c'est satisfaction. » Laurier, quant à lui, est déçu des résultats. Il confie son désappointement à son chef Blake, dans une lettre du 7 décembre : « Je n'avais jamais anticipé une victoire, mais j'avais toujours cru que nous pourrions remporter entre 20 et 25 sièges. [...] Vous devrez rapidement admettre qu'avec une opinion publique corrompue, avec contre nous la puissance de l'argent et celle du clergé, nous risquons de toujours subir la défaite. Le plus grand obstacle contre lequel nous devons lutter, c'est le manque d'honnêteté dans toutes les classes de la population, spécialement chez les classes éduquées. »

Moins de sept semaines après sa victoire, Chapleau songe encore à démissionner comme premier ministre. Il fait part de son désir à Langevin, le 16 janvier 1882 : « Si vous pouviez retarder l'élection jusqu'après la session, il me serait peut-être possible de faire la campagne moi-même pour le fédéral et Prévost serait défait par le candidat que je patroniserais pour le local. » Mais avant de quitter la scène provinciale, Chapleau considère qu'il doit régler la question ferroviaire.

## Moitié-moitié

Lorsque débute la première session de la cinquième Législature, le 8 mars 1882, le ministère Chapleau a déjà connu la démission de deux de ses ministres : le trésorier

Joseph Gibb Robertson s'était retiré le 28 janvier et J. J. Ross le 25 février. L'influence de Senécal au sein du gouvernement n'était pas étrangère à ces retraits.

Quatre jours avant l'ouverture de la session, le cabinet des ministres avait donné son accord à la vente du système ferroviaire, propriété du gouvernement de la province de Québec, à deux groupes : le Canadian Pacific Railway Company devenait propriétaire, pour la somme de 4 000 000 $, du tronçon reliant Montréal à Ottawa, « y compris l'embranchement d'Aylmer et celui de Saint-Jérôme ». Pour la même somme, un syndicat où se retrouve Senécal devient propriétaire de la ligne Montréal-Québec, « y compris les embranchements de Joliette, de Berthier, des Piles et le chemin de ceinture des Trois-Rivières ». Comme il l'avait promis en novembre 1881, Chapleau déclare que les ententes ne seront valables que si elles sont acceptées par la députation. Cette opération allait diviser les ministériels. « Ce fut la vente du chemin de fer du Nord, note l'historienne Andrée Désilets, qui consomma la division dans le parti conservateur québécois. Ce chemin de fer était la plus importante propriété que possédait la province de Québec. »

À l'occasion du débat sur l'adresse en réponse au discours du trône, le chef de l'opposition, Joly, insiste sur les pertes financières que subit le gouvernement avec le contrat proposé. Le premier ministre justifie son geste, le 10 mars, en déclarant :

> On nous demande pourquoi nous ne sommes pas entrés en arrangement avec le syndicat du Pacifique pour les deux parties de chemins. C'est pour l'excellente raison qu'il ne voulait acheter que la division ouest. Nous avons dès lors préféré vendre une partie que de n'en pas vendre du tout ; mais nous avons obtenu en même temps la garantie expresse que le trafic du Pacifique passerait par Québec qui possède le plus vaste port du continent américain. [...] Il était préférable d'entrer en arrangement avec le syndicat du Pacifique qui nous garantissait ce à quoi nous tenions le plus, qu'avec un syndicat qui aurait fini par laisser tomber en désuétude la division est de notre chemin au profit d'une compagnie puissante qui cherche en ce moment dans une autre Chambre à nuire à notre entreprise. Quant à la partie de Québec à Montréal, j'ai toujours été d'opinion que, si nous la vendions à une compagnie locale, nous y trouverions notre compte et la province aussi. On nous dit que nous aurions pu obtenir plus, que nous ruinons un grand nombre de localités. Il n'en est rien, cependant, bien au contraire. Les travaux que nous aurions été obligés de faire aux frais de la province, et que nous avons imposés au syndicat de la partie est, sont une preuve que ce syndicat est sérieux.

L'opposition libérale tire à boulets rouges sur le premier ministre Chapleau. À travers lui, elle vise Senécal. Le chef du parti conservateur répond à ses détracteurs, les 27 et 28 mars, par un long discours qui dure plusieurs heures. Le texte, à lui seul, occupe plus de 90 pages dans les *Débats de la Législature pour la session de 1882*. Le débat se poursuit encore pendant plusieurs séances et, enfin, les députés acceptent la vente des deux sections du chemin de fer.

La session provinciale se termine le 27 mai, alors que commence la campagne électorale sur le plan canadien. Le Parlement est dissous le 18 mai et les élections doivent se tenir le 20 juin. La conjoncture économique favorise le parti au pouvoir.

L'année 1881, font remarquer les historiens John Huot, Jean et Marcel Hamelin, fut une année de vaches grasses. Le pays avait récupéré du choc que lui avait causé la dépression économique de 1873-1879. Les statisticiens enregistraient les records : les exportations dépassaient 98 000 000 $ et les revenus de l'État avaient augmenté de 6 millions entre 1878 et 1881. Les investissements dans l'industrie manufacturière, stimulés par un bas taux d'intérêts, une conjoncture internationale favorable et par la protection tarifaire, donnaient du travail aux ouvriers ; la remontée des prix agricoles encourageait les fermiers.

Macdonald est confiant de remporter la victoire, d'autant plus qu'à la dernière session, il avait procédé à un remaniement de la carte électorale et que le nouveau découpage favorisait les conservateurs. Les libéraux l'avaient accusé de « gerrymandering ».

Le programme du parti conservateur pourrait se résumer ainsi : votez pour nous si vous voulez que la prospérité continue. Macdonald reprendra ce thème plusieurs fois sur les hustings.

> La dernière fois que je vous ai rencontrés, vous demandiez du travail. Je vous ai dit que des jours meilleurs reviendraient, si une législation pouvait les ramener, si vous vouliez nous élire. Vous nous avez élus. Les jours meilleurs sont revenus. Je reconnais devant moi les figures de mes vieux amis ; mais vous portez de meilleurs vestons, de meilleurs chapeaux, de meilleures chaussures que la dernière fois que vous vous êtes réunis pour m'entendre. [...] Les grits ontariens sont les instruments des manufacturiers américains qui espèrent reprendre possession des marchés du Manitoba et du Nord-Ouest. Élisez les grits et le Canada deviendra un marché ouvert au dumping américain.

Les conservateurs, tout au long de la campagne électorale, ne cesseront de vanter les bienfaits du nouveau tarif protecteur qu'ils avaient adopté en 1879, afin de favoriser l'industrie canadienne et de la protéger d'une invasion de produits en provenance des États-Unis. « Un droit de 0,50 $ la tonne frappait le charbon et le coke, de 25 % les chaussures, de 24 à 34 % les textiles, de 30 % les produits ouvrés. »

Les candidats libéraux dénoncent le tarif protecteur, réclament plus d'autonomie pour les provinces, une plus grande indépendance commerciale et un ménage dans la fonction publique et les dépenses gouvernementales. En Ontario, ils misent sur une certaine francophobie.

Le 20 juin, les conservateurs sont reportés au pouvoir, mais avec une plus forte majorité. L'Île-du-Prince-Édouard élit 4 conservateurs et 2 libéraux ; la Nouvelle-Écosse, 15 conservateurs et 6 libéraux ; le Nouveau-Brunswick, 10 conservateurs et 6 libéraux ; l'Ontario, 55 conservateurs et 37 libéraux ; le Manitoba, 2 conservateurs et 3 libéraux ; les 6 députés de la Colombie britannique sont tous d'allégeance conservatrice. Quant à la province de Québec, elle augmente sa représentation conservatrice, la faisant passer de 45 à 48, alors que les libéraux ne détiennent plus que 17 sièges. La nouvelle Chambre des communes se composera donc de 140 conservateurs et de 71 libéraux. Laurier, dans une lettre à Blake le 10 juillet, parle de résultats désastreux. « Nous, au Québec, nous n'avons rien à espérer. [...] La grande masse des électeurs est ignorante. [...] Les collèges que nous avons sont des serres chaudes du conservatisme. [...] L'éducation que nous recevons dans tous nos collèges est entre les mains des prêtres. Ces derniers sont, il est vrai, de bons hommes, mais remplis de préjugés. »

## Un déménagement attendu

Un des artisans de la victoire conservatrice dans la province de Québec est nul autre que le premier ministre Chapleau. Il est vrai aussi que Senécal a largement garni la caisse de plusieurs candidats. Macdonald offre donc à Chapleau le poste de secrétaire d'État dans son nouveau cabinet et l'homme politique québécois s'empresse d'accepter. Le 29 juillet 1882, le représentant de Terrebonne donne donc sa démission et le lieutenant-gouverneur Robitaille fait appel à Mousseau pour former le nouveau ministère et assumer la tâche de premier ministre.

L'arrivée du nouveau ministre à Ottawa aura des conséquences graves, surtout pour Langevin.

> Bien qu'il fût de nature à améliorer le sort de Chapleau, à refaire l'unité du parti et à satisfaire les désirs du peuple en général et des Montréalais en particulier, note Andrée Désilets, ce passage de Chapleau à Ottawa représenta cependant une épreuve pour Langevin. Il marquait la fin du prestige et de la paix dont il jouissait dans le parti depuis le dénouement de l'affaire Letellier. Chapleau se présentait comme un rival, et un dangereux rival : il arrivait à Ottawa riche de son éblouissante personnalité, de ses exceptionnels dons oratoires et de ses glorieux sacrifices pour le parti. Surtout, il arrivait chargé des prétentions et des ambitions de Montréal. Il n'y a pas à s'y tromper, la rivalité Chapleau-Langevin, ce sera surtout la concrétisation de l'antagonisme régional Montréal-Québec dans sa phase la plus aiguë.

Le choix de Mousseau comme premier ministre de la province de Québec soulève peu de commentaires défavorables, même dans la presse libérale. La *Patrie*, pour une fois, décroche l'encensoir pour un conservateur :

> L'honorable Joseph-Alfred Mousseau prend les rênes du gouvernement de la province de Québec à cette période de la vie où l'intelligence et les facultés mentales sont en plein développement. Il est âgé de quarante-quatre ans. Trois seulement de nos hommes politiques ont été portés au pinacle à un âge moins avancé, l'honorable M. Blake, premier ministre de la province d'Ontario à l'âge de trente-huit ans ; l'honorable M. Chapleau, premier ministre de la province de Québec, à l'âge de trente-neuf ans ; l'honorable M. Laurier, ministre fédéral à l'âge de trente-huit ans. [...] Le nouveau chef du cabinet n'est pas un orateur remarquable, un véritable discoureur : le tempérament fait défaut et l'organe est un peu faible. Cependant M. Mousseau parle mieux que le commun de nos orateurs ; son langage est élégant, sa phrase correcte, souvent abondante, donne à sa pensée de la vigueur et de la force.

## À coups de plume

Même s'il vient de quitter la scène provinciale, Chapleau demeure, pour les ultramontains, l'homme à abattre. À la mi-octobre 1882, paraît chez l'éditeur Gilbert Martin, à Montréal, une brochure de 108 pages signée du pseudonyme Castor. Le pamphlet, qui a pour titre *Le Pays, le parti et le grand homme*, est une charge à fond de train contre Chapleau et Senécal. On soupçonne le programmiste Francois-Xavier-Anselme Trudel d'en être l'auteur.

Les attaques de Castor portent surtout sur les transactions ferroviaires où l'on retrouve le trio Chapleau, Senécal et Dansereau. L'auteur laisse clairement entendre que l'ancien premier ministre de la province de Québec aurait accepté un pot-de-vin pour faciliter la vente du chemin de fer du Nord au groupe Senécal :

> M. Chapleau a repoussé avec indignation l'accusation que cette vente allait lui bénéficier personnellement. Il a proclamé bien haut sa pauvreté. Le seul capital qu'il possède, en avril 1882, c'est, suivant sa propre expression, celui de ses dettes !... Et cependant, à peine quelques jours après la vente, il paie comptant une dette de 10 000 $ échue depuis plus d'une année et sur laquelle, un mois auparavant, il ne pouvait donner un acompte de 100 $. Et quelques mois après, il achète, argent comptant, une résidence princière pour la somme de 14 000 $ qu'il paie comptant, résidence dont il n'avait nul besoin, puisqu'il allait en Europe avec sa femme pour, à son retour, s'en aller à Ottawa. Voilà un capital de dettes qui rapporte joliment : 24 000 $ en quelques semaines, sans compter les achats d'objets d'art dispendieux, les tableaux à l'huile, la vie à grandes guides, le voyage en Europe et mille autres dépenses.

Après avoir énuméré 76 griefs contre Chapleau et son entourage, Castor lance un cri de guerre sainte : « Étouffons, à son berceau, cette école néfaste qui ne tire les succès politiques que de l'intrigue, qui a abandonné le bureau pour le club, le cabinet d'étude pour l'estaminet ! Redevenons ce que nous avons été sous La Fontaine, Morin et Cartier : un parti de bons patriotes et d'honnêtes gens ! Pour atteindre ce but, un seul moyen est efficace : c'est de détruire la clique et l'esprit de clique. Que le mot d'ordre des conservateurs soit donc : Guerre à la clique ! Guerre implacable ! Guerre à mort ! Guerre sans trève ! Guerre sans merci ! »

L'unité déjà précaire du parti conservateur vient de subir un nouvel assaut et l'élément ultramontain vient d'hériter d'une nouvelle appellation, celle de castor !

1ère Année.    MONTRÉAL, Samedi 12 Juin 1880.    No 3

# LE PEUPLE

JOURNAL HEBDOMADAIRE

# CRISE AUTONOMISTE
# 1883-1885

L E 18 JANVIER 1883 s'ouvre la deuxième session de la cinquième Législature de la province de Québec. Honoré Mercier occupe le poste de chef de l'opposition libérale puisqu'il vient de succéder à Joly de Lotbinière, à qui il rend hommage lors du débat sur l'adresse en réponse au discours du trône.

Tous les libéraux n'acceptent pas d'emblée leur nouveau chef. Le journal la *Patrie* se fait le porte-parole des dissidents. La raison principale de l'opposition de certains libéraux vient de ce que Mercier nourrit l'idée d'opérer un rapprochement avec les conservateurs modérés. Dans son édition du 4 janvier, la *Patrie* résumait : « En un mot, la presque totalité des libéraux de Montréal sont opposés à la coalition et refusent carrément de suivre M. Mercier sur ce terrain-là. »

Le réalignement des partis politiques dans la province de Québec ne se réalisera pas de suite, d'autant plus que Joly de Lotbinière affiche publiquement son opinion. « Je suis opposé à la coalition, écrit-il le 4 janvier, alors qu'il est encore le chef du parti libéral, mais je ne suis pas prêt à condamner ceux de mes amis qui la considèrent comme le seul et dernier remède. Résigné à attendre le jour où le peuple ouvrira les yeux et saura reconnaître ses véritables amis, je ne blâme pas ceux qui n'ont pas la même confiance dans l'avenir. »

Les ennemis du parti libéral dans la province de Québec profitent du climat politique qui règne au sein de cette formation pour renouveler les accusations de libéralisme doctrinal. Certains lancent l'idée que, si les libéraux prennent le pouvoir, ils vont laïciser l'enseignement.

Dans son discours du 22 janvier, Mercier se charge de répondre à ses détracteurs en faisant une profession de foi dans l'enseignement dispensé par les religieux :

Qu'il me soit permis de dire que nous devons redoubler d'effort pour assurer à nos enfants une instruction pratique et chrétienne. Tout en travaillant efficacement à leur donner les connaissances qui en feront plus tard des citoyens utiles à leur pays, nous ne devons pas oublier qu'en négligeant la partie morale et religieuse de cette instruction, nous servirons à répandre bientôt au sein de notre société ces doctrines perverses et ces principes dangereux dont l'application met en jeu, dans le vieux monde, les sociétés les plus fortes et les mieux organisées. N'oublions pas qu'une instruction athée peut bien faire des socialistes et des révolutionnaires, mais non d'honnêtes citoyens et des patriotes dévoués ; qu'elle peut bien inspirer l'usage de la dynamite, mais non l'amour du travail qui moralise, ni le dévouement au pays qui fait les grands patriotes. Que cette instruction que nous offrons à nos enfants soit donc comme une nourriture saine et abondante ; que cette instruction soit morale et chrétienne ; et pour obtenir ce résultat désirable ne craignons pas d'accepter avec déférence et respect, mais sans abdication de nos droits, les avis sages et prudents des hommes distingués qui, dans le conseil de l'instruction publique, peuvent nous aider à remplir auprès de nos enfants la mission si difficile, mais si noble, d'en faire de bons citoyens et de bons chrétiens.

Des propos de cette nature sauraient rassurer les évêques ultramontains et les convaincre que le parti libéral ne présente plus de danger pour la religion, mais ils n'éteignent cependant pas l'ardeur de Laflèche qui les dénonce à tout propos. Dans un mémoire à Rome « sur les difficultés religieuses en Canada », Laflèche avait affirmé : « Nous croyons également que l'influence des prêtres libéraux et de l'Université Laval contribuent beaucoup à entretenir M. l'archevêque [Taschereau] dans cette timidité et cette condescendance si préjudiciables à l'Église. » Sommé de donner des noms, l'évêque de Trois-Rivières refuse, provoquant le vicaire général du diocèse de Québec, Cyrille-É. Légaré, qui soumet aussitôt le cas aux autorités romaines. Le préfet de la Sacrée Congrégation juge que les accusations de Laflèche « étant vagues et dépourvues de toute preuve sont considérées comme n'étant d'aucune valeur par cette Sacrée Congrégation ». Le Vatican commence à trouver que sa chère province de Québec l'occupe plus, avec ses querelles internes, que le reste de la chrétienté !

## Rails à vendre

La première session du cinquième Parlement du Canada se déroule du 8 février au 25 mai 1883. La question ferroviaire demeure la plus importante. Dans son discours du trône, le gouverneur général souligne que le Canadien Pacifique progresse rapidement. « La circulation est actuellement établie, sur la ligne principale, de la baie du Tonnerre jusqu'à cinquante milles en deçà de la traverse de la Saskatchewan du Sud, soit un parcours de plus de mille milles. »

Le ministre Tupper présente une proposition déclarant de juridiction fédérale la majeure partie du réseau ferroviaire existant, même si une partie de ce réseau ne dessert qu'une seule province. Il fait valoir l'importance nationale de ce moyen de communication. Le préambule du projet énumère les lignes visées :

Considérant que dans et par l'Acte de l'Amérique britannique du Nord, 1867, il est entr'autres choses statué que l'autorité législative exclusive du Parlement du Canada s'étend aux travaux et entreprises d'une nature locale, qui, bien qu'entièrement situés dans une province, sont avant ou après leur exécution, déclarés par le Parlement du Canada être pour l'avantage général du Canada, ou pour l'avantage de deux provinces ou plus ; et considérant que non seulement les lignes mères du chemin de fer Intercolonial, du Grand Tronc, du chemin de fer de la rive Nord, du chemin de fer du Nord, [...] du chemin de fer d'Ontario à Québec et du chemin de fer Canadien du Pacifique, mais aussi toutes les lignes d'embranchement, ou tous les chemins de fer qui s'y raccordent ou croisent ces chemins de fer ou quelqu'un d'entre eux, sont tous et chacun des travaux et entrepris pour l'avantage général du Canada ; et considérant que pour la meilleure et plus uniforme gestion de tous ces travaux et pour la plus grande sûreté, commodité et utilité du public, il est à propos que le Parlement déclare de juridiction fédérale les lignes ci-haut mentionnées.

Le gouvernement fédéral prive donc les provinces de leur autorité sur les chemins de fer situés à l'intérieur de leurs propres frontières, provoquant la réaction des dirigeants provinciaux qui défendront le principe de l'autonomie provinciale. À la Chambre des communes, le chef de l'opposition libérale, Edward Blake, avait combattu la mesure par respect pour la Constitution. « Je puis dire, d'une manière générale, déclare-t-il, que je considère la proposition de l'honorable monsieur, large comme elle est, comme calculée virtuellement pour détruire l'efficacité de la juridiction provinciale et du contrôle provincial, sur l'importante question des chemins de fer provinciaux. Je ne connais aucun mode par lequel ce Parlement puisse plus efficacement que par cette mesure paralyser l'esprit d'entreprise et rebuter les efforts des différentes législatures provinciales relativement aux améliorations de cette nature. [...] Faire ce que l'honorable monsieur nous demande de faire, [...] c'est violer, ce me semble, la lettre de la Constitution sur ce sujet.»

Dans la province de Québec, le chemin de fer de la Rive Nord, qui avait été acheté du gouvernement par un syndicat dirigé par Senécal, passe aux mains du Grand Tronc. La *Minerve* publie la nouvelle le 11 juin, soulignant que Senécal aurait réalisé un gain d'un million de dollars dans cette transaction.

## Un premier ministre « perdu »

Le premier ministre de la province de Québec, Joseph-Alfred Mousseau, est la cible des attaques des libéraux et des ultramontains. On est convaincu que Chapleau et Senécal tirent les ficelles et que ce sont eux qui prennent les décisions. En attaquant Mousseau, on cherchera donc à atteindre les vrais détenteurs du pouvoir. Mercier conteste l'élection du premier ministre dans le comté de Jacques-Cartier, l'accusant d'avoir promis à trois hôteliers de ne pas les obliger à payer une amende à laquelle ils avaient été condamnés, à la condition qu'ils votent pour lui. Le procès débute le 1er mai 1883 et se termine brusquement le 5 au matin, alors que l'accusé consentait à l'invalidation de son élection avec dépens. En échange de cet aveu, « le pétitionnaire renonce à cette partie des conclusions qui demande la disqualification du défendeur ». Mousseau perd son mandat de député, mais il conserve ses droits politiques et il pourra solliciter à nouveau les faveurs de l'électorat.

La circonscription de Jacques-Cartier connaît donc, en septembre 1883, une nouvelle campagne électorale. Le 6, les meilleurs orateurs des partis libéral et conservateur s'affrontent à Saint-Laurent. Chapleau lance une attaque à fond de train contre les conservateurs de droite qui portent maintenant le nom de castors.

> Qu'est-ce qu'un castor ? demande-t-il à l'assistance. S'agit-il de cet animal intelligent et industrieux qui, avec la feuille d'érable, nous sert d'emblème national ? Non, nos adversaires politiques ne sont pas assez patriotes pour cela. Qu'est-ce donc qu'un castor ? L'ouvrier des villes appelle *castors* ceux qui prétendent beaucoup et ne peuvent pas grand'chose, les hâbleurs, les parasites du métier. À la campagne, on appelle aussi castors ces petites bêtes noires qui vivent par bandes à la surface des eaux croupissantes et répandent une odeur rien moins qu'agréable, les punaises d'eau enfin. [...] Les castors politiques sont un peu de tout cela, et quelque chose de moins bon encore. Leur parti comprend toutes les médiocrités ambitieuses qui ne peuvent arriver par les voies ordinaires, tous les désappointés et un bon nombre d'hypocrites qui se prétendent religieux et conservateurs pour mieux détruire chez le peuple le vrai sentiment religieux, dont la base fondamentale est le respect à l'autorité et l'amour du prochain. Ils n'ont du reste qu'un trait de ressemblance avec le vrai castor. Ils font leur ouvrage avec de la boue, ils détruisent les chaussées des bons moulins pour construire leurs tanières et ne sont utiles que lorsqu'on vend leur peau.

Dans son discours-fleuve, Chapleau fait flèche de tout bois. Après avoir tenté de convaincre la foule que Senécal avait rendu service à la province par sa participation à l'agrandissement du réseau ferroviaire, l'orateur s'attaque aux ultramontains. Puis vient le tour de Mercier et de son parti qui font les frais du massacre oratoire.

Mercier, qui est lui aussi un orateur remarquable, répond à l'ancien premier ministre de la province de Québec :

> M. Chapleau, dit-il, n'aime pas les castors, c'est connu ; il trouve qu'ils sont incommodes. C'est vrai. Il affirme qu'ils font leur œuvre avec de la boue. Comment pourrait-il en être autrement ? Peuvent-ils rejoindre leurs adversaires en passant ailleurs que dans la boue ? On ne les trouve pas ailleurs et les castors, leurs amis d'hier, savent où ils se vautrent. M. Chapleau, avec ce ton doctoral qu'on lui connaît, dit bien haut que le pays ne veut pas des castors, et Dieu sait pourtant qu'un peu d'huile qui porte ce nom ne nuirait pas à la constitution délabrée de la province, qui requiert une bonne purgation. Et avouons que le jour où cette purgation sera assez forte pour chasser du ministère le senécalisme qui l'étouffe, sera un jour de triomphe pour tous les honnêtes gens.

Le chef de l'opposition laisse entendre que la fortune récente de Chapleau n'est pas étrangère à l'ascension rapide de Senécal. Toute l'administration de Mousseau et de son prédécesseur est passée en revue et l'orateur se plaît à souligner les scandales qui l'ont marquée. Le long discours se termine par un appel au peuple.

Le jour de la votation, Mousseau est élu avec 109 voix de majorité. Il continue donc à diriger les destinées politiques de la province. Il subit un premier échec grave, le 16 novembre, lors d'une élection partielle dans la circonscription de Lévis. Le candidat libéral, François-Xavier Lemieux, fort de l'appui des castors, triomphe par 26 voix de son adversaire, le conservateur Joseph-Edmond Roy. Pour la *Patrie*, « le ministère Mousseau a reçu hier un coup dont il ne se relèvera pas ». Le ministre

Langevin écrit à son frère Edmond, le 21 novembre : « L'élection de Lemieux à Lévis a été faite évidemment en haine de Senécal, Mousseau, Chapleau & Cie. Je crois que cela règle le gouvernement Mousseau et que ce dernier va être obligé de se retirer et qu'un autre sera appelé à former une nouvelle administration. Le fait est que les députés sont les premiers à demander un changement. »

Les dirigeants du parti conservateur signent donc l'arrêt de mort de Mousseau. Langevin, qui se considère toujours comme le chef, se rend à Québec pour convaincre le premier ministre de démissionner. « Il est revenu à Ottawa vexé, furieux, presque découragé, écrit Chapleau au sénateur Louis-François-Rodrigue Masson le 6 décembre. Mousseau, ajoute-t-il, lui a fait le pied de grue pendant trois jours pour lui dire en définitive qu'il ne s'en allait pas. [...] Je crois pourtant qu'il y a moyen de le faire revenir sur sa détermination, par la persuasion d'abord, sinon par la crainte, ce commencement de la sagesse dont il a tant besoin. » Chapleau et Masson interviennent à leur tour auprès de Mousseau et réussissent à le convaincre de prendre sa retraite. On lui offre un poste de juge qu'il accepte. Ces négociations marquent l'arrivée officielle de Chapleau à la tête du parti conservateur dans la province de Québec. « Aussi, note l'historienne Andrée Désilets, est-ce à ce moment décisif de l'histoire du parti conservateur que Chapleau supplante Langevin, sinon nominalement, du moins effectivement, au leadership du parti. Tout en admettant que, une fois servi par les événements, Chapleau ne se refuse pas à un calcul de gain et de perte, nous n'hésitons pas à affirmer que ce sont les circonstances plus que les machinations de Chapleau qui amènent l'éclipse de Langevin en 1883. »

Au cours de la matinée du 11 janvier 1884, Mousseau remet sa démission au lieutenant-gouverneur Théodore Robitaille. Ce dernier demande alors au premier ministre démissionnaire de désigner son successeur, vu qu'il détient toujours la majorité à l'Assemblée législative. Mousseau propose Masson qui refusera. John Jones Ross sera assermenté le 23 janvier, devenant le septième premier ministre de la province de Québec.

## Une scène prestigieuse

Pour les observateurs de la vie politique fédérale, il apparaît que les questions du financement des chemins de fer et de l'autonomie provinciale domineront les débats de la session fédérale qui débute le 17 janvier 1884. La Canadian Pacific Railway Company fait face à un manque de liquidité pour continuer ses travaux et le Conseil privé vient de donner raison au gouvernement de l'Ontario qui avait vu la constitutionnalité de sa loi des liqueurs contestée devant les tribunaux.

Dans la cause Hodge versus la reine, il fallait préciser l'origine des pouvoirs fédéraux et provinciaux. Le Conseil privé décide donc que les provinces possèdent des droits absolus dans le domaine de leur juridiction exclusive.

> Il semble évident à leurs Seigneuries, lit-on dans le jugement du plus haut tribunal, que l'objection soulevée à cet égard par les appelants, repose sur une conception tout à fait erronée du caractère et des pouvoirs réels des législatures provinciales. Celles-ci ne sont d'aucune façon les délégués du Parlement impérial, ni n'agissent-elles en vertu d'aucun mandat reçu de ce dernier. En décrétant que

l'Ontario avait droit à une législature et qu'il appartenait à son assemblée législative d'adopter des lois pour la province et pour des fins provinciales relativement aux sujets mentionnés à l'article 92, l'Acte de l'Amérique britannique du Nord lui conféra, non pas des pouvoirs qu'elle était censée exercer par délégation ou en qualité d'agent du Parlement impérial, mais une autorité aussi complète et aussi vaste, dans les bornes prescrites par l'article 92, que le Parlement impérial, dans la plénitude de ses attributions, possédait et pouvait conférer. Dans la limite des sujets précités, la législature locale exerce un pouvoir souverain et possède la même autorité que le Parlement impérial ou le Parlement du Dominion aurait, dans des circonstances analogues.

L'ouverture de la session est l'occasion d'entendre le discours du trône et d'assister à une mise en scène imposante que Wilfrid Laurier décrit lors d'une conférence organisée par la *Patrie*, le 19 mai :

> Ce jour-là la salle du Sénat est resplendissante. Les dames sont admises sur le parquet ; elles y viennent en grande toilette ; les juges de la cour suprême y sont dans leurs robes écarlates bordées d'hermine ; les ministres en habit galonné. [...] J'ai déjà dit que la cérémonie est pour trois heures, et entre l'heure officielle et l'heure pratique, les vieux sénateurs essaient quelque innocente *flirtation* avec leurs gracieuses invitées. Enfin le gouverneur a pris siège sur le trône ; il est arrivé au milieu d'acclamations enthousiastes qui ne font jamais défaut. Il désire la présence de ses fidèles Communes. Et pendant ce temps que font les fidèles Communes ? N'ayant rien à faire, elles se livrent à un beau tapage. Les hommes même les plus sérieux, même les Anglais ne sont après tout que de grands enfants. Rien ne ressemble à une école comme le Parlement. [...] Mais voici trois coups frappés à la porte de la salle. Le sergent d'armes va voir ce que c'est, tout comme s'il ne le savait pas d'avance. Il revient grave, solennel, annoncer à l'orateur qu'il y a, à la porte, un messager du Sénat. L'orateur, non moins grave, non moins solennel, répond qu'on fasse entrer le messager. Le messager entre. C'est le huissier à la verge noire, le principal officier du Sénat. Il vient annoncer que le gouverneur général désire la présence des Communes dans la salle du Sénat. Avant d'ouvrir la bouche, il a fait neuf pas coupés par trois révérences ; ayant délivré son message, il refait à reculons neuf autres pas, coupés par trois autres révérences ; puis il pirouette sur les talons et disparaît, invariablement accompagné de formidables battements de mains qui viennent de tous les côtés de la salle. [...] Alors comme de vrais moutards, les députés se précipitent à la salle du Sénat. Ce qui les préoccupe le moins cependant, c'est d'écouter le discours de Son Excellence. Ils laissent ce soin à l'Orateur qui, lui, s'en acquitte religieusement.

Si Laurier accepte un tel déploiement à Ottawa, il considère que les provinces devraient se contenter d'un peu plus de modestie :

> J'ai déjà dit qu'à Ottawa toutes ces cérémonies ne manquent pas de grandeur. La législature est assez nombreuse, la pompe assez riche pour qu'il s'y trouve un certain éclat. À Québec, les mêmes cérémonies m'ont toujours paru grotesques. Du reste, ce corps législatif de vingt-quatre membres censé représenter la Chambre des lords, cette maison de Spencer Wood censée représenter le château royal de Windsor, toutes ces tentatives à l'état permanent dans notre gouvernement local pour singer la royauté me paraissent pour le moins comiques. Je

suis, certes, loin de vouloir rabaisser les législatures locales. C'est tout le contraire. Les attributions des législatures locales sont de la plus haute importance. Mais en même temps que leurs attributions sont d'une importance majeure, leurs ressources sont exiguës et leurs moyens très restreints. Ainsi placées, les législatures locales devraient mettre leur gloire dans une simplicité plébéienne. Qu'on imite la royauté à Ottawa, c'est dans l'ordre ; qu'on la singe à Québec, c'est absurde.

La majeure partie des débats et des interventions à la Chambre des communes d'Ottawa se déroule en anglais et, pour le futur premier ministre du Canada, c'est là chose normale :

> Ce que je vous ai dit jusqu'ici, ajoute donc Laurier, vous fait voir que la Chambre des communes, bien qu'il s'y trouve environ cinquante députés de race française, est exclusivement une assemblée anglaise. La langue française y est langue officielle comme la langue anglaise, mais elle y est de moins en moins parlée. La raison en est qu'il est impossible de prendre une part efficace aux débats, à moins de parler la langue de la majorité. [...] La force des choses est telle qu'en Amérique la langue anglaise sera toujours la langue du million ; notre ambition à nous devrait être que la langue française, ici comme dans le reste du monde, fût la langue de prédilection, de la bonne compagnie, de la société polie.

## À coups de millions

Le vendredi 1er février, le ministre Tupper présente à la Chambre des communes une série de onze résolutions dont l'approbation permettrait de consentir un prêt de 2 500 000 $ « pour rescaper le CPR acculé à la banqueroute ». « Le débat qui suit, note l'historien Donald Creighton, fut un des plus longs et des plus acrimonieux dans la longue et acrimonieuse histoire du chemin de fer transcontinental canadien. »

Les provinces de l'Est considèrent que le gouvernement fédéral les néglige au profit des provinces de l'Ouest et le Québec est le premier à réagir. Déjà, depuis quelques mois, le gouvernement provincial demandait des *better terms*, c'est-à-dire une augmentation du subside fédéral.

On apprend, à Ottawa, que plusieurs ministres du cabinet Ross vont se rendre à Ottawa demander au gouvernement fédéral « 12 000 $ par mille pour rembourser la province des 12 000 $ par mille qu'elle [la province] a souscrites pour le Canada Central ; elle demandera de plus d'augmenter de 20 cents par tête le subside fédéral, en prenant pour base le dernier recensement ».

Les députés québécois à la Chambre des communes vont donc être obligés de prendre position au sujet des demandes provinciales. La question est de savoir s'ils suivront la ligne du parti ou s'ils réagiront d'abord comme Québécois. La situation paraît assez grave à Chapleau pour qu'il écrive à Langevin, le 11 février :

> En vue des démarches que le gouvernement de Québec se propose de faire auprès des autorités fédérales relativement aux questions financières déjà existantes entre les deux gouvernements et sans doute au sujet d'autres questions d'une importance vitale pour la province de Québec, je me permets de vous demander, en votre qualité de leader politique de notre province, de réunir les membres du

Conseil privé, y représentant plus particulièrement Québec, afin de s'entendre sur la direction à donner à l'action de la députation fédérale sur les questions que ces démarches vont nécessairement soulever.

Le 12 février, les ministres québécois Louis-Olivier Taillon, William Warren Lynch et Jean Blanchet arrivent par train dans la capitale canadienne et rencontrent Langevin. Le soir, le trésorier provincial Joseph Gibb Robertson rejoint le trio. Quant au premier ministre Ross, il est retenu à Québec par la maladie et arrivera plus tard.

La démarche québécoise apparaît, aux yeux de certains, comme une menace de sédition. Le *Montreal Herald* s'insurge contre Taillon qui veut faire valoir les droits de la province de Québec :

> Il n'y a rien de nouveau dans le programme du procureur général [Taillon] si ce n'est la menace qu'il fait, au nom du gouvernement de Québec de se séparer de la Confédération à moins que la province ne reçoive un subside fédéral plus élevé que celui qu'elle avait d'abord accepté et auquel elle a droit d'après la loi et la Constitution. Un nouveau gouvernement dont le premier acte officiel consiste à proférer une telle menace qui sera distribuée dans tout le Canada et publiée aux États-Unis et en Europe, fournit la preuve qu'il est encore plus imbécile que le gouvernement qui, l'autre jour, se retirait avant qu'un seul coup ait été frappé dans la Législature. C'est un spectacle dégoûtant et propre à faire lever le cœur de voir le leader du gouvernement de Québec compromettre la population de la province au point de la faire passer pour un ramassis de mendiants et de forts à bras, de quêteux et de brigands ; de le voir déclarer publiquement que son gouvernement, qui s'est traîné aux pieds du Parlement, s'il ne reçoit pas des faveurs auxquelles il n'a pas droit, fera repentir la Puissance qui aura repoussé la requête du mendiant. Cela est dégoûtant parce que personne mieux que ce procureur général novice ne connaît l'inanité de ces menaces ; personne ne sait mieux que lui qu'une force de cinquante mille chevaux ne pourrait pas éloigner de la crèche fédérale les politiciens de Québec ; que Québec est déjà la province la plus favorisée de la Confédération ; qu'elle n'a aucune réclamation à faire, si ce n'est au nom de la charité ; que ses ressources ont été gaspillées par des *jobbers* politiques, des voleurs et des extravagances sans précédent dans l'histoire de la Confédération ; que ses embarras financiers ont été causés par sa propre population, dans son propre gouvernement et dans sa propre législature. [...] Ici, à Québec, nous sommes habitués à entendre des hommes politiques menacer, en imposer par des menaces et faire des déclarations bruyantes qui sont ordinairement faites sous l'empire du whisky, plutôt que l'énoncé calme d'hommes publics sérieux, et nous pensons bien peu de ces hommes. Mais, dans le cas du procureur général, les faits sont différents ; nous avons caractérisé sa menace de mal avisée et d'insensée et elle est à la fois l'un et l'autre. Mais c'est la déclaration officielle du gouvernement. C'est l'énoncé de la politique du gouvernement. Elle est mise au jour dans un moment critique.

Les termes de « mendiants » et de « brigands » offusquent plusieurs journalistes francophones et le *Canadien* du 14 février répond aux propos du *Montreal Herald* : « Ceux qui se scandalisent de cette position jouent à l'hypocrisie et font de la mauvaise foi. Nous ne réclamons rien autre chose que la justice, mais nous la réclamons, cette justice, avec la force que donne la conviction du droit et qui assure le triomphe un jour ou l'autre ! »

Les délégués québécois rencontrent les membres du cabinet fédéral le 14 février et exposent leurs demandes. Quatre jours plus tard, alors qu'aucune décision n'a encore été prise et que la Chambre des communes étudie en priorité les résolutions de Tupper sur le prêt au Canadien Pacifique, les députés francophones se réunissent en caucus pour décider d'une action commune à prendre relativement au Canadien Pacifique et aux réclamations provinciales. Ils veulent lier leur vote sur les résolutions Tupper à l'octroi d'une subvention à la province de Québec. On promet les 12 000 $ et bien d'autres choses. Le plus important pour Macdonald est de gagner du temps et d'amener ses partisans à voter avec lui. Par 137 voix contre 62, le prêt de 2 500 000 $ est consenti au Canadian Pacific Railway. Mais la question de l'autonomie provinciale ne perd rien de son acuité.

## Pour une question de boisson

Macdonald, depuis les débats préparatoires à la Confédération en 1864, a toujours été identifié à un centralisateur. Pour lui, la seule union valable était l'union législative et non pas l'union fédérale qui avait été adoptée. Depuis l'établissement de la nouvelle Constitution, il avait, en plusieurs occasions, essayé de faire adopter des mesures législatives centralisatrices, mais la grande offensive date des années 1880, alors que le contrôle de la vente des boissons alcooliques lui apparaissait important. En 1878, le Parlement fédéral avait adopté le Canada Temperance Act, connu sous le nom de loi Scott. La mesure permettait « à chaque comté de chaque province de déterminer par vote populaire la permission de faire usage de spiritueux ou de les prohiber ». En 1883, Ottawa avait légiféré sur les « licences » ou permis, pour la vente de spiritueux, terrain jugé jusqu'ici comme étant d'une nature exclusivement provinciale. Plusieurs provinces protestent contre l'empiétement du fédéral, mais elles veulent quand même éviter la double imposition, car aubergistes et hôteliers ne sont pas intéressés à détenir un permis émis par chacun des niveaux de gouvernement. Le député de Maskinongé à la Chambre des communes, Frédéric Houde, propose donc la révocation de la foi fédérale sur les licences. Le débat qu'engendre la proposition porte surtout sur les droits des provinces. Laurier se lance dans une attaque de la politique conservatrice :

> Je le répète, chaque fois qu'on réussit dans ce Parlement à dépouiller une province d'un droit qu'elle exerce, quelqu'insignifiant que puisse être ce droit, c'est un pas de plus dans le sens de l'union législative. Je sais bien que plusieurs députés dans cette Chambre sont plus favorables à une union législative qu'à une union fédérative. [...] Il est possible que, si les éléments eussent été homogènes, l'union aurait été législative et non pas fédérative. Mais que ces éléments soient homogènes ou non, je soutiens que le meilleur moyen, le seul moyen de gouverner ce vaste territoire, c'est une union fédérative et non pas une union législative.

Macdonald décide, à la fin du débat, de soumettre la question de la constitutionnalité de sa loi sur les licences à la Cour suprême. Cette dernière rendra jugement le 12 février 1885, décrétant la loi fédérale inconstitutionnelle. Ceux qui avaient versé 15 $ pour obtenir une licence fédérale pourront se faire rembourser.

La loi sur les licences n'est qu'une des facettes de l'opération centralisation ; les résolutions de Tupper sur la « fédéralisation » des chemins de fer en sont une autre. De plus, depuis quelques années, le premier ministre Macdonald présente en Chambre un projet de loi modifiant la loi électorale en fixant un cens électoral unique pour tout le Canada et une nouvelle manière de confectionner les listes électorales.

Le 31 mars, lors du débat sur l'adresse en réponse au discours du trône, à l'Assemblée législative de la province de Québec, le chef de l'opposition Mercier trace un bilan négatif des relations fédérales-provinciales :

> M. le président, je le dis avec un regret véritable, avec une émotion réelle : notre autonomie provinciale est menacée. Depuis quelques années, le gouvernement fédéral poursuit avec une persévérance évidente et un succès qu'on ne peut nier, une politique de centralisation dont le triomphe final serait l'union législative, le rêve favori d'un homme aussi distingué par ses talents que dangereux par ses tendances ; je veux parler, on le comprend, de sir John, le chef actuel du parti conservateur dans la Puissance. Les désaveux répétés des lois provinciales ; l'adoption de mesures affectant des matières considérées jusqu'à ce jour comme étant exclusivement du ressort des Législatures locales ; les tentatives faites deux fois déjà pour nous imposer un corps électoral différent de celui que nous nous sommes volontairement donné ; l'exécution forcée de cette loi des licences dont l'effet certain sera d'enlever pratiquement aux gouvernements des provinces la plupart de leur autorité et de les priver d'une source de revenu considérable ; ces efforts habilement faits et si fréquemment renouvelés pour diminuer le prestige et la solidité de nos institutions locales ; l'ingérence intempestive du Conseil privé dans le choix des ministres locaux : tout enfin est de nature à prouver aux esprits réfléchis qu'une vaste et puissante conspiration est en permanence contre l'autonomie provinciale.

Mercier lance donc un appel à l'unité, par-dessus les divisions de parti, pour faire un front commun contre le gouvernement fédéral. Il revient sur le même sujet le 7 avril, proposant alors qu'une adresse soit votée priant le lieutenant-gouverneur de transmettre les résolutions suivantes au gouverneur général :

> 1. Que l'Acte de l'Amérique britannique du Nord, 1867, devait, dans l'opinion de ses auteurs, consacrer l'autonomie des provinces de la Confédération et que cet acte a réglé d'une manière absolue les pouvoirs relatifs du Parlement fédéral et des Législatures provinciales ; 2. Que les empiétements fréquents du Parlement fédéral, sur les prérogatives des provinces sont une menace permanente pour celles-ci ; et que cette Chambre, justement alarmée de ces empiétements, croit qu'il est de son devoir d'exprimer énergiquement sa détermination de défendre tous les droits provinciaux et de proclamer hautement l'autonomie qu'elle possède, tels que consacrés par l'acte fédéral.

Même si plusieurs députés sont d'accord pour dénoncer la politique fédérale, les résolutions du chef de l'opposition sont rejetées par un vote de 38 voix contre

18. Le débat sur l'autonomie des provinces avait soulevé de l'intérêt en dehors de l'Assemblée. Le *Mail* de Toronto est en désaccord avec le député de Saint-Hyacinthe sur l'origine des pouvoirs. « M. Mercier, lit-on dans l'édition du 10 avril, a tort quand il dit que l'union a été faite dans le but de consacrer l'autonomie des provinces. L'objet, entièrement opposé, a été de créer le pouvoir fédéral. »

Le *Canadien* du 14 répond : « Mais la raison véritable de la Confédération a été d'assurer l'autonomie des provinces, leur indépendance du pouvoir fédéral. Prétendre le contraire, c'est dire que nous sommes en pleine union législative. » Le lendemain, le même journal revient sur le sujet : « Le parti a désormais le parti des centralisateurs et celui de l'autonomie des provinces, le parti de l'union législative et celui du pacte fédéral tel que compris et expliqué lors de son adoption. Souverain dans la sphère d'action qui lui a été assignée, le pouvoir fédéral ne saurait oublier longtemps qu'il doit son existence, sa création aux provinces qui lui ont délégué certains pouvoirs depuis et ont entendu rester en possession de tous ceux auxquels elles n'ont pas expressément renoncé. »

La réaction du premier ministre Macdonald se manifeste à travers les éditoriaux du *Mail* qui est, en quelque sorte, son porte-parole. Pour le quotidien de Toronto, la crise autonomiste n'est que l'aboutissement des revendications monétaires des provinces : « Nous n'attachons pas beaucoup d'importance à ces agitations des provinces. Elles ont toutes besoin de nouveaux arrangements financiers. Les agitateurs sont presque tous ouverts à la conviction. »

Dans la province de Québec, un certain nationalisme se développe et se manifeste en diverses circonstances. Ainsi, le 24 juin 1884, à l'occasion des fêtes du cinquantenaire de la Saint-Jean-Baptiste, l'évêque Laflèche prononce une courte allocution improvisée où il aborde la question de nationalité et celle de la langue dans un pays conquis.

> Les Canadiens sont un peuple greffé sur une plante étrangère, et c'est à cela qu'ils doivent en partie leur conservation nationale. Ils ont échappé aux horreurs de la révolution française. L'on se demande souvent pourquoi ils sont si loyaux ; la raison est dans la gratitude pour la protection reçue. Ils sont Français du fond de leurs cœurs, mais Français de la Nouvelle-France. Nous trouvons chez nous la langue et les coutumes de la France de Louis XIV ; les mœurs policées de cette antique France subsistent sous nos toits. Ne parlons donc pas l'anglais sans nécessité et, si nous le parlons, ne le parlons pas trop bien. Il n'y a rien que j'aime comme un Canadien français parlant mal l'anglais. Ne permettons jamais à la langue étrangère de s'asseoir à nos foyers.

L'attitude un peu surprenante de Laflèche n'est pas partagée par tous. On voit, par contre, un Laurier s'angliciser davantage. Celle qui contribue beaucoup à ce changement est Émilie, l'épouse de Joseph Lavergne, un voisin des Laurier à Arthabaska. Elle affirmera plus tard : « Lorsque je me liai d'amitié avec Laurier, je ne tardai pas à constater que le futur jeune député demeurait sous certains aspects le petit béjaune de Saint-Lin. Ce n'était certes pas sa femme qui pouvait lui apprendre les rudiments d'étiquette indispensables à un homme du monde, et plus spécialement à un politicien que son talent destinait aux plus hautes sphères. Je lui fis comprendre que ce manque de cérémonie lui nuirait auprès de l'élite anglaise qu'il serait appelé à fréquenter à Ottawa. Je lui appris à manger, à se vêtir, en un mot, tout ce qu'un gentleman doit savoir. En homme d'esprit, il comprit. » L'historien Schull ajoute :

> Laurier comprit, peut-être plus et autrement qu'Émilie ne l'entendait et ne le souhaitait. Il avait profité des enseignements de nombreuses personnes et n'avait pas fini d'apprendre. Qu'importe. Le jeu délicieux de son éducation mondaine se poursuivit de plus belle au grand jour et à la chandelle, dans les soirées d'Artha-baska aux soupers d'Émilie Lavergne, à deux. C'est elle qui devait inspirer en grande partie à Laurier ses manières distinguées et sa mise élégante. Avec son amour de tout ce qui était anglais, imperceptiblement elle avait secondé les efforts inconscients de Blake pour angliciser Laurier.

Des modifications plus subtiles se manifestent chez d'autres hommes poli-tiques qui en viennent à prendre des positions qui surprennent leurs contem-porains. Langevin est un exemple d'une évolution normale, en quelque sorte.

Sa biographe, Andrée Désilets, note les changements idéologiques qui se manifestent chez le ministre des Travaux publics :

> En réalité, Langevin verse de plus en plus dans le fédéralisme, alors que les Cana-diens français renaissent, au contraire, à un nationalisme virulent qui rappelle les luttes les plus hautes en couleur de la période préfédérative. Langevin ne parle plus tout à fait le même langage que ses héritiers... C'est Mercier qui dorénavant mènera le dialogue entre la province de Québec et le gouvernement fédéral et qui se chargera d'exposer les aspirations particulières des Canadiens français et d'en défendre les intérêts. En effet, le nationalisme grandit dans la province de Québec et Mercier, le champion de l'autonomie des provinces, le stimule avec grande ferveur.

Une nouvelle cristallisation des orientations politiques aura lieu avec le deuxième soulèvement des Métis vivant dans les Territoires du Nord-Ouest en 1885.

## Femmes et Chinois

Au cours de la troisième session du cinquième Parlement du Canada qui débute le 29 janvier 1885, le premier ministre Macdonald présente, aux yeux de certains, une nouvelle mesure centralisatrice. Il dépose un projet de loi réformant la loi électorale en établissant un système uniforme de cens électoral dans tout le Canada. Le débat qui s'engage sur cette question est plus qu'acrimonieux. Encore une fois, l'auto-nomie provinciale devient l'objet de différentes prises de position.

Le projet de loi proposé accorde le droit de vote aux femmes non mariées et le refuse aux femmes mariées ; les fils de cultivateurs l'obtiennent à certaines conditions, alors que les fils d'ouvriers ne peuvent l'exercer. Les Amérindiens auraient le droit de voter, mais non les personnes « de race mongolienne ou chinoise ».

La question du suffrage féminin commence à devenir objet de controverse. Laurier résume, dans son intervention du 17 avril, les idées courantes, à cette époque, sur ce sujet.

De même sur la question du suffrage des femmes, il semble y avoir une grande diversité d'opinions même dans cette Chambre. Pour ma part, je suis d'avis que, si la province d'Ontario veut avoir le suffrage des femmes, on le lui laisse avoir. Que la Législature d'Ontario accorde le droit de suffrage aux femmes si le peuple d'Ontario pense y trouver son avantage. S'il plaît à la Nouvelle-Écosse, au Nouveau-Brunswick, à l'Île-du-Prince-Édouard ou à toute autre province de donner le droit de vote aux femmes, qu'il soit fait selon leur désir ; leurs Législatures ont le pouvoir de le faire, mais dans la province de Québec, autant que je sache, il n'y a pas la moindre partie de la population qui soit consentante à étendre le suffrage aux femmes, pas même à l'aimable fraction du sexe féminin à laquelle le bill propose de le donner. Je dirai plus : je suis réellement stupéfait de voir le ministre des Travaux publics [Langevin], qui a toujours été réputé parmi nous comme l'incorruptible champion de ce conservatisme démodé, puritain, sans tache, ennemi obstiné de toute capitulation aux abominations des doctrines modernes, appuyer dans cette Chambre un bill qui est plus qu'une concession à la perversité des doctrines modernes, allant bien au-delà de tout ce qui est normalement accepté dans ces doctrines, même dans les pays les plus avancés. Si ce bill devient loi, on pourra proclamer dans le monde entier que le Canada est un pays beaucoup plus avancé que la plupart des États de l'Union américaine ; plus avancé que la République française ; plus avancé que l'Italie ; et tout cela sera dû à un gouvernement conservateur qui compte parmi ses membres le ministre actuel des Travaux publics. Le très honorable chef du gouvernement, ajoute-t-il, a dit qu'il était en faveur de l'émancipation de la femme. Je suis d'origine française et je suis libéral ; et, à ce double titre, je déclare que je suis en faveur de l'émancipation de la femme autant qu'il peut l'être lui-même ; mais je ne crois pas que l'émancipation de la femme puisse s'opérer autant par des mesures politiques que par des réformes sociales. J'admets que l'action de la femme doive être d'une aussi grande influence sur la politique qu'en tout autre chose, mais je crois que cette action est plus efficace dans le cercle domestique, par voie de conseils et de persuasion, que si la femme est admise au poll pour voter. Si le très honorable monsieur [Macdonald] désire réellement tant faire pour l'émancipation de la femme, qu'il lui accorde l'avantage d'une éducation plus étendue, qu'il lui ouvre un plus vaste champ d'action et d'emploi, et il fera plus pour son émancipation qu'en lui donnant le droit de vote.

Dans la nouvelle loi électorale, la femme n'est pas expressément exclue du droit de vote, mais l'article 2 qui définit ce qu'est une « personne » au sens de la loi précise que c'est « une personne mâle, incluant un Indien, mais excluant une personne de race mongole ou chinoise ». La restriction concernant les Chinois visait à priver du droit de vote les 17 000 Chinois qui avaient émigré en Colombie britannique pour travailler comme main-d'œuvre à bon marché à la construction du chemin de fer. Les autorités canadiennes considéraient alors qu'une participation active des arrivants asiatiques à la vie politique aurait donné trop de pouvoir à ces derniers.

*« C'est l'aviron... »*

Alors qu'au Canada, les deux questions qui retiennent l'attention des hommes publics est celle du financement des chemins de fer et celle de l'autonomie provinciale, dans la métropole le problème de la colonie du Soudan suscite beaucoup d'intérêt et d'inquiétude. Le général Charles Gordon, plus connu sous le nom de « Gordon Pacha », avait réussi à soumettre le Soudan ; mais en 1884, Mohammad Ahmad Abd Allah dit Mahdi décide de bouter dehors l'Anglais : c'est le début de la guerre du Soudan. Gordon, qui avait été nommé à nouveau gouverneur général du Soudan, est bloqué dans la capitale de la colonie, Khartoum. Lord Wolseley est chargé d'acheminer des renforts en hommes et en armes vers le Haut-Nil. Comme il avait déjà commandé l'expédition contre les Métis du Manitoba en 1870, il demande que l'on engage des Canadiens comme avironneurs, en raison de leur habilité à naviguer sur de petits bateaux.

Le 20 août 1884, lord Derby, le secrétaire d'État aux Colonies, envoie un câblogramme à lord Lansdowne, le gouverneur général du Canada, lui faisant part du désir du gouvernement anglais de recruter au Canada « 300 bons voyageurs de Caughnawaga, Saint-Régis et du Manitoba comme timoniers sur les bateaux pour l'expédition du Nil, un engagement de six mois avec passage pour et de l'Égypte ». La solde proposée est de 40 $ par mois, compte non tenu des vêtements et des vivres. Lord Derby demande de solliciter l'appui de l'archevêque catholique pour favoriser le recrutement. Les voyageurs devraient arriver à Liverpool entre le 15 septembre et le 1er octobre. La tâche des engagés sera de remonter le Nil à bord de barges.

> Ces hommes, note l'historien George F. G. Stanley, ne sont pas recrutés en tant que soldats et ils ne portent pas l'uniforme ; ils ne forment pas, au sens propre, un contingent militaire, bien qu'ils rendent des services essentiels au cours de l'expédition du Nil. Leur importance réside dans le fait qu'ils sont Canadiens et qu'ils servent outre-mer, pour les Britanniques, dans une guerre qui n'est d'aucune façon reliée à la défense du Canada.

Le recrutement commence au cours de la dernière semaine du mois d'août 1884. Des annonces paraissent dans les journaux, surtout dans les régions d'Ottawa, Winnipeg et Trois-Rivières. Le 15 septembre, le *Ocean King* quitte le port de Québec à destination d'Alexandrie, ayant à son bord 386 Canadiens voyageurs. Plus d'une centaine ont été recrutés à Caughnawaga, Trois-Rivières et Sherbrooke. Les autres demeurent à Ottawa, Winnipeg et Peterborough. Plus d'une quarantaine d'autres voyageurs francophones se sont inscrits à Ottawa.

Le dimanche 14 septembre, la majeure partie de la population de Trois-Rivières avait assisté au départ des voyageurs.

> À cette occasion, raconte un reporter du *Canadien*, dès les 11 heures, dimanche, les quais, le boulevard Turcotte, le vapeur *Trois-Rivières* étaient couverts d'une foule immense accourue pour donner une dernière poignée de main à un père, un frère, un époux, un ami, que l'on ne reverrait peut-être plus. Déjà les douze coups du midi s'étaient fait entendre au cadran de la cathédrale et la foule croissait de plus en plus sur les abords du fleuve ; le *Laval* avait aussi fait entendre son sifflet

aigu ; c'était le signal du départ. Des hourras enthousiastes partaient en même temps de milliers de poitrines et, lentement, le *Laval* se détacha du quai pendant que les mouchoirs, les chapeaux, les signes de la main, témoignaient du regret de la ville entière en voyant partir un essaim de ses meilleurs enfants. Au large, le gigantesque *Ocean King* semble attendre avec impatience la nouvelle phalange qui se mêlera dans quelques minutes aux centaines d'hommes recrutés.

Un prêtre catholique, Arthur Bouchard, accompagne le groupe.

L'*Ocean King* arrive à Gibraltar le 29 septembre et le voyage se continue. Le samedi 4 octobre, le médecin de l'expédition, le major chirurgien J. L. H. Neilson, donne une conférence sur la tempérance. Dans son journal de bord, le lieutenant-colonel F. C. Denison souhaite que les propos du médecin aient un bon effet sur les voyageurs ! Quelques jours auparavant, les deux frères Ayotte d'Ottawa s'étaient battus alors qu'ils étaient ivres.

La remontée du Nil commence au début d'octobre. Le principal problème est celui de la nourriture. Les Canadiens sont d'une endurance physique qui surprend les officiers britanniques. Six Canadiens se noient dans les chutes entre Sarras et Abu Fatmeh.

Les six mois d'engagement se terminent le 9 mars 1885, alors que l'expédition n'est pas encore terminée. On offre une augmentation de 50 % de la paie à ceux qui désirent prolonger leur contrat pour une nouvelle période de six mois, mais seulement 86 se portent volontaires. Les autres prennent le chemin du retour. Ils arrivent au Canada en juin.

La participation canadienne à l'expédition du Nil a été bien jugée de la part des officiers britanniques. « D'une manière générale, affirme le lieutenant-colonel Coleridge Grove, l'emploi des voyageurs a été une très grande réussite. Sans eux, l'on peut se demander si les bateaux auraient pu remonter le Nil ; et si oui, il est certain qu'il aurait fallu beaucoup plus de temps et que le nombre de pertes de vie aurait été plus élevé. » Wolseley ajoute : « Au sujet des voyageurs, je désire que soient consignées mon opinion et celle de tous les officiers liés à la direction et à la gestion des colonnes de bateaux ; leurs services ont été de la plus haute importance et, en outre, leur conduite a toujours été excellente. Ils jouissent d'une très grande considération parmi les troupes du Nil. »

Les Canadiens seraient-ils donc maintenant prêts à participer aux guerres de l'Empire ?

L'édifice abritant les bureaux du journal
la *Patrie* en 1883.

# RIEL

## I

L ORSQUE LOUIS RIEL revient parmi son peuple dans les Territoires du Nord-Ouest en juillet 1884, les colons anglophones, les Métis et les Amérindiens font face à de graves problèmes. Le gouvernement canadien, avec sa politique d'arpentage et de peuplement, provoque l'inquiétude. Depuis près d'une dizaine d'années, les pétitions et les pressions visant à régulariser une situation trouble, sont demeurées presque sans effet. Déjà, le 11 septembre 1874, les Métis du lac Qu'Appelle avaient lancé un appel au gouverneur Alexander Morris lui demandant « que le gouvernement établisse une autorité composée de personnes jouissant de la confiance des gens de l'endroit et chargées de gérer les affaires du pays, faire les lois, veiller à leur exécution et juger des différends ». Les pétitionnaires précisaient qu'« en toutes ces demandes les Métis n'ont nullement l'intention de priver les Sauvages de leurs droits », mais qu'ils « réclament seulement la reconnaissance et le respect des leurs et sont disposés à vivre avec les Sauvages comme avec des frères et des amis ».

Les Métis des Territoires du Nord-Ouest, en particulier ceux qui vivent dans la région des rivières Saskatchewan, demandent les mêmes droits que leurs compatriotes du Manitoba en 1870 : des concessions compensatrices de terres et un arpentage particulier qui respecte la façon ancestrale de diviser les terres.

La disparition rapide du bison augmente l'acuité du problème. En février 1878, les Métis de la paroisse de Saint-Laurent, sous la présidence de Gabriel Dumont, adressent au lieutenant-gouverneur des Territoires du Nord-Ouest une nouvelle pétition dans laquelle ils demandent une plus forte représentation au sein du Conseil des Territoires. Ils lancent un appel à l'aide au gouvernement fédéral : « La transition subite de la vie de prairie à la vie agricole amenée par la disparition rapide du bison et l'ordonnance de chasse du Conseil des Territoires du Nord-Ouest, a réduit vos requérants à leurs dernières ressources et les oblige de s'adresser au gouvernement fédéral pour en obtenir des secours en instruments d'agriculture et en semences, comme il a été accordé à certains étrangers, immigrés dans la province du Manitoba. » Alexandre-Antonin Taché, l'évêque catholique de Saint-Boniface au Manitoba, intervient en janvier 1879 auprès du gouvernement du Canada en faveur des Métis.

> Il faut bien admettre, écrit-il, que les Métis du Nord-Ouest ont une réclamation qui mérite d'être accueillie favorablement. Il règne chez eux un grand malaise de ce qu'aucune démarche n'ait encore été faite en leur faveur. Une politique libérale de la part du gouvernement lui assurerait l'adjonction d'un pouvoir moral et physique qui, dans les relations critiques existant actuellement entre les diverses tribus sauvages entre elles et le gouvernement, serait d'un appoint considérable pour le Dominion. D'un autre côté, l'élément métis, s'il est mécontent, sera toujours une menace permanente pour la paix et la prospérité des Territoires. Il n'y a pas de doute que l'état actuel des affaires dans les Territoires, en ce qui concerne les Sauvages et les Métis, exige l'attention du gouvernement, et l'on devrait adopter des mesures pour entretenir avec les Métis des relations capables de nous les attacher. Les Métis sont une race excessivement sensible ; ils ressentent vivement l'injure ou l'insulte, et se plaignent tous les jours à cet égard. De fait, ils sont journellement humiliés par rapport à leur origine, par la manière dont on parle d'eux, non seulement dans les journaux, mais aussi dans les documents officiels ou semi-officiels.

L'évêque suggère donc de concéder à tous les Métis, hommes, femmes ou enfants, résidant dans les Territoires du Nord-Ouest au 1er janvier 1879, deux « scrips » ou certificats provisoires « pour 80 acres de terre à être choisies par eux » dans des endroits précis. Les terres ne pourraient être vendues, ni hypothéquées ni taxées jusqu'à ce qu'elles aient passé « dans les mains d'au moins la troisième génération de ceux qui les recevront ou leurs représentants. » Le gouvernement fédéral ne donnera pas suite à une telle suggestion.

Les Métis continuent à occuper des terres tantôt arpentées, tantôt non arpentées. Ils commencent à craindre de perdre ce qu'ils considèrent comme une propriété ancestrale. Ils savent fort bien — quelques-uns, en tout cas — que leur situation est illégale aux yeux des fonctionnaires fédéraux. Le 4 septembre 1882, un groupe de 47 Métis, la plupart établis sur les bords de la Saskatchewan, dans le district de Prince-Albert, adressent une pétition au premier ministre Macdonald. Le promoteur du mouvement est Gabriel Dumont.

> Obligés pour la plupart, disent-ils, d'abandonner la prairie qui ne peut plus nous fournir les moyens de subsistance, nous sommes venus en grand nombre dans le cours de l'été pour nous établir le long de la branche sud de la Saskatchewan. Satisfaits du terrain et du pays, nous nous sommes mis activement à l'ouvrage pour défricher la terre, mais dans l'espérance de semer, le printemps prochain, et en même temps pour préparer nos maisons pour l'hiver qui s'avance à grands pas. Les terres arpentées étant déjà occupées ou vendues, nous nous sommes vus forcés d'occuper des terres qui ne sont pas encore arpentées, ignorant du reste, pour la plupart, les règlements du gouvernement concernant les terres fédérales. Aussi, quels ne furent pas notre étonnement et notre inquiétude quand nous fûmes

avertis qu'une fois les terres arpentées nous serons obligés de payer deux piastres par acre au gouvernement si nos terres se trouvent prises dans les sections impaires ; désirant de plus nous approcher les uns des autres afin de pouvoir plus facilement obtenir une école et une église, nous sommes, monsieur le ministre, de pauvres gens qui n'ont pas le moyen de payer le prix pour nos terres sans être totalement ruinés, si nous perdons le fruit de nos travaux en les voyant passer aux mains des étrangers qui iront au bureau des terres à Prince-Albert payer la somme fixée par le gouvernement.

Les signataires de la pétition demandent donc que Macdonald fasse en sorte qu'ils ne soient pas troublés dans leur « propriété ». Ils ajoutent : « Ayant occupé si longtemps cette contrée en maîtres et l'ayant si souvent défendue contre les Sauvages au prix de notre sang, nous pensons que ce n'est pas trop exiger que le gouvernement nous accorde le droit d'occuper paisiblement nos terres et qu'il fasse quelques exceptions à ses règlements pour accorder aux Métis du Nord-Ouest des concessions de terre gratuites. » Ils demandent enfin que l'arpentage se fasse à la française, c'est-à-dire que les terres aient « dix chaînes de large sur deux milles de long ».

Le surintendant William Pearce reçoit mission de dresser un bilan des revendications et de préconiser les remèdes nécessaires. Il effectue une première visite à Prince-Albert en août 1883.

Je chargeai, dit-il, M. Gauvreau, alors sous-agent et Canadien français, de visiter chaque colon français, métis ou autre, dans le district ; de vérifier sur quel quart particulier de section il était établi, et de lui recommander fortement d'obtenir son inscription. C'est ce qu'il fit ; mais quoique le prêtre catholique les eusse conseillés dans le même sens, pour une raison ou une autre, ils ne remplirent pas cette formalité. Quelques-uns en furent détournés par ignorance, pensant qu'ils auraient à payer des taxes ; d'autres ont dit qu'ils craignaient, s'ils se faisaient inscrire, que le gouvernement pût les appeler à porter les armes, mais contre qui : c'est ce qu'ils ne paraissaient pas avoir bien saisi. Comme il arrive pour toute population ignorante, quelques individus mal intentionnés et possédant leur confiance peuvent exploiter leur ignorance et leurs préjugés dans l'intérêt de leurs propres vues égoïstes. Cela est particulièrement évident quant à ceux qui se sont établis après l'arpentage sur la Saskatchewan sud.

Les Métis anglophones et les colons de même origine forment, au cours de l'été de 1883, une association pour faire valoir leurs droits. Les francophones sentent aussi que l'appui de leurs voisins leur est essentiel.

Les représentants du gouvernement fédéral ne sont pas prêts à ordonner un nouvel arpentage sur les terres où il a été effectué, dans le seul but de plaire aux Métis. Ces derniers, impatients, commencent à s'organiser. Le 24 mars 1884, une vingtaine d'entre eux se réunissent à Batoche dans la maison d'Abraham Montour.

Avant d'ouvrir les débats, raconte l'historien Jules Le Chevallier, le président de l'assemblée exigea de tous les assistants le serment de ne jamais trahir le secret des délibérations. Après ce geste préliminaire, il exposa le but de la réunion qui était d'étudier les mesures les plus propres à faire triompher la revendication de leurs droits. L'assemblée décida que tout d'abord les Métis français devaient s'occuper à resserrer leurs liens d'amitié avec les Métis d'origine anglaise de la colonie de Prince-Albert. Jean-Baptiste Boucher et [Gabriel] Dumont furent chargés d'aller les inviter à une réunion plénière. Trois ou quatre extrémistes parlèrent de défendre leurs droits par les armes, mais leurs voix n'eurent pas d'écho. Ce fut aussi à cette première réunion qu'on chuchota le nom de Louis Riel auquel aucun des organisateurs n'avait encore songé.

Une nouvelle réunion se tient à Saint-Laurent le mardi 28 avril. Des Métis anglophones et francophones, après avoir dressé la liste de leurs revendications, se mettent d'accord sur le nom de Riel comme devant être celui qui est le plus apte à faire valoir leurs droits. Le 20 mai, Gabriel Dumont, Michel Dumas et James Isbister, les trois délégués officiels, accompagnés de Moïse Ouellette, prennent le chemin du Montana pour tenter de convaincre Riel de venir prêter main-forte aux Métis de la Saskatchewan.

## Mortelle acceptation

Le 4 juin 1884, les délégués rencontrent Riel et lui proposent de les accompagner. L'ancien chef des Métis du Manitoba demande une journée de réflexion. Le 5, il répond par l'affirmative et remet aux voyageurs une lettre d'acceptation :

> Messieurs, votre visite m'honore et me fait grand plaisir ; et votre qualité de délégués lui donne l'importance d'un événement remarquable ; je la consigne comme l'un des bonheurs de ma vie. C'est un événement dont ma famille se souviendra, et je demande à Dieu que votre députation puisse devenir une bénédiction parmi celles de cette année qui est la quarantième de mon existence. Le plus court est d'être franc. Je doute que les conseils que je vous donnerais sur ce sol étranger concernant les affaires du territoire canadien puissent traverser la frontière et garder encore quelque influence. Mais voici autre chose. D'après l'article 31 du traité du Manitoba, le gouvernement canadien me doit deux cent quarante acres de terre. Il me doit aussi cinq lots auxquels le foin, le bois et la contiguïté de la rivière donnent du prix. Ces lots m'appartenaient en vertu des différents paragraphes du même article 31 du traité dont je viens de parler. C'est le gouvernement canadien qui, directement ou indirectement m'a privé de ces propriétés. En outre, si seulement le gouvernement examinait la chose un instant, il verrait facilement qu'il me doit quelque chose de plus. Ces réclamations que j'ai contre lui ont toujours leur raison d'être malgré le fait que je suis devenu citoyen américain. Dans votre intérêt comme pour le mien, j'accepte votre très bienveillante invitation. Je vais aller passer quelque temps au milieu de vous. Peut-être qu'en présentant des pétitions au gouvernement nous aurons la chance d'obtenir quelque chose. Mais mon intention est de revenir de bonne heure, l'automne prochain. [...] Je pars avec vous mais pour revenir un jour ou l'autre, en septembre.

Mêlant étroitement ses intérêts et ceux des Métis, Riel quitte la mission de Saint-Pierre, au pied des montagnes Rocheuses, le 10 juin, accompagné de sa femme et de ses enfants. Au début de juillet, le groupe est de retour à Saint-Laurent.

Le jour même du départ de Riel, Vital Grandin, évêque de Saint-Albert en Alberta, avait écrit : « Nos pauvres Métis, poussés par un certain Charles Nolin, ont fait une grosse bêtise : ils ont envoyé une députation à Louis Riel pour qu'il vienne se mettre à la tête des affaires pour faire opposition au gouvernement. Ils n'ont voulu entendre ni le père [Alexis] André ni le gouverneur, ni personne. Ils vont se compromettre tous et ils ne pourront rien obtenir. » Grandin juge la situation assez grave pour alerter Langevin et Macdonald. Il écrit à ce dernier :

> J'ai vu les principaux Métis de la place, ceux que l'on peut appeler les meneurs, et j'ai pu constater leur mécontentement à tous. Ils sont aussi aigris que possible et cet état peut les porter aux dernières extrémités. J'ai la douleur de me convaincre qu'ils ne sont pas les plus coupables ; ils sont poussés en avant et excités non seulement par les Métis anglais, mais par les habitants de Prince-Albert, des personnes jouissant, dit-on, d'une certaine considération et opposés au gouvernement, qui espèrent profiter sans doute des démarches regrettables de ces Métis. Il faut qu'ils soient bien montés pour agir ainsi à l'insu de leurs prêtres qu'on leur représente comme vendus au gouvernement canadien. [...] Je blâme les Métis et je ne leur ai pas ménagé les reproches, mais je me permettrai de dire à Votre Honneur avec tout le respect possible que le gouvernement canadien n'est pas sans mériter le blâme lui aussi. [...] Combien de pétitions et de plaintes n'ont-ils pas adressées au gouvernement sans qu'on ait daigné même y répondre ? Combien de fois me suis-je adressé moi-même et par écrit et de vive voix à Votre Honneur, sans avoir pu obtenir que de bonnes paroles.

Dès ses premières interventions en public, Riel précise que les Métis ne doivent employer pour faire valoir leurs revendications que des moyens pacifiques et bannir toute violence. Même ceux qui avaient été prévenus contre lui trouvent qu'il s'est assagi. Alexis André, un père oblat supérieur de cette communauté dans le district de Carlton depuis six ans, juge que Riel n'est pas dangereux. Il fait part de ses impressions, le 7 juillet, à Edgar Dewdney, le lieutenant-gouverneur des Territoires du Nord-Ouest :

> Je vous assure, dit-il, qu'en vous écrivant je n'ai pas d'autre but que celui de vous renseigner sur le véritable état des choses. Riel et les délégués sont arrivés des États-Unis. La nouvelle pourra vous surprendre et vous alarmer pour la tranquillité du pays, mais vous pouvez vous rassurer à cet égard et ne redouter aucuns troubles. Vous savez que je suis loin d'être un ami de M. Riel, et je regardais la perspective de son arrivée parmi nous comme un danger pour la paix de notre population ; mais aujourd'hui je n'ai plus la moindre appréhension. Si j'en crois les rapports que j'en ai eus, Riel agit paisiblement et parle avec sagesse.

Le prêtre fait parvenir au lieutenant-gouverneur une copie du rapport des délégués et de la lettre de Riel.

> Je crois, ajoute-t-il, qu'il est important que vous connaissiez ces documents qui vous feront voir que Riel n'a pas de mauvaise intention. Vous recevrez des rapports alarmants sur les prétendus dangers que l'arrivée de Riel va créer dans le pays ; n'en croyez pas un mot. Ceux qui feront ces rapports seront très heureux de vous voir commettre quelqu'action inconsidérée. Ils vont vous écrire et vous conseiller de faire arrêter Riel. Pour l'amour de Dieu, ne faites jamais une telle action, avant d'avoir des motifs suffisants pour la justifier. [...] Jusqu'à présent il n'y a pas lieu d'envoyer un seul homme de plus pour maintenir la paix dans le

pays. Les Métis, tant anglais que français, comprennent trop bien la folie et les conséquences d'un soulèvement contre le gouvernement, et Riel semble réellement être animé de bons motifs et n'avoir aucun mauvais dessein. Un homme n'amène pas sa femme et ses enfants avec lui s'il a l'intention de faire une révolte et M. Riel a amené sa femme et deux petits enfants avec lui.

Le père André suit d'un œil attentif l'évolution de la situation et, le 21 juillet, il écrit à nouveau au lieutenant-gouverneur :

> Il n'est rien survenu pour changer ma conviction que Riel, en venant dans ce pays, n'avait aucun mauvais dessein. Il a agi et parlé avec calme et bon sens chaque fois qu'il a eu occasion de paraître en public, et personne ne peut signaler le moindre acte ni mot de sa part qui puisse créer du trouble dans le pays. Tous ses efforts, autant que je puis le constater, tendent à faire comprendre au peuple qu'en répondant à son appel il n'avait d'autre objet en vue que de lui aider par des moyens légitimes tout à fait différents. Le Riel de 69 et celui de 84, il le dit lui-même, sont deux hommes tout à fait différents. [...] Il a été à une dure école dans laquelle il a appris un bon nombre de leçons utiles, et celle qu'il a à cœur est de rester tranquille et de travailler au bien de ses concitoyens par des moyens francs et honnêtes. [...] Quelle sera la fin de tout cela ? La fin sera que nous aurons, pour un temps, beaucoup de discussions, d'assemblées et de pétitions envoyées : et, après un certain temps, l'excitation disparaîtra et nous serons paisibles comme d'habitude. Et puis, Riel que nous regardons comme un prodige maintenant, ne sera plus considéré que comme un simple mortel ; nous serons aussi avancés que nous le sommes aujourd'hui, et toutes ces grandes réformes deviendront des choses du passé, et le prestige du grand homme aura disparu.

William Henry Jackson, qui devient en quelque sorte le secrétaire de Riel, s'affaire à envoyer des communiqués à divers journaux et à recueillir le plus de renseignements possibles en vue de la rédaction d'une pétition à l'intention du gouvernement fédéral. Quant à Riel, il prêche inlassablement le calme et l'ordre. Le 25 juillet, dans une lettre à son ancien protecteur et ami, l'évêque Taché, il insiste sur ses bonnes intentions : « Mes démarches ne sont pas des démarches de troubles. »

Pour quelques Métis, le calme de Riel est vu comme de la passivité, une passivité qui retarde la réalisation de leurs projets ainsi que la reconnaissance de leurs droits. James Isbister, l'un des délégués envoyés au Montana pour ramener Riel, exprime le mécontentement qui augmente, surtout chez les Métis anglophones. « Vous m'avez dit, il y a quelque temps, lui écrit-il le 4 septembre, que, par la modération, le mouvement deviendrait sûr. Mais vous seriez peut-être surpris si vous voyiez le nombre d'anglophones qui considèrent notre modération comme une marque de faiblesse. »

Le mouvement de protestation des Métis, auquel il est probable que les Amérindiens de la région se joindront, prend une nouvelle orientation. Le 5 septembre, lors d'une réunion qui se tient « dans la salle de classe du couvent de Saint-Laurent » en présence de plusieurs membres du clergé, certains orateurs métis laissent entendre qu'ils ne jouissent pas de l'appui formel de leurs prêtres. L'évêque Grandin se charge de faire une mise au point.

Parmi vos propositions, déclare-t-il, il y en a qui touchent de trop près à la politique ; celles-là nous sont indifférentes, et nous ne voulons nous en mêler aucunement. Quant aux autres, nous nous en occupons depuis longtemps et nous nous sommes efforcés de les faire admettre par le gouvernement. Nous avons même obtenu des promesses que nous croyions officielles ; aujourd'hui, nous constatons avec regret qu'elles ont été oubliées. Nous partageons votre mécontentement et nous n'avons pas manqué de nous plaindre auprès des autorités.

Pour la première fois, peut-être, Riel avait élevé le ton pour reprocher au clergé son manque d'ardeur à appuyer la cause des Métis. Amédée-Emmanuel Forget, le secrétaire du Conseil du Nord-Ouest, qui avait assisté à la réunion du 5 septembre, écrira quelques jours plus tard : « Un autre point important de l'agitation et peut-être le plus alarmant, si l'on considère la nature religieuse des Métis, c'est leur perte de confiance dans leurs vieux missionnaires, tels les pères André, Fourmond et Moulin. » Le lieutenant-gouverneur Dewdney avertit Macdonald, le 19 septembre, que « si la question métisse trouve sa solution cet hiver, tout peut s'arranger ; mais s'il n'en est pas ainsi, il sera nécessaire d'envoyer de puissants renforts dans le Nord ».

Malgré la tension, la fameuse réunion du 5 septembre 1884 s'était terminée par la mise sur pied d'une *Union métisse*, à laquelle Grandin donne comme patron principal saint Joseph et comme patron secondaire, saint Jean-Baptiste. Le 19 mars 1885, jour de fête de saint Joseph, devient donc une date importante pour tous les Métis catholiques du Nord-Ouest !

## Des problèmes d'argent

Riel, depuis son arrivée chez les Métis, doit compter sur des souscriptions volontaires pour subvenir à ses besoins et à ceux de sa petite famille. Mais les temps sont durs et la misère devient plus grande encore pour les Métis et les Amérindiens. Le père oblat Vital Fourmond, curé de la paroisse de Saint-Laurent, se plaint de la situation au ministre de l'Agriculture le 8 décembre 1884 : « Faut-il s'étonner après cela que ces pauvres Métis qui, du reste, ont des raisons de croire certains de leurs droits méconnus par le gouvernement, écoutent les excitations politiques qui se font en leur faveur et leur font espérer un avenir meilleur. »

Celui que l'on considère maintenant comme le chef des Métis a lui aussi des problèmes d'argent et il rappelle de plus en plus que le gouvernement fédéral lui doit des sommes importantes. Riel soumet son problème à son cousin Charles Nolin et au père André. Il considère que, comme les autres Métis, il avait droit à certaines concessions de terre et que, de plus, il avait été dépouillé de ses biens à la suite de son bannissement du Canada. Enfin, le préjudice moral qu'il avait subi méritait bien une compensation. Il évaluait à 100 000 $ la valeur de ses pertes, mais il se contenterait de 35 000 $, peut-être moins ! Le 24 décembre, l'inspecteur Joseph Howe transmet à son supérieur la requête du chef métis :

Riel a dit qu'il avait l'intention de s'en retourner bientôt au Montana, si le gouvernement voulait lui fournir les moyens nécessaires pour faire le voyage. Il désirait de plus qu'on annonçât au gouvernement que, si une certaine somme lui était payée comptant (M. McDowell pense qu'il accepterait 5000 $), il quitterait immédiatement le pays. Il dit qu'il a tant d'influence sur les Métis qu'ils abandonneraient tout de suite les droits ou réclamations qu'ils ont contre le gouvernement s'il leur conseillait de le faire. Il dit qu'il est très pauvre et n'a pas de quoi vivre, et s'il ne peut obtenir les moyens de quitter le pays et une certaine somme à donner à sa femme et à ses enfants, la faim pourrait le pousser au désespoir. Aussitôt que le gouvernement lui donnera ce qu'il demande, il cessera, dit-il, ses rapports avec les autres Métis ; de fait, il les abandonnera et s'engagera à ne plus revenir au pays.

Malgré tout, Riel s'était occupé des affaires des Métis et la pétition générale avait été envoyée à Chapleau, le secrétaire d'État, le 16 décembre. De plus, quelques jours auparavant, il avait fait la paix avec le clergé catholique ; car, plusieurs fois, il avait tenu des propos plutôt blessants à l'égard des prêtres, amenant ces derniers à se poser de plus en plus de questions sur ses véritables convictions religieuses.

Le Conseil des ministres du gouvernement fédéral étudie la pétition du Nord-Ouest lors de sa réunion du 9 janvier 1885. Le 28, à la suggestion de Chapleau, le Conseil des ministres accepte la formation d'une commission de trois membres pour s'occuper du problème des terres des Métis. Quant à la demande monétaire de Riel, l'historien Donald Creighton remarque que si « Riel est prêt à se vendre, Macdonald et ses collègues ne sont pas d'accord pour l'acheter ».

La décision du gouvernement fédéral de nommer une commission est communiquée par télégramme à Charles Nolin et non à Riel ou Jackson, son secrétaire. La note ne fait aucune mention de la réclamation du chef métis. Ce dernier apprend la nouvelle le dimanche 8 février et il s'écrie alors : « Dans quarante jours, Ottawa aura ma réponse. » Une quinzaine de jours plus tard, soit le 24, à l'assemblée convoquée dans l'église de Batoche pour la lecture du télégramme d'Ottawa, Riel avertit les assistants que sa mission est terminée, puisqu'Ottawa vient de faire connaître sa décision, et qu'il s'apprête à retourner au Montana. Charles Nolin, qui agit comme président de l'assemblée, déclarera plus tard sous serment que Riel n'avait aucunement l'intention de partir. « Il me dit qu'il serait bon que l'on semblât s'opposer à son départ pour les États-Unis. Cinq ou six personnes furent nommées avec mission de crier "non, non", quand il serait question du départ de Riel. [...] Riel n'a jamais eu l'intention de quitter le pays. » Sollicité par presque tous les assistants, Riel promet de demeurer dans le Nord-Ouest.

## De l'action !

Riel veut répéter, dans le Nord-Ouest, le scénario du Manitoba. Le 2 mars, accompagné de quelques Métis, il va rendre visite au père André à qui il déclare : « Vous devez me donner la permission de proclamer un gouvernement provisoire avant minuit. » Une dispute éclate entre eux et le religieux chasse Riel de sa demeure. Deux jours plus tard, une assemblée se tient à Halcro et une soixantaine de personnes s'y présentent, armées de fusils ou de carabines.

Le 5 mars, Riel et Dumont se présentent chez Charles Nolin pour lui exposer un plan d'action. Nolin, qui n'aime pas Riel même s'il est son cousin, racontera au procès comment s'est déroulée la rencontre.

Il [Riel] me proposa un plan qu'il avait jeté sur une feuille de papier. Il avait décidé de prendre les armes et d'induire la population à prendre les armes aussi, et que le premier devoir était de combattre pour la gloire de Dieu pour l'honneur de la religion et le salut de nos âmes. L'accusé dit qu'il avait neuf noms sur son papier et me demanda le mien. Je lui dis que son plan n'était pas parfait, mais que puisqu'il voulait combattre pour la gloire de Dieu, je proposerais un plan plus parfait. Mon plan était d'avoir des prières publiques dans la chapelle catholique pendant neuf jours, de se confesser et de communier, et ensuite d'agir suivant notre conscience.

Le jour de la fête de saint Joseph, soit le 19 mars, approche. Ce jour-là, Jackson doit recevoir le baptême catholique. La tension est forte tant chez les Métis que chez les Amérindiens. Le dimanche 15, le père Vital Fourmond avait menacé d'excommunication ceux qui prendraient les armes. Deux jours plus tard, raconte un témoin au procès de Parenteau, « Riel se rend à l'établissement d'en haut ou du Sud, au sud de Batoche. Gabriel Dumont se rend au nord de Batoche. Ils disent à toute la population de se réunir à Batoche pour se rendre de là à l'église de Saint-Laurent assister au baptême [de Jackson]. Ils devaient apporter leurs fusils pour tirer une salve. » Le même jour, Fourmond écrit à Grandin : « Ce pauvre Riel a des idées tellement extravagantes que l'on a lieu de douter ou de sa bonne foi ou de sa raison. »

Pendant ce temps, à Ottawa, la Chambre des communes avait retardé le débat sur la deuxième lecture du projet de loi concernant la représentation des Territoires du Nord-Ouest. Quant à Macdonald, il semble être nettement préoccupé par une vague menace d'invasion fénienne et par une tout aussi hypothétique attaque russe sur la côte du Pacifique.

Le mercredi 18 mars marque le point de départ du soulèvement des Métis des Territoires du Nord-Ouest. Ce jour-là, Riel et ses hommes s'emparent de l'église de Batoche pour en faire en quelque sorte leur quartier général. Julien Moulin, curé de la paroisse, veut intervenir mais rien n'y fait. « M. Riel est arrivé ici vers le soir avec 40 ou 50 hommes armés. Il est monté à moitié de l'escalier, et m'a dit que la guerre était déclarée et que je n'avais pas besoin de chercher de l'empêcher : c'était inutile. De plus, me dit-il, je prends possession de votre église. Je me rendis à la porte de l'église et je protestai contre la prise de possession de mon église. Ma protestation ne fut d'aucune utilité. » Riel déclare ensuite que « Rome est tombée et que le pape de Rome n'était plus légalement le pape ». Il annonce ensuite la formation d'un gouvernement provisoire dont les membres seront nommés le lendemain.

Les faits et gestes des Métis n'échappent pas à la surveillance de la police à cheval qui reçoit des informations de la part de gens hostiles à l'agitation populaire. Le 18 mars, le lieutenant-colonel Acheson G. Irvine, le commissaire de la North West Mounted Police, quitte Regina pour Prince-Albert à la tête de 90 hommes.

Les Métis ne demeurent pas inactifs. Ils mettent sous arrêt quelques personnes et s'emparent d'armes dans les magasins Walters & Baker et Kerr. Au premier magasin, Riel lui-même demande à Henry Walters de remettre les armes et les munitions qui se trouvaient là. « Il dit, raconte Walters, que s'ils réussissaient dans le mouvement, ils me les paieraient et que, s'ils échouaient, le gouvernement fédéral les paierait, que je serais satisfait des deux manières. » Le scénario est à peu près identique chez Kerr, mais, profitant de l'absence des propriétaires, quelques Métis et Amérindiens se livrent à un pillage systématique.

> En revenant, répond George Kerr au procès de Riel, nous avons rencontré un parti de femmes métisses et de sauvages avec des paquets sur le dos. [...] Ils avaient quelques poêles à frire qui nous appartenaient. J'ai dit à mon frère : « Jack, ces choses nous appartiennent ». Il répondit « non. » Je lui dis : « Je crois que oui. » J'allai à l'une des femmes et le lui demandai. Elle répondit qu'ils avaient enfoncé le magasin et tout enlevé. Nous marchâmes jusqu'au magasin et, quand nous y entrâmes, il y avait quatre ou cinq Sauvages qui arrachaient les clous des solives ; tout était sens dessus dessous dans le magasin, les balances Fairbanks étaient renversées, il ne restait plus rien du tout dans le magasin.

Le 19, Riel et Dumont nomment les membres du conseil et chaque nomination est approuvée par les Métis présents. Le chef prend alors le surnom de *exovede* et signera à l'avenir tous ses écrits *Louis « David » Riel, Exovede*. Riel expliquera plus tard au capitaine Holmes Young, chargé de sa garde après le 15 mai, la signification du mot :

> *Exovede* vient du latin *ex ovile*, du troupeau, de deux mots latins, *ex* qui veut dire de, et *ovis*, troupeau. Je me servis de ce mot-là pour faire comprendre que je ne m'emparais d'aucune autorité. Et ceux qui étaient en faveur du mouvement prirent aussi ce titre au lieu de conseillers ou représentants : et leur but en agissant ainsi de la sorte était exactement semblable au mien, personne ne s'arrogeait d'autorité. Nous nous considérions une partie de la société et, à côté de nous, d'autres parties de la société tentaient de nous dominer improprement et par de fausses représentations, et nous faisaient grand tort par leur mauvaise gestion des affaires publiques ; en même temps, ils accaparaient l'attention du gouvernement et indisposaient toute la presse contre nous. La situation aboutissait à notre annihilation. Sans s'arroger d'autre autorité que celle qui existe par elle-même dans la condition de notre nature, nous eûmes recours au droit de légitime défense, et ceux qui s'en tendirent pour travailler de concert à la protection de leur existence, menacée de tant de manières différentes, prirent les noms de *exovede*. [...] Ainsi, le conseil lui-même n'est pas un conseil, comme il est composé d'*exovedes*, nous l'appelons *exovedat*.

## Un chef agité

Le recours aux armes coïncide chez Riel avec des moments de surexcitation et de prises de position religieuses surprenantes. Le chef passe parfois des nuits entières à prier. Selon le père Fourmond, « il avait des idées extraordinaires sur la Sainte-Trinité. Le seul Dieu était Dieu le père, et Dieu le fils n'était pas Dieu, et de même du Saint-Esprit. La seconde personne de la Trinité n'était pas Dieu et, comme conséquence, la Vierge Marie n'était pas la mère de Dieu, mais la mère du fils de Dieu. C'est la raison pour laquelle il changea la formule de la prière appelée communément la Salutation Angélique et au lieu de dire "Je vous salue Marie, mère de Dieu", il disait "Je vous salue Marie, mère du fils de Dieu". D'après ses idées, ce n'était pas Dieu qui était présent dans l'hostie, mais un homme ordinaire, de six pieds. »

À d'autres moments, Riel aurait affirmé que Bourget était devenu le pape du Nouveau-Monde.

Plusieurs ont affirmé que Riel souffrait de monomanie et d'obsession religieuse. Dans le cas du soulèvement du Nord-Ouest, cette « manie » lui a été utile car les Métis et les Amérindiens ne l'auraient peut-être pas suivi s'ils n'avaient pas considéré Riel comme un prophète. D'autant plus que le clergé catholique, dans son ensemble, se prononçait ouvertement contre toute prise d'armes et dénonçait Riel avec véhémence. De plus, la religion apparaissait au chef métis comme le meilleur ciment d'unité et la même religion, pour tout le monde, aurait été un bienfait. Car la division entre catholiques et protestants nuisait à l'unification de la nation métisse et le clergé catholique n'appréciait pas des relations trop tenues entre personnes de religion différente.

Lors du procès de Riel, on insistera sur ses croyances religieuses pour prouver sa folie.

## Du sang !

Après le 19 mars 1885, les Métis font quelques prisonniers dont ils se serviront comme otages en cas de besoin. Thomas McKay, de Prince-Albert, comparaît devant Riel et est accusé d'avoir négligé la cause des Métis. Il répond en accusant à son tour Riel de les avoir « négligés lui-même bien longtemps ». Ces propos insultent le chef qui se lève et crie : « Vous ne savez pas ce que nous voulons. C'est du sang ! du sang ! nous voulons du sang ! C'est une guerre d'extermination. Tous ceux qui sont contre nous seront chassés du pays. Il y a deux fléaux dans le pays, le gouvernement et la Compagnie de la Baie d'Hudson. »

Le samedi 21 mars, les membres du gouvernement provisoire somment le major L. N. F. Crozier, commandant de la police montée à Carlton et à Battleford, de rendre aux Métis le fort Carlton et autres propriétés du gouvernement fédéral. « Si vous refusez, précise la mise en demeure, nous avons l'intention de vous attaquer, quand demain le jour du Seigneur sera passé et de commencer sans délai une guerre d'extermination contre tous ceux qui se sont montrés hostiles à nos droits. » S'il accède aux demandes des insurgés, Crozier devra employer une formule précisée dans une note accompagnant la mise en demeure : « Parce que j'aime mon prochain comme moi-même, pour l'amour de Dieu et pour éviter l'effusion du sang, et principalement la guerre d'extermination qui menace le pays, je consens aux conditions de reddition ci-dessus. »

Crozier, qui vient de recevoir des renforts de Prince-Albert, charge le capitaine H. S. Moore « de dire aux hommes de Riel qu'il rencontrerait que, comme je croyais que beaucoup d'hommes avaient été poussés involontairement dans cette affaire, j'espérais qu'ils se disperseraient et retourneraient chacun chez soi, que je croyais que le gouvernement prendrait leur cas en considération et les traiterait avec douceur, à l'exception des chefs, qui auraient à répondre de leur offense, et que je ferais tout mon possible pour obtenir une amnistie en faveur des subordonnés. »

À la Chambre des communes, dès l'ouverture de la séance, le 23 mars à quinze heures, le chef de l'opposition, Edward Blake, demande à Macdonald s'il est vrai que des troubles ont éclaté au Nord-Ouest. Le premier ministre répond qu'il y a eu des fils de télégraphe qui ont été coupés, que quelques télégraphistes ont été faits prisonniers, mais qu'on ignore la cause de ce soulèvement ! « Il y a certaines questions se rapportant aux réclamations des Métis qui sont en voie de règlement, ajoute-t-il. Quelques-unes de ces réclamations sont déraisonnables. D'autres peuvent être réglées. Aussitôt que les droits seront formulés, ils seront transmis au gouvernement. » Le même jour, Adolphe Caron, ministre canadien de la Milice, fait venir le major général Fred Middleton, le commandant des milices canadiennes, et lui ordonne de partir immédiatement pour le Nord-Ouest. Deux heures seulement après la rencontre, l'officier militaire est en route pour Winnipeg.

La menace d'une insurrection armée force Ottawa à agir plus rapidement que prévu. Le 24, le gouverneur général, le marquis de Lansdowne, envoie un télégramme à l'évêque Grandin disant que « l'affaire des scrips allait être immédiatement arrangée ».

Le 26, alors que le premier affrontement armé a lieu dans les Territoires du Nord-Ouest, le premier ministre Macdonald aborde à nouveau la question métisse en Chambre, sans y mettre plus de sympathie qu'auparavant : « Comme corps de nation, on a dit aux Métis que, s'ils voulaient être considérés comme des Sauvages, il existait des réserves plus considérables où ils pourraient aller s'établir avec les autres Sauvages ; mais que, s'ils voulaient être considérés comme des Blancs, ils auraient 160 acres de terre comme *homestead*. Mais ils ne sont pas satisfaits de cela. Ils veulent avoir des scrips de quantité égale, et alors obtenir en plus, comme un droit qui va de soi, leur *homestead* par-dessus le marché. » Pendant que Macdonald discourt ainsi, une dizaine de cadavres gisent par terre près du lac au Canard, non loin de Batoche. Le matin, Crozier, accompagné de 56 policiers et de 43 volontaires, s'était acheminé vers un magasin situé au lac au Canard, rebaptisé Duck Lake, « dans le but de se procurer des provisions ». Gabriel Dumont et quelques dizaines de Métis veulent intercepter Crozier. Vraisemblablement, c'est quelqu'un du groupe dit « gouvernemental » qui tire un coup de fusil auquel les Métis ripostent : c'est du moins la version de Riel. Crozier ordonne la retraite, laissant les morts sur le champ de bataille, ainsi qu'un blessé qui sera ramené par les Métis et soigné par un des prisonniers. Selon l'historien George F. G. Stanley, « la défaite est largement attribuable au mauvais caractère de Crozier », qui n'a pas attendu les renforts qui n'étaient qu'à quelques milles de Carlton.

*Alerte générale*

Macdonald annonce aux députés qui assistent à la séance du soir, le 27 mars, la défaite de Crozier. Quelques heures auparavant, Middleton, dans un télégramme à Caron, annonçait que « ça devient sérieux » et qu'il était préférable d'envoyer immédiatement tous les régiments réguliers. Le lendemain, on peut lire dans les journaux de Montréal une annonce adressée aux membres du 65e Bataillon C.M.R. : « Les officiers et soldats du 65e Bataillon devront se rapporter à l'adjudant du bataillon aujourd'hui, samedi, le 28 courant, de neuf heures à midi à la salle Bonsecours pour service actif. » Le ministre de la Milice ordonne donc la mise sur pied de toutes les troupes disponibles. Pour la première fois, le chemin de fer va se révéler d'une très grande utilité : le problème, c'est que la ligne n'est pas encore complétée ! « Le transport des troupes, lit-on dans la *Minerve* du 28, se fera par le Pacifique via le nord du lac Supérieur, et en traîneaux là où la voie ferrée n'est pas encore construite. »

Montréal connaît une grande activité ce 28 mars. La foule se presse autour du marché Bonsecours où se trouve la salle de réunion. Les soldats du 65ᵉ Bataillon se présentent en nombre. « Des placards furent affichés de tous côtés, un en particulier placé à la grande porte de la salle se lisait comme suit : Liste des objets que chaque soldat devra mettre dans son sac : 1 change de chemise, coton ou flanelle, 1 change de bas, 1 change de souliers et bottes ; fil et aiguille, couteau, savon, serviettes. » Le lieutenant-colonel Joseph-Aldéric Ouimet, commandant du 65ᵉ, calcule que ses hommes manquent des choses nécessaires. Il expédie au ministre Caron une dépêche réclamant des bottes, des gants, des havresacs, des bidons et des gibernes. Les compagnies du Grand Tronc et du Pacifique ont à leur disposition des trains prêts à partir au moindre signal pour acheminer les troupes vers le Nord-Ouest.

Dans toutes les villes importantes, des hommes sont mobilisés : Halifax, Québec, Montréal. Ottawa, Toronto, Winnipeg, etc. En tout, selon les chiffres compilés par l'historien Stanley, 7982 hommes, « si l'on compte l'état-major, l'intendance, les services de transport, médicaux et autres. » Les 300 hommes du 65ᵉ Bataillon quittent Montréal, le jeudi 2 avril, en fin de journée. Le colonel Harwood adresse la parole aux volontaires juste avant leur départ. « Soldats, la guerre civile sévit aujourd'hui dans notre Canada et vous, les braves volontaires du 65ᵉ Bataillon, avez été appelés à supprimer la rébellion. Il est permis à chacun de nous d'avoir une opinion quelconque sur les droits des Métis. Il est permis à chacun de nous de demander le redressement de leurs griefs, mais cela n'implique pas la guerre civile et c'est votre devoir d'aller combattre ceux qui fomentent la révolte. Non seulement un devoir pour vous, c'est de plus un insigne honneur que nous fait le gouvernement. » Le même jour, le 9ᵉ Bataillon quitte Québec. Le voyage des deux bataillons n'est pas de tout repos. « Environ 400 milles, rapporte le lieutenant-colonel C. E. Montizambert, durent être traversés en ayant recours au procédé constamment varié qui consistait à embarquer et à débarquer les canons et le matériel dans les wagons plats ou dans les traîneaux de campagne ou vice versa. Il y a eu seize opérations de cette nature au froid et dans la neige profonde. » Les hommes doivent endurer des froids inférieurs à 40 °C. Arthur Potvin, un étudiant en médecine de l'Université Laval, à Québec, et membre de la 7ᵉ compagnie du 9ᵉ Bataillon, note dans son journal de voyage en date du 7 avril :

> À 5h30 p.m. nous embarquons. Il pleut encore et il fait très froid. De plus, il faut faire le voyage sur des chars plate-forme, cependant on ne dit mot... Quel nuit nous passâmes ; nous étions 62 soldats dans le même char, la pluie nous inondait. À chaque moment, l'on pensait voir dérailler les chars, car la ligne était très mauvaise sur ce bout. À minuit, n'en pouvant tenir, l'on ordonne au conducteur d'arrêter les chars et l'on députe un soldat vers les officiers qui étaient tous dans un bon char, ayant un poêle, etc. Les soldats se lamentaient, tout le monde pensait en mourir ; moi-même, il me prenait des envies de me jeter en bas des chars, et beaucoup furent sur le point de faire la même chose, tant le froid était intense. On demanda des hommes pour aller chercher des couvertes. [...] M'ayant enveloppé

de couvertes, je souffris moins, mais hélas, je ne pus dormir et le matin n'arrive plus.

## Peu de sympathie

Au moment où les troubles éclatent dans le Nord-Ouest, le soulèvement des Métis trouve peu de sympathisants dans la province de Québec et l'empressement que mettent les volontaires pour s'enrégimenter en est une preuve. Autre exemple : le Conseil de ville de Montréal, lors de sa réunion du 31 mars, adopte une résolution révélatrice : « Attendu que c'est un honneur pour la ville de Montréal de voir ses concitoyens appelés à défendre les colons du Nord-Ouest menacés par l'insurrection, que le conseil de la cité de Montréal témoigne cordialement de ses sympathies au gouvernement fédéral et aux volontaires du 65ᵉ dans les circonstances. »

La presse conservatrice tire à boulets rouges sur Riel. La *Minerve* donne le ton. « Riel, lit-on dans l'édition du 30 mars, est un halluciné de premier ordre. Il se croit une mission, il se croit appelé par des voix mystérieuses à jouer un rôle. Son peuple n'est ni nombreux ni éclairé, mais il s'en est constitué le défenseur, le chef, le régénérateur. Et ce peuple naïf croit en lui tout autant que Riel croit en lui-même. [...] Louis Riel est-il suffisamment équilibré pour comprendre toute la responsabilité de ses actes ? Voilà une question d'autant plus pertinente après ce qui lui est déjà arrivé que son plan de campagne seul nous en fait douter. »

En Ontario, on réclame aussi l'écrasement de la rébellion et la punition des chefs. « Le premier sentiment, écrit le *Globe* du 30 mars, a été un sentiment de profond regret. Le second a été que la loi et l'ordre doivent être maintenus à tout prix et que les insurgés, quels que soient leurs griefs, doivent apprendre que la résistance armée à l'autorité suprême est un crime si grand que cela leur enlève tous droits à la sympathie. » Le même quotidien revient le lendemain sur le sujet : « La rébellion doit être réprimée et tous les partis doivent aider sincèrement le gouvernement à rétablir la paix au Nord-Ouest et à traduire devant les tribunaux ceux qui ont porté ces gens à l'insurrection. »

L'engagement du lac au Canard oblige le gouvernement fédéral à prendre des décisions plus rapidement. Macdonald doit donc abandonner l'habitude de reporter indéfiniment le règlement de ce problème. Le 30 mars, une ordonnance est émise « dans laquelle, affirme Wilfrid Laurier, pour la première fois les droits des Métis étaient jusqu'à un certain point reconnus, mais pas entièrement. Par cette ordonnance, on fit aux Métis certains octrois de terre, non pas cependant en extinction du titre des Sauvages, mais avec des conditions d'établissement. Alors on nomma des commissaires qui se rendirent dans les districts agités. »

## Un bain de sang

Par une résolution, les membres du conseil du gouvernement provisoire reconnaissent Riel comme « un prophète au service de Jésus-Christ ». Bon nombre de Métis et d'Amérindiens ayant répondu à son invitation, marchent maintenant derrière lui. Le 2 avril, au lac à la Grenouille, connu aussi sous le nom de Frog Lake, un groupe d'Amérindiens massacre neuf personnes. Parmi celles-ci : Charles Gouin et les pères missionnaires François-Xavier Fafard et F. Marchand.

Le massacre du lac à la Grenouille contribue à augmenter l'animosité du clergé catholique à l'égard de Riel et des insurgés métis ou amérindiens.

## Le ton monte

Dans le milieu anglophone, Riel devient l'homme à abattre. Un nommé Clarke, échevin à Toronto, promet la somme de 1000 $ à quiconque lui rapporterait le scalp de Riel ! Le *Post*, quant à lui, prêche la modération :

> Le Canada, à la période où il en est rendu de son existence et de son développement, ne saurait se permettre d'engager avec les Sauvages une guerre acharnée qui laisserait des blessures et des cicatrices profondes dans son jeune organisme. Ces journalistes altérés de sang que la pendaison seule de Riel ou le massacre des pionniers du Nord-Ouest pourraient satisfaire, ne devraient pas être écoutés. [...] Le gouvernement canadien a agi avec prudence et nous n'avons pas le moindre doute que les événements prouveront la sagesse de sa politique pacifique en rapport avec son déploiement de forces militaires.

Même des journaux américains s'intéressent à ce qui se passe dans le Nord-Ouest canadien. Le *Globe* de Saint-Paul, Minnesota, écrit : « D'après les apparences, la prise de Riel, mort ou vif, ne sera pas une occasion de pique-nique, pas même d'une parade d'apparât, ainsi que les Queen's Own et les Grenadiers Guards pourraient bien le constater avant la fin de l'expédition. Mieux vaut pour Riel mourir sur le champ de bataille que d'être fait prisonnier et condamné à l'échafaud comme meurtrier. Les verts-galants de Toronto s'attaqueront à un homme désespéré s'ils s'attaquent à Riel. »

Entre-temps, le 65e Bataillon était arrivé à Calgary le 13 ; trois jours plus tard, une cinquantaine de Noirs de Toronto, « accompagnés d'une musique de tambours et de fifres » avaient offert leurs services au maire de la ville pour aller se battre contre les Métis. Et à Montréal, le samedi 18 avril, plus de 4000 personnes se réunissent au square Chaboillez « pour entendre discuter les causes du présent soulèvement dans le Nord-Ouest ». La réunion est sous la présidence de Raoul Dandurant, président du Club national, un organisme libéral. La *Minerve* qualifiera l'assemblée de farce. Une autre assemblée se tiendra au marché Saint-Jacques à Montréal le 23 avril.

L'opinion québécoise, un peu mieux informée sur les causes du soulèvement, commence à se modifier et à montrer un peu plus de sympathie pour les Métis et les Amérindiens du Nord-Ouest.

L'une des nombreuses représentations du coup de grâce porté à Thomas Scott.

# RIEL

## II

À L'ÉPOQUE OÙ l'agitation vient troubler la quiétude des Territoires du Nord-Ouest, les États-Unis sont aux prises avec un soulèvement des Sioux. Certains Américains approuvent une politique qui aboutirait à l'extermination pure et simple des Amérindiens rebelles et au Canada, quelques citoyens honorables prônent la même attitude face aux insurgés de l'Ouest.

Le soulèvement des Amérindiens est loin d'être général. Des chefs de tribus de la région du fort Qu'Appelle font parvenir à la Chambre des communes d'Ottawa un message de fidélité qui est lu à la séance du 23 avril. Ils rappellent le traité qu'ils ont signé avec le lieutenant-gouverneur Alexander Morris. « Nous ne nous occupons, écrivent-ils, que des obligations du traité et de nos travaux sur la réserve. N'allez pas croire que nous manquons de loyauté ; cela nous blesserait. Nous comptons sur les promesses qui nous ont été faites par notre Grand'Mère [la reine]. Comme nous avons tenu notre parole, nous espérons qu'une fois les troubles finis, elle nous aidera pour que nous puissions vivre sur nos réserves plus confortablement que par le passé. » Les Amérindiens se disent surpris de voir des soldats arriver dans leur pays. « Nous n'en connaissons pas la raison. »

Le 23 avril, quelques Amérindiens accompagnant les Métis commandés par Dumont s'apprêtent à aller harceler la troupe commandée par le général Middleton qui s'avance vers Batoche. Deux autres groupes marchent aussi vers le centre nerveux du soulèvement. « Plus à l'ouest, le colonel [William] Otter part de Swift Current dans l'intention de délivrer Battleford, écrit l'historien George F. G. Stanley, et le général T. B. Strange dirige une colonne vers le nord, de Calgary à Edmonton, d'où il descendra la Saskatchewan, en direction du campement de Gros Ours, près du fort Pitt. »

L'affrontement entre les hommes de Dumont, dont le nombre ne dépasse pas 200, et la moitié des soldats de Middleton a lieu le 24 au matin, à la Coulée-des-Tourond, appelée aussi l'Anse-au-Poisson ou Fish Creek. L'échange de coups dure presque toute la journée du 24. Pendant ce temps, Riel, qui est à Batoche, ne cesse de prier les bras en croix. Lorsque la fatigue devient trop grande, des Métis lui tiennent les bras ! À proprement parler, l'engagement de Fish Creek ne se termine ni par une victoire ni par une défaite. « Nous avons eu neuf ou dix tués et quarante blessés », raconte le général Middleton.

Deux jours après la bataille, soit le dimanche 26, les membres du conseil, l'exovédat, décrètent qu'à l'avenir le samedi sera considéré comme le jour du Seigneur.

## Appels de tout genre

Les colonnes de Strange et de Otter se dirigent toujours vers Batoche. Middleton décide de lancer un dernier appel pour un retour à la paix. Le message, selon les mots mêmes du général, est que « le gouvernement ne faisait pas la guerre aux Métis ni aux Sauvages ; que ceux qui avaient été contraints, contre leur gré, de se joindre à Riel, auraient leur pardon, s'ils retournaient dans leurs foyers et dans leurs réserves, mais qu'aucun pardon ne serait accordé à Riel ni à ses auxiliaires immédiats et ses complices ». Peu avant cette déclaration, les journaux du Québec et de l'Ontario avaient fait état d'autres propos tenus par le général : « Mes ordres, aurait-il dit, sont d'écraser la rébellion et de pendre les meurtriers et les chefs responsables. Et c'est ce que je vais faire. » Interrogé à la Chambre des communes sur les propos de Middleton, le ministre de la Milice répond : « Le général a reçu instruction de rétablir l'ordre et de supprimer la résistance armée. La dernière partie de la question [pendre et exécuter] me semble trop ridicule pour que je considère qu'il soit nécessaire d'y répondre. »

Faiseur-d'Étangs, alias Poundmaker, un chef cri, a l'occasion de se battre le 2 mai. « Le camp des Sauvages, écrit l'historien Charles-Marie Boissonnault, se trouve protégé par deux collines et un ravin profond. Un ruisseau forme un petit lac au fond de cette vallée, lac appelé l'anse au Couteau, par analogie avec l'une des collines nommée butte au Couteau cassé [Cut Knife Creek]. » Otter, accompagné de 300 hommes, dont plusieurs Canadiens français, veut surprendre les Cris. Il dispose d'une mitrailleuse Gatling et de deux canons. Les Cris de Faiseur-d'Étangs, auxquels se sont joints les Assiniboines de Gros Ours (Big Bear), découvrent la présence des soldats, lancent leur cri de guerre et attaquent. Après six heures de combat, Otter ordonne la retraite ; il déplore huit pertes de vie. « La position que nous occupions, confesse l'officier, n'est pas tenable pour la nuit. [...] Nos canons sont tous deux hors de service à cause de leurs flèches d'affût brisées. Les blessés ont besoin de soins. Le but de la reconnaissance est atteint : Faiseur-d'Étangs a trahi ses intentions. Gros Ours, ou du moins sa bande, a opéré sa jonction avec lui avant mon arrivée, puisque l'ennemi compte pour le moins 500 combattants, y compris 50 Métis. »

Si les Amérindiens et les Métis ne reculent pas devant le pillage, les soldats de Middleton font de même. Le correspondant spécial du *Mail* de Toronto se plaint du pillage pratiqué par la loyale armée de Sa Majesté.

En dépit de la sévérité des ordres donnés à ce sujet par le général Middleton, lit-on dans l'édition du 8 mai, je crains que le pillage n'ait été pratiqué sur une grande échelle. Non seulement certains soldats auraient emporté des souvenirs de presque toutes les maisons abandonnées des Métis, mais d'autres, soit par malice soit par vengeance, auraient sans utilité aucune, détruit une quantité considérable d'objets. À l'Anse-au-Poisson, la résidence de madame Tourond a été démolie et tous ses meubles brisés. Une machine à coudre presque neuve a été mise en pièces, le poêle a été traité de même, bref, tout ce qu'il y avait dans la maison. À la Taverne de Gabriel, la résidence de Vandal (autrefois la propriété de Dumont) porte des traces de l'esprit de destruction qui anime une certaine partie des troupes. Les fenêtres ont été démolies, l'horloge et les couchettes ont été mises en pièces, le plancher est jonché de débris. Demain, probablement tout l'établissement sera livré aux flammes. [...] Je n'entreprends pas de défendre la conduite des troupes, mais je puis assurer que MM. Riel et Cie sont simplement traités comme ils ont traité les autres. Si cela leur est désagréable, ils n'ont à s'en prendre qu'à eux-mêmes, bien que les troupes devraient donner un meilleur exemple.

Le pillage des troupes augmentera après la bataille de Batoche.

## L'assaut final

Le 7 mai, l'armée de Middleton quitte l'Anse-au-Poisson pour Batoche où elle arrive deux jours plus tard. Dumont a vu à établir un système défensif ingénieux. Les 850 hommes du général s'installent à environ un demi-mille du village. Le nombre de Métis dépasse à peine 200 lorsque le combat s'engage le 9. Les assaillants sont les premiers à faire feu et ils marchent lentement vers le village. « Un drapeau blanc est déployé sur l'une des maisons située immédiatement de l'autre côté de l'église, raconte Middleton. Je me rendis à cette maison et y trouvai trois ou quatre prêtres catholiques avec quelques religieuses et un certain nombre de femmes et d'enfants qui avaient l'air d'être des Métis. »

Les 10 et 11 mai, l'engagement se poursuit. « La lenteur du siège, affirme l'historien Boissonnault, au lieu de décourager les combattants, leur donne l'impression qu'ils peuvent tous deux remporter la victoire, les Métis parce qu'ils ne perdent pas de terrain, les hommes de Middleton parce qu'ils se familiarisent rapidement avec les ruses et les tactiques indigènes. »

Riel ne fait pas le coup de feu : il prie ou encourage ses hommes. Dumont, qui dictera ses souvenirs trois ans plus tard, raconte ainsi la vie dans le village assiégé : « Durant ces engagements, Riel se promenait sans armes au front de notre ligne, encourageant les combattants. » Quelques prisonniers des Métis sont enfermés dans la cave d'une maison.

Dans Batoche, les munitions s'épuisent et le 12, Riel envoie deux messagers porteurs du même message auprès de Middleton : « Si vous massacrez nos familles, nous massacrerons l'agent des Sauvages et les autres prisonniers. » Middleton répond immédiatement à l'endos du message : « Je suis anxieux d'éviter le massacre des femmes et des enfants et j'ai fait de mon mieux en ce sens. Mettez vos femmes et vos enfants dans un lieu que vous m'indiquerez et il ne sera pas fait feu dans cette direction. Seulement, je compte sur votre honneur pour qu'il n'y ait pas d'hommes parmi eux. » L'échange de messages se poursuit avec un mot de reconnaissance de Riel : « Général, votre prompte réponse à mon message prouve que j'avais raison de vous rappeler à cause de l'humanité. Nous rassemblerons nos familles dans un endroit que nous vous ferons connaître aussitôt que ce sera fait. »

Des miliciens veulent en finir avec le siège et, alors que Middleton transige, ils se ruent sur le village sous le commandement des colonels Williams et Grasett. Le feu cesse, les Métis se retirent. « Quand les troupes sont entrées dans Batoche, racontera Dumont, elles comptaient plusieurs milliers d'hommes et nos gens ont d'abord reculé. Moi, je suis resté sur la hauteur avec six de mes braves. J'ai retardé la marche de l'ennemi pendant une heure. Ce qui me retenait à ce poste, je dois le dire, c'était le courage du vieux Ouellet. Plusieurs fois, je lui avais dit : "Père, il nous faut reculer." Et le bonhomme répliquait : "Arrête donc, je veux tuer encore un Anglais." Alors je lui disais : "C'est bien, mourons ici." Quand il a été frappé, je l'ai remercié de son courage, mais je ne pouvais plus tenir là. »

Riel et Dumont rôdent autour du village conquis. Le 13, Middleton rédige une note à l'intention de Riel lui disant que, s'il se rendait, il le protégerait « jusqu'à ce que le gouvernement canadien eût décidé de son sort ». Deux jours plus tard, le chef métis décide de se rendre et rédige à l'intention du général ce qui est maintenant connu comme l'exhibit n° 19 : « Général, je n'ai reçu qu'aujourd'hui la vôtre du 13 du courant. Mon conseil est dispersé. Je désirerais que vous les laissiez tranquilles et libres. On me dit que vous êtes absent en ce moment. Si j'allais à Batoche, qui me recevrait ? J'irai pour me soumettre à la volonté de Dieu. »

Riel est immédiatement conduit à la tente de Middleton et lui dit : « Général, je me suis demandé si, dans le cas où le Seigneur m'aurait accordé une victoire aussi décisive que celle que vous avez remportée, j'aurais su en profiter et en faire un bon usage. »

La garde du prisonnier est confiée à l'officier George Holmes Young qui avait connu Riel au Manitoba en 1870. Son père était le ministre protestant qui avait assisté Thomas Scott juste avant son exécution. Le 17 mai, Young reçoit l'ordre de conduire Riel à Regina. Au cours du trajet, le prisonnier déclare au militaire « qu'il n'était pas assez fou pour s'imaginer qu'il pouvait faire la guerre contre le Canada et la Grande-Bretagne ; mais qu'il espérait que ses premiers succès forceraient le gouvernement canadien d'étudier la situation ou de se rendre à ses demandes. [...] Il espérait cerner et capturer les troupes du major Crozier et, en s'en servant comme otage, forcer le gouvernement canadien à s'occuper de la situation ; mais il a man-qué son coup. » Riel arrive enfin à Regina où il est incarcéré dans la prison de la Royal Canadian Mounted Police, dans l'attente de son procès.

## Un cri racial

Quelque temps avant la fin du soulèvement dans les Territoires du Nord-Ouest, le conflit avait pris une nouvelle orientation, appréhendée depuis déjà un certain temps. Le quotidien ultramontain l'*Étendard* avait pu écrire en éditorial, le 4 mai : « Si nous croyons tous les citoyens canadiens disposés à donner au gouvernement du pays un appui loyal et efficace pour faire respecter son autorité et rétablir l'ordre, la grande majorité ne se prêtera pas à ce que le pouvoir public serve d'instrument aux visées du fanatisme et aux haines de race. » Justement, une certaine partie de la presse anglophone sombre dans la folie raciale après l'arrestation de Riel. Le *News* de Toronto clame : « Étranglez Riel avec le drapeau français. C'est tout le service que peut rendre cette guenille au pays. » Quelques jours auparavant, le même journal avait écrit :

> Ontario est fier de sa loyauté à l'Angleterre. Québec est fière de sa loyauté à la France du 16$^e$ siècle. Ontario paie les trois cinquièmes des taxes du Canada, livre tous les combats pour la revendication des droits provinciaux, envoie les neuf dixièmes des soldats contre les rebelles et, pour tous ces sacrifices, il est écrasé par Québec. Québec, depuis l'intendant Bigot, n'a pas cessé de se montrer extravagante, corrompue et vénale chaque fois qu'elle a pu mettre la main sur l'argent des autres et elle n'a jamais rien su faire par elle-même et les progrès accomplis sont dus à l'argent et aux ressources de ceux qui l'entourent. Québec s'empare du gâteau. Ontario n'a que le dessous du panier, lorsqu'il paie les violons pour le carnaval bleu. Dans toutes les lois adoptées par le Parlement fédéral, on a bien soin d'excepter Québec et on se donne un mal infini pour éviter de porter la moindre atteinte à ses lois locales. [...] Et si les représentants d'Ontario veulent réclamer les mêmes faveurs et exemptions, on les traite par dessous la jambe et ils en sont quittes pour leurs frais. [...] On dépense des centaines de mille piastres pour maintenir la langue française dans un pays essentiellement anglais. Ontario est fatigué de ce régime et il faut que cela cesse. Les contribuables d'Ontario sont sur le point de faire un bouleversement de ce système. Il se forme un parti anti-français dans toutes les autres provinces de la Confédération. [...] Si nous avons à lutter contre un vote français compact, nous devrons lui opposer un vote anglais compact. Si le Québec ne veut pas cesser d'implorer la charité et de quêter à la cuisine de la Puissance, il va falloir la traiter comme on traite les vagabonds et lui enlever ses franchises. Si cette province est pour être traître dans nos guerres, voleuse dans notre trésor, conspiratrice dans notre intérieur, il vaut mieux qu'elle s'en aille. C'est une nuisance pour la Confédération. Ses représentants affaiblissent notre Parlement ; ses villes ne seraient rien sans la population anglaise qu'elles renferment, et, aujourd'hui, Montréal serait aussi rétrograde et inactive que la cité de Québec sans les Anglo-Saxons que les Français ignorants persécutent et écrasent. [...] Nous sommes dégoûtés des Canadiens français au bavardage soi-disant patriotique, nous sommes fatigués de leurs conspirations contre le trésor et contre la paix d'un pays qui serait uni sans eux. [...] La Constitution ou l'Acte qui est censé être notre Constitution, doit être amendé de manière à priver les politiciens à la conscience vénale de la province de Québec de leur pouvoir ou la Confédération devra disparaître. En autant que nous sommes intéressés, et nous sommes intéressés au bien du Canada, nous le sommes autant que qui que ce soit, Québec peut sortir de la Confédération demain et nous ne verserons pas une larme, à moins que ce ne soit une larme de joie. Si Ontario était un peu plus loyal vis-à-vis de lui-même, il ne supporterait plus un seul instant la politique de singe de Québec.

Le *News* ne reflète évidemment pas l'opinion de tous les anglophones de la province de l'Ontario. Cependant, ces derniers se réjouissent de l'arrestation de Riel et, à Hamilton, pour souligner l'événement, les drapeaux sont hissés sur presque tous les édifices publics. Le *Globe* suggère que les procès des meurtriers aient lieu devant un juge et non devant des jurés « afin d'enlever aux prisonniers toute chance d'échapper à la justice ».

À Ottawa, on se rend compte des problèmes que va nécessairement soulever le procès de Riel. La *Patrie* du 18 mai souligne la gravité de la situation : « Combien sir John n'aurait-il pas donné pour que Riel tombât sur le champ de bataille ou pour que le *Mail* n'eût pas révélé les secrètes instructions que le vieux tory avait données au général Middleton. Une balle lancée dans la mêlée pouvait tirer le gouvernement de tout embarras ; ou bien si le cadavre de Riel avait un jour été découvert se balançant à quelque branche d'arbre, il eût été si facile de répudier toute responsabilité, en rejetant l'accident sur l'exaspération ou le zèle inconsidéré des troupes ! »

Pour plusieurs, Riel prisonnier devient un poids dont on ne sait plus que faire. L'évêque Taché écrit à Laflèche le 26 mai : « Que le *Journal des Trois-Rivières* ne prenne pas fait et cause pour Riel : c'est un misérable fou et un sectaire. »

## « *À la défense de...* »

Dans la province de Québec, on organise la défense de Riel, peu importe qu'il soit fou ou lucide. L'ancien député de Rimouski et confrère de classe du chef métis, le médecin Jean-Baptiste-Romuald Fiset, écrit à Riel le 22 mai : « Au nom d'un comité formé à Québec [L'Association nationale pour la défense des prisonniers métis], je viens t'offrir pour te défendre devant le tribunal que tu as choisi, les services de deux avocats distingués. [...] Si tu acceptes cette offre, demande au général Middleton de m'en informer immédiatement par le télégraphe. Le général sera trop loyal pour te refuser une pareille demande. Tu vois combien je sympathise à tes infortunes. Ne perds pas courage. » Une dizaine de jours plus tard, Riel accepte les services des avocats François-Xavier Lemieux et Charles Fitzpatrick.

Le 20 juin, le ministre fédéral de la Justice, Alexander Campbell, donne ses instructions générales aux avocats de la poursuite « au sujet du procès de Riel et des autres impliqués dans la récente rébellion du Nord-Ouest » :

> 1. Riel et tous les principaux prisonniers, blancs ou métis, doivent être poursuivis pour trahison. 2. Les Sauvages qui ont commis des meurtres doivent être poursuivis pour meurtre. 3. Les autres Sauvages et les conseillers doivent être poursuivis pour trahison. 4. Je pense qu'après un certain nombre de convictions, plusieurs prisonniers plaideront probablement coupables. 5. Je pense qu'il serait bon, à cette phase du procès, que vous demandiez de nouvelles instructions. 6. Le but que se propose le gouvernement serait atteint en obtenant un certain nombre de convictions. Je m'attends à apprendre que trente ou quarante des principaux Métis ou blancs et des principaux Sauvages ont été trouvés coupables.

Aux yeux de plusieurs, avant même que le procès des accusés ne s'instruise, leur culpabilité et surtout celle du chef des Métis ne fait pas de doute. « Riel est un rebelle, lit-on dans le *Free Press* d'Ottawa du 22 juin, il a pris les armes contre l'administration des lois du pays ; il est coupable d'avoir excité les Sauvages et les Métis à la révolte ; il est la cause immédiate des meurtres, des outrages, des grandes pertes de biens et des dépenses de plusieurs millions de piastres. Les griefs des Métis sont quelque chose et les outrages perpétrés par Riel sont une autre. »

Les anglophones ne sont pas les seuls à crier haro sur Riel. Un groupe de prêtres catholiques, missionnaires en Saskatchewan, signe, le 12 juin une lettre collective qui connaît une large diffusion :

> Louis *David* Riel ne mérite pas les sympathies de l'Église catholique romaine et des membres de cette Église, ayant usurpé notre mission de prêtre et privé notre population des avantages et des consolations que nous aurions pu lui offrir. Il a fait tout cela dans son intérêt purement personnel. Nous croyons donc que l'Église et les habitants du Canada devraient sympathiser avec nous et notre population, laquelle est plutôt à plaindre qu'à blâmer pour s'être laissée égarer. Nombre de nos gens sont dans la plus grande misère, Riel et son conseil leur ayant enlevé ce qu'ils possédaient et le passage de l'armée ayant infligé les pertes ordinaires.

Le 17 juin, sous le pseudonyme de Testis Fidelis, André revient à la charge dans un texte publié dans la *Minerve*. « En lisant les journaux français de la province de Québec, écrit le religieux, nous ne pouvons nous défendre d'un sentiment d'étonnement mêlé de regret, de voir la chaleur que la plupart d'entre eux déploient pour défendre Riel et pallier son mouvement insurrectionnel parmi les Métis de la Saskatchewan. » Pour André, Riel est l'incarnation de l'Esprit malin.

Les oblats multiplient les lettres dénonciatrices. Pour eux, Riel doit disparaître du ciel du Nord-Ouest ! La véhémence des propos des religieux provient en bonne partie du fait que Riel a songé à fonder une nouvelle religion qui, dans son esprit, aurait unifié les Métis, alors divisés en catholiques et protestants.

La santé mentale de l'accusé devient le point principal du débat qui s'engage autour de sa personne. Chapleau, en réponse à une pétition en faveur de Riel adoptée par des Canadiens français de Fall River, en Nouvelle-Angleterre, écrit au président et au secrétaire de l'assemblée au cours de laquelle des résolutions furent votées :

> Louis Riel n'a qu'une excuse pour les crimes auxquels il a donné lieu : c'est la manie dont il est atteint. C'est un *crank* dangereux, un de ces esprits détraqués pour qui la rébellion et la loi ne sont rien quand leur orgueil est en jeu. Ce qu'il a fait est une folie que la pitié même ne saurait excuser et que la loi doit visiter avec la même sévérité que la préméditation pernicieuse. [...] Que ces pauvres Métis aient été trompés, qu'il y ait eu chez la masse de ces braves gens plus d'imprudence que de malice, je le crois, et nos efforts peuvent se diriger dans ce sens. Quant au chef, il ne mérite aucune sympathie, si ce n'est celle qui s'attache au malheur d'un homme qui a commis un grand crime dont il va subir le juste châtiment.

## Qui blâmer ?

Avec l'arrestation du chef Gros Ours, au début de juillet, on assiste à la fin de la résistance armée dans la région de la Saskatchewan. Le 6, à Regina, Riel est mis formellement en accusation devant le juge Hugh Richardson, « un des magistrats stipendiaires des Territoires du Nord-Ouest, ayant juridiction criminelle en vertu des dispositions de l'Acte des Territoires du Nord-Ouest, 1880 ». La plainte est portée par Alexander David Stewart, chef de police. Riel est accusé de haute trahison :

Que Louis Riel étant un sujet de Notre Souveraine Dame la Reine, sans tenir compte des devoirs de son allégeance, et sans craindre Dieu dans son cœur, mais étant mû et séduit par l'inspiration du démon, comme traître envers notre dite Dame la Reine, et abandonnant l'allégeance, la fidélité et l'obéissance que tout véritable et fidèle sujet de notre dite Dame la Reine devrait et doit avoir pour Sa Majesté, le 26 mars de ladite année, avec divers autres traîtres, inconnus audit Alexander David Stewart, armés et équipés en guerre, c'est-à-dire avec des fusils, carabines, pistolets, baïonnettes et autres armes, étant malicieusement, illégalement et traîtreusement assemblés et réunis ensemble contre notre dite Dame la Reine, en un endroit connu sous le nom de Lac-aux-Canards [...] a, là, et alors, malicieusement et traîtreusement essayé et tenté par la force des armes de renverser et de détruire la constitution et le gouvernement de ces territoires tels qu'établis par la loi, et de déposer et de priver notre dite Dame la Reine du titre, de l'honneur et du nom royal de la Couronne impériale de ce Royaume, au mépris de notre dite Dame la Reine et de ses lois et au mauvais exemple des autres en pareil cas, contrairement à son allégeance à lui, le dit Louis Riel, contre la forme du statut et pourvu à cet effet, et contre la paix de notre dite Dame la Reine, sa couronne et sa dignité.

En vertu de la même formule, Riel est aussi accusé d'avoir organisé la bataille de la Coulée-des-Touronds et celle de Batoche. Le procès est fixé au 20 juillet. Entre-temps, soit le 6 juillet, la Chambre des communes du Canada est saisie d'une motion de blâme présentée par Edward Blake : « Que, dans l'administration des affaires du Nord-Ouest par le gouvernement actuel, antérieurement au dernier soulèvement, il s'est produit des cas de négligence, d'inaction et de mal-administration, d'une nature grave dans des matières affectant la paix, le bien-être et le bon gouvernement du pays. »

Le chef de l'opposition déclare, lors de la présentation de sa motion : « Je me demande si le gouvernement du Canada a agi avec justice envers cette partie de la population du Canada, et je réponds, comme je crois que vous répondrez tout après avoir examiné la question : non, le gouvernement n'a pas fait son devoir. Je crois qu'il n'y a jamais eu un tel cas de négligence grossière, de délai et de mauvaise administration. » Le premier ministre Macdonald tente de justifier les prises de position ou l'absence de prises de position de son gouvernement en faisant appel au jugement populaire et en accusant Riel : « Nous croyons avec toute la conscience d'une cause juste que le jugement du pays sera que nous avons agi du mieux que nous pouvions et que, dans cette occasion, nos facultés n'ont pas été mal dirigées. [...] À raison d'événements antérieurs dans le Nord-Ouest, il [Riel] est considéré comme une espèce de martyr de la cause une sorte de Mahdi métis et ils le regardent avec une espèce de respect superstitieux ; à cause de ce sentiment, il peut influencer ces pauvres gens. »

Wilfrid Laurier, qui intervient dans le débat le 7, ne cache pas où vont ses sentiments :

Je suis d'origine française et j'avoue que, si je ne devais agir que selon la voix du sang qui coule dans mes veines, je serais fortement en faveur des insurgés ; mais par-dessus tout, je prétends être en faveur de ce qui est juste, droit et loyal, en faveur de la justice due à chacun et je dis : Faites justice et que les conséquences en retombent sur les coupables, soit sur la tête de Louis Riel, soit sur les épaules du gouvernement. Monsieur, le gouvernement est d'autant moins justifiable dans sa conduite que l'expérience du passé devrait l'avoir rendu plus prudent. [...] Ce n'est pas contre Sa Majesté la Reine qu'ils se sont révoltés ; c'est contre la tyrannie du gouvernement canadien.

## Demande de pardon

Des dizaines de Métis croupissent dans les prisons dans l'attente d'une accusation formelle contre eux. Le 11 juillet, l'évêque Grandin fait parvenir à Macdonald une pétition demandant que la plupart des prisonniers soient relâchés. Les signataires font appel à « la plus grande indulgence possible en faveur des Métis qui se sont compromis dans la rébellion, excepté, bien entendu, les deux ou trois qui sont en réalité la cause de tout le malheur. Ces pauvres Métis n'auraient jamais pris les armes contre le gouvernement si un mécréant de leur propre nation, profitant de leur mécontentement, ne les avait pas excités à le faire. » Grandin revient à la charge auprès du ministre de la Milice, le 15. Cette fois-ci, Riel est présenté comme une « espèce de possédé », un misérable, etc. « La plupart des prisonniers de Regina, ajoute-t-il, sont victimes du terrorisme surtout, ils sont plus bêtes que coupables et, pour cette raison, je demande qu'on soit indulgent pour eux. »

Pour le *Globe* de Toronto, tous les accusés doivent subir le châtiment qu'ils méritent : « Le public croit que Riel et ses associés sont coupables du plus grand crime que la loi connaisse, lit-on dans l'édition du 14 juillet. Et l'indignation publique serait soulevée si aucun d'eux n'échappait au châtiment. »

Dans la province de Québec, l'opinion publique est loin d'être stable. Tantôt, elle éprouve de la sympathie pour Riel et les autres accusés, tantôt elle s'inquiète pour le sort réservé aux volontaires qui sont allés mater les insurgés. Le retour du 65e Bataillon à Montréal, le 20 juillet, donne lieu à des réjouissances monstres. Des milliers de personnes s'étaient rendues à la gare accueillir les héros, ceux qui avaient réussi à écraser les Métis et les Amérindiens révoltés ! Les drapeaux anglais et français battaient au vent, au sommet de l'église Notre-Dame.

Le 21 juillet, c'est au tour de la ville de Québec d'accueillir les membres du 9e Bataillon. En différents endroits, des fêtes marquent les retrouvailles. Toutes ces manifestations sont diversement interprétées à l'extérieur et l'*Indépendant*, le dernier-né des journaux de Fall River au Massachusetts, souligne l'ambiguïté de la situation : « On voit par la réception enthousiaste que les Montréalais viennent de faire au 65e combien le retour des troupes d'une expédition lointaine peut fausser le sentiment d'une population. Les sympathies des Canadiens français sont acquises aux Métis, cependant on acclame ceux qui viennent de leur faire la guerre. »

## « Non coupable »

Le jour même où Montréal festoie en l'honneur de ses soldats, commence à Regina le procès de Louis Riel, accusé de haute trahison et donc passible de peine de mort. Le même jour, encore, prend fin à Ottawa la troisième session du cinquième Parlement.

Le 15 juillet, François-Xavier Lemieux, qui, avec Charles Fitzpatrick et James N. Greenshields, assure la défense de Riel, rencontre l'accusé pour la première fois. Il s'empresse de faire part à sa femme de ses impressions : « Nous avons vu le fameux Louis Riel, il y a un instant. [...] C'était une affaire solennelle que la rencontre de cet homme, prisonnier d'État et qui a joué un rôle si important dans son pays. Mais l'ennui et l'embêtement m'ont empêché de priser véritablement cette circonstance. »

Le lendemain de cette rencontre, Riel écrit lui-même au premier ministre du Canada au sujet de son procès qui doit commencer quatre jours plus tard. En en-tête de sa lettre, on peut lire : « Jésus ! Sauvez-nous. Marie ! Intercédez pour nous. Joseph ! Priez pour nous. » L'accusé demande à Macdonald « un procès complet et à la cour suprême ».

> Je désire, ajoute-t-il, me disculper des accusations qui pèsent contre moi depuis quinze ans. Si vous cédez à mes instances, si vous m'accordez toute la latitude dont j'ai besoin pour me défendre, Dieu me secourant, non seulement je me claimerai, mais la grande responsabilité des troubles du Nord-Ouest en 69-70 et en 85 tombera lourdement sur les honorables messieurs Blake et Mackenzie et sur les journaux, leurs principaux organes. Votre politique au sujet du Nord-Ouest se trouvera comme débarrassée des obstacles que ces deux hommes puissants se sont efforcés de vous susciter depuis 69. [...] Mes bienveillants avocats sont arrivés d'avant-hier. J'ai eu la joie d'une entrevue avec eux. Ils vont insister pour que mon procès ait lieu en Bas-Canada et par-devant la cour suprême. Veuillez m'accorder cela à moi.

La demande de Riel ne change absolument rien et le lundi 20 juillet 1885, à Regina, devant le juge Richardson, que certains qualifient de « mange-canayens », s'ouvre le procès de Riel. Soixante-treize autres prisonniers attendent leur comparution.

Les avocats de la défense contestent le libellé de l'acte d'accusation et la juridiction de la cour. Ils veulent que leur client soit jugé par un jury composé de douze personnes et non de six comme le permet la loi des Territoires du Nord-Ouest, ce qui est rejeté. Le greffier demande à l'accusé : « Louis Riel, êtes-vous coupable ou non coupable ? » « J'ai l'honneur de répondre au tribunal que je ne suis pas coupable. » L'audience est levée peu après pour se continuer le lendemain. Pour assurer une défense adéquate, les avocats de Riel demandent un ajournement afin de faire comparaître certains témoins dont la présence est essentielle. Deux problèmes : certains de ces témoins n'ont pas d'argent pour défrayer le coût du voyage à Regina, et d'autres se sont enfuis aux États-Unis pour échapper à la justice canadienne et l'émission de sauf-conduit serait alors nécessaire pour les convaincre de venir témoigner. Le juge accorde une semaine de délai plutôt qu'un mois comme l'avaient souhaité les avocats de la défense.

Le mardi 28 juillet, les six jurés sont choisis : ils sont tous anglophones et quelques-uns reconnus pour leur peu de sympathie pour la cause des Métis ! Lemieux, dans une entrevue au journaliste du *Monde* de Montréal, déclarera : « Certainement, il était possible d'avoir des jurés parlant le français, car il y avait plusieurs Canadiens français à Regina, et, dans d'autres endroits environnants, on aurait pu avoir des Métis. » Sur la liste des 36 personnes assignées par le juge

Richardson pour former éventuellement le jury, on ne relève qu'un seul nom de francophone, celui de Benjamin Limoges.

En quatre jours, la cour entend 31 témoins, la plupart convoqués par la poursuite qui tente de prouver que le témoin est sain d'esprit, pleinement conscient des gestes qu'il a faits et que ces gestes étaient d'une nature criminelle. Le 29, à la suite de l'intervention de son cousin Charles Nolin, un témoin de la Couronne, Riel veut prendre la parole. « Si la procédure légale pouvait permettre que je dise un mot, déclare l'accusé, je désirerais le faire avant que ce prisonnier [témoin] ait fini de rendre son témoignage. » Ses propres avocats, comme le veut la coutume, s'y opposent, offrant à leur client de se retirer du dossier s'il veut se défendre lui-même. Riel fait remarquer au juge : « Si vous me permettez, Votre Honneur, je dois dire que cette cause devient extraordinaire et, pendant que la Couronne avec les hommes de grands talents qu'elle a à son service, cherche à démontrer que je suis coupable, ce qui est naturellement de son devoir — mes avocats, mes bons amis et avocats qui m'ont été envoyés par des amis que je respecte — s'efforcent de démontrer que je suis fou. » Le juge répond : « Vous devez vous taire. » « Je me tais pour obéir à la cour. »

L'audition des témoins de la défense commence le 30 juillet au matin. Le premier appelé à la barre est le père Alexis André. Son témoignage tend à prouver que Riel est fou. « Sur la politique et la religion, affirme le religieux, il n'était plus le même homme. Il semblait qu'il y eut en lui deux hommes. Il perdait tout contrôle sur lui-même lorsqu'il abordait ces questions. [...] Plusieurs fois, vingt fois au moins, je lui ai dit que je ne voulais pas traiter ces matières-là, parce qu'il était fou, parce qu'il n'avait pas son bon sens. » Le père Vital Fourmond intervient dans le même sens. Quatre médecins sont questionnés sur la santé mentale de l'accusé, mais leurs réponses sont parfois contradictoires. Le capitaine Young, qui a vécu continuellement avec Riel du 15 au 23 mai, alors qu'il en avait la garde, est catégorique. À la question « Avez-vous remarqué quelque chose, dans ces conversations, qui pût vous donner un soupçon qu'il avait l'esprit dérangé ? », le témoin répond : « Certainement non. Pas du tout. J'ai constaté, dans mon interlocuteur, une intelligence pleinement égale à la mienne, avec une éducation supérieure. Il était bien plus habile que moi, il s'arrêtait et éludait les questions tout à son avantage. »

Dans son adresse de la défense au jury, l'avocat Fitzpatrick cherche à démontrer que son client n'est pas responsable de ses actes et qu'en conséquence il ne peut être condamné. Riel ne peut supporter une telle plaidoirie et le juge lui accorde le droit de parole.

Vos Honneurs, messieurs les jurés, dit-il, il me serait bien facile, aujourd'hui, de simuler la folie ; car les circonstances sont de nature à exciter n'importe qui, et naturellement excité par ce qui arrive aujourd'hui (je ne parle pas très bien l'anglais, mais je l'essaie parce que tous ceux qui sont ici parlent l'anglais) excité aussi par le procès que je subis actuellement, je serais excusable de ne pas paraître avoir l'esprit dans son état ordinaire. Mais, Dieu aidant, j'espère pouvoir conserver le calme et le décorum qu'il convient d'avoir devant cette honorable cour et cet honorable jury. Vous avez pu voir, par mes papiers entre les mains de la Couronne, que je suis naturellement disposé à penser à Dieu quand j'entreprends quelque chose. Je désire, si je le fais, que vous ne considériez pas cela comme une preuve que j'essaie de simuler la folie. Ô mon Dieu ! aidez-moi de votre grâce et de la divine influence de Jésus-Christ. Ô mon Dieu ! bénissez-moi, bénissez cette honorable cour, bénissez cet honorable jury, bénissez mes bons avocats...

Pour lui, la condamnation serait la preuve formelle qu'il n'est pas fou :

Même si je devais être condamné par vous, messieurs les jurés, j'ai cette satisfaction que, si je meurs, je n'aurai pas la réputation, auprès de tous les hommes, d'être un fou, un lunatique . [...] À propos de religion, quelle est ma croyance ? Quelle est ma folie à ce propos ? Ma folie, Vos Honneurs et messieurs les jurés, consiste en ce que je veux mettre Rome de côté, vu que c'est une cause de division entre les catholiques et les protestants. Je n'ai pas voulu imposer mes idées, parce qu'à Batoche, aux Métis qui me suivaient, je me suis servi du mot carte blanche. Si j'ai quelque influence dans le Nouveau-Monde, j'en userai dans ce sens, et même si cela prend 200 ans à venir, après ma mort, cela produira des effets pratiques, et alors mes enfants serreront la main des protestants du Nouveau-Monde d'une manière amicale. Je ne veux pas que ces maux qui existent en Europe se continuent, tant que je pourrai l'empêcher, parmi les Métis. [...] Moi me proclamer Pape ? Non, non ! J'ai dit que l'évêque Bourget avait succédé au Pape en esprit et en vérité. Pourquoi ? Parce que, tandis que Rome ne nous donnait aucune attention, lui, comme évêque, nous avait porté attention. [...] Si vous acceptez le plaidoyer de la défense qui prétend que je ne suis pas responsable de mes actions, acquittez-moi de même. Vous êtes parfaitement justifiables de déclarer qu'ayant toute ma raison et étant sain d'esprit, j'ai agi raisonnablement et pour ma défense personnelle, tandis que le gouvernement qui m'accuse, étant irresponsable et, conséquemment, insensé, ne peut qu'avoir eu tort, et que, s'il y a haute trahison, c'est de sa part et non de la mienne.

Le 1ᵉʳ août, le juge Richardson fait ses recommandations aux jurés :

Les questions que vous avez à décider sont, premièrement, êtes-vous convaincus qu'il y a eu rébellion, comme je crois que vous devez l'être, la première question que je vous demanderai de décider, c'est de savoir s'il est prouvé d'une manière concluante que le prisonnier y fut impliqué ? Dans les accusations comme celle-ci, il n'y a ni catégories ni complices, tous sont auteurs principaux. Si vous êtes pleinement convaincus que le prisonnier était impliqué, a-t-il été prouvé quelque chose ici qui le relève de sa responsabilité ? Ses avocats ont plaidé qu'à l'époque où il a commis les actes dont on l'accuse, il n'était pas sain d'esprit, qu'il ne savait pas ce qu'il faisait et qu'il devrait être acquitté pour cette raison. [...] À quelle date pouvez-vous fixer le commencement de cette folie ? La théorie de la défense fixe le commencement de cette insanité en mars seulement, mais les menaces sur ce qu'il avait l'intention de faire remontent à décembre. Admettant que la folie n'ait commencé que vers l'époque où éclata la rébellion, ce qui me semble étrange, c'est que les gens qui l'entouraient, s'ils avaient eu un fou au milieu d'eux, n'aient pas trouvé quelque chose d'assez charitable pour être allé trouver un magistrat et déposer une plainte qu'il y avait parmi eux un fou qui pouvait à tout instant troubler la paix et demander qu'on en prit soin. Je vous suggère seulement cela non pas pour que vous le preniez pour loi, mais parce que cela ressort de la preuve.

Le jury se retire pour délibérer. Il est quatorze heures quinze minutes, le samedi 1ᵉʳ août 1885. Après une heure d'absence, les six hommes reviennent dans la salle où s'était déroulé le procès. Pendant tout le temps que durent les délibérations, Riel prie et va dire quelques mots à ses avocats. À quinze heures quinze minutes, les jurés étant de retour, le greffier dit : « Messieurs du jury, écoutez votre verdict tel que la cour l'enregistre. Vous déclarez l'accusé Louis Riel, coupable, ainsi dites-vous tous ? » « Coupable. » Un des jurés demande la parole : « Votre Honneur, j'ai été prié par mes confrères jurés, de recommander le condamné à la clémence de la Couronne. » Ce à quoi le juge Richardson répond : « Je puis dire en réponse que la recommandation que vous venez de faire sera transmise en la manière voulue aux autorités qu'il appartient. » Il ajoute en se tournant vers le coupable : « Louis Riel, avez-vous quelque chose à dire pour que la cour ne prononce pas votre sentence pour l'offense dont vous avez été trouvé coupable ? » « Oui, Votre Honneur. »

> Jusqu'ici, commence Riel, j'ai été regardé par les uns comme un aliéné, par d'autres comme un criminel, et par d'autres encore comme un homme avec qui il serait mieux de ne pas avoir de rapports. Ainsi, il y avait hostilité, il y avait mépris, il y avait éloignement. Aujourd'hui, par le verdict de la cour, une de ces trois situations a disparu. Je suppose qu'ayant été condamné, on ne m'appellera plus un fou, et je considère cela comme un grand avantage. Si j'ai une mission, je dis si, pour ceux qui en doutent, mais pour moi c'est puisque, puisque j'ai une mission, je ne puis accomplir cette mission tant qu'on me regardera comme un aliéné ; du moment donc que je monte cet échelon, je commence à réussir. [...] Si je suis exécuté — du moins, si je devais être exécuté, je ne le serais pas comme un aliéné — cela serait une grande consolation pour ma mère, pour mon épouse, pour mes enfants, pour mes frères, pour mes parents, et même pour mes protecteurs et mes concitoyens. Je remercie les messieurs qui composaient le jury de m'avoir recommandé à la clémence de la cour.

Pendant plus d'une heure, Riel s'adresse à tous ceux qui remplissent la salle d'audience. Ses propos sont parfois plus ou moins ténébreux et confus. Il repasse une partie de l'histoire du Manitoba et explique comment il entrevoyait le peuplement des Territoires du Nord-Ouest. Il insiste sur son titre de prophète.

> Je veux un procès qui embrasse ce dont on me tient responsable ; et comme on me tient responsable de toute ma carrière, je voudrais qu'on fît le procès de toute ma carrière, et non seulement de la dernière partie. D'un autre côte, on me déclare coupable de haute trahison, et je me donne comme prophète du Nouveau-Monde. Si je suis coupable de haute trahison, je dis que je suis le prophète du Nouveau-Monde. Je désire que, pendant qu'une commission s'occupe du premier point, il y ait une commission de médecins qui s'enquière et qui examine à fond si j'ai mon bon sens, si je suis un prophète ou non ; il ne s'agit pas de la question d'insanité, car elle est réglée ; mais si je suis un trompeur, un imposteur.

Riel ayant terminé son intervention, le juge lit le prononcé de la sentence :

> Louis Riel, après une longue considération de votre cause, dans laquelle vous avez été défendu avec autant d'habileté qu'aucun avocat, d'après moi, aurait pu déployer, vous avez été déclaré, par un jury qui a montré, je puis dire, une patience

sans exemple, coupable d'un crime, le plus pernicieux et le plus grand qu'un homme puisse commettre : vous avez été déclaré coupable de haute trahison ; vous avez été convaincu d'avoir fait se déborder un torrent de rapines et de meurtres ; vous avez, avec l'assistance trouvée dans la contrée de la Saskatchewan, réussi à soulever les Sauvages et avez causé la ruine et la misère de bien des familles qui, si vous les aviez laissées en paix, étaient dans l'aisance, et dont plusieurs étaient sur le chemin de la prospérité. Pour ce que vous avez fait, les remarques que vous venez de nous adresser n'offrent aucune excuse ; pour ce que vous avez fait, la loi exige que vous répondiez. Il est vrai que le jury, dans sa miséricordieuse considération, a demandé à Sa Majesté de donner à votre cause telle clémence qu'elle pourra lui accorder. J'avais presque oublié que ceux qui vous défendent ont mis entre mes mains un avis que l'objection qu'ils avaient soulevée à l'ouverture de cette cour, ne doit pas être omise du dossier, afin que, s'ils le jugent à-propos, ils puissent soulever la question en temps et lieu ; cela a été fait, mais néanmoins je ne puis pas vous faire espérer que vous réussirez à obtenir votre liberté complète, ou que Sa Majesté, après tout le mal dont vous avez été la cause, vous montrera de la clémence. Pour moi, je n'ai plus qu'un devoir à remplir, qui est de vous dire quelle est la sentence de la loi contre vous. J'ai, comme je le dois, donné le temps nécessaire pour que votre recours soit entendu. Tout ce que je puis vous conseiller est de vous préparer à mourir, voilà le seul conseil que je puisse vous offrir. C'est un pénible devoir pour moi maintenant de prononcer sur vous la sentence de la cour, qui est que vous soyez conduit d'ici au corps de garde de la police à Regina, qui est la prison et l'endroit d'où vous venez et que vous y soyez gardé jusqu'au 18 septembre prochain, et que, le 18 septembre prochain, vous soyez conduit à l'endroit désigné pour votre exécution, et que vous y soyez pendu par le cou jusqu'à ce que mort s'ensuive et que Dieu ait pitié de votre âme.

# LE GIBET

L E VERDICT DU JUGE RICHARDSON condamnant Louis Riel à être pendu le 18 septembre 1885 soulève une foule de commentaires. Les journaux francophones dénoncent ce qu'ils considèrent comme une injustice : le secrétaire de Riel, William Henry Jackson, a été déclaré fou après moins d'un quart d'heure de procès, alors que le chef métis, tout aussi malade, se voit condamner à la potence ! Le cri de race est vite lancé et l'affaire Riel prend alors une dimension qu'elle gardera pendant des mois, sinon des années. « Pourquoi cette différence entre Riel et Jackson ? se demande l'*Électeur* du 2 août. Parce que Jackson est anglais pendant que Riel est canadien-français. »

L'agitation gagne d'abord la province de Québec, puis la Nouvelle-Angleterre. Arthur Dansereau écrit à Chapleau, le 5 : « Le diable est aux vaches d'un bout à l'autre de la province. [...] Tu n'as pas l'idée de la violence avec laquelle nos meilleurs amis s'expriment. » Ce n'est pas seulement le gouvernement Macdonald qui est attaqué, mais aussi la Confédération. L'hebdomadaire l'*Impartial* se fait l'écho d'un sentiment populaire :

> Le 18 septembre 1885 ! ! ! Cette date sera-t-elle fatale à la Confédération ? Voilà ce que se demande le patriote sincère qui suit avec intérêt les événements politiques qui se déroulent actuellement. Nous disons après mûres réflexions : si le 18 septembre amène avec lui l'exécution de Riel, il aura aussi amené la dislocation de la Confédération, car cela voudra dire que la majorité coalisée aura cessé de respecter les droits de notre minorité, et nous croyons qu'une association politique, tout comme une société commerciale, ne peut exister qu'à la condition que tous les associés soient traités avec impartialité. En étranglant Riel, vous étranglerez la Confédération, et votre crime sera d'autant plus grand.

Une des premières assemblées de protestation contre la condamnation de Riel se tient à Holyoke, dans l'État du Massachusetts, le jeudi 6 août. Des circulaires avaient été distribuées invitant tous les Canadiens français à dénoncer « la condamnation d'un compatriote, victime du fanatisme francophobe ». Trois jours plus tard, près de 10 000 personnes assistent au Champ de Mars, à Montréal, à une réunion au cours de laquelle on adopte une résolution à l'effet « qu'une souscription soit ouverte immédiatement pour donner à Louis Riel les moyens de porter sa cause devant un tribunal plus élevé et plus digne de confiance et qu'en même temps tous les moyens constitutionnels soient employés pour empêcher que la sentence soit mise à exécution ».

À Québec, le même jour, on demande que la peine de mort contre Riel soit commuée pour ramener la bonne entente entre les deux groupes ethniques. Au cours des semaines qui suivent, des centaines de réunions se déroulent un peu partout dans la province de Québec. On signe des pétitions que l'on envoie au gouverneur général. L'évêque Laflèche et 600 habitants de la ville de Trois-Rivières écrivent au marquis de Lansdowne : « Les soussignés, citoyens de la ville et du district de Trois-Rivières, persuadés que le crime de Louis Riel, dernièrement convaincu de haute trahison à Regina, territoire du Nord-Ouest, est causé par l'aberration de son intelligence plutôt que par la malice, prient, par l'entremise de Votre Excellence, Notre Très Gracieuse Majesté la Reine Victoria de vouloir bien exercer en faveur dudit Riel ses hautes prérogatives et commuer la sentence rendue contre lui le 1er août courant. » Pétitions et télégrammes affluent à Ottawa, provenant aussi bien de la province de Québec, du Manitoba, des États-Unis que de France.

Le concert des voix n'est pourtant pas unanime, car plusieurs demandent et exigent la pendaison de Riel. Le 20 août, 87 habitants de Moosomin, dans les Territoires du Nord-Ouest, signent eux aussi une pétition au gouverneur général voulant que la loi soit respectée :

> Vos pétitionnaires ont appris qu'on travaille en ce moment dans la province de Québec à faire signer des pétitions pour obtenir la commutation de la sentence de mort prononcée contre Riel pour haute trahison. Vos pétitionnaires sont convaincus que ledit Louis Riel a eu un procès équitable et impartial et que, s'il n'est pas donné suite au verdict du jury, il y aura beaucoup de mécontentement dans ce pays et l'on courra grand risque de voir se renouveler les actes de trahison pour lesquels ledit Louis Riel a été condamné et la confiance dans le gouvernement sera fortement ébranlée. [...] Vos pétitionnaires prient respectueusement que la sentence de mort prononcée contre Louis Riel ne soit pas changée, que la loi puisse suivre son cours et que l'exécutif refuse d'exercer son droit de clémence.

Quelques semaines plus tard, une quarantaine d'habitants de Regina signent une pétition identique.

Tous ces mouvements populaires n'inquiètent presque pas le premier ministre Macdonald qui séjourne à Rivière-du-Loup, à la fin du mois d'août. Le 28, dans une lettre au gouverneur général, il tente d'analyser les grands courants d'opinion : « Le sentiment de la population anglophone du Canada à ce sujet est d'une telle intensité que toute apparence d'un désir du gouvernement de faciliter un appel en Angleterre aura, à mon avis, des conséquences sérieuses d'un caractère désastreux affectant grandement les relations amicales entre les Anglais et les Français. » Selon lui, le mouvement de contestation des Canadiens français sera de courte durée.

Les différentes prises de position sur la condamnation de Riel font état de sa santé mentale. Cette dernière inquiète de plus en plus le père André, qui rend visite au prisonnier régulièrement.

L'expérience que j'ai acquise de cet homme, écrit-il à l'avocat Lemieux, le 31 août, n'a fait que confirmer de plus en plus l'opinion que j'avais conçue de lui, qu'il est craqué et toqué en fait de religion et de politique. Il faut l'entendre parler de ses rêves pour réformer le monde religieusement et politiquement. [...] Il faut avoir la haine féroce d'un fanatique ou la stupidité d'un idiot de dire, parce que Riel est intelligent en d'autres matières, qu'il n'est pas fou. [...] Riel est un véritable phéno-mène à étudier. Il est remarquable sous bien des points et il faut le connaître et surtout l'étudier de près pour voir qu'il est en proie à une illusion invisible qui le prive de cette faculté qu'on appelle le bon sens qui est le critérium que le bon Dieu nous a donné pour juger de la bonté ou de la malice de nos actes. Riel, avec beaucoup d'autres qualités qui lui sont échues en partage, n'a pas assurément le bon sens qui lui montre la portée de ses actes et principalement quand il s'agit de religion et de politique.

Toujours le 31 août, André aborde le même sujet dans une lettre au père Albert Lacombe : « Plus j'acquiers de l'expérience sur ce singulier personnage, par le con-tact habituel que je suis obligé d'avoir avec lui, plus je reste intimement convaincu qu'il ne joue pas la comédie, et qu'il est sous l'empire d'une illusion folle qui lui ôte la raison et ne le rend guère responsable des blasphèmes qu'il émet en se posant en réformateur. »

Le juge Matthew Ryan, qui agissait comme magistrat stipendiaire à Regina avant d'être remplacé par Richardson, « la créature de Macdonald, » déclare dans le *Winnipeg Free Press* qu'il croit fermement que la folie prédomine dans les actes de Riel.

La Justice regarde le chef des Métis d'un autre œil. La cour du Banc de la Reine du Manitoba, devant laquelle la cause de Riel avait été portée en appel, rend son verdict le 9 septembre. Elle confirme, à l'unanimité, celui de Regina. Le juge puîné Thomas Wardlaw Taylor conclut ainsi son jugement :

Après un examen critique de la preuve, je trouve qu'il est impossible d'en venir à aucune autre conclusion que celle donnée par le jury. L'appelant est, incontes-tablement, un homme d'une vanité non ordinaire, excitable, irritable et ne pou-vant souffrir la contradiction. Il paraît avoir agi quelques fois d'une manière extraordinaire ; avoir dit bien des choses étranges et avoir eu ou au moins pré-tendu avoir des idées absurdes sur des sujets religieux et politiques. Mais ces faits sont loin de prouver un dérangement mental qui le rendît irresponsable de ces actes. En effet, sa manière d'agir démontre, de plusieurs manières, que l'ensemble de sa conduite apparemment extraordinaire, ce don d'inspiration divine et le caractère de prophète qu'il s'attribue, ne sont qu'une partie d'un plan conçu avec habileté pour acquérir et conserver son influence et son pouvoir sur les gens simples qui l'entouraient, et pour s'assurer l'immunité dans le cas où il lui faudrait rendre compte de ses actes. Il paraît avoir eu en vue, tout en se donnant comme le champion des intérêts des Métis, de s'assurer des avantages pécuniaires pour lui-même.

La pendaison de Riel est toujours fixée au 18 septembre. Le *Toronto World* du 11 avait affirmé : « Si sir John ne pend pas Riel, c'est parce qu'il n'est pas sûr de l'Ontario. » Le 17, le condamné apprend que le gouvernement vient de lui accorder un sursis d'un mois pour permettre à ses avocats de présenter sa cause au Conseil privé de Londres.

Des journaux français, comme le *Figaro* de Paris, lancent une campagne « pour implorer la clémence de Sa Majesté la Reine d'Angleterre en faveur du malheureux Riel que la France entière réclame comme un des siens ». Sous la signature de Raoul Frary, le *Courrier du Soir* consacre un long article à l'affaire Riel. « Notre gouvernement n'a pas le droit d'intervenir, affirme le journaliste ; notre diplomatie n'a pas un mot à dire. Mais l'opinion publique peut parler ; il est bon, il est juste qu'elle se fasse entendre. [...] Ce n'est pas une sommation : c'est une prière. Nous n'y mettons pas d'amour-propre ; il s'agit de la vie d'un homme. Nous prions la reine Victoria de faire grâce à Riel. »

*D'autres ailes...*

Riel n'est pas le seul à subir un procès pour le soulèvement du Nord-Ouest. Le 22 septembre, à l'issue d'un procès d'une brièveté remarquable, l'Amérindien Papamahchakwayo, connu aussi sous le nom d'Esprit Errant, est condamné à être pendu le 27 novembre pour le meurtre de Thomas Quinn, lors de l'attaque du 2 avril au lac à la Grenouille. Jusqu'au 9 octobre, d'autres procès sommaires se déroulent où les accusés, tous des Amérindiens, sont condamnés à mort.

Macdonald, malgré les mouvements d'opinion qui agitent la province de Québec, a décidé de demeurer ferme. Il déclarera : « Même si tous les chiens de la province de Québec aboient, Riel sera pendu. » Le gouverneur général, à la fin d'une tournée dans l'Ouest du Canada, se rallie lui aussi à l'attitude ferme du premier ministre, auquel il écrit de Victoria, le 7 octobre : « Je ne doute point que votre décision soit prise et que vous êtes d'avis que la loi doit suivre son cours. » La presse ontarienne rappelle de plus en plus au gouvernement quelle attitude il doit maintenir. « La position du *Globe* au sujet de Riel, lit-on dans l'édition du 17 octobre du quotidien torontois, est la même qu'au lendemain du jour où la sentence a été rendue, et elle n'a pas varié de l'épaisseur d'un cheveu. Nous sommes toujours d'avis que les crimes commis par Riel méritent la mort. » Le *Free Press* d'Ottawa du 27 partage le même avis : « Les sentiments dans l'Ontario, parmi toutes les classes de la société, sont que le cas se trouve être l'un de ceux qui n'appellent ni la clémence ni des attermoiements, le plus haut tribunal ayant prononcé. On discute maintenant la nomination d'une commission médicale qui serait chargée de s'enquérir de l'état mental de Riel. C'est un misérable échappatoire. »

Des loges orangistes de l'Ontario interviennent, à leur tour, pour qu'aucun pardon ne soit accordé au chef métis. Le « Deputy Master » de la Loge 1041 de Chatham déclare le 29 octobre : « Je désire rappeler à sir John Macdonald, qui fait aussi partie de la même société, qu'une grande responsabilité lui incombe, en ce qui concerne le sort de Riel. Si sir John venait à s'interposer pour obtenir le pardon d'un homme convaincu pour la deuxième fois de rébellion et du meurtre de Scott, il ferait de la justice une simple moquerie. »

Le 2 novembre, James Boddy, secrétaire du district, au nom de la Loyale Association Orangiste de Toronto-Ouest, fait parvenir au député James Beaty une représentation que ce dernier transmet au secrétaire d'État Chapleau. Le texte résume assez bien les différentes prises de position de plusieurs loges ontariennes.

Les orangistes de ce district, y lit-on, se permettent de vous parler respectueusement, comme notre représentant au Parlement, relativement à l'affaire de Riel, à l'heure qu'il est condamné à mort à cause des violences, de l'effusion de sang et de la trahison dont il s'est rendu coupable. Nous regrettons que, dans une affaire si claire, il soit nécessaire de rappeler d'avance au gouvernement ce qu'il doit faire et d'exprimer nos sentiments unanimes sur cette question ; mais le fait que des assemblées publiques aient été convoquées en faveur de Riel et pour défendre sa conduite dans la province de Québec, surtout par des catholiques romains, et que les efforts les plus énergiques soient faits par ces gens et par les amis de Riel pour obtenir une commutation de la sentence prononcée contre lui, nous fait un devoir impérieux, comme association loyale et protestante, d'exprimer au gouvernement nos opinions et nos profondes convictions sur ce sujet. [...] Nous espérons avec confiance que vous prierez instamment le gouvernement de ne pas permettre que des pétitions, requêtes ou influences de la part des amis de Riel ou venant de toute autre source, le décident à commuer la sentence, à en reculer l'exécution ou à modifier en aucune manière la juste sentence aujourd'hui suspendue sur la tête de cet homme qui a prononcé lui-même son arrêt.

Ceux qui voulaient la mort de Riel avaient de quoi s'inquiéter car, même après le rejet de la demande d'appel au Conseil privé de Londres le 22 octobre, un nouveau sursis avait été accordé au chef métis dont la pendaison était reportée au 10 novembre. L'avocat Lemieux, qui s'occupe toujours des affaires de Riel, télégraphie à Laurent-Olivier David le jour même de la décision : « La sentence contre Riel a été malheureusement maintenue ; je pars pour Ottawa ce soir, pour présenter une pétition et faire nommer une commission médicale. »

Le nouveau sursis suscite l'indignation de plusieurs journaux anglophones. « Si la sentence de Riel est commuée, lit-on dans le *News* de Winnipeg, le gouvernement ne devra pas être surpris qu'un peuple loyal, mais exaspéré, se fasse justice à lui-même. Les citoyens du Nord-Ouest ne souffriront pas que Riel échappe à la justice qu'il mérite. » La *Sherbrooke Gazette* partage le même avis : « Si Riel n'est pas pendu, l'échafaud sera triché de son dû, et la rébellion sera grandement encouragée à l'avenir. »

Le *Mail* de Toronto, que plusieurs considèrent comme le porte-parole du premier ministre Macdonald, va plus loin que ses confrères, le 4 novembre :

Qu'on nous permette de leur assurer [aux Canadiens français] que plutôt que de se soumettre à un tel joug, l'Ontario briserait plutôt la Confédération en ses parties originelles, préférerait que le rêve d'un Canada uni s'évanouisse pour toujours. Comme Bretons, nous croyons qu'on devra se battre de nouveau pour la conquête et le Bas-Canada peut le croire, il n'y aura pas cette fois de traité de 1763. Les vainqueurs ne capituleront pas la prochaine fois. Mais le peuple canadien-français perdrait tout. Le naufrage de leurs fortunes et de leur bonheur serait rapide, complet et irrémédiable.

## Une drôle de commission

Depuis longtemps, on réclame la formation d'une commission médicale pour juger définitivement de l'état de santé mentale du condamné. Le 31 octobre, Macdonald charge trois médecins de rendre visite à Riel et de faire rapport sur l'état actuel de l'intelligence du chef métis. Augustus Jukes, chirurgien en chef à la prison de Regina, Michael Lavell, gouverneur du pénitencier de Kingston et spécialiste en obstétrique, ainsi que François-Xavier Valade, médecin de profession et, en 1885, analyste public pour le département du Revenu intérieur, sont désignés par le premier ministre lui-même. Le professeur Thomas Flanagan explique ainsi le choix de Valade : « Il [Macdonald] avait besoin d'un médecin canadien-français pour donner à l'enquête une apparence d'impartialité, mais il avait besoin de quelqu'un qui ne serait pas trop indépendant ou incompréhensif. Il avait ainsi sous la main un homme très valable : médecin de l'archevêque, pilier de la communauté francophone, collègue du propre médecin de Macdonald, ami de plusieurs Conservateurs, [...] et non pas un soi-disant aliéniste qui pourrait chercher à faire valoir des idées personnelles. »

Avant leur départ pour Regina, le premier ministre rappelle aux deux médecins, Valade et Lavell, l'objet de leur mission : décider seulement si, à l'heure actuelle, Riel est sain d'esprit, car le jury s'est déjà prononcé sur la responsabilité de l'accusé durant le soulèvement. Pourquoi une telle demande ? Si Riel est sain d'esprit, il sera pendu ; mais, par contre, s'il est fou, la sentence prononcée contre lui sera suspendue, pour des raisons humanitaires : on ne pend pas un fou !

Les deux médecins ontariens commencent leur enquête le 7 novembre, jour même de leur arrivée à Regina. Quarante-huit heures plus tard, leur idée est faite et ils la transmettent en résumé au lieutenant-gouverneur Edgar Dewdney qui, à son tour, télégraphie les résultats à Macdonald. Jukes, qui avec le temps a développé une certaine amitié pour le chef métis, présente le rapport suivant :

Louis Riel a été spécialement sous mes soins, comme médecin de la police à cheval, durant au-delà de cinq mois, qu'il est arrivé ici comme prisonnier. Durant cette période, je l'ai visité, à quelques exceptions près, chaque jour ; je l'ai étudié de près et j'ai conversé avec lui longuement, fréquemment. J'ai personnellement une forte aversion contre la peine de mort. Je pense que s'il m'est impossible d'établir son insanité, sa mort est prochaine ; mais après l'avoir examiné avec soin et longuement, dans diverses circonstances et chaque jour, je ne puis acquérir d'autre conviction que, si ce n'est sur les questions purement religieuses se rapportant à ce que l'on peut appeler les mystères divins, il a toujours été, depuis le moment où il a été confié à mes soins, et continue d'être encore parfaitement sain d'esprit et responsable de ses actes. Dans ces circonstances, mon devoir, quoique pénible, est clair, et mon opinion, que je n'ai pas formée à la hâte, l'est également, savoir que les idées singulières que Riel entretient sur les questions religieuses et qui ont si puissamment contribué à faire croire aux ignorants et aux gens sans réflexion que Riel est fou, ne peuvent en rien être considérées comme obscurcissant au moindre degré la perception claire de son devoir, et comme rendant son jugement moins sain dans les affaires de la vie de chaque jour. En conséquence, je me déclare d'opinion que, avec la réserve faite ci-dessus, Riel est sain d'esprit, ses idées sont claires, et qu'il est un être responsable de ses actes devant Dieu et devant les hommes.

Lavell juge lui aussi Riel sain d'esprit : « Je suis d'opinion que ledit Louis Riel, bien qu'entretenant et exprimant des idées extravagantes et étranges sur les questions de religion et de gouvernement en général, est un être responsable et en état de distinguer le bien du mal. » La version officielle du rapport de Valade, telle que communiquée à Macdonald, se lit comme suit : « Après avoir examiné Riel avec soin dans les conversations privées avec lui et m'être procuré les témoignages des personnes sous les soins desquelles il se trouve, j'en suis venu à la conclusion qu'il est atteint d'hallucination sur les questions politiques et religieuses ; mais sur les autres questions, je le crois tout à fait sensé et en état de distinguer le bien du mal. »

Le texte de Valade n'est pas tel qu'il a été rédigé par le médecin. Il a été amputé d'une partie importante qui modifie profondément le jugement de l'enquêteur, à un point tel qu'il le déclare irresponsable sur les questions d'ordre politique. Son rapport se lisait donc comme suit : « Après avoir soigneusement examiné Riel en conversation privée avec lui et d'après le témoignage des personnes qui en prennent soin, j'en suis venu à la conclusion qu'il n'est pas un être responsable, qu'il ne peut distinguer le bien du mal dans les sujets politiques et religieux, ce que je considère comme des formes typiques de folie dont il souffre incontestablement ; mais sur les autres questions, je le crois tout à fait sensé et en état de distinguer le bien du mal. »

Le témoignage de Valade n'est pas le seul à être manipulé. Celui de Jukes est amputé du passage suivant : « On doit admettre que Riel diffère systématiquement de la grande majorité du genre humain, par ses vues sur certaines questions à propos de sujets religieux, ou plutôt certains phénomènes comme l'Inspiration et la Vision prophétique. Sur ces sujets, il chérit des illusions ou hallucinations qui varient considérablement selon les différentes conditions physiques et mentales. »

Les nuances de deux des enquêteurs assombrissent l'unité de jugement que désire le premier ministre ! Lors de la réunion du cabinet des ministres fédéraux, le 11 novembre, Macdonald rapporte que les trois commissaires ont déclaré Riel sain d'esprit. Décision est alors prise qu'il sera pendu le lundi 16 novembre.

## Une dernière bataille

L'évêque Grandin, de Saint-Albert, séjourne à Montréal chez les pères oblats. Il accorde, le 11, une entrevue à un journaliste de la *Presse*. « Il y a longtemps, lui confie-t-il, que je suis convaincu que Riel est fou ; aussitôt après son retour au Nord-Ouest, je l'ai vu souvent et je vis de suite qu'il était fou. Je n'ai pas demandé au gouvernement de commuer la sentence parce que Riel est un Métis français ; non, je l'aurais fait pour tous les autres dans les mêmes circonstances. Je suis convaincu que le gouvernement commettrait une faute grave en pendant Riel. »

Dans le *Canadien* du 12 novembre, Faucher de Saint-Maurice lance un appel pathétique : « Grâce pour Riel ». « Au moment où le corps du supplicié Riel se dérobera sous la trappe et se crispera dans les convulsions de l'agonie, un abîme se creusera entre la province de Québec et la province d'Ontario. [...] Un fou est un fou ; et la potence quand elle veut du sang demande que le malheureux qu'elle va supprimer ait la conscience de l'acte de réparation suprême qu'il fait à la société outragée. Or Riel n'est pas dans ce cas. Il est fou. Grâce pour Riel et plus de ces cruels sursis. La loi ne condamne qu'une fois à la mort. Or cet aliéné l'a été plusieurs fois . » L'*Électeur*, lui, lance un appel à l'unité nationale, dans son édition du 13 : « Riel exécuté, qu'on le comprenne bien, c'est le triomphe de l'orangisme sur nous, c'est le dernier mot de l'influence de notre province dans le gouvernement fédéral.

De grâce, n'en faisons plus une question de partis, le moment est trop solennel, oublions les divisions de la veille, unissons-nous comme jadis nos pères l'ont fait quand on voulut les opprimer. Qu'il n'y ait plus de rouges ni de bleus, qu'il n'y ait que des Canadiens unis et déterminés à empêcher Riel de monter sur la potence, et notre influence de descendre dans la tombe avec son cadavre. »

Les trois ministres francophones du cabinet Macdonald sont invités à intervenir auprès du premier ministre et du gouverneur général pour empêcher la mort de Riel. Adolphe-Philippe Caron, ministre de la Milice, avait déjà déclaré à Winnipeg, le 10 novembre, à l'occasion d'un banquet en son honneur, qu'il n'avait pas de sympathie pour les traîtres et que la justice suivrait son cours. Le 12, le secrétaire d'État Joseph-Adolphe Chapleau écrit à Macdonald qu'il croit en la culpabilité du prisonnier. « Ses hallucinations sont le seul point atténuant contre l'entière application de la loi dans son cas. Considérant l'état de doute dans lequel je me trouve à ce sujet, je préfère donner le bénéfice du doute à la loi plutôt qu'au criminel halluciné. » Il préfère une perte personnelle plutôt que de voir éclater des troubles raciaux et religieux. « Nous aurons à combattre, peut-être même à capituler. Bien, mais je préfère, après tout, combattre et capituler dans le vieux bateau et sous le vieux drapeau. » Le même jour, Chapleau écrit aussi à son ami W. W. Lynch qu'il a décidé « de soutenir la loi et la Couronne ».

Chez les députés fédéraux francophones, l'attitude des ministres est jugée presque inacceptable. J.-A. Ouimet écrit à Macdonald, implorant la clémence pour Riel : « Je crois vraiment avec toute la partie respectable des citoyens du Canada qui n'est pas préjugée, que dans les circonstances présentes, l'exécution de Riel serait une grande calamité nationale et peut-être un coup mortel à notre existence comme peuple. » D'autres députés se rendent à Saint-Martin-Jonction, sur l'île Jésus, pour rencontrer Langevin qui est à bord du train Ottawa-Québec. De ce dernier endroit, le ministre des Travaux publics fait parvenir un télégramme à Macdonald : « 12 novembre 1885. Coursol, Desjardins, Girouard et Vanasse m'ont rencontré ici et disent qu'eux et tous les autres s'opposent à l'exécution et agiront en conséquence. » Le lendemain, le premier ministre répond : « Gardez attitude calme et résolue. Tout ira bien. »

Le vendredi 13 novembre, Chapleau arrive à Montréal, en provenance d'Ottawa, par le train du midi. Il se rend immédiatement à l'hôtel Windsor rencontrer quatorze députés fédéraux. Après deux heures de délibérations, ils auraient décidé de démissionner comme membres du parti conservateur si Riel était pendu ! Le lendemain, la *Presse* se demande si l'on n'assiste pas à la naissance d'un nouveau parti politique : « Nous étions déjà divisés en trois partis : les conservateurs, les libéraux et les castors. Les derniers événements vont amener une nouvelle subdivision : le parti de la corde. »

Alors que Chapleau s'est retiré dans sa chambre d'hôtel, le 13 au soir, il reçoit un télégramme de Macdonald lui annonçant que la décision du Conseil des ministres concernant la pendaison de Riel sera rendue publique le lendemain. Quelques minutes avant la réception du message, l'ancien premier ministre de la province de Québec terminait la rédaction d'une lettre à Langevin.

Il ne reste donc entre la députation de cette région et moi, écrit-il, que ceci : on me signifie que la décision prise par le gouvernement dont je fais partie est contraire à l'opinion, au sentiment, à la volonté bien arrêtée de la députation de ce district. Le nom des députés indique assez l'importance de cette déclaration. On m'informe, en même temps, que, par cet acte, le gouvernement a perdu la confiance des députés que je suis censé représenter dans le cabinet. C'est un vote de non-confiance et une demande de résignation que l'on me signifie. J'ai bien le droit de dire que Son Excellence a seul le droit de demander ma démission comme son conseiller ; cependant s'il est vrai que le conseil privé n'est que le comité exécutif du Parlement siégeant en dehors des sessions, ma position, comme membre de ce comité, me paraît une usurpation, en face d'un vote qui, sans être dans la forme parlementaire, n'en est pas moins aussi réel. Il n'y a pas à braver l'effort de ce courant puissant, je n'ai pas même la ressource d'un dissentiment parmi eux.

## Derniers préparatifs

À Regina, on se demande encore si le célèbre prisonnier jouira d'un nouveau sursis. Comme on ignore quand arrivera l'ordre du gouverneur général d'exécuter le condamné, on a tout préparé. « Pendant tout ce temps, affirme une dépêche de l'*Associated Press*, Riel est gardé avec soin. Une garde montée de soixante hommes est constamment en observation. Quelques-unes des sentinelles occupent un poste d'observation à une distance d'un demi-mille de la prison. Aucun étranger n'est admis, même jusqu'aux corridors de la prison et la seule vue que l'on puisse avoir de Riel est lorsqu'il fait dans la cour sa promenade d'une heure, le matin, accompagné de son médecin. Les soldats sont fatigués de garder le prisonnier, vu que les rumeurs les plus étranges circulent au sujet des efforts que l'on tente pour le délivrer. »

Le messager du gouverneur général arrive à Regina le 15 novembre à dix-neuf heures. Riel sera exécuté le lendemain matin !

Honoré Mercier venait de lancer un appel à Chapleau pour prendre la direction des Canadiens français de la province de Québec. Il insiste sur le dilemme dans lequel se débat celui que l'on considère comme le chef des conservateurs francophones. « Si Riel est pendu sans que tu résignes, tu es un homme fini ; si tu résignes, tu sauves Riel. Dans le premier cas, le parti libéral a un puissant adversaire de moins et le pays, une honte de plus. Dans le second cas, le pays a une gloire de plus, et le ministre résignataire devient l'idole de ses compatriotes. J'ai tout à gagner comme chef de parti si tu restes. Tu as tout à gagner si tu résignes. Résigne, Chapleau, et mets-toi à la tête de la province. Je serai à tes côtés pour t'aider de mes faibles efforts, et bénir ton nom avec notre frère Riel sauvé de l'échafaud. »

Chapleau résiste à l'invitation et décide de continuer dans la ligne de conduite qu'il s'est tracée : appuyer la loi et la Couronne ! C'est son frère, Samuel Chapleau, le shérif de Regina, qui vient annoncer au condamné qu'il sera pendu le 16 à huit heures. Le condamné lui répond : « Je suis heureux d'apprendre qu'enfin je vais être débarrassé de mes souffrances. » Puis, il demande que son corps soit remis à ses amis pour être enterré à Saint-Boniface « dans le cimetière français en face de Winnipeg ».

Ce 15 novembre au soir, Riel se montre d'un grand calme. Les pères Alexis André et Charles McWilliams viennent lui tenir compagnie et le préparer à mourir. Au cours de la nuit, Riel adresse une dernière lettre à sa mère.

> Puissent votre foi, votre espérance, votre charité et votre exemple être comme un arbre chargé de fruits abondants pour le présent et pour l'avenir. Puisse Dieu quand sonnera votre heure dernière être tellement satisfait de votre piété qu'il fasse transporter votre esprit de la terre sur les ailes des anges. Il est maintenant deux heures du matin, en ce jour, le dernier que je dois passer sur la terre et le père André m'a dit que je devais me tenir prêt pour le grand événement. Je l'ai écouté et je suis disposé à tout faire suivant son avis et ses recommandations. Dieu me tient dans sa main pour me garder dans la paix et la douceur, comme l'huile tenue dans un vase et qu'on ne peut troubler.

Tôt le matin, Riel entend la messe, communie et, vers les sept heures, le père André lui administre les derniers sacrements. À huit heures et cinq minutes, apparaît le bourreau, le visage couvert d'un masque et tenant dans ses mains les courroies devant servir à lier les mains de Riel. « À 8.15 heures, rapporte un journaliste, Riel se leva et fut lié par le bourreau. Les deux prêtres se tenaient en avant ; il marcha alors d'un pas ferme vers l'échafaud en répétant : Je repose ma confiance en Dieu. Il marcha la tête haute et le pied ferme sans le moindre tressaillement. Comme il priait en articulant chaque mot, un demi-sourire illuminait sa figure. Il descendit quelques marches et il se plaça sur la trappe, la figure tournée vers le nord. » Après quelques prières, le bourreau lui enfila un bonnet blanc, alors que les deux prêtres se tenaient à ses côtés, un cierge allumé à la main, récitant la prière des agonisants.

À huit heures trente, « la trappe tomba, un frissonnement courut dans l'assistance. La corde, pendant un moment, fut violemment agitée, allant de l'avant à l'arrière, puis vibra. La chute a été de 8 pieds ». Une vingtaine de journalistes avaient assisté à la pendaison. Avant qu'on ne passe la corde au cou de Riel, le shérif lui avait demandé s'il avait quelque chose à dire. La plupart des spectateurs attendaient une déclaration politique, mais le condamné demanda au père André : « Est-ce que je vais dire quelque chose ? » — « Non, répond le religieux, faites un dernier sacrifice et vous serez récompensé. »

Une fois le corps de Riel descendu de l'échafaud, le médecin Jukes l'examine. Le coroner et le jury procèdent eux aussi à l'examen du cadavre et rendent ensuite le verdict suivant : « Que le corps est celui de Louis Riel, convaincu de haute trahison et condamné à mort ; que la sentence de mort a été dûment exécutée sur le corps dudit Louis Riel, le seizième jour de novembre 1885 ; que la mort a été causée par la pendaison aux casernes de la police montée, près de Regina, T. N.-O., tel qu'ordonné par la sentence rendue par la cour. »

John Henderson, prisonnier des hommes de Riel, au Manitoba, en 1870, avait reçu la somme de cinquante dollars pour agir comme bourreau.

*Une première vague*

C'est à onze heures et douze minutes qu'un télégramme apprend aux Montréalais que Riel a été pendu. En moins de dix minutes, la nouvelle se répand à travers toute la ville. Les gens commencent à arborer des crêpes à leurs chapeaux. Des magasins ferment, on descend dans la rue en disant : « Ils l'ont pendu ! ! ! » À Québec, la réaction est à peu près identique.

> Dans l'après-midi, lit-on dans la *Presse*, quelques centaines d'étudiants se sont portés vers la résidence de sir Hector Langevin où la police est sur le qui-vive. Des prospectus les convoquant à la réunion de ce soir sont distribués à tous les passants. Ces prospectus sont composés en gros caractères et conçus dans les termes suivants : « Riel est pendu. Cette infamie a consommé le triomphe des orangistes sur les catholiques et les Canadiens français. Ce soir, à huit heures, sur la place du Marché Jacques-Cartier aura lieu une réunion de tous les Canadiens français de la ville de Québec pour protester contre le terrible assassinat commis, ce matin, par sir John, sir Hector Langevin, sir A.-P. Caron et l'honorable M. Chapleau. Soyez tous, sans qu'il en manque un seul, ce soir, à votre poste. »

Les autorités de la capitale provinciale craignent pour la sécurité générale. Les hommes de la Batterie B et les soldats cantonnés à la citadelle reçoivent ordre de ne pas quitter leurs postes et de se tenir prêts à faire face à toute éventualité. Dans le quartier Saint-Roch, on a dressé trois échafauds et on y a pendu en effigie les ministres « pendards ».

Au marché Jacques-Cartier, environ 15 000 personnes se réunissent, le 16 novembre au soir, pour protester contre la pendaison de Riel. Une série de résolutions sont adoptées au milieu des applaudissements de la foule. On y proclame que l'exécution de Riel concerne « tous les sujets britanniques à quelque croyance et origine qu'ils appartiennent, qui ne veulent pas que le drapeau de l'Empire britannique soit souillé par des actes propres à soulever la réprobation des peuples civilisés ». On dénonce aussi ceux que l'on considère comme les deux grands coupables : les Loges orangistes et Macdonald, ce dernier s'étant « rendu indigne de présider au gouvernement du pays ».

Le même soir, à Montréal, plusieurs milliers de personnes se réunissent sur le Champ de Mars, alors qu'une centaine de policiers patrouillent le voisinage. On pend plusieurs mannequins représentant le premier ministre Macdonald, les ministres Langevin, Chapleau et Caron, le juge Richardson et le député Ouimet. Ce dernier se voit surnommé « le chevalier de la Corde ». Au cours de l'avant-midi du 16, dès l'annonce de la pendaison de Riel, les membres du Conseil de ville de Montréal, alors en réunion, avaient adopté, par 19 voix contre 4, une résolution dénonçant la mort du chef métis. Des dizaines d'autres conseils municipaux feront de même au cours des jours suivants.

*Un cri racial*

Depuis des semaines déjà, le débat entourant la condamnation de Riel avait pris une nouvelle tournure. Des francophones demandaient que ne soit point pendu un autre francophone considéré comme irresponsable ; par ailleurs, des anglophones exigeaient la mort d'un francophone coupable d'avoir fomenté un soulèvement sanglant et surtout responsable de la mort de Thomas Scott en 1870.

Mort, Riel devient, aux yeux de plusieurs, martyr et symbole. Geste significatif, immédiatement après la pendaison du Métis, le shérif-adjoint Gibson fait brûler la corde dont on s'était servi, obéissant ainsi aux ordres qu'il avait reçus, « afin d'empêcher les personnes qui voulaient avoir des reliques de Riel de s'en emparer ».

La presse francophone est presque unanime à dénoncer la pendaison de Riel en lui donnant une signification « nationale ».

> Riel, lit-on dans la *Presse* du 16, vient d'expier sur l'échafaud le crime d'avoir réclamé les droits de ses compatriotes. [...] Un patriote vient de monter au gibet pour un de ces crimes purement politiques, auxquels les nations civilisées n'appliquent plus la peine de mort. Un pauvre fou vient d'être livré en holocauste à des haines sauvages, sans que même on ait daigné prendre le soin de s'assurer de son état mental. [...] Riel n'expie pas seulement le crime d'avoir réclamé les droits de ses compatriotes ; il expie surtout et avant tout le crime d'appartenir à notre race. L'échafaud de Riel brise tous les liens de partis qui avaient pu se former dans le passé. Désormais il n'y a plus ni conservateurs, ni libéraux, ni castors. Il n'y a que des patriotes et des traîtres. Le parti national et le parti de la corde.

Le quotidien montréalais ultramontain, l'*Étendard*, lance lui aussi le cri racial : « Le 16 novembre 1885 aura été un jour de réjouissances féroces pour les sanguinaires fanatiques d'Ontario et du Nord-Ouest. Mais, en même temps, c'est un jour de souveraine humiliation pour la race canadienne-française. Car il n'y a pas à s'y méprendre, le stigmate de l'infamie que le fanatisme et la lâcheté de nos ennemis vont imprimer sur le front de Riel, c'est à la face de tout un peuple qu'ils le destinent. »

Jules-Paul Tardivel, dans son hebdomadaire québécois La *Vérité*, considère que la mort de Riel aura des conséquences qui s'étendront dans le temps : « L'échafaud de Regina grandira, grandira, grandira toujours ; son ombre sinistre se projettera de plus en plus menaçante sur le pays. Cette tache de sang sur notre blason national deviendra chaque jour plus éclatante. Toujours l'image de ce cadavre d'un pauvre fou, pendu pour de misérables fins de parti, pendu pour maintenir un homme au pouvoir, pendu en haine du nom canadien-français, toujours l'image de ce cadavre de Louis Riel sera là, se balançant entre ciel et terre, sous les yeux de notre population. »

Un autre journal de la capitale provinciale, le *Canadien*, craint la destruction du Canada : « Le sang est un mauvais ciment et si la Confédération n'en a pas d'autre le coup de vent qui la culbutera n'est pas loin dans l'horizon. Le pays dans lequel le droit de vie ou de mort s'exerce par l'influence des factions perd le respect de l'étranger et la confiance de ses habitants. Si l'orangisme est l'autorité souveraine — quand il lui plaît — en matière criminelle, la liberté des personnes, la propriété, les institutions publiques sont en péril : il n'y a plus de sécurité ! »

L'orangisme que l'on dénonce avec tant de véhémence réagit lui aussi à la pendaison de Riel. Les membres de la Loyal Orange Lodge n° 1528 adoptent une résolution félicitant le gouvernement d'avoir mis à exécution la sentence de mort passée contre l'archi-rebelle et traître Louis Riel et que le sang de notre frère Scott, assassiné, est enfin vengé après quinze ans ; et que nous nous engageons à soutenir le gouvernement qui a prouvé que justice serait faite à toutes les classes, quelle que soit leur croyance, et de plus, si aucun trouble s'élevait grâce à l'intervention des catholiques français ou romains, dans l'administration de nos lois ou droits, nous supporterons le gouvernement et notre constitution et nos lois, même jusqu'à répandre notre sang pour la défense de ces dernières.

Riel, qui, même disparu, demeure au centre du débat, n'est plus aux yeux de son confesseur, le père André, un simple fou. La potence lui a donné une nouvelle dimension qui permet au religieux d'exprimer une opinion contraire à celle qu'il exprimait quelques mois plus tôt, sous le pseudonyme de Testis Fidelis :

> Rien au monde ne pouvait le sauver, écrit-il le 20 novembre ; la détermination de le détruire était un parti-pris chez sir John Macdonald depuis longtemps et les ministres canadiens-français, nos défenseurs naturels cédaient avec empressement à la volonté despotique de leur maître. [...] Notre pauvre ami Riel est mort en brave et en saint. Jamais mort ne m'a tant consolé et édifié que cette mort ! [...] Il a, si je puis me permettre cette expression, ennobli et comme sanctifié l'échafaud ; le supplice auquel il a été condamné, loin d'être une ignominie pour lui est devenu, par suite des circonstances qui l'ont accompagné, une véritable apothéose de Riel. Le gouvernement ne pouvait mieux faire pour rendre immortel le nom de Riel et se couvrir d'infamie aux yeux de l'Histoire qu'en faisant exécuter la sentence comme il l'a fait. [...] Riel est mort, mais son nom vivra dans le Nord-Ouest, quand le nom de sir John, son implacable ennemi, sera depuis longtemps oublié, malgré toutes les affirmations du contraire, de ses adulateurs intéressés.

Les prises de position verbales ou écrites ne suffisent pas. On craint que la violence n'éclate en quelque endroit. À Montréal, un affrontement entre étudiants francophones et anglophones est à craindre, d'autant plus que les anglophones annoncent qu'ils vont brûler un mannequin représentant Riel. À Sherbrooke, le 19, la bagarre sanglante met aux prises des centaines de personnes qui veulent pendre en effigie Macdonald et ses ministres, contre des orangistes, amis du gouvernement, qui veulent s'emparer des mannequins. Plusieurs personnes sont blessées sérieusement et des arrestations ont lieu.

## Démissions à l'horizon ?

John A. Macdonald, malgré l'orage qui s'annonce, décide de partir pour l'Angleterre le 21 novembre. Ses ministres francophones évitent les bains de foule. De part et d'autre, on réclame leur démission. « Langevin, Chapleau et Caron, affirme l'historienne Andrée Désilets, décident de rester à leur poste afin d'éviter une guerre de races. » Langevin explique ainsi à son frère Edmond, le 20, le pourquoi de son attitude : « Si nous nous étions retirés du gouvernement sur cette question, qu'arrivait-il ? Riel aurait été pendu tout de même, et nous aurions mis une barrière infranchissable entre le gouvernement actuel et les Canadiens français. Nous nous fermions le gouvernement et, en faisant bande à part, les Canadiens français coalisaient contre eux l'élément anglais, et nous mettaient en guerre de race, de nationalité, etc. » La *Minerve*, l'organe du parti conservateur, reprend la même argumentation en éditorial, le 21 : « Que faire en présence de cette difficile situation ? Que les ministres canadiens résignent, disent les agitateurs. Résigner aujourd'hui, c'est le rôle facile, qui tente, mais est-ce bien le beau rôle ? Et après cette résignation, quoi ! Qui les remplacerait ? La réponse s'impose : Personne. Et le gouvernement se passe des nôtres, le conflit national prend une intensité qui fortifie ceux qui restent au pouvoir et les Canadiens libéraux comme conservateurs ont la gloire et l'avantage de passer à l'opposition indéfiniment. »

La plus importante dénonciation des ministres francophones doit avoir lieu le dimanche 22 novembre, lors d'une assemblée générale qui doit se tenir au Champ de Mars à Montréal. Un comité spécial a été mis sur pied pour préparer la rencontre. Une première réunion avait eu lieu le 19, à laquelle assistaient 20 000 personnes. On y avait adopté, entre autres, une résolution stipulant « que l'exécution de Louis Riel est un outrage à la justice et à l'humanité et un outrage pour notre nationalité, et que les ministres, députés et journalistes canadiens-français qui sont responsables de cette exécution méritent la réprobation publique ». Parmi les orateurs qui prennent la parole, L.-O. David est l'un des plus virulents. Il déclare que « l'exécution de Riel n'était pas due qu'au fanatisme des sectes d'Ontario, mais à la trahison et à la lâcheté des ministres canadiens-français qui ont commis un crime national plutôt que de résigner leurs portefeuilles ». La foule crie alors : « Honte ! honte ! »

Le dimanche 22, à partir de midi, soit après la grand'messe dominicale, la foule commence à se masser sur le Champ de Mars, derrière l'hôtel de ville de Montréal. On est venu de partout et bientôt, plus de 50 000 personnes acclament les premiers orateurs qui s'installent sur une des trois estrades que l'on a dressées pour l'occasion. « L'estrade centrale est ornée de drapeaux. Au mât principal, les plis du drapeau tricolore flottent fièrement au vent ; à droite et à gauche, se trouvent les étendards anglais et américains. La foule est calme. Le portrait de Riel se vend par milliers. Tout le monde veut posséder les traits du martyr politique du Nord-Ouest qui prend place dans l'histoire à côté des victimes de 1837-38. »

Laurier et Mercier, entourés des principaux hommes politiques canadiens-français, sont là. On lit à l'assistance le texte d'un certain nombre de résolutions qui vont orienter l'avenir immédiat des Canadiens français.

> Considérant qu'il est évident que le gouvernement a fait de cette exécution un pur sujet de calculs électoraux ; qu'il a supputé froidement combien de comtés lui rapporterait la tête de Riel et combien de comtés une politique de clémence et de justice lui en ferait perdre ; qu'enfin voulant donner suite à ces calculs, il l'a sacrifié à la haine de fanatiques, leur permettant ainsi de soulever les uns contre les autres les diverses races qui, dans ce pays, vivent à l'ombre protectrice du drapeau anglais. Résolu. [...] 2. Que le consentement donné par sir Hector Langevin, sir Adolphe-P. Caron et l'honorable Joseph.-A. Chapleau à cette odieuse exécution, constitue une trahison nationale et mérite spécialement la réprobation de tous les citoyens de cette province ; 3. Que, dans les circonstances, il incombe aux électeurs de chaque comté d'exiger de leur représentant à la Chambre des communes un engagement formel de combattre le gouvernement de sir John A.

Macdonald par tous les moyens constitutionnels à leur disposition ; 4. Que, dans l'opinion de cette assemblée, les circonstances exigent que toutes les divisions de partis politiques, de races et de religions s'effacent et que tous les hommes de bonne volonté, quelles qu'aient été leurs divergences d'opinions antérieures, se réunissent pour arriver au but indiqué dans les résolutions précédentes.

Il devient évident que l'affaire Riel, aux yeux de certains, fournit l'occasion idéale pour former un nouveau parti politique à saveur nationale. On veut faire, avec ce parti en gestation, l'union de tous les francophones, indépendamment des partis politiques déjà existants. Georges Duhamel, secrétaire du comité exécutif national, est clair à ce sujet. « Ces résolutions, dit-il, sont signées par les plus beaux noms, les noms les plus illustres de tous les partis, mais j'ai tort de parler des partis. Il n'y a plus, je l'espère, qu'un seul parti, le Parti National. » Et la foule d'applaudir à tout rompre !

Israël Tarte est un des premiers orateurs à prendre ensuite la parole. Il répond à ceux qui accusent les Canadiens français, dans leur mouvement de contestation, de menacer la constitution du Canada. « Eh !, messieurs, si nous menaçons la Confédération, l'intégrité de l'Empire, comment se fait-il que le premier serviteur de la Reine en ce pays s'éloigne, à cette heure même, de nos rives ? Son devoir ne serait-il pas de convoquer le Parlement, de prendre conseil de la nation ? Non, nous ne menaçons ni la Confédération, ni l'ordre, ni la constitution, ni les autres nationalités. Nous menaçons l'existence du gouvernement qui a commis un acte antibritannique, anticivilisateur et qui persiste à n'en donner aucune explication. »

Vient ensuite le tour de Wilfrid Laurier. Il va sans dire qu'il profite de l'occasion pour attaquer les conservateurs. Pour mieux accuser les ministres francophones en place, il rappelle le souvenir de George-Étienne Cartier. « Si, en 1885, déclare-t-il, sir George-Étienne Cartier eût encore vécu, nous savons tous, anciens libéraux et anciens conservateurs, qu'aujourd'hui Riel serait en vie ou sir George-Étienne Cartier ne serait plus ministre. Je ne veux pas faire de lutte de races. Les droits que nous réclamons ne sont pas les droits de la nation française en particulier, mais ceux de la nation canadienne et de l'humanité. »

Le sénateur François-Xavier-Anselme Trudel, plus connu sous le nom de « grand vicaire » à cause de ses idées religieuses ultramontaines et castor reconnu, n'est plus gêné de se retrouver aux côtés d'un libéral comme Laurier et de prendre la parole à sa suite.

Électeurs ! je prends maintenant la résolution solennelle et inébranlable de faire l'opposition à sir John A. Macdonald, je ne lui donnerai plus mon appui. Le parti conservateur français n'a plus de chefs maintenant ; il n'existe plus ; mais, comme un peuple uni, nous élevons la voix pour protester. [...] Tout le pays est dans l'agitation : 2 000 000 de Canadiens français se sont levés et demandent pourquoi Riel a été exécuté. Les Canadiens français n'ont pas demandé sa grâce parce qu'il était Canadien français, mais parce qu'il ne méritait pas la mort. Ils ne veulent pas une guerre de races. Ils ne veulent pas isoler la province de Québec, mais ils veulent être respectés.

Honoré Mercier est l'un des derniers orateurs à prendre la parole lors de cette fameuse assemblée du 22 novembre, qui demeure l'une des plus imposantes de cette époque. Malgré l'heure avancée et la fatigue, la foule l'écoute avec enthousiasme. Ses premiers mots sont demeurés célèbres :

> Riel, notre frère, est mort, victime de son dévouement à la cause des Métis dont il était le chef, victime du fanatisme et de la trahison : du fanatisme de sir John et de quelques-uns de ses amis ; de la trahison de trois des nôtres qui, pour garder leur portefeuille, ont vendu leur frère. Riel est mort sur l'échafaud, comme sont morts les patriotes de 1837, en brave et en chrétien ! En livrant sa tête au bourreau, comme de Lorimier, il a donné son cœur à son pays ; comme le Christ, il a pardonné à ses meurtriers. [...] En tuant Riel, sir John n'a pas seulement frappé notre race au cœur, mais il a surtout frappé la cause de la justice et de l'humanité qui, représentée dans toutes les langues et sanctifiée par toutes les croyances religieuses, demandait grâce pour le prisonnier de Regina, notre pauvre frère du Nord-Ouest. [...] Nous sommes ici cinquante mille citoyens libres, réunis sous l'égide protectrice de la Constitution au nom de l'humanité qui crie vengeance, au nom de tous les amis de la justice foulée aux pieds, au nom de deux millions de Français en pleurs, pour lancer au ministre en fuite une dernière malédiction qui, se répercutant d'écho en écho, sur les rives de notre grand fleuve, ira l'atteindre au moment où il perdra de vue la terre du Canada, qu'il a souillée par un meurtre judiciaire. Quant à ceux qui restent ; quant aux trois qui représentent la province de Québec dans le gouvernement fédéral et qui ne représentent plus que la trahison, courbons la tête devant leur défaillance et pleurons leur triste sort ; car la tache de sang qu'ils portent au front est ineffaçable comme le souvenir de leur lâcheté. Ils auront le sort de leur frère Caïn ; leur mémoire sera maudite comme la sienne ; et comme les fils d'Abel qui fuyaient dans le désert pour ne pas rencontrer le premier fratricide du monde, nos enfants détournent la tête pour ne pas voir les trois fratricides du Canada. En face de ce crime, en présence de ces défaillances, quel est notre devoir ? Nous avons trois choses à faire : nous unir pour punir les coupables ; briser l'alliance que nos députés ont faite avec l'orangisme et chercher une alliance plus naturelle et moins dangereuse, la protection de nos intérêts nationaux.

Pour Mercier, le plus important demeure l'union sous un même chef, du moins sous la même houlette.

> Cette mort qui a été un crime chez nos ennemis va devenir un signe de ralliement et un instrument de salut pour tous. Notre devoir est donc de nous unir pour punir les coupables ; que cette union soit bénie par ce peuple et faisons serment devant Dieu et devant les hommes de combattre de toutes nos forces et de toute notre âme et avec toutes les ressources que nous fournit la constitution, le gouvernement prévaricateur de sir John, les trois traîtres qui viennent de déshonorer notre race et tous ceux qui seraient assez lâches pour chercher à imiter ou à excuser leur crime !

Lorsque se termine la réunion du 22 novembre 1885, l'agitation causée par la pendaison de Riel n'est pas disparue. Loin de là. Mais l'assemblée a eu comme première conséquence importante la constitution d'un certain front commun des francophones qui amènera la naissance d'une nouvelle formation politique et l'avènement de Mercier au pouvoir provincial.

# LES PENDARDS
# 1885-1888

DES CANADIENS FRANÇAIS DU DIOCÈSE DE SAINT-HYACINTHE veulent faire chanter une messe de requiem pour le repos de l'âme de Louis Riel, mais l'évêque Louis-Zéphirin Moreau refuse d'accorder cette permission à ses curés. Moreau, qui craint une nouvelle flambée de libéralisme, déclarera au début de décembre 1885 : « L'excitation produite à cette occasion [la pendaison de Riel] est très malheureuse pour notre pays et pour notre province en particulier. Puisse-t-elle ne pas nous conduire à quelque chose de lamentable ! Prions bien et faisons prier beaucoup afin qu'il ne nous arrive rien de fâcheux pour nos intérêts religieux et nationaux. »

À Montréal, l'Association Saint-Jean-Baptiste veut faire chanter un service solennel à l'église Notre-Dame « pour le repos de l'âme du martyr de cette cause sacrée ». Le curé de la paroisse, Léon-Alfred Sentenne, qui avait déjà été professeur de Riel, pense pouvoir ne demander que 75 $ au lieu des 350 $ normalement demandés pour un service de première classe. L'Association songe à inviter toutes ses sections à assister à la cérémonie « avec insignes et bannières de deuil ». Mais l'évêque Édouard-Charles Fabre ne l'entend pas ainsi. Le dimanche 29 novembre, Sentenne lit donc en chaire cette lettre qu'il vient de recevoir de Fabre :

> Comme Riel est mort en paix avec l'Église catholique, à laquelle il appartenait, je n'ai aucune objection qu'on lui chante les services funèbres qui seraient demandés pour le repos de son âme ; mais il ne peut être permis de changer ces cérémonies funèbres en démonstration politique d'aucun genre. Les fabriques doivent suivre le tarif particulier de chaque paroisse et s'en tenir au prix fixé pour chaque classe de funérailles. Il ne leur est pas permis de donner en cette occasion soit un service gratuit, soit une diminution sur le prix de la classe que l'on demande. Pour ce qui est en particulier du service que l'on demande à Notre-Dame, voici ce que vous exigerez : 1. Que l'on paie d'avance la somme voulue pour la classe de funérailles

demandée ; 2. On suivra exactement, pour les tentures et décorations de l'église, ce qui est réglé par le tarif de votre paroisse, comme pour tout autre service ordinaire. Dans la circonstance présente, il me paraît opportun de défendre la solennité des cloches. De plus, je ne vois pas la convenance d'une procession pour arriver à l'église ; en conséquence, si la procession se fait, le service n'aura pas lieu. Il n'y aura à l'église aucun siège réservé pour ceux qui sont à la tête des associations qui auraient fait chanter ces funérailles.

Les dirigeants de la Saint-Jean-Baptiste se plient aux exigences de l'évêque et le service est chanté le vendredi 4 décembre. Plus de 7000 personnes y assistent. La cérémonie, selon la *Presse*, « a été l'une des plus belles que l'on ait jamais vues à Montréal ».

Tout comme Moreau, Fabre est inquiet de l'agitation engendrée par la pendaison de Riel. Il profite donc de la publication de l'encyclique de Léon XIII, *Immortale Dei*, pour rappeler ses fidèles à l'ordre. Le dimanche 27 décembre, les curés du diocèse de Montréal lisent en chaire le mandement de l'évêque qui dit :

> Un souffle d'émeute et de révolution passe sur notre pays. Nous avons pu voir nous-mêmes un spectacle qui était loin de faire honneur à notre ville : notre jeunesse s'est portée à des démonstrations qui ont peiné les hommes sérieux ; et même des hommes haut placés ont donné la main à ces manifestations où le ridicule le disputait au dévergondage révolutionnaire. Puisqu'il faut tout dire, on a voulu se servir de la religion pour accentuer et faire accepter auprès de nos populations un mouvement qui n'annonce rien de bon pour l'avenir. Où allons-nous, nos très chers frères, si nous marchons dans cette route ? Nous accoutumons notre peuple à l'émeute, à la révolution et, loin de le former à l'exercice sage et prudent de ses devoirs politiques, nous l'habituons à l'effervescence, à la licence et nous nous rendons responsables des tristes conséquences qui devront en résulter.

Elphège Gravel, qui vient d'être nommé évêque du nouveau diocèse de Nicolet, attaque lui aussi Riel et les manifestations dans son mandement sur l'encyclique papale :

> Pour servir la bonne cause des Métis, le pauvre Riel a eu recours à un moyen condamnable et condamné par l'Église. [...] Nos villes et nos campagnes, d'ordinaire si paisibles, n'ont-elles pas vu passer des processions séditieuses ? N'a-t-on pas vu simuler des échafauds et des bûchers pour y traîner en effigie plusieurs de nos hommes publics. [...] C'est accoutumer le peuple à s'attribuer un pouvoir souverain qu'il n'a pas, et déposer dans son cœur des instincts féroces qui y germeront et produiront un jour des fruits amers pour les familles et la société.

L'évêque de Rimouski, Jean Langevin, le frère de sir Hector, utilise dans son mandement un vocabulaire plus percutant que celui de ses confrères. À l'en croire, la révolution est aux portes du pays. « Depuis quelques semaines, écrit-il, une dangereuse agitation et un esprit démagogique se sont répandus dans une partie de notre population, généralement si paisible et si religieuse. On a travaillé à soulever les masses on a porté surtout la jeunesse, toujours plus impressionnable, à des démonstrations tumultueuses, à des voies de faits extrêmement regrettables, qui ne peuvent que rabaisser notre peuple dans l'estime publique, nous exposer à une guerre de race et de religion et à arrêter pour longtemps la prospérité du pays. »

Taschereau et Laflèche rédigent eux aussi des mandements à l'occasion de la publication d'*Immortale Dei*, mais sans faire allusion à l'affaire Riel, jugeant préférable de passer l'agitation sous silence.

Pendant ce temps, dans les Territoires du Nord-Ouest, on continue à subir les contrecoups du soulèvement. Le 27 novembre, huit Amérindiens reliés aux événements du lac aux Grenouilles et de Battleford sont pendus. Quant au corps de Riel, il est d'abord déposé dans une voûte sous l'église de l'Immaculée-Conception, à Regina. Quelques jours plus tard, soit le 9 décembre, on le transporte à Saint-Vital où il est exposé dans la maison de sa femme. Le 12, un service est chanté dans la cathédrale de Saint-Boniface en présence de l'évêque Taché. Enfin, il est enterré dans le cimetière voisin « à côté des restes de son père ».

## Quelques démissions

Le haut clergé n'est pas le seul à se désolidariser des mouvements populaires de contestation. Le 25 novembre, l'ancien premier ministre de la province de Québec, Henri-Gustave Joly de Lotbinière, annonce à ses électeurs de Lotbinière qu'il représente à l'Assemblée législative sa décision de démissionner de son poste de député. Il refuse aussi d'assister à une assemblée publique organisée pour protester contre la pendaison de Riel et à une messe de requiem.

> Je ne puis pas approuver, dit-il, le mouvement qui se fait maintenant dans la province de Québec. [...] Je suis d'opinion que les Canadiens français ont la libre jouissance de leurs droits. S'ils n'en ont pas tiré un meilleur parti, ils ne doivent s'en prendre qu'à eux-mêmes. Je ne vois pas en quoi la formation d'un nouveau parti, le Parti National, pourrait améliorer leur position, mais je crois voir comment elle pourrait la rendre plus mauvaise et comment elle pourrait compromettre l'avenir de la Confédération. [...] Je me trouve en désaccord avec mes constituants sur une question trop sérieuse pour qu'il ne soit pas de mon devoir de me retirer, afin de leur laisser le libre exercice de leur droit de choisir un représentant qui sympathise complètement avec leurs sentiments, et j'envoie ma résignation au président de l'Assemblée législative.

Le député de Drummond-Arthabaska, William John Watts, démissionne à son tour, le 17 décembre, apparemment pour les mêmes motifs que Joly.

Pressé d'expliquer sa conduite et pourquoi il n'avait pas offert sa démission, le ministre Chapleau adresse à quelques-uns de ses commettants, le 27 novembre, une première justification : « J'ai cru, en mon âme et conscience, que l'avenir de notre nationalité serait mis en péril si nous cédions aux sollicitations de ceux qui nous pressaient de rompre violemment avec nos collègues. Cette rupture entraînait l'isolement de notre race ; l'isolement engendrait l'antagonisme, la lutte, la guerre de races, la pire de toutes. »

Chapleau revient à la charge avec un manifeste « aux électeurs du comté de Terrebonne » publié dans la *Minerve* du 2 décembre.

Un vent de révolte souffle en ce moment avec violence sur la province de Québec, menaçant de renverser sur son passage, si on ne l'arrête, le parti conservateur et le ministère. Plaise à Dieu que là seulement se borne le désastre et que la nationalité à laquelle nous appartenons n'en soit pas la ruine la plus sérieuse. Un parti politique peut vite se réorganiser, un ministère est bientôt oublié et se remplace encore plus facilement qu'il ne s'oublie ; mais les blessures que la nationalité reçoit saignent longtemps et ne se guérissent jamais complètement. Autant je respecte le sentiment national qui produit le mouvement actuel, autant je déplore la cause de ce soulèvement, autant je gémis sur les tristes conséquences qui peuvent en résulter. La meilleure preuve que la cause est mauvaise, c'est qu'un esprit d'injustice semble le dominer. On soupçonne, on accuse, on condamne d'anciens et fidèles serviteurs du pays sans les entendre, avant même qu'ils n'aient parlé.

L'ancien premier ministre de la province de Québec passe ensuite en revue ses activités politiques depuis 18 ans, attaque Riel et la façon dont il a tenté de faire triompher une cause valable par certains aspects et arrive à la conclusion, qu'en conscience, il ne pouvait pas démissionner et que, de toute façon, un tel geste aurait été inutile et dangereux. Lors d'une réunion publique à Saint-Jérôme, le 20 janvier 1886, Chapleau se justifie à nouveau en insistant sur le fait qu'il avait déjà défendu Riel lors de son procès en 1874. Le député de la circonscription électorale de Hochelaga, Louis Beaubien, réplique au ministre : « Vous avez du talent, monsieur Chapleau, mais vous n'avez pas de cœur. »

## Au gré du vote

Alors que le calme revient parmi les habitants du Bas-Canada, sans pour autant que l'on oublie Riel, c'est au Parlement du Canada que l'affaire rebondit. Le 2 mars 1886, en effet, le député Philippe Landry de Montmorency dépose un avis de motion à la Chambre des communes. Le texte est ainsi libellé : « Cette Chambre croit de son devoir d'exprimer son profond regret que la sentence de mort prononcée contre Louis Riel, convaincu de haute trahison, ait été mise à exécution. »

Le débat sur la motion débute le 11 mars. Landry, qui est député conservateur, prononce un discours dans lequel il énumère les raisons qui l'ont amené à faire un geste de blâme contre le ministère de Macdonald. « Il est pénible pour moi, dit-il, de me séparer de mes amis ; mais c'est mon devoir que j'accomplis et j'espère que la motion, telle que rédigée, sera supportée non seulement par les conservateurs qui se sont séparés du gouvernement sur cette question, mais encore par tous les membres de l'opposition. [...] Je n'ai fait aucune entente avec le gouvernement à propos de cette motion. Je ne fais que remplir des promesses par moi faites à des assemblées publiques et à mes électeurs. »

Le ministre Langevin est le premier à relever le gant. Depuis le début de novembre 1885, il n'a à peu près pas fait de déclarations pour justifier son attitude, mais maintenant le temps est venu de s'expliquer. « L'histoire prouvera que le gouvernement a bien fait. Ces attaques, ces insultes ont passé au-dessus de nos têtes et aujourd'hui notre côté de la question peut être entendu. » Selon lui, Riel était coupable et la motion Landry est « une censure directe contre le gouvernement ». « Moi et mes deux collègues [Chapleau et Caron], conclut-il, nous ne sommes pas dans le cabinet simplement comme canadiens-français ; mais comme les représentants de tout le peuple canadien. »

L'intervention la plus importante reste, sans contredit, celle de Wilfrid Laurier, le mardi 16 mars. Son discours sera reproduit et commenté par la plupart des journaux importants non seulement du Canada, mais aussi des États-Unis et de Grande-Bretagne. Le correspondant parlementaire de la *Montreal Gazette* invente une expression qui aura son heure de gloire : « Silver Tongued Laurier », Laurier à la bouche d'argent ! Tarte, qui éprouve peu de sympathie pour le député libéral, écrira dans le *Canadien* : « Il a fait un discours qui, dans n'importe quel pays du monde, placerait son auteur au premier rang des maîtres de la langue française. M. Laurier est vraiment hors de pair dans l'éloquence étudiée, policée, qui fait les délices des auditoires triés sur le volet. Les clameurs violentes de la foule le laissent froid et indifférent ; il lui faut un amphithéâtre garni de lettrés. »

Dès le point de départ, Laurier insiste sur les méfaits qui résulteraient de l'établissement d'un parti politique composé presque exclusivement de francophones :

> Le *Mail* et les autres organes tories ont dit à plusieurs reprises que les chefs des Canadiens français avaient l'intention de former un parti canadien-français, indépendant de tout autre parti dans la Chambre et ne reconnaissant d'autres intérêts que les intérêts de race. Je proteste contre une telle assertion. Cette assertion n'est pas fondée, elle est faite dans le but de nuire et contraire à la vérité. La formation d'un tel parti serait l'anéantissement des Canadiens français. Aussitôt que les citoyens d'origine française, qui sont en minorité dans la Chambre et dans le pays, se seraient organisés en parti politique à part, ceux qui sont d'origine différente et qui sont en majorité feraient de même et le résultat serait désastreux pour nous. Ici, il n'y a qu'une façon de former des partis. Il ne peut et il ne doit y avoir en jeu que des questions de régie et d'administration dans le gouvernement de notre pays, et les Canadiens français, qui ont pris part au mouvement, n'ont jamais eu d'autres intentions que de s'organiser sur la base des partis existants, et non autrement.

Laurier juge que les tories, tant les députés que les journalistes, ont lancé trop facilement l'accusation de trahison vis-à-vis des Métis et des Canadiens français. Il se lance donc dans une grande profession de foi en la mère patrie :

> Je suis sujet britannique, mais ce n'est pas une loyauté du bout des lèvres que la mienne. Si les honorables messieurs d'en face veulent lire l'histoire, ils verront que mes ancêtres, dans toutes leurs luttes passées contre la couronne d'Angleterre, n'ont jamais voulu autre chose que d'être traités comme des sujets britanniques et qu'aussitôt qu'ils se sont vus traités comme tels, ils ont pris place à côté des plus loyaux sujets que l'Angleterre eût jamais eus, sans toutefois perdre le souvenir du pays de leurs aïeux. [...] Nous parlons français, ce qui est pour nous un grand désavantage au point de vue strictement utilitaire, puisqu'il nous faut de plus apprendre une langue étrangère pour prendre notre part du mouvement national en ce pays. Il faut bon gré mal gré que tous parlent l'anglais, tant bien que mal. L'unité de langue serait peut-être préférable au point de vue purement utilitaire ; mais le français est la langue de nos mères, c'est la langue qui évoque dans nos

esprits les plus saintes associations d'idées, celles qui pénètrent les premières au cœur de l'homme et qui ne meurent jamais : et tant qu'il y aura des mères françaises, notre langue ne saurait disparaître. Mais ce sentiment n'offre aucune incompatibilité avec notre loyauté envers l'Angleterre.

Riel, aux yeux de Laurier, ne mérite pas le titre de héros, parce qu'il ne possédait pas « un esprit bien équilibré ». Le chef métis aurait été exécuté par esprit de vengeance : « C'est la mort de Scott qui est la cause de la mort de Riel ! » En conséquence, le député de Québec-Est votera en faveur de la motion de blâme proposée par Landry.

Les discours succèdent aux discours et plusieurs députés francophones conservateurs ne savent pas trop s'ils doivent voter en faveur de la motion, car un vote positif pourrait peut-être engendrer la chute du gouvernement Macdonald. L'évêque Taché, qui se trouve par hasard au même moment à Ottawa « pour continuer à y travailler dans l'intérêt de notre chère population », profite de ses rencontres avec les députés pour les inciter à prendre position pour le premier ministre. Taché justifie son activité dans une lettre à Laflèche datée du 23 mars :

> Vous comprenez facilement l'effet produit parmi la députation française par la motion Landry. Hélas ! pourquoi faut-il que l'esprit de parti domine tout autre sentiment ? Je vois des gens qui, je le sais, n'ont aucun souci de notre peuple, de nos chers Métis, et qui pourtant déploient un zèle apparent qui ne cache que très imparfaitement le mobile réel de leur conduite. [...] D'un autre côté, je remarque avec bonheur des hommes sincères qui ont vraiment à cœur de défendre et d'aider notre population, fallut-il pour cela rompre avec leur parti, se séparer de leurs alliés naturels, des amis de toute leur vie. Comme vous le pensez facilement, on veut connaître mon opinion. Ma pensée en tout cela est unique, je ne veux qu'une chose : le bonheur du peuple auquel j'ai voué mon existence. Que faire pour assurer cette fin si désirable ? Là naturellement se trouve la difficulté. Plusieurs membres de nos amis m'ont posé carrément la question : Devons-nous renverser le gouvernement ? Après mûre réflexion, j'ai cru devoir répondre que tel n'est pas mon avis. Le renversement d'un gouvernement n'est pas toujours un remède aux maux que l'on déplore, aux fautes qui ont été commises. [...] J'ai donc cru devoir dire à des amis, qui m'ont consulté sur ce sujet, que si leurs sympathies politiques sont pour le parti au pouvoir, ils ne se montreront pas ennemis du Nord-Ouest ni de ses habitants en votant contre la motion Landry, qui n'est qu'un vote de non-confiance. Mais ceci, à la condition de n'être pas partisans quand même, mais, bien au contraire, d'insister pour obtenir le redressement des griefs si souvent formulés et la compensation aux pertes qui ont été le triste résultat de la lenteur apportée à rendre justice.

Le vote sur la motion Landry se tient le 24 mars. La motion de blâme est rejetée par 146 voix contre 52. Sur les 64 députés de la province de Québec présents, 36 votent contre la motion. Parmi ceux qui votent en sa faveur, on dénombre 16 conservateurs. Les libéraux francophones avaient tous accordé leur appui à la mesure. Les 23 conservateurs francophones qui ne voulurent pas se prononcer favorablement pour la motion mériteront dans quelques journaux québécois les surnoms de traîtres ou de pendards. On publiera même des placards les dénonçant.

*Un nouveau vote*

Même si la Chambre des communes du Canada se prononce définitivement sur la responsabilité gouvernementale dans l'affaire Riel, cette dernière fait à nouveau la manchette à l'Assemblée législative de la province de Québec. La cinquième session de la cinquième Législature débute le 8 avril par la lecture du discours du Trône en présence des consuls de France, d'Espagne et des États-Unis. Dès le lendemain, Mercier avertit l'Assemblée qu'il posera, le lundi 12, les trois questions suivantes : « Le gouvernement a-t-il fait au gouvernement fédéral des représentations pour empêcher l'exécution de Riel et pour supporter les nombreuses résolutions des conseils municipaux et les nombreuses requêtes des citoyens de cette province demandant la commutation de la sentence rendue contre le chef des Métis ? 2ᵉ Les ministres individuellement ont-ils pris de telles mesures ? 3ᵉ Si oui, quelle est la nature et la date de telles mesures et de la part du gouvernement et de la part des ministres en particulier ? » Lorsque les questions sont formellement posées le 12, le procureur général Taillon répond « non » aux trois demandes et ce sans même se lever de son siège. Le chef de l'opposition reste décontenancé par une telle réponse faite au milieu des rires des ministériels.

Le député conservateur Pierre Garneau présente une motion qui jette habilement un blâme léger contre le gouvernement fédéral :

> Que les députés de cette Chambre, sans vouloir intervenir dans les questions qui ne sont pas du ressort des législatures provinciales, croient devoir profiter de leur réunion pour donner une expression plus publique et plus solennelle aux sentiments de regret et de douleur que le peuple de cette province, dont ils sont les élus, a universellement manifesté à l'occasion de la déplorable exécution de Louis Riel, exécution faite après la recommandation du jury à la clémence, et en dépit de toutes les raisons qui, au point de vue humanitaire, militaient en faveur d'une commutation de peine.

Tout comme à la Chambre des communes d'Ottawa, les discours sont longs et nombreux. Le 7 mai, Mercier intervient dans le débat avec un discours qui dure plusieurs heures. Il essaie de démontrer que la question dépasse les divisions linguistiques : « Tous ceux qui parlent ma langue, de ce côté-ci de la Chambre vont appuyer patriotiquement ces résolutions. Quant à ceux qui ne parlent pas ma langue, s'ils ne votent pas avec nous, c'est leur affaire. Je leur dirai qu'ils ont tort, car ils refusent de se ranger du côté de la justice ; mais j'ajouterai qu'ils ont peut-être été entraînés par le triste exemple que leur donnent mes compatriotes de l'autre côté de la Chambre. »

Mercier profite de la circonstance pour répondre à ceux qui se sont moqués de lui parce que, lors de la réunion au Champ de Mars, le 22 novembre 1885, il avait appelé Riel « mon frère ».

> J'aime mieux appeler Louis Riel mon frère que de faire comme certains hommes qui appellent les orangistes leurs frères. J'aime mieux être parent avec un Métis, que d'être parent avec certains hommes politiques qui cherchent à écraser notre race et à détruire notre religion. Et je n'ai jamais eu honte d'un pendu, quand il a été pendu pour l'amour de son pays. Je n'ai jamais eu honte d'un de Lorimier,

d'un Duquet, d'un Chénier, je n'ai jamais eu honte de mon père fait prisonnier en 1837 parce qu'il aimait son pays. Il faudrait que je sois bien dégénéré pour avoir honte d'appeler Louis Riel mon frère. Louis Riel est mon frère par le sang, comme il est le frère de chacun de nous. Vous avez beau chercher à le nier, cet homme-là, vous serez toujours forcés de vous rappeler qu'il a votre sang comme vous avez le sien ; et avant longtemps, vous serez, bon gré mal gré, obligés de défendre sa mémoire, car souvenez-vous-en, un jour viendra où vos haines politiques disparaîtront et vous retrouverez alors la place de votre cœur.

Selon l'orateur, Riel n'a pas eu un procès juste et régulier. Le mouvement de solidarité, né au lendemain de la mort du chef métis semble, dit-il, se briser.

Nous avons commencé ensemble ce grand mouvement national, le 16 novembre dernier ; vous étiez alors avec nous, et aujourd'hui vous êtes nos ennemis, déclare-t-il aux ministériels. Nous ne vous avons pas alors dit que vous étiez des hypocrites. Nous avons honte de l'avouer, mais c'est vrai ; nous vous croyions alors. Mais, maintenant, sachez-le, nous aurions le droit de vous dire que vous étiez des hypocrites alors, comme vous êtes des traîtres aujourd'hui et vous n'avez pas celui de vous dire insultés. Et si vous osez, dans des circonstances aussi déshonorantes mettre notre sincérité en doute, lorsque nous avons commencé ce grand mouvement ensemble et que la crainte vous l'a fait lâchement abandonner. Vous n'avez pas le droit de nous juger et nous avons celui de vous condamner. Nous sommes restés fidèles à la cause nationale et vous l'avez trahie ! Malheur à vous !

Le soleil se lève lorsque Mercier termine son discours. Quelques autres membres de l'Assemblée interviennent et, par un vote de 43 contre 16, la motion de Garneau est rejetée. Encore une fois, les députés canadiens-français qui avaient voté contre la mesure méritent dans la presse libérale l'épithète de traîtres.

## Aux urnes

Lorsque la Législature provinciale est dissoute, le 9 septembre 1886, il y a déjà plusieurs mois que la province de Québec est en campagne électorale. Les deux partis en lice ne tardent pas à faire connaître leur orientation politique. Honoré Mercier, à la tête du parti national, issu des mouvements de contestation au lendemain de la pendaison de Riel, adresse un manifeste aux électeurs de la province de Québec dès le 26 juin. Le programme du parti national portera surtout sur l'autonomie provinciale.

La situation est grave, car vous êtes menacés dans ce que vous avez de plus cher après la religion : dans l'autonomie de votre province, gardienne constitutionnelle de vos droits religieux et nationaux. Le choix de députés que vous ferez sera la perte ou le salut de ces droits sacrés, suivant qu'il sera le produit fatal de l'esprit de parti qui aveugle et qu'aucun principe essentiel ne justifie, ou le produit intelligent du patriotisme qui éclaire et qui est la sauvegarde de l'honneur et des intérêts publics. La situation est d'une triste simplicité. Notre province n'est plus respectée comme elle l'était naguère, parce que la majorité de ses représentants n'a malheureusement pas défendu son honneur, mais l'a sacrifié à l'esprit de parti.

Mercier lance ensuite un appel à l'union « de tous les bons citoyens, sans distinction de races ou de croyances. » Le programme qu'il met de l'avant comporte une nouvelle orientation du fédéralisme :

> Considérant que l'autonomie des provinces est en péril ; qu'à Québec comme à Ottawa, la politique des deux gouvernements associés prépare la ruine de notre indépendance provinciale ; Que le pouvoir fédéral poursuit d'année en année le cours de ces empiétements législatifs, par une série de mesures, telles que l'Acte des licences, l'Acte des chemins de fer, plus récemment, l'Acte de franchise électorale qui a été substitué, sans raison, aux législatures provinciales, et qui a soustrait aux pouvoirs municipaux leurs prérogatives dans la confection des listes électorales ; Que ces mesures centralisatrices sont le résultat d'un système de gouvernement dont le but tend manifestement à détruire les garanties stipulées à l'époque de la Confédération et à imposer aux provinces, petit à petit, le régime de l'union législative ; Que ce péril, ne saurait être conjuré que par l'existence d'une administration provinciale fortement constituée, agissante, économe des deniers publics, indépendante du pouvoir central et fortifiée par l'appui du sentiment populaire ; [...] Que les auteurs de la Confédération ont voulu établir au siège de la province un véritable gouvernement et non pas un simple bureau de commis prenant chaque jour leur mot d'ordre à Ottawa.

Fort de cette déclaration de principes, le parti national énumère les principaux points de son programme :

> 1. Maintien énergique du principe de l'autonomie provinciale contre toutes les atteintes, directes ou indirectes ; 2. Décentralisation à tous les degrés et extension des pouvoirs municipaux ; 3. Maintien de toutes les garanties religieuses et autres sur lesquelles est fondé notre système actuel d'enseignement public. Direction pratique de l'éducation dans la voie des études agricoles, techniques et professionnelles ; 4. Respect et protection à tous les droits des minorités ; 5. Adoption immédiate de moyens énergiques et pratiques pour améliorer la situation financière de la province et empêcher la taxe directe ; 6. Économie des deniers publics et suppression des dépenses d'immigration et d'administration qui ne sont pas strictement indispensables au service public, pour augmenter d'autant les octrois de colonisation ; réforme du système de comptabilité ministérielle qui a donné lieu à tant d'abus ; 7. Amendement des lois et règlements concernant les terres de la Couronne dans un sens favorable aux colons, à la protection de nos forêts et à leur exploitation intelligente par des commerçants de bonne foi ; 8. Réforme électorale dans le sens le plus large, de manière à rendre le scrutin accessible à toutes les classes de la société, et notamment aux instituteurs, aux fils de cultivateurs et d'ouvriers, aux commis et étudiants, etc., etc. ; 9. Réforme des lois concernant les maîtres et serviteurs, et meilleure réglementation du travail des femmes et des enfants ; 10. Réforme judiciaire de façon à rendre les procès moins longs et moins coûteux.

Le programme du parti conservateur, dirigé par le premier ministre Ross, est des plus simples. Il repose sur l'analyse des réalisations de trois promesses faites par le gouvernement actuel lors de sa prise de pouvoir : économiser, faire valoir les réclamations de la province auprès du pouvoir fédéral et travailler au progrès de la province.

## Les bouts de corde

La campagne électorale provinciale bat son plein à partir du début du mois de juillet 1886. La situation se corse quelque peu à l'occasion d'une élection partielle au niveau fédéral dans la circonscription de Chambly. Le jour de la mise en nomination, le 23 juillet, une foule évaluée à 3000 personnes est réunie à Longueuil pour entendre des orateurs des deux partis, libéral et conservateur.

Chapleau, venu aider le candidat Amable Jodoin, aborde la question Riel au cours de son intervention. Mal lui en prit. Au milieu de cris et de hurlements, il déclare : « Riel a violé les lois de son pays. Il a répandu dans tout le Nord-Ouest le meurtre et le pillage ; Louis David Riel a été un renégat. » La foule manifeste alors bruyamment, lançant au secrétaire d'État : « Honte ! Pendard ! » À la suite de l'intervention du président de l'assemblée, un calme relatif se rétablit et le ministre continue : « Si Riel était fou, comme on le crie partout, pourquoi vouloir soulever tout un peuple intelligent pour un fou ? Je porte dans mon cœur l'honneur du pays aussi haut que tout Canadien français. » Un journaliste de la *Presse* décrit ainsi dans son journal la réaction de la foule à ces propos : « La voix de l'orateur est étouffée par une immense clameur. Deux grands portraits de Riel, suspendus au bout de longues perches, s'avançaient à travers l'assemblée. On les plaça à dix pieds en face de M. Chapleau. À cette vue, le secrétaire d'État pâlit, baissa la vue et devint visiblement troublé. Des bouts de corde sont en même temps lancés vers M. Chapleau. Les acclamations, les cris de *pendard ! honte !* continuèrent pendant cinq minutes. Puis les portraits furent apportés hors de l'assemblée. »

Lors d'une assemblée des électeurs du comté d'Hochelaga, tenue le 12 août au coin de la rue Saint-Laurent et de l'avenue Mont-Royal, à Montréal, le député conservateur Louis Beaubien, qui demande un renouvellement de mandat à l'Assemblée législative, se fait lui aussi huer par la foule qui chante la *Marseillaise* rielliste.

Pour la première fois peut-être, des candidats s'affichent comme « candidats de la classe ouvrière ». Le 12 août, près de l'hôtel Larin, à Montréal, devant une foule de 3000 personnes, « la plupart portant la livrée de travail », les trois représentants ouvriers expliquent leur programme. « Le jour est arrivé, déclare Edward Lauer, d'élire des candidats ouvriers, s'il nous faut combattre pour nos droits. Lorsque les ouvriers de Montréal auront élu leurs candidats, ils montreront à sir John qu'on est dégoûté de sa politique et de la corruption qui s'est glissée dans tous les départements de l'administration. » George Warren souligne que « la classe ouvrière n'avait jamais eu de véritables représentants en parlement. Nous avons dans notre programme la suppression des enfants dans les manufactures. Nous voulons une réorganisation du système d'éducation pour les enfants des ouvriers. L'importation des ouvriers d'Europe par contrats doit être abolie. »

Déjà lors des élections fédérales de 1872, des candidats ouvriers s'étaient présentés dans la province d'Ontario. Mais, dans celle de Québec, de telles candidatures sont une nouveauté. W. W. Robertson, qui brigue les suffrages dans Montréal-Ouest, dénie au parlement « le droit de légiférer pour des classes qui n'y sont pas représentées ». « Il faut se débarrasser, ajoute-t-il, de ce système où l'on nous fait représenter par procuration. Ce seront des ouvriers à l'avenir qui défendront les ouvriers, leurs droits et leur liberté. Nous n'aurons rien à faire avec la politique des deux partis qui se disputent le pouvoir. Nous nous tiendrons à l'écart de ces luttes et nous travaillerons à l'intérêt de nos commettants. » Le candidat A. Gravel, de Montréal-Est, démontre que les ouvriers ont autant leur place en Chambre que les avocats et les financiers.

Le 14 octobre, jour de l'élection générale, aucun candidat ouvrier ne remporte la victoire. La *Presse* du 16 répartit ainsi les sièges : conservateurs, 31 ; libéraux, 29 ; conservateurs nationaux, 3 ; indépendant, 1 ; Chicoutimi, résultats à venir, 1 ; pour un total de 65. L'historien Marcel Caya, qui voit dans les élections générales de 1886 plus qu'une manifestation reliée à la pendaison de Riel, compte 29 conservateurs et 36 libéraux. « La victoire électorale de Mercier en 1886 qui, selon l'historiographie, a marqué les débuts des succès des libéraux au Québec, ajoute-t-il, ne peut être expliquée exclusivement en fonction des questions électorales débattues au cours de la campagne (surtout la question de la pendaison de Louis Riel) — elle n'est même pas celle où la participation électorale a été la plus importante — mais doit être interprétée à partir du contexte global des élections qui l'ont précédée. »

## Une mauvaise loi

Plusieurs ouvriers de la région de Montréal ne cachent pas leur déception en face des résultats des élections générales. Ils protestent contre la loi électorale qui les défavorise et surtout contre des patrons qui profitent de leur position pour brimer le droit de vote. Le *Montreal Star* du 15 octobre fait écho à leurs revendications :

> Beaucoup d'ouvriers ont été empêchés de voter hier, parce que leurs patrons n'ont pas voulu leur permettre de quitter leur ouvrage pour aller voter. À l'heure du dîner, il y a toujours à certains polls un grand nombre d'ouvriers qui n'ont pas d'autre moment pour voter. Les hommes vont à l'ouvrage à sept heures ; les polls n'ouvrent qu'à neuf heures ; ils quittent l'atelier à six heures et le vote est fermé à cinq heures, quelques-uns votent au prix de leur dîner et de beaucoup d'inconvénients ; d'autres perdent leur droit électoral par suite de la disposition des heures de la votation. Pourquoi ne pas ouvrir les polls à six heures du matin et les fermer à sept heures du soir ? [...] Les heures actuelles de la votation ne sont pas particulièrement commodes pour personne, et elles sont particulièrement incommodes pour une classe nombreuse d'électeurs.

## Une démission souhaitée

À la suite des élections générales, le gouvernement Ross n'a plus la majorité à l'Assemblée législative. Des députés demandent la démission du cabinet. Quelques jours après la votation, 35 d'entre eux apposent leur signature en rond au bas d'une pétition dénonçant le ministère Ross. Une telle façon de procéder, que l'on appelle un « round robin », permet de cacher l'identité des premières personnes qui signent le document. Le 21 décembre, le *Canadien* publie le texte de ce qu'il appelle « le robin à M. Mercier » :

> Aux électeurs de la province de Québec. Messieurs, D'après les meilleures informations, il est évident que le gouvernement Ross persiste à retenir le pouvoir dans

le but de faire servir les forces de la province au triomphe de la politique néfaste du gouvernement de sir John A. Macdonald. Le cabinet Ross garde aussi le pouvoir, bien qu'il ne soit pas soutenu par la majorité de la députation que représentent les soussignés, qui déclarent n'avoir pas confiance dans ce cabinet et qui s'engagent par les présentes à voter sa déchéance à la première occasion et à soutenir à sa place un gouvernement national. En restant au pouvoir contre les vœux de la majorité de la députation, le cabinet Ross viole l'esprit de la Constitution. Cette violation persistant depuis si longtemps est désastreuse pour la province. C'est pourquoi nous croyons devoir dénoncer ces faits à l'électorat et protester contre une conduite aussi inconstitutionnelle et aussi préjudiciable aux véritables intérêts du pays.

La première session de la sixième Législature doit débuter, à Québec, le 25 janvier 1887. Deux jours avant l'ouverture, à la suite de la démission du premier ministre Ross, le lieutenant-gouverneur Masson demande à Louis-Olivier Taillon de former le nouveau gouvernement. Le ministère Taillon comprend deux francophones et trois anglophones.

L'opinion publique est nettement en faveur de Mercier. Le 26 janvier, plus de 20 000 personnes se rendent à la gare de Québec pour accueillir les députés « nationaux ». « Le train qui était dû à 2.30 heures, rapporte le correspondant de la *Presse*, était en retard de plusieurs heures, mais l'enthousiasme ne fit qu'augmenter et lorsqu'enfin le convoi entra dans la gare, ce fut un véritable délire. Les plus enthousiastes s'emparent de MM. Mercier, Duhamel et autres et les transportèrent sur leurs épaules jusqu'aux carrosses qui les attendaient. Pendant ce temps, toute la foule criait et s'agitait d'une manière vraiment étonnante. »

Le 27, les députés se réunissent pour choisir un orateur. C'est l'occasion du premier affrontement majeur. On sent partout que l'atmosphère est surchauffée. Selon la *Minerve*, « Québec ressemble plutôt à une ville en insurrection qu'à une capitale ». Le premier ministre Taillon propose Henri-Édouard Faucher de Saint-Maurice au poste de président de l'Assemblée. La motion est rejetée par 36 voix contre 26. Mercier propose alors la candidature de Félix-Gabriel Marchand, qui est acceptée par 35 voix contre 27. Ce premier vote est, en quelque sorte, une manifestation de non-confiance à l'égard du ministère Taillon. Le chef de l'opposition demande s'il y a un gouvernement et, si oui, qui le compose. Pour toute réponse, Taillon demande que la séance soit ajournée. Encore une fois, la motion est rejetée et Mercier revient à la charge : « Y a-t-il un gouvernement ? » — « S'il n'y en avait pas, répond le premier ministre, la Chambre n'aurait pas été convoquée. » Au cours des heures qui suivent, la rumeur commence à courir que Taillon a démissionné et que Mercier sera appelé à le remplacer. Le 28, le lieutenant-gouverneur se rend au Parlement, félicite l'Assemblée pour le choix de l'orateur et convoque les députés pour le mercredi, 2 février. Le lendemain, à dix-huit heures, un nouveau ministère, présidé par Mercier, est assermenté, mais comme il est à peu près impossible de procéder immédiatement aux travaux sessionnels, l'Assemblée est à nouveau ajournée au 16 mars. Cette décision est d'autant plus sage que le Canada est en pleine campagne électorale.

## Un retour prévisible

Au lendemain de l'élection générale dans la province de Québec, soit le 15 octobre 1886, le premier ministre John A. Macdonald se confie à Charles Tupper : « Le triomphe des Rouges basé sur la pendaison de Riel change l'aspect des affaires. Cela encouragera les grits et l'opposition en général, découragera nos amis, et je crains, soulèvera le pays contre nous aux prochaines élections générales. Mes collègues québécois ne sont pas encore de retour dans la capitale et jusqu'à leur arrivée nous ne pouvons décider de la décision à prendre. »

La décision d'en appeler au peuple est prise lors de la réunion du conseil des ministres le 30 octobre ; mais il faudra attendre le 15 janvier 1887 pour que le Parlement canadien soit dissous. Laurier est l'un des premiers à déterrer la hache de guerre. Le 4 novembre, il prend la parole lors d'une assemblée politique tenue à Saint-Roch, à Québec. Le 10 décembre, il prononce un discours devant les membres du Club des Jeunes Libéraux de Toronto. Le sujet est litigieux : l'exécution de Riel et l'attitude des Canadiens français. Dès le début de son intervention, il va droit au but :

> Jusqu'à une époque récente, [...] partout où la dualité des langues existait chez nous, il y avait mutualité de bons procédés. Mais depuis quelques mois, la presse de cette province, la presse tory de cette province, et en particulier de cette ville, s'est appliquée à répandre au loin, à répéter sur tous les tons, qu'il y a dans la race française au Canada un vieux levain de rébellion en fermentation constante ; que les Canadiens français sont loin d'être unanimement loyaux à la Constitution ; qu'ils ne savent se soumettre à leurs devoirs de citoyens de ce pays qu'en autant que cela fait leur affaire et que cela s'accorde avec leurs intérêts et leurs préjugés ; et l'on me permettra bien de faire allusion à ma propre personne en cette circonstance — ne suis-je pas moi-même tous les jours représenté comme un traître et un rebelle ? [...] Eh bien, me voici ici ce soir ; le principal objet de ma visite à Toronto est de faire face à ces accusations et d'y répondre à l'endroit même où elles sont portées.

Laurier se lance ensuite dans une profession de foi fédéraliste :

> Je suis Canadien français, mais avant tout je suis Canadien. [...] J'admets que la langue anglaise est destinée à devenir la langue de ce pays, et c'est une chose que pas un homme sensé ne peut nier. D'un autre côté, je me borne à constater que nous sommes de race française et que, comme tels, nous avons certains devoirs à remplir, voilà tout. Assurément, pas un Canadien ne saurait trouver à redire à cela. J'ajoute que nous sommes tous Canadiens. Sous l'île de Montréal, les eaux qui viennent du Nord par l'Outaouais s'unissent aux eaux qui viennent des lacs de l'Ouest ; elles se joignent, elles ne se mêlent pas. Elles offrent en cet endroit le spectacle de deux courants parallèles, parfaitement séparés et distincts, et cependant elles suivent la même direction, coulent côte à côte entre les mêmes rives, celles du majestueux Saint-Laurent, et dans leur course elles roulent ensemble vers l'Océan, portant sur leur dos puissant le commerce d'une nation. Voilà l'image parfaite de notre peuple. Nous pouvons ne pas nous assimiler, ne pas nous fusionner, mais pour tout cela nous n'en sommes pas moins les éléments d'une

même nation. Nous pouvons être français d'origine — loin de moi de vouloir renier mon origine, au contraire je m'en proclame orgueilleux. Nous pouvons être anglais, écossais ou de toute autre nationalité ; mais aussi nous sommes Canadiens ; nous ne faisons qu'un dans la poursuite du but commun ; et non seulement nous sommes Canadiens, mais aussi nous sommes membres du même empire, l'Empire britannique.

Partant du principe que « jamais un enfant de l'Angleterre ne se soumet à la tyrannie », il expose ensuite la situation qui avait été faite aux Métis par le gouvernement conservateur. Riel devient alors presque un redresseur de torts. Mais une fois la révolte éclatée, il était important de la mater. À l'issue du discours de Laurier, les auditeurs torontois manifestent longuement leur satisfaction au sujet de ses explications. Cependant, ailleurs en Ontario, lors de la même tournée, le leader libéral doit essuyer des manifestations d'hostilité.

Edward Blake, chef du parti libéral, ne veut pas faire de la question Riel l'un des points importants de la campagne électorale. Il déclare à London, le 14 janvier 1887 : « Je ne propose pas de construire une plate-forme politique à même l'échafaud de Regina ou de créer ou cimenter des liens de parti avec le sang d'un condamné. »

La votation a lieu le 22 février 1887. Le nombre total de circonscriptions électorales est maintenant de 215, puisque, pour la première fois, les Territoires du Nord-Ouest sont appelés à combler quatre sièges. Le parti conservateur est reporté au pouvoir avec 128 députés. L'Île-du-Prince-Édouard élit 6 libéraux ; la Nouvelle-Écosse, 13 conservateurs et 8 libéraux ; le Nouveau-Brunswick, 10 conservateurs et 6 libéraux ; l'Ontario, 52 conservateurs et 40 libéraux ; le Manitoba, 4 conservateurs et 1 libéral ; les Territoires du Nord-Ouest, 4 conservateurs, et la Colombie britannique, 6 conservateurs. Quant à la province de Québec, les deux partis s'y retrouvent presque nez à nez, avec 33 conservateurs et 32 libéraux.

Le vote des électeurs de la province de Québec est un peu surprenant. Après avoir voté quelques mois auparavant pour les nationaux de Mercier, ils se prononcent maintenant pour les conservateurs de Macdonald. La *Minerve* du 23 février explique de façon un peu simpliste les résultats : « La province de Québec a racheté noblement le moment d'oubli qui a donné le pouvoir aux libéraux. Il est maintenant hors de doute que le gouvernement Mercier ne représente pas la majorité du pays. » La *Presse*, qui vient de se ranger du côté des conservateurs avec la prise de contrôle de l'institution par Clément Dansereau, abonde dans le même sens que son confrère : « Le peuple a bien compris que le parti libéral ne cherchait qu'à l'exploiter. Il a acquis la conviction que ce parti était de mauvaise foi et qu'il spéculait de la manière la plus vile sur le sentiment national. » Il y a peut-être une autre raison qui expliquerait l'attitude des voteurs québécois, mais qui échappe aux journalistes de l'époque : le besoin de contrebalancer une force par son contraire, c'est-à-dire d'élire un gouvernement provincial autonomiste et un gouvernement fédéral à tendance centralisatrice !

Les élections fédérales de 1887 mettent fin à la rivalité séparant Langevin et Chapleau. Le coup de maître de Chapleau a été de faire nommer au Sénat, le 25 janvier, Louis-Adélard Senécal. Pour le journaliste Alphonse Desjardins, Langevin doit céder sa place à Chapleau ou à un autre chef. « Il faut ici un changement, écrit-il le 15 mars à Rodrigue Masson. Si Langevin avait du patriotisme pour deux sous, il consentirait à aller prendre au Sénat la place de Caron laissée par Campbell. Il a justement ce qu'il faut pour remplir convenablement cette position et il enlèverait du coup aux mécontents le grief qui les fait depuis si longtemps crier, l'absence d'un ministre de notre langue au Sénat. Mais non, son misérable égoïsme, ce rêve d'arriver à occuper le premier rôle dans la Chambre des communes et dans le pays le fait s'entêter jusqu'à la folie et presque à la trahison dans une position où il n'y a que ridicule pour lui et humiliation et affaiblissement pour nous. Cela ne doit plus durer. » Mais Langevin s'incruste, refusant même le poste de lieutenant-gouverneur de la province de Québec que lui offre Macdonald. Il sait que ce dernier n'est pas éternel et qu'un jour ou l'autre, sa succession sera ouverte !

## Remise en cause

L'administrateur de la province de Québec, Andrew Stuart, en l'absence du lieutenant-gouverneur Masson, prononce le discours du Trône de la première session de la sixième Législature, le 16 mars 1887. Il annonce la convocation prochaine d'une conférence interprovinciale pour faire le point sur les problèmes majeurs qui marquent les relations entre les provinces et le pouvoir central. Le premier ministre Honoré Mercier intervient dans le débat sur l'adresse en réponse au discours du trône, le 18, et après avoir répondu aux diverses accusations du chef de l'opposition, il aborde la question du projet de conférence.

> Je demande aux provinces, dit-il, de se réunir dans un congrès national dans le but d'étudier la situation que leur a faite l'Acte fédéral et de suggérer des mesures propres à améliorer cette situation. Nous dirons aux représentants du pouvoir central : « Vous avez pris le plus clair de notre revenu en 1867, en vous attribuant les douanes et l'accise qui donnaient onze millions, tandis que vous n'avez donné aux quatre provinces qui vous faisaient ce don, que deux millions environ. Vous avez donc gardé neuf millions pour votre part. Depuis cette époque, les revenus provenant de ces deux sources se sont élevés à vingt et un millions, et votre contribution au revenu des provinces n'a pas dépassé trois millions. Tout en prenant ainsi dans le gousset des contribuables des provinces, vous nous avez laissé les charges publiques. Et ce qui a contribué à l'augmentation de vos revenus a accru nos dépenses, vu ces faits, nous demandons simplement justice. » Nous tiendrons ce langage. Serons-nous écoutés ? Je ne le sais.

Le 17 juin, un mois à peine après la clôture de la session provinciale, le premier ministre Mercier participe à un pique-nique populaire à Saint-Hyacinthe. Il profite de la circonstance pour donner une nouvelle définition de son gouvernement : « Ce gouvernement, dit-il, est sorti d'un mouvement national, fait en dehors et même à l'encontre des anciennes démarcations de partis. National dans sa conception, national dans sa naissance, ce gouvernement devait être national dans les éléments de son organisme, dans l'affirmation de ses idées et de ses aspirations. »

La Confédération fête son vingtième anniversaire en 1887. La situation qui prévaut est peut-être peu propice à de grandes réjouissances. La *Patrie*, dans son édition du 1<sup>er</sup> juillet, est plutôt pessimiste :

Le Canada célèbre aujourd'hui le vingtième anniversaire de la Confédération canadienne. N'est-il pas temps de demander ce qu'est devenue cette grande œuvre à laquelle tout semblait devoir promettre un avenir si brillant ? Où est maintenant cette belle union des provinces qui semblait comme la base d'une nationalité unie et puissante par son union même ? Qu'on jette les yeux du Nord au Sud, de l'Est à l'Ouest, on ne voit que menaces de séparation, que mécontentement, que froissements de tout genre. À l'Est, les provinces maritimes refusent de marcher plus longtemps sous la férule d'Ottawa et la majorité de la population réclame à grands cris la sécession. Dans Québec, la province ruinée par cette Confédération même qui lui a enlevé le plus clair de ses ressources pour lui laisser des revenus que son agrandissement continuel rend insuffisants, réclame avec justice une révision plus équitable des bases de la Confédération et une distribution plus juste des deniers publics.

Le quotidien montréalais souligne le mécontentement des agriculteurs de l'Ontario. Quant au Manitoba, à en croire l'éditorialiste, la population serait sur le point de prendre les armes ; le Nord-Ouest ne s'est pas encore remis de la rébellion de 1885 et la Colombie britannique serait à peu près la seule à être contente de son sort.

Le climat est donc propice à une première conférence réunissant les premiers ministres des provinces.

# UNE SEULE RACE
# 1887-1889

L'OUVERTURE DE LA PREMIÈRE SESSION du sixième Parlement du Canada est prévue pour le 13 avril 1887. Un mois auparavant, le chef du parti libéral du Canada, Edward Blake, manifeste son intention de démissionner. La défaite de sa formation lors des dernières élections générales et l'état précaire de sa santé justifient cette décision. Les hommes forts du parti choisissent ce moment pour exercer des pressions sur Blake afin qu'il ne démissionne pas. Laurier lui écrit le 16 mars : « Mon opinion est que vous êtes résolu d'accepter tout le blâme si le parti n'a pas obtenu un plein succès. [...] Mais vous êtes le seul à penser ainsi. Quelque succès que nous ayons obtenu, c'est uniquement à vous que nous le devons. Cela produirait un effet désastreux en cette province et nous perdrions du coup tout le terrain gagné au cours de ces dernières années. [...] Ne l'oubliez pas ; si vous renoncez au leadership, il n'y a personne pour vous remplacer ; le chaos et la confusion prévaudront, entraînant la désintégration du parti. »

Blake ne veut pas revenir sur sa décision et, le 1ᵉʳ juin, la direction du parti reçoit « l'avis formel de sa démission ». Le chef démissionnaire se retire en annonçant qu'« il n'y a qu'un candidat possible : Laurier ». Ce dernier hésite à accepter la tâche qu'on veut lui confier. Le 11, il s'explique à son ami Ernest Pacaud :

> Il est vrai que tous nos amis, Cartwright, Mills, Davies, et Blake tout le premier, m'ont offert la direction du parti et me pressent d'accepter. Je n'ai pas encore répondu cependant, et plus j'y pense, moins je me sens disposé à une réponse affirmative. Je ne désire pas être chef. Ce n'est pas là mon idéal. Je mettrais cependant mes propres sentiments de côté, puisque mes amis me désirent comme chef ; mais deux objections subsistent et je viens m'y heurter, chaque fois que je songe à la situation présente. Je n'ai pas de fortune, je n'ai pas de santé. Si j'avais la fortune, je pourrais me passer de la santé. Si j'avais la santé, je pourrais me passer de la fortune. Mais quand toutes deux me manquent, comment puis-je espérer

faire face aux devoirs que mes nouvelles responsabilités m'imposeraient. Je suis dans une grande perplexité. Je voudrais bien remplir mon devoir envers mes amis, mais mes amis m'imposent une tâche trop lourde. Mon intention est de refuser péremptoirement.

Laurier résiste pendant une semaine, mais le 18 juin, il cède. Sa nomination est rendue officielle le jour de la prorogation de la session, le 23 juin. Le nouveau chef du parti libéral du Canada n'aura pas la tâche facile. Même si son choix est assez bien perçu par les habitants de la province de Québec, les anglophones du reste du Canada demeurent dans l'ensemble un peu sceptiques : ils attendent !

Un pique-nique organisé le 2 août à Somerset, plus connu sous le nom de Plessisville, fournit à Laurier l'occasion de préciser l'orientation qu'il entend donner au parti libéral.

> Vous me félicitez, messieurs, et vous félicitez les Canadiens français de ce qu'un Canadien français a été élu comme chef du grand parti libéral dans toute la Puissance du Canada. Je dois rendre cette justice à mes honorables collègues de langue anglaise dans la Chambre des communes, à sir Richard Cartwright, à M. Davies, à M. Mills et à une foule d'autres qui plus que moi avaient des titres à être chefs du parti. Je dois leur rendre cette justice qu'ils ne paraissent point se souvenir que nous ne sommes pas de la même origine, ou s'ils s'en souviennent, ce n'est que pour affirmer par leurs actes comme par leurs paroles que, dans les rangs du parti libéral, il n'est pas question de race, mais que nous sommes égaux. [...] Canadiens français, je vous demande une chose, c'est que, tout en vous souvenant que moi, Canadien français, j'ai été élu chef du parti libéral du Canada, vous ne perdiez pas de vue que les limites de notre patrie ne sont pas confinées à la province de Québec, mais qu'elles s'étendent à tout le territoire du Canada, et que là c'est notre patrie où flotte le drapeau britannique en Amérique. Je vous demande de vous en souvenir pour vous rappeler que votre devoir est simplement, et avant tout, d'être Canadiens. Être Canadiens ! C'était là le but de la Confédération ; la Confédération, dans l'esprit de ses auteurs, avait pour but de rapprocher les différentes races, d'adoucir les aspérités de leurs relations mutuelles, de rapprocher les groupes épars de sujets britanniques.

Après vingt ans de régime confédératif, l'unité n'existe pas encore, affirme Laurier. Au contraire ! La cause profonde serait que le gouvernement conservateur avait voulu élargir le champ de sa puissance en envahissant des domaines réservés aux provinces. « La séparation législative, fait remarquer l'orateur, est l'agent le plus puissant de l'unité nationale. »

Dans la dernière partie de son discours, le nouveau chef aborde la question d'une union commerciale avec les États-Unis, une idée qui plaît peu à Blake.

> Nous savons qu'il existe aujourd'hui aux États-Unis un groupe d'hommes décidés à nous donner l'union commerciale. [...] Si l'on me demande maintenant mon opinion, la voici : je ne suis pas prêt pour ma part à déclarer que l'union commerciale est une idée acceptable. Je ne suis pas prêt pour ma part à déclarer que l'union commerciale devrait être adoptée au moment présent. [...] Mais je dirai ceci, et voilà ma politique actuelle : c'est que le temps est arrivé où il faut abandonner la politique de représailles suivie jusqu'ici par le gouvernement canadien ;

le temps est arrivé où il faut montrer au peuple américain que nous sommes frères. Le temps est arrivé où il nous faut leur tendre la main, tout en tenant compte des devoirs que nous devons à notre mère patrie.

Parmi les orateurs qui prennent aussi la parole à Somerset, se trouve le premier ministre de la province de Québec, Honoré Mercier. Laurier, après lui avoir rendu hommage, ajoute : « Mon ami, M. Mercier, est sur le point de convoquer une conférence interprovinciale. Sans savoir exactement quel est son programme, je crois que lui et ses collègues vont suggérer un amendement à la Constitution qui mettrait fin une fois pour toutes aux abus découlant du droit de veto, fermant pour toujours la porte aux actes tyranniques auquel le gouvernement de sir John Macdonald est tellement porté. »

Déjà, le 4 avril, Mercier sollicitait de Macdonald une entrevue confidentielle pour discuter du but de la conférence projetée. Deux jours plus tard, le premier ministre du Canada répond qu'il est préférable d'attendre les réactions des provinces avant de s'engager. Mercier s'empresse de préciser :

> Je crains que vous n'ayez pas saisi la signification exacte et précise de ma requête ni compris la nature réelle de l'entrevue que je sollicitais. Cette requête était toute confidentielle, tout comme l'entrevue. [...] Mon but était simplement de vous assurer, lors d'une conversation amicale et confidentielle, que l'on ne devait pas considérer la conférence proposée comme un geste hostile contre le gouvernement fédéral, mais simplement comme un moyen simple et efficace de trouver les moyens d'éviter les occasions de conflits entre les gouvernements provinciaux et fédéral et d'améliorer leurs relations financières et autres.

Macdonald est alors peut-être prêt à rencontrer Mercier, mais il ne voit plus la nécessité que le tout soit de nature confidentielle.

En septembre, Mercier fait parvenir aux premiers ministres du Canada, de la Colombie britannique, du Manitoba, de l'Ontario, du Nouveau-Brunswick, de la Nouvelle-Écosse et de l'Île-du-Prince-Édouard, une invitation officielle à se rendre à Québec le 20 octobre pour assister à une conférence interprovinciale. La réponse de Macdonald est courte : « J'ai l'honneur d'accuser réception de votre lettre du 24 septembre dernier, invitant le gouvernement du Canada à se faire représenter à une conférence provinciale. En réponse, qu'il me soit permis de vous dire qu'il ne servirait à rien d'envoyer des représentants à cette conférence. »

Le gouvernement de l'Île-du-Prince-Édouard décline lui aussi l'invitation de la province de Québec et, jusqu'à la dernière minute, on attend des représentants de la Colombie britannique, mais par suite des pressions exercées par Macdonald, le premier ministre de cette province, A. E. B. Davie, écrit à Mercier, le 10 octobre, qu'il ne voyait pas pourquoi il se rendrait à Québec puisqu'il n'y avait pas d'opposition majeure entre son gouvernement et celui d'Ottawa.

Le jeudi 20 octobre 1887, à midi moins cinq minutes, dans la salle du conseil de l'Instruction publique, les premiers ministres de la province de Québec, Honoré Mercier ; de la province d'Ontario, sir Oliver Mowat ; du Manitoba, John Norquay ; du Nouveau-Brunswick, Andrew George Blair, et de la Nouvelle-Écosse, William Stevens Fielding, tous accompagnés de fonctionnaires ou de conseillers, assistent à l'ouverture de la première conférence interprovinciale de l'histoire du Canada. Le

nombre total de délégués est de 19. Le premier ministre Mercier souhaite la bienvenue à ses invités :

> Je constate avec plaisir, honorables messieurs, que vous n'avez pas trouvé étrange
> que l'initiative de cette conférence fût prise par la plus française des provinces de
> la Confédération, et qu'elle fût convoquée à Québec, à l'endroit même où fut
> tenue celle de 1864. Les habitants de cette province acceptent avec reconnaissance
> cet acte de courtoisie de votre part. Si le gouvernement de Québec a pris l'initia-
> tive de cette conférence, je puis vous affirmer, et je m'empresse de le déclarer, qu'il
> n'a pas l'intention de vous imposer les sujets qui devront y être discutés ; il doit
> se contenter de vous signaler les principaux points qui ont attiré son attention et
> qui pourraient peut-être, avec ceux que vous êtes appelés à proposer, faire l'objet
> de nos délibérations.

Mercier demande que Mowat agisse comme président de la conférence, vu
qu'il est le seul qui a participé à la Conférence de Québec de 1864. Les représentants
de l'Ontario font remarquer que cet honneur appartient de droit à Mercier, mais
Mowat finit par accepter.

Les délibérations se déroulent du 20 au 28 octobre, et les journalistes n'y sont
pas admis. On sait toutefois que l'atmosphère y est des plus cordiales. « Notre
conférence, fait remarquer le premier ministre du Nouveau-Brunswick, serait
justifiée même si elle n'obtenait d'autre résultat que les amitiés conçues entre représentants des différentes provinces. » Il est vrai que Mercier fait les choses en grand !

La conférence prend fin le vendredi 28 octobre au matin, par l'adoption de
26 résolutions dont le contenu ne sera rendu public que plus tard. Dans son
discours de clôture, Mercier ne cache pas sa satisfaction : « Je suis heureux de dire
que l'autonomie des provinces a été très solennellement reconnue comme la véritable base de notre forme de gouvernement et la seule garantie de son maintien. Les
diverses modifications sur lesquelles nous sommes d'accord rencontreront sans
doute les vues de la portion intelligente de la population et des véritables amis de
notre patrie commune. » Mowat intervient à son tour en faisant remarquer qu'il
avait déjà assisté à la conférence de Québec de 1864 et à d'autres réunions importantes, mais qu'il n'avait jamais « assisté à une réunion où l'on avait manifesté tant
d'habileté et de patriotisme et où les questions avaient été discutées si directement ».

Le 10 novembre 1887, les résolutions de la conférence interprovinciale de
Québec sont rendues publiques. Elles débutent par un prologue qui réaffirme le
droit des provinces à une autonomie certaine dans des secteurs précis.

La première résolution demande que le pouvoir de désaveu accordé au gouvernement fédéral lui soit enlevé pour être transféré au gouvernement impérial. La
troisième concerne la validité des lois : « Qu'il est dans l'intérêt public, dans le but
d'éviter de l'incertitude, des litiges et des dépenses, qu'il ne soit plus permis à des
plaideurs privés de mettre en question la constitutionnalité des lois fédérales ou
provinciales, excepté (disons) dans les deux ans à compter de la passation de ces
lois ; qu'après l'expiration de ce délai, cette constitutionnalité ne devrait être mise
en question qu'à l'instance d'un gouvernement, celui du Canada ou d'une province. »

Par la quatrième résolution, les provinces demandent le droit de nommer la moitié des sénateurs, attendu que ces derniers sont supposés travailler à protéger les droits des provinces et des minorités. De même, les provinces devraient plus facilement pouvoir supprimer leurs Conseils législatifs, si elles les jugeaient inutiles ou nuisibles.

La seizième résolution concerne les frontières interprovinciales :

> Que les provinces représentées à cette conférence reconnaissent qu'il est à-propos que toutes les questions se rattachant aux frontières des provinces soient réglées de façon à les mettre hors de conteste ; que les frontières entre Ontario, Manitoba et le Canada, en tant que déterminées par le Conseil privé de Sa Majesté, devraient être établies par un statut du Parlement impérial, tel que recommandé par ordre de Sa Majesté en conseil et que toutes les frontières nord des provinces d'Ontario et de Québec devraient être déterminées et établies sans plus de délai.

La dix-septième résolution indique les montants que les provinces aimeraient recevoir du gouvernement fédéral. Sur la résolution touchant les relations commerciales avec les États-Unis, le Nouveau-Brunswick enregistre son désaccord. Le texte de la motion se lit comme suit :

> Que relativement à l'agitation au sujet des relations commerciales entre le Canada et les États-Unis, cette conférence interprovinciale, composée de représentants de tous les partis politiques, désire consigner l'opinion qu'une réciprocité sans restriction serait avantageuse à toutes les provinces du Canada ; que cette conférence et le peuple qu'elle représente entretiennent avec bonheur des sentiments de loyauté envers Sa Majesté la reine et de fort attachement au lien qui nous unit à l'Angleterre ; que cette conférence est en sus d'opinion qu'un arrangement équitable, pourvoyant à des conditions convenables à l'établissement sans restrictions de relations de commerce réciproque entre le Canada et les États-Unis, ne diminuerait pas ces sentiments chez notre peuple, mais, au contraire, contribuerait à les augmenter et, en même temps, de concert avec le règlement de la question des pêcheries, tendrait à régler d'une manière heureuse, les graves difficultés qui, de temps à autre, ont surgi entre la mère patrie et les États-Unis.

Les premiers ministres doivent maintenant soumettre à leur gouvernement respectif le texte des résolutions pour approbation. Mercier n'est pas convaincu que le travail effectué aura des résultats probants. Le 7 novembre, à l'occasion d'une réunion convoquée à Montréal, le premier ministre de la province de Québec se montre plutôt pessimiste : « Nous nous sommes occupés de ceux qui n'étaient pas représentés et qui se convaincront en voyant notre œuvre qu'ils ont eu tort de n'y pas prendre part. Nous avons même servi les intérêts du gouvernement fédéral et de la Confédération. » Mais il n'est pas du tout assuré que Macdonald tiendra compte des recommandations des provinces.

## Les députés approuvent

Peu après la conférence, Mercier part pour l'Europe où il doit négocier un emprunt pour la province et rencontrer le pape pour tenter de trouver une solution au problème des biens des jésuites. Il est de retour au pays à la mi-mars 1888 et, le

10 avril, ses partisans organisent un banquet en son honneur, à l'hôtel Windsor de Montréal. L'occasion est bonne d'étouffer certaines rumeurs qui couraient depuis la prise du pouvoir par le parti national.

> Les ennemis du parti national prédisaient, en 1886, que notre triomphe serait la ruine des Anglais ; à les en croire, nous devions en arrivant au pouvoir, abolir la religion protestante, défendre l'usage de la langue anglaise dans les écoles, la législature et les cours de justice, chasser tous les Anglais de la province et confisquer leurs biens, tout comme il fut fait autrefois aux Acadiens ; il y en même qui sont allés jusqu'à croire que nous allions détrôner la reine d'Angleterre et faire la guerre au roi de Prusse. Ces braves gens doivent être rassurés maintenant : voilà plus d'un an que nous sommes au pouvoir et aucun de ces malheurs n'est arrivé, Dieu merci !

Mercier rappelle que, lors de son élection, des journalistes et des politiciens avaient affirmé que le Québec deviendrait complètement isolé, mais le succès de la conférence interprovinciale n'est-il pas la meilleure preuve que la majorité des autres provinces ne boude pas le Québec ?

## Un accord important

La deuxième session de la sixième Législature de la province de Québec débute le 15 mai 1888. Le lieutenant-gouverneur Auguste-Réal Angers prononce le discours du trône. Dès le lendemain, le premier ministre Mercier participe au débat sur l'adresse. Il veut nuancer les propos qu'il a tenus, lors du banquet du 10 avril, alors qu'il affirmait : « On veut nous imposer un régime politique qui, par la conscription, pourrait disperser nos fils depuis les glaces du pôle jusqu'aux sables brûlants du Sahara ; régime odieux qui nous condamnerait à l'impôt forcé du sang et de l'argent, et nous arracherait nos fils pour les jeter dans des guerres lointaines et sanglantes que nous ne pourrions ni empêcher ni arrêter. » Il va sans dire que de tels propos avaient soulevé des commentaires plutôt aigres dans la presse anglophone tory.

Le 16 mai, Mercier déclare donc à l'Assemblée : « Il n'y a que quelques Anglais accoutumés à ramper au pied du trône qui veulent s'unir à l'Angleterre, parce qu'ils ne veulent pas s'en détacher. Nous ne pouvons les suivre dans cette voie, car nous voulons rester libres et préparer nos destinées futures comme nous l'entendons. » Le premier ministre insiste ensuite sur sa loyauté envers la mère patrie. Ne prône-t-il pas que le droit de désaveu passe des mains du gouvernement fédéral à celles du gouvernement impérial ? « Avec le droit de désaveu transféré au gouvernement impérial, nos lois provinciales ne seraient pas désavouées systématiquement comme elles l'ont été l'an dernier par Ottawa sous les prétextes les plus ridicules. »

Le débat sur l'adoption des résolutions de la conférence interprovinciale s'engage le 21 mai. Le secrétaire de la province, Charles-Antoine-Ernest Gagnon, clame qu'il est temps de mettre fin aux empiétements du gouvernement fédéral : « Depuis 1878, dit-il, on ne désavoue plus en Angleterre les lois fédérales. On n'en n'a plus d'exemple. Le gouvernement fédéral a aujourd'hui la liberté pleine et entière ; on le laisse même taxer les marchandises anglaises sans protester. »

Le vote sur les résolutions a lieu le 28 mai et, par 27 voix contre 18, elles sont adoptées. Les Assemblées législatives des quatre autres provinces concernées donnent, elles aussi, leur appui aux résolutions de la Conférence de 1887, mais les Conseils législatifs du Nouveau-Brunswick et de la Nouvelle-Écosse les rejettent, alors que celui de la province de Québec ajourne ses travaux avant d'avoir commencé à les étudier. Comme le gouvernement Mercier ne possédait pas encore la majorité à la Chambre haute, il avait jugé préférable d'enterrer la mesure plutôt que de la voir battue.

## Un brandon de discorde

Si la conférence interprovinciale de 1887 a peu de suites concrètes, il n'en va pas de même d'une mesure présentée par le gouvernement Mercier à la session de 1888. Depuis la mort du dernier jésuite, au tout début du XIXᵉ siècle, le gouvernement anglais s'était emparé des propriétés et autres biens des jésuites et avait consacré à l'éducation la majeure partie des revenus générés par ces biens. En 1842, les jésuites se réinstallent au Canada et demandent qu'on leur remette leurs biens ou qu'on les indemnise. L'affaire traîne en longueur jusqu'à ce que, en prenant le pouvoir, Mercier décide de régler ce qu'on appelle « l'affaire des biens des jésuites ». Ce problème l'intéresse d'autant plus qu'il a étudié chez les jésuites et qu'il est très lié avec quelques-uns d'entre eux.

Selon le père Adrien Turgeon, procureur des pères jésuites, la valeur des propriétés de la communauté atteindrait la somme de deux millions de dollars. Le 4 juin, Mercier écrit au religieux que la province ne peut offrir plus de 400 000 $ comme indemnité. La communauté recouvrera aussi la propriété de la commune de Laprairie. Quatre jours plus tard, Turgeon accepte l'offre. Le 28 juin, Mercier propose donc à l'Assemblée législative de ratifier les conventions intervenues entre lui et le père Turgeon et « que le lieutenant-gouverneur en conseil est autorisé à les mettre à exécution dans leur forme et teneur ».

Comme la somme à débourser est assez importante et qu'elle ne concerne qu'une partie de la population de la province, les catholiques, le gouvernement demande que l'on alloue la somme de 60 000 $ « aux différentes universités et maisons d'éducation protestantes et dissidentes de cette province, suivant le mode de distribution qui sera préalablement faite par le comité protestant du Conseil de l'Instruction publique ». Le montant avait été établi en tenant compte du pourcentage de la population protestante de la province.

Le partage du montant de 400 000 $ entre les jésuites, les maisons d'éducation catholiques et les diocèses demeure le problème important. Il faut donc choisir un arbitre que Mercier nomme le 28 juin :

> Pour qu'il n'y ait pas de malentendu, que la transaction soit finale, que le règlement ne puisse plus être discuté par les autorités religieuses, nous exigeons que le pape ratifie l'arrangement. Il ne s'agit pas de faire sanctionner la loi par le pape. Il ne faut pas jouer sur les mots. La loi sera sanctionnée par le lieutenant-gouverneur. Elle aura son effet dans les limites de la convention. C'est-à-dire, monsieur le président, que si le pape ne ratifie pas l'arrangement, il n'y a ni intérêt

ni capital payé, mais alors nous dirons aux autorités religieuses : « Vous avez nommé un agent pour régler la question, nous nous sommes entendus et, si vous ne ratifiez pas l'acte de votre mandataire, c'est votre faute, car nous, les habitants de la province de Québec, par les autorités constituées, nous avons fait notre part, nous avons tenu notre promesse. » [...] Nous voulons que la ratification soit donnée par le chef de l'Église, afin que tous les intéressés soient liés.

Non seulement le gouvernement de la province de Québec demande-t-il que le pape ratifie l'entente, mais il veut également que le chef de l'Église catholique fixe les montants à être versés à chaque groupe. « Maintenant on dit : Pourquoi faire faire la distribution par le pape ? Pour une bonne raison, répond Mercier, c'est que nous ne voulons pas la faire nous-mêmes. À qui donner cet argent-là ? Aux jésuites ? Mais il y a d'autres institutions qui peuvent prétendre y avoir droit, d'après les lois canoniques. Alors, nous décidons de laisser la distribution entre les mains du pape. Le pape la distribuera, comme somme, comme un bon père. Il donnera ce qu'il voudra aux jésuites. Il donnera ce qu'il voudra à Laval. Il donnera à qui il voudra. Mais à une condition : c'est que l'argent reste dans le pays et soit employé dans le pays. » Selon Mercier, les protestants de la province n'ont pas à s'offusquer d'un tel geste puisque, récemment, le roi d'Espagne et l'empereur d'Allemagne ont eu recours à Léon XIII comme arbitre au sujet de la propriété de certaines îles.

L'Acte relatif au règlement de la question des biens des jésuites reçoit la sanction royale, le 12 juillet 1888, jour de la clôture de la session, mais surtout jour où les Orangistes célébraient le deuxième centenaire de la victoire de la Boyne. Selon plusieurs Orangistes, Mercier avait délibérément choisi ce jour anniversaire pour les braver en demandant au lieutenant-gouverneur de sanctionner une loi favorisant les jésuites et faisant appel à l'arbitrage du pape ! De là à crier au papisme, la marge est mince et elle sera bientôt franchie. Cette mesure, jointe à quelques autres et à l'attitude autonomiste de Mercier, déclenchera un vaste mouvement de protestation à travers le Canada, surtout en Ontario, contre les francophones catholiques et le gouvernement Mercier. On dénoncera la mainmise de Rome sur le Québec. Il est vrai que le 4 juillet, on avait annoncé que le pape venait d'accorder à Mercier la Grand'Croix de l'Ordre de Saint-Grégoire, « la plus haute distinction jamais accordée à un laïc, dans le nouveau monde ».

### Les financiers protestent

Le gouvernement Mercier veut assainir les finances de la province de Québec. Au cours des années précédentes, on avait emprunté plusieurs fois et on avait alors émis des obligations portant différents taux d'intérêts et diverses échéances. L'avant-veille de la clôture de la session, soit le 10 juillet, le trésorier provincial Joseph Shehyn présente une série de huit résolutions ayant pour but de favoriser la conversion de la dette consolidée de la province. Le lieutenant-gouverneur en conseil aurait le pouvoir d'adopter des mesures pour « faire rentrer les obligations de la province de Québec maintenant courantes, soit en les rachetant au comptant, soit en les échangeant contre de nouvelles obligations ». Il lui serait aussi loisible « d'autoriser le trésorier à se procurer par emprunt sur le crédit de la province une somme n'excédant pas le montant total actuel de la dette de la province et à émettre à cet effet un montant suffisant d'obligations nouvelles, portant un intérêt annuel n'excédant pas quatre pour cent, et d'en disposer aux conditions qu'il jugera les plus favorables ». Le lieutenant-gouverneur en conseil pourra aussi déterminer que « ces obligations seront ou perpétuelles rachetables après soixante-cinq ans en donnant avis d'un an de cette intention de les racheter ou qu'elles seront rachetables à telle époque ne dépassant pas soixante-cinq ans, fixée par le lieutenant-gouverneur en conseil ou qu'elles seront pour un certain nombre d'annuités ne dépassant pas soixante-cinq ou de semestrialités ne dépassant pas cent trente ». Le lieutenant-gouverneur en conseil pourra aussi fixer le délai « dans lequel les porteurs d'obligations actuelles pourront les échanger contre les nouvelles obligations ou en réclamer le remboursement au comptant, et de décréter qu'après ce délai l'intérêt courra sur toutes les classes d'obligations au taux fixé par les nouvelles obligations ». La dernière résolution stipule « qu'il sera loisible au lieutenant-gouverneur en conseil d'opérer la conversion de la dette publique actuelle par l'échange de nouvelles obligations contre les anciennes et d'effectuer ledit échange à tel taux de prime qui pourra être convenu avec les porteurs d'icelles, et d'accorder, s'il y a lieu, un escompte sur les nouvelles obligations égal à celui auquel elles pourraient être vendues au comptant ».

La mesure proposée par le trésorier provincial soulève peu d'opposition et elle est adoptée par 30 voix contre 12. Au Conseil législatif, les conservateurs dénoncent le fait que le projet de loi permettrait une certaine conversion forcée. Le ministre des Travaux publics, Pierre Garneau, fait remarquer que « le gouvernement n'a pas l'intention de voler personne ». « Ces clauses, ajoute-t-il, autorisent le gouvernement à convertir la dette, mais elles ne l'obligent pas à faire cette conversion. » Certains conseillers soulignent le fait que le taux d'obligations de la province actuellement en cours est plus élevé que celui indiqué dans les résolutions, de sorte que certains détenteurs risquent d'être pénalisés. Malgré tout, le 12 juillet, le Conseil législatif, par 10 voix contre 8, donne son accord aux résolutions Shehyn.

La nouvelle mesure provoque la réprobation des milieux financiers. Donald Smith proteste vertement contre la loi, lors de la réunion annuelle des actionnaires de la Banque de Montréal. « Il pourrait être préjudiciable au crédit du pays qu'une pareille rumeur [nous sommes avant la sanction royale du projet de loi] se répandit jusque sur les marchés monétaires de l'étranger. » Le 20 juillet, John A. Macdonald annonce à Charles Tupper, le haut-commissaire du Canada à Londres, que le gouvernement de la province de Québec a adopté une loi « outrageuse » qui l'autorise à forcer les détenteurs d'obligations qui rapportent cinq pour cent d'intérêt à les échanger contre d'autres obligations qui ne rapportent que quatre pour cent. Il considère que la mesure, non seulement risque de ruiner le crédit de la province concernée, mais aussi celui des autres provinces et même de porter préjudice au crédit du Dominion. Il se demande si le gouvernement fédéral ne doit pas entreprendre des mesures pour désavouer une telle loi. Mais auparavant, il veut créer un mouvement populaire contre la mesure québécoise.

> Mon idée, dit-il, est que nous devrions trouver des détenteurs de bons de Québec en Angleterre pour faire une protestation écrite auprès du ministre des Colonies. [...] Il n'y a pas de détenteurs de ces bons au Canada, et par conséquent, il n'y a

personne de spécialement intéressé à combattre Mercier. Une dépêche pourrait
être envoyée au gouverneur général disant qu'une protestation a été faite, que le
gouvernement de Sa Majesté considère le geste comme un acte de répudiation, et
appelant l'attention sérieuse du gouvernement fédéral sur ce sujet. [...] Je crois que
vous pouvez facilement trouver à Londres un détenteur d'obligations du Québec
pour faire la protestation. [...] L'importance d'amener le Colonial Office à prendre
position sur ce sujet est que, si le gouvernement fédéral désavoue la loi, il y aura
des rugissements au Québec et un appel aux habitants contre un gouvernement
qui les oblige à payer un intérêt de 5 pour cent, alors qu'ils ne peuvent régler le
tout pour 4.

Le stratagème imaginé par Macdonald semble porter fruit puisque, le 17 août,
une dépêche en provenance de Londres précise : « On a pris des mesures effectives
pour porter à la connaissance du gouvernement impérial le sentiment d'animosité
qui règne dans les cercles de cette ville au sujet de l'injustice du bill de la conversion
de Québec. En se conformant à la suggestion de la *Canadian Gazette*, un mémoire
signé par les principales maisons financières qui ont des intérêts au Canada, a été
présenté aujourd'hui au secrétaire des Colonies pour protester contre le projet. » Les
principaux journaux de la capitale britannique se prononcent contre la mesure du
gouvernement de la province de Québec. Le *Financial News* considère le projet de
conversion de la dette publique « comme malhonnête et espère qu'une dépêche du
gouverneur général mettra fin aux efforts qu'on peut faire dans ce sens ».

À la mi-août, le premier ministre Mercier tente de mettre fin à la crise alar-
miste dans une lettre à la compagnie Hanson Brothers :

Mon gouvernement abandonnera le projet de la conversion si elle ne peut être
effectuée avec le consentement des porteurs d'obligations. Il est évidemment ridicule de parler de faire retirer ou désavouer la loi, car elle est parfaitement constitutionnelle et nécessaire pour opérer une conversion volontaire. En terminant, je
puis ajouter que nous sommes extrêmement surpris que d'excellents hommes
d'affaires en Angleterre se soient laissés induire en erreur par nos adversaires
politiques ici ; c'est d'autant plus singulier que les meilleurs établissements financiers d'Angleterre, de France et du Canada nous ont déjà proposé d'entreprendre
la conversion.

Il est vrai que Mercier ignorait les manigances de Macdonald !

À la session suivante, Mercier précise que la conversion de la dette ne sera pas
obligatoire ; le calme revient dans ce domaine.

## Ça change !

Dans la province de Québec même, l'administration Mercier ne compte pas seulement des appuis. Une certaine opposition, coïncidant avec des changements dans les
mœurs, prend de plus en plus forme. Le 23 décembre 1888, l'évêque Laflèche avait
signé une circulaire concernant les assemblées politiques.

Les désordres toujours croissants des élections politiques, les inconvénients nombreux et les scandales qui résultent souvent des assemblées publiques tenues les
dimanches et fêtes d'obligation à l'occasion de ces élections, les plaintes graves que

nous avons reçues à ce sujet, nous font un devoir de chercher un remède à ce mal si opposé à la sanctification de ces jours consacrés à Dieu. Or, nous croyons que le remède le plus efficace est celui qui est employé avec succès dans le diocèse de Montréal où le même mal se faisait vivement sentir, nous voulons dire la défense de tenir et d'assister à de telles assemblées ces jours-là. En conséquence, nous défendons par le présent à tous les fidèles de notre diocèse de convoquer et de tenir des assemblées publiques pour les élections politiques et d'y assister les jours de dimanche et fêtes d'obligation.

Le désordre n'est pas constaté seulement lors d'assemblées électorales. On en est témoin même parmi l'Assemblée législative de la province de Québec. Alfred Duclos DeCelles, dans une lettre à Chapleau datée du 14 mars 1889, décrit l'atmosphère qui règne au Salon de la race : « Les députés en sont arrivés à se tutoyer d'un côté à l'autre de la Chambre. Il arrive souvent que la moitié du Parlement titube vers les dix heures du soir. C'est à faire douter si nous sommes capables — lorsque nous sommes seuls — de nous servir du régime parlementaire. »

En particulier pour les libéraux de la région de Montréal, Mercier et son style d'administration seraient les grands responsables de la dégradation des mœurs parlementaires. C'est du moins l'avis de Calixte Lebeuf, du journal la *Patrie* :

Ici [Montréal], on accuse le gouvernement Mercier d'être composé d'incapables, d'ignorants et de têtes de linottes, écrit-il le 23 avril à Ernest Pacaud ; tout le monde s'accorde là-dessus ; unanimité unanime ! Et l'on ajoute : « Il n'y a pas de gouvernement, il n'y a que Mercier. » Maintenant, l'on trouve que Mercier et toi, vous menez une vie de faste scandaleuse ; on trouve que Mercier qui était pauvre est devenu riche trop vite, et que son salaire ne lui permettait pas de s'enrichir aussi vite que cela ; on en dit à peu près autant de toi et de ceux qui entourent Mercier ; et ce sont vos meilleurs amis personnels et politiques qui parlent ainsi et tout haut ; tu serais surpris si je te disais les noms. On dit tout haut que cette administration est la plus corrompue qui ait souillé les lambris du palais législatif ; que tout s'y vend ; qu'il n'y a pas de principes, pas d'honnêteté, pas de parole, pas d'honneur. Les libéraux, les vrais, les honnêtes, les indépendants sont dégoûtés ; ils ne veulent pas endosser la responsabilité de vos actions, ils ne veulent plus vous défendre et ils sont sur le point de vous dénoncer. Ils s'organisent ; ils voudraient ne pas entrer en guerre ; ils voudraient bien sauver le gouvernement, même malgré lui ; mais ils sont résolus à sauver le parti libéral et ses grandes et honnêtes traditions, dût le gouvernement en périr.

Ernest Pacaud, du quotidien le *Soleil* de Québec, ami intime de Wilfrid Laurier et d'Honoré Mercier, symbolise, aux yeux de plusieurs, le « patronage ». « Ni ministre ni même député, affirme l'historien Robert Rumilly, Pacaud plaçait des fonctionnaires, décidait des candidatures, procurait des commandes aux entrepreneurs, endossait des chèques, escomptait des traites, payait les comptes du premier ministre, rendait service avec une camaraderie inlassable et un porte-monnaie miraculeusement garni. C'était l'intermédiaire universel, unique, obligatoire. »

Mercier, à cette époque, a d'autres préoccupations que de faire le ménage dans son administration. La loi sur les biens des jésuites risque d'être désavouée et cela le préoccupe beaucoup.

Dès le début de janvier 1889, des pétitions commencent à arriver à Ottawa demandant au gouvernement fédéral de dénoncer la mesure québécoise qui permet au pape de s'immiscer dans les affaires politiques canadiennes. Les signataires affirment que les jésuites n'ont aucun droit à l'argent qu'ils réclament, etc. À la mi-janvier, Macdonald déclare que la loi des biens des jésuites ne sera pas désavouée parce que l'objet de la législation est purement d'intérêt provincial et qu'il ne touche qu'une matière fiscale « entièrement sous le contrôle de la Législature du Québec ».

La session fédérale débute le 31 janvier et il est évident que des députés voudront aborder le sujet controversé et provoquer un débat sur cette question. Le coup d'envoi est donné dans un article du *Toronto Mail* du 14 mars :

> Si l'élément protestant et anglais du Québec ne veut pas faire son propre salut, nous devons essayer de le faire dans notre intérêt. Il est assez clair que l'abandon du Québec aux ultramontains et aux jésuites serait la mort de la nationalité canadienne. Mais l'Ontario ne sera pas en sécurité. Notre porte de l'Est a déjà été ouverte par la main perfide du politicien chasseur de votes et l'invasion française et catholique y passe déjà comme un torrent. Le prêtre français ne peut pas, il est vrai, importer officiellement en Ontario l'établissement de son Église et son système de dîmes. Mais cela importe peu s'il peut repousser la population britannique et installer à sa place une population qui sera sous son empire et dont il peut extorquer pratiquement tous les paiements qu'il peut croire utiles. L'estimateur, par surcroît sera sa créature et il pourra répartir le fardeau de taxation locale entre les fidèles et les hérétiques presque suivant son bon plaisir. Il détachera en fait l'Est de l'Ontario de la civilisation anglaise et protestante dont il fait actuellement partie et l'annexera au territoire de la race française qui est aussi le domaine du prêtre. Aucune déformation des faits par une rhétorique sophistiquée, aucune protestation hypocrite contre le sentiment de race, ne nous cachera la gravité ou l'imminence de ce résultat.

Le 15 mars, les députés du parti conservateur se réunissent à Ottawa pour faire pression sur le colonel W. E. O'Brien, le représentant de Muskoka, pour qu'il ne présente pas à la Chambre une motion demandant le désaveu de la loi sur les biens des jésuites. Quelques autres députés conservateurs se disent prêts à appuyer la motion.

Il est de notoriété publique que O'Brien présentera sa motion, le mardi 26 mars. Bien avant l'ouverture des travaux, les galeries réservées au public sont remplies d'une foule énorme. La tribune de l'orateur de la Chambre accueille « presque toute la famille vice-royale et sa suite ». Enfin, peu après quatorze heures, O'Brien se lève « au milieu d'un silence fort intimidant » et il commence la lecture de sa proposition :

> Qu'une humble adresse soit présentée à Son Excellence le Gouverneur général, énonçant : 1er Que cette Chambre considère le pouvoir de désavouer les actes des Assemblées législatives des provinces, conféré à Son Excellence en conseil, comme une prérogative essentielle à l'existence nationale du Canada ; 2e Que ce grand pouvoir, bien qu'il ne doive jamais être mis en usage inconsidérément, doit être exercé sans crainte pour protéger les droits d'une minorité, conserver les principes fondamentaux de la Constitution et sauvegarder les intérêts généraux de la popu-

lation ; 3ᵉ Que, dans l'opinion de cette Chambre, l'adoption par la Législature de la province de Québec de l'acte intitulé Acte concernant le règlement des biens des jésuites, est en dehors des attributions de cette Législature, premièrement : parce qu'elle dote, à même les fonds publics, une organisation religieuse et qu'elle viole par là même le principe constitutionnel incontesté de la séparation complète de l'Église et de l'État et de l'égalité absolue devant la loi de toutes les dénominations religieuses ; secondement : parce qu'elle reconnaît l'usurpation d'un droit par un pouvoir étranger, savoir : Sa Sainteté le Pape, siégeant à Rome, en prétendant que son consentement était nécessaire pour autoriser la Législature provinciale à disposer d'une partie du domaine public ; et aussi, parce que l'Acte doit dépendre de la volonté de ce même pouvoir, de même que la disposition de l'octroi est soumise à son contrôle ; et troisièmement : parce que la dotation de la Société de Jésus, qui est un corps étranger, secret et politico-religieux, dont l'expulsion de toute société chrétienne où il s'était implanté a été nécessitée par son intolérance et son ingérence indue dans les affaires de l'État, est très dangereuse pour les libertés civiles et religieuses du peuple canadien. Et cette Chambre demande, en conséquence, qu'il plaise à Son Excellence de désavouer ledit Acte.

Dans son intervention, O'Brien se dit le porte-parole de la majorité de la population du Canada.

La province de Québec, ajoute-t-il, n'a pas le droit de disposer des biens des jésuites. Ontario a son mot à dire dans l'affaire. Ce n'est pas parce que l'on donne 60 000 $ aux protestants qu'on justifiera la chose. Ces gens-là se sont laissé acheter. [...] On peut dire aussi que l'enrichissement des jésuites est une source de danger pour les habitants du Canada, parmi lesquels ils sèmeront des principes contraires à la loi et à la moralité publique. [...] Il est donc du devoir du gouvernement d'user de sa prérogative en désavouant la loi. Notre pays doit être anglais et rien qu'anglais ; et nous ne consentirons jamais à quoi que ce soit de contraire à l'idée britannique. Dans tous les cas, si la motion est rejetée, on en appellera du verdict de la Chambre à celui du pays.

Le député Clarke Wallace, grand maître des Orangistes du Canada, appuie, cela va sans dire, la motion O'Brien. Le représentant de Stanstead, Charles Carroll Colby, est le premier anglophone de la province de Québec à participer au débat. Pour lui, la loi doit être respectée.

Il est vrai que les jésuites ont été supprimés autrefois, mais il est également vrai qu'ils sont aujourd'hui légalement reconnus dans la province de Québec. Les attaquer, c'est attaquer toute l'Église catholique qui les reconnaît et les protège. En combattant les jésuites, nous attaquons les convictions religieuses de Québec et la volonté légalement exprimée de la grande majorité des représentants du peuple. [...] Nous avons refusé de céder aux prières de la minorité catholique du Nouveau-Brunswick qui avait des griefs certains ; comment donc pouvons-nous intervenir en faveur de la minorité protestante de Québec, surtout lorsque cette minorité ne se plaint pas et je ne suis pas certain qu'elle ait raison de se plaindre. [...] Jamais, dans aucun pays on n'a traité une minorité avec autant de libéralité et de justice que l'on en montre à l'égard de la minorité anglaise dans Québec.

Le député D'Alton McCarthy, à qui Macdonald avait déjà offert le poste de ministre de la Justice du Canada, appuie sans réserve la motion O'Brien. Il termine son intervention par un appel violent à la minorité protestante de la province de Québec « l'exhortant à secouer le joug de la majorité catholique, à quelque prix que ce soit ». John Thompson, ministre de la Justice, n'oublie pas son appartenance à la religion catholique, dans sa réponse « toute juridique » aux attaques et affirmations qu'il qualifie d'orangistes.

Deux tendances se dessinent à la Chambre des communes : une première, minoritaire, qui prône non seulement le désaveu de la loi sur les biens des jésuites, mais aussi la mise au pas de la province de Québec et l'affirmation d'un Canada anglais ; la seconde demande le respect de la loi provinciale, mais pour des raisons qui ne sont pas toujours désintéressées. Le débat dure trois jours. Parmi les intervenants dont les propos retiennent l'attention, figure le libéral David Mills. Il déclare :

> La motion de M. O'Brien est aussi importante que dangereuse. Sous prétexte de tolérance, on y demande l'intolérance ; sous prétexte de loyauté, on y demande la destruction de la Confédération. Elle mêle l'histoire à la fiction, confond la vérité avec le mensonge d'une façon odieuse et embarrassante. Dans un pays divisé à peu près également entre les catholiques et les protestants, il est extrêmement dangereux de faire du Parlement une arène religieuse. D'un côté, nous avons l'autonomie des provinces ; de l'autre, l'intervention malicieuse d'étrangers qui veulent détruire cette autonomie. M. O'Brien vient de nous demander d'intervenir dans les affaires d'une autre province. Si nous adoptions cette manière de voir, il en serait fait de notre Confédération. [...] Supposons que M. Mercier en ait appelé au peuple sur cette question et que le peuple l'approuve en le renvoyant avec une majorité, qu'adviendrait-il si nous nous arrogeons encore le droit de désaveu ? Ce serait évidemment la fin de la Confédération. Car, sur ces questions, c'est le peuple qui doit juger en dernier ressort.

Ministres, députés et spectateurs attendent avec impatience l'intervention du chef de l'opposition et celle du premier ministre du Canada. Laurier parle le premier. Il commence par souligner le fait qu'il est rare que la gauche appuie la politique du gouvernement. « Mais dans le cas présent, lorsque le gouvernement est attaqué par un certain nombre de ses propres partisans et que sa conduite a déjà provoqué une agitation qui malheureusement n'est pas exempte d'animosité religieuse, je ne dirai absolument rien qui soit de nature à attiser cette animosité religieuse. [...] Le parti libéral, sauf quelques exceptions que je respecte, approuve entièrement l'attitude du gouvernement sur la question qui fait l'objet de ce débat. » Le chef du parti libéral passe ensuite à l'analyse des griefs énumérés par les députés qui appuient la motion O'Brien et il conclut sur ce point : « Avant ces jours derniers, je n'avais jamais entendu dire que la minorité protestante eut à se plaindre de la façon dont la traitait la majorité de la province de Québec, et si elle avait eu des griefs sérieux, peut-on dire dans ce Parlement que ces griefs n'auraient pas été portés à la connaissance des représentants du peuple ? »

Laurier cite ensuite des propos tenus la veille par le député McCarthy, à savoir : « Nous ne devons jamais oublier, et je crois que quelques-uns de mes amis de la province de Québec l'oublient parfois, que le Canada est un pays anglais, que la fortune des armes a voulu que la plus grande moitié de ce continent passât à la Couronne anglaise. » À ceux qui affirment qu'il ne doit y avoir qu'une seule race au Canada, le futur premier ministre répond :

> Je suis d'origine française, mais je suis sujet anglais. [...] Eh bien ! quelle serait cette race ? Est-ce le lion anglais qui doit faire disparaître l'agneau français, ou l'agneau français qui doit absorber le lion anglais ? Il peut y avoir plus d'une race, mais il ne doit y avoir qu'une seule nation. L'Écosse n'a pas oublié son origine, autant que je sache ; cependant l'Écosse est anglaise. Je n'ai pas l'intention d'oublier mon origine, mais je suis Canadien avant tout. [...] Nous voulons rester sujets anglais ; mais parce que nous sommes sujets anglais, doit-on compter que nous allons nous montrer traîtres à notre origine, traîtres à tout ce qui donne du prix à la vie ?

Lorsque Macdonald prend la parole, il est déjà tard dans la nuit. La position du gouvernement est claire : « Il est hors de doute que la loi est constitutionnelle et il n'y a pas de raison politique pour la désavouer. [...] Mais quelles seraient donc les conséquences d'un désaveu ? De l'agitation, une querelle, une guerre raciale et religieuse naîtraient alors. Les meilleurs intérêts du pays subiraient des préjudices ; notre crédit serait ruiné à l'extérieur et, au pays même, nos relations sociales seraient détruites. »

Le président de la Chambre demande le vote : 188 députés votent contre la motion et 13, soit huit conservateurs et cinq libéraux, votent en sa faveur. Ces derniers se méritent le surnom de « Noble Thirteen » ou « The Devil's Dozen ».

La province d'Ontario a suivi avec attention le déroulement du débat. Déjà, la veille de la présentation de la motion O'Brien, une réunion populaire s'était tenue à Toronto pour dénoncer la loi québécoise. On y avait adopté une résolution affirmant « qu'il était du devoir de tous les citoyens canadiens d'employer tous les moyens légitimes pour empêcher que la loi sur les biens des jésuites soit appliquée ».

Les manifestations populaires vont se multiplier au cours des mois suivants. « La décision du Parlement, affirme le professeur J. R. Miller, alluma une flambée de protestations. La Montreal Ministerial Association se mit à alerter la population en envoyant des pasteurs dans les régions rurales, et elle se ligua avec l'association sœur de l'Ontario pour adopter un plan d'action concertée, persuadée qu'elle était que le « whole Dominion is compromised by this measure ».

Publicité gouvernementale

# Mort au bilinguisme
# 1889-1891

LES OPPOSANTS À LA LOI SUR LES BIENS DES JÉSUITES doivent organiser leur action rapidement, car le délai statutaire permettant au gouvernement fédéral d'annuler la loi québécoise se termine le 9 août 1889. Le 25 avril, se tient à Montréal un « indignation meeting ». Trois mille personnes se réunissent pour entendre des orateurs dénoncer le « bigotisme » du gouvernement Mercier. Le premier, l'ex-maire de Toronto, W. H. Holland, lance le cri de guerre :

> Sir John A. Macdonald lui-même, clame-t-il, s'est attiré le mépris et la haine de tous les protestants bien pensants, parce qu'il a outragé les droits d'une minorité pour plaire à une secte religieuse en particulier et aux Canadiens français en général. Les Canadiens français veulent écraser les Anglais ; ils veulent reconquérir par la ruse ce qu'ils ont perdu par la force. Non contents de dominer en autocrate dans la province de Québec, ils envahissent l'Ontario et, si on les laisse faire, ils seront avant longtemps maîtres du terrain. Si les Français veulent se servir de l'autonomie pour détruire notre religion, abolir notre langue et chasser nos concitoyens, nous les Anglais, nous allons nous lever en masse et protester vivement. Que les Canadiens français croupissent s'ils le veulent sous le poids de la bigoterie religieuse, c'est leur affaire ; mais qu'ils ne prétendent pas nous faire payer de nos deniers les frais de cette bigoterie. Nous les respectons dans l'Ontario, nous voulons l'être dans le Québec. Toute agression nationale ou religieuse doit cesser. Nous ne voulons pas l'abolition d'un parti ou d'un autre. Conservateurs ou libéraux, peu nous importe. Il nous faut un gouvernement juste qui respecte les droits de chacun.

Le colonel O'Brien participe à la rencontre de Montréal. Loin de sombrer dans un appel à la violence, il tient des propos remplis de modération. Il rend même hommage aux Canadiens français catholiques. L'assemblée se termine, tout comme celle qui a eu lieu trois jours auparavant à Toronto, par la nomination d'un comité chargé de proposer une série de mesures pour faire valoir les droits des protestants.

Le premier ministre du Canada, de passage à Toronto le 7 juin, profite de son discours à l'Albany Club pour lancer un appel au calme et à la modération. « L'excitation actuelle, dit-il, disparaîtra bientôt comme un nuage chassé par le vent et le parti conservateur sortira de la bourrasque aussi fort qu'auparavant. » La bourrasque « antijésuite » fait encore des siennes à Toronto le 11 juin, alors que plus de 700 délégués se réunissent en convention et forment l'Equal Rights Association, que l'on appellera dans les journaux de la province de Québec la Ligue des droits égaux. L'organisme a pour but de « protéger le pays contre la francité envahissante et l'agressif catholicisme ». L'un des principaux orateurs de la rencontre de Toronto est le député libéral de Norfolk-Nord, John Charlton, qui en profite pour exposer clairement sa théorie du « One Nation » :

> Je crois que l'assimilation des races, dans la Confédération canadienne est désirable au plus haut degré. Je ne vois pas comment nous pourrons former une nation avec les éléments de grandeur voulue, tant que nous aurons dans ce pays deux races distinctes ayant des aspirations, des désirs, des institutions diamétralement opposés. Abraham Lincoln disait que le peuple des États-Unis ne pourrait jamais vivre moitié libre, moitié esclave. Le Canada ne pourra jamais vivre moitié anglais, moitié français. [...] Lorsque je contemple la petite armée de gens du moyen âge et d'ecclésiastiques de Québec, je ne crains pas qu'elle n'abatte le courage des cinquante-sept millions [sic] d'Anglo-Saxons du Canada. L'idée d'élever un État de race latine sur les bords du Saint-Laurent est une injure au sens commun. L'Anglo-Saxon ne saurait se laisser entraver dans sa marche par les efforts de pareils nains.

L'Equal Rights Association ne se contentera pas de demander le rejet de la loi québécoise sur les biens des jésuites. Elle fera aussi campagne contre l'enseignement du français dans les écoles de l'Ontario et pour l'établissement d'un système de surveillance des écoles séparées. Plusieurs protestants de la province de Québec craignent qu'une telle campagne ne mette en danger leur système scolaire. D'ailleurs, lors de la convention de Toronto, le recteur du Presbyterian College, un nommé MacVicar, recommande la prudence et la modération.

## Un appel à l'unité

Les hommes politiques canadiens-français ne semblent pas vouloir se lancer dans un vaste mouvement de contre-attaque. La première réaction officielle a lieu, le 24 juin, à Québec, lors de l'inauguration du monument élevé en l'honneur de Jacques Cartier et du père Jean de Brébeuf. Le premier ministre Mercier aborde le problème de plein fouet :

> Nos ennemis cherchent à soulever les préjugés contre nous et, unissant maladroitement les haines qu'ils ont pour notre nationalité contre celles qu'ils ont pour notre religion, ils font entendre des cris de rage à l'occasion d'un grand acte de justice accompli récemment au nom de l'État, afin de restituer des biens illégitimement acquis. [...] Le moment de parler est arrivé et, comme représentant

autorisé de la province de Québec, [...] avec le sentiment de la responsabilité attachée à mes paroles, je déclare au nom de tous que nous sommes restés et que nous resterons catholiques et français.

Rappelant que les Canadiens français désirent continuer à vivre « à l'ombre du drapeau de l'Angleterre et sous l'égide tutélaire d'une souveraine chérie de tous », Mercier ajoute :

Nous déclarons solennellement que nous ne renoncerons jamais aux droits qui nous sont garantis par les traités, par la loi et la Constitution. [...] Pour obtenir ce grand résultat et consolider ainsi nos destinées, nous avons un devoir impérieux, urgent, solennel à remplir. Ce devoir, c'est de cesser nos luttes fratricides et de nous unir. Nous ne sommes pas aussi forts que nous devrions l'être parce que nous sommes divisés. Et nous sommes divisés parce que nous ne comprenons pas les dangers de la situation. Nos ennemis sont unis dans leur haine de la patrie française ; et nous, nous sommes divisés dans notre amour de cette chère patrie. Pourquoi ? Nous ne le savons pas. Nous sommes divisés parce que la génération qui nous a précédés était divisée. Nous sommes divisés parce que nous avons hérité des qualifications de rouges et de bleus ; parce que le respect humain nous dit de nous appeler libéraux et conservateurs ; parce qu'il est de bon ton d'avoir un nom et un titre sous prétexte d'avoir des principes ; parce qu'il est de mode de défendre les principes, surtout quand ils ne sont pas attaqués. Brisons, messieurs, avec ces dangereuses traditions ; sacrifions nos haines sur l'autel de la patrie et, dans ce jour de patriotiques réjouissances au nom et pour la prospérité de cette province de Québec que nous aimons tant, donnons-nous la main comme des frères et jurons de cesser nos luttes fratricides et de nous unir. Que notre cri de ralliement soit à l'avenir ces mots qui seront notre force : Cessons nos luttes fratricides ; unissons-nous !

Laurier intervient à son tour. Pour lui, il ne faut pas que les Canadiens français rétrécissent trop les limites de leur « pays ». Il a peur du ghetto, du repliement sur soi.

Nous sommes Canadiens français, déclare-t-il ce 24 juin 1889, mais notre patrie n'est pas confinée au territoire ombragé par la citadelle de Québec. Notre patrie, c'est le Canada, c'est tout ce que couvre le drapeau britannique sur le continent américain, les terres fertiles qui bordent la baie Fundy, la vallée du Saint-Laurent, la région des grands lacs, les prairies de l'Ouest, les montagnes Rocheuses, les terres que baigne cet océan célèbre où les brises sont aussi douces que les brises de la Méditerranée. Nos compatriotes ne sont pas seulement ceux dans les veines de qui coule le sang de la France ; ce sont tous ceux, quelle que soit leur race, ou leur langue, que le sort de la guerre, les accidents de la fortune ou leur propre choix ont amené parmi nous et qui reconnaissent la suzeraineté de la couronne britannique. Quant à moi, je le proclame hautement, voilà mes compatriotes, mais je suis Canadien. Mais je l'ai dit ailleurs et j'ai plus de plaisir à le répéter ici, ce soir, entre tous mes compatriotes, la première place dans mon cœur est pour ceux dans les veines de qui coule le sang de mes propres veines. Je n'hésite pas à dire cependant que les droits de mes compatriotes d'autres races me sont aussi chers, aussi sacrés que les droits de ma propre race, et si le malheur voulait qu'ils fussent jamais attaqués, je les défendrais avec autant d'énergie et de vigueur que les droits de ma propre race.

Laurier prône l'égalité la plus complète : « Quant à moi, je ne veux pas que les Canadiens français dominent sur personne, et je ne veux pas que personne domine sur eux. Justice égale, droits égaux. »

Les deux meilleurs orateurs canadiens-français, Mercier et Laurier, viennent d'illustrer les deux tendances des francophones et l'événement suscite chez l'historien Mason Wade un commentaire global :

> Ces deux conceptions différentes, qui pourraient être appelées l'une provinciale, l'autre nationale, ou l'une canadienne-française, l'autre canadienne, devaient diverger de plus en plus au cours des années et diviser les Canadiens français. Leur popularité respective a varié avec les circonstances. C'est l'une des tragédies de la vie nationale canadienne qu'aux moments de division entre les éléments ethniques, en temps de crise, politique ou économique, le Canada français soit surtout porté à se replier sur lui-même, à se draper dans sa tradition distinctive et à atténuer son sentiment d'insécurité en affirmant son caractère français et catholique, augmentant ainsi le ressentiment des Canadiens anglais qui constatent que le Canada n'est pas un pays homogène dont le peuple pense et réagit de la même manière en temps de crise nationale. Or, la réaction canadienne-française est naturelle dans le cas d'un groupe minoritaire porté par son sentiment d'insécurité à des paroles outrancières pour dissiper sa propre inquiétude.

En 1889, les « paroles outrancières » semblent être surtout le fait d'anglophones qui n'acceptent plus le caractère biethnique du Canada et qui craignent les conséquences de la valorisation de l'idée de l'autonomie provinciale.

## Premiers effets de la bourrasque

L'avocat D'Alton McCarthy, représentant conservateur de la circonscription électorale de Simcoe-Est, en Ontario, n'a pas de répit dans ses attaques contre les francophones. Le 12 juillet, à l'occasion d'une fête orangiste à Stayner, il tient des propos qui font le tour de la presse canadienne.

> À Barrie, dit-il, lors de la dernière élection, j'ai signalé en quelques mots que le grand danger qui menaçait le Canada était le cri national français, cette race bâtarde ; non pas une race qui nous acceptera comme nous l'acceptons ; mais une race qui ne compte qu'avec ceux qui sont d'origine française ; une race qui résume ses affections dans la profession de la foi catholique et qui menace aujourd'hui de démembrer le Canada. [...] Nous devons prendre nos armes. Nous vivons dans un pays anglais et le plus tôt nous pourrons angliciser les Canadiens français, le mieux ce sera pour notre postérité dont la tâche sera devenue plus facile, et cette question devra être réglée tôt ou tard.

Pour le député McCarthy, que l'on considère comme l'un des meilleurs avocats de l'Ontario et l'un des plus brillants, la première tâche des anglophones est de travailler à l'abolition du bilinguisme officiel dans les Territoires du Nord-Ouest.

Aujourd'hui, des milliers de dollars ont été dépensés pour l'impression de matières françaises inutiles, mais le Canadien français du Bas-Canada a obtenu son but. Il a fait mettre dans la loi qu'il y aura deux langues et il s'est attaqué à la nouvelle province. Lorsque le français aura été aboli au Nord-Ouest, il nous restera encore beaucoup à faire. Occupons-nous d'abord des deux langues dans les Territoires du Nord-Ouest et de l'enseignement du français dans les écoles des provinces anglaises ; lorsque ces deux questions auront été réglées, nous aurons fait quelque chose et aplani la route pour l'avenir. [...] Le temps est maintenant venu pour le peuple de décider cette grande question, au moyen de son bulletin de vote ; si ce moyen ne remédie pas au mal, pendant la génération actuelle, la prochaine y remédiera par la baïonnette.

Au mois d'août, alors qu'à Montréal se fonde la Protestant Protective Association, qui est en quelque sorte l'une des filiales de l'Equal Rights Association de Toronto, le procureur général du Manitoba, Joseph Martin, déclare, le 5, que le temps est venu pour le gouvernement provincial d'abolir les écoles séparées. Le futur premier ministre de la Colombie britannique avait fait cette déclaration à Portage-la-Prairie, à la suite d'un discours de D'Alton McCarthy.

Le premier acte pour l'abolition du français au Manitoba a lieu le 7 septembre 1889. Ce soir là, la *Gazette officielle* de cette province n'est publiée qu'en langue anglaise. Le *Manitoba*, publié à Saint-Boniface, écrit dans son édition du 12 : « Depuis dix-neuf ans que le Manitoba est érigé en province, c'est la première fois que nous subissons pareille injustice. Les ministres provinciaux, par un ordre en conseil, ont entrepris, en dépit de la Constitution, d'interdire la langue française comme langue officielle de la province. C'est encore notre petit martinet politique, le procureur général, qui est l'auteur de ce coup d'État. » La guerre vient de commencer !

## Dans la fosse aux lions

Toronto et le reste de l'Ontario sont aux prises avec une vague de fond anti-francophone. Les jeunes libéraux ont invité Laurier à venir prendre la parole au Pavillon d'horticulture devant des sympathisants auxquels, bien sûr, se mêleront des conservateurs hostiles. Le chef du parti libéral ne peut pas ignorer les reproches dont sont victimes les Canadiens français. Devant une foule qui n'a marqué sa sympathie que par quelques applaudissements, l'orateur entre directement dans le vif du problème.

À l'heure actuelle, la situation de notre pays est grosse de difficultés et de périls. Il y a maintenant vingt-deux ans environ que la Confédération existe. Et la grande tâche que nous nous sommes donnée, il y a vingt-deux ans, de faire une nation canadienne ne semble pas plus avancée qu'alors. De nouvelles complications se produisent tous les jours. Elles sont cause que la réalisation des espérances caressées, il y a vingt-deux ans, est aussi éloignée qu'à cette époque. Et maintenant, compatriotes, je vous le demande, quelles sont les causes de ces complications ? Quelles sont les causes de ces difficultés et de ces périls ? Cherchez, examinez, passez ces causes au tamis, et vous conviendrez avec moi que toutes, quelque forme qu'elles revêtent, quelque mal qu'elles puissent produire, peuvent se résumer à ce seul mot : défiance. Défiance de race à race, défiance de croyance à croyance ; suspicion des motifs et des intentions, qui fait qu'une croyance ou une race se concentre en elle-même, alors que toutes devraient marcher d'accord vers un but commun ; suspicion qui engendre une hostilité dont les conséquences sont presque épouvantables. C'est dans la province de l'Ontario que j'élève en ce moment la voix. Or n'est-il pas vrai que, dans cette grande province d'Ontario, il y a aujourd'hui un sentiment de défiance occulte ou manifesté ouvertement à l'égard de la province catholique de Québec ? Je viens de la province de Québec et je sais, malheureusement d'une façon positive, qu'il y a dans la catholique province de Québec un sentiment de défiance contre la province protestante d'Ontario.

Ce n'est que lorsqu'il aborde la question des biens des jésuites et la motion O'Brien que Laurier se rend compte qu'il est vraiment dans la fosse aux lions et que ses auditeurs sont fortement en faveur de la plupart des principes prônés par l'Equal Rights Association. D'ailleurs, les réactions de la foule sont encore plus bruyantes quand Laurier parle de l'Equal Rights Association. L'historien Joseph Schull décrit ainsi l'attitude des auditeurs :

> De tous les coins de la salle s'élevèrent des clameurs rythmiques qui l'enveloppè-rent et le [Laurier] réduisirent à l'impuissance lorsqu'il voulut continuer de parler. Il ne s'agissait plus d'un déchaînement de haine, d'une réaction préméditée. On eût dit qu'il s'y mêlait une sorte de respect. Et cette manifestation était d'autant plus pénible pour Laurier qu'elle était spontanée : le cri du cœur de cette ville, forteresse anglo-saxonne du pays. Un cri qui faisait écho aux idées prêchées par McCarthy. Si bien que, pour un moment, c'en fut trop pour Laurier. Il mit quelques minutes à se ressaisir, à reprendre son ascendant sur le meeting et, au bout de cette éternité, il n'était pas sûr de retrouver la parole. Immobile sous la rafale, ses mains commençant à trembler et la sueur l'inondant, il cherchait du regard dans les zones silencieuses de la salle quelque visage sympathique, l'encou-ragement tacite qui avait, au cours d'autres meetings fait contrepoids au vacarme des manifestants. Mais en vain. Toronto respectait l'homme, mais son génie particulier se dressait avec une unanimité véhémente contre le Canadien français.

Le calme revenu, Laurier poursuit son discours. Il établit à nouveau la distinc-tion entre le libéralisme anglais et le libéralisme doctrinal qui fut prospère en France quelques décennies auparavant. Il souligne que le droit de désaveu constitue un danger pour les pouvoirs provinciaux et que le gouvernement de Macdonald a trop souvent usé de ce droit. Il termine en exposant la doctrine libérale sur la réciprocité, moyen de redresser l'économie canadienne.

## De l'huile sur le feu

Tandis que Laurier prêche la bonne entente, Mercier, consciemment ou incons-ciemment, multiplie des gestes et des déclarations que l'on juge provocants. Ainsi, par exemple, il remet les sommes prévues dans la loi sur les biens des jésuites le 5 novembre 1889, jour anniversaire de la Conspiration des Poudres, fête importante pour les Orangistes. C'est le pape lui-même, par la voie de la Sacré Congrégation, qui avait réparti les 400 000 $ entre les jésuites, l'Université Laval et les diocèses. La somme prévue pour le comité protestant du conseil de l'Instruction publique de la province de Québec n'est pas versée au même moment, car toutes les modalités d'utilisation n'ont pas été précisées.

Quelques jours plus tard, soit le 12 novembre, Mercier participe aux cérémonies du Congrès catholique de Baltimore, aux États-Unis. Dans son allocution, il repasse certains faits de l'histoire commune du Canada et de la république voisine. Il parle des procédés « tyranniques » du roi George III. Il aborde, en parlant de la justice, qui est le guide de son gouvernement dans les affaires publiques, la situation de la minorité protestante dans la province de Québec : « Lorsque la minorité protestante du Bas-Canada réclama, d'ordre naturel et de droit, le privilège de faire instruire leurs enfants dans leurs propres écoles, d'après leurs méthodes et leurs notions religieuses, mes compatriotes canadiens-français et catholiques, je suis fier de le dire, n'hésitèrent pas un instant de leur plein mouvement, ils accordèrent à la minorité protestante des écoles distinctes et le droit absolu de les administrer de la manière qu'elle jugerait la meilleure pour assurer le bien moral et religieux de la population protestante du pays. » C'est en vertu du même principe de justice que le gouvernement de la province de Québec a voulu indemniser les jésuites : « Nous avons remis à l'Église catholique, par l'entremise de l'ordre des jésuites, la propriété dont elle avait été spoliée par le même George III qui aurait voulu spolier vos pères de leurs libertés et de leurs droits. » Le jugement de Mercier sur le pauvre roi d'Angleterre soulèvera un tollé chez plusieurs anglophones.

Les diverses prises de position du premier ministre de la province de Québec appellent des commentaires et un journaliste du *Mail* de Toronto demande à Mercier : « Lorsque vous avez dit dans votre discours prononcé devant le Club national, la semaine dernière : « Espérons que ces principes ne seront jamais méconnus et que nous ne serons pas obligés, dans aucune des provinces, d'user de représailles et de rappeler à la majorité qui pourra être injuste qu'il y a une minorité qui a besoin de protection ? » Avez-vous dit cela comme une menace aux majorités protestantes des autres provinces et à la minorité protestante d'ici ? » Dans sa réponse, Mercier développe la théorie du Québec responsable du sort des minorités francophones dans les autres provinces. Il demande de ne pas considérer ses propos tenus à Montréal le 6 novembre comme une menace, mais plutôt « comme un avertissement aux majorités des autres provinces ».

> Pour être franc, ajoute-t-il, je dois dire que j'ai voulu et je veux aujourd'hui déclarer que les droits égaux doivent s'appliquer aux minorités de toutes les provinces et que, si l'on applique dans quelque autre province l'acte fédéral contre les droits des minorités et pour l'abolition de leurs écoles séparées, là où elles existent en vertu de la loi, je ne vois point pourquoi la même règle ne s'appliquerait pas à la province de Québec. J'ai déclaré que les minorités n'ont pas de droits parce qu'elles sont françaises, anglaises, catholiques ou protestantes, mais parce qu'elles sont les minorités qui ont droit d'être protégées et de jouir des mêmes privilèges que les majorités. Comme c'est là le principe, je ne vois pas pourquoi la minorité de la province de Québec aurait plus de droits que les minorités des autres provinces, lorsque la même loi a ses applications, lorsque ces droits sont consacrés

par la même constitution, et qu'il y a les mêmes intérêts. Mon intention était donc, pour parler clairement, de dire que, si les minorités catholiques, ou les habitants d'origine française des autres provinces, ne sont pas traitées comme elles doivent l'être, je ne vois pas pourquoi les protestants et les Anglais de la province de Québec seraient traités différemment. Je comprends parfaitement la responsabilité que j'assume et je l'assume intentionnellement. Comme je l'ai dit, ce n'est pas une menace, mais un avertissement qui suffira, je l'espère, pour empêcher les majorités des autres provinces de se montrer injustes.

La menace à peine voilée de Mercier ne sème pas la crainte chez D'Alton McCarthy qui déclare à Ottawa, le 12 décembre : « Lord Durham comprenait que tant que les Canadiens français auraient la liberté de s'instruire en français, dans leurs écoles, de nourrir l'intelligence de la littérature française au lieu de la littérature anglaise, ils resteraient français de sentiments et, quel que soit le nom qu'ils se donnent, ils resteront Français de toute manière. [...] Y a-t-il l'ombre d'un doute qu'entre ces deux races, plus encore qu'entre toutes autres, si l'union doit jamais exister, ce sera par la disparition d'une des deux langues et l'enseignement de l'autre. »

Les francophones, aux dires de l'Equal Rights Association, constituent une menace pour l'avenir du Canada ; mais, pour le *British American Citizen* de Boston, dans l'édition du 28 décembre, ils constituent un danger même pour les États-Unis :

> Le romanisme est déjà une terrible puissance dans notre pays. Il domine New York et exerce une influence considérable dans beaucoup de villes et de cités de la Nouvelle-Angleterre. Mais, à cette force romaine, il faut encore ajouter le pouvoir ultramontain français que, jusqu'ici, nous avons complètement ignoré. Songez-y, Américains patriotes, les jésuites français ont conçu le projet de former une nation catholique avec la province de Québec et la Nouvelle-Angleterre, et ce projet de rendre la Nouvelle-Angleterre catholique française a déjà pris des proportions capables d'alarmer les plus optimistes. Les Français sont plus d'un million aux États-Unis et, selon toute probabilité, 350 000 dans la Nouvelle-Angleterre. Ils remplissent vos fabriques, achètent vos fermes, s'introduisent dans vos législatures et y exercent une influence puissante. Le nombre de leurs enfants est inimaginable pour les Américains. Ces enfants, on les éloigne des écoles publiques afin de leur donner une éducation en tout semblable à celle qu'ils auraient reçue en Canada. On leur dit qu'en apprenant l'anglais ils perdront leur langue, leur nationalité, leur religion. On les conserve comme race étrangère distincte, soumise au pape en matière religieuse et politique. Rapidement, ils acquièrent le droit de vote ; en certains endroits, ils ont déjà la majorité absolue, tandis qu'en beaucoup d'autres, ils tiennent leurs adversaires en échec. Bientôt, unis aux Irlandais, ils vous gouverneront, vous Américains ; ou plutôt, le pape vous gouvernera, car ces masses le reconnaissent pour maître.

Pendant que l'on craint, chez certains, une domination utopique des Canadiens français, une partie de ceux-ci lutte contre des menaces d'assimilation et le danger de perdre ce qu'ils considéraient jusqu'alors comme des droits.

*Drame dans l'Ouest*

Dans les Territoires du Nord-Ouest, à la suite d'une immigration européenne massive, les francophones deviennent de plus en plus minoritaires. En 1885, ils ne représentent qu'environ 10 % de la population totale. En effet, le dernier recensement porte à 48 362 âmes le chiffre de la population totale des Territoires. De ce nombre, 20 170 sont classés comme « Sauvages ». Alors que les Anglais, les Irlandais et les Écossais sont au nombre de 20 470, les francophones sont à peine 4907, soit 1520 colons canadiens-français et 3387 Métis francophones.

Depuis une modification apportée en 1877 à l'Acte des Territoires du Nord-Ouest, les francophones avaient le droit d'utiliser la langue française dans les tribunaux et les délibérations du Conseil, ainsi que dans les textes de lois publiés dans les deux langues. Mais on en vient rapidement à trouver onéreux ce bilinguisme officiel. Les autorités civiles commencent alors à employer toutes sortes de complications pour mettre fin au système. Les francophones catholiques craignent pour l'existence de leurs écoles. Le 20 novembre 1889, Vital Grandin, évêque de Saint-Albert, lance un appel à tous ses confrères religieux de l'ancienne province ecclésiastique de Québec.

> Lors de l'annexion, écrit-il, les Canadiens et Métis français étaient, on peut dire, les seuls colons du pays qu'avaient découvert leurs pères. Ils vivaient paisiblement avec les commerçants de l'honorable Compagnie de la Baie d'Hudson et quelques rares colons anglais récemment établis. Après l'annexion, les immigrants venant en grand nombre, et j'oserais assurer que sur cent il se trouvât dix catholiques ; la population anglaise et protestante augmenta donc rapidement et, en quelques années, nous dûmes nous résigner à n'être plus qu'une minorité. À Dieu ne plaise que je veuille accuser d'une manière générale cette nouvelle majorité de vouloir nous maltraiter ; il y a parmi les nouveaux venus des familles respectables et honnêtes qui déplorent la guerre que l'on nous fait. Cette guerre, messeigneurs, on ne l'avouera pas, mais moi je certifie à Votre Éminence [Taschereau] et à Vos Grandeurs, c'est le gouvernement fédéral qui, par le personnel d'un département indien nous l'a faite le premier, et d'autant moins loyalement que de sa part il n'y a pas eu déclaration de guerre, et que, chez nous, ne pouvant supposer le mal, nous n'avons dans le principe opposé aucune résistance. Dès que les Indiens ont conclu le traité avec le gouvernement, toute l'administration du département indien fut, dans mon diocèse du moins, généralement et exclusivement composée de protestants de langue anglaise. Pour des raisons qu'ils n'avoueront jamais, ces messieurs contraignent nos Sauvages chrétiens à s'éloigner de nos établissements que nous fûmes, par ce fait, obligés d'abandonner. [...] Sans égard à la foi religieuse et au désir des Sauvages, on leur a exclusivement imposé des écoles protestantes et les pauvres Indiens ont été poussés, menacés même, pour qu'ils envoyassent leurs enfants à ces écoles où leur foi n'était pas respectée. À part une école industrielle, il n'y a pas dans mon diocèse une seule école catholique que nous n'ayons dû établir nous-mêmes, souvent devant une vive opposition et supporter en partie dans le principe. En novembre 1887, on m'avait positivement assuré à Ottawa qu'on allait cesser d'en agir ainsi : je dois certifier que la persécution, je puis me servir de ce mot, est plus accentuée que jamais. Malgré cela, vous n'en serez pas surpris, nous sommes les coupables, en bonne brebis nous devrions nous

laisser tondre et égorger sans même bêler. Cette maladie épidémique, ce fanatisme s'est communiqué des réserves à certains centres civilisés. On poursuit nos écoles. C'est un crime pour nous de profiter de nos lois scolaires pour nous faire aider par le gouvernement ; on étudie nos rapports, on épilogue sur tout afin de pouvoir nous accuser et nous faire enlever des secours auxquels nous avons droit. Bien qu'étant la minorité, nous pourrions cependant envoyer deux représentants à la Chambre ; on a réussi à nous rendre la chose impossible. J'en accuse encore le gouvernement fédéral qui, en formant les districts électoraux, a divisé les deux centres catholiques français de manière que nous sommes dans l'impossibilité de nous faire représenter.

Pour Grandin, la révolte serait chose d'autant plus facile que plusieurs francophones sont survoltés. Mais la violence ne donnerait rien. Seule une forte immigration de Canadiens français de la province de Québec pourrait peut-être redresser la situation. Mais il faut faire vite, car tous les représentants des Territoires du Nord-Ouest, sauf deux, demandent « l'abolition de notre langue et le changement de nos lois scolaires pour nous imposer de prétendues écoles neutres, qui ne sont autre chose que des écoles anticatholiques, si même elles ne sont pas des écoles sans Dieu ».

Les craintes de l'évêque Grandin sont fondées puisque, le 22 janvier 1890, le député conservateur D'Alton McCarthy présente un projet de loi (nº 10) modifiant l'Acte concernant les Territoires du Nord-Ouest de façon à faire disparaître le caractère bilingue de cette région canadienne. Pour le promoteur de l'Equal Rights Association, l'existence d'une seule langue officielle est essentielle pour la formation d'un grand pays. On n'aurait pas dû, affirme-t-il, encourager les Canadiens français à conserver leur langue. Si ces derniers avaient été amenés graduellement et pacifiquement à adopter la langue anglaise, « je voudrais savoir, ajoute-t-il, si, aujourd'hui, au lieu de la différence de race, ou de cette race divisée que nous voyons maintenant, laquelle se divise de plus en plus, et menace de scinder le Canada en deux, si l'on ne s'y oppose pas — je voudrais savoir, dis-je, si nous verrions le spectacle qui nous frappe maintenant ? »

McCarthy précise, en terminant la présentation de son projet de loi, le but visé : « Mon seul désir est de travailler au bien général et l'on verra, je crois, que notre intérêt le plus véritable est de travailler à établir dans ce pays l'unité de race avec l'unité de la vie nationale et l'unité de langage. »

Le débat en deuxième lecture débute le 12 février et il est marqué par des prises de position diverses. Quelques députés appuient la mesure en tentant de démontrer que, si l'on veut un Canada uni, une seule langue est nécessaire. D'autres insistent sur les droits des deux principales nationalités à l'origine du peuplement. Pour le représentant de Muskoka, William Edward O'Brien, il n'y a pas deux solutions possibles : « J'ose dire que, dans l'avenir, il n'y aura qu'une langue dans le Canada, et ce sera la langue qui devrait être en usage dans toutes les nouvelles provinces du pays ; la langue qui doit être la langue officielle du Canada, si ce dernier doit devenir un pays prospère. »

Au député d'Assiniboia-Ouest, Nicholas Flood Davin, qui propose que la Chambre remette à l'Assemblée législative des Territoires du Nord-Ouest le soin de décider de l'abolition de l'usage officiel de la langue française, Cléophas Beausoleil, de Berthier, répond :

> Il est évident qu'en remettant à cette même législature le droit de décréter l'abolition de la langue française, nous agissons exactement comme si nous le décrétions nous-mêmes. Si l'on veut abolir la langue française, qu'on le dise franchement. Si on croit qu'il est dans l'intérêt de la tranquillité du pays qu'une seule langue soit parlée dans les Territoires, qu'on ait le courage de le dire. D'un autre côté, si on veut éviter de soulever les passions du peuple, si on veut éviter de soulever les préjugés, si on veut éviter les causes de mécontentement, si on veut maintenir la paix, la tranquillité et la bonne harmonie qui existe actuellement entre les différentes races, que l'on déclare que le maintien de la langue française dans le Nord-Ouest est une mesure dans l'intérêt du pays, et que l'on rejette le bill.

Beausoleil propose un amendement en ce sens.

Le ministre Langevin se dit prêt à payer personnellement les 400 $ que représentent les frais annuels d'impression des documents en langue française. Pour lui, la question monétaire n'est qu'un prétexte invoqué par ceux qui réclament l'abolition de la langue française. Lui fait suite le député de Norfolk-Nord, John Charlton, qui se prononce en faveur du bill McCarthy, au nom de la gloire de l'Empire britannique !

> J'espère que les députés français nous pardonneront — si toutefois ils jugent nécessaire de pardonner — ce sentiment qu'ils ne peuvent partager, mais que les députés anglais de cette Chambre éprouvent un sentiment d'orgueil qu'inspire l'histoire de l'Empire britannique ; sentiment qui leur fait éprouver du plaisir à contempler le résultat de la bataille des Plaines d'Abraham ; sentiment qui les porte à se réjouir des résultats des batailles du Nil et de Trafalgar, ainsi que du résultat de la bataille de Waterloo ; sentiment qui leur fait voir avec orgueil les progrès de l'Empire britannique, et qui leur inspire la croyance que les institutions anglaises sont les plus propres à donner au genre humain la prospérité et le bien-être. J'espère, monsieur l'orateur, qu'ils nous pardonneront d'avoir pour but avoué de faire de ce pays un pays saxon. Le but avoué de l'Anglo-Saxon est de faire de sa race la plus grande race de la terre, et l'espoir de l'Anglo-Saxon est que le jour viendra, et il viendra avant que plusieurs décennies ne s'écoulent où la langue anglaise sera le moyen ordinaire de communication entre toutes les races de la terre, et que la race anglaise sera la race dominante du monde, de manière que l'Anglo-Saxon accomplira la destinée que Dieu lui a évidemment assignée sur cette terre.

Laurier prend la parole le 17 février. Pour le chef de l'opposition, le projet de loi est de peu d'importance, mais il constitue une déclaration de guerre « contre la race française » et, à ce titre, il doit être combattu.

> Le présent mouvement de l'honorable député [McCarthy] n'est pas son dernier pas. C'est seulement une escarmouche préliminaire, qui doit être suivie bientôt d'un assaut général contre toute la race française du Canada. On me demandera peut-être quel sera alors l'avenir du Canada. L'avenir du Canada est d'être anglais. Je ne partage pas les rêves ou les illusions d'un petit nombre de mes concitoyens

d'origine française qui nous parlent de former une nation française sur les bords du Saint-Laurent ; et si mon honorable ami, le député de Simcoe [McCarthy] était ici, je lui dirais que ces rêves n'ont pas besoin de troubler son sommeil. Ceux qui nourrissent ces illusions sont en très petit nombre ; on pourrait les compter sur les doigts de la main et, à ma connaissance, il n'y a qu'un seul journal qui leur ait jamais donné cours. Cependant, si je dis que ce pays sera nécessairement anglais, il ne s'ensuit aucunement qu'il ne doive y avoir qu'une seule langue — la langue anglaise — parlée dans ce pays. Je prétends être aussi loyal que l'honorable député aux institutions du Canada ; je suis fils d'une Canadienne française et je déclare que je suis aussi attaché à la langue que j'ai apprise sur ses genoux que je le suis à la vie qu'elle m'a donnée. Et sur ce terrain, j'en appelle à tout citoyen d'origine anglaise, à tout membre de cette race chez laquelle les affections domestiques sont si fortes, et tous me répondront, je le sais, que s'ils étaient dans notre position, ils feraient comme nous.

L'intervention de John A. Macdonald est attendue avec impatience, même si l'on sait qu'il ne se prononcera pas en faveur du projet McCarthy. Immédiatement après Laurier, le premier ministre du Canada prend la parole. Selon lui, il ne saurait être question de mettre une langue dans une situation d'infériorité par rapport à l'autre. Il en va de même pour les ethnies : « La déclaration souvent faite que le Canada est un pays conquis, est une déclaration toujours faite sans à-propos. Que le Canada ait été conquis ou cédé, nous avons une constitution en vertu de laquelle tous les sujets anglais sont sur un pied de parfaite égalité, ayant des droits égaux en matière de langage, de religion, de propriété et relativement à la personne. Il n'y a pas de race supérieure ; il n'y a pas de race conquise ; ici, nous sommes tous des sujets anglais, et ceux qui ne sont pas d'origine anglaise, n'en sont pas moins sujets anglais. »

Macdonald, après avoir fait l'apologie de la politique du parti tory, s'attaque au bill à l'étude, le traitant d'insignifiant et de futile. Selon lui, McCarthy, s'il veut la disparition de la langue française, aurait dû viser la province de Québec et non les Territoires du Nord-Ouest où il y a très peu de Canadiens français. « L'honorable député a commencé par le mauvais bout. Lorsqu'un boucher veut tuer un bœuf, il le frappe à la tête, au lieu de lui couper un petit bout de queue, ce qui, après tout, est le seul effet que puisse avoir le bill de mon honorable ami. » Le premier ministre recommande donc que l'on laisse la législature locale décider de la question de la langue.

Le 18 février, le ministre de la Justice, John Sparrow David Thompson, propose un nouvel amendement susceptible de rallier la majorité :

> Que cette Chambre, ayant égard à l'usage constant depuis longtemps de la langue française dans l'ancien Canada et aux stipulations à ce sujet renfermées dans l'Acte de l'Amérique du Nord britannique, ne peut accéder à la déclaration contenue dans ledit bill et sur laquelle il est fondé, qu'il est opportun dans l'intérêt de la bonne entente nationale en Canada qu'il y ait communauté de langage parmi la population du pays. Qu'au contraire, cette Chambre déclare son adhésion aux dites stipulations et sa détermination de résister à toute tentative faite pour les amoindrir. Qu'en même temps, cette Chambre croit qu'il est opportun et convenable et qu'il n'est pas incompatible avec ces stipulations que l'Assemblée

législative des Territoires du Nord-Ouest reçoive du Parlement du Canada pouvoir
de réglementer, après la prochaine élection générale de l'Assemblée, les procédures
de l'Assemblée et le mode de rapporter et publier ces procédures.

La motion est très habile et place la députation francophone dans une position difficile : elle ne peut pas ne pas être d'accord avec l'affirmation des droits de
la langue française, mais elle peut difficilement accepter que l'Assemblée législative
des Territoires du Nord-Ouest ait le pouvoir de décider de l'existence du bilinguisme pour ses habitants. Bien plus, la motion reconnaît les droits des provinces
en certaines matières et les libéraux, entre autres, se sont fait fort de défendre l'autonomie provinciale en Chambre.

Le 21 février, lors de la session du soir, la Chambre des communes, par un
vote de 149 voix contre 50, adopte la motion Thompson. Onze députés francophones rejettent cette motion. Il faudra attendre quelques années pour que la
Législature des Territoires du Nord-Ouest abolisse l'usage de la langue française
dans les publications officielles.

## Sus au français

La question de l'existence des écoles séparées et de l'utilisation officielle de la langue
française en dehors de la province de Québec continue d'agiter l'opinion publique
au début des années 1890. À Toronto, le 28 mars 1890, le procureur général de la
province de l'Ontario s'adresse à l'Assemblée législative pour affirmer que « ni le
Parlement provincial ni le Parlement fédéral n'avaient le droit de rappeler le
dispositif de l'Acte de l'Amérique du Nord britannique et que le parlement impérial
ne penserait pas à abolir ces écoles ». En Ontario, il faudra attendre 1912 pour que
le système des écoles séparées soit ébranlé réellement. Mais il n'en va pas de même
au Manitoba où le procureur général Martin décide de mettre fin au bilinguisme
officiel et à l'existence d'écoles séparées.

Déjà, depuis le 7 septembre 1889, la *Gazette officielle du Manitoba* est publiée
seulement en langue anglaise. Cette décision doit être ratifiée par la législature
locale, laquelle commence ses travaux le 30 janvier 1890. Le 25 février, Martin
justifie ce geste en déclarant que la loi concernant la *Gazette* ne faisait pas mention
de la langue dans laquelle elle devait être publiée. « Le gouvernement, ajoute-t-il, ne
refusera pas non plus d'insérer un avis en allemand ou en irlandais pourvu que les
honoraires requis soient payés. » Donc, les francophones qui veulent du français
dans la *Gazette* devront payer pour les insertions ! Le 11 février précédent, la
Chambre avait adopté une résolution stipulant que « les motions ne soient plus
posées dans les deux langues par l'orateur et le greffier [...] de manière à ce que les
bills ne soient plus imprimés en français ». Le 7 mars, une autre mesure est adoptée
« pour réviser les règles de la Chambre pourvoyant pratiquement à ce que les avis
de bills privés, les avis des délais pour présenter lesdits bills, seront donnés dans les
journaux en anglais seulement ». Le 20 mars, on procède à la troisième lecture d'un
projet de loi « amendant l'Acte de l'Administration de la Justice de 1885 pourvoyant
à l'abolition des jurés français comme jurés français ». Deux jours plus tard, un
nouveau projet de loi subit sa dernière lecture : à l'avenir, la langue anglaise sera la

seule langue officielle de la province du Manitoba. Le journal francophone de Saint-Boniface, le *Manitoba*, rapporte que le procureur général Martin a expliqué « qu'un avocat canadien-français plaidant devant un juge canadien-français, dans une cour où les parties et les témoins seront canadiens-français, ne pourra de droit se servir de la langue française ». Le 28 mars, les députés décident enfin « que les journaux et les statuts soient imprimés en anglais seulement ».

L'abolition du bilinguisme au Manitoba suscite les commentaires de la presse québécoise. La *Minerve* du 5 avril déclare en éditorial :

> Que faut-il faire ? Opposer un front compact et uni aux persécuteurs. Renouveler sur les points où nous sommes attaqués les luttes qui suivirent l'Acte d'Union de 1840, quand il n'y avait qu'un parti dans le Bas-Canada pour réclamer la révocation de ses clauses les plus iniques, pour obtenir le gouvernement responsable, ce palladium des peuples les plus libres. [...] Quelle est la raison principale que l'on allègue pour entreprendre la persécution ? La voici : les Français sont trop peu nombreux au Manitoba et dans les Territoires pour que leur langue soit mise sur un pied d'égalité avec la langue anglaise. C'est une pauvre raison, une raison brutale, l'argument du plus fort. Que diraient ces mangeurs de Français si nous invoquions le même argument pour user de représailles dans la province de Québec ? Nous serions cependant tout aussi excusables. Mais ce serait une faute, un crime même, de venger une injustice par une autre injustice. Notre générosité sera toujours la plus noble vengeance, en même temps qu'une leçon pour les autres provinces.

Les écoles séparées subissent au même moment les assauts de leurs opposants. La Législature du Manitoba adopte, en troisième lecture, le 19 mars 1890, un projet de loi « concernant le département de l'Éducation, pourvoyant à l'abolition des deux sections catholique et protestante et faisant passer de leurs mains à celles d'un département d'Éducation et d'un Bureau d'aviseurs composés pour les 7/8 au moins de protestants, le contrôle de l'éducation : choix des livres, détermination des exercices religieux, nomination des inspecteurs, examen des candidats au professorat, etc. » Le même jour, on procède à l'adoption en troisième lecture d'un autre projet de loi « concernant les écoles publiques, abolissant les écoles catholiques et pourvoyant à taxer les catholiques pour ces écoles publiques ».

Non seulement l'école devient publique, mais le gouvernement provincial abolit aussi, le 27 mars, un certain nombre de fêtes religieuses considérées comme fêtes légales : le jour des Rois, l'Ascension, l'Immaculée Conception et la Toussaint.

Tout comme pour les Territoires du Nord-Ouest, l'infériorité numérique de plus en plus accentuée des francophones justifie, aux yeux des gouvernants, les décisions touchant la langue et les écoles. « En 1871, écrit l'historien Jean-Charles Bonenfant, sur une population de quelque 25 000 personnes au Manitoba, la proportion d'habitants de langue française était à peu près de la moitié. En 1881, sur les 62 260, il n'y en avait plus que 9949 et, en 1891, sur 152 506, [seulement] 11 102. La minorité avait cependant survécu. »

## Appel et désaveu

Le gouvernement du premier ministre Thomas Greenway, du Manitoba, reçoit plusieurs pétitions demandant le rappel des lois sur les écoles, mais sans que cela ne change sa politique. La Chambre des communes d'Ottawa est saisie de la question scolaire, le 29 avril, alors qu'Edward Blake présente une motion demandant que le tout soit référé aux tribunaux : « Il est expédient de prendre des mesures qui permettent à l'exécutif, dans les circonstances graves qui requièrent l'exercice du pouvoir de désaveu et du pouvoir d'appel en ce qui concerne la législation en matière d'éducation, de renvoyer des points importants de droit ou de fait à un haut tribunal de justice pour y être entendus et considérés en telle manière que les autorités et les parties intéressées puissent y être représentées, et qu'une opinion raisonnable puisse être obtenue pour l'information de l'exécutif. » La motion est adoptée avec l'appui de Macdonald, à la condition que la décision du tribunal ne lie pas l'Exécutif.

Les lois abolissant les écoles séparées et l'usage officiel de la langue française entrent en vigueur le 1er mai 1890. Le 12 du même mois, l'évêque Laflèche intervient auprès du secrétaire d'État Chapleau.

> Les réclamations de la minorité, dit-il, si indignement traitée par cette loi inique ont été portées devant le gouvernement fédéral pour en obtenir le désaveu et la protection garantie par la Constitution. J'ai confiance que le gouvernement dont vous êtes un des chefs accueillera favorablement ce recours à son autorité et fera respecter les droits de la minorité en désavouant cette loi qualifiée de persécution, de l'aveu même des protestants. [...] Dans mon humble opinion, cette question est autrement grave que celle de Riel, parce qu'elle attaque plus directement les deux sentiments qui tiennent le plus au cœur de l'homme : la langue et la foi.

La réponse de Chapleau est datée du 23 :

> La question n'est pas de savoir si cette législation doit être tolérée : tout le monde est, je crois, d'opinion qu'elle ne peut pas et ne doit pas l'être. Il s'agit de savoir quel est le mode le plus efficace et le moins irritant à adopter pour empêcher l'imposition de cette loi à nos compatriotes et coreligionnaires de là-bas. Les cours de justice, si elles rendaient un arrêt décrétant l'illégalité de cette mesure, mettraient fin à cette question sans donner lieu à une agitation politique que l'acte officiel du gouvernement fédéral ne manquerait pas de soulever. Supposons le veto du gouvernement fédéral en conseil publié contre la loi de M. Martin ; ce dernier ne manquerait pas de soulever une agitation qui, même limitée à la province du Manitoba, conduirait sûrement à une dissolution de la Législature et un appel électoral ne laisse pas de doute sur son issue. La nouvelle Législature passerait la même loi en l'accentuant encore, appuyée qu'elle serait par un élément aussi puissant que violent dans tout le pays. Un nouveau désaveu amènerait le résultat que l'histoire nous fait connaître pour de meilleures causes pourtant plus faiblement défendues. Le vœu populaire s'imposerait à la volonté impériale, et l'Acte de la Confédération serait modifié dans le sens demandé par la majorité. Une décision judiciaire ne saurait au contraire provoquer d'agitation populaire. Confirmée par les autorités légales de l'Empire, elle s'imposerait même aux plus remuants, la passion politique ne pouvant y trouver prise.

Le gouvernement fédéral décide donc de défrayer les coûts d'un appel au tribunal. John Kelley Barrett comparaît devant le juge Albert Clements Killam de la cour du Banc de la Reine, à Winnipeg, alors qu'il conteste la validité de règlements adoptés par la ville de Winnipeg au sujet des taxes scolaires. Le juge déclare les lois constitutionnelles. La cour d'appel de la province du Manitoba maintient le verdict, en février 1891, alors que le juge Joseph Dubuc enregistre sa dissidence.

Barrett en appelle donc à la Cour suprême du Canada. Cette dernière, le 28 octobre, renverse le jugement de la cour d'appel du Manitoba et déclare les lois inconstitutionnelles. C'est au tour du Conseil privé de Londres de se prononcer. Jugement est rendu le 30 juillet 1892 : les lois sont constitutionnelles. La minorité francophone catholique ne capitule pas pour autant et elle attend le moment opportun de faire une nouvelle offensive.

La lutte ne fait que commencer !

Caricature représentant l'affrontement des langues anglaise et française.

# LA CHUTE DE L'IDOLE
# 1890-1893

## LE PAYS

L A QUATRIÈME SESSION DE LA SIXIÈME LÉGISLATURE DE LA PROVINCE DE QUÉBEC se déroule du 7 janvier au 2 avril 1890. Parmi les nouvelles mesures adoptées se trouve l'Acte portant privilège aux pères ou mères de famille ayant douze enfants. En vertu de la nouvelle loi, « tout père ou mère de famille né ou naturalisé et domicilié en cette province, qui a douze enfants vivants nés en légitime mariage, a droit, suivant son choix, à cent acres de terres publiques, aux conditions de concession et d'établissement voulues par la loi des terres ». On évalue à environ un millier le nombre des familles susceptibles de bénéficier de l'octroi de terres. En seize ans, soit de 1890 à 1906, plus de 5400 familles feront une demande pour obtenir les cent acres convoitées.

Les journaux anglophones, à la suite de l'adoption de la loi, se questionnent sur la raison de la fécondité des Canadiens français. Le *Montreal Herald* prétend que plusieurs causes expliquent le fort taux de natalité chez les francophones : « Les principales sont dans les mariages précoces et dans la simplicité des habitudes domestiques. Il n'est pas rare de voir, dans les campagnes, les garçons se marier à dix-neuf ans et les filles à quinze ans et ils trouvent dans leurs mœurs patriarcales et dans leur religion un frein aux écarts qui font rechercher les satisfactions de la vie en dehors du cercle de la famille. »

Au cours de la même session, le premier ministre Mercier soulève la question des frontières du Labrador. Il réclame la portion de ce territoire allant des limites actuelles de la province de Québec à la rivière East Main, soit l'équivalent du tiers de la superficie de la province. En cas de refus du gouvernement du Canada d'accéder à sa demande, Mercier se dit prêt à occuper le territoire réclamé !

La question de l'expansion territoriale perd de son importance à la suite de la dissolution de la Législature, le 9 mai 1890, et du déclenchement d'élections générales fixées au 17 juin.

Le parti national de Mercier centre sa campagne sur le thème de l'autonomie provinciale. Lors de la convention des nationaux du district de Québec, le 16 mai, le chef donne le ton du débat :

> La lutte qui va s'engager est d'une importance majeure pour la province de Québec : il s'agit de son autonomie et, conséquemment, de ses plus chers intérêts. Les provinces vont-elles rester souveraines dans leurs attributions légitimes, ou devenir esclaves du pouvoir fédéral ? Voilà la question principale qui est soumise à l'électorat dans l'élection qui commence. C'est une question extrêmement grave, car de sa solution dépend nécessairement la vie ou la mort de la Confédération. En effet, si les provinces cessent d'être maîtresses chez elles et deviennent esclaves du pouvoir fédéral, la ruine de la Confédération arrivera nécessairement et dans un court délai. Si, au contraire l'autonomie des provinces est maintenue dans son intégrité, l'union fédérale sera maintenue plus forte que jamais sous une forme ou sous une autre. [...] Le gouvernement actuel s'est fait le champion des droits des provinces et s'est efforcé de maintenir leur autonomie. Le maintenir au pouvoir, c'est maintenir cette autonomie et c'est conséquemment assurer le développement naturel et légitime de ce pays et le préparer, avec prudence et certitude, à prendre sa place parmi les nations du monde, quand l'heure de son émancipation aura sonné.

À ceux qui lui reprochent d'avoir obéré les finances de la province, Mercier répond qu'il a aidé les classes ouvrière et agricole ; qu'il a établi des cours du soir pour les adultes ; qu'il a amélioré les moyens de communication et qu'il veut construire un pont entre Québec et Lévis...

Pour le chef de l'opposition conservatrice, l'important est d'assainir les finances de la province qui, avec Mercier, court à la banqueroute. Le programme du parti de Taillon est clair : « Décréter que désormais le gouvernement ne pourra contracter d'emprunt permanent sans l'approbation du peuple par un plébiscite ; [...] interdire par une loi l'usage de lettres de crédit ; [...] rendre aux employés publics leur droit de vote et aux réviseurs fédéraux le droit de se porter candidats à la Législature provinciale ; [...] réformer la loi des licences afin de réprimer l'intempérance. » Taillon lance un appel général : « Debout honnêtes gens, qui condamnez les faux serments, la dilapidation, la concussion, le chantage, l'achat des consciences et la corruption qui souillent et déshonorent depuis trois ans notre province. N'ayez en vue que les intérêts de la province de Québec, que les intérêts de la nation. »

## Les « télégraphes »

La campagne électorale est des plus enlevantes. Mercier, quasi assuré de sa victoire, parcourt la province en tous sens. Les jeunes sont de plus en plus nombreux aux assemblées. La campagne électorale est d'autant plus intéressante que les assemblées contradictoires sont nombreuses.

Le mardi 17 juin 1890, sur les 276 641 électeurs inscrits sur les listes, seulement 158 932 se présentent aux urnes pour élire les 73 députés qui formeront l'Assemblée législative de la province de Québec. Le parti national remporte

42 sièges, les conservateurs 27, alors que les 7 autres sièges sont répartis entre un député ouvrier et des indépendants.

S'il faut croire l'opposition, les morts et les absents ont voté en plusieurs endroits... Dans ses colonnes, la *Presse* dénonce « ce système des télégraphes ».

> La question n'est plus aujourd'hui de savoir, à la veille d'un appel au peuple, lit-on dans l'édition du 18 juin, si les affaires sont bien ou mal administrées, mais quelles sont les ressources financières à la disposition des partis. Il y a dans chaque paroisse, ou du moins dans chaque comté, des électeurs à vendre en nombres suffisants pour décider des résultats. Ils appartiennent au plus haut enchérisseur, à celui qui les corrompt ou qui les saoule. Cette élection a été, tout le monde le sait, une débauche immense et générale. Nous voyons, d'ici à quelque temps encore, peu de remède à cet état de choses. Quand les gens éclairés de tous les partis réaliseront bien la profondeur du mal, ils y mettront ordre. Quels que soient les moyens employés, M. Mercier sort vainqueur de l'épreuve. Il gouvernera la province pendant quatre ans de plus, à moins qu'il ne survienne quelque chose d'extraordinaire.

On ne saurait mieux prédire !

Fort de sa victoire, Mercier baisse sa visière et se lance à nouveau à l'attaque d'Ottawa. Lors d'une assemblée tenue à Saint-Romuald, le 22 juin, il déclare : « Nous n'avons plus maintenant pour réussir qu'à renverser le parti qui nous gouverne à Ottawa. Nous y réussirons et, si vous me permettez d'appliquer ici la parole qu'un grand homme prononçait à Paris, je dirai en parlant de l'union des quatre provinces contre le gouvernement fédéral : ceci tuera cela. Les provinces renverseront le pouvoir fédéral. Je ne crains pas d'affirmer que, lorsque les élections fédérales auront lieu l'année prochaine, j'espère pouvoir dire après la votation : ceci a tué cela. »

## Dernière campagne de Macdonald

Le 3 février 1891, le gouverneur général dissout le Parlement fédéral et fixe les élections générales au 5 mars. Tout comme en 1887, il y a 215 sièges à pourvoir. La situation économique, au Canada, n'est pas des plus reluisantes. Le chômage atteint, dit-on, « à l'état endémique ». À Toronto, entre autres, des ouvriers manifestent bruyamment leur mécontentement.

Le premier ministre John A. Macdonald, âgé de 76 ans, mène une campagne dont le thème qui se dégage est *The old man, the old Flag and the old Policy*. Il s'agit de savoir si le Canada demeurera dans le giron de la Grande-Bretagne ou accélérera sa marche vers l'indépendance ; la question des relations commerciales avec les États-Unis occupera aussi une place importante. Macdonald précise la position du parti conservateur dans un manifeste à ses électeurs :

> La question que vous serez bientôt appelés à régler se résume à ceci : mettrez-vous en danger notre possession du grand héritage que nous ont légué nos pères, nous soumettrons-nous à la taxation directe pour le privilège d'avoir notre tarif fixé à Washington avec la perspective de devenir à la fin une portion de l'Union américaine ? Quant à moi, je sais ce que je veux. Sujet britannique je suis né, sujet

britannique je mourrai. De toutes mes forces jusqu'à mon dernier souffle, je m'opposerai à la trahison voilée qui tente par des moyens sordides et des présents intéressés de détourner notre peuple de son allégeance.

Pour Laurier, la victoire est proche, mais il la craint. Dans une lettre à son ami Ernest Pacaud, le 7 février, il confie : « La perspective que tu me fais entrevoir [être premier ministre] et qui pourrait se réaliser m'a rendu soucieux. Franchement, tu pourrais bien avoir raison. Mais il n'y a rien, dans cet avancement, qui puisse me flatter. Selon moi, la situation prévue en ma faveur n'aura de prix que dans la mesure où elle pourra me permettre de faire du bien à ceux que j'aime et dont je suis obligé, tu es au premier rang de ceux-là, cher Ernest. ».

Pour un certain nombre, l'accord de réciprocité commerciale avec les États-Unis ne constitue que la première étape vers une annexion inévitable avec le voisin. Une telle éventualité constitue un danger, selon l'évêque de Montréal. Monseigneur Fabre sent donc le besoin, dans son mandement publié dans la *Presse* du 23 février, de faire une profession de loyalisme envers la Grande-Bretagne :

> Quand il lui a plu, à la suite d'événements douloureux, de nous faire passer sous l'égide de l'Empire britannique, la divine Providence ménagea admirablement les choses de manière à nous assurer une existence nationale et religieuse aussi complète qu'il fût alors permis de l'espérer. À l'ombre du drapeau qui nous abrite, pour nous protéger plutôt que pour nous dominer, nous jouissons d'une liberté précieuse sanctionnée par des traités solennels, et qui nous permet de conserver intactes nos lois, nos institutions, notre langue, notre nationalité, et par-dessus tout notre sainte religion. [...] Voilà, nos très chers frères, des avantages précieux propres à notre pays, que nos voisins ne partagent pas et dont vous devez estimer d'un grand prix la conservation. [...] Puissions-nous, nos très chers frères, rester fidèles à nos traditions et à nos devoirs sous ce rapport, pour ne pas exposer notre patrie à perdre, dans une grande mesure, ce qui lui est favorable et fait à juste titre l'admiration des catholiques des autres pays.

La transparence du message « publicitaire » n'échappe pas aux électeurs du diocèse de Montréal !

Le lendemain de la publication du texte de Fabre, le parti conservateur reçoit un autre coup de pouce. Cette fois-ci, c'est le président du Canadien Pacifique, William Cornelius Van Horne, qui vient en aide à Macdonald et à ses candidats en dénonçant la réciprocité et ses dangers pour l'économie canadienne. Dans une lettre au sénateur George Alexander Drummond, l'éminent financier écrit :

> Je ne suis pas en faveur de la réciprocité illimitée ou de toute autre chose analogue. Je suis assez au fait du commerce et des industries du Canada pour savoir que la réciprocité illimitée amènerait la stagnation ou la ruine. Je sais que, pour parler ainsi, je puis être accusé de vouloir me mêler de politique ; mais c'est pour moi une question commerciale et non politique, et elle affecte d'une manière si vitale les intérêts dont j'ai la garde, que je me sens justifiable d'exprimer mon opinion franchement ; c'est parce qu'on m'a accusé d'être d'opinion contraire que je fais ces aveux. [...] Même si nous avions à souffrir de la dureté des temps, nous ne pourrions rien attendre de la réciprocité illimitée. Quel est l'homme de bon sens qui, étant déjà à la gêne, s'aviserait de s'associer à un homme plus mal partagé encore. On ne saurait convertir deux choses mauvaises en une bonne.

Van Horne, pour mieux convaincre les électeurs à qui, en fin de compte, son message est destiné, agite le fantôme de la misère :

[La Compagnie du chemin de fer canadien du Pacifique] a lancé et contribué à lancer des centaines de nouvelles industries dans le pays et elle est le principal appui d'un bon nombre d'entre elles ; son expérience de ces divers marchés et de ces différentes industries fortifie ma conviction que la réciprocité avec les États-Unis et un tarif protecteur commun contre le reste du monde feraient de New York le principal point de distribution pour le Canada à la préférence de Montréal et de Toronto. Il s'ensuivrait comme conséquence que les ports de Montréal et de Québec ne feraient plus que des affaires locales et que ceux d'Halifax et de Saint-Jean perdraient tout espoir d'avenir ; que les trois quarts de nos manufactures seraient désertes ; que nos rues seraient encombrées d'ouvriers sans travail ; que les provinces de l'Est seraient le déversoir des blés de l'Ouest américain au grand détriment de notre propre Nord-Ouest ; que le Canada deviendrait le marché à sacrifice des manufactures des États-Unis. [...] Je ne parle pas au nom de la Compagnie de chemin de fer canadien du Pacifique ; je ne parle ni comme conservateur ni comme libéral, mais comme citoyen grandement concerné dans les affaires du pays et craignant rien tant que de voir commettre une grande faute commerciale sinon nationale.

Le parti libéral se défend comme il peut du coup bas que lui porte Van Horne. La veille du scrutin, la *Patrie* lance une dernière attaque contre les conservateurs dont elle résume ainsi la campagne : « Le vieux drapeau, le vieux chef, la vieille politique, la vieille taxe, la vieille dette, la vieille blague, la vieille coquinerie, la vieille spoliation, la vieille corruption, le vieux charlatanisme, la vieille hypocrisie et les vieilles menteries. »

Le jeudi 5 mars, les conservateurs sont reportés au pouvoir avec 123 sièges sur 215. Le Québec et l'Île-du-Prince-Édouard sont les seules provinces à donner une majorité aux libéraux, le premier avec 35 députés sur 65 et la seconde avec 4 sur 6. Les Territoires du Nord-Ouest et la Colombie britannique n'élisent que des députés conservateurs. Quant à l'Ontario, 48 de ses représentants sont conservateurs et 44, libéraux. Laurier est déçu des résultats, mais ce qui l'ébranle le plus, c'est la publication d'une lettre de l'ancien chef du parti libéral, Edward Blake, qui dénonce l'orientation qu'a prise la formation politique au cours de la dernière campagne électorale.

Tenant pour acquis que la réciprocité globale avec les États-Unis dans l'occurrence d'une véritable union économique, puisse et doive se faire, affirme Blake dans sa lettre publiée le 6 mars, je crois que cela ne devrait et ne pourrait venir que de façon accidentelle ou encore comme un préalable bien compris d'une véritable union politique dont il serait incontestablement plus facile de déterminer les conditions les plus avantageuses avant plutôt qu'après l'abandon de notre indépendance commerciale. Étant convaincu que la question commerciale est liée à la question constitutionnelle que vous n'êtes pas prêts à aborder et à laquelle vous ne voulez même pas toucher — quel conseil approprié puis-je vous donner au sujet de l'Union commerciale ?

Heureusement que la dénonciation de cette politique prônée par Laurier et Cartwright arrive au lendemain des élections, car la défaite libérale aurait été encore plus forte !

Décidément, Laurier a peu de chance ! Au sein même de son parti, il est contesté et, de plus, il sait que Macdonald tient encore bien entre ses mains les rênes du pouvoir. Le 6 juin 1891, quelques mois après sa réélection, le vieux chef meurt. Quelques jours plus tard, devant les membres de la Chambre des communes d'Ottawa, le chef de l'opposition rend ainsi hommage à celui qui, depuis l'établissement de la Confédération, à l'exception d'un bref intermède, avait dirigé les destinées du Canada : « La place de sir John A. Macdonald était si grande et si absorbante qu'il est presque impossible de concevoir que la politique de ce pays, que le sort de ce pays puisse se passer de lui. Sa perte nous laisse atterrés. Pour ma part, je dis en toute sincérité que sa perte m'accable comme elle accable aussi ce Parlement, comme si nous avions perdu une des institutions mêmes de ce Pays. Sir John A. Macdonald appartient au passé et l'on peut dire avec certitude que la carrière qui vient de se terminer est l'une des plus remarquables de ce siècle. »

Le 16 juin, John Joseph Caldwell Abbott, qui a déjà été maire de Montréal, devient premier ministre du Canada. Le nouveau chef de l'État sait qu'il est le fruit d'un compromis. « Je ne me connais pas la moindre disposition spéciale m'habilitant à conduire les affaires de ce grand pays, confie-t-il à ses amis. Si je suis ici, c'est surtout parce que je ne suis pas particulièrement odieux à qui que ce soit. » Normalement, Hector-Louis Langevin aurait pu prétendre à la succession, mais depuis quelque temps il est aux prises avec des accusations graves qui vont précipiter son retrait de la vie politique.

### Que de scandales !

Avec le début des années 1890, la province de Québec connaît un foisonnement de scandales politiques qui éclaboussent plusieurs personnalités, dont la plupart sont francophones. Depuis plusieurs mois, le journaliste et député Israël Tarte dénonce les « malversations » de l'entrepreneur québécois Thomas McGreevy qui, depuis le mois d'août 1867, occupe le poste de député fédéral de la circonscription électorale de Québec-Ouest. McGreevy réclame du gouvernement de la province de Québec la somme d'un million et demi de dollars pour des travaux exécutés lors de la construction du chemin de fer de la Rive Nord. Selon les accusations portées en 1890, l'homme d'affaires aurait reçu une indemnisation du gouvernement Mercier, à la condition expresse de verser un certain montant à la caisse du parti national. À la suite d'une dispute, Robert McGreevy, le frère de Thomas, dénonce ce dernier, l'accusant de profiter de son « voisinage » avec Langevin, le ministre fédéral des Travaux publics, pour prendre connaissance de la nature des contrats à venir et du montant des soumissions présentées par ses concurrents. Tarte se sert des colonnes du *Canadien* pour mettre Thomas McGreevy en accusation. Mais, le 11 mai 1891, ayant aligné ses griefs et constitué 63 chefs d'accusation, il présente son dossier devant la Chambre des communes : Langevin se retrouve aussitôt parmi les personnes mises en cause.

Le 22 janvier 1891, le lieutenant-gouverneur de la province de Québec, Auguste-Réal Angers, avait demandé à Macdonald d'exercer des pressions auprès de Langevin pour qu'il démissionne du cabinet fédéral pendant qu'il en était encore temps, prétextant un piètre état de santé. Pour Tarte, le ministre est un homme à abattre : il écrit à Laurier le 13 mars : « Nous allons noyer Langevin dans la mer de boue où je vois déjà tomber McGreevy. Si le gouvernement peut être tué, c'est avec cette affaire, croyez-m'en. » Langevin résistant toujours, en juillet, c'est la presse qui, par les journaux anglophones du Canada, réclame à grands cris sa démission. Au mois d'août, c'est la chute.

Le ministre des Travaux publics doit comparaître le mardi 11 août devant le comité des privilèges et des élections de la Chambre des communes. La veille, il remet sa démission comme ministre. Devant les membres du comité, Langevin déclare qu'il ignorait que les frères McGreevy avaient des intérêts dans une compagnie qui avait eu des contrats de son ministère. Alors que la démission du ministre est acceptée le 5 septembre, le rapport du comité, déposé en Chambre le 16, conclut que Langevin n'était pas au courant de la conspiration. Quant à Thomas McGreevy, il sera expulsé de la Chambre le 29.

Le scandale McGreevy-Langevin frappe surtout les conservateurs qui ripostent en rendant public un autre scandale, impliquant cette fois les libéraux. Le 4 août 1891, le comité sénatorial des chemins de fer commence à enquêter sur le versement de la somme de 100 000 $ à Ernest Pacaud, ami de Laurier et de Mercier.

L'affaire débute en 1882 alors que la Compagnie du chemin de fer de la Baie des Chaleurs entreprend la construction d'une voie ferrée destinée à relier Matapédia et Gaspé. Après avoir réalisé moins d'un tiers du trajet, la compagnie abandonne ses opérations, « laissant un découvert de plus de 750 000 $ ». En 1891, le gouvernement Mercier veut en finir avec la construction de cette voie ferrée et il offre « la somme de 280 000 $, sous forme de subside, à toute compagnie qui consentirait à terminer cette entreprise ». Deux compagnies se montrent intéressées, mais avant d'être choisie, l'une des deux doit liquider le montant réclamé par le premier entrepreneur. Charles Newhouse Armstrong, raconte l'historien Rumilly, « ayant présenté, au nom de l'ancienne compagnie, une réclamation de 175 000 $ et reçu cette somme [...], n'avait gardé pour lui que 75 000 $. Il avait versé 100 000 $ devant témoins entre les mains de Pacaud. » Ce dernier avait utilisé le montant pour défrayer des dépenses électorales et payer, entre autres, une partie des frais de voyage de Mercier en Europe au cours de l'été de 1891. Le pot aux roses est révélé devant les membres du comité sénatorial le 12 août.

Deux jours plus tard, le *Globe* réclame justice :

> Ce nouveau scandale qui implique une accusation de vol contre un cabinet provincial ne peut qu'augmenter l'étonnement et le dégoût qu'inspire la corruption canadienne à l'étranger. Il reste à constater quel effet il produira sur le crédit de la province de Québec. [...] Il est inutile d'ajouter que le crédit du Dominion tout entier est mis en péril sérieusement par cette accumulation de scandales. Mais il y a une chose qui peut nous sauver du désastre : c'est la détermination de la part des honnêtes gens des deux partis de faire porter l'extrême pénalité de la loi aux coupables, quels que soient leur rang ou leur position. [...] Nous touchons à l'un

des moments les plus graves de notre existence nationale, et l'on peut dire sans exagération que le salut du pays dépend en grande partie de la ligne de conduite qu'Ontario va tenir. Car si la fibre morale s'est émoussée chez nous, les habitants des autres provinces ont été, eux, tellement égarés par le règne de la corruption organisée qu'ils ne sont pas en état de comprendre leur devoir et de chasser la canaille, quelles que soient ses couleurs politiques.

Les journaux conservateurs de la province de Québec commencent à réclamer la formation d'une commission royale pour faire la lumière sur le scandale de la Baie des Chaleurs. On peut lire dans la *Vérité* : « Il ne faut pas que la province de Québec passe pour être gouvernée par une bande de brigands. Un vol a été commis dans des circonstances qui impliquent gravement certains ministres. S'ils sont innocents, qu'ils nous le prouvent sans délai. »

Pressé d'agir, le lieutenant-gouverneur Angers, qui n'a pas oublié le coup d'État de Letellier de Saint-Just, fait parvenir à Mercier, le 7 septembre, un mémoire proposant l'établissement d'une Commission royale d'enquête. Il demande aussi au premier ministre de ne prendre aucune décision importante : « En attendant nouvel ordre, je vous requiers aussi de limiter l'action du gouvernement à des actes d'administration urgente, et je révoque la nomination du député-lieutenant-gouverneur faite en vertu de l'Acte du Trésor pour signer les mandats sur les fonds consolidés du revenu. »

Le comité sénatorial remet son rapport incriminant Pacaud le 14 septembre. Quatre jours plus tard, Mercier avertit le lieutenant-gouverneur qu'il accepte la formation d'une Commission royale. Cette commission, présidée par le juge Louis-Amable Jetté, commence à siéger le 6 octobre. Les principaux témoins sont, bien entendu, Ernest Pacaud et Honoré Mercier. Des fonctionnaires et des gérants de banque sont aussi appelés à témoigner.

Outre le juge Jetté, la Commission se compose de deux autres magistrats : Louis-François-Georges Baby et Charles Peers Davidson. Ces deux derniers, en l'absence de Jetté qui est malade, présentent un rapport préliminaire le 16 décembre. Ce document incrimine Pacaud. Quant à Mercier, les auteurs du rapport concluent qu'il n'est pas prouvé qu'il « connaissait l'existence du marché entre Armstrong et Pacaud ».

Le mercredi 16 décembre, à seize heures trente, le secrétaire privé du lieutenant-gouverneur se présente au bureau du premier ministre Mercier, au parlement, porteur d'une lettre de son maître dans laquelle on peut lire :

> En face de la persistance du ministère à demeurer en office nonobstant l'incurie et les illégalités de son action et les constatations de l'enquête, il ne me reste, pour protéger la dignité de la Couronne et sauvegarder l'honneur et les intérêts de la province en péril, que le remède constitutionnel de vous retirer ma confiance et de vous révoquer, vous et vos collègues, de vos fonctions d'aviseurs du représentant de la Couronne et de membres du Conseil Exécutif. En conséquence, monsieur, je vous retire ma confiance et je vous révoque, vous et vos collègues, de vos fonctions d'aviseurs de la Couronne et de membres du Conseil exécutif de la province de Québec.

Le 17, Mercier répond au lieutenant-gouverneur en l'accusant de partialité :

Vous dites que vous me retirez votre confiance. Vous vous faites illusion, car vous le savez bien, vous me l'avez toujours refusée cette confiance. Vous êtes sorti des luttes actives de la politique pour monter sur le banc où vous êtes toujours resté partisan. Vous avez laissé le banc judiciaire pour aller à Spencer Wood et, là encore, vous avez tenu tout le temps que j'ai été votre aviseur la conduite d'un partisan politique. Je savais que je n'avais point votre confiance, mais je savais aussi que je n'en avais pas besoin. J'avais celle du peuple et de la grande majorité de ses représentants et celle-ci me suffisait. [...] Votre conduite, monsieur, dans cette malheureuse affaire, met en danger nos institutions politiques et porte atteinte sérieusement à l'autonomie de notre province ; gardez-en la responsabilité devant le pays et devant l'histoire.

La *Presse* se charge de répondre à Mercier dans son édition du 18 décembre : « On a volé et le lieutenant-gouverneur, après preuve faite, a mis les voleurs à la porte ; voilà ce que le peuple croit et comprend ; voilà ce qu'il sait, voilà ce dont il est convaincu, et voilà pourquoi tous les volumes poudreux exhibés par les fendeurs de cheveux en quatre le laissent froid. [...] Avant que M. Mercier ait le droit de dire au peuple qu'on lui a pris une parcelle de son pouvoir, il faudra qu'il explique où il a pris, lui, et Tourouvre et sa maison de la rue Saint-Denis, et ses chevaux, ses voitures, ce luxe insultant qu'il étale sans vergogne et les sommes folles qu'il a reçues de Pacaud. »

Quelques-uns craignent que le renvoi du premier ministre Mercier ne suscite l'agitation au cœur de la capitale provinciale, surtout dans les quartiers de Saint-Roch et de Saint-Sauveur où le parti national compte plusieurs sympathisants. La police reçoit donc l'ordre de se rendre à Spencer Wood pour protéger la résidence du lieutenant-gouverneur.

Alors que Charles de Boucherville, à qui Angers vient de demander d'occuper le poste de premier ministre, s'affaire à former son cabinet, des assemblées populaires s'organisent pour protester contre le coup d'État d'Angers. Le 18 décembre, plus de 4000 personnes se rendent à la gare du Canadien Pacifique, à Montréal, pour y accueillir Mercier qui arrive de Québec. En chantant la *Marseillaise*, on l'accompagne jusqu'au marché Bonsecours où il s'adresse à la foule. L'ancien premier ministre veut donner une dimension politique au scandale de la Baie des Chaleurs : « J'ai subi l'humiliation que l'on m'imposait afin de prouver aux habitants de cette province que c'était à eux que l'on en voulait, que c'était entre eux et le gouvernement d'Ottawa que la lutte s'engageait. Les événements ont prouvé que j'avais raison. » Mercier tient des propos à peu près identiques devant les 5000 personnes réunies à la salle Jacques-Cartier, à Québec, le 21 : « Je ne viens pas vous demander de me venger, ce ne serait pas digne de moi. Je viens vous demander de sauver la Constitution en péril. »

## Encore aux urnes !

Le 21 décembre 1891, les membres du ministère de Boucherville prêtent le serment d'office. Deux jours plus tard, la *Gazette officielle* annonce la dissolution de la

Législature et de nouvelles élections générales pour le 8 mars 1892. On y annonce aussi « la nomination d'une commission chargée de s'enquérir des transactions du gouvernement Mercier pendant les cinq dernières années ».

Le nouveau gouvernement peut compter lui aussi sur la sympathie de foules importantes. Le lendemain de Noël, la plupart des membres du cabinet de Boucherville quittent Québec pour Montréal. Lors de l'arrêt du train à Trois-Rivières, des citoyens viennent présenter une adresse au premier ministre. La même cérémonie se déroule à l'Épiphanie. À Montréal, près de 15 000 personnes acclament les ministres, au son du canon et des corps de musique. « Nous assumons la responsabilité du renvoi d'office du gouvernement Mercier, déclare de Boucherville, parce que nous maintenons que le chef de l'Exécutif ne peut recevoir d'avis de ceux qui ont été jugés indignes de sa confiance, et nous venons devant le tribunal des électeurs pour lui soumettre immédiatement la grande question qui agite l'opinion publique. »

La campagne électorale se déroule donc en plein hiver. Les conservateurs axent leurs interventions sur l'immoralité du gouvernement Mercier. Ils demandent aux électeurs de « chasser les voleurs du temple ». Ils décrivent la richesse de Mercier, de Pacaud et de Charles Langelier. Ils insistent sur la mauvaise image qu'ont les anglophones des francophones de la province de Québec. Quant aux candidats du parti national, ils essaient de faire valoir les réalisations du gouvernement Mercier. Dans un manifeste adressé aux électeurs de la province de Québec, l'ancien premier ministre déclare :

> Enfin, tout en respectant les droits de la minorité anglaise et protestante, j'ai affermi, sur des bases solides, ceux des Canadiens français et catholiques. Au milieu de tous ces efforts consciencieux et de ces travaux importants, j'ai pu, et j'ai même dû, commettre des erreurs involontaires ; mais les erreurs, quelque graves qu'elles puissent être, ne sont point des crimes et ne peuvent devenir des causes de condamnation. J'essaierai de les éviter à l'avenir, autant que mon jugement me le permettra. Dans ce but, je surveillerai davantage ceux qui m'entourent, j'éloignerai prudemment, mais vigoureusement, tous ceux qui ne seraient point dignes de la confiance publique, j'empêcherai non seulement toutes les causes de scandales qui pourraient se produire, mais encore celles de tout soupçon qui pourrait naître.

De telles promesses ne suffisent plus à convaincre la population et, le 8 mars 1892, le parti national subit la défaite. Seulement 62 % des électeurs inscrits se présentent aux urnes. Les conservateurs remportent 51 des 73 sièges et le parti national, 21. Un indépendant complète la députation. Alfred Duclos DeCelles commente ainsi à Chapleau le 9 mars la victoire conservatrice :

> Il fallait non pas un coup de balai à Québec, mais un coup de torchon et il a été donné rude. Toi qui es toujours d'un pessimisme noir en politique depuis quelques années, tu ne t'attendais pas à celle-là. Je m'attendais à tout ou à rien. J'ai remarqué que chez nous les revirements se font sous la forme de grandes vagues populaires qui emportent tout. Il faut trouver une idée générale, simple, facile à saisir et tout le monde la gobe. [...] J'espère qu'à ton retour, tes collègues de Québec et toi, vous vous entendrez parfaitement et qu'on verra ce phénomène

— invisible depuis Cartier — de trois ministres français capables de se comprendre et de s'entendre. Comme aurait dit Mousseau : soyez grands, nobles et généreux.

Mercier accepte mal sa défaite et il ne peut s'empêcher d'adresser un message de blâme à la population, le 9 mars : « Le verdict du peuple est injuste et sera sévèrement blâmé par l'histoire. Mais en attendant, je dois me soumettre et retourner dans la vie privée. La province demande du repos, après l'agitation des six derniers mois. Je pardonne à ceux qui m'ont calomnié. Je m'efforcerai d'ignorer toujours les noms de ceux qui m'étaient attachés et qui m'ont trahi, en me souvenant de ceux qui m'ont été fidèles dans l'adversité comme dans la prospérité. [...] J'espère ardemment que notre chère Province ne souffrira pas trop de la violence qui a été exercée contre ses institutions. »

Au moment où Mercier écrit ces lignes, la rumeur se répand que le procureur général, Thomas Chase Casgrain, s'apprête à lancer contre lui un mandat d'arrestation. La nouvelle n'est pas complètement fausse, car six semaines plus tard, soit le 20 avril, le grand connétable Thomas Gale, de Québec, se présente, au cours de l'après-midi, au bureau de Mercier, dans l'édifice de la New York Life, à Montréal. Mais l'ancien premier ministre est retenu par la maladie à sa maison de la rue Saint-Denis. Gale s'y rend donc et lui remet une sommation rédigée seulement en anglais et signée par le juge des Sessions de la Paix, Alexandre Chauveau. La sommation est adressée en même temps à Honoré Mercier et à Ernest Pacaud :

> Attendu que vous avez été accusés devant le soussigné, juge des Sessions spéciales de la Paix, dans et pour la cité de Québec, par l'honorable Thomas Chase Casgrain, procureur général pour la province de Québec, pour cette année, d'avoir le ou vers le 23e jour de février de l'année 1891 dans la cité de Québec, dans le district de Québec, illégalement conspiré et combiné ensemble par divers moyens subtils et faux prétextes pour obtenir et acquérir illégalement et pour enlever à la Reine pour vous-mêmes, un montant considérable d'argent, savoir la somme de 60 000 $, monnaie courante du Canada, de l'argent de Sa dite Majesté, avec l'intention de voler et de frauder ladite Majesté ; contre la paix de Notre Dame la Reine, sa Couronne et sa dignité. Les présentes sont conséquemment pour vous commander au nom de Sa Majesté d'être et de paraître le 28e jour d'avril courant, à dix heures de l'avant-midi au Palais de Justice, en ladite ville de Québec, devant moi, ledit juge, siégeant à la cour des Sessions spéciales dans icelui ; ou tels juges de paix dans et pour le district qui pourront être là, pour répondre à ladite accusation et pour être de plus traités selon la loi.

Pour l'éditorialiste du *Canadien*, il s'agit là de petites vengeances : « Nous regrettons sincèrement, lit-on dans l'édition du 21 avril, que le cabinet de Québec se soit résolu à en venir à cette extrémité. Le piétinement des vainqueurs sur les vaincus n'est plus dans les mœurs des pays avancés en civilisation politique. Notre province a beaucoup plus besoin de paix que de haine, de concorde que de colères, d'harmonie que de violence. » Ce à quoi la *Presse* répond immédiatement : « Il est parfaitement inutile de parler comme le fait le *Canadien*, de vainqueurs et de vaincus en cette affaire où il ne peut y avoir que des volés et des voleurs. »

La cause est reportée quelques fois et, le 9 juin, le juge Chauveau fixe aux assises criminelles d'automne la comparution de Mercier et de Pacaud. Normalement, le procès devrait débuter le 20 octobre, mais, ce jour-là, la Couronne demande une nouvelle remise. Mercier proteste et demande à être jugé immédiatement. « Bien que mes persécuteurs aient eu en mains le contrôle exclusif de l'administration de la justice, les procédures contre moi ont été menées avec une lenteur calculée, comme s'ils eussent voulu me faire mourir à petit feu. » Notant que le juge qui doit présider le tribunal est un de ses anciens adversaires politiques, et que, sur les trois avocats qui représentent la Couronne, deux sont ses anciens confrères de collège et le troisième occupait le poste de substitut du procureur général alors qu'il était premier ministre, Mercier conclut son intervention en cour par cet appel : « Mon titre de père de famille n'est pas suffisant pour les engager à me rendre justice. Mais, en ma qualité de sujet britannique, je demande avec orgueil que cette justice me soit rendue. En ma qualité de citoyen anglais, je réclame le droit d'avoir mon procès maintenant et, si l'un des juges de Sa Majesté rejette ma requête et ne tient pas compte de mon protêt, je viendrai ici tous les jours répéter ce que je viens de dire jusqu'à ce que j'aie obtenu justice et qu'un procès équitable me soit accordé. »

Le procès ne commence vraiment que le 26 octobre, à Québec. Les premiers jours, une foule nombreuse assiste à l'audition des témoins, mais graduellement la cause perd de son intérêt. « Décidément, note le correspondant de la *Presse* dans l'édition du 31 octobre, le beau sexe s'intéresse peu ou point au procès Mercier-Pacaud ; il préfère les procès pour meurtre, les situations critiques, alors que, d'après les témoignages, il lui semble voir donner de grands coups de couteau et le sang couler à flots. »

L'accusation est simple : le libraire de Québec, Joseph-Alfred Langlais, obtient le contrat de fournisseur exclusif de papeterie pour le gouvernement pour une période de quatre ans, garantissant que ses prix sont inférieurs à ceux de ses concurrents. En échange du contrat, il verse à Pacaud la somme de 50 000 $ qui devrait servir surtout à défrayer les dépenses électorales.

Le procès se termine le 4 novembre. Les membres du jury délibèrent seulement treize minutes et reviennent devant la cour pour déclarer les accusés non coupables. La plupart des auditeurs se lèvent, entourent Mercier, et l'on entend de l'extérieur les applaudissements. L'ancien premier ministre se rend alors dans une maison voisine et il adresse la parole à la foule par une des fenêtres. « J'ai été persécuté par le gouvernement, dit-il, mais j'ai obtenu justice du peuple. Mes adversaires n'étant pas satisfaits de m'avoir défait, ont voulu me priver de mon honneur et de ma liberté, mais je me souviendrai de ceux qui me sont restés fidèles. »

Le 6 novembre, Mercier reprend, par train, le chemin de Montréal. Presque à chaque gare, des gens viennent le saluer et le vaincu s'adresse à la foule lui disant qu'il irait bientôt reprendre sa place à la Législature pour défendre le peuple et écraser ses persécuteurs. À Montréal, c'est à nouveau le triomphe.

*Comme un adieu...*

En 1893, l'opinion publique se passionne à nouveau pour la question scolaire du Manitoba. Mais le problème des relations du Canada avec la Grande-Bretagne et les États-Unis soulève tout autant d'intérêt. Le parti libéral de Laurier prêche la réciprocité et de plus en plus nombreux sont ceux qui réclament une plus grande indépendance pour le Canada.

Le 4 avril, Mercier aborde le sujet de l'avenir du Canada devant une foule de 6000 personnes réunies au parc Sohmer, à Montréal. Son discours a l'allure d'un testament politique, car l'orateur se sait gravement malade.

> Je suis Français par mon origine, par mon éducation et par mes sentiments, déclare-t-il, mais je ne suis pas anglophobe. J'admire les Anglais et j'aime les Anglaises, je dois l'avouer, pas tout à fait autant cependant que les Canadiennes et nos Françaises et peut-être moins que les Américaines ; mais l'Angleterre me laisse assez indifférent, presque froid. J'admets qu'elle nous a fait du bien ; mais je crois qu'elle nous a fait plus de mal que de bien et que, si nous avons prospéré, nous surtout, les Canadiens français, ce n'est pas de sa faute. Nous avons contribué pour beaucoup à la fortune de ses marchands et de ses manufacturiers, comme nous avons toujours payé généreusement les gouverneurs qu'elle nous a envoyés.

Pour Mercier, le Canada ne doit plus rien à l'Angleterre.

> Nous pourrons, au besoin, nous séparer d'elle quand la majorité, régulièrement consultée, le voudra, sans remords de conscience, sans déchirements de cœur et même sans verser de larmes, tout en conservant cependant un bon et respectueux souvenir des Anglais qui nous ont montré des sympathies et qui ont fait des déclarations propres à nous encourager à demander notre indépendance. [...] Quand je dis que nous ne devons rien à l'Angleterre, je parle au point de vue politique, car je suis convaincu — et je mourrai avec cette conviction — que l'union du Haut et du Bas-Canada ainsi que la Confédération nous ont été imposées dans un but hostile à l'élément français et dans l'espérance de le voir disparaître dans un avenir plus ou moins éloigné.

Le Canada, selon l'ancien premier ministre, est parvenu à l'âge adulte et il doit choisir entre trois avenues : la continuation du *statu quo*, l'union politique avec les États-Unis ou l'indépendance. Pour lui, la première possibilité est à rejeter : « Si nous persistons dans notre état de colonie, nous reculons ; si nous brisons le lien colonial, nous avançons. Or, le peuple canadien a trop de cœur pour reculer et il a assez d'intelligence pour adopter les mesures propres à lui faire atteindre le plus sûrement la glorieuse destinée qui lui est réservée. » Quant à l'union avec les États-Unis, elle présente certes plus d'avantages que d'inconvénients, mais ce n'est pas la situation idéale. « Je conseille à mes compatriotes de demander l'indépendance pour quatre raisons principales : 1. Par nécessité ; 2. Par patriotisme ; 3. À cause des avantages matériels de l'indépendance ; 4. Parce que nous sommes capables de vivre comme peuple indépendant. »

À ceux qui s'inquiètent du sort des Canadiens français dans un Canada indépendant, Mercier répond : « Le sort des Canadiens français est uni pour toujours dans ce pays aux Anglais protestants, et nous ne pouvons prospérer comme peuple, sans pratiquer le plus grand respect pour toutes les croyances et pour toutes les races ; c'est dire que la minorité de cette province devra recevoir les mêmes égards et les mêmes droits, si le pays devient indépendant, que les autres minorités des provinces sœurs. Notre devise écrite en lettres d'or dans la constitution que nous nous donnerons, comme peuple indépendant, devra être justice égale à tous et pour tous. » Car, pour Mercier, l'accession du Canada à l'indépendance signifie l'élaboration d'une nouvelle constitution qui devra être soumise au peuple par voie d'un plébiscite.

Pendant plus de deux heures, les 6000 personnes présentes écoutent attentivement cet homme au début de la cinquantaine, qui affirme, en conclusion de son discours :

> Ma tâche est finie ; la vôtre commence. Si vous acceptez mes vues, du moins dans leurs parties essentielles, vous devez les répandre autour de vous, dans vos familles, chez vos amis, chez vos voisins, de manière à préparer l'opinion publique à un grand mouvement qui assurera le triomphe collectif. Mesdames, je place la cause du pays entre vos mains et sous votre aimable protection. [...] Vous êtes les véritables éducatrices du peuple, parce que c'est vous, mesdames, qui élevez les enfants, leur donnez l'éducation première et en faites, dès leurs plus jeunes années, des êtres propres à devenir de bons chrétiens et de bons citoyens. [...] Donnez des citoyens patriotes et chrétiens et vous aurez donné la liberté à votre pays.

> Debout, comme un homme libre, sur la terre libre du Canada, je défends la cause sacrée de mes compatriotes, quelles que soient leur race ou leurs croyances religieuses et je demande à tous, hommes, femmes et enfants, l'émancipation coloniale et la liberté. Je veux pour eux une place sous le soleil des nations. [...] Vous avez la dépendance coloniale, je vous offre l'indépendance ; vous avez la ruine et la misère, je vous offre la fortune et la prospérité ; vous êtes une colonie timorée du monde entier, je vous offre de devenir un grand peuple respecté et reconnu parmi les nations libres. Hommes, femmes et enfants, à vous de choisir ; vous pourrez rester esclaves dans l'état de colonie ou devenir indépendants et libres au milieu des autres peuples qui, de leurs voix toutes puissantes, vous convient au banquet des nations.

## Peu de changements

Mercier demeure toujours le représentant de la circonscription électorale de Bonaventure. C'est à ce titre qu'il s'était présenté à l'Assemblée législative de la province de Québec le 3 février 1893 pour occuper son siège. À la suite de la démission de Boucherville, le 13 décembre 1892, Taillon est devenu premier ministre. Chapleau, quant à lui, était devenu lieutenant-gouverneur le 5 du même mois et, à Ottawa, après la démission d'Abbott le même jour, John S. D. Thompson avait accepté le poste de premier ministre du Canada.

La présence de Mercier sur les bancs de l'opposition n'est pas de tout repos tant pour les ministériels que pour lui. Ses adversaires n'ont pas oublié son administration et ils ne craignent pas de revenir sur ses « fautes ». Au début de novembre 1893, Edmund James Flynn, le commissaire des Terres de la Couronne dans le ministère Taillon, décoche quelques flèches en direction de Mercier : « Nous vous avons reproché les désordres apportés dans l'administration, vos extravagances, vos dépenses inutiles, mais le plus grand reproche que nous puissions vous adresser, c'est d'avoir semé la division entre les races, suscité la haine, fomenté la guerre. »

Chaque fois qu'ils le peuvent ou presque, les ministériels frappent sur celui qui fut pendant un certain temps considéré comme le plus grand premier ministre de la province de Québec mais qui, en cette fin d'année 1893, fait figure de vaincu. Le 28 décembre, Mercier n'en peut plus de toujours être « le pelé, le galeux ». À nouveau, il se lève pour défendre son administration et son honnêteté.

> Parce que je me suis soumis à tout avec philosophie, croyez-vous que je n'aie pas souffert ? J'en appelle à tout homme juste pour déclarer si je n'ai pas été victime d'une odieuse persécution. Mais mon honneur a été sauvé ; mes pairs, mes juges m'ont acquitté ; on n'a jamais pu prouver que j'ai touché un sou des deniers publics ! Aussi le peuple m'a porté en triomphe quand je suis sorti du prétoire, il m'a fait des ovations. Où étiez-vous alors, mes persécuteurs ? Où étiez-vous, mes bourreaux ? Cachés au fond de vos demeures dans la crainte et l'humiliation ! [...] Vous m'avez ruiné, vous avez voulu me déshonorer et vous voulez maintenant piétiner sur mon cadavre ; et bien ! ce cadavre, le voici. Regardez-le, ce cadavre ! Regardez-le en face, car il se dresse devant vous pour vous dire : vous m'avez enlevé tout ce que je possédais au monde, jusqu'à ma bibliothèque, mes chers livres que j'avais amassés depuis trente-cinq ans, tout a été vendu, sauf mon honneur. Et mon honneur, sachez-le bien, je le défendrai comme un lion, seul contre tous, fussiez-vous cent, fussiez-vous mille !

Dix mois plus tard, Mercier était emporté par la maladie !

## Autre son de cloche

Le chef du parti libéral du Canada, Wilfrid Laurier, qui avait pris un peu ses distances avec Mercier à la suite du scandale de la Baie des Chaleurs, sent le besoin de préciser les positions de sa formation politique quant à l'avenir du Canada. Le 4 janvier 1894, il prend donc la parole à Québec sur ce sujet. Il commence d'abord par dénoncer les séparatistes de la province de Québec, ceux qui, comme Tardivel, rêvent d'un pays francophone indépendant dans la vallée laurentienne : « Je sais reconnaître dans quelle situation la bataille des Plaines d'Abraham nous a placés. Il y en a parmi nous qui oublient ce qui en a résulté, qui font mine de croire qu'une petite république ou qu'un petit royaume français — à vrai dire je ne sais ce qu'ils veulent — devrait être érigé sur les bords du Saint-Laurent. Ceux qui tiennent ce langage parlent comme des esclaves qui briseraient leurs liens s'ils en avaient le courage, mais qui ne le font pas parce qu'ils sont des lâches. Je crois, pour ma part, que je suis un homme libre. »

Francophones et anglophones sont appelés, selon le futur premier ministre du Canada, à vivre ensemble sur le territoire canadien.

> Vous n'ignorez pas, déclare-t-il à son auditoire, qu'au cours du onzième siècle, certains hommes partirent de la Normandie, de l'Anjou, de la Bretagne et d'Angoulême à la conquête de l'Angleterre. Au seizième siècle, des hommes quittaient ces mêmes provinces de Normandie, d'Anjou, de Bretagne et

d'Angoulême pour venir coloniser les terres fertiles des rives du Saint-Laurent. Au siècle suivant, des hommes des deux races se rencontrèrent ici face à face, et vous savez ce qui en est résulté. Alors, n'est-il pas permis d'espérer que le jour viendra où, plutôt que de s'affronter pour des fins hostiles, les descendants des Bretons, des Angevins et des Normands qui ont envahi l'Angleterre au onzième siècle et les descendants des Angevins, des Normands et des Bretons qui ont peuplé le Canada au seizième siècle se rencontreront, non plus pour se battre, mais pour tenir de grandes assises de paix et de négoce ? Je ne vivrai peut-être pas assez longtemps pour voir ce jour. Mais si ma carrière pouvait embrasser une période assez longue pour me permettre de participer à ces assises, j'en serais très heureux. J'y assisterais portant fièrement ma nationalité canadienne.

Une province de Québec qui se cherche dans un Canada qui se cherche lui aussi, voilà un peu la situation qui prévaut à la fin du XIX<sup>e</sup> siècle !

# Une fin de siècle
# 1893-1896

L E 30 JUILLET 1892, le comité judiciaire du Conseil privé de Londres déclare que la loi scolaire adoptée par l'administration Greenway du Manitoba en 1890 est *intra vires* et qu'elle ne porte pas préjudice aux catholiques de cette province. L'évêque Taché s'ingénie à démontrer que les écoles publiques de son territoire ne sont pas, à proprement parler, des écoles publiques, mais bien des écoles protestantes. En conséquence, Taché et les dirigeants catholiques du Manitoba envoient diverses pétitions au gouvernement fédéral, lui demandant d'user de son droit d'appel pour faire disparaître les effets jugés néfastes de la loi de 1890. Plutôt que d'intervenir directement, le ministère Thompson décide une nouvelle fois de faire appel aux tribunaux pour savoir si le gouvernement fédéral possède bien le droit d'appel sur cette question. On cherche donc à organiser une cause type qui pourrait permettre à la Cour suprême du Canada de tracer le chemin à suivre. Le chef de l'opposition libérale, Wilfrid Laurier, dénonce l'attitude fédérale dans un discours prononcé devant les membres de la Chambre des communes le 7 mars 1893 :

> Entre les protestants d'Ontario qui ne veulent pas d'intervention et les catholiques de Québec qui veulent une protection pour la minorité manitobaine, le gouvernement n'a pas le courage d'intervenir. [...] Quelle a été l'intention du législateur ? Protéger la minorité en lui donnant le droit d'appel au gouverneur général en conseil, et en imposant au Parlement le devoir de surveiller la législation provinciale en matière scolaire. Il en découle le droit d'intervention, qui ne doit être exercé que dans les cas les plus graves. Supposons que la Législature de Québec abolisse les écoles séparées protestantes, est-il un homme dans cette Chambre qui nierait le droit et le devoir du gouvernement d'intervenir ?

En conséquence, Laurier demande la même justice pour les catholiques du Manitoba.

Dans les milieux anglophones, en particulier en Ontario, on multiplie les prises de positions contre les écoles catholiques ou séparées. Une organisation extrémiste, la Protestant Protective Association, mène une lutte serrée contre ce qu'elle appelle l'influence étrangère de Rome. Le *Canada français*, publié à Saint-Jean, dénonce la P.P.A. dans son édition du 27 janvier 1894 : « Une association où tout ce qu'il y a de fanatiques protestants et tories dans Ontario est invité à entrer. On connaît déjà le but de cette organisation sectaire, qui est de travailler en commun et avec toute l'énergie de la haine à éliminer de tous les emplois publics et autres, en un mot, à ruiner et à anéantir tout ce qui porte le nom de catholique ». Quelques jours plus tard, le *Progrès de l'Est* de Sherbrooke ajoute : « La P.P.A. est rendue chez nous. Elle est en train de s'organiser dans tous les centres protestants de la province de Québec. »

Le mouvement avait vu le jour aux États-Unis sous le nom d'American Protective Association et une filiale, la P.P.A., s'était formée à Windsor, Ontario, à la fin de l'année 1891. Selon l'historien James T. Watt, la P.P.A. « opérait comme une organisation secrète, ultrapatriotique mais non partisane dévouée à une action politique contre toute formation ayant pour but de faire nommer quelqu'un à un poste public grâce à une influence religieuse ». L'ennemi à abattre, pour un membre de la Protestant Protective Association, est l'Église catholique. D'ailleurs, le serment exigé de l'adhérent éclaire sur les objectifs visés : « Par les présentes, je dénonce le catholicisme romain. Par les présentes, je dénonce le pape siégeant à Rome ou n'importe où ailleurs ; je dénonce ses prêtres et autres émissaires et le travail diabolique de l'Église catholique romaine et, par les présentes, je m'engage à défendre jusqu'au bout la cause du protestantisme [...] et je m'oblige à protéger par tous les moyens en mon pouvoir la bonne renommée de l'Ordre et de ses membres. Ainsi que Dieu me soit en aide. »

Selon un rapport fourni par le secrétaire Jackson Little, en janvier 1894, l'association compte alors près de 50 000 membres répartis en 439 conseils. L'année suivante, le nombre des membres aura doublé ainsi que celui des conseils. Il va sans dire que la question scolaire du Manitoba, ainsi que celle de l'Ontario, occupe une place de choix dans les préoccupations des membres de la Protestant Protective Association.

## Une victoire protestante

La Cour suprême du Canada, consultée sur le droit d'appel du gouvernement fédéral, se prononce le 20 février 1894. Elle déclare que la minorité du Manitoba n'a pas droit d'appel au gouverneur en conseil. Le juge Henri-Elzéar Taschereau est clair dans son jugement : « La loi du Manitoba est constitutionnelle ; par conséquent, elle n'a pas porté atteinte à aucun des droits ou privilèges de la minorité ; donc la minorité ne peut pas en appeler à l'autorité fédérale. La Législature du Manitoba avait le droit et le pouvoir de faire cette loi ; donc toute atteinte portée à cette loi par l'autorité fédérale serait *ultra vires* et inconstitutionnelle. »

Les catholiques de la province de Québec, tout comme ceux du Manitoba, sont déçus du jugement de la Cour suprême. Le *Moniteur de Lévis* ne cache pas son indignation : « Avant longtemps, croyons-nous, si la situation que l'on nous fait ne s'améliore pas, si les folles clameurs que l'on entend ne s'apaisent pas, si les promesses données ne sont pas remplies, si la bonne foi jurée est chose vaine, nous devrons opposer à des envahissements systématiques une force plus grande et qui sera certainement victorieuse, si nous savons contracter une alliance efficace. » Pour Jules-Paul Tardivel, l'indépendance constitue l'une des solutions à envisager. « La destinée des Canadiens français, écrit-il dans la *Vérité*, est : ou de disparaître comme race distincte, confondus dans les éléments disparates qui les entourent ; ou bien de constituer un jour, à l'heure voulue par la Providence, une nation parfaitement autonome. »

L'archevêque de Saint-Boniface, dans une brochure largement diffusée, lance un appel à la justice et au respect des promesses et des engagements :

> La voix de ceux qui souffrent ne peut pas être étouffée sans inconvénients, tant pour eux-mêmes que pour les autres. Le Canada ne peut pas tolérer l'injustice sans abandonner par cela même l'exercice de ses droits et l'accomplissement de ses obligations. Ce serait le sacrifice de l'autonomie fédérale. [...] La Confédération canadienne n'est qu'à sa vingt-septième année d'existence, Manitoba, à sa vingt-quatrième année et voilà déjà que les catholiques de cette province sont ostracisés. Non seulement ils sont privés de leur part légitime des deniers publics, affectés à l'éducation, mais même les taxes qu'on leur impose pour des fins scolaires sont pour le bénéfice d'écoles conduites contrairement à leurs convictions religieuses. Plus que cela : les propriétés scolaires de ces mêmes catholiques sont frappées de confiscation, quoique ces propriétés aient été acquises par l'argent des catholiques, sans aucuns secours étrangers ; et nos législateurs d'Ottawa toléreraient cela ! Où un pareil système conduira-t-il le pays ? Aujourd'hui, c'est la spoliation et la confiscation arbitraire ; demain ce sera peut-être l'emprisonnement. Puis, si la majorité le veut, puis que l'on dit qu'elle est sans contrôle, ce pourra être la déportation ou la mise en force des lois pénales. Manitoba a déjà vu un de ses enfants mis hors la loi, lorsque pourtant on lui avait promis protection et immunité. On doit convenir que c'est un jeu dangereux que de traiter les minorités comme si elles étaient des quantités insignifiantes, dont on ne doit pas tenir compte. [...] Une minorité, si petite et si faible qu'elle puisse paraître, aura toujours son influence. Cette minorité, traitée avec la justice et les égards auxquels elle a droit, peut ajouter et ajoutera certainement à la force et à l'honneur d'un pays ; mais si cette même minorité est méprisée et si, au lieu de lui assigner la place qui lui convient, on veut la fouler aux pieds, oh ! alors on peut s'attendre à un résultat bien différent.

Taché est convaincu que la minorité protestante de la province de Québec ne pourrait subir le même sort que la minorité catholique de sa province :

> Si je ne me trompe, il y aurait une opinion exprimée dernièrement à la Cour suprême, qui pourrait s'appliquer à la province de Québec de la même manière qu'on voudrait l'appliquer à Manitoba. Je sais que la majorité dans Québec ne tentera jamais de dépouiller la minorité de cette province des avantages que la loi lui accorde en matière d'éducation. Je suis fier et heureux que les dispositions, si bien connues, de mes compatriotes et coreligionnaires puissent m'inspirer cette conviction et cette confiance. Cependant si, par impossible, la majorité dans Québec songeait à priver la minorité protestante des droits et privilèges, qui lui

ont été reconnus avant son entrée dans la Confédération et qui ont été sanctionnés par la loi depuis ; oui, si l'on faisait une pareille tentative, nous serions les témoins de la plus violente commotion que le pays ait jamais vue. D'Halifax à Victoria, de l'île de Sable à l'île Charlotte, par eau et par terre, tout le pays et tous ses habitants seraient mis en mouvement pour protester contre l'injustice, la mauvaise foi, l'empiétement, etc., etc. L'excitation serait telle qu'à Ottawa on aurait vite fait de désavouer la loi provinciale. Alors, l'autonomie provinciale aurait à battre en retraite devant l'autonomie fédérale ; tout cela serait fort bien et les évêques canadiens catholiques seraient les premiers à joindre leurs voix à celles des protestants de Québec, pour demander qu'on traite ceux-ci avec justice. Comment se fait-il donc qu'une tentative semblable soit appréciée si différemment, quand elle est dirigée contre la minorité du Manitoba et du Nord-Ouest ? Hélas ! la seule explication possible, c'est qu'il y a deux poids et deux mesures, selon la violence de ceux qui crient ou les dispositions de ceux auxquels on applique ces poids et ces mesures.

## Entre les mains de Londres

En mai 1894, les évêques catholiques, dans une pétition, demandent et même supplient le gouvernement fédéral d'intervenir directement dans la question scolaire. Le 16 juillet, à la Chambre des communes, le problème est à nouveau à l'ordre du jour. Le député McCarthy propose l'abolition des écoles séparées dans tout le Canada, alors que le député conservateur Sam Hugues demande la disparition complète de l'enseignement religieux dans les écoles. Selon le chroniqueur parlementaire du *Canada français*, « cette motion de M. Sam Hugues a été appuyée d'un discours des plus échevelés qu'on puisse entendre. L'enseignement religieux a été dénoncé par cet important député conservateur comme étant la cause de tous les maux modernes et même de l'anarchie ».

Le 26 juillet, le cabinet Thompson adopte un arrêté en conseil demandant aux gouvernements du Manitoba et des Territoires du Nord-Ouest d'avoir la gentillesse de modifier leurs lois scolaires pour donner satisfaction aux réclamations des minorités catholiques. Ce vœu pieux a peu de conséquences !

Les Canadiens français catholiques de l'Ouest comptent de plus en plus sur Wilfrid Laurier, le chef de l'opposition libérale. Ce dernier effectue une tournée dans ce coin du Canada au cours de l'été de 1894. Le 6 septembre, il est à Winnipeg. Une délégation de francophones vient lui présenter ses doléances et tenter de le convaincre de défendre plus directement leurs droits. « Vous me faites beaucoup d'honneur, répond le député, mais le sujet étant de nature politique, je dois vous demander de m'excuser de ne pas traiter d'un sujet qui nous entraînerait sur le terrain de la politique. » Il se contente d'une vague promesse : « Si, après avoir considéré attentivement les deux côtés de la question, je constate que les catholiques sont obligés d'envoyer leurs enfants dans les écoles protestantes et qu'ils sont traités injustement, je crois que cette question d'écoles catholiques se comparerait favorablement à n'importe quelle autre qui puisse être amenée devant le Parlement. »

Les lords du comité judiciaire du Conseil privé de Londres vont donner à Laurier, chef de l'opposition, l'occasion d'intervenir dans le débat. En effet, à la suite du jugement de la Cour suprême du Canada, il avait été décidé de faire appel au plus haut tribunal de l'Empire britannique en lui demandant de se prononcer sur les trois questions suivantes : « 1. La minorité catholique a-t-elle des sujets de plaintes ; 2. L'appel au gouverneur général en conseil est-il admissible, dans le cas présent, en vertu de l'article 22 de l'Acte du Manitoba ; 3. Le gouverneur général en conseil, supposé le bien fondé des requêtes, a-t-il le pouvoir de faire des déclarations ou de prendre des mesures réparatrices ? » Leurs seigneuries répondent par l'affirmative aux trois questions, mais ajoutent : « Il n'est certainement pas essentiel de rétablir les lois abrogées par l'Acte de 1890, ni de remettre en vigueur les dispositions mêmes de ces lois. Le système d'instruction publique contenu dans les actes de 1890 satisfait aux désirs et aux besoins de la grande majorité des habitants de la province. Toute cause légitime de plainte disparaîtrait si ce système avait pour complément des dispositions propres à faire cesser les griefs sur lesquels est fondé l'appel et s'il était modifié de façon à donner effet à ces dispositions. »

Interrogé sur les effets de la décision du Conseil privé, Daniel Hunter McMillan, secrétaire provincial du Manitoba, répond : « Nous ne nous occuperons nullement de cette décision. » Le secrétaire provincial conclut dans un éclat de rire : « Les habitants du Manitoba savent quel système d'écoles il leur faut et toute tentative de la part du gouvernement fédéral de les empêcher d'accomplir leurs volontés serait de l'énergie dépensée en pure perte. »

Journalistes et hommes politiques se lancent dans une série de commentaires sur l'attitude que devrait adopter le gouvernement fédéral. La *Gazette* de Montréal du 31 janvier 1895 prône la tolérance :

> Après le dernier jugement du Conseil privé, il serait puéril de ne pas reconnaître que nous sommes menacés de voir tomber au milieu de nous la pomme de la discorde et un élément d'agitation envahir la politique canadienne. Déjà on entend des bruits de guerre ; les ministres manitobains déclarent qu'ils ne tiendront aucun compte des mesures que le gouvernement fédéral pourrait adopter à ce sujet, que toute intervention de la part de ce dernier restera stérile. [...] À tout événement, la question sort maintenant du domaine provincial pour entrer dans le champ plus vaste de la politique fédérale. On n'a pas raison de dire que l'intervention du gouvernement d'Ottawa serait une atteinte aux droits des provinces. La grande majorité des habitants de la province du Manitoba a demandé l'abolition des écoles séparées et elle est sympathique à la loi dont se plaignent les catholiques ; on pourrait peut-être dire même que cette loi est le fruit des profondes convictions de l'Assemblée législative de cette province. Mais il est vrai que les clauses de l'Acte de l'Amérique britannique du Nord et l'Acte du Manitoba concernant l'éducation comportent pour la province le droit exclusif de faire des lois sur l'éducation, ces droits sont expressément soumis à certaines exceptions et restrictions. Dans le cas de telles exceptions, l'intervention du gouvernement n'est pas plus une atteinte aux droits provinciaux que ne le sont les lois de toute autre nature adoptées par le Parlement du Canada dans les limites de sa juridiction.

Malgré les mouvements de protestation, le Conseil privé du Canada adopte, le 21 mars 1895, un arrêté en conseil reconnaissant les griefs des catholiques. Le gouverneur général lord Aberdeen, et plusieurs membres du cabinet de Mackenzie Bowell (assermenté premier ministre du Canada le 21 décembre 1894), apposent leur signature au bas du document officiel. L'arrêté en conseil a des allures de mises en demeure :

Qu'il soit déclaré que Son Excellence le gouverneur général en conseil estime nécessaire que les dispositions des statuts en vigueur dans la province du Manitoba avant l'adoption des dits actes, soient rétablies en tant que besoin sera à tout le moins pour assurer aux catholiques romains dans ladite province le droit de construire, entretenir, garnir de mobilier, gérer, conduire et soutenir leurs écoles de la manière prévue par ces statuts, leur assurer aussi leur part proportionnelle de toute subvention faite à même les fonds publics pour les objets de l'éducation et exempter les membres de l'Église catholique romaine, qui contribueront à soutenir les écoles catholiques romaines, de tout paiement ou contribution, destiné au maintien des autres écoles ou que ledit acte de 1890 devrait être modifié ou amendé de la manière à atteindre ces fins.

Le gouvernement du Manitoba est invité, en conséquence, à modifier ses lois scolaires de 1890.

Adélard Langevin, qui avait succédé à Taché à l'archevêché de Saint-Boniface, se rend à Ottawa et au Québec pour stimuler l'action en faveur de la cause des écoles catholiques, car on sait qu'il est peu probable que le gouvernement Greenway se soumette à l'arrêté en conseil. D'ailleurs, la *Tribune* de Winnipeg, considérée comme l'organe officiel du parti au pouvoir dans la province, avait écrit au début du mois de mai : « On pourra nous subjuguer, mais on ne nous amènera jamais à accepter un compromis ou à un recours aux menaces pour forcer le Manitoba à se rendre ; que ces menaces soient mises à exécution, le Manitoba ne se rendra pas. »

Langevin rencontre Laurier pour tenter de le tirer de son attitude plutôt passive. L'archevêque complète son intervention du 11 mai par une lettre à la fois suppliante et menaçante : « Si le parti libéral, dans votre humble personne, ne vient pas carrément à notre secours, comment pourrons-nous nous convaincre que vous êtes en faveur de nos écoles catholiques séparées. [...] J'ai beaucoup regretté que vous n'ayez encore rien dit pour revendiquer nos droits et appuyer l'ordre en conseil. [...] Je veux espérer encore que vous ne nous forcerez pas à dire que tout s'est fait sans vous et même, en apparence, malgré vous. [...] Je répète que quiconque ne recommande point et surtout attaque l'ordre en conseil se montre notre ennemi. »

## « Non ! »

Le 13 juin, le gouvernement du Manitoba répond par un non formel à la demande du gouverneur général en conseil, tout en ajoutant qu'il se fera le protecteur des catholiques. Le premier ministre Greenway déclare que, s'il accepte la demande des francophones catholiques, il devra faire de même pour les Mennonites et leur accorder aussi le droit d'avoir leurs propres écoles.

À Ottawa, la session fédérale n'est pas encore terminée et l'on s'interroge sur l'attitude qu'adoptera le Parlement. À une réunion du conseil des ministres, tenue le 5 juillet, quelques participants échangent des propos aigres. Le dimanche 7, plusieurs députés francophones occupent la journée en réunions. Des rumeurs de démission circulent de plus en plus. Le *Star* de Toronto parle de la démission de trois ministres canadiens-français. On affirme même que les francophones du parti conservateur sont prêts à occasionner la chute du gouvernement si ce dernier persiste « à ne pas présenter de loi réparatrice maintenant ».

Le lundi 8 juillet, le premier ministre Bowell lit au Sénat une déclaration ministérielle sur la question de la loi réparatrice et le ministre des Finances, George E. Foster, fait de même à la Chambre des communes :

> Je désire déclarer que le gouvernement a étudié la réponse de la Législature du Manitoba au *remedial order* du 21 mars 1895, et après des délibérations soigneuses, il est arrivé à la conclusion suivante : Quoiqu'il puisse y avoir divergence d'opinion sur le sens exact de la réponse en question, le gouvernement croit qu'elle peut être interprétée comme donnant quelque espoir d'un règlement amical de la question des écoles du Manitoba, basé sur une action possible du gouvernement et de la Législature de Manitoba et le gouvernement fédéral n'est absolument pas disposé à prendre une action qui puisse être interprétée comme prévenant ou empêchant une conclusion aussi désirable. [...] Le gouvernement a, en conséquence, décidé de ne pas discuter une législation remédiatrice durant la présente session. Une communication sera immédiatement envoyée au gouvernement de Manitoba à ce sujet, dans le but de constater si le gouvernement est disposé à faire un arrangement qui sera raisonnablement satisfaisant pour la minorité de la province sans qu'il soit nécessaire de faire appel aux pouvoirs du Parlement fédéral. Une session du présent Parlement sera convoquée pour pas plus tard que le premier jeudi de janvier prochain si alors le gouvernement de Manitoba manque de faire un arrangement satisfaisant pour remédier aux griefs de la minorité.

Le ministre général des Postes Adolphe-Philippe Caron, le ministre des Travaux publics Joseph-Aldéric Ouimet et le ministre de l'Agriculture Auguste-Réal Angers sont absents, les deux premiers de la Chambre des communes et le troisième du Sénat, lors des réunions du 8 juillet. Cela accrédite la rumeur de leurs démissions. Le 9, prenant prétexte que la province de Québec n'est plus représentée de façon adéquate, Laurier présente une motion de non-confiance qui sera rejetée par un vote de 111 voix contre 72. Le 11 juillet, les ministres Caron et Ouimet acceptent de demeurer à leurs postes parce qu'ils ont reçu de leurs collègues anglophones « l'assurance certaine que les catholiques du Manitoba recevront justice ». L'occasion est belle pour Laurier de jeter le ridicule sur « la comédie de la démission des trois ministres canadiens-français ». « Ils sont revenus à leurs postes comme les chats reviennent à la crème », commente-t-il. Le 15 juillet, le chef de l'opposition revient à la charge avec une nouvelle motion de blâme : « La Chambre regrette que le gouvernement n'ait pas disposé de la question des écoles du Manitoba selon les meilleurs intérêts du Canada et la Chambre est d'opinion que la déclaration ministérielle à ce sujet est de nature à provoquer une agitation dangereuse parmi la population du pays ». Encore une fois, la majorité vote contre la motion et enfin, la cinquième session du septième Parlement, qui avait débuté le 18 avril 1895, se termine le 22 juillet.

## De toutes parts

La nouvelle session débute au tout début de janvier 1896. Dans son discours du trône, lord Aberdeen annonce le dépôt d'un projet de loi réparatrice sur les écoles du Manitoba. L'atmosphère de la Chambre des communes est survoltée : des ministres protestants offrent leur démission ; le premier ministre Bowell lui-même va présenter la sienne au représentant de la reine le 17 janvier, deux jours après que le gouvernement Greenway ait remporté la victoire lors des élections générales au Manitoba.

Le père missionnaire Albert Lacombe, qui séjourne à Montréal au presbytère de l'église Saint-Pierre, écrit à Laurier le 20 janvier :

> Dans ce temps si critique pour la question des écoles du Manitoba, permettez à un vieux missionnaire, aujourd'hui le représentant des évêques de notre pays, dans cette cause qui nous préoccupe tous, permettez-moi, dis-je, de faire appel à votre foi, à votre patriotisme et à votre esprit de justice pour vous supplier de vous rendre à notre demande. C'est au nom des évêques de la hiérarchie et des Canadiens catholiques que nous demandons à votre parti, dont vous êtes le si digne chef, de nous aider à régler cette fameuse question, et cela en votant avec nous la loi remédiatrice, de concert avec le gouvernement. Nous ne vous demandons pas de voter pour le gouvernement mais pour le bill qui doit nous rendre nos droits, ainsi que cela va être présenté, dans quelques jours à la Chambre. Je considère, ou plutôt tous nous considérons que cet acte de courage, de bonne volonté et de sincérité de votre part et de ceux qui suivent votre politique, sera grandement dans l'intérêt de votre parti, surtout au temps des élections générales. [...] Si, ce qu'à Dieu ne plaise, vous ne croyez pas devoir vous rendre à notre juste demande et que le gouvernement qui veut nous donner la loi promise, soit battu ou renversé, tout en tenant bon jusqu'à la fin de la lutte, je vous informe à regret que tout l'épiscopat comme un seul homme, uni au clergé, se lèvera pour soutenir ceux qui auront succombé, en nous défendant.

## Une réputation embarrassante

Le 11 février, le bill réparateur est adopté en première lecture. Il comprend 112 articles. Il prévoit la formation, par le lieutenant-gouverneur en conseil de la province du Manitoba, d'un Conseil d'instruction des écoles séparées se composant de pas plus de neuf personnes à « qui toutes devront être catholiques romaines ». Si cette nomination n'est pas faite dans les trois mois qui suivent l'entrée en vigueur de l'acte, cette tâche sera dévolue au gouverneur général en conseil.

Le fameux Conseil d'instruction des écoles séparées aura, selon le projet de loi, le contrôle et l'administration des écoles séparées ; il jugera des capacités minimales du personnel enseignant, etc. Des cotisations pourront être perçues auprès des catholiques par les conseils de municipalités pour subvenir aux besoins financiers desdites écoles séparées. Par contre, un catholique pourra demander de n'être pas cotisé pour les écoles séparées s'il préfère envoyer ses enfants dans les écoles publiques.

L'archevêque Langevin télégraphie au père Lacombe, le 22 février : « Loi applicable, efficace et satisfaisante. Je l'approuve. Tous les évêques et tous les véritables catholiques doivent l'approuver. Notre vie est dans la loi. » Langevin déclare aussi plus tard : « Aucun évêque ne diffère d'avec moi ; tous sont extrêmement sympathiques. Les catholiques qui combattent le bill trahissent la minorité catholique. »

Lorsque débute, à la Chambre des communes, le 3 mars, le débat en deuxième lecture du projet de loi réparatrice, le gouvernement Bowell se sent en sécurité, du moins avec la députation catholique. Laurier intervient immédiatement pour se prononcer contre l'intervention du pouvoir central dans une question jugée de juridiction provinciale. « L'expérience nous a appris que ce remède de l'intervention dans la législation provinciale n'a jamais été appliqué et que, probablement, il ne pourra jamais l'être sans froissement, sans trouble et sans mécontentement. » Avant d'appliquer le remède jugé le plus adéquat, le chef de l'opposition demande qu'une enquête soit instituée et que l'on utilise aussi tous les moyens de conciliation possibles et que la loi réparatrice n'intervienne qu'en dernier lieu. Il termine son discours par des propos qui vont lui mériter les foudres de plusieurs ecclésiastiques :

> Je ne saurais oublier, dans le moment, monsieur l'orateur, que la politique que j'ai préconisée et appuyée du commencement à la fin n'a pas été favorablement accueillie partout. Il n'y a pas très longtemps on m'a dit en haut lieu, dans l'Église à laquelle j'appartiens, à moins que je n'appuie le bill relatif aux écoles, que le gouvernement préparait alors, et qui nous est aujourd'hui soumis, j'encourais l'hostilité d'un corps imposant et puissant. Ceci est une phase trop grave de la question pour que je la passe sous silence. Je n'ai que ceci à dire : quand bien même des menaces, venant comme on me le dit, de hauts dignitaires de l'Église à laquelle j'appartiens me seraient faites, je ne prononcerai jamais de paroles d'amertume contre cette Église. Je la respecte et je l'aime. Je ne fais pas partie de cette école qui a longtemps dominé en France et dans d'autres pays de l'Europe continentale, qui refuse aux ecclésiastiques le droit de se mêler des affaires publiques. Non, je suis un libéral de l'école anglaise. Je crois en cette école, qui a toujours prétendu que c'est le privilège de tous les sujets, grands ou petits, riches ou pauvres, ecclésiastiques ou laïques, de participer à l'administration des affaires publiques, de discuter, d'influencer, de persuader, de convaincre, mais qui a toujours refusé, fut-ce au plus grand, le droit de dicter même au plus petit la ligne de conduite qu'il doit suivre. [...] Je vous fais connaître mes opinions en ce qui concerne ce bill. Je sais, je l'admets, que ce gouvernement possède le pouvoir d'intervenir, mais ce pouvoir ne devrait être exercé que lorsque tous les faits se rapportant à la question auront été examinés par voie d'enquête, et que l'on aura épuisé tous les moyens de conciliation. Nourrissant ces opinions, je propose que le bill ne soit pas lu maintenant une deuxième fois, mais que la deuxième lecture en soit renvoyée à six mois.

Le débat sur la motion Laurier se poursuit jusqu'au 20 mars et couvre dans les comptes rendus officiels près de 600 colonnes de textes. Plus de 75 députés participent à la discussion. Le tout se termine par un rejet de la motion de report à six mois par 115 voix contre 91.

## Une mission inutile

Donald D. Smith, Arthur R. Dickey et Alphonse Desjardins arrivent à Winnipeg, le 25 mars au soir, avec la mission de tenter de convaincre le gouvernement du Manitoba de faire des concessions. Des rencontres ont lieu avec J. D. Cameron et Clifford Sifton, représentants du gouvernement local. Smith propose que, dans les villes et villages où il y aura plus de 25 enfants catholiques romains en âge de fréquenter l'école et dans les cités où il y en aura plus de 50, on établisse une école séparée pour ceux-ci et que l'enseignement soit dispensé par un instituteur catholique romain. De plus, dans les écoles « ayant une majorité d'enfants catholiques », il y aura pour eux exemption des exercices religieux prévus par les règlements généraux. Les manuels en usage devront aussi être acceptables par des catholiques.

Dans leur réponse datée du 30 mars, Cameron et Sifton repoussent la demande telle que formulée par les commissaires fédéraux. « Si l'acte scolaire était amendé dans le sens des propositions du mémorandum, la population serait, pour les fins de l'instruction publique, divisée en deux classes, l'une catholique romaine, l'autre protestante, et les catholiques romains auraient, à l'encontre des autres, des privilèges distincts et spéciaux ; on établirait un système d'écoles séparées soutenues par l'État pour les catholiques romains, rendant obligatoire le maintien de ces écoles au moyen de taxes scolaires et d'octrois législatifs. » Ils proposent, par contre, la sécularisation totale des écoles et la possibilité d'un enseignement religieux dépendant de la majorité des commissaires élus.

Aux trois émissaires d'Ottawa qui reviennent à la charge, les ministres manitobains répondent de façon plus explicite encore le 1er avril : « Il nous est absolument interdit d'accorder un système d'écoles catholiques séparées subventionnées par l'État, tandis que les représentants de la minorité, et par conséquent, le gouvernement fédéral, ne veulent avoir rien de moins. [...] Le gouvernement de cette province, malgré l'insuccès des négociations actuelles, sera toujours disposé à recevoir et à discuter toutes propositions qui lui seraient faites en vue de corriger des disparités dont on lui montrerait l'existence dans la présente loi scolaire. »

Smith, Desjardins et Dickey reviennent donc bredouilles à Ottawa où se poursuit le débat en deuxième lecture du projet de loi réparatrice. Le gouvernement accuse presque l'opposition de faire de l'obstruction systématique.

> La séance commencée le lundi 6 avril à trois heures de l'après-midi, raconte l'historien Robert Rumilly, se prolonge sans interruption jusqu'au samedi 11 à minuit. Une véritable épreuve d'endurance ! Dans chaque parti, des équipes se relayaient ; et ainsi font les ministres ; Tupper installe une chambre à coucher dans son bureau. Charlton, qui doit à un accident récent la permission de parler assis, entreprend de lire les soixante et onze extraits de l'Ancien Testament commentés dans les écoles publiques d'Ontario. Après 43 heures, on en est encore à la clause 6 — sur cent douze ! Après 67 heures, on en est encore à la clause 6 ; après 91 heures, à la clause 9, et Choquette réclame en vain l'ajournement ; après 115 heures, on arrive à la clause 11 ; au bout de la séance de 120 heures, on atteint la clause 15.

Comme on ne peut siéger le dimanche, le débat reprend donc le lundi 13 avril. On se rend compte qu'il est presque impossible de venir physiquement à bout du projet au cours des jours qui suivent. Langevin tente d'intervenir dans le débat en faisant parvenir le 13 un télégramme à Charles Tupper qui mène les délibérations au nom du gouvernement fédéral. « Au nom de la minorité catholique du Manitoba que je représente officiellement, affirme l'archevêque de Saint-

Boniface, je demande à la Chambre des communes d'adopter le bill réparateur dans son entier, tel qu'aujourd'hui amendé. Cette mesure sera satisfaisante à la minorité catholique, qui l'accepte comme un règlement substantiel, praticable et final de la question scolaire, suivant la constitution. »

Tupper fait part aux députés du contenu du télégramme, au cours de la séance du 14 avril. Tout le monde est épuisé et, comme les discours avaient été longs et parfois ennuyeux, certains quittaient la Chambre pour aller se rafraîchir à la buvette qui se trouve dans l'édifice même du parlement.

## Appel au peuple

Le 15 avril, Charles Tupper, qui deviendra premier ministre quelques jours plus tard, avertit la députation qu'en raison de l'obstruction des membres de l'opposition, la question est suspendue, car la Chambre doit adopter les subsides. Le 23 avril, la session est prorogée et, le lendemain, le Parlement est dissous. Les élections générales seront fixées au 23 juin 1896.

Laurier est l'un des premiers à entrer en campagne électorale. Le 24 avril au soir, environ 12 000 personnes l'acclament au parc Sohmer, à Montréal. La question scolaire du Manitoba demeure des plus importantes, rappelle-t-il ; mais il ne faut pas oublier celle du tarif.

Le clergé catholique ne tarde pas à entrer dans la campagne électorale de façon plus ou moins directe, toujours sur la fameuse question scolaire. Dès le 5 mai, l'archevêque Langevin, qui séjourne depuis quelque temps dans la province de Québec, prononce un sermon à Joliette.

> Vous devez comprendre, déclare-t-il, que les premiers intéressés à obtenir une législation complète en cette matière sont la population catholique du Manitoba et son archevêque qui vous parle en ce moment. Puisqu'il approuve la loi remédiatrice, vous devez conclure qu'avant de se décider à approuver cette loi, il a longuement et mûrement réfléchi, il a sérieusement consulté non seulement ses collègues, mais des juges distingués qui l'ont éclairé sur la question constitutionnelle. Non seulement j'approuve la loi réparatrice dans ses principes, mais aussi dans son entier. Je vous conjure de n'envoyer à la Chambre des communes que des députés qui sauront faire valoir les droits de la justice, et qui sont disposés à accorder à la minorité du Manitoba ses droits en matière d'éducation. Je n'ai pas l'intention de faire de la politique, mais il s'agit d'une question religieuse qui tombe sous ma juridiction et sur laquelle vous devez prendre mon avis.

L'épiscopat de la province de Québec, comprenant les archevêques de Montréal, d'Ottawa et de Québec, et les évêques de Trois-Rivières, Saint-Hyacinthe, Nicolet, Rimouski, Chicoutimi, Valleyfield et Sherbrooke, ainsi que le vicaire apostolique de Pontiac, signe à Montréal, le 6 mai, une lettre pastorale sur les écoles du Manitoba. Le texte devra être lu le 17 mai dans toutes les églises de la province. Les autorités religieuses rappellent que l'éducation est du ressort de l'Église ; elles soulignent encore une fois les devoirs généraux des électeurs, puis elles tracent la ligne de conduite particulière que doivent tenir les voteurs catholiques :

Dans les circonstances où nous nous trouvons à l'heure actuelle, le devoir des électeurs du Canada, notamment des électeurs catholiques, revêt un caractère spécial d'importance et de gravité sur lequel nous sommes désireux d'appeler plus particulièrement votre attention. Une injustice grave a été commise envers la minorité catholique au Manitoba. [...] Il s'agit donc présentement pour les catholiques, de concert en cela avec les protestants bien pensants de notre pays, d'unir leurs forces et leurs suffrages de façon à assurer la victoire définitive de la liberté religieuse et le triomphe de droits qui sont garantis par la constitution. Le moyen d'atteindre ce but, c'est de n'élire à la charge de représentants du peuple que des hommes sincèrement résolus à favoriser de toute leur influence et à appuyer en Chambre une mesure pouvant porter un remède efficace aux maux dont souffre la minorité manitobaine. [...] Remarquez bien, nos très chers frères, qu'il n'est pas permis à un catholique, quel qu'il soit, journaliste, électeur, candidat, député, d'avoir deux lignes de conduite au point de vue religieux : l'une pour la vie privée, l'autre pour la vie publique et de fouler aux pieds, dans l'exercice de ses droits sociaux, les obligations que lui impose son titre de fils soumis de l'Église. [...] C'est pourquoi, nos très chers frères, tous les catholiques ne devront accorder leur suffrage qu'aux candidats qui s'engageront formellement et solennellement à voter, au Parlement, en faveur d'une législation rendant à la minorité catholique du Manitoba les droits scolaires qui lui sont reconnus par l'Hon. Conseil privé de Londres. Ce grave devoir s'impose à tout bon catholique, et vous ne seriez justifiables ni devant vos guides spirituels ni devant Dieu de forfaire à cette obligation.

À la cathédrale de Trois-Rivières, le dimanche 17 mai, l'évêque Laflèche, à la suite de la lecture de la lettre pastorale collective, y va de ses commentaires. Il dénonce Laurier qui avait déclaré en Chambre qu'il prendrait position en tenant compte de la liberté de chacun et non pas en tant que catholique. L'évêque brandit l'anathème :

Voilà l'affirmation du libéralisme condamné par l'Église la plus catégorique qui ait jamais encore été faite à ma connaissance dans une assemblée législative de notre pays. L'homme qui parle ainsi est un libéral rationaliste. Il formule une doctrine entièrement opposée à la doctrine catholique. [...] Faire de l'homme deux hommes, un catholique dans la vie privée, l'autre libéral dans la vie publique, c'est une erreur, une erreur monstrueuse et des plus dangereuses. Vous allez avoir à voter prochainement. Voilà deux hommes [Laurier et un autre député libéral] dont je vous signale la funeste erreur. C'est la première fois que je vois une formule du rationalisme aussi catégorique dans la bouche d'un Canadien. [...] Dans les circonstances, un catholique ne saurait sous peine de pécher en matière grave voter pour le chef du parti qui a formulé aussi publiquement une pareille erreur et les partisans qui l'appuient dans cette erreur, tant qu'ils n'auront pas désavoué publiquement cette erreur et pris l'engagement formel de voter pour une loi réparatrice acceptée par les évêques.

L'évêque de Rimouski, André-Albert Blais, adopte une attitude quasi identique à celle de Laflèche. Dans une lettre au député libéral Charles-Eugène Pouliot, en date du 2 juin, Blais rappelle sa prise de position :

En attendant que tous les catholiques au moins du parti libéral aient pris l'engagement public exigé par les évêques, ils [ses paroissiens] devraient s'abstenir de voter
pour eux et qu'après cet engagement pris de leur part, les électeurs avaient encore
le droit de préférer entre deux candidats appartenant à deux partis politiques
actuellement dans l'arène électorale, celui qui a déjà travaillé et combattu sous la
bannière de l'Épiscopat pour le règlement de la difficulté religieuse en question à
l'autre qui viendrait d'offrir sincèrement le concours de son dévouement et de son
action au service de la même cause à faire triompher.

Le candidat Pouliot sent le besoin de protester énergiquement contre l'intervention de son évêque. Il écrit à ce dernier, le 9 juin : « Votre Grandeur doit
comprendre quelles peuvent être les conséquences d'une semblable intervention,
aussi directe et aussi active, contre ma candidature. [...] Vous ne sauriez croire,
monseigneur, comme je suis chagrin de la position qui m'est faite et comme c'est
avec la plus grande répugnance que je me vois obligé de protester respectueusement
contre ces déclarations de Votre Grandeur et cette intervention directe dans mon
élection. »

Comme sa prise de position ne semble pas encore assez claire, Blais récidive
le 12 juin et il répond à Georges Martin de Sainte-Blandine qui lui demande « si
c'est une faute grave de voter contre le mandement des évêques sur les écoles du
Manitoba » : « Je réponds oui, c'est une faute dans les prochaines élections de voter
pour un partisan de M. Laurier qui n'a pas encore déclaré qu'il suivrait le
mandement des évêques sur les écoles du Manitoba. » Le grand vicaire du diocèse
de Québec, G.-A. Marois, porte même un jugement sur celui qui voterait libéral :
« Si quelqu'un vous dit : "En dépit de vos raisonnements, j'ai plus de confiance en
M. Laurier et je vote pour son candidat", cet électeur, à moins d'avoir perdu le sens
commun, sera coupable de faute grave et mortelle. »

L'archevêque de Saint-Boniface, il va sans dire, approuve hautement les prises
de positions des évêques de la province de Québec. Pour lui, les libéraux sont des
traîtres. Dans une lettre à Conrad Pelletier, candidat dans Laprairie, il déclare : « Je
suis en droit de conclure que ceux qui, le 20 mars dernier, ont voté la mort de ladite
loi au lieu de l'amender, ont trahi la cause catholique et française au Manitoba.
Prétendre que j'ai approuvé une loi nulle ou parfaitement insuffisante, une loi de
misère, c'est prétendre que l'archevêque de Saint-Boniface, avec son clergé et les
catholiques les plus marquants et les plus instruits de Saint-Boniface et de Winnipeg, sont des hommes sans intelligence ou sans conscience. »

Elphège Gravel, évêque de Nicolet, est lui aussi ouvertement en faveur du parti
conservateur. Dans un sermon aux paroissiens de Saint-Célestin, le 21 juin, il réaffirme sa prise de position :

Nous avons été forcément obligé de recourir à un Anglais protestant de préférence
à un Canadien français, car cet Anglais et ce protestant a prouvé qu'il voulait nous
donner les écoles ; tandis que le Canadien français a voté contre ces mêmes écoles,
ne veut pas promettre de les rendre, ne les inclut pas dans son programme et
déclare hautement qu'il rejette toute coercition. Votre seule chance donc d'accomplir vos promesses est l'arrivée des conservateurs au pouvoir, car une loi sera alors
présentée, mais si vos amis libéraux atteignent le pouvoir, ils ne présenteront point

de loi. [...] Je reste attaché au programme conservateur qui seul nous donne les garanties voulues en cette occurrence critique et de si haute importance pour notre religion.

Alors que les candidats conservateurs de la province de Québec essaient par tous les moyens de rentabiliser le plus possible les prises de position des autorités religieuses et de dénoncer presque comme l'Antéchrist le chef du parti libéral, le premier ministre du Canada et chef du parti conservateur, Charles Tupper, nuance de plus en plus l'attitude de sa formation politique sur la question des écoles du Manitoba. S'adressant aux électeurs de Winnipeg, le 8 juin, il affirme :

> Je fais un dernier appel aux conservateurs, mes amis, qui menacent de me tourner le dos dans cette lutte électorale ; je veux savoir s'il se trouve un homme ayant un peu de cervelle dans la tête, s'il se trouve un homme doué d'une intelligence ordinaire et en état de raisonner qui se croirait justifiable d'opprimer une petite minorité, dans le but de faire monter au pouvoir, comme premier ministre du Canada, un Canadien français, catholique romain, qui s'engage à faire plus que moi ! Existe-t-il un conservateur qui pourrait s'abrutir à ce point ? Mais j'entends dire : Laurier a pourtant fait beaucoup d'efforts pour empêcher le passage du bill remédiateur ? C'est vrai ; mais je vous demanderai pourquoi Laurier en a agi ainsi ? C'est parce qu'il trouvait que le bill n'allait pas assez loin, qu'il était inutile tel que rédigé, que ce n'était qu'une demi-mesure, qu'il ne rendait pas pleine justice aux catholiques romains et qu'il présenterait une mesure beaucoup plus efficace. Vous voyez maintenant les raisons qu'il avait de rejeter mon propre bill. La faute de ces mesures coercitives retombe sur les Manitobains eux-mêmes, et lorsque mon gouvernement sortira vainqueur de cette lutte, comme il l'a toujours été dans les quatre dernières élections générales, je crois que M. Greenway réglera la question lui-même.

Le mardi 23 juin, les Canadiens se rendent aux urnes. Le soir, au moment où commence le dépouillement du scrutin, l'activité devient fébrile un peu partout. À Québec, le journal libéral l'*Électeur* « avait invité les citoyens à se rassembler sur la terrasse Dufferin pour y recevoir les rapports des élections ». « Une foule immense, ajoute Lucien Pacaud, se pressait en face de l'écran sur lequel étaient projetés les résultats au fur et à mesure qu'ils arrivaient de chaque division électorale du pays. On peut se représenter quel spectacle offraient ces flots humains dans un pareil décor. »

Le parti libéral remporte la victoire. Malgré les fortes pressions cléricales, la province de Québec élit 49 libéraux et seulement 16 conservateurs. Les provinces maritimes se rangent du côté du parti conservateur : l'Île-du-Prince-Édouard accorde 3 sièges aux conservateurs et 2 aux libéraux ; sur les 14 représentants du Nouveau-Brunswick, 9 sont conservateurs alors que la moitié de la députation de la Nouvelle-Écosse est libérale et l'autre moitié conservatrice. La même situation se retrouve en Ontario où chaque formation compte 43 représentants. Par contre, cette province compte deux députés indépendants, un conservateur indépendant et trois membres du parti Patron of Industry. Le Manitoba semble dénoncer la prise de position de Laurier sur la question scolaire, puisque sur sept députés élus, quatre sont conservateurs, trois libéraux et un indépendant. Dans les Territoires du Nord-

Ouest, trois députés sont d'allégeance libérale et un seul représente le parti conservateur. Le même phénomène se produit en Colombie britannique où sur six députés quatre sont libéraux.

Avec la forte majorité que lui donnent les électeurs de la province de Québec, Laurier se retrouve premier ministre du Canada. Une nouvelle tranche de l'Histoire commence et l'on peut presque affirmer que, pour le Canada, et partant le Québec, le xxe siècle commence en 1896.

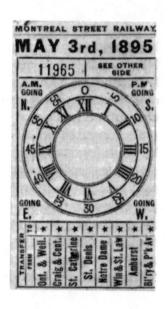

# Un retour
# aux sources

Tout comme pour les premiers tomes, l'auteur continue à laisser la parole aux acteurs et aux témoins et ce, aussi souvent que possible. Au cours de la seconde moitié du XIXᵉ siècle, les journaux prennent un grande importance. Les événements sont mieux couverts et mieux analysés. La *Gazette de Québec* perd de son importance, mais *The Montreal Gazette* occupe une place de plus en plus grande, tout comme le *Canadien* et la *Minerve*. Des journaux plus directement reliés à un parti politique apparaissent. Tel le *Pays*. Des publications à caractère populaire se multiplient. L'auteur a surtout consulté la *Patrie* et la *Presse*.

Les *Journaux de la Chambre d'assemblée du Canada-Uni*, les diverses publications reliées à l'Assemblée législative de la Province de Québec et les *Débats parlementaires sur la question de la Confédération* (1865) ont été abondamment consultés.

Les *Rapports de l'Archiviste de la province de Québec*, les *Rapports annuels des Archives du Canada*, le *Bulletin des recherches historiques*, la *Revue d'histoire de l'Amérique française* et la *Canadian Historical Review* ont fourni une abondante documentation.

Divers ouvrages ont aussi apporté de la matière, comme *Les Canadiens français depuis 1760* de Mason Wade ; *John A. Macdonald, the Young Politician* et *John A. Macdonald, The Old Chieftain* de Donald Creighton ; *Brown of the Globe* de J. M. S. Careless ; *Histoire économique du Québec 1851-1896* de Jean Hamelin et Yves Roby ; *Hector-Louis Langevin, un père de la Confédération canadienne (1826-1906)* d'Andrée Désilets ; *Les premières années du parlementarisme québécois (1867-1878)* de Marcel Hamelin ; *Louis Riel* de George F. G. Stanley ; *Laurier* de Joseph Shull; *Mercier* de Robert Rumilly ; *Les programmes électoraux du Québec*, tome 1, de Jean-Louis Roy, etc.

# Sources des
# Illustrations

p. 40 : ANC ; p. 58 : James Duncan, *London Illustrated News*, 7 août 1852 ; p. 71 : ANC ; p. 72 : ANC; p. 88 : ANC ; p. 120 : Canadien National ; p. 167 : ONF ; p. 168 : ANC ; p. 184 : ANC ; p. 200 : *Canadian Illustrated News*, 26 fév. 1870 ; p. 216 : Musée McCord ; p. 232 : Lt. Hutchison, ANC; p. 250 : W. O. Carlisle, ANC ; p. 298 : ANC ; p. 328 : Archives de la Ville de Montréal ; p. 358 : *L'Opinion publique*, 14 juin 1883 ; p. 374 : Metropolitan Toronto Library ; p. 436 : ANC ; p. 452 : *Grip*, 22 février 1890.

# INDEX

# TABLE DES MATIÈRES

COMPOSÉ EN MINION CORPS 10
SELON UNE MAQUETTE RÉALISÉE PAR JOSÉE LALANCETTE
CET OUVRAGE A ÉTÉ ACHEVÉ D'IMPRIMER
EN NOVEMBRE 1996 SUR PAPIER OFFSET 100M
SUR LES PRESSES DE L'IMPRIMERIE GAGNÉ À LOUISEVILLE QUÉBEC
POUR LE COMPTE DE DENIS VAUGEOIS
ÉDITEUR À L'ENSEIGNE DU SEPTENTRION